国家科学技术学术著作出版基金资助出版

# 高速铁路无砟轨道性能劣化机理与评估方法

任娟娟 著

科学出版社

北 京

## 内 容 简 介

本书主要介绍高速铁路无砟轨道性能劣化产生机理与质量评估方法的相关研究成果以及实际工程的应用经验。围绕无砟轨道服役存在的关键问题，首先建立了考虑材料复杂本构关系的无砟轨道结构仿真计算模型，进行了不同服役条件下无砟轨道结构材料性能劣化机理研究。其次，考虑到隐蔽病害难以发现、诊断的问题，利用无砟轨道结构或车辆的动力响应作为映射信号，提出了科学的无砟轨道损伤识别方法。最后，为量化无砟轨道结构整体质量状况，建立了不同劣化形式的评价指标及权重系数，提出了相应的无砟轨道质量评估方法。

本书可供轨道交通、铁路系统工作者及铁道工程相关专业的高等院校和科研院所的教学、科研、设计、建造及运营维护相关人员参考阅读。

图书在版编目(CIP)数据

高速铁路无砟轨道性能劣化机理与评估方法 / 任娟娟著. —北京：科学出版社，2024.1
ISBN 978-7-03-075055-6

Ⅰ. ①高… Ⅱ. ①任… Ⅲ. ①高速铁路-无砟轨道-性能-评价 Ⅳ. ①U213.2

中国国家版本馆 CIP 数据核字(2023)第 037876 号

责任编辑：朱小刚 / 责任校对：任苗苗
责任印制：罗 科 / 封面设计：陈 敬

科学出版社 出版
北京东黄城根北街 16 号
邮政编码：100717
http://www.sciencep.com

四川煤田地质制图印务有限责任公司 印刷

科学出版社发行 各地新华书店经销

*

2024 年 1 月第 一 版 开本：787×1092 1/16
2024 年 1 月第一次印刷 印张：27 1/2
字数：650 000

**定价：298.00 元**

(如有印装质量问题，我社负责调换)

# 序 一

铁路是国民经济大动脉、关键基础设施和重大民生工程，是我国实施"交通强国"战略的重要组成部分，为国民经济和社会发展做出了重要贡献。截至 2023 年底，我国铁路运营里程已达 15.9 万公里，其中高速铁路 4.5 万公里，成为世界上运营速度最快、建造标准最高的交通引领标杆。在先进科技日益成熟和自身需求驱动的双重推动作用下，我国高铁将持续迈向速度更高、服役场景更复杂、运营更加绿色高效的新时代。无砟轨道因其高平顺性、高稳定性和少维修性等特点成为我国高速铁路的主要轨道结构型式，是直接引导并支承高速列车运行的主要基础。在新时代背景下，我国高速铁路在完善路网建设的同时，大规模长期安全稳定运营将成为重点工作，新时期铁路轨道的发展需围绕庞大运营线路的服役安全问题进行科学合理递进，确保新建与在役的无砟轨道结构具备抵御性能衰减的能力，以适应现代轨道结构的长期服役需求。

无砟轨道是竖向多层、纵向异性的带状体系，目前在我国高速铁路上整体运营情况良好。但由于材料属性差别大、结构层次多、空间跨度广、服役环境复杂等特征，无砟轨道性能劣化演变机制与规律十分复杂，在长期运营过程中不可避免地出现了结构局部病害。而高速铁路网具有高速度和高密度的特点，不仅要求线路具有高平顺性、高稳定性，还要有高使用率，导致维修整治与高效运营之间出现矛盾。因此，准确把握高铁轨道基础结构在不同场景、不同功能层、不同运营模式的多维状态和性能指标，确保轨道结构实时处于安全服役状态，是高铁发展面临的国际性难题。传统无砟轨道结构设计方法在处理复杂环境与荷载耦合作用下轨道劣化问题时有极大局限性，难以满足揭示、解决上述工程实际问题的需求，因此，探明复杂边界及环境条件下无砟轨道损伤劣化特性与性能演变规律，提升结构损伤识别技术与状态评估方法，是现代铁路技术发展的必然趋势，对健全高速铁路运营安全保障体系具有重大意义。

近年来，为响应国家政策和行业需求，任娟娟教授在国家重点研发计划、国家自然基金优青、面上、青年及省部级创新项目等持续资助下，历时 10 余年开展了高速铁路无砟轨道劣化与评估的热点研究，攻克了相关科研难题，完成了《高速铁路无砟轨道性能劣化机理与评估方法》一书，并获得 2023 年度国家科学技术学术著作出版基金资助出版。书中每章节内容均结合无砟轨道典型劣化形式，利用现场调研、问卷调查、数值仿真、室内试验、现场测试等方法展开研究，从现场无砟轨道结构劣化现象深入到劣化机理与发展规律分析；针对结构层表观病害及隐蔽性病害提出了有效的损伤自动识别方法；通过建立综合评价指标及权重系数，一定程度上完善了无砟轨道整体质量评估体系。该书密切结合轨道交通基础设施高质量发展战略需求，选题意义重大。全书结构严谨、逻辑缜密、内容系统且翔实，研究内容顺应现代轨道精细化设计与科学评估的理念，兼顾了基础性、理论性和实用性，工作的开展得益于我国高速铁路建设重大需求，并致力于实际工程问题的解决。为我国高速铁路长寿命轨道结构的设计优化、高质量建造及科学养护维修的研究提供了新思路、新方法，对保持无砟轨道长期良好状态、提高无砟轨道的智能运维水平、确保铁路运输安全具有重要意义。

原铁道部副部长 中国工程院院士

2023 年 12 月 20 日

# 序　二

高平顺性是高速铁路对轨道的基本要求，保持轨道的高平顺性需要科学的养护维修。尽管轨道养护维修原则有状态修、精检慎修和精检细修的变化，但最根本的一条没有变，那就是通过现代化的手段对轨道状态的检测评价始终是养护维修的依据。

高速铁路无砟轨道结构作为多层异质结构，结构层及层间伤损必然影响体系服役性能和结构耐久性，而多层体系伤损的隐蔽性往往导致既有检测手段的捉襟见肘。西南交通大学任娟娟教授的《高速铁路无砟轨道性能劣化机理与评估方法》出版，代表了新一代信息技术在轨道工程中的应用取得新突破，基于物理-数据模型的结构状态评估更加接近实际，多源数据融合使得隐蔽性病害现出原形。

任娟娟教授是我国无砟轨道结构领域知名的青年专家，她的成就来自于对事业的热爱、执着和不辞辛苦，从而在把握工程问题时更加敏锐精准，取得的成果才有现在的理论高度和实用性。本书作为学术专著，系统性强，内容丰富，对高速铁路无砟轨道技术的发展具有重大的意义，是轨道专业科研、设计、施工、维护人员学习提高的好教材和日常工作中的重要参考书。

我国已经建成世界上最发达的高铁网，无砟轨道支撑了我国高速铁路运营速度领跑世界。希望任娟娟教授继续发扬吃苦奉献、理论联系实际的优良传统，不断研究取得最新成果，为锻造我国高速铁路安全、绿色、高效、舒适的技术品质做出更大贡献。

原铁道部副总工程师

川藏铁路工程建设指挥部首席专家　赵国堂

2023 年 11 月

# 前　言

党的十八大以来，我国加快建设"八纵八横"高速铁路主通道，综合立体交通网加速成型，目前我国已建成全世界最大的高速铁路网和先进的铁路网。中国铁路总体技术水平迈入世界先进行列，高速、高原、高寒、重载铁路技术达到世界领先水平，形成了具有独立自主知识产权的高速铁路工程建设、装备制造、运营管理三大领域的成套技术体系。为保障高速铁路快速、安全、平稳运行，无砟轨道以其高平顺性、高稳定性、良好的耐久性及少维修性的特点，在国内外高速铁路建设中被广泛应用。无砟轨道作为高速铁路下部的基础设施，其服役性能状态直接影响着高速铁路可持续健康发展的运营模式。随着轨道工程在功能上向高速极致追求，在空间上向恶劣环境地区迈进，无砟轨道在这种多维作用下的服役问题遭受了严峻挑战。为此，本书聚焦于高速铁路无砟轨道性能劣化机理与质量评估研究，顺应现代轨道精细化设计与科学评估的理念，根据目前部分无砟轨道结构劣化形式着手解决实际工程问题。

本书在充分总结吸收国内外无砟轨道劣化产生机理与质量评估方法相关研究成果及实际工程应用经验的基础上，根据我国目前部分无砟轨道存在的劣化特点，分别进行不同无砟轨道结构材料的物理模拟试验，利用数值仿真方法分别建立相应轨道部件及带损伤的无砟轨道结构的计算模型，开展无砟轨道劣化产生机理及损伤扩展演化的研究分析；并采用无砟轨道结构或车辆的动力响应作为映射信号，提出先进科学的无砟轨道劣化识别方法，形成相应的评价指标及评估方法。

本书共 10 章。第 1 章是绪论，概述高速铁路以及无砟轨道的发展历程，描述部分无砟轨道服役过程中的劣化问题及损伤机理，简单介绍本书的研究工作。第 2 章是氯离子在无砟轨道中的传输规律与模型，简要介绍氯离子在混凝土中的传输规律，建立不同侵蚀环境下的氯离子传输模型，基于 COMSOL 和 MATLAB 分析氯离子在饱和混凝土、非饱和混凝土以及交变荷载和带裂缝状态下饱和混凝土中的扩散情况。第 3 章是无砟轨道混凝土低温冻结行为，基于温度-应力耦合计算模型建立无砟轨道混凝土低温冻结模型，分析寒区环境下不同孔隙率和冻结次数对无砟轨道结构温度场及应力的影响规律。第 4 章是无砟轨道自密实混凝土早期劣化机理，通过建立自密实混凝土水化-干缩多场耦合模型，重点分析早期自密实混凝土湿度、收缩变形及应力的演化规律，考虑到自密实混凝土配合比及施工养护的影响，根据建立的模型探究不同水灰比、不同轨道板湿度下自密实混凝土早期性能发展规律。第 5 章是无砟轨道水泥沥青砂浆(简称 CA 砂浆)损伤发展规律分析，通过建立嵌入统计损伤本构 UMAT 子程序的有限元实体模型，分析不同初始弹性模量、不同列车速度以及不同板端离缝高度情况下无砟轨道 CA 砂浆损伤发展规律。第 6 章是基于振动响应的无砟轨道层间脱空损伤识别，考虑无砟轨道层间脱空对车辆动力响应的影响特征，建立无砟轨道层间脱空的车辆-轨道耦合动力学模型，得到含脱空损伤轨道板在列车荷载作用下的振动信号，基于反向传播(back propagation，BP)神经网络和支持向量机实现无砟轨道层间脱空的损伤识别。第 7 章是基于机器学习的无砟轨道路基沉降识别，考虑路基沉降与车辆系统振动之间的映射关系，建立路基沉降的车辆-轨道-路基沉降耦合模型，基于特征提取与支持向量机、卷积神经网络算法对数值仿真实体模型得到的振动信号进行识别分析，实现无砟轨道路基沉降病害的有效识别。第 8 章是无砟轨道层间离缝评估方法，描述无砟轨道层间离缝劣化特征，考虑当前无砟轨道层间离缝损伤评价指标体系，进行系统、深入的评价指标研究，以 CRTS Ⅲ型板式无砟轨道为例，提出合理的质量状态评估体系。第 9 章是无砟轨道开裂状况评估方法，根据无砟轨道开裂损伤产生机理，开展含表面裂纹的质量状态评估指标和计算方法研究，对各指标参数权重进行分析，最终获得能够定量分析和评估无砟轨道开裂严重程度的指标。第 10 章是无砟轨道质量状况综合评估方法，主要从无砟轨道典型劣化形式出发，考虑无砟轨道开裂、层间离缝以及开裂和离缝同时存在情况下的损伤演化规律，基于熵权法-模糊层次分析法(entropy weight method-fuzzy analytic hierarchy process，EWM-FAHP)确定不同劣化形式损伤指数的权重系数，提出综合质量状况指数。

感谢课题组多位老师、博士研究生和硕士研究生参与资料整理。本书的研究工作得到了国家重点研发计划项目(2021YFF0502100、2021YFB2600900)、国家自然科学基金优秀青年科学基金项目(52022085)、国家自然科学基金面上项目(52278461、51578472)、青年科学基金项目(52308467)、四川省青年科技创新研究团队项目(2022JDTD0015)的大力支持。同时，本书资料的收集得到了中国国家铁路集团有限公司(国铁集团)、各设计院、铁路局、铁路同行院校及科研单位等各位专家的帮助，在此一并表示由衷感谢。

由于时间和水平有限，以及资料涉猎范围和工程实践平台等方面的限制，书中不足或疏漏之处在所难免，敬请广大读者批评指正。

# 目 录

序一
序二
前言
第1章 绪论 ············································································· 1
  1.1 我国高速铁路发展概述 ·················································· 1
  1.2 高速铁路无砟轨道发展历程 ············································ 2
    1.2.1 高速铁路无砟轨道深化改革 ······································· 3
    1.2.2 高速铁路无砟轨道自主创新 ······································· 8
    1.2.3 高速铁路无砟轨道设计理论优化 ································ 9
  1.3 高速铁路无砟轨道服役安全关键问题 ································ 10
    1.3.1 无砟轨道性能劣化问题 ··········································· 10
    1.3.2 无砟轨道损伤识别与质量评估问题 ····························· 13
  1.4 高速铁路无砟轨道损伤劣化机理与质量评估方法 ················· 13
    1.4.1 高速铁路无砟轨道结构劣化机理 ······························· 14
    1.4.2 基于动力响应的无砟轨道损伤识别技术 ······················ 18
    1.4.3 高速铁路无砟轨道质量评估方法 ······························· 19
  1.5 研究内容及技术路线 ···················································· 20
    1.5.1 研究内容 ·························································· 20
    1.5.2 技术路线 ·························································· 22
  参考文献 ······································································· 22

第2章 氯离子在无砟轨道中的传输规律与模型 ······························· 24
  2.1 概述 ········································································ 24
    2.1.1 氯离子传输规律与模型的研究现状 ····························· 24
    2.1.2 本章主要内容及研究思路 ······································· 25
  2.2 饱和混凝土中氯离子传输规律 ········································ 26
    2.2.1 饱和混凝土氯离子扩散理论与模型 ····························· 26
    2.2.2 有限元饱和混凝土氯离子扩散模型验证 ······················ 31
    2.2.3 氯离子在路基上无砟轨道内的侵蚀规律 ······················ 33
  2.3 疲劳荷载下饱和混凝土中氯离子传输规律 ·························· 37
    2.3.1 疲劳荷载下饱和混凝土中氯离子传输试验 ·················· 37
    2.3.2 疲劳荷载下饱和混凝土中氯离子传输模型 ·················· 38
    2.3.3 有限元疲劳荷载下饱和混凝土中氯离子传输模型验证 ···· 40
  2.4 带裂缝的饱和混凝土中氯离子传输规律 ····························· 44

2.4.1 无砟轨道产生裂缝的形式与原因 45
 2.4.2 氯离子在带裂缝混凝土中扩散的影响因素 46
 2.4.3 氯离子在带裂缝饱和混凝土中的扩散分析 48
2.5 非饱和混凝土中氯离子传输规律 56
 2.5.1 非饱和混凝土氯离子传输机理 56
 2.5.2 非饱和混凝土中水分传输模型与氯离子传输模型 57
 2.5.3 有限差分法求解非饱和混凝土氯离子传输模型 60
 2.5.4 非饱和混凝土氯离子传输模型的分析与研究 65
2.6 本章小结 71
参考文献 71

## 第3章 无砟轨道混凝土低温冻结行为 74
3.1 概述 74
 3.1.1 混凝土低温冻结行为的研究现状 75
 3.1.2 本章主要内容及研究思路 75
3.2 无砟轨道混凝土的孔隙结构 76
 3.2.1 无砟轨道混凝土的孔隙分类方法 77
 3.2.2 无砟轨道混凝土孔隙结构的物理参数 77
 3.2.3 无砟轨道混凝土孔隙结构的测试方法 78
 3.2.4 无砟轨道混凝土寒区环境下的孔隙压力 80
3.3 无砟轨道混凝土低温冻结过程数值模拟 82
 3.3.1 无砟轨道混凝土材料的结冰规律 83
 3.3.2 无砟轨道混凝土低温冻结行为的控制方程 84
 3.3.3 无砟轨道混凝土低温冻结过程数值模拟 85
3.4 寒区环境下无砟轨道的低温冻结行为分析 91
 3.4.1 寒区环境对无砟轨道的影响规律 91
 3.4.2 不同孔隙率下低温冻结对无砟轨道的影响 99
 3.4.3 冻结次数对无砟轨道的影响 102
3.5 寒区环境下无砟轨道粉化整治与保温防护 107
 3.5.1 无砟轨道底座板混凝土粉化数值分析 108
 3.5.2 无砟轨道底座板混凝土粉化整治 110
 3.5.3 寒区环境下无砟轨道保温数值模拟 113
3.6 本章小结 121
参考文献 122

## 第4章 无砟轨道自密实混凝土早期劣化机理 124
4.1 概述 124
 4.1.1 自密实混凝土早期水化-干缩研究现状 124
 4.1.2 本章主要内容及研究思路 125
4.2 无砟轨道中自密实混凝土水化-干缩数学表征 126

|   |   |   |
|---|---|---|
| 4.2.1 | 水泥水化度的确定 | 127 |
| 4.2.2 | 瞬态传热过程 | 128 |
| 4.2.3 | 水分传输 | 129 |
| 4.2.4 | 湿度扩散 | 129 |
| 4.2.5 | 自密实混凝土早期收缩变形方程 | 131 |
| 4.2.6 | 混凝土水化模型验证 | 134 |

## 4.3 多场耦合下无砟轨道自密实混凝土早期水化-干缩过程 · 135
- 4.3.1 无砟轨道自密实混凝土早期水化-干缩模型 · 135
- 4.3.2 无砟轨道自密实混凝土湿度演化 · 137
- 4.3.3 无砟轨道自密实混凝土温度演化 · 138
- 4.3.4 无砟轨道自密实混凝土收缩应变 · 139
- 4.3.5 无砟轨道自密实混凝土应力 · 142

## 4.4 无砟轨道早龄期自密实混凝土性能影响因素分析 · 145
- 4.4.1 水灰比对水化-干缩阶段自密实混凝土性能的影响 · 145
- 4.4.2 湿度对水化-干缩阶段自密实混凝土性能的影响 · 147

## 4.5 本章小结 · 150
## 参考文献 · 151

## 第5章 无砟轨道CA砂浆损伤发展规律分析 · 153
### 5.1 概述 · 153
- 5.1.1 CA砂浆损伤研究现状 · 154
- 5.1.2 本章主要内容及研究思路 · 154

### 5.2 无砟轨道CA砂浆统计损伤本构模型 · 156
- 5.2.1 无砟轨道CA砂浆损伤本构数学表达式 · 156
- 5.2.2 UMAT子程序编写 · 158
- 5.2.3 CA砂浆有限元模型算例验证 · 160

### 5.3 含有砂浆损伤的无砟轨道有限元模型 · 164
- 5.3.1 无砟轨道有限元模型 · 165
- 5.3.2 砂浆损伤对轨道结构动态响应的影响 · 167

### 5.4 初始弹性模量对无砟轨道CA砂浆损伤发展的影响 · 170
- 5.4.1 计算工况的选取 · 171
- 5.4.2 不同初始弹性模量下CA砂浆损伤情况 · 171

### 5.5 列车速度对无砟轨道CA砂浆损伤发展的影响 · 176
- 5.5.1 计算工况的选取 · 176
- 5.5.2 不同速度、不同列车荷载作用下无砟轨道CA砂浆损伤情况 · 177

### 5.6 板端离缝高度对无砟轨道CA砂浆损伤发展的影响 · 181
- 5.6.1 计算工况的选取 · 181
- 5.6.2 不同板端离缝高度下无砟轨道CA砂浆损伤发展规律 · 182

### 5.7 本章小结 · 186

参考文献 188

# 第 6 章 基于振动响应的无砟轨道层间脱空损伤识别 190
## 6.1 概述 190
### 6.1.1 结构损伤识别方法研究现状 190
### 6.1.2 本章主要内容及研究思路 192
## 6.2 基于振动信号的损伤特征指标提取 194
### 6.2.1 含脱空损伤的无砟轨道动力学模型 194
### 6.2.2 时域与频域特征指标提取 198
### 6.2.3 基于小波包分解的频带能量提取 207
## 6.3 基于 BP 神经网络的脱空损伤程度识别 211
### 6.3.1 BP 神经网络的基本结构及推导 212
### 6.3.2 BP 神经网络的脱空识别模型 216
## 6.4 基于 SVM 的脱空损伤识别 223
### 6.4.1 SVM 的基本原理 223
### 6.4.2 SVM 的参数优选算法 226
### 6.4.3 SVM 的脱空样本准备 229
### 6.4.4 SVM 的脱空识别效果 231
## 6.5 本章小结 234
参考文献 235

# 第 7 章 基于机器学习的无砟轨道路基沉降识别 236
## 7.1 概述 236
### 7.1.1 无砟轨道路基沉降监测的研究现状 236
### 7.1.2 本章主要内容及研究思路 237
## 7.2 基于机器学习的路基沉降识别方法 238
### 7.2.1 无砟轨道路基沉降识别主要过程 238
### 7.2.2 基于机器学习的沉降识别算法 239
### 7.2.3 基于理论仿真的沉降识别数据获取 239
## 7.3 无砟轨道路基沉降的车辆振动敏感特征分析 245
### 7.3.1 模型工况设置 245
### 7.3.2 沉降作用下车辆系统振动敏感特征的选取 246
### 7.3.3 其他条件对路基沉降车辆振动敏感指标的影响 256
## 7.4 无砟轨道路基沉降识别方法 258
### 7.4.1 卷积神经网络算法理论基础 258
### 7.4.2 无砟轨道路基沉降识别数据 261
### 7.4.3 基于 PSO-SVM 的识别方法 264
### 7.4.4 基于 CNN-SVM 的识别方法 268
### 7.4.5 无砟轨道路基沉降识别方法对比 271

## 7.5 本章小结 ... 278
参考文献 ... 279

## 第8章 无砟轨道层间离缝评估方法 ... 281
### 8.1 概述 ... 281
#### 8.1.1 无砟轨道层间离缝评估方法研究现状 ... 281
#### 8.1.2 本章主要内容及研究思路 ... 282
### 8.2 无砟轨道层间离缝成因及理论基础 ... 284
#### 8.2.1 离缝成因 ... 284
#### 8.2.2 层间离缝理论基础 ... 285
### 8.3 不同层间离缝对轨道结构受力分析 ... 289
#### 8.3.1 无砟轨道计算模型及参数 ... 289
#### 8.3.2 不同层间离缝下轨道结构受力分析 ... 294
### 8.4 层间离缝评估方法 ... 301
#### 8.4.1 层间离缝评价指标 ... 301
#### 8.4.2 层间离缝损伤影响权重定权方式 ... 304
#### 8.4.3 层间离缝损伤影响权重的确定 ... 305
### 8.5 案例分析与实例验证 ... 311
#### 8.5.1 案例分析 ... 312
#### 8.5.2 实例验证 ... 314
### 8.6 本章小结 ... 315
参考文献 ... 317

## 第9章 无砟轨道开裂状况评估方法 ... 319
### 9.1 概述 ... 319
#### 9.1.1 无砟轨道开裂状况评估方法研究现状 ... 320
#### 9.1.2 本章主要内容及研究思路 ... 320
### 9.2 无砟轨道开裂状况分类及评价指标 ... 322
#### 9.2.1 无砟轨道评价单元选取 ... 322
#### 9.2.2 无砟轨道表面裂缝的检测识别与分类 ... 324
#### 9.2.3 无砟轨道开裂状况指标计算方法 ... 328
#### 9.2.4 开裂状况指标中参数的量化方法 ... 330
### 9.3 开裂损伤对轨道结构受力影响 ... 333
#### 9.3.1 三种不同形式裂缝对无砟轨道的影响 ... 333
#### 9.3.2 不同部件开裂对无砟轨道整体结构的影响 ... 342
### 9.4 开裂状况指标的参数权重计算 ... 348
#### 9.4.1 分析方法介绍 ... 348
#### 9.4.2 基于区间层次分析法的无砟轨道开裂指标层次结构的建立 ... 353
#### 9.4.3 基于德尔菲法的专家咨询 ... 354
#### 9.4.4 德尔菲法与数值模拟结果向区间层次分析法的转化 ... 356

9.4.5　无砟轨道开裂影响权重的确定·················································359
　9.5　案例分析·······························································································361
　　　9.5.1　案例一···························································································361
　　　9.5.2　案例二···························································································363
　9.6　本章小结·······························································································366
　参考文献·········································································································366

# 第10章　无砟轨道质量状况综合评估方法·····················································369
　10.1　概述·······································································································369
　　　10.1.1　无砟轨道质量状况综合评估方法研究现状·······························369
　　　10.1.2　本章主要内容及研究思路···························································370
　10.2　损伤质量状况模型建立与受力分析···················································371
　　　10.2.1　计算模型及参数···········································································372
　　　10.2.2　开裂损伤状况下模型受力分析···················································375
　　　10.2.3　层间损伤状况下模型受力分析···················································385
　　　10.2.4　含离缝的无砟轨道开裂状况下模型受力分析···························394
　10.3　质量状况综合评估方法·······································································400
　　　10.3.1　质量状况综合评价指标及计算方法···········································400
　　　10.3.2　基于EWM-FAHP的综合指标权重确定·····································403
　　　10.3.3　指标权重修正···············································································412
　　　10.3.4　损伤状况综合指标确定·······························································416
　10.4　案例分析·······························································································418
　　　10.4.1　案例一···························································································418
　　　10.4.2　案例二···························································································420
　10.5　本章小结·······························································································422
　参考文献···········································································································423

# 第1章 绪 论

## 1.1 我国高速铁路发展概述

党的十八大以来，在科技创新的强力驱动下，中国高速铁路事业飞速发展，从引进、消化、吸收再创新到自主创新，高速铁路技术现已经领跑世界，成为我国自主创新的一个成功范例。随着高速铁路技术的快速发展，我国全面掌握了复杂路网条件下高速铁路长距离运营管理的成套技术，构建完善了适应国情路情、具有世界先进水平、安全高效的高速铁路运营管理体系，建成了世界上最现代化的普速铁路网和最发达的高速铁路网。

随着改革不断推进，我国原有的铁路干线处于饱和状态。为缓解运输压力，1990年底提出了《京沪高速铁路线路方案构想报告》，为高速铁路的发展埋下了伏笔。在经历了6次大提速后中国铁路于2007年正式进入高速铁路时代，并探索性地累积了中国高速铁路技术，开始了我国高速铁路建设的初步探索阶段。

2004~2015年我国高速铁路建设依次经历了技术引进及吸收阶段、自主创新阶段、"出国门"阶段，逐步成为全球高速铁路大国。截至2015年年底，我国运营高速铁路里程达1.9万km，居世界第一，占世界高速铁路总里程的60%以上，基本形成"四纵四横"高速铁路网主骨架。到2021年年底，我国高速铁路运营里程突破4万km，占世界高速铁路总里程的2/3以上，其中速度300~350km/h的高速铁路运营里程1.57万km，占比39.3%，截至2022年年底，我国也是世界上唯一实现高速铁路速度350km/h商业运营的国家；200~250km/h的高速铁路运营里程2.44万km，占比61%。2022年6月国家铁路局发布"四纵四横"高速铁路网已经形成，"八纵八横"高速铁路网正加密成型，已完成近八成。

根据2016版《中长期铁路网规划》，"八纵八横"高速铁路主通道总规模约4.5万km，截至2022年8月底已建成投产3.44万km，占比76.4%；开工在建的0.53万km，占比11.8%，京沪通道、京哈—京港澳通道、青银通道、陆桥通道、沪昆通道、广昆通道已实现贯通。我国2008~2022年高速铁路运营里程如图1-1所示。另外，依照国务院印发的《"十四五"现代综合交通运输体系发展规划》，到2025年中国铁路运营里程要达到16.5万km，其中高速铁路里程达到5万km。这预示着我国高速铁路路网布局还将不断优化完善，因此需要其装备水平持续更新、创新能力不断提高、运营管理及服务水平稳健上升，以构建支撑我国高速铁路创新发展的能力体系。

作为高速铁路、客运专线的核心技术之一，无砟轨道因其高平顺性、高稳定性和少维修性等优势成为引导并支承高速列车运行的重要基础结构，经过引进、消化、吸收和再创新，形成了CRTS Ⅰ型板式无砟轨道、CRTS Ⅱ型板式无砟轨道、CRTS Ⅰ型双块式无砟轨道和CRTS Ⅱ型双块式无砟轨道。为了顺应我国高速铁路"走出去"的战略需求，通过自主创新提出了"复合板"型式的CRTS Ⅲ板式无砟轨道。

图 1-1　我国 2008～2022 年高速铁路运营里程

## 1.2　高速铁路无砟轨道发展历程

我国高速铁路列车运行速度高、路网统一、行车密度大、维修天窗短、优质石砟短缺的特点较为突出，虽然我国劳动力资源较为丰富，但由于高速铁路行车密度大和维修天窗短，没有足够的维修时间，且手工或小型机械为主的维修方式难以满足高速铁路轨道的平顺性要求，因此我国高速铁路以无砟轨道为主要的轨道结构型式，经过引进、消化、吸收再创新过渡到自主创新阶段，形成了较为系统的 CRTS 系列无砟轨道[1]。

目前，散体的有砟轨道(图 1-2)在高速铁路建设中逐渐被整体性较好的混凝土或沥青混凝土承载层(无砟轨道，如图 1-3 所示)代替。无砟轨道以其高稳定性、高平顺性和少维修等特点，在铁路运营中逐渐取得了明显优势，尤其是随着客运专线和高速铁路的修建，无砟轨道更加显示出其优越性和重要性。

图 1-2　有砟轨道 　　　　　　　　图 1-3　无砟轨道

与有砟轨道相比，无砟轨道采用自身稳定性较好的混凝土或沥青做道床，消除了引起轨道变形的道砟层，轨道变形小且变形累积缓慢，同时其抗冻安全性也非常高，有利于提高行车平稳性，且混凝土承载层对荷载的分散作用大，基底应力均匀，使路基使用的寿命得以延长。因为无砟轨道结构整体性较强，可承受更大的轮轨作用力，所以对线路平纵面的要求较有砟轨道可适度降低，即可采用较大的线路纵坡与较小的曲线半径，降低工程造价。此外，无砟轨道可最大限度地减少轨道养护维修工作量、降低作业强度、改善作业条件，其日常养护维修工作量仅为有砟轨道的 10%左右[2,3]。

铁路科技发展"十五"计划以铁路中长期发展战略为依据，以全面提高铁路运输质量和市场竞争能力为目的，把铁路建设和运输生产中急需解决的重大关键技术课题作为科技发展的主要任务，充分发挥科技的推动作用，全面提高铁路现代化水平。

### 1.2.1 高速铁路无砟轨道深化改革

自 20 世纪 60 年代开始，日本与德国铁路相继研发了以"少维修、高稳定、高平顺"为主要目标的多种形式无砟轨道结构。我国于 2000 年开始对无砟轨道技术开展探索研究，在秦沈客运专线、赣龙线、渝怀线及遂渝线综合试验段等多点试铺了双块式、埋入式和板式无砟轨道，为高速铁路无砟轨道的应用积累了初步经验。

日本新干线板式无砟轨道主要由钢轨、扣件系统、预制混凝土轨道板、CA 砂浆充填层、钢筋混凝土底座板、凸形挡台及其周围充填树脂等构件组成，通过完善的设计和制造，研发并应用了经济性、可维护性较好的框架型板式无砟轨道，如图 1-4 所示。

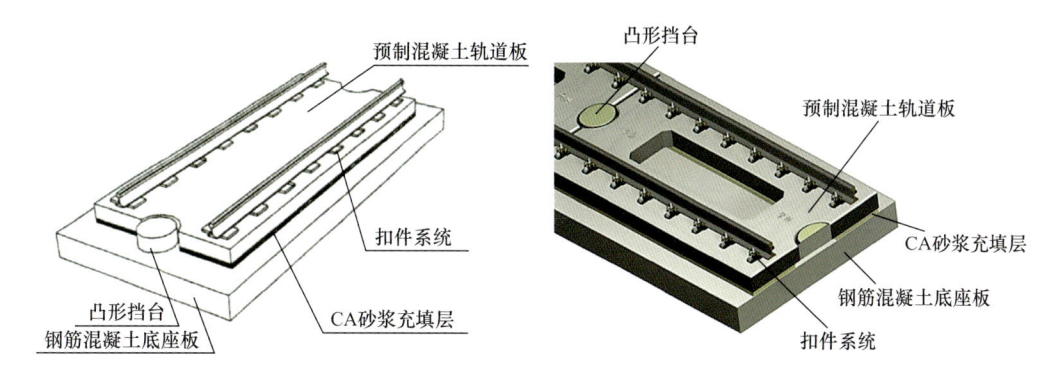

(a) 预应力板式无砟轨道　　(b) 框架型板式无砟轨道

图 1-4　日本新干线板式无砟轨道

德国基于统一的基本技术要求，立足企业自主研发，因此其无砟轨道结构多种多样，主要包括雷达型无砟轨道、旭普林型无砟轨道以及博格型无砟轨道三种类型。其中雷达型无砟轨道及后期改进的雷达-2000 型无砟轨道应用居多，雷达型无砟轨道的发展演变历程如图 1-5 所示[4]。

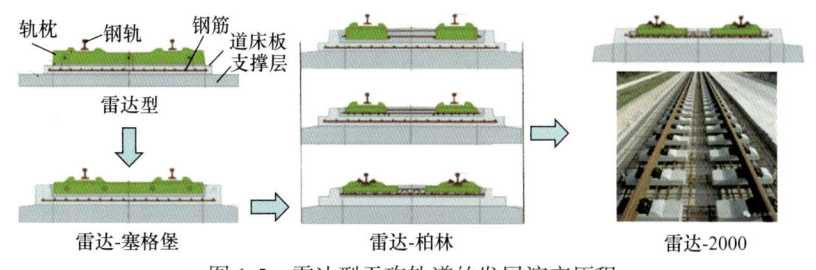

图 1-5　雷达型无砟轨道的发展演变历程

为推动我国高速铁路的发展，形成符合我国国情和路情的轨道交通结构，在全面引进日本、德国无砟轨道技术的基础上，我国客运专线无砟轨道的结构设计初步提出了"系统设计、静动兼顾；结构合理、接口相容；经济耐用、环境协调"的理念，并坚持技术自主创新，构件、产品、材料国产化，以列车荷载、温度影响和基础变形为设计主线；

充分考虑裂纹控制与耐久性、刚度控制与动力特性,使无砟轨道结构静动态受力合理、使用性能良好、经济合理。

在总结分析我国无砟轨道前期研究成果的基础上,通过引进、消化、吸收和再创新阶段,我国系统开展了高速铁路无砟轨道结构的研究,形成了 CRTS Ⅰ 型板式无砟轨道、CRTS Ⅱ 型板式无砟轨道和 CRTS Ⅰ 型双块式无砟轨道、CRTS Ⅱ 型双块式无砟轨道的标准化设计、系列技术标准和建造成套技术,为我国高速铁路无砟轨道大规模建设奠定了坚实的基础[1]。

### 1. CRTS Ⅰ 型板式无砟轨道

CRTS Ⅰ 型板式无砟轨道是在日本板式轨道的基础上经技术优化形成的,该型轨道是将预制混凝土轨道板通过 CA 砂浆充填层铺设在现场浇筑的钢筋混凝土底座上,由凸形挡台限位,并适应 ZPW-2000 轨道电路的单元板无砟轨道结构型式。CRTS Ⅰ 型板式无砟轨道由钢轨、扣件系统、预制混凝土轨道板、CA 砂浆充填层、钢筋混凝土底座板、凸形挡台等部分组成,如图 1-6 所示。

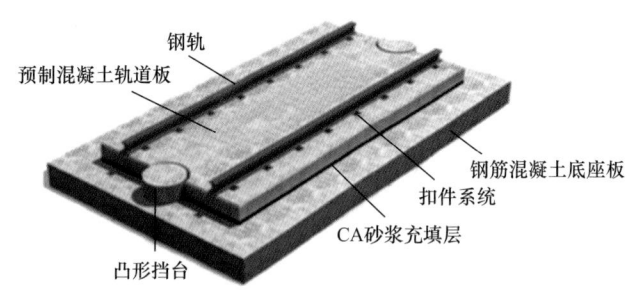

图 1-6 CRTS Ⅰ 型板式无砟轨道

CRTS Ⅰ 型板式无砟轨道结构采用分离的层状结构体系,钢筋混凝土底座作为轨道基础,可以减小轨道板的受力,且在钢筋混凝土底座上设置圆形凸形挡台,可以传递纵向力、横向力。依靠工程化生产的预制混凝土轨道板施工进度快,结构通用性强,具有承载、传力、对钢轨进行定位等多重作用。作为钢筋混凝土底座和预制混凝土轨道板之间的 CA 砂浆充填层,可以调整轨道板的位置,并起到一定的缓冲作用。

CRTS Ⅰ 型板式无砟轨道在路桥隧等不同结构物上的轨道结构组成相同,因此可根据不同环境和基础工程条件,制定较统一的标准化设计和建造技术要求。

CRTS Ⅰ 型板式无砟轨道分层设计的技术特点使得轮轨垂向力通过钢轨、预制混凝土轨道板、钢筋混凝土底座分散传递至线下基础,轮轨水平力通过钢轨、预制混凝土轨道板、凸形挡台传递至钢筋混凝土底座和线下基础,荷载在轨道层间结构中逐层传递,路径较为明确。充填在预制混凝土轨道板底部的 CA 砂浆,使得预制混凝土轨道板与底部间的垂向约束较小,因此当出现轨道结构的破损或失效时,可以较为便利地进行修复。

### 2. CRTS Ⅱ 型板式无砟轨道

CRTS Ⅱ 型板式无砟轨道为在德国博格型无砟轨道的基础上消化、吸收、再创新形成的，轨道结构中的预制混凝土轨道板通过水泥沥青砂浆调整层，铺设在现场摊铺的混凝土支承层或现场浇筑的具有滑动层的钢筋混凝土底座(桥梁)上，轨道结构如图 1-7 所示。

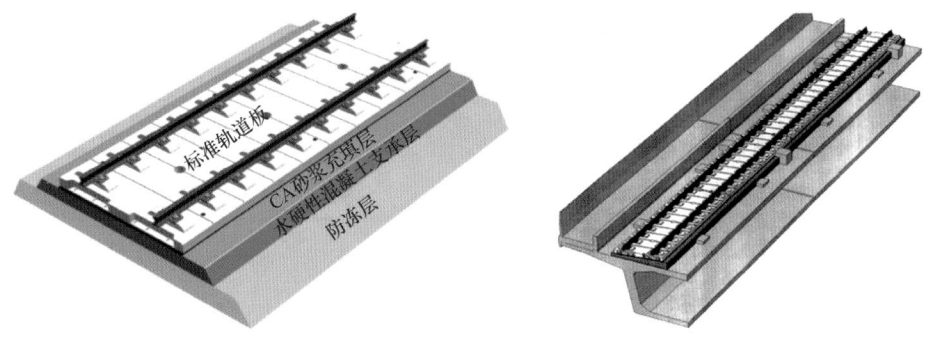

(a) CRTS Ⅱ型板式无砟轨道　　　　(b) 桥梁上CRTS Ⅱ型板式无砟轨道

图 1-7　CRTS Ⅱ型板式无砟轨道

CRTS Ⅱ型板式无砟轨道为预制板式轨道结构，其主要结构在工厂预制，其结构组成在桥上与路基、隧道地段中有微量区别。在桥梁上由滑动层、钢筋混凝土底座、侧向挡块、调整层、轨道板等组成；在隧道、路基地段自下而上由支承层、调整层、轨道板等组成；沿线路纵向底座、支承层及轨道板均为连接结构。

CRTS Ⅱ型板式无砟轨道结构层次分明，采用明确的层状结构体系设计理念，轨道板采用纵连体系，保证了轨道结构的连续性。路基上由轨道板与调整层、支承层的层间黏结传递纵向力和横向力。桥上 CRTS Ⅱ型板式无砟轨道系统采用连续的轨道结构，并通过"两布一膜"滑动层与桥梁结构隔离，在桥梁固定支座部位设置剪力齿槽和锚固钢筋，使轨道结构的荷载向下部桥梁传递。当传递列车纵向力、横向力、温度力时，桥梁上通过桥梁端端刺、锚固销钉以及侧向挡块等部件传递。

CRTS Ⅱ型板式无砟轨道依据在梁面位置设置"两布一膜"滑动层的技术手段，实现了底座板跨梁缝的纵向连接，在一定程度上减少了大跨桥上钢轨伸缩调节器的使用量。桥梁地段采用底座板跨梁缝的纵向连续设置技术，使得预制混凝土轨道板及配套扣件的设计、制造和施工铺设的标准化程度变高。此外，轨道结构采用纵向连续的铺设技术，这种施工技术会使温度荷载作用下轨道结构内力较大，因此当轨道结构出现病害需要进行修复时，必须将相邻轨道板进行锚固锁定，才能对失效轨道板进行解锁修复。

3. CRTS Ⅰ型双块式无砟轨道

CRTS Ⅰ型双块式无砟轨道是在引进德国雷达型无砟轨道技术的基础上，进行改进而国产化的一种双块式无砟轨道，将预制的双块式轨枕组装成轨排，以现场浇注混凝土方式将轨枕浇入均匀连续的钢筋混凝土道床内。CRTS Ⅰ型双块式无砟轨道由钢轨、扣件系统、双块式轨枕、道床板、支承层/底座等部分组成，如图 1-8 所示。

路基地段 CRTS Ⅰ型双块式无砟轨道结构主要由 SK-2 双块式轨枕、道床板、混凝土支承层等部分组成，道床板一般为纵向连接结构，曲线超高在路基基床表层上设置。路基直线地段 CRTS Ⅰ型双块式无砟轨道横断面如图 1-9 所示。

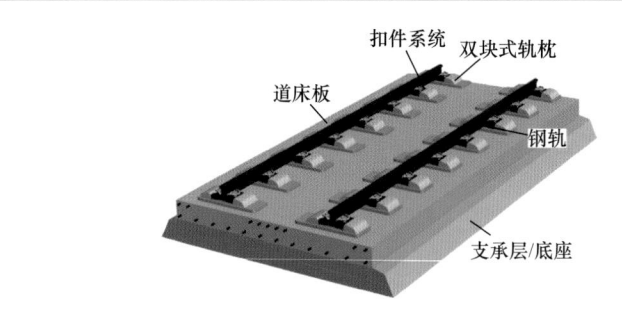

图 1-8　CRTS I 型双块式无砟轨道

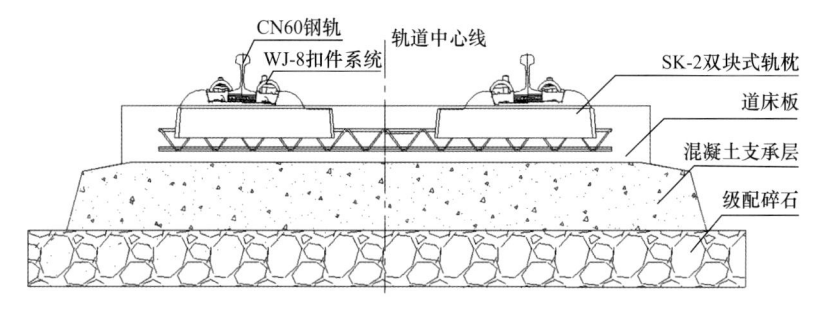

图 1-9　路基直线地段 CRTS I 型双块式无砟轨道横断面

  桥梁地段道床结构由钢轨、WJ-8 扣件系统、底座、道床板、抗剪凸形挡台(或凹槽)等部分组成，其中道床板部分包括隔离层、弹性垫层和含双块式轨枕的现浇道床板。隔离层采用的材料是聚丙烯纤维土工布，铺设在底座和抗剪凸形挡台的上表面，将道床板与底座分离，以实现道床板破损时的修复。道床板或底座沿线路纵向分块设置，间隔缝为 100mm。桥梁直线地段 CRTS I 型双块式无砟轨道横断面如图 1-10 所示。

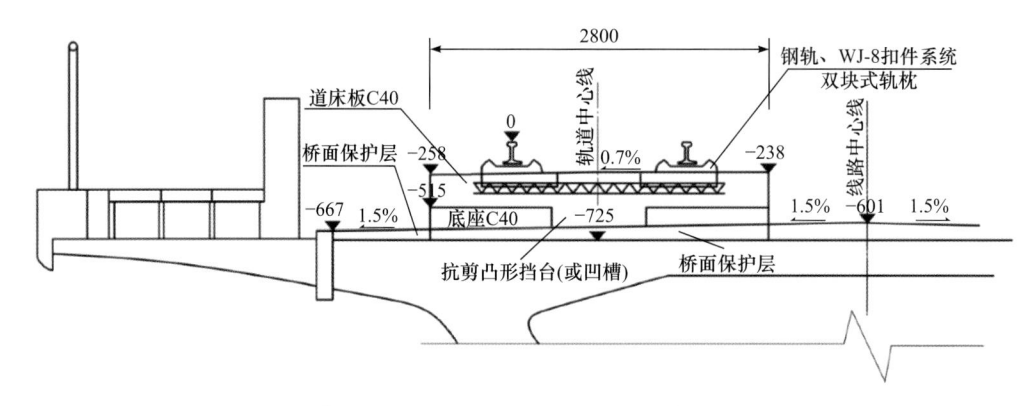

图 1-10　桥梁直线地段 CRTS I 型双块式无砟轨道横断面(单位：mm)

  隧道内 CRTS I 型双块式无砟轨道主要由 WJ-8 扣件系统、钢轨、钢筋混凝土底座和含双块式轨枕的道床板组成，道床板直接铺设在隧道仰拱回填层或钢筋混凝土底板上，采用纵向连续的钢筋混凝土结构，双层配筋。隧道直线地段 CRTS I 型双块式无砟轨道横断面如图 1-11 所示。

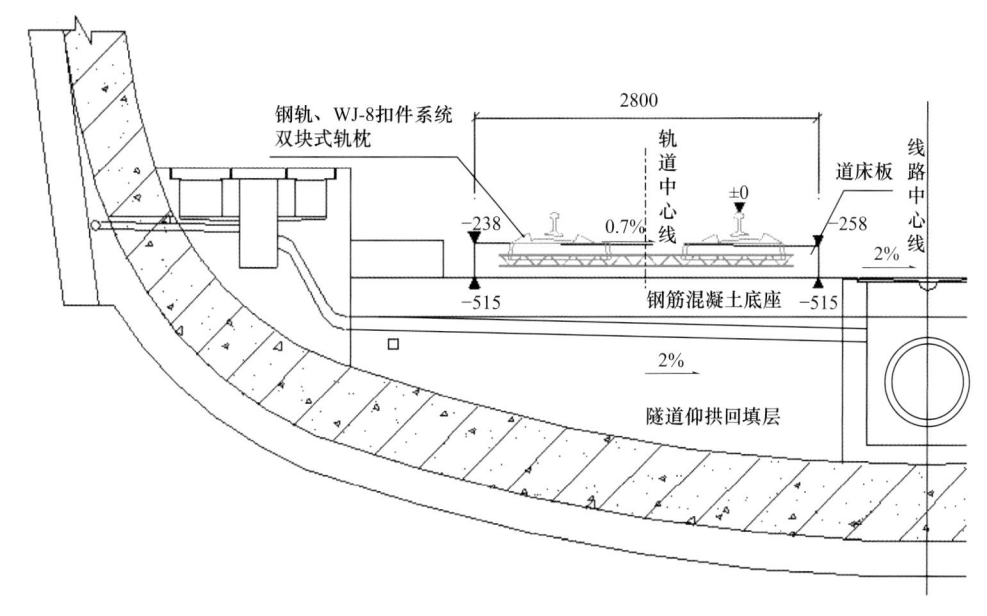

图1-11 隧道直线地段CRTS Ⅰ型双块式无砟轨道横断面(单位：mm)

CRTS Ⅰ型双块式无砟轨道结构组成简单，取消了充填层，工程预制与现浇混凝土相结合，该类结构型式在很大程度上提高了新旧混凝土的黏结能力，保障了轨道结构层间联结的耐久性。其在土质路基、桥梁和隧道区域都具有相同或相似的结构，使轨道结构的整体性得以完善，抵抗外界荷载的能力得以提高。

CRTS Ⅰ型双块式无砟轨道采用先控制钢轨几何形位、后现场浇筑道床板混凝土的自上至下施工技术，该技术手段与纵断面线形和不同类型扣件的适应性较好。但由于道床板均为现浇混凝土结构，当结构出现损伤破坏需要进行修复时，操作性较为复杂，修复后整体性受到削弱。此外，在温度变化较大的桥梁地段，梁端轨道结构的受力较大，需结合桥梁与轨道之间的相互作用分析，对梁端轨道结构及扣件进行相应的力学验算，特殊情况下还需要进行变更设计。

4. CRTS Ⅱ型双块式无砟轨道

CRTS Ⅱ型双块式无砟轨道是在引进德国旭普林型无砟轨道技术的基础上再创新而形成的。其是将预制的双块式轨枕通过机械振动法嵌入现场浇注的均匀连续的钢筋混凝土道床内形成整体，并适应ZPW-2000轨道电路的无砟轨道结构型式。由两根桁架形配筋组成的特殊双块式轨枕取代了原有轨枕中的整体轨枕，双块式轨枕只保留了承轨和预埋扣件螺栓部位的预制混凝土，其余为桁架式钢筋骨架，使其与现浇混凝土的新老界面减至最小，有利于提高施工质量和结构的整体性。

CRTS Ⅱ型双块式无砟轨道结构将轨枕振入混凝土道床中，其结构型式具有施工简单方便、机械化程度高、结构整体性较好、纵向连续、稳定性高、刚度均匀等特点。但结构仍存在不足之处，如道床板内温度应力较大，增加了道床板开裂的概率，整体性较好的轨道结构在出现病害后修复难度较大，且该类型无砟轨道对基础的适应能力较差。

路基上 CRTS Ⅱ型双块式无砟轨道横断面如图 1-12 所示，桥梁直线地段 CRTS Ⅱ型双块式无砟轨道横断面如图 1-13 所示。

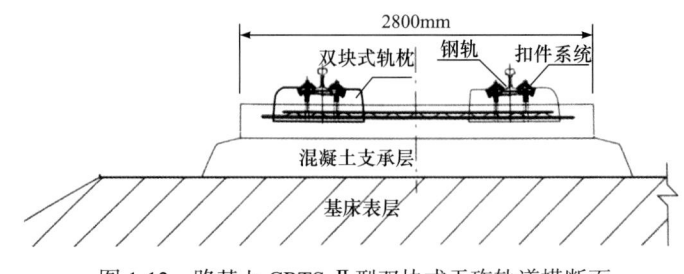

图 1-12　路基上 CRTS Ⅱ型双块式无砟轨道横断面

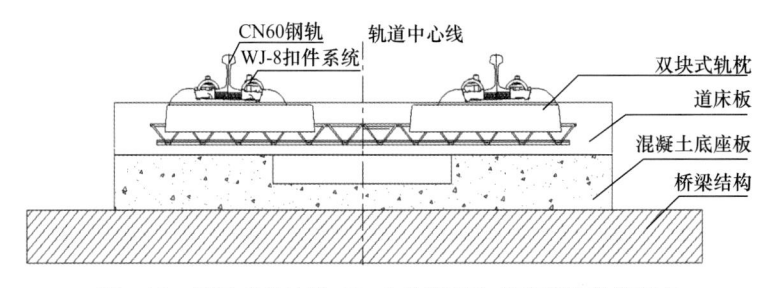

图 1-13　桥梁直线地段 CRTS Ⅱ型双块式无砟轨道横断面

在无砟轨道引进、消化、吸收、再创新阶段，部分学者[5]对高速铁路无砟轨道的主要结构或部件进行了较为系统的分析与力学计算，明确了相关结构的功能定位，考虑了结构劣化的产生机理，并通过考虑现场多因素影响，对无砟轨道的主要结构参数进行了系统的处理分析，给出了合理的取值建议范围，并且初步研究了无砟轨道主要结构的环境影响问题。

与此同时，相关学者[6]基于轮轨系统动力学理论开展了大量的基础研究工作，实现了轨道结构由静力设计向动力设计的转换，并逐步开展在道岔、路基和桥梁等方面的动力学研究。初步建立了我国高速铁路无砟轨道动力学特性分析与评估方法，提出了配套的动力学评价指标体系，为后续的高速铁路无砟轨道自主研发提供了理论和技术支撑。

### 1.2.2　高速铁路无砟轨道自主创新

为了完善我国无砟轨道建造技术，提高我国高速铁路技术国际竞争力，实现"走出去"和"一带一路"发展倡议的需要，必须提升我国无砟轨道技术的自主创新能力，打造中国无砟轨道的自身品牌。为突破技术壁垒，完成自主创新，铁道部于 2009 年 3 月立项"成灌城际铁路无砟轨道关键技术研究"，创新性地提出了"复合板"型式的 200km/h 的 CRTS Ⅲ型板式无砟轨道。在随后的数年中，我国通过多项课题研究多条实际线路应用效果，优化完善了 CRTS Ⅲ型全单元复合板式无砟轨道结构体系，研发了具有我国自主知识产权的 350km/h 的 CRTS Ⅲ型板式无砟轨道系统。

CRTS Ⅲ型板式无砟轨道在吸取桥上双块式无砟轨道凹凸限位结构承载力强、耐久性好以及 CRTS Ⅰ型板式无砟轨道单元结构受温度荷载影响小等优点的基础上，创新性地研发了具有我国自主知识产权的一种复合轨道板结构，这种复合轨道板结构采用预制轨道板铺设在现场摊铺的混凝土支承层或现场浇注的钢筋混凝土底座(桥梁)上，轨道板之间纵连，轨道板上设有钢轨承台，铺设方便，调整简单。CRTS Ⅲ型板式无砟轨道结构如图 1-14 所示。

图 1-14　CRTS Ⅲ型板式无砟轨道结构

CRTS Ⅲ型板式无砟轨道最初采用"桥上单元、路基纵连"的总体设计思路，在桥梁地段采用单元板式，用自密实混凝土代替 CA 砂浆作为板下充填层，轨道板与自密实混凝土间设置 U 型连接钢筋，加强两者之间的连接；底座上设置两个凸形挡台传递水平力及限位；路基地段采用纵连板式，板间充填树脂砂浆，板下充填自密实混凝土，支承层采用水硬性支承层，形成一种在板缝处有弱联结的连续板式结构。随着技术的不断发展，为了整体结构的统一性，在不同的下部基础上一律采用单元板式结构。

CRTS Ⅲ型板式无砟轨道结构采用预制轨道板和自密实混凝土相结合的方法，实现了具有与双块式无砟轨道相似特点的道床板结构。利用自密实混凝土代替 CA 砂浆作为板下充填层，具有施工简单、经济环保的结构特点。轨道结构配套采用弹性不分开式 WJ-8 扣件系统，轨道板面相应设置挡肩，使轨道整体结构拥有良好的施工性和轨距保持能力。

CRTS Ⅲ型板式无砟轨道结构承载和传力路径较为明确，自上至下逐层传递，且在路桥隧等不同线下基础工程的适用性较好。道床板设计采用单元板式结构，其受环境温度变化的影响较小，道床面采用预制混凝土结构，结构质量较现浇混凝土道床显著提高，具有良好的环境适应性和使用耐久性。底座板在顶面设置了隔离层，使得轨道板与底座间的垂向约束力变小，且轨道板在侧面设有吊装孔，很大程度上提高了轨道结构病害损伤的修复性。优化了轨道板中预应力体系，采用双向先张预应力结构，既提高了轨道板整体强度，又克服和改变了由于钢厂或 PC 钢棒生产过程中因材质缺陷及加工制造工艺瑕疵造成成品板的钢棒延时断裂的问题。

为进一步完善 CRTS Ⅲ型板式无砟轨道结构设计，掌握结构内力变化规律，实尺激荡试验、结构纵横向稳定试验以及不同下部基础上 CRTS Ⅲ型板式无砟轨道综合试验相继开展，获取了无砟轨道各项动力特性指标，量化了轨道部件设计参数，提出了无砟轨道工程评估体系，全面形成具有我国完全自主知识产权的无砟轨道技术成果。

### 1.2.3　高速铁路无砟轨道设计理论优化

结合我国无砟轨道的结构特性，科研人员基于容许应力法在列车荷载、温度影响、基础变形等核心设计理论和计算方法方面做出了改良优化,提出了更加新颖、精细、成熟的模型和理念,完善了在高温、严寒、多雨、地震等复杂条件下的无砟轨道结构设计。但传统的容许应力法假定材料始终完好无缺,本构特征永恒不变,进而采用经验安全系数和偏于保守的破坏准则加以弥补,无法考虑设计参数的随机变异性,因此很难适应现代无砟轨道结构设计发展趋势。为提高无砟轨道设计的安全性、科学性和经济性,同时便于技术标准与国际接轨,原铁道部和铁路总公司相继主持开展了铁路轨道设计标准以及由容许应力法向极限状态法转变的基础研究工作,并在 2018 年制定了《铁路轨道设计规范(极限状态法)》(Q/CR 9130—2018)。该规范中引入的极限状态法考虑了无砟轨道结构在施工和使用中各影响因素的随机性,从而更能反映其实际状况,这也为后续无砟轨道的设计理论优化方案提供了方向。

根据我国无砟轨道设计理念与原则,列车-无砟轨道耦合动力学性能分析与评估也逐渐成为现代高速铁路无砟轨道设计过程中必不可少的环节。早期的动力学研究通常是将车辆和轨道系统分开进行,在分析无砟轨道动力特性时大多是在轨道上施加一定幅值和频率的激振力以模拟车辆对轨道的作用,从而计算结构振动特性。该方法具有模型简单、求解方便等特点,在无砟轨道的结构选型和优化设计方面给了很大的帮助,并从动力学角度提出了无砟轨道下部基础的容许限制。但由于传统轨道动力学模型未考虑车轮与钢轨的接触力关系,轮轨界面上的力和位移无法精确计算。随着轮轨系统动力学理论和 SIMPACK、ADAMS 及 UM 等商业动力学软件的快速发展,列车-无砟轨道耦合动力学模型现已在车轮或钢轨局部缺陷的动力冲击作用分析,线路结构振动特性研究,车辆运行安全性、平稳性和舒适性评估,线路平纵断面设计优化,列车通过过渡段或道岔的动力性能分析等诸多方面开展应用,为无砟轨道关键设计参数的合理取值提供了重要参考依据[7]。

我国经过多年积累发展,现已形成了一套较为完备的无砟轨道设计理论体系,但仍有诸多值得深入研究和探讨的问题,这些问题除了对无砟轨道设计水平提出了挑战,无砟轨道在复杂条件下的长期服役能力也遭受潜在威胁。

## 1.3　高速铁路无砟轨道服役安全关键问题

高速铁路在我国大范围区间运行,具有里程长、跨越多个气候带、地形地貌和地质条件复杂等特点,加之随着高速铁路对速度的持续追求以及我国铁路干线网不断向复杂服役环境延拓,部分无砟轨道在设计年限内出现了一定程度的损伤病害,影响了结构的长期服役寿命。实际上,无砟轨道结构服役性能的劣化及损伤病害的识别和评估是一整套解决轨道结构安全服役的技术体系,准确把握无砟轨道典型的服役问题,并找寻识别、评估典型问题的有效方法成为维护我国大规模高速铁路线路的稳定运营的重要基础性工作。

### 1.3.1　无砟轨道性能劣化问题

高速铁路无砟轨道结构按照 60 年的使用寿命进行设计,但复杂的运营条件造成轨道结构在使用年限内产生了损伤病害，结构的劣化影响轨道的长期服役寿命。其中，列车荷载与服役环境是导致无砟轨道劣化的主要外在因素，工程材料、施工质量以及结构施工工序等影响结构的初始质量状况。目前，无砟轨道较为特殊的服役环境为高原、东北寒区和沿海氯盐环境，在不同施工手段或服役环境与列车荷载耦合作用下无砟轨道的劣化体现出不同类型。为此，作者团队在充分搜集、整理和吸取国内外高速铁路无砟轨道系统劣化研究的基础上，通过采用资料收集与现场调查等方法，针对高速铁路无砟轨道典型劣化形式进行梳理分析，为进一步明确无砟轨道的服役问题和劣化机理提供了研究素材。

针对轨道板或道床板劣化，经调研发现轨道板或道床板存在结构板角或边缘掉块问题，出现脱落、松散的劣化情况。初步分析其劣化原因为在生产、运输、安装时的原始损伤，或偶然外力所致。此外，还存在现浇道床板表面早期裂纹(八字裂纹)、轨道板板底裂纹(图 1-15 和图 1-16)，分析其成因分别为混凝土早期干缩行为和列车荷载致损造成。这一系列劣化形式无疑让混凝土轨道板带裂工作，部件的破损将导致混凝土保护层的削弱，在具备腐蚀性离子环境下(如氯盐环境)，腐蚀介质可能扩散至钢筋处，与钢筋产生电化学反应，可能导致钢筋发生锈蚀，致使混凝土结构承载能力逐渐降低，直至失去安全使用性能。本书第 2 章将针对沿海地区无砟轨道存在的氯盐侵蚀潜在病害情况开展机理性研究，反演氯盐环境与列车荷载耦合作用下氯离子在带裂服役轨道板中的扩散行为。

图 1-15 双向预应力轨道板裂纹　　　　　图 1-16 道床板裂纹

针对调整层结构(CA 砂浆和自密实混凝土)，经调研发现 CA 砂浆充填层损伤主要包括砂浆层与轨道板间离缝，砂浆层缺损、掉块及剥离等。其中，导致砂浆层与轨道板间离缝的成因众多，如轨道板温度梯度引起的板端翘曲、轴向温度荷载导致轨道板伸缩、砂浆层灌注不饱满、列车动力荷载及基础不均匀沉降等。产生离缝之后，砂浆垫层与轨道板之间的黏结会逐渐失效，CA 砂浆充填层进一步损伤劣化，很大程度上影响轨道的静态几何形位和动态稳定性。

自密实混凝土层与支承层层间离缝冒浆，如图 1-17 所示。自密实混凝土层与支承层间有离缝，分析病害原因可能为：①温度变化导致轨道板和自密实混凝土伸缩，在列车荷载作用下致使自密实混凝土与支承层脱离；②施工时界面处理不干净或拉毛粗糙度不足，层间黏结力不够。此外，自密实混凝土还存在垂向裂纹的劣化情况，如图 1-18 所示，分析其原因为自密实混凝土自身早期收缩或后期养护不当等。作为 CRTS Ⅲ 型板式无砟轨道的关键结构，自密实混凝土层起到了支承、传力、调整结构层的作用，其性能的好坏在一定程度上影响着轨道整体的服役状态，劣化的产生将加快自密实混凝土层和支承层的损坏，大幅降低无砟轨道的使用寿命，且将导致轨道结构的高低不平顺，影响行车平稳性和安全性。

图 1-17 自密实混凝土层与支承层层间离缝冒浆　　图 1-18 自密实混凝土垂向裂纹

本书第 4 章与第 5 章将针对 CA 砂浆的动态损伤规律和自密实混凝土的早期开裂问题进行研究，分别从材料的损伤演化机制和早期多场耦合的角度揭示调整层服役性能劣化背后的科学问题。

针对底座板或支承层，经调研发现其损伤主要包括底座板裂纹、底座板与下部基础间离缝冒浆、支承层裂缝、支承层缺损、支承层与下部基础间离缝等，底座板劣化形式如图 1-19～图 1-21 所示。底座板与支承层混凝土结构劣化产生的原因一方面来源于施工阶段，结构层主要受浇筑时外界环境温度、水化热放热及混凝土收缩共同作用导致；另一方面在运营阶段，受外界环境的温度变化、列车荷载长期作用以及桥梁自身结构出现的沉降导致上部结构开裂。处于寒区环境的底座板和支承层甚至出现了表面粉化、剥离的现象，如图 1-22 所示。本书第 3 章以寒区无砟轨道底座板劣化为例，通过多场耦合理

图 1-19 底座板裂纹　　图 1-20 底座板与级配碎石层离缝冒浆

图 1-21　底座板剥离　　　　　　　图 1-22　底座板表面粉化

论建立无砟轨道底座板低温冻结模型，科学合理地诠释底座板粉化成因，并提出合理有效的应对措施。

### 1.3.2　无砟轨道损伤识别与质量评估问题

为满足现代化轨道工程全寿命周期式的设计理念，除了明确无砟轨道关键损伤形式及成因外，还亟需有效的无砟轨道损伤识别技术和服役性能的评估方法，以及量化轨道结构的质量状况集成系统分析体系。为做好无砟轨道线路设备维修管理工作，提高维修技术水平，保证线路运行的可靠性、稳定性、平顺性及耐久性，有必要结合轨道结构劣化形式，对轨道结构的损伤情况(如层间离缝、开裂等)提出科学的识别方法，并建立相应的评价指标及评估方法。

目前，针对轨道结构的损伤通常借助人力进行统计，除了效率低，还存在统计错误、漏记等问题，尤其是隐蔽性病害，如轨道板板底脱空、底座板脱空、调整层充填不完整等问题，人力根本无法获取其损伤状态。随着现代化无损检测技术的出现，轨道隐蔽病害的检测成为可能。本书第 6 章与第 7 章将分别以 CA 砂浆脱空和路基沉降病害为例，采用无砟轨道结构或车辆的响应作为信号，结合先进的算法实现对相应病害的有效识别。

同时，针对轨道结构的质量评估方法，铁路系统采用轨道质量指数(track quality index，TQI)评价轨道质量，但也仅仅是针对钢轨的质量状况，并未涉及轨下无砟轨道结构。为确定不同无砟轨道结构的损伤等级判定标准，2012 年铁道部运输局颁布了《高速铁路无砟轨道线路维修规则(试行)》，对 CRTS Ⅰ 型板式，CRTS Ⅱ 型板式、双块式等不同类型无砟轨道结构的损伤等级判定标准进行明示，但由于当时 CRTS Ⅲ 型板式无砟轨道的应用里程较短、开通运营时间短，维修规则中并未对 CRTS Ⅲ 型板式无砟轨道的损伤等级判定标准做出明确规定。本书第 8~10 章将根据 CRTS Ⅲ 型板式无砟轨道的典型损伤产生机理，开展质量状况评价指标和计算方法研究，建立合理的质量状况评估体系，以期有效指导线路养护维修。

## 1.4　高速铁路无砟轨道损伤劣化机理与质量评估方法

随着高速铁路对速度的持续追求以及我国铁路干线网不断向复杂服役环境延拓，无砟轨道在设计年限内出现了损伤病害。在不同施工手段或服役环境与列车荷载耦合作用下无砟轨道的劣化形式体现出多样性，复杂的劣化机理是完善高速铁路运营安全技术体系的主要障碍之一，也是当前高速铁路技术发展面临的国际性难题。

此外，高速铁路无砟轨道各层结构服役状态的劣化，对轨道结构本身的受力造成影响，会进一步加快病害的发展，尤其是隐蔽性病害，往往无法进行直观判断。随着现代化无损检测技术的发展，高速铁路基础结构隐蔽缺陷的有效识别成为可能，甚至可以甄别一些安全隐患。

同时，目前针对高速铁路无砟轨道服役状态的评估仅停留在单指标阶段，然而无砟轨道的劣化状态大多是以综合形式体现的，并且各结构层的劣化有可能加剧某结构层的损伤。为综合性评价无砟轨道结构整体的质量状况，需要提出一套合理的质量评估方法，以量化轨道结构的质量状况。

### 1.4.1 高速铁路无砟轨道结构劣化机理

无砟轨道已广泛应用在我国高速铁路建设当中，其结构类型主要包括板式无砟轨道和双块式无砟轨道。通过作者团队针对无砟轨道劣化形式进行调查分析，结果表明我国高速铁路运营线上的无砟轨道已出现诸多结构性损伤与破坏，主要有轨道板、底座或支承层裂纹，砂浆充填层破裂，道床板与支承层、轨道板与现浇道床板之间界面裂缝等。

在温度、氯盐等环境因素和动荷载耦合重复作用下，服役过程中高速铁路无砟轨道的结构随着材料的微变化会引起关键部件的损伤甚至失效。随着时间的推移，结构材料的微变化在外界荷载的作用下会不断演化，当损伤演化到一定程度就会出现瞬时突变，从而引起高速铁路无砟轨道在正常服役期间出现性能劣化的状况，轨道基础结构的损伤势必会引起上部结构的变形、错位等不匹配现象，影响线路状态与列车运行品质，通过作者团队对现有部分高速铁路无砟轨道劣化形式的调研结果分析发现，诸多病害现象大体可归纳为层间黏结失效、结构部件损伤两大类。

#### 1. 无砟轨道层间黏结失效

无砟轨道结构的设计类型以分层为主，因此在服役过程中层间黏结损伤特征是轨道结构性能劣化的典型现象。层间黏结失效将导致层状结构出现局部脱空现象，加剧高速列车与轨道结构之间的动力响应，从而进一步影响轨道结构部件的安全性和耐久性。由于内聚力模型可以较好地分析层间结构之间的开裂问题，根据目前国内外学者提出的多个界面力-界面相对位移模型，使用界面强度来预测开裂损伤的产生，基于弹塑性断裂力学的内聚力模型来计算复合材料界面损伤和断裂过程。

内聚力区域代表了待扩展的裂尖前沿区域，内聚力模型将界面裂纹的产生和扩展同时进行考虑，在有限元程序中进行分析，从而获得裂纹发展规律和层间失效机理。西南交通大学Zhu等[8]采用内聚力模型模拟了温度和列车动荷载作用下CRTS Ⅱ型无砟轨道的轨道板与CA砂浆界面剥离和破碎行为，获得了温度与列车动荷载作用下CA砂浆界面应力与损伤变化规律，通过有限元仿真分析结果探究了无砟轨道层间黏结失效的机理和损伤发展过程(图1-23)。北京工业大学王军等[9]为描述轨道板-CA砂浆层间界面本构行为，揭示层间离缝机理，提出了一种改进指数型界面内聚力模型，并根据理论分析和试验数据对改进模型的参数进行了确定。利用改进模型有效提高了轨道板-CA 砂浆界面内聚强度、损伤萌生时界面相对位移和界面临界断裂能的计算速度，改进指数型模型可以较为准确地模拟轨道板-CA 砂浆界面的法向和切向开裂行为。

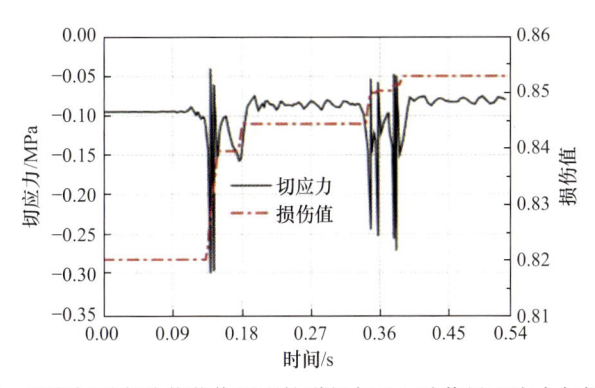

图 1-23 温度与列车动荷载作用下轨道板与 CA 砂浆界面应力与损伤变化

轨道板与砂浆层之间的离缝不仅与砂浆性质、施工工艺等有着密切的联系，还与轨道板的翘曲变形有关。轨道板在环境温度变化下自上而下产生温度梯度，导致轨道板结构及砂浆层出现翘曲变形的现象。此外，带裂纹的无砟轨道结构在高频列车荷载和水共同作用下，随着列车荷载的循环作用，轨道结构产生变形，裂纹不断地张开、闭合，裂纹内的水流特性也将随之变化，流体荷载对裂纹表面又有力的作用，其实质为高频重载与水耦合作用下的混凝土损伤问题。

根据层间离缝的病害特点以及原因分析，对于 CRTS Ⅱ型板式无砟轨道层间黏结破坏机理可以从微观和宏观两个方面进行分析[1]。

1) 微观分析

调研结果与目前诸多学者研究内容分析表明，CRTS Ⅱ型板式无砟轨道砂浆层与混凝土界面之间的黏结问题属于双材料界面的滑移破坏，其微观破坏的黏结-滑移曲线由直线上升段、曲线上升段、曲线下降段和平稳段四个阶段组成。

首先，在砂浆与混凝土接触初期，受到外部应力的作用，界面之间会出现相应的层间黏结力，该黏结力的产生主要由界面层的化学胶结力构成，砂浆与混凝土之间的滑动位移产生机理主要是两者界面层的剪切变形引起的，层间黏结力的大小会随着界面层剪切变形的增加而呈现出线性增加的趋势。

其次，随着外部荷载的不断增加，混凝土与砂浆界面处的初始微裂纹或孔隙会因为应力的增加而出现微小扩张，损伤的恶化势必会引起层间界面黏结刚度的降低，但在界面达到黏结强度之前的滑移值并不大，层间界面出现的微裂纹或孔隙并没有出现明显的扩展趋势，该变化阶段并没有出现层间界面黏结破坏的现象，此时层间黏结力的大小处在曲线上升阶段。

再次，当砂浆与混凝土界面的相对滑移值达到界面最大滑移值时，两者界面处的黏结力达到黏结强度。在外部荷载逐渐增加的情况下，混凝土与砂浆界面处的初始微裂纹或孔隙会因为应力的持续增加而出现失稳扩张，相邻裂纹和孔隙将会在外力作用下而贯通连接，造成层间破坏状态逐渐恶化，最终导致界面化学胶结力丧失，随之产生的机械咬合力和摩阻力将平衡丧失的化学胶结力。在滑移值不断增加的情况下，界面之间的相互摩擦将导致砂浆与混凝土界面之间材料磨损，导致界面表面呈现微凸峰的断裂现象，摩擦而形成的材料粉末将减小界面之间的摩擦力。随着界面之间不断的摩擦和粉末被水带走，机械咬合力逐渐丧失。由于化学胶结力和机械咬合力的丧失在卸载后并不会再恢复，该阶段的黏结应力处在曲线下降阶段。

最后，由于砂浆与混凝土层间界面磨损已基本稳定，界面摩阻力基本保持不变，界面黏结应力趋于平稳并几乎为零，此时砂浆与混凝土界面剥离，黏结应力处于平稳阶段。

2) 宏观分析

除了材料微观方面的损伤，由于施工原因、轨道板纵连不到位、宽接缝拉开致使轨道板和砂浆层在纵向上变形不一致，造成轨道板与砂浆层脱离破坏。由于暴露在复杂环境中的结构会受到列车荷载和环境荷载(温度、氯盐等)的影响，砂浆与混凝土层间的劣化会进一步扩展。CA 砂浆和混凝土在环境荷载作用下随着时间的推移会产生收缩变形，两者之间不协调的变形将导致层间界面相对位移的增加，最终导致界面的脱离。在列车高频振动的影响下，层间离缝的产生将在荷载作用下出现持续的拍打作用，恶化轨道板与砂浆层的离缝状态。

2. 无砟轨道结构部件损伤

轨道结构除了层间破坏的劣化形式，CA 砂浆层、底座和支承层等部件的损伤是无砟轨道的另一类主要劣化形式。中南大学闫斌等[10]以哈大高速铁路路基冻胀区板式无砟轨道为研究对象，进行了混凝土和砂浆试件轴心受压和劈裂抗拉破坏试验，分析了冻融循环作用下材料性能劣化规律，发现冻融循环的次数对砂浆层和底座板材料性能劣化影响显著，随着冻融循环次数的增加，砂浆层和底座板所受最大拉应力将不断增加。西南交通大学朱胜阳等[11]通过建立 CA 砂浆材料的统计损伤本构模型，研究了列车动荷载作用下 CA 砂浆层的损伤发展规律及其动态行为的演变；采用混凝土损伤塑性模型描述双块式无砟轨道道床板的力学行为，分析了变温和列车动荷载共同作用下道床板损伤演变规律以及道床板损伤对结构受力的影响。

作者团队[12,13]通过分析双块式无砟轨道支承层开裂情况，研究了裂缝间距、支承层厚度和弹性模量对结合式双层结构抗弯刚度的影响；并基于钢筋混凝土黏结-滑移理论，分析了配筋率、钢筋直径和混凝土强度对道床板裂纹宽度、间距及钢筋应力的影响。

此外，国内外关于无砟轨道混凝土结构疲劳损伤破坏问题开展了相应的研究。大连理工大学宋玉普等[14]基于 Miner 线性疲劳累积损伤模型和钢筋混凝土 $S$-$N$ 曲线，可用于分析服役期间复杂荷载下无砟轨道结构的疲劳寿命。西南交通大学蔡成标等[15]基于连续损伤力学理论和边界面概念，建立了无砟轨道结构在循环荷载作用下的疲劳损伤模型，该模型不仅能够反映结构部件的疲劳损伤非线性演变规律，还可以展现其疲劳损伤分布状态的全过程。

无砟轨道结构裂纹根据其产生的原因可分为两类[1]：一是结构型裂纹，是由外荷载引起的，包括常规结构计算中的主要应力以及其他结构次应力造成的受力裂纹，如图 1-24 所示；二是材料型裂纹，是由非受力变形变化引起的，主要是由温度、混凝土收缩等引起的裂纹，如图 1-25 所示。

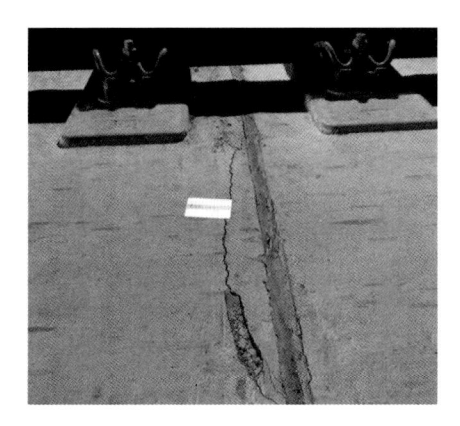

图 1-24　结构型裂纹　　　　　　　　图 1-25　材料型裂纹

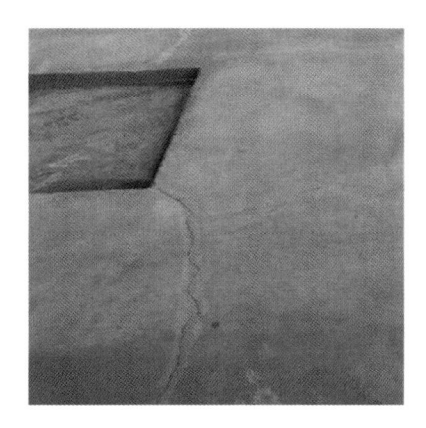

1) 温度裂纹

混凝土温度裂缝是由混凝土内、外温度变化产生的裂缝。混凝土刚浇筑时，处于塑性流动状态，水泥在水化反应凝结过程中会产生大量的水化热，使体积自由膨胀，当达到最高温度时，混凝土基本固结，其后混凝土开始降温并收缩产生裂缝。当外界温度突然降低时，内、外温差相对较大，变形受到内部混凝土约束，混凝土会出现表面裂缝。

无砟轨道混凝土结构在季节性温度变化过程中，结构自上至下产生相应的温度梯度，温度的变化将产生温度应力，引起轨道结构混凝土发生翘曲和表面出现裂纹病害。但由于无砟轨道混凝土结构纵向受到很多约束，混凝土结构越长引起的温度应力越大，可导致混凝土出现贯通裂纹。

在外界温度较低的情况下，混凝土内部的游离水将结冰膨胀，从而引起混凝土内部结构微裂纹或孔隙发展进一步贯通，多次重复作用下，将会导致混凝土整体结构强度降低，裂纹不断扩展最终导致材料失效。

2) 混凝土收缩裂纹

当混凝土处在较干燥或外界温度较高的环境下，内部水分的蒸发将导致混凝土出现干缩裂纹。

塑性收缩是指混凝土在凝结之前，表面因失水较快而产生的收缩。塑性收缩裂缝多在混凝土新浇筑时期出现干热或大风的情况，混凝土本身温度较高，与外界气温相差较大时形成。裂缝形状很不规整，多呈现出中间宽、两端细且长短不一，裂纹之间互不连通，一般长 20~30cm，宽 1~5mm。

3) 荷载裂纹

当外界荷载大于无砟轨道混凝土抗拉强度时，轨道结构将会出现荷载裂纹。而已经存在的轨道结构裂纹在列车荷载和环境荷载的作用下，会进一步致使裂缝扩展，最终形成通缝而影响轨道结构整体的安全性。

4) 钢轨的伸长引起裂纹

双块式无砟轨道施工时一般是先将钢轨、双块式轨枕精确定位和扣件拧紧，再浇筑混凝土。在外界温度升高时，钢轨在高温下会出现热胀冷缩的现象，与现浇混凝土之间形成位移差，而刚浇筑的混凝土不能抵抗此类变形，从而形成裂缝。

5) 混凝土骨料塑性沉落引起的裂纹

当骨料的沉落受到钢筋的阻挡时，将出现沿钢筋走向的裂纹，施工过程中钢筋绑扎得不好、模板沉陷、移动时也会出现此类裂纹。

6) 新旧混凝土黏结不良引起的裂纹

对于双块式无砟轨道，因为轨枕是预先制作的，所以容易出现新旧混凝土黏结不良而产生裂纹。在运营车辆次数不断增加的情况下，裂缝将进一步恶化。

### 1.4.2 基于动力响应的无砟轨道损伤识别技术

在无砟轨道损伤劣化机理的研究中发现，部分劣化存在于隐蔽层，如何判别这类隐蔽病害是科学评估轨道质量状况的前提，而结构的病害恰好导致轨道结构或车辆的动力响应变化，这使得基于动力响应的无砟轨道损伤识别成为可能。要揭示高速铁路基础结构变形与轨面几何形态的映射关系，需要掌握高速铁路线路状态变化特点与表征方法。探明高速铁路轨道结构损伤的基本规律，因为轨道基础结构的开裂、沉降和离缝等劣化形式会影响列车运行过程中的动力响应规律，而根据车辆动力响应规律又可以反演轨道结构的劣化形式，所以根据车辆响应和轨道结构损伤的关系，就可以构建两者之间的映射模型，如图 1-26 所示[16]。

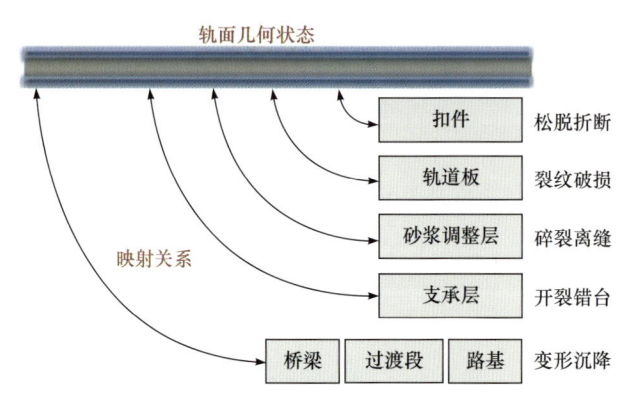

图 1-26 高速铁路基础结构变形与轨面几何形态的映射关系

随着智能铁路(intelligent railway)概念的提出，未来更趋向于凭借先进的故障预测与健康管理系统实时监控和预测线路的运行状态。针对铁路线路的智能诊断技术已越来越成为一项重要的技术难题，一般可以从轨道结构、车辆系统的振动响应两个方面对线路结构病害进行识别监测。其中，基于车辆系统振动响应的无砟轨道结构病害识别方法是通过车载传感器获取车辆构件的振动信号响应，对比分析车辆驶过正常和非正常区域时振动信号的变化规律，由此对下部轨道结构的病害进行判断识别。随着计算机技术的发展，对于蕴含着丰富损伤信息的车辆振动信号的处理方法也越来越趋向于智能化。近年来大量学者基于车辆振动响应，结合应用神经网络、支持向量机及深度学习等基于机器学习的模式识别技术，对无砟轨道结构病害识别方面进行了大量研究。

神经网络技术不仅可以表达线性映射关系，还可以表达复杂的非线性映射关系。相较于传统的损伤识别方法，其不必建立结构响应与物理参数之间的函数关系，确立输入量与输出量之间某种线性或非线性映射关系即可，应用范围更为广泛。因此，目前神经网络方法在结构损伤识别领域得到关注与应用。

西南交通大学裴国史[17]基于神经网络的基本理论，建立了模式识别模型、径向网络识别模型、时间序列预测模型和BP神经网络模型，根据这四种模型，依据车辆-轨道耦合动力学理论计算得到的谐波不平顺作用下的车辆结构动力学响应作为输入，分析了神经网络对线路谐波不平顺的预测状况，并横向对比了四种模型预测识别功能的差异。北京交通大学单文娣[18]将有限元计算得到的车辆系统和轨道系统动力响应作为输入，验证了所建立的多种神经网络识别系统对路基沉降的识别可行性。北京交通大学彭丽宇等[19]基于BP神经网络对轨道几何不平顺的预测进行了研究。

根据无砟轨道不同的损伤形式，作者团队[20,21]基于车辆动力响应分别对层间脱空和路基沉降进行了损伤识别。通过分别建立CA砂浆脱空损伤的车辆-板式轨道耦合动力学模型和路基沉降的车辆-轨道-路基垂向耦合模型来研究车辆系统的振动规律，利用数理统计分析方法从时域、频域及时频域提取振动信号的特征指标，基于BP神经网络、支持向量机和卷积神经网络算法，实现对层间脱空和路基沉降损伤的有效识别。

根据列车动力响应反演轨道结构损伤形式，科学合理的损伤评价指标能够指导运营线路的养护维修，指导实际问题，提供改善建议，保证无砟轨道的安全性和稳定性，提升无砟轨道全过程监管的科学性与合理性，因此建立一套可行的无砟轨道质量评估体系尤为重要。

### 1.4.3 高速铁路无砟轨道质量评估方法

为实现对无砟轨道整体质量状况的评估、劣化损伤程度全过程检测、及时有效指导线路养护维修，开展高速铁路无砟轨道整体质量状况评价指标和计算方法研究，以期通过此项研究推动铁路工程建设管理过程数字化，提升铁路工程建设、运营信息化水平，达到无砟轨道全寿命周期管理的目标。

为了建立轨道结构健康状况评估体系，确定无砟轨道质量状况评价指数，东南大学李海峰[22]基于各国采用现代轨检车和计算机处理技术来监测轨道几何形态状态而制定的相应评估标准，通过对现场实测数据进行分析，说明了我国轨道质量指数$I_{TQ}$计算方法既符合我国铁路轨道管理的需要，又与许多发达国家采用的$I_{TQ}$相衔接，计算结果具有可比性。中国铁道科学研究院康熊等[23]结合轨道不平顺和车辆动态响应的特征量，基于可靠、可用性、可维修性和安全性(reliability, availability, maintainability and safety, RAMS)理论，提出高速铁路轨道平顺状态综合评估体系。根据分析诊断结果动态掌握轨道平顺状态，并通过状态修减少修复时间，提高轨道平顺的可维修性。中国铁道科学研究院王卫东等[24]借鉴能量集中率的思想，提出综合评价车辆-轨道系统动态特性的广义能量指标，并引入能量权系数表征不同波长成分不平顺对输入车辆-轨道系统总能量有不同的权重。

目前，针对无砟轨道的质量评估和养护维修，仅仅有《高速铁路无砟轨道线路维修规则(试行)》和轨道质量指数(TQI)作为指导高速铁路线路养护维修的参考规范，但规范中缺少对 CRTS Ⅲ 型板式无砟轨道损伤形式及损伤等级判定标准的定义。因此，为更好地指导 CRTS Ⅲ 型板式无砟轨道线路的养护维修，确定一系列较完备的轨道质量状况评估方法，作者团队将德尔菲(Delphi)定权方法应用于板式无砟轨道层间离缝损伤和开裂损伤分析中，提出开裂状况指数和层间离缝损伤指数的计算方法，较为创新性地提出采用裂缝孔隙体积和层间离缝孔隙体积来衡量损伤程度，得到了开裂状况指数(cracking condition index，CCI)和离缝影响指数(interface effect index，IEI)，借助 EWM-FAHP 确定评价指数中相关指标的权重系数，并结合有限元建模结果对权重系数进行修正，以确定最终权重结果值，这对无砟轨道全寿命周期技术研究至关重要。

## 1.5 研究内容及技术路线

### 1.5.1 研究内容

本书主要内容如下：

(1) 查阅整理国内外有关高速铁路无砟轨道劣化机制和评估方法的文献资料，收集无砟轨道在不同损伤机理作用下的病害特征、照片等资料，归纳分析无砟轨道损伤识别方法和质量状况综合性评价指数的计算方法。

(2) 详细介绍氯离子在饱和与非饱和混凝土中的扩散机制，建立不同侵蚀环境下氯离子的传输模型，得到饱和条件下氯离子场的分布特性与发展规律；分析固体力学与稀物质传递两场耦合作用下饱和混凝土中的氯离子扩散理论的计算模型；建立路基上带裂缝的 CRTS Ⅰ 型双块式无砟轨道模型，分析氯离子场在不同裂缝数量、长度、深度、形态下的分布情况；通过数值仿真与试验结果对比，得到非饱和条件下氯离子场的分布特性和发展规律。

(3) 通过分析无砟轨道混凝土孔隙结构与抗冻性的关系，基于温度-应力耦合计算模型，建立 CRTS Ⅰ 型板式无砟轨道低温冻结模型，研究寒区环境下无砟轨道的温度场、Tresca 应力和第一主应变，分析不同孔隙率和冻结次数对寒区环境下无砟轨道的影响规律；根据寒区 CRTS Ⅰ 型板式无砟轨道底座板混凝土粉化的程度，提出合理有效的整治措施，并利用有限元模型分析保温措施对寒区 CRTS Ⅰ 型板式无砟轨道抗冻性的影响。

(4) 详细介绍混凝土早期劣化的混凝土水化-干缩过程的多场耦合机理，建立混凝土水化模型及混凝土水化-干缩模型，并通过 COMSOL Multiphysics 对模型合理性进行验证；通过自密实混凝土早期水化-干缩模型，分别分析早期自密实混凝土沿 $x$、$y$、$z$ 方向的收缩变形与应力分布，以及在板边、板角出现裂纹、离缝的原因；讨论不同水灰比和轨道板板底润湿程度对自密实混凝土水化-干缩过程的影响规律。

(5) 根据 CA 砂浆统计损伤本构方程，考虑应变率效应，利用 ABAQUS 建立砂浆有限元模型，嵌入应变率为变量的 CA 砂浆统计损伤本构 UMAT 子程序以计算砂浆损伤，并验证模型的合理性和准确性；分析不同初始弹性模量与不同速度的客车和货车作用下 CA 砂浆的损伤分布及发展规律；现场调研发现 CRTS Ⅰ型板式无砟轨道常出现板端离缝病害，因此建立相应模型，分析不同离缝高度下 CA 砂浆自身的损伤分布与发展情况。

(6) 基于含 CA 砂浆脱空损伤的车辆-板式无砟轨道垂向耦合动力学模型，提取不同脱空损伤工况下轨道板、底座板上测点及车轮的振动加速度信号，得到时域、频域及时频域三个方面的损伤特征指标；利用 BP 神经网络和支持向量机分别构建了板式无砟轨道砂浆横向脱空度识别和砂浆脱空类型识别两种模型，实现对板式轨道层间脱空损伤的识别；根据砂浆板端脱空和板中脱空两种损伤类型下的损伤特征指标，利用支持向量机构建板式无砟轨道层间脱空类型的识别模型，对比分析网格搜索法和粒子群优化算法在支持向量机参数优选过程中的性能优劣，借助支持向量机模式识别技术实现对轨道结构脱空损伤类型的识别。

(7) 通过建立考虑路基沉降作用的车辆-轨道-路基耦合动力学模型，分析不同沉降波长、幅值组合的路基沉降作用下车辆-轨道系统振动响应规律；考虑扣件失效、支承层离缝等轨道结构层损伤或变形的影响，分析对无砟轨道路基沉降敏感的车辆系统振动特征，研究不同条件对无砟轨道路基沉降下车辆系统振动敏感特征的影响规律；基于车辆系统振动敏感特征，在支持向量机理论的基础上，分别对比考虑人工特征提取、卷积神经网络自动提取特征，即采用粒子群优化-支持向量机(PSO-SVM)和卷积神经网络-支持向量机(CNN-SVM)算法，实现对无砟轨道路基沉降的有效识别。

(8) 根据层间离缝损伤的特点，利用有限元软件 ABAQUS 建立无砟轨道结构静力分析模型，探究层间离缝状态下无砟轨道受力情况；利用目前研究比较成熟的专家调查法的方式进行权重的确定，基于确定的各指标权重，计算出无砟轨道的评价结果，即离缝影响指数(IEI)，以此确定线路的养护维修决策方案。

(9) 根据无砟轨道表面裂缝的调研资料及定义的裂缝形式，建立 CRTS Ⅲ型板式无砟轨道开裂状况评价指标及计算方法；基于线弹性断裂力学基础开展裂缝扩展性分析，基于弹性模量折减法分析无砟轨道不同部件开裂损伤对道床整体的受力影响；通过专家调查问卷获取无砟轨道研究领域内各专家在实际工程方面的经验与意见，结合由德尔菲法获取的专家意见和数值模拟的计算结果，引入区间层次分析法建立结构层次求取开裂状况评价指标中各参数的权重。

(10) 基于线弹性断裂力学理论及扩展有限元理论，分别建立含开裂损伤和层间离缝损伤的 CRTS Ⅲ型板式无砟轨道有限元计算模型，对不同类型裂缝的扩展性以及不同等级离缝时轨道板的应力和位移进行分析；同时对开裂和层间离缝损伤存在下的应力、位移及裂纹扩展性分析，得出两种损伤对整体无砟轨道劣化影响的重要性，并对比单一损伤与组合损伤对整体无砟轨道劣化程度的贡献率；提出开裂状况指数和层间离缝影响指数的计算方法，借助 EWM-FAHP 确定评价指标中相关指标的权重系数，提出综合质量状况指数。

### 1.5.2 技术路线

本书采用的技术路线如图1-27所示。

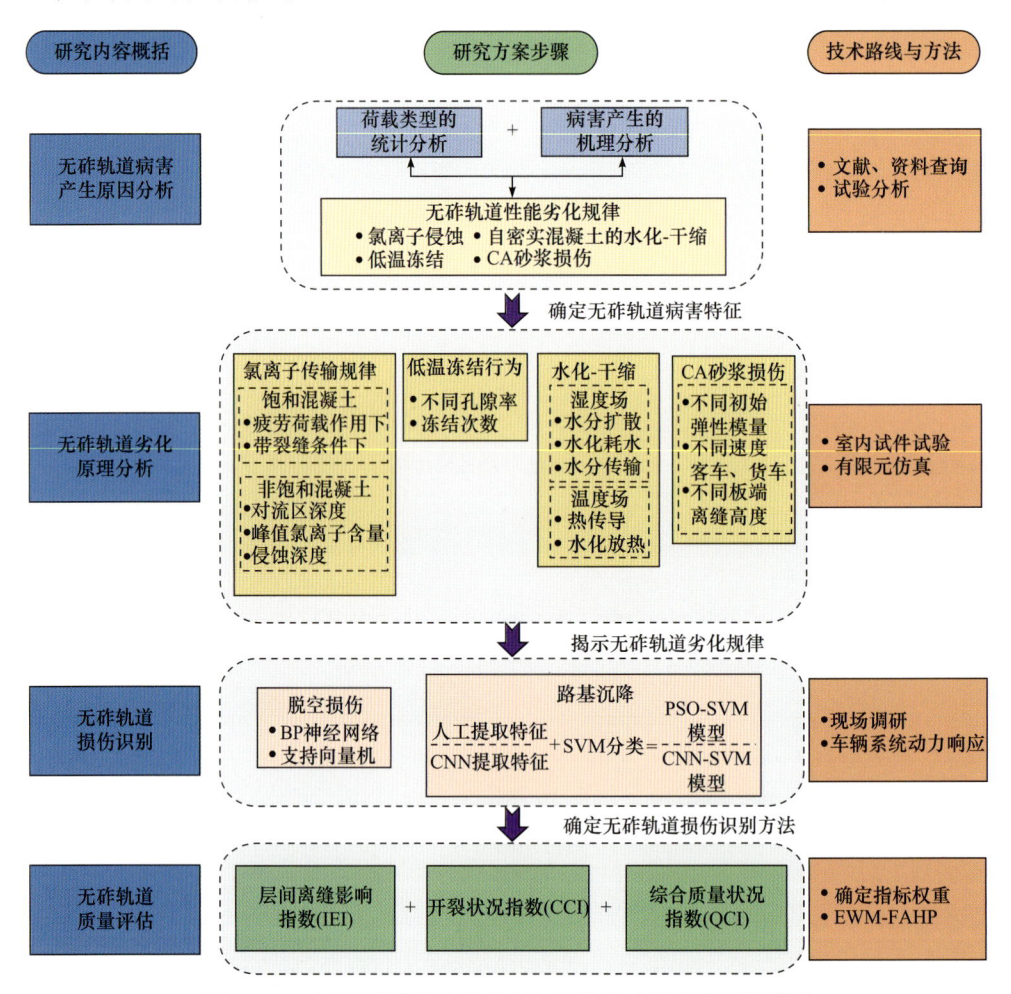

图 1-27 无砟轨道结构劣化机理与评估方法研究技术路线图

## 参 考 文 献

[1] 杨荣山, 任娟娟, 赵坪锐, 等. 高速铁路无砟轨道伤损分析与修复技术[M]. 北京: 中国铁道出版社, 2018.
[2] 赵国堂. 高速铁路无碴轨道结构[M]. 北京: 中国铁道出版社, 2006.
[3] 刘学毅, 赵坪锐, 杨荣山, 等. 客运专线无砟轨道设计理论与方法[M]. 成都: 西南交通大学出版社, 2010.
[4] 高亮, 江成, 等. 高速铁路轨道[M]. 北京: 中国铁道出版社, 2021.
[5] 刘学毅, 王平. 车辆-轨道-路基系统动力学[M]. 成都: 西南交通大学出版社, 2010.
[6] 翟婉明. 车辆-轨道耦合动力学[M]. 3版. 北京: 科学出版社, 2007.
[7] Ren J J, Deng S J, Zhang K Y, et al. Design theories and maintenance technologies of slab tracks for high-speed railways in China: A review[J]. Transportation Safety and Environment, 2021, 3(4): 1-19.

[8] Zhu S Y, Cai C B. Interface damage and its effect on vibrations of slab track under temperature and vehicle dynamic loads[J]. International Journal of Non-linear Mechanics, 2014, 58: 222-232.
[9] 王军, 卢朝辉, 张玄一, 等. CRTS Ⅱ型轨道板/CA 砂浆界面内聚力模型研究[J]. 工程力学, 2022, 39(9): 72-80, 109.
[10] 闫斌, 娄徐瑞利, 谢浩然, 等. 冻胀冻融作用下材料劣化对板式无砟轨道性能的影响[J]. 交通运输工程学报, 2021, 21(5): 62-73.
[11] 朱胜阳, 蔡成标. 温度和列车动荷载作用下双块式无砟轨道道床板损伤特性研究[J]. 中国铁道科学, 2012, 33(1): 6-12.
[12] 任娟娟, 刘学毅, 赵坪锐. 连续道床板裂纹计算方法及影响因素[J]. 西南交通大学学报, 2010, 45(1): 34-38, 44.
[13] 赵坪锐, 刘学毅. 双块式无砟轨道开裂支承层的折减弹性模量[J]. 西南交通大学学报, 2008, 43(4): 459-464.
[14] 宋玉普, 王怀亮, 贾金青. 混凝土的多轴疲劳性能[J]. 建筑结构学报, 2008, 29(S1): 260-265.
[15] 蔡成标, 朱胜阳, 刘秀波, 等. 高速铁路无砟轨道疲劳检算轮载的动力学分析[J]. 中国科学: 技术科学, 2014, 44(7): 707-713.
[16] 翟婉明, 赵春发, 夏禾, 等. 高速铁路基础结构动态性能演变及服役安全的基础科学问题[J]. 中国科学: 技术科学, 2014, 44(7): 645-660.
[17] 裴国史. 基于神经网络与车辆系统动力响应特征的高速铁路谐波型几何不平顺识别研究[D]. 成都: 西南交通大学, 2018.
[18] 单文娣. 基于车辆轨道动力特性的轨道基础沉降智能识别方法[D]. 北京: 北京交通大学, 2012.
[19] 彭丽宇, 张进川, 苟娟琼, 等. 基于BP神经网络的铁路轨道几何不平顺预测方法[J]. 铁道学报, 2018, 40(9): 154-158.
[20] 任娟娟, 杜威, Liu J, 等. 基于指标融合的浮置板道床钢弹簧损伤识别[J]. 华中科技大学学报(自然科学版), 2021, 49(11): 95-100.
[21] 任娟娟, 杜威, 叶文龙, 等. 基于PSO-SVM的板式无砟轨道CA砂浆脱空损伤识别[J]. 中南大学学报(自然科学版), 2021, 52(11): 4021-4031.
[22] 李海峰. 城市形态、交通模式和居民出行方式研究[D]. 南京: 东南大学, 2006.
[23] 康熊, 王卫东, 刘金朝. 基于RAMS的高速铁路轨道平顺状态综合评价体系研究[J]. 中国铁道科学, 2013, 34(2): 13-17.
[24] 王卫东, 刘金朝, 梁志明. 综合评价车辆/轨道系统动态特性的广义能量法[J]. 中国铁道科学, 2009, 30(5): 22-27.

# 第 2 章 氯离子在无砟轨道中的传输规律与模型

## 2.1 概 述

钢筋混凝土结构除在海洋环境中受到氯盐侵蚀外，近海和部分内陆地区的混凝土结构也同样会遭受氯离子的威胁。海水在相互撞击和风力作用下逐渐形成大气盐核，当大气盐核运动至海岸以外的地方时，造成附近的混凝土结构处于盐雾环境区域中，沿海的高速铁路，包括温福铁路、广珠铁路、甬台温铁路、海南环岛铁路等均会遭受氯离子的侵蚀作用[1]。混凝土作为构筑无砟轨道结构的主要材料，暴露于大气环境中，长期经受盐雾和氯盐环境的作用，氯离子侵蚀导致钢筋混凝土结构的耐久性降低，极大地影响着无砟轨道的平顺性和安全性[2,3]。氯离子引起钢筋锈蚀在很大程度上取决于环境介质在混凝土中的传输机制，因此正确认识环境介质在混凝土中的传输机制对钢筋混凝土结构的长期服役特性的监控以及预测具有重要的理论和现实意义。

混凝土按照内部孔隙含水是否达到饱和分为饱和混凝土和非饱和混凝土。无砟轨道并非一直处于氯离子溶液的浸泡状态，大部分情况下属于非饱水状态混凝土，在大气环境的驱动下，盐雾环境上空的盐核会在无砟轨道结构表面沉积，并且通过干湿交替的作用渗透到混凝土内部。无砟轨道离缝处、轨枕块松动位置以及底座板/支承层和无砟轨道薄弱结构处(如 CRTS Ⅱ型板式轨道宽接缝和 CRTS Ⅰ型板式无砟轨道封锚位置)可能使氯离子堆积，由降雨形成积水区，有可能导致层间混凝土长期浸泡在氯离子溶液中。由此看出，无砟轨道不同结构组成位置，可能形成饱和状态与非饱和状态下混凝土中氯离子的扩散模式。砂浆的离缝增加了轨道混凝土与氯离子环境的接触面积，缩短了氯离子到达钢筋位置的距离，间接地加快了钢筋锈蚀；宽窄接缝的开裂以及封锚混凝土脱落减小了保护层的厚度，这将方便氯离子在混凝土中的传输，同时可能间接加速钢筋的锈蚀。为了更真实地反映无砟轨道在盐雾环境以及氯盐环境中的长期服役性能，防范无砟轨道在盐雾或氯盐环境中的潜在威胁，有必要针对列车高频交变荷载作用下无砟轨道层间积水离缝饱和混凝土氯离子扩散与大气环境下非饱和混凝土氯离子扩散性的特点和机理开展系统的研究，进一步明确无砟轨道在真实盐雾环境和氯盐环境下的氯离子扩散规律。

### 2.1.1 氯离子传输规律与模型的研究现状

氯离子在混凝土中的运输过程是一个非常复杂的物理和化学过程，涉及许多机理。对于这方面的讨论一直是钢筋混凝土腐蚀研究的一个热点问题，国内外学者相继提出了许多氯离子侵蚀的数学模型和计算方法。

华侨大学施养杭等[4]分析了氯离子在混凝土中传输的来源与方式，提出了关于水泥种类、环境湿度等因素修正下的模型。但该模型是一维的，因此广西大学李冉等[5]在此基础上，建立了饱和混凝土中的氯离子二维传输模型，并将模型计算值与解析法和无网格法计算出来的结果进行了对比与分析。考虑到氯离子扩散通常是非稳态的，哈尔滨工业大学吴静新[6]在氯离子非稳态扩散的基础上，建立了不同环境因素修正下的饱和混凝土中的氯离子传输模型。为了简化计算，通常都将氯离子扩散系数设为常数，实际上氯离子扩散会受到其他条件的影响，因此北京建筑大学汤梦洁[7]提出并对比线性插值基函数的常扩散系数有限元模型、线性插值基函数的时变扩散系数有限元模型等模型的计算收敛性与结果。无砟轨道中的混凝土结构并不都是氯离子饱和状态，浙江大学张奕[8]、约旦科技大学 Ababneh 等[9]、荷兰 Walraven[10]研究了氯离子在混凝土中的传输机理，提出了非饱和状态下的水分传输模型与氯离子传输模型，同时给出了近似解。

上述文献研究并未考虑到列车荷载作用下氯离子的传输规律，这是因为早些年我国铁路修建还未靠近沿海地区且氯离子的扩散行为是一个漫长的积累过程，目前鲜有由于氯离子侵蚀，钢筋锈蚀膨胀导致的混凝土开裂现象。但是，氯离子侵蚀仍然对沿海地区的无砟轨道有着潜在威胁，研究氯离子在无砟轨道中的传输规律对处理该潜在威胁具有重要的现实意义。此外，在恶劣环境下产生的混凝土表面剥落现象不仅会减小混凝土材料结构的保护层厚度，而且在形成和使用过程中其结构损伤对氯离子扩散还有加速作用。

### 2.1.2 本章主要内容及研究思路

1. 本章主要内容

氯离子在混凝土中的扩散、传输情况与混凝土的耐久性关系密切，所以研究氯离子在饱和与非饱和混凝土中的扩散过程、传输机理与规律显得尤为必要。本章通过对氯离子传输过程进行研究，建立不同侵蚀环境下的氯离子传输模型，通过有限元软件 COMSOL 与数值计算软件 MATLAB 分析饱和混凝土、交变荷载下的饱和混凝土、带裂缝的混凝土与非饱和混凝土中的氯离子分布情况，具体研究内容如下：

(1) 建立路基上 CRTS Ⅰ 型双块式无砟轨道，对于层间离缝断面与轨枕离缝处采用氯离子在饱和混凝土中的扩散模型研究，分析氯离子场的分布情况，对不同侵蚀工况下的氯离子分布结果进行对比与分析，得到饱和条件下的无砟轨道氯离子场的分布特性和发展规律。

(2) 建立疲劳荷载作用下饱和混凝土中的氯离子扩散理论计算模型，并通过 COMSOL 有限元软件建立固体力学与稀物质传递两场耦合模型，对比 COMSOL 计算结果与疲劳荷载作用下无砟轨道氯离子扩散性能试验研究结果，验证疲劳荷载作用下饱和混凝土中的氯离子扩散理论计算模型的正确性。

(3) 建立路基上带裂缝的 CRTS Ⅰ 型双块式无砟轨道模型，通过 COMSOL 有限元软件分析氯离子场在不同裂缝数量、长度、深度、形态下的分布情况，为带裂缝无砟轨道的耐久性提供理论分析基础。

(4) 建立非饱和混凝土中的氯离子扩散理论计算模型，通过有限差分法与 MATLAB 数值分析软件观察氯离子场分布情况，对比试验结果，验证非饱和混凝土中的氯离子扩散理论计算模型的正确性，对不同侵蚀工况下的氯离子分布结果进行对比与分析，得到非饱和条件下氯离子场的分布特性和发展规律。

2. 本章研究思路

本章对混凝土中氯离子传输规律的研究思路如图 2-1 所示。

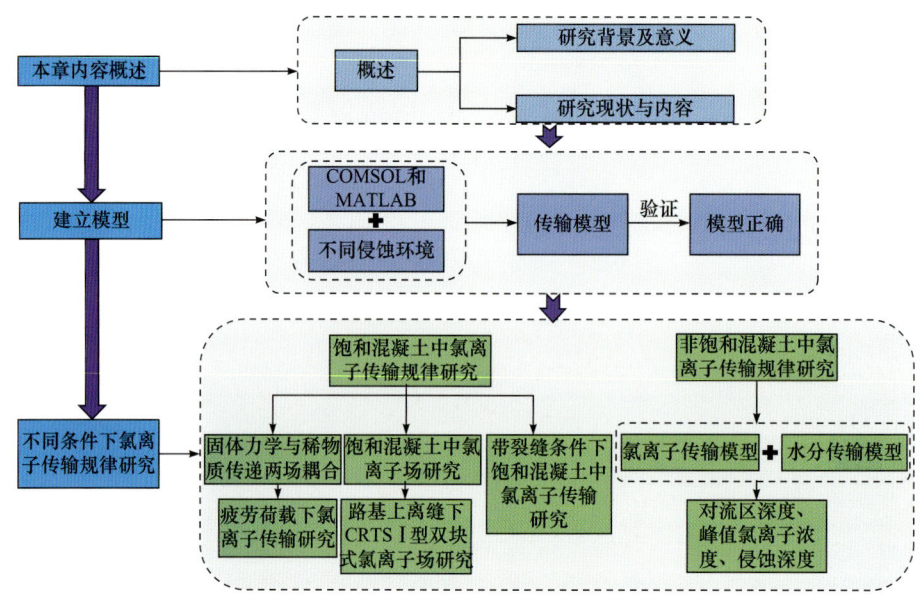

图 2-1 混凝土中氯离子传输规律研究思路

## 2.2 饱和混凝土中氯离子传输规律

本节先介绍混凝土在饱和状态下氯离子的扩散理论,再以 Fick 第二定律为基础建立饱和混凝土中的氯离子传输模型,采用 COMSOL 计算出模型的数值解并对比已有的试验结果,验证模型的合理性。建立路基上 CRTS Ⅰ 型双块式无砟轨道模型,分析离缝处与轨枕块松动位置处的饱和混凝土氯离子场分布情况,为研究无砟轨道的耐久性提供理论基础。

### 2.2.1 饱和混凝土氯离子扩散理论与模型

1. 氯离子扩散理论

氯离子在混凝土中的传输机理比较复杂,传输不仅有扩散、对流、物理和化学吸附作用、毛细吸附、渗透等多种形式,还受温度、湿度、裂缝以及混凝土水灰比等多种因素的影响。尽管如此,扩散仍是氯离子在混凝土中主要的传输机理,对于饱和混凝土中的氯离子传输而言扩散占的比例更大。扩散定义为一种浓度梯度作用下的传质过程,并分为稳态扩散过程与非稳态扩散过程。

饱和混凝土中氯离子的传输过程可以近似看成一维,并且浓度在 $y$ 轴与 $z$ 轴上不变,即只在 $x$ 轴上发生扩散作用,如图 2-2 所示。

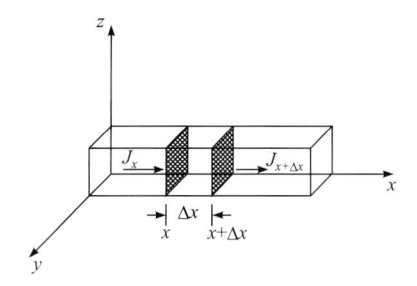

图 2-2 氯离子扩散示意图

在截面 $x$ 和截面 $x+\Delta x$ 处，氯离子的浓度分别为 $C_1$ 和 $C_2$，并且 $C_1>C_2$，由电化学原理可知，氯离子从截面 $x$ 处迁移至截面 $x+\Delta x$ 处，那么在这个过程中化学势 $e$ 的变化量如式(2-1)所示：

$$\Delta e = e_2 - e_1 = RT\ln(C_2/C_1) \tag{2-1}$$

式中，$R$ 为摩尔气体常数；$T$ 为热力学温度。

化学势梯度提供驱动力 $F$，此力使氯离子由截面 $x$ 迁移到截面 $x+\Delta x$ 处，则有

$$F = -\frac{\mathrm{d}e}{\mathrm{d}x} \tag{2-2}$$

稳态扩散过程是指单位时间内进入扩散体系单位体积内的物质的量与流出的物质的量相等，即扩散系统中的任意一点的浓度不随时间和空间发生改变。扩散通量 $J$ 定义为单位时间通过单位截面的离子的物质的量，对于稳态扩散过程，$J$ 不随时间与外部环境变化而变化，且扩散通量 $J$ 与化学势梯度提供驱动力 $F$ 的关系如式(2-3)所示：

$$J = \lambda CF \tag{2-3}$$

式中，$C$ 为浓度；$\lambda$ 为回归常数。

综合上述式(2-1)~式(2-3)，可得

$$J = -\lambda RT\frac{\mathrm{d}C}{\mathrm{d}x} \tag{2-4}$$

由于 $\lambda RT$ 为常数，故可以统一取为 $D$，则有

$$J = -D\frac{\mathrm{d}C}{\mathrm{d}x} \tag{2-5}$$

式中，$D$ 为离子扩散系数。式(2-5)是 Fick 第一定律。

相比于稳态扩散过程，非稳态扩散是指单位时间内进入单位体积内的物质的量与流出该单位体积的物质的量不相等。离子的扩散通量并不是常数，而是以时间和空间等因素为变量的函数，即扩散体系中浓度也随时间变化。

如图 2-2 所示，以截面和截面围成的体积单元为研究对象，进入截面 $x$ 的离子通量 $J_x$ 与离开截面 $x+\Delta x$ 的离子通量 $J_{x+\Delta x}$ 之差 $\Delta J$ 等于该体积单元内离子总量的变化量，即

$$\Delta J = \frac{\partial J}{\partial x}\mathrm{d}x = \frac{\partial C}{\partial t}\mathrm{d}x \tag{2-6}$$

将 Fick 第一定律代入式(2-6)中，可得

$$\frac{\partial C}{\partial t} = \frac{\partial}{\partial x}\left(D\frac{\partial C}{\partial x}\right) \tag{2-7}$$

式(2-7)为 Fick 第二定律。

**2. 饱和混凝土中氯离子的扩散模型**

在混凝土饱和状态下，Fick 第二定律可以很好地模拟氯离子的扩散过程，而且当氯离子扩散系数 $D$ 为常数时，式(2-7)可简化为

$$\frac{\partial C}{\partial t} = D_{Cl}\frac{\partial^2 C}{\partial x^2} \tag{2-8}$$

式中，$D_{Cl}$ 为氯离子扩散系数。

假定初始条件与边界条件如下：

$$t=0，\quad x>0 \text{ 时}，C=C_0(\text{初始条件})$$
$$x=0，\quad t>0 \text{ 时}，C=C_s(\text{边界条件})$$

对式(2-8)进行拉普拉斯变换，可得解析解为

$$C(x,t) = C_0 + (C_s - C_0)\left(1 - \text{erf}\left(\frac{x}{2\sqrt{Dt}}\right)\right) \tag{2-9}$$

式中，erf(·)为误差函数，且有

$$\text{erf}(x) = \frac{2}{\sqrt{\pi}}\int_0^x \exp(-x^2)\text{d}x \tag{2-10}$$

但是混凝土材料并不能满足 Fick 第二定律中的边界条件不变与氯离子扩散系数不变这两个条件。

对于边界条件，即表面氯离子含量 $C_s$，一般会随侵蚀时间的增长而逐渐积累，最后达到一个稳定值。

目前，对于混凝土表面的氯离子含量 $C_s$，不同的学者提出了不同的模型：美国学者 Amey 提出线性模型 $C_s=kt$，该类模型简单，但拟合精度较差，后期浓度拟合较差；意大利学者 Costa 提出对数型模型 $C_s = C_0 + \lambda \ln(t)$，该类模型适用于 $t>0$ 时，无法考虑初始状态；吉林大学宋宏伟提出幂函数模型 $C_s=Ct^n$，该类模型早期 $C_s$ 拟合精度较高，时间敏感性过高，后期 $C_s$ 偏大；澳大利亚学者 Stephen 参考试验结果，提出指数型模型 $C_s = C(1-\exp(-\lambda t))$，该模型拟合精度较高，且可以考虑初始状态，为常用模型之一，故本章采用指数型模型作为表面氯离子含量模型。

对于氯离子扩散系数 $D$，与表面的氯离子含量 $C_s$ 一样，并非恒定值，$D$ 与混凝土水灰比 $W/C$、时间 $t$、环境温度 $T$、环境湿度 $H$、冻融损伤 $r$、氯离子结合能力 $\lambda$、混凝土应力和开裂状态 $\sigma$ 均有关，即有

$$D_{Cl} = D_0 \times f(t) \times f(T) \times f(H) \times f(r) \times f(\lambda) \times f(\sigma) \tag{2-11}$$

式中，$D_0$ 为标准养护条件下的氯离子扩散系数；$f(t)$ 为时间因素修正函数；$f(T)$ 为温度修

正函数；$f(H)$为相对湿度修正函数；$f(r)$为混凝土冻融损伤修正函数；$f(\lambda)$为氯离子结合能力修正函数；$f(\sigma)$为混凝土应力和开裂状态修正函数。

1) 标准养护条件下的氯离子扩散系数 $D_0$

标准养护条件下的氯离子扩散系数 $D_0$ 采用美国 Thomas 等[11]推荐的方法，取为标准养护条件下测得的混凝土在 28 天时的氯离子扩散系数，即有

$$D_0 = 10^{-12.06+2.4W/C} \tag{2-12}$$

式中，$W/C$ 为混凝土试件的水灰比。

2) 时间因素修正函数 $f(t)$

氯离子的扩散系数并非一直不变，相反，混凝土内部的孔隙率将随着时间的推移、养护龄期的增长而降低。且随着时间的增加，混凝土表面的碳化现象加重，混凝土更加密实[12]。美国学者 Thomas 等[13]通过试验研究发现，氯离子扩散系数随时间的减小趋势可以采用指数函数描述，即时间因素修正函数 $f(t)$ 为

$$f(t) = \left(\frac{t_{\text{ref}}}{t}\right)^m \tag{2-13}$$

式中，$t$ 为氯离子扩散的时间，天；$t_{\text{ref}}$ 为参考龄期，一般取 28 天；$m$ 为时间衰减因子，欧洲标准下[14]参数的取值如表 2-1 所示。

表 2-1 欧洲标准下 $m$ 的取值

| 环境 | 硅酸盐水泥 | 掺加粉煤灰 | 掺加矿渣 | 掺加硅灰 |
| --- | --- | --- | --- | --- |
| 水下区域 | 0.30 | 0.69 | 0.71 | 0.62 |
| 潮汐、浪溅区域 | 0.37 | 0.93 | 0.60 | 0.39 |
| 大气区域 | 0.65 | 0.66 | 0.85 | 0.79 |

3) 温度修正函数 $f(T)$

温度对氯离子的扩散作用影响显著，由于温度升高时分子的活化能增加，氯离子在混凝土内部的扩散速度也会加快，意大利学者 Saetta 等[15]建议采用式(2-14)作为环境的温度修正函数：

$$f(T) = e^{\frac{U}{R}\left(\frac{1}{T_{\text{ref}}} - \frac{1}{T}\right)} \tag{2-14}$$

式中，$U$ 为氯离子扩散时的活化能；$R$ 为摩尔气体常数，8.3J/(mol·K)；$T_{\text{ref}}$ 为参考温度；$T$ 为外界环境温度。

4) 相对湿度修正函数 $f(H)$

无论是扩散、渗透还是毛细作用，氯离子均是以孔隙水作为连续介质进行传输的。环境湿度影响着混凝土结构内孔隙水的饱和程度，进而影响着氯离子在混凝土内部的扩散性能。Saetta 根据相关试验研究，得出环境湿度对氯离子扩散系数的修正系数可表达为

$$f(H) = \left[1 + \frac{(1-H)^4}{(1-H_0)^4}\right]^{-1} \quad (2\text{-}15)$$

式中，$H_0$ 为相对湿度临界值，取为 75%。

5) 混凝土冻融损伤修正函数 $f(r)$

混凝土在服役过程中通常会受到力学荷载作用以及环境作用导致的物理劣化作用而产生内部微裂缝，特别是北方地区受到冻融作用时，微裂缝会增加混凝土内部孔隙的连通度，给氯离子的传输创造了更畅通的路径，根据文献对冻融与氯离子传输耦合作用的试验及理论研究，受到冻融损伤的混凝土内的氯离子扩散系数可以用式(2-16)描述[16]：

$$f(r) = e^{\omega(1-\exp(-\theta N))} \quad (2\text{-}16)$$

式中，$\omega$ 和 $\theta$ 为材料特性系数；$N$ 为冻融循环次数。

6) 氯离子结合能力修正函数 $f(\lambda)$

氯离子在混凝土中扩散的总量分为两个部分：一部分为自由氯离子量，此部分可以通过试验方法测得；另一部分为结合氯离子量，此部分一般不能被试验测得。氯离子结合能力修正函数一般考虑为

$$f(\lambda) = \frac{1}{1 + \dfrac{\partial C_b}{\partial C_f}} \quad (2\text{-}17)$$

式中，$\partial C_b$ 为结合氯离子量；$\partial C_f$ 为自由氯离子量。

7) 混凝土应力和开裂状态修正函数 $f(\sigma)$

混凝土内部的应力状态会影响氯离子在混凝土内的扩散性能，在压应力状态下混凝土内氯离子扩散速率降低，拉应力状态下氯离子扩散速率升高。同时由于裂缝的存在，裂缝位置处氯离子的扩散不再是向着某一特定方向的一维扩散过程，开裂面周围也会有扩散的情况发生。因此，针对混凝土的开裂及应力状态，根据同济大学施惠生等[17]对工程调查及试验研究的结果，确定了混凝土应力和开裂状态修正函数的经验取值[18]，如表 2-2 所示。

表 2-2 混凝土应力和开裂状态修正函数的经验取值

| 混凝土状态 | $f(\sigma)$ | |
|---|---|---|
| | 拉应力 | 压应力 |
| 未开裂 | 1.2~1.3 | 1.0~1.1 |
| 开裂 | 1.0~1.1 | 0.8~0.9 |

综合上述提到的各个修正函数，可得修正后氯离子扩散系数 $D_{Cl}$ 为式(2-11)。

代入式(2-6)中，可得

$$\frac{\partial C}{\partial t} = D_{\text{Cl}} \frac{\partial^2 C}{\partial x^2} \tag{2-18}$$

初始条件为

$$C = C_0$$

边界条件为

$$C = C_s = C_{\text{ref}}(1 - \exp(-\lambda t))$$

式(2-18)与边界条件和初始条件联立便可解出饱和状态下氯离子在混凝土中的扩散情况。

### 2.2.2 有限元饱和混凝土氯离子扩散模型验证

为了验证饱和混凝土中氯离子扩散模型的正确性,本节采用 COMSOL 计算出混凝土中氯离子的分布情况,并与江苏大学延永东[19]的试验数据进行对比。

1. COMSOL 有限元软件介绍

COMSOL 是一个专业有限元数值分析软件包,是对基于偏微分方程的多物理场模型进行建模和仿真计算的交互式开发环境系统[20]。在使用 COMSOL 分析问题时,可以采用 COMSOL 里面提供的特定的物理应用模型求解,也可以通过自己建立偏(常)微分方程的方式求解。特定的物理应用模型包括预先设定好的模块和在一些特殊应用领域内已经通过微分方程和变量建立起来的用户界面,此外 COMSOL 通过把任意数目的物理应用模块整合成对一个单一问题的描述,使得建立耦合问题变得更为容易[21]。

COMSOL 包括了结构力学模块、热传模块、电磁场模块、地球科学模块、化学工程模块、化学反应实验室、二次开发模块和微机电模块等,且提供了与 MATLAB 的完美接口,这样就给用户提供了一种可以使用其他建模方法自由地对基于模型的偏微分方程、模拟运算和结果分析进行整合的方便途径。

2. 模型计算

江苏大学延永东试验采用边长为 100mm 的混凝土立方体块,混凝土材料采用 42.5 号普通硅酸盐水泥,水灰比为 0.53,标准养护 28 天,放入质量分数为 6%的氯化钠溶液中,40 天后和 160 天后分别取出一批试件,在侵蚀面的中间区域避开骨料钻取粉样至 50mm。

根据延永东的试验环境确定氯离子扩散系数 $D_{\text{Cl}}$、初始氯离子含量 $C_0$、表面氯离子含量 $C_s$,并用 COMSOL 对稀物质传递模块进行计算,计算参数如表 2-3 所示。

表 2-3  计算参数表

| $C_0$ | $\lambda$ | $C_{\text{ref}}$ | W/C | $f(H)$ | $T$ | $m$ | $f(\sigma)$ | $f(\lambda)$ | $f(r)$ |
|---|---|---|---|---|---|---|---|---|---|
| 0% | −0.03 | 0.8% | 0.53 | 1 | 25℃ | 0.3 | 1 | 0.8 | 1 |

COMSOL 的建模细节图与计算机辅助设计(computer aided design,CAD)氯离子侵蚀示意图如图 2-3 和图 2-4 所示。

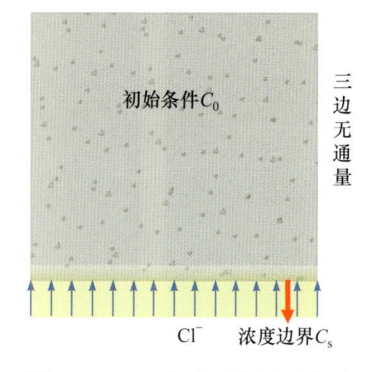

图 2-3　COMSOL 建模细节　　　　图 2-4　CAD 氯离子侵蚀示意图

分别取侵蚀时间为 10 天、40 天、160 天、365 天四个时间段的氯离子含量，如图 2-5 所示。

总结上述氯离子含量随侵蚀时间与混凝土深度的变化情况，如图 2-6 所示。

由图 2-5 和图 2-6 可以看出：混凝土同一位置处，氯离子含量随侵蚀时间的增加而增加。氯离子的侵蚀深度也随时间的增加而加深：当侵蚀时间为 10 天时，氯离子侵蚀深度为 12mm；当侵蚀时间为 40 天时，氯离子侵蚀深度为 32mm；当侵蚀时间为 160 天时，氯离子侵蚀深度为 62mm；当侵蚀时间为 365 天时，氯离子侵蚀深度为 83mm。表面氯离子含量 $C_s$ 随时间的增加呈现出先增加后不变的趋势：当侵蚀时间为 10 天时，表面氯离子含量 $C_s$ 为 0.19%；当侵蚀时间为 40 天时，表面氯离子含量 $C_s$ 为 0.49%；当侵蚀时间

(a) 侵蚀时间为10天　　(b) 侵蚀时间为40天

(c) 侵蚀时间为160天　　(d) 侵蚀时间为365天

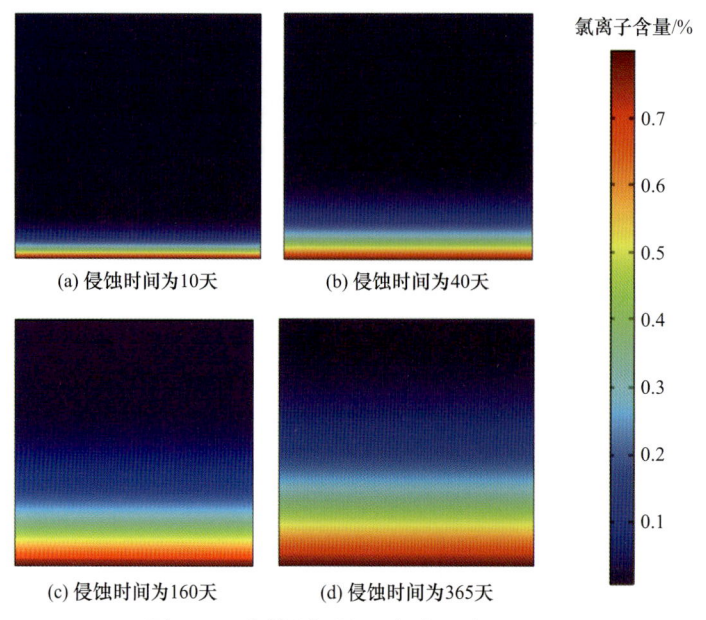

图 2-5　不同侵蚀时间下氯离子含量云图

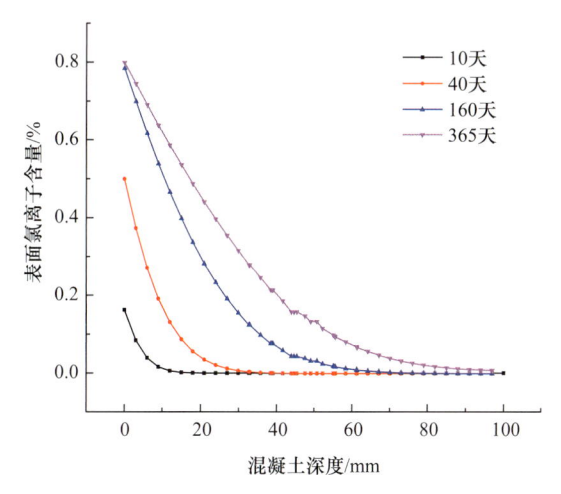

图 2-6 氯离子含量与混凝土深度和侵蚀时间的关系

为 160 天时，表面氯离子含量 $C_s$ 为 0.79%；当侵蚀时间为 365 天时，表面氯离子含量 $C_s$ 为 0.795%。

将 COMSOL 计算出的氯离子含量与江苏大学延永东试验测得的数据进行对比，如图 2-7 所示。

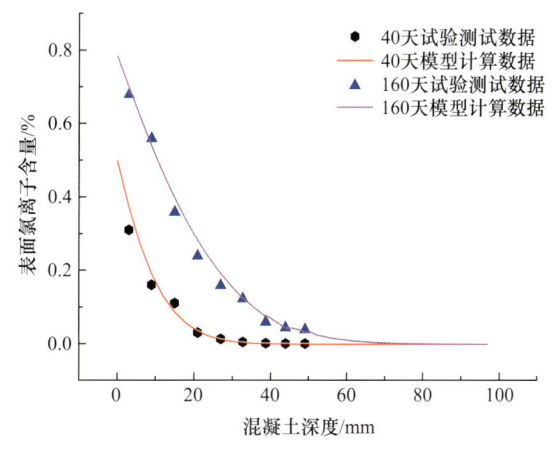

图 2-7 模型计算氯离子含量与试验测试含量对比

由图 2-7 可以看出，本节提出的氯离子在饱和混凝土中的扩散模型与试验测得的数据基本一致，这证明了本节模型的合理性。故 2.2.3 节氯离子在路基上 CRTS Ⅰ型双块式无砟轨道内的侵蚀可以采用本节提出的计算模型。

## 2.2.3 氯离子在路基上无砟轨道内的侵蚀规律

无砟轨道离缝处、轨枕块松动位置以及底座板/支承层和无砟轨道薄弱结构处容易产生氯离子聚集，氯离子侵蚀情况与氯离子在饱和混凝土内的侵蚀情况基本相同。本节采用路基上 CRTS Ⅰ型双块式无砟轨道为例分析无砟轨道饱和混凝土中的氯离子场分布情况。

1. 双块式无砟轨道计算模型

为研究路基上 CRTS Ⅰ型双块式无砟轨道内不同侵蚀时间下氯离子的分布情况，选取路基上 CRTS Ⅰ型双块式无砟轨道带层间离缝与轨枕裂缝的断面进行分析。建立一个既有层间离缝又有轨枕间离缝的无砟轨道模型，如图 2-8 所示。模型一方面分析不同侵蚀时间下 CRTS Ⅰ型双块式无砟轨道内部的氯离子分布；另一方面，由于氯离子侵蚀主要是对混凝土内部钢筋产生影响，主要分析层间离缝上方纵筋 1 和纵筋 2 的氯离子含量随时间的变化情况。

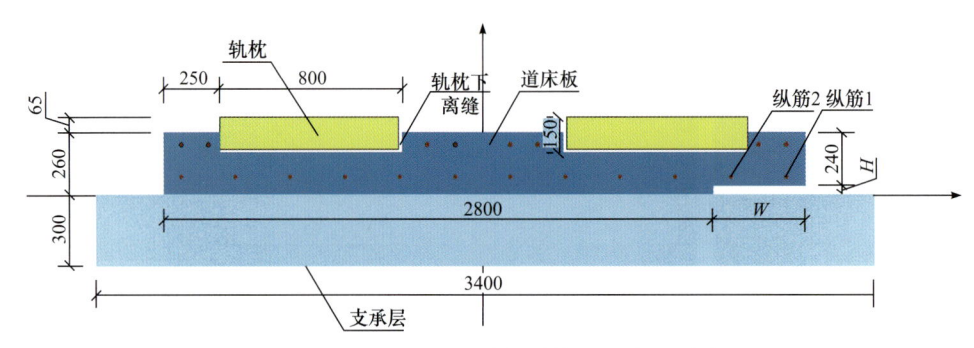

图 2-8　CRTS Ⅰ型双块式无砟轨道模型尺寸图(单位：mm)

2. 计算模型结果

将建立的模型放入 COMSOL 稀物质传递模块中进行计算，其中几何参数与 CAD 中的一致，由于忽略氯离子在轨枕块中的扩散，氯离子含量边界分别设置于轨枕块的底部与层间离缝的三边，且具体的计算参数取 2.2.1 节中的数据。分别计算侵蚀时间为 1 个月、半年、1 年、2 年的情况，如图 2-9 所示。

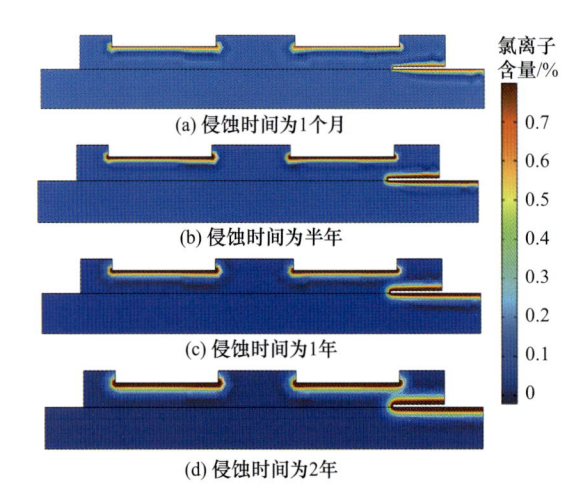

图 2-9　不同侵蚀时间 CRTS Ⅰ型双块模型中的氯离子含量云图

从图 2-9 中可以看出：随着侵蚀时间的增加，氯离子在轨枕块与离缝处的侵蚀深度均逐渐增加。轨枕块处的氯离子在侵蚀时间为 1 个月时，侵蚀深度为 20mm，轨枕块处的氯离子在侵蚀时间为半年时，侵蚀深度为 65mm；轨枕块处的氯离子在侵蚀时间为 1 年时，侵蚀深度为 72mm；轨枕块处的氯离子在侵蚀时间为 2 年时，侵蚀深度为 90mm。由此可以看出氯离子在轨枕块处的侵蚀深度虽然随侵蚀时间的增加而增加，但增加速率放缓，最后将趋于平稳。

对于层间离缝处的侵蚀，可以分为两个方向分析：一是纵向上氯离子的侵蚀；另一个是水平方向上氯离子的侵蚀。对于层间离缝在纵向上氯离子的侵蚀：侵蚀时间为 1 个月时，侵蚀深度为 25mm；侵蚀时间为半年时，侵蚀深度为 70mm；侵蚀时间为 1 年时，侵蚀深度为 78mm；侵蚀时间为 2 年时，侵蚀深度为 94mm。可以发现，层间离缝处的侵蚀深度略大于轨枕块处的氯离子侵蚀深度，变化趋势与轨枕块处相同，均呈现先增加迅速，后增加放缓的趋势。对于层间离缝在水平方向上氯离子的侵蚀：时间为 1 个月时，侵蚀深度为 4mm；侵蚀时间为半年时，侵蚀深度为 8mm；侵蚀时间为 1 年时，侵蚀深度为 10mm；侵蚀时间为 2 年时，侵蚀深度为 12mm；氯离子在层间离缝水平方向的侵蚀深度相比于纵向上的侵蚀深度，减小幅度很大，即氯离子在层间离缝处的侵蚀以纵向为主，以水平方向为辅。

绘制纵筋 1 与纵筋 2 处的氯离子含量与侵蚀时间的关系，如图 2-10 所示。

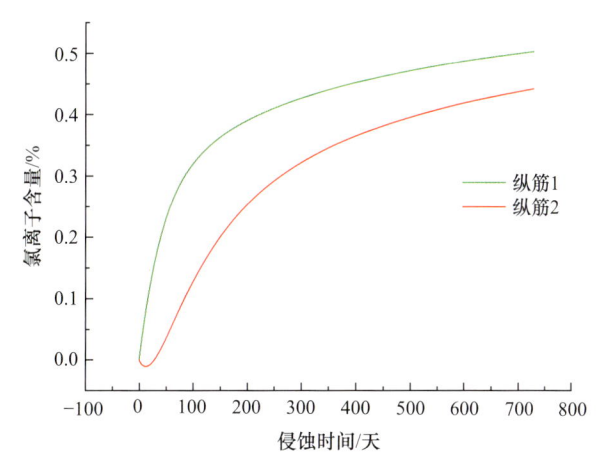

图 2-10 纵筋 1 与纵筋 2 处氯离子含量与侵蚀时间的关系

从图 2-10 中可以看出：纵筋 1(靠道床板外边)处的氯离子含量一直高于纵筋 2(靠道床板内边)处。纵筋 1 处的氯离子含量：侵蚀时间为 1 个月时，氯离子含量为 0.164%；侵蚀时间为半年时，氯离子含量为 0.380%；侵蚀时间为 1 年时，氯离子含量为 0.441%；侵蚀时间为 2 年时，氯离子含量为 0.502%；氯离子含量在大约为 240 天之前增长速率较快，而在 240 天之后增长速率放缓。可以预见，侵蚀时间超过 2 年后，纵筋 1 处氯离子的含量也不会超过 0.5%许多，可以把 0.5%当作氯离子长期侵蚀下纵筋 1 处的氯离子含量峰值。

纵筋 2 处的氯离子含量：侵蚀时间为 1 个月时，氯离子含量为 0.01%；侵蚀时间为半年时，氯离子含量为 0.232%；侵蚀时间为 1 年时，氯离子含量为 0.351%；侵蚀时间为 2 年时，氯离子含量为 0.442%；氯离子含量在大约为 240 天之前增长速率较快，而在 240 天之后增长速率放缓。可以预见，侵蚀时间超过 2 年后，纵筋 2 处氯离子的含量也不会超过0.45%许多,可以把0.45%当作氯离子长期侵蚀下纵筋2处的氯离子含量峰值。

**3. 不同层间离缝参数对纵筋氯离子含量的影响**

本节中的层间离缝宽度 $W$=400mm,层间离缝高度 $H$=20mm;分析不同离缝宽度(为简便,省略"层间"二字,下同,分别取200mm、400mm、600mm)与高度(分别取10mm、20mm、30mm)下,纵筋1与纵筋2处的氯离子含量,具体关系如图2-11和图2-12所示。

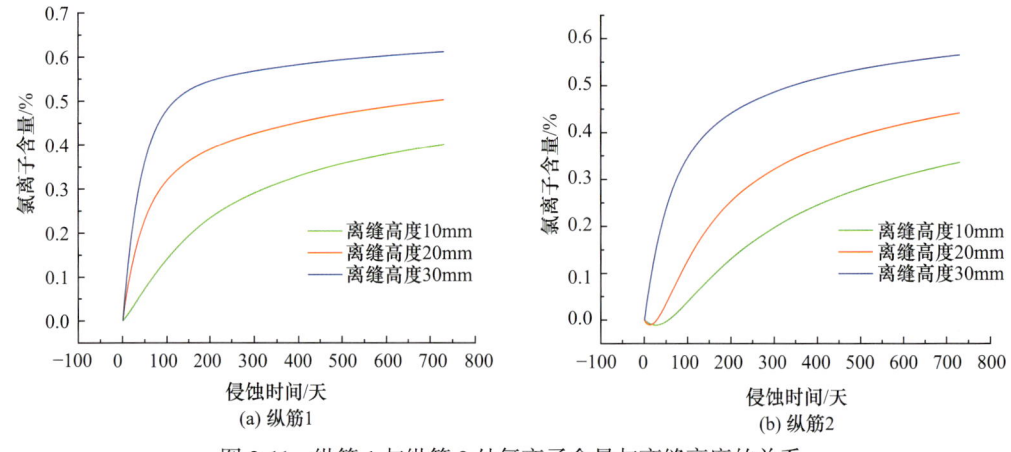

图 2-11　纵筋1与纵筋2处氯离子含量与离缝高度的关系

如图2-11所示,随着离缝高度的增加,纵筋1与纵筋2处的氯离子含量均增大。产生此种现象的原因是当离缝高度增加时,浓度边界与纵筋的距离缩短。纵筋1与纵筋2处的氯离子含量变化趋势不变:初期氯离子含量增长较快,后期增长放缓。

如图2-12所示,纵筋1处的氯离子含量在离缝宽度为400mm时最大,在离缝宽度为200mm时最小,离缝宽度为600mm时的氯离子含量介于两者之间,由此可见离缝宽度过大或过小均使氯离子含量降低。在离缝宽度为200mm时纵筋2处的氯离子含量极小,这是因为纵筋2距道床板外边缘320mm,而本节已经分析了层间离缝的水平方向的扩散很小,故当离缝宽度小于纵筋2离道床板外边缘大小时,氯离子含量将基本不发生变化。

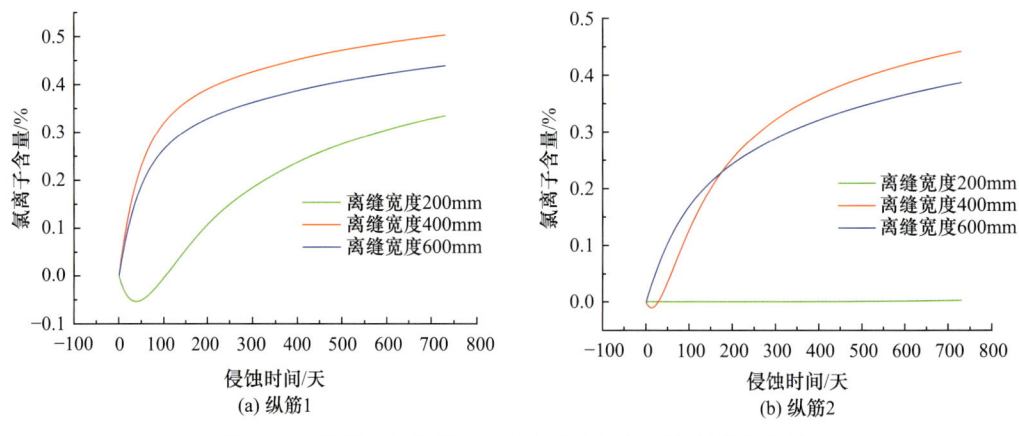

图 2-12　纵筋1与纵筋2处氯离子含量与离缝宽度的关系

## 2.3 疲劳荷载下饱和混凝土中氯离子传输规律

目前,对氯离子传输规律的研究主要集中于无外部荷载下的试验与模型研究,但是对于高速列车作用下的无砟轨道,混凝土结构将承担疲劳荷载作用。这种疲劳荷载作用将会加速氯离子在混凝土中的传输,使得混凝土耐久性比无应力作用下的更低。

本节先介绍疲劳荷载下饱和混凝土中氯离子传输试验,再根据现有研究成果提出疲劳荷载下的饱和混凝土中氯离子传输模型。在 COMSOL 中建立环境、计算参数与试验一致的氯离子传输模型,并计算模型的数值解。将试验数据与模型的数值解对比,以验证模型的合理性。

### 2.3.1 疲劳荷载下饱和混凝土中氯离子传输试验

1. 试件材料

无砟轨道在列车运营过程中,暴露在大气中,且最易受到氯环境影响的是轨道板部分,故为了模拟列车荷载下无砟轨道中氯离子的传输情况,本试验采用的混凝土试件材料均取为无砟轨道轨道板所采用的材料。根据高速铁路运营下无砟轨道轨道板的强度等级,试件材料明细如表 2-4 所示。

表 2-4  试件材料明细

| 水灰比 | 水泥密度 /(kg/m³) | 粉煤灰密度 /(kg/m³) | 硅灰密度 /(kg/m³) | 砂密度/(kg/m³) | 碎石密度/(kg/m³) 粗骨料 | 碎石密度/(kg/m³) 细骨料 | 减水剂掺量 /% |
|---|---|---|---|---|---|---|---|
| 0.35 | 420 | 50 | 20 | 678 | 454 | 681 | 1.60 |

2. 试验方案

本节试验采用尺寸为 100mm×100mm×400mm 的混凝土棱柱体试件,用此规格的试件进行疲劳荷载下饱和混凝土中氯离子扩散试验与抗折强度测试试验。并采用边长均为 100mm 的混凝土正方体试件进行立方体抗压强度测试试验。本试验采用 NYL-2000D 压力试验机对浇筑所得的立方体试件进行抗压试验,并采用 WE-300D 液压式万能试验机对混凝土棱柱体试件进行抗折试验,如图 2-13 所示。

通过上述试验可以测得本次疲劳荷载下饱和混凝土中氯离子传输试验中试件的棱柱体极限抗折强度为 7.46MPa,试件的立方体抗压强度为 69.2MPa。

试件采用标准养护,将新制成的混凝土试件放置于室温为 25℃的环境中静置 24h,待混凝土初步成型后拆模并编号。编号完成后放入温度为 25℃、相对湿度为 95%以上的环境养护 28 天。

混凝土试件的疲劳加载采用 MTS 拉扭试验机,并将 100mm×100mm×400mm 的混凝土棱柱体试件置于浓度为 10%的氯离子溶液中,混凝土试件采用三点集中力法进行加载,如图 2-14 所示。

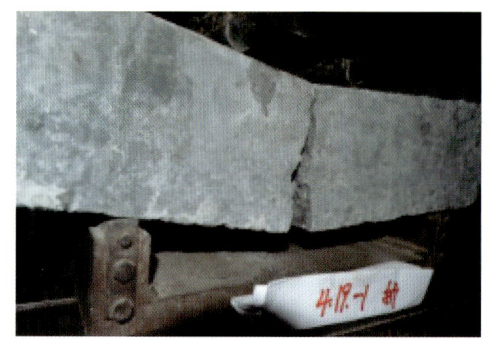

(a) 立方体试件抗压试验　　　　　　(b) 棱柱体试件抗折试验

图 2-13　混凝土试件的抗压与抗折试验

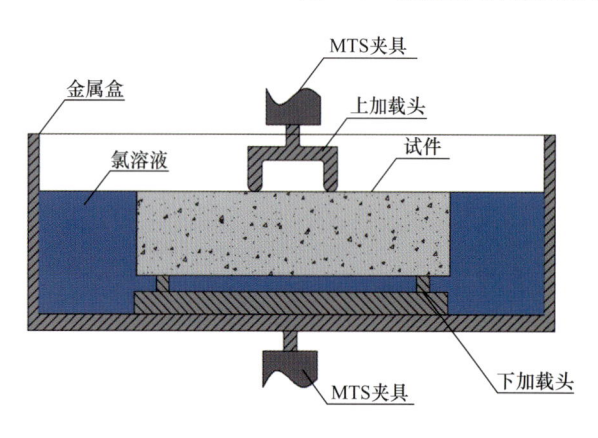

(a) 试验示意图　　　　　　(b) 试验现场图

图 2-14　疲劳荷载下饱和混凝土中氯离子传输试验

混凝土试件在氯离子溶液浸泡 2 天后,对混凝土试件钻取粉样,每隔 5mm 取样一次,将取出的样品过 0.63mm 的方孔筛,随后将其放入 100℃的恒温箱中烘烤 2h,取出 3g 样品按照《水运工程混凝土试验检测技术规范》(JTS/T 236—2019)水溶性氯离子测定方法,即可测得混凝土侵蚀面不同深度处的氯离子含量(单位体积混凝土内氯离子的质量与混凝土质量的百分比)。加载频率分别为 10Hz、15Hz 和 20Hz,加载应力比定分别为 0.3、0.5 和 0.7。

### 2.3.2　疲劳荷载下饱和混凝土中氯离子传输模型

1. 模型方程

混凝土在疲劳荷载作用下将产生应变,但是当这些应变不足以引起裂缝时,氯离子的传输方程与无应力下饱和混凝土中氯离子的传输方程一致,2.2.1 节中的饱和混凝土中氯离子扩散方程仍然适用,如式(2-19)所示:

$$\frac{\partial C}{\partial t} = \frac{\partial}{\partial x}\left(D_{Cl}^{*}\frac{\partial C}{\partial x}\right) \tag{2-19}$$

式(2-19)与 2.2.1 节的方程虽然形式上保持一致，但是氯离子扩散系数却不一样，2.2.1 节中氯离子扩散系数取的是无应力下的 $D_{Cl}$，但本节中取的是考虑疲劳荷载作用的氯离子扩散系数 $D_{Cl}^*$。

**2. 疲劳荷载下的氯离子扩散系数 $D_{Cl}^*$**

在式(2-11)的基础上，考虑混凝土内部的微裂纹与孔隙以及疲劳荷载作用，氯离子扩散系数 $D_{Cl}^*$ 如式(2-20)所示：

$$D_{Cl}^* = D_{ref} \times f(t) \times f(T) \times f(H) \times f(r) \times f(\lambda) \times f(\sigma) \times f(F) \tag{2-20}$$

式中，$D_{ref}$ 为砂浆基体的氯离子扩散系数；$f(F)$ 为疲劳荷载作用修正系数。

美国学者 Garboczi 等[22]基于试验结果采用数值方法提出了砂浆基体的氯离子扩散系数与其孔隙率之间的拟合关系：

$$D_{ref} = D_r \times [0.001 + 0.07\phi + 1.8H \times (\phi - \phi_{th})^3] \tag{2-21}$$

式中，$D_r$ 为氯离子在水中的扩散系数，$D_r = 2.032 \times 10^{-9} \text{m}^2/\text{s}$(25℃时)；$\phi$ 为砂浆基体的孔隙率；$H$ 为 Heaviside 函数，当 $\phi > \phi_{th}$ 时，$H=1$，否则 $H=0$；$\phi_{th}$ 为孔隙率临界值，取 0.18。

根据作者团队试验研究成果，可知 $f(F)$ 为与疲劳荷载频率 $f$ 有关的分段函数，表达式为：当 $f < 10\text{Hz}$ 时，$f(F) = 1 + 0.06f$；当 $10\text{Hz} \leqslant f \leqslant 15\text{Hz}$ 时，$f(F) = 1.6$；当 $f > 15\text{Hz}$ 时，$f(F) = 1 + 0.04f$。

**3. 孔隙率 $\phi$ 与体积应变 $\varepsilon_v$ 之间的关系**

假设混凝土在疲劳荷载作用前后的体积分别为 $V_{c0}$ 及 $V_c$，混凝土内孔隙在疲劳荷载作用前后的体积为 $V_{p0}$、$V_p$，则有

$$V_c = V_{c0} + \Delta V_c \tag{2-22}$$

$$V_p = V_{p0} + \Delta V_p \tag{2-23}$$

式(2-22)与式(2-23)中 $\Delta V_c$ 及 $\Delta V_p$ 分别为混凝土及孔隙在疲劳荷载作用下产生的体积变化量。

混凝土的体积应变 $\varepsilon_v$ 如式(2-24)所示：

$$\varepsilon_v = \Delta V_c / V_{c0} \tag{2-24}$$

疲劳荷载作用后混凝土结构的孔隙率变为

$$\phi = \frac{V_p}{V_c} = \frac{V_{p0} + \Delta V_p}{V_{c0} + \Delta V_c} \tag{2-25}$$

假定混凝土结构体积变化量 $\Delta V_c$ 与混凝土内孔隙体积变化量 $\Delta V_p$ 相同，将式(2-22)～式(2-24)代入式(2-25)中，则有

$$\phi = \frac{\phi_0 + \varepsilon_v}{1 + \varepsilon_v} \tag{2-26}$$

4. 初始条件与边界条件

初始条件即初始氯离子含量 $C_0$ 一般来源主要有混入和渗入两种方式。《混凝土结构耐久性设计与施工指南》中规定了预应力荷载下混凝土中氯离子含量应小于 0.06%，普通硬化混凝土中氯离子含量应小于胶凝材料总质量的 0.1%。本章采用的是普通硬化混凝土，且测得的初始氯离子含量为 0.0242%，即 $C_0$=0.0242%，满足规范小于 0.1% 的要求。

边界条件即表面氯离子含量 $C_s$ 采用 2.2.1 节中的模型，即

$$C_s = C(1 - \exp(-\lambda t)) \tag{2-27}$$

当整个试验时间很短时，可以不考虑氯离子表面浓度的变化，此时有

$$C_s = C_1 \text{ (恒定值)} \tag{2-28}$$

### 2.3.3 有限元疲劳荷载下饱和混凝土中氯离子传输模型验证

为了验证 2.3.2 节中提出的疲劳荷载下饱和混凝土中氯离子传输模型的正确性，采用 COMSOL 计算理论模型，并与 2.3.1 节中的试验数据对比。

计算模型涉及体积应变与氯离子扩散，即为一个包含结构力学场与氯离子传输场的两场耦合模型。在 COMSOL 中，采用固体力学模块(用于描述荷载作用)与稀物质传递模块(用于描述混凝土材料中氯离子的传输)耦合来模拟疲劳荷载下氯离子在饱和混凝土中的扩散行为。混凝土试件的加载形式与浓度边界设置如图 2-15 所示。

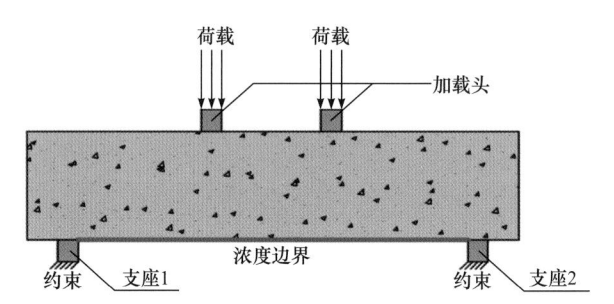

图 2-15 混凝土试件的加载形式与浓度边界设置

1. COMSOL 建模过程

1) 建立固体力学场

首先使用 COMSOL 的固体力学模块建立结构力学场，在力学场中输入与现场试验相同的材料属性、边界荷载、约束形式等相关条件，具体的参数如表 2-5 所示。

表 2-5 COMSOL 中试件的力学参数

| 弹性模量 | 泊松比 | 抗压强度 | 抗折强度 | 密度 |
| --- | --- | --- | --- | --- |
| $3.8 \times 10^{10}$Pa | 0.2 | 69.2MPa | 7.46MPa | 2303kg/m$^3$ |

模型中制作及加载头均与混凝土试件采用黏结处理，计算时共选取三个加载工况，荷载以均布荷载的形式施加在梁上两个加载头上，荷载大小分别为极限荷载 $F_p$ 的 30%、50% 及 70%，即应力水平 $S$ 分别为 0.3、0.5 及 0.7。计算得到三组应力水平下的体积应变 $\varepsilon_v$。

2) 建立稀物质传递场

通过式(2-26)建立混凝土试件的体积应变 $\varepsilon_v$ 与孔隙率 $\phi$ 之间的关系，再将式(2-26)代入式(2-21)中，这样便建立了固体力学场与稀物质传递场之间的关系。

氯离子含量边界设置在混凝土试件的底面，其他 5 个面均无通量。模型计算所用的参数均与现场试验保持一致，如表 2-6 所示。

表 2-6 扩散模型相关参数

| 名称 | 量值 |
| --- | --- |
| 加载频率 $f$ | 15Hz |
| 氯离子溶液浓度 | 10% |
| 环境温度 | 28℃ |
| 初始氯离子含量 $C_0$ | 0.0242% |
| 浸泡时间 | 2 天 |
| 表面氯离子含量 $C_1$ | 0.146% |
| 混凝土初始孔隙率 $\phi_0$ | 4% |
| $W/C$ | 0.35 |
| 时间衰减因子 $m$ | 0.3 |

2. 模型计算结果

以应力比为 0.7 的工况在 COMSOL 中计算，得到 2 天之后的混凝土试件的体积应变云图，如图 2-16 所示。

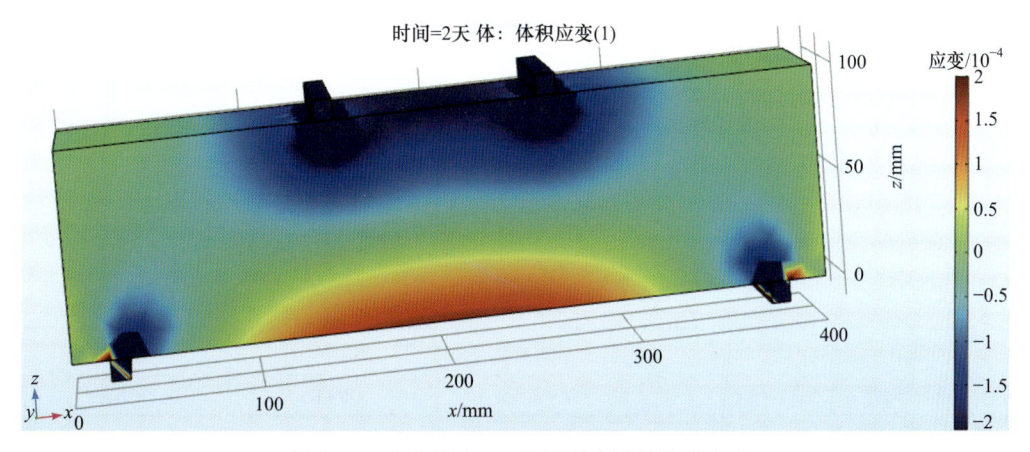

图 2-16 应力比为 0.7 的混凝土试件体积应变

忽略支座 1 与支座 2 处的应力集中情况,可以发现在混凝土跨中截面(整个混凝土试件长 400mm,跨中即为 200mm 处)的体积应变最大,大约为 $2.1\times10^{-4}$。

对应的混凝土试件氯离子含量分布如图 2-17 所示。

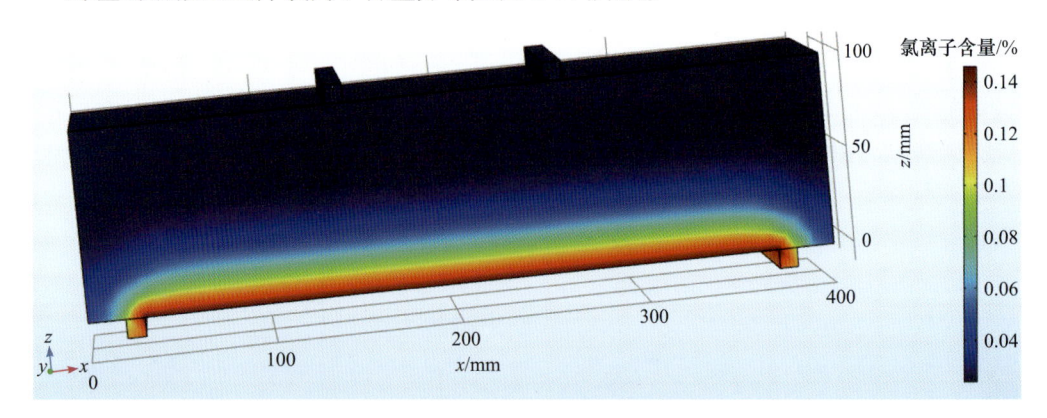

图 2-17 应力比为 0.7 下氯离子含量分布

由图 2-17 可以发现氯离子在混凝土中的扩散随体积应变的变化表现并不明显,这是体积应变计算值较小的缘故:中心处的体积应变最大,为 $2.1\times10^{-4}$,代入式(2-25)中,计算可得孔隙率 $\phi$ 为 4.193%,靠近支座处的体积应变最小,约为 $8\times10^{-5}$,代入式(2-25)中,计算可得孔隙率 $\phi$ 为 4.064%,可以发现两者差距仅为 3%左右,所以图中氯离子在混凝土中扩散表现得并不明显。

由于试验选取混凝土跨中截面作为标准截面并测定出氯离子含量分布,故模型中也取此截面作为对照,三种应力比下氯离子含量分布如图 2-18 所示。

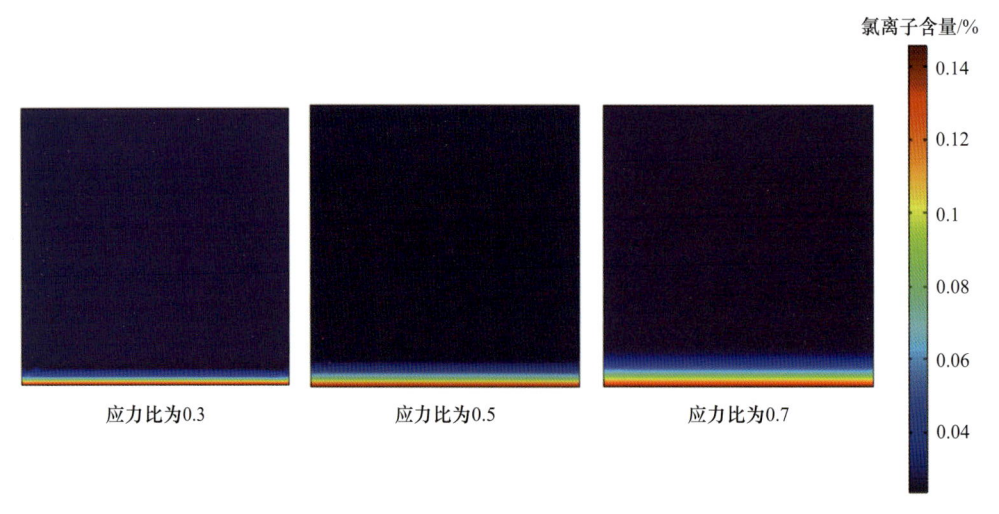

图 2-18 不同应力比下跨中截面氯离子含量分布

由图 2-18 可以看出:疲劳荷载越大,混凝土内部氯离子扩散深度越深。当混凝土试件承受应力比为 0.3 的疲劳荷载作用时,混凝土梁试件自然浸泡于 10%的 NaCl 溶液 2 天后,氯离子扩散深度仅 7mm 左右;当混凝土试件承受应力比为 0.5 的疲劳荷载作用时,氯离子扩散深度增加至 11mm 左右；当混凝土试件承受应力比为 0.7 的疲劳荷载作用时，氯离子扩散深度已增加至 16mm 左右。可见疲劳荷载作用会加速氯离子在混凝土内部的扩散速度，且荷载越大加速作用越明显。

图 2-19 为极限弯曲荷载作用下氯离子扩散理论模型计算结果与试验所测结果的对比。由图可以看出，疲劳荷载作用下的氯离子扩散理论模型计算结果与试验所测结果具有较好的相关性，可见通过疲劳荷载作用下的混凝土孔隙率变化与氯离子扩散系数相关联，并采用频率荷载修正系数可较好地分析疲劳荷载作用对氯离子在混凝土中扩散性能的影响，验证了该计算模型的可用性。证明疲劳荷载作用确实会加剧氯离子在混凝土内部的扩散，且疲劳荷载越大加速作用越明显。

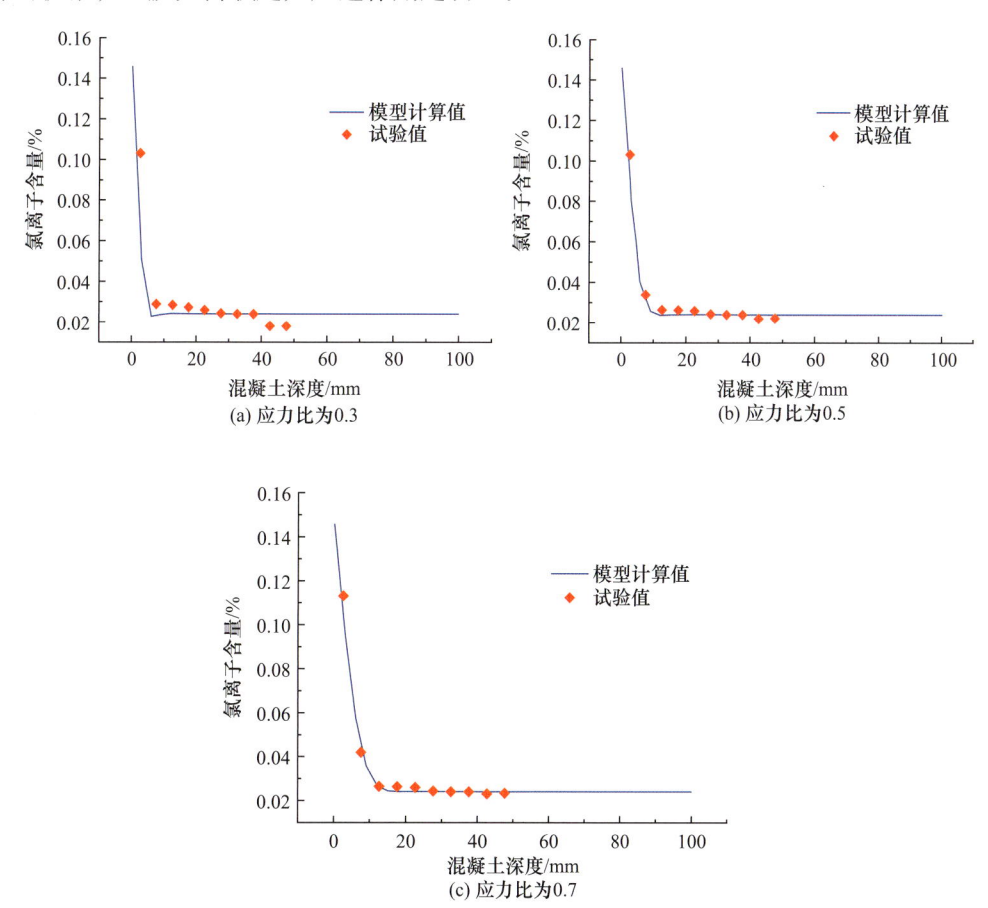

图 2-19 不同应力比下跨中截面模型计算值与试验值对比

按上述方法，计算三种不同应力比下(应力比分别为 0.3、0.5、0.7)，10 天、15 天、20 天、25 天、30 天内的氯离子含量随混凝土深度的变化情况，如图 2-20 所示。

由图 2-20 可以发现，氯离子的侵蚀深度与侵蚀含量随侵蚀时间的增加而增加，也随着应力比的增大而增加。具体的侵蚀深度与应力比和侵蚀时间的关系如表 2-7 所示。

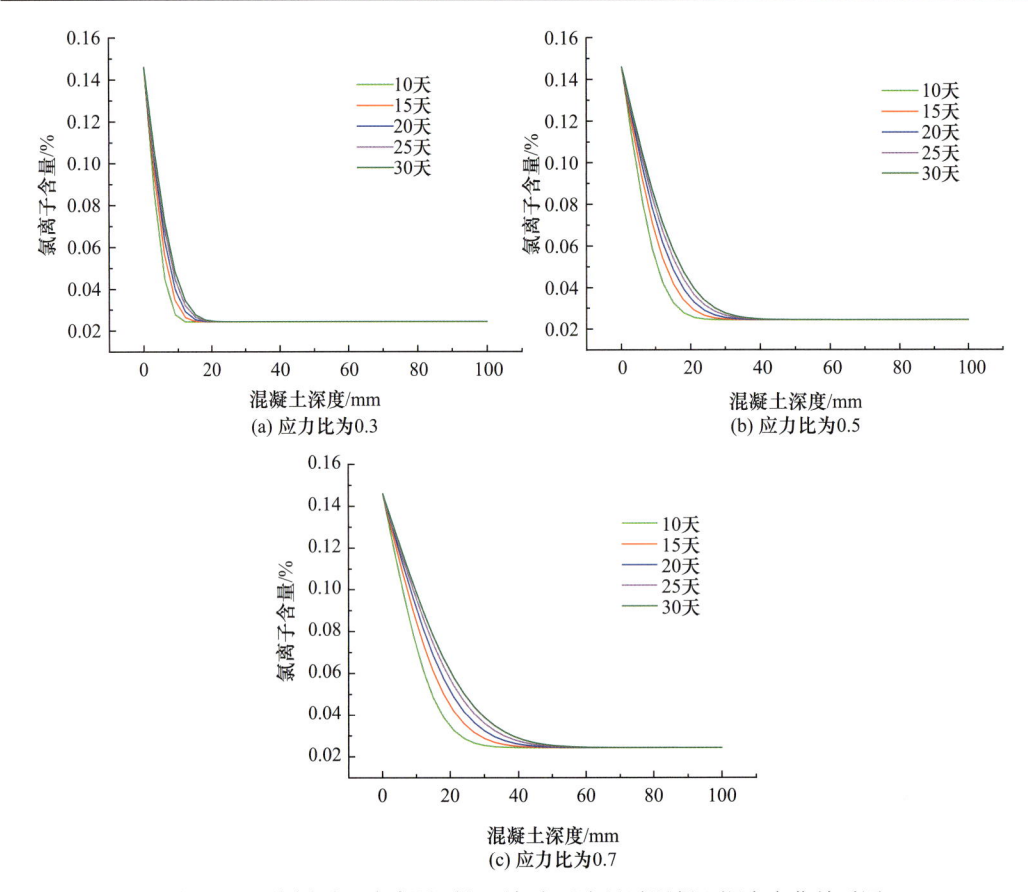

图 2-20  不同应力比与侵蚀时间下氯离子含量随混凝土深度变化关系图

表 2-7  不同应力比与侵蚀时间下的侵蚀深度值(单位：mm)

| 应力比 | 侵蚀时间 | | | | |
|---|---|---|---|---|---|
| | 10 天 | 15 天 | 20 天 | 25 天 | 30 天 |
| 0.3 | 11.2 | 14.3 | 18.5 | 20.1 | 22.0 |
| 0.5 | 26.3 | 28.1 | 30.2 | 33.8 | 36.2 |
| 0.7 | 37.4 | 40.6 | 44.1 | 47.2 | 52.1 |

## 2.4 带裂缝的饱和混凝土中氯离子传输规律

无砟轨道作为一种反复承受列车荷载的结构物，在混凝土材料不均匀、施工处理不得当、环境温度变化剧烈、基础变形较大以及混凝土自身收缩变形等因素的影响下，极易产生裂缝。

正是无砟轨道轨道板、底座板等结构表面裂纹的存在，使得无砟轨道在氯盐环境下的氯离子侵蚀情况有别于无裂纹下的情况，需要单独分析与研究。具体而言，由于混凝土中表面裂缝的存在，氯离子的传输通道扩大，这将会促使氯离子的侵蚀程度加深，降低整个无砟轨道结构的耐久性[23]。

本节先通过现场调研与查阅文献资料，对无砟轨道产生裂缝的情况与形式进行分析；然后对裂缝宽度、裂缝深度、界面裂缝、裂缝曲折度等影响氯离子在带裂缝混凝土中扩散的因素进行归类与研究；最后通过建立带裂缝的饱和混凝土中氯离子传输模型，在 COMSOL 中对氯离子在开裂饱和混凝土中扩散的全过程进行研究与分析。

### 2.4.1 无砟轨道产生裂缝的形式与原因

1. 轨枕块周围的裂缝形式与原因

通过对遂渝线上的 CRTS Ⅰ 型双块式无砟轨道调研发现，轨枕块周围的裂缝形式主要分为斜向裂缝与环向裂缝两种(图 2-21 和图 2-22)。产生轨枕块周围斜向裂缝的原因主要是预制的轨枕块与浇筑的道床板收缩时间不一致，导致在轨枕块与道床板的交界处产生较大的拉应力，拉应力的方向大致与水平线呈一定的角度，当拉应力大于结构承受值后便产生斜向裂缝。轨枕块周围产生环向裂缝的原因主要是预制轨枕块与现浇的道床板界面结合性差，从而使得轨枕块易在外界环境下从四周剥落开裂，形成环向裂缝。

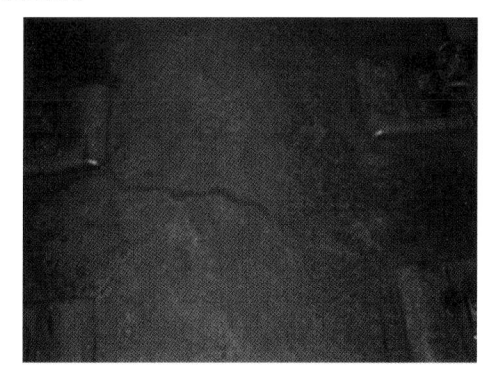

图 2-21 斜向裂缝 1　　　　　　　　图 2-22 环向裂缝

2. 道床板、支承层上的裂缝形式与原因

通过对遂渝线上的无砟轨道调研发现，道床板与支承层上产生的裂缝形式大致有"1"字形贯通裂缝与斜向裂缝两种(图 2-23 和图 2-24)。产生"1"字形贯通裂缝的原因主要有：①底部支承层上的裂缝向上扩展影响道床板，在外部荷载与环境的作用下使道床板也产生贯通裂缝；②当地基产生较大的不均匀沉降时，支承层与道床板受力不均匀，在外界环境与自身及外部荷载的作用下产生"1"字形贯通裂缝；③道床板纵向长度较长，约束强、混凝土收缩变形大，所产生的拉应力势必要进行释放，从而产生了沿纵向以一定间距分布的多条干缩裂缝。产生斜向裂缝的原因主要有：①道床板两侧交角部位暴露在空气中的表面积较大，在混凝土浇筑完毕模板拆除后不能及时养护，导致混凝土快速失去水分而产生干缩裂缝；②道床板两侧交角部位钢筋保护层厚度过大导致混凝土抗拉强度不足以抵抗混凝土内部的拉应力,从而产生裂缝[24]。

图 2-23 "1"字形贯通裂缝　　　　　　图 2-24 斜向裂缝 2

通过上述调研结果可以发现,无砟轨道的裂缝走向多样,且裂纹的深度与宽度各不相同。

### 2.4.2 氯离子在带裂缝混凝土中扩散的影响因素

影响氯离子在带裂缝混凝土中扩散的因素众多,具体包括混凝土的裂缝宽度、裂缝深度、界面裂缝、裂缝曲折度与粗糙度、混凝土自身材料特性等。而在这些因素中,对氯离子在带裂缝混凝土中扩散影响最大的是混凝土中的裂缝宽度。

1. 裂缝宽度

氯离子在混凝土裂缝中的扩散能力采用裂缝中的氯离子扩散系数 $D_{cr}$ 来表征。关于裂缝宽度对氯离子在各材料中的扩散影响,国内外文献均有涉及。

美国学者 Ismail 等[25]通过试验研究了氯离子在带裂缝的砖块中的扩散过程,试验发现,当裂缝宽度 $w \geqslant 0.06\text{mm}$ 时,氯离子的扩散过程与在溶液中的扩散过程基本相同;当裂缝宽度 $w < 0.06\text{mm}$ 时,氯离子的扩散能力显著降低。

美国学者 Ismail 等[26]通过试验研究了氯离子在带裂缝的砂浆中的扩散过程,试验发现,当裂缝宽度 $w \geqslant 0.2\text{mm}$ 时,氯离子的扩散与在自由边界上的扩散过程相同;当裂缝宽度 $0.08\text{mm} \leqslant w \leqslant 0.1\text{mm}$ 时,氯离子的扩散能力约为上一阶段的一半;当裂缝宽度 $w \leqslant 0.03\text{mm}$ 时,氯离子的扩散能力基本丧失。

日本学者 Takewaka 等[27]考虑到初始裂缝对离子扩散的影响,建立了氯离子侵蚀下的混凝土劣化模拟模型。结果表明,氯离子在缝中扩散存在阈值,当裂缝宽度 $w \geqslant 0.1\text{mm}$ 时,氯离子在带裂缝混凝土中的扩散过程很明显;当裂缝宽度 $w$ 介于 0.05mm 和 0.1mm 时,氯离子的扩散能力降低,$D_{cr}$ 为上一阶段的 1/10 左右;而当裂缝宽度 $w \leqslant 0.05\text{mm}$ 时,氯离子的扩散能力降低,$D_{cr}$ 为 0.05~0.1mm 阶段的 1/100 左右,即此时氯离子的扩散能力显著下降。

法国学者 Djerbi 等[28]通过试验研究了在具有不同裂缝宽度的普通混凝土以及高强混凝土中氯离子的扩散。试验发现,当裂缝宽度 $w \leqslant 0.03\text{mm}$ 时,氯离子的扩散系数 $D_{cr}$ 与在完好混凝土中的氯离子扩散系数基本一致；当裂缝宽度 0.03mm < $w$ ≤ 0.1mm 时，氯离子的扩散系数 $D_{cr}$ 与裂缝的宽度成正比关系，即宽度 $w$ 越大，氯离子的扩散系数 $D_{cr}$ 越大；当裂缝宽度大于 0.1mm 时，氯离子扩散系数 $D_{cr}$ 达到最大值，即达到氯离子在自由溶液中的扩散系数。

由上述文献可以发现：氯离子在带裂缝混凝土中的扩散存在上下两个限值，这两个限值分别对应裂缝宽度 $w_上$ 与 $w_下$。当裂缝宽度 $w ≤ w_下$ 时，由于混凝土裂缝壁对氯离子扩散的阻力极大以及混凝土自身有一定的愈合功能，此时裂缝中氯离子扩散系数 $D_{cr}$ 等于氯离子在完好的混凝土中的扩散系数 $D_{Cl}$；当裂缝宽度介于两者之间时，即 $w_下 < w < w_上$ 时，存在裂缝壁的阻碍作用以及混凝土的自愈功能，但是裂缝仍对氯离子的扩散产生影响，氯离子的扩散系数将随着裂缝宽度的增加而增加，且目前的研究并未给出一个介于两者之间公认的函数关系；当裂缝宽度 $w ≥ w_上$ 时，裂缝壁对氯离子扩散的阻力很小，混凝土自身的愈合作用也可以忽略，此时氯离子扩散系数 $D_{cr}$ 为在自由溶液中的扩散系数 $D_f$，即 $D_{cr}$ 与裂缝宽度 $w$ 之间可以采用式(2-29)所示的三段函数表达：

$$D_{cr} = \begin{cases} D_f, & w \geq w_上 \\ F(D_f, D_{Cl}, w, w_上, w_下), & w_下 < w < w_上 \\ D_{Cl}, & w \leq w_下 \end{cases} \tag{2-29}$$

2. 裂缝深度

罗马尼亚学者 Marsavina 等[29]通过试验研究了不同裂缝深度下氯离子的扩散规律，研究发现随着混凝土裂缝深度的增加，氯离子在混凝土中扩散的深度也相应增加，且在长期试验作用下，这种效应更加明显。延永东通过试验发现，裂缝深度对超出裂缝部分区域的氯离子质量分数影响较大。

3. 界面裂缝

浙江省丽水市规划建筑设计院有限公司陈小荣等[30]将平行界面裂纹置于混凝土的骨料表面，在此基础上建立圆形单元细胞模型，利用有限元软件并切割细胞的方法分析截面裂纹对氯离子扩散系数的影响。研究发现，氯离子在截面裂缝处的扩散系数与裂纹开口大小、混凝土界面的高度呈正相关，与混凝土内部的骨料半径呈负相关，且不同的骨料级配对氯离子的扩散影响较大。

4. 裂缝的粗糙度、曲折度与连通性

江苏大学延永东通过试验与有限元建模分析了裂缝的粗糙度、曲折度与连通性对氯离子扩散性能的影响，研究发现：曲折度增大，氯离子在混凝土中扩散的路径也会相应增大，氯离子在裂缝中的扩散速度会随之降低；当裂缝的粗糙度增大时，裂缝四周与氯离子溶液的接触面增大，且粗糙的裂缝将会对氯离子的扩散起到一定的阻碍作用，即氯离子的扩散系数会随之减小；混凝土中裂缝的连通性变好，氯离子在带裂缝混凝土中的传输就会更加顺利，即氯离子在带裂缝混凝土中的扩散系数随连通性的增强而增大。

5. 混凝土自身材料的影响

珠海春禾新材料研究院有限公司郭伟等[31]通过试验研究混凝土水灰比与氯离子在带裂缝混凝土中扩散性能的关系。研究表明，混凝土的水灰比与氯离子的扩散系数呈正相关，这是由于当水灰比变小时，混凝土中自由水减少，孔隙率降低，混凝土内部更加密实，从而使氯离子不易进入内部，即降低了氯离子的扩散系数。叶建雄、刘建忠、曹文涛、屠柳等各自研究了不同种类的掺合料(包括矿渣、粉煤灰等材料)对氯离子扩散系数的影响，得出的结果一致，即添加的掺合料越多，混凝土内部越密实，氯离子的扩散系数越低。

### 2.4.3 氯离子在带裂缝饱和混凝土中的扩散分析

通过 2.4.1 节对无砟轨道产生裂缝情况的调研可知，裂缝的数量、走向、宽度、深度等均有不同，若要分析氯离子在带裂缝无砟轨道中的扩散情况，需考察不同的裂缝宽度、裂缝深度、裂缝走向及裂缝间距对氯离子在带裂缝饱和混凝土中扩散过程的影响。

根据现场调研的成果，式(2-29)中的裂缝宽度上限 $w_上$ 可取 0.09mm，裂缝宽度下限 $w_下$ 可取 0.03mm。氯离子在自由溶液中的扩散系数 $D_f$ 取 $2×10^{-9} m^2/s$。

本节研究所模拟的混凝土试件高度为 100mm、宽度为 200mm，裂缝为预置平行裂缝，具体的计算模型示意图如图 2-25 所示。

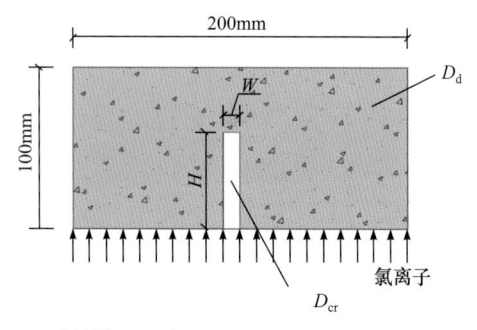

图 2-25 计算模型示意图($D_d$ 为混凝土中氯离子扩散系数)

模型计算与 2.2 节一致，采用 COMSOL 中的稀物质传递场，其氯离子在裂缝处与混凝土内部传输的方程采用式(2-18)。

COMSOL 中的相关计算参数如表 2-8 所示。

表 2-8 COMSOL 中的相关计算参数

| $C_0$ | $\lambda$ | $C_{ref}$ | $W/C$ | $f(H)$ | $T$ | $m$ | $f(\sigma)$ | $f(\lambda)$ | $f(r)$ |
|---|---|---|---|---|---|---|---|---|---|
| 0% | −0.03 | 1.2% | 0.4 | 1 | 25℃ | 0.3 | 1 | 0.8 | 1 |

为了分别考察氯离子在裂缝宽度小于 $w_下$、$w_下$ 与 $w_上$ 之间、大于 $w_上$ 等情况下在混凝土中的扩散规律，本节选取裂缝宽度 $w$ 为 0.02mm、0.06mm、0.2mm 进行对比分析，分

析结果见本节第一部分。

为了考察氯离子在不同裂缝深度 $H$ 情况下在混凝土中的扩散规律，本节选取裂缝深度为 20mm、40mm、60mm、80mm 四种工况进行对比分析，分析结果见本节第二部分。

为了考察氯离子在不同裂缝间距情况下在混凝土中的扩散规律，本节选取裂缝间距为 5mm、15mm、25mm、35mm 四种工况进行对比分析，分析结果见本节第三部分。

为了考察氯离子在不同裂缝走向情况下在混凝土中的扩散规律，本节选取裂缝与竖直线夹角为 0°、30°、45°、60°四种工况进行对比分析，分析结果见本节第四部分。

1. 不同裂缝宽度的影响

以深度为 40mm 的裂缝，宽度取 0.2mm 为例，时间分别取 30 天(一个月)、180 天(半年)、365 天(1 年)、730 天(2 年)的氯离子扩散情况，如图 2-26 所示。

当裂缝深度相同，裂缝宽度为 0.06mm 时，不同侵蚀时间下混凝土中的氯离子含量如图 2-27 所示。

当裂缝深度相同，裂缝宽度为 0.02mm 时，不同侵蚀时间下混凝土中的氯离子含量如图 2-28 所示。

取裂缝中心处 $y$ 方向的氯离子含量为纵坐标，以混凝土的深度为横坐标，作三种裂缝宽度下氯离子含量分布图，如图 2-29 所示。

综合图 2-26～图 2-29 可知：氯离子含量随着裂缝宽度的变化而变化，在相同的侵蚀时间、相同的混凝土内部位置处，氯离子含量随混凝土裂缝宽度的增大而增加。单独观察图 2-29 可以发现，当裂缝宽度 $w \geqslant w_\perp$ 时，氯离子的含量变化会在裂缝深度处出现"拐点"，该"拐点"将氯离子含量的变化分为裂缝内部变化与混凝土内部(即无裂缝)变化两个部分。

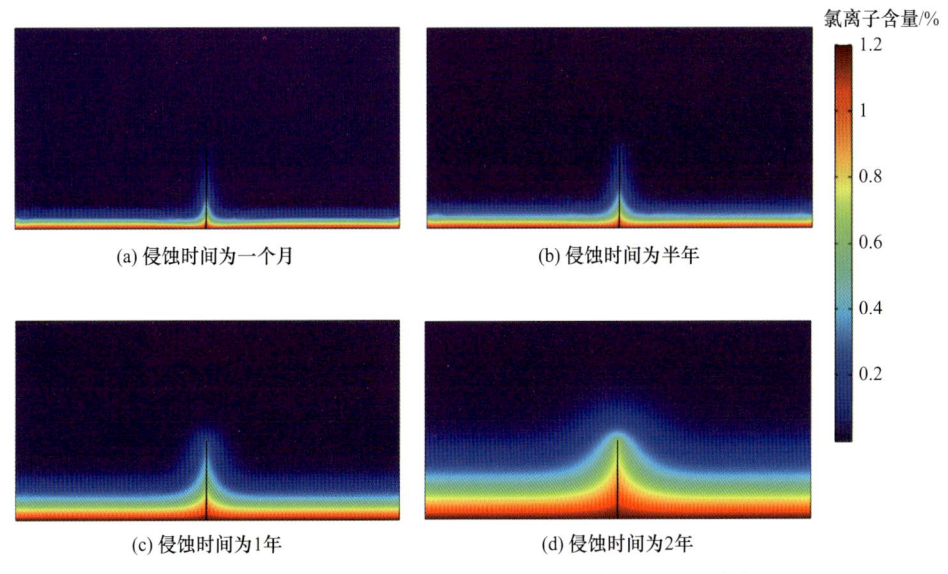

(a) 侵蚀时间为一个月

(b) 侵蚀时间为半年

(c) 侵蚀时间为1年

(d) 侵蚀时间为2年

图 2-26 裂缝宽度为 0.2mm 混凝土中的氯离子含量分布

(a) 侵蚀时间为一个月　　　　　　　　(b) 侵蚀时间为半年

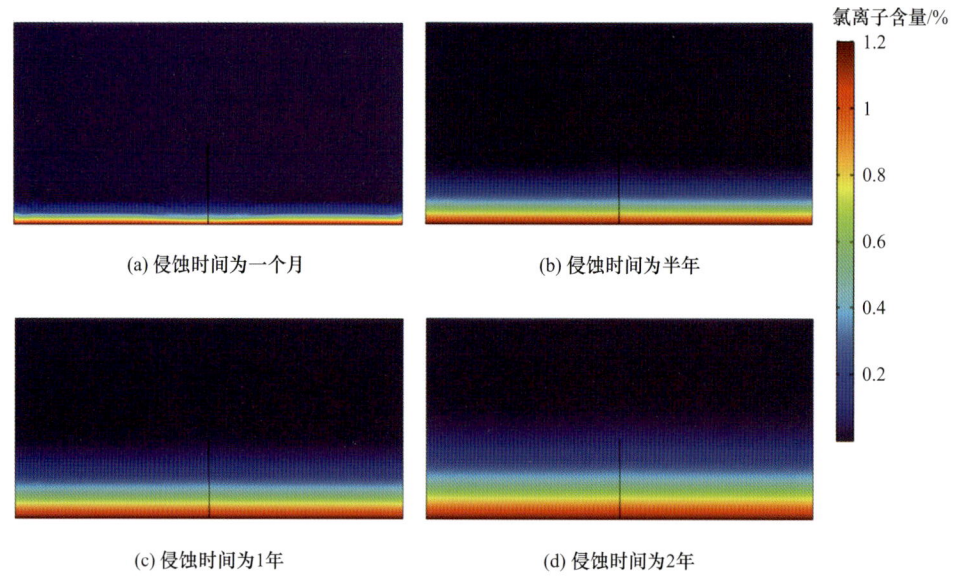

(c) 侵蚀时间为1年　　　　　　　　　(d) 侵蚀时间为2年

图 2-27　裂缝宽度为 0.06mm 混凝土中的氯离子含量分布

对比图 2-26～图 2-28 可以发现，裂缝宽度在 $w \leqslant w_下$ 与 $w_下 < w < w_上$ 时，氯离子的浓度扩散规律相差很小；但是当 $w \geqslant w_上$ 时，氯离子的浓度扩散速率与程度明显加大，这点通过对比图 2-29(a)与(b)也可以得出，虽然当裂缝宽度取 0.06mm 时的氯离子扩散程度略大于裂缝宽度取 0.02mm 时的氯离子扩散程度，但两者差距不明显。

(a) 侵蚀时间为一个月　　　　　　　　(b) 侵蚀时间为半年

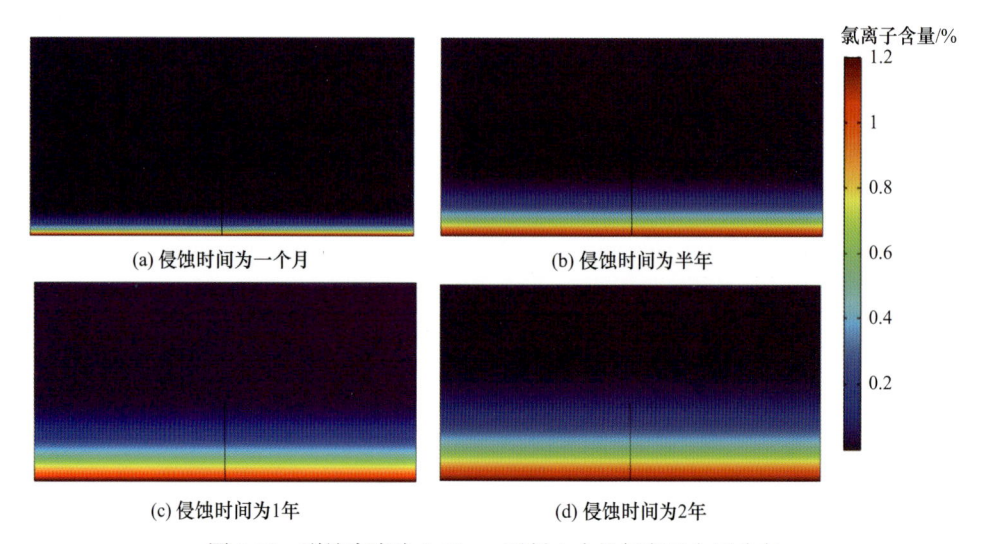

(c) 侵蚀时间为1年　　　　　　　　　(d) 侵蚀时间为2年

图 2-28　裂缝宽度为 0.02mm 混凝土中的氯离子含量分布

由图 2-29(c)可以发现，在同一水平位置处，裂缝内部氯离子含量减小的速率小于混凝土内部氯离子含量减小的速率(混凝土深度 0～40mm 区段的氯离子含量斜率小于 40～75mm 区段的氯离子含量斜率)，且这种趋势随着氯离子侵蚀时间的增加而更加显著。

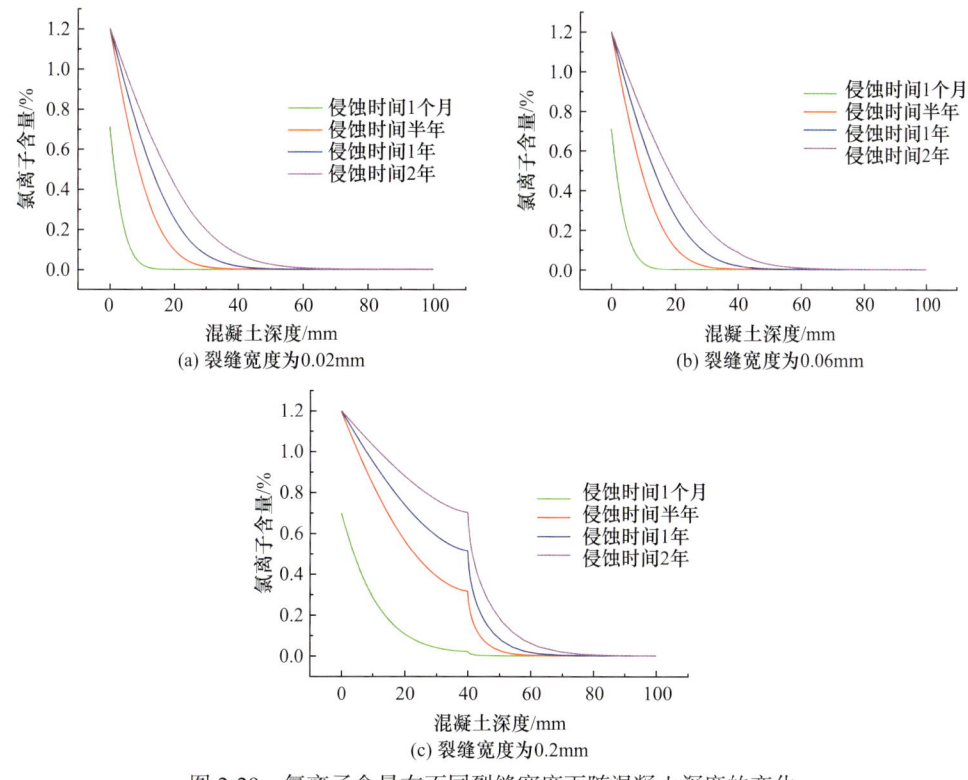

图 2-29　氯离子含量在不同裂缝宽度下随混凝土深度的变化

2. 不同裂缝深度的影响

以宽度为 0.2mm 的裂缝，深度取 20mm、40mm、60mm、80mm 为例，时间取 365 天(1 年)，氯离子的扩散情况如图 2-30 所示。

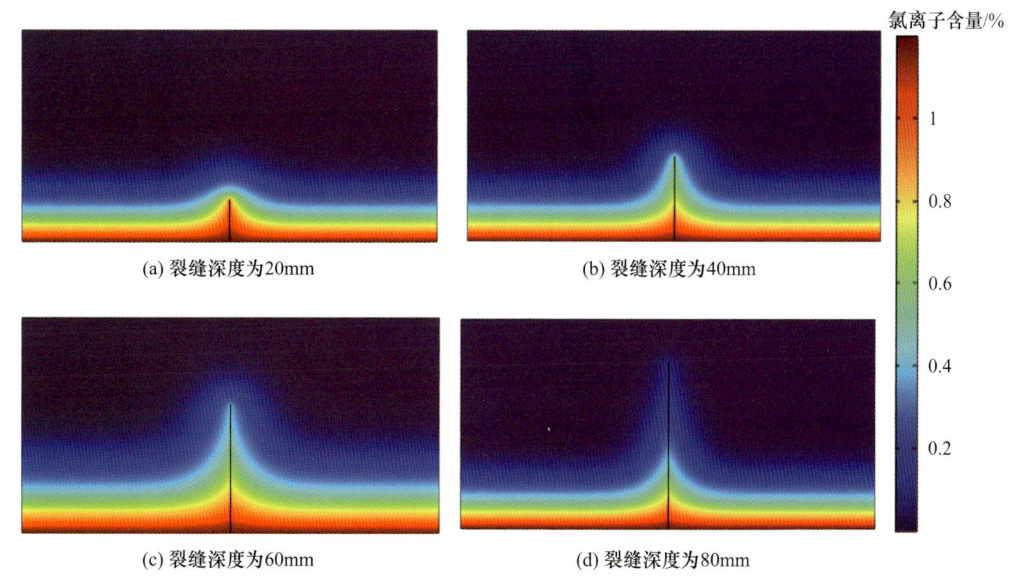

图 2-30　裂缝宽度为 0.2mm 时不同深度下混凝土中氯离子含量分布

取裂缝中心处 $y$ 方向的氯离子含量为纵坐标,以混凝土的深度为横坐标,作四种裂缝深度下(裂缝宽度为 0.2mm)的氯离子含量的分布图,如图 2-31 所示。

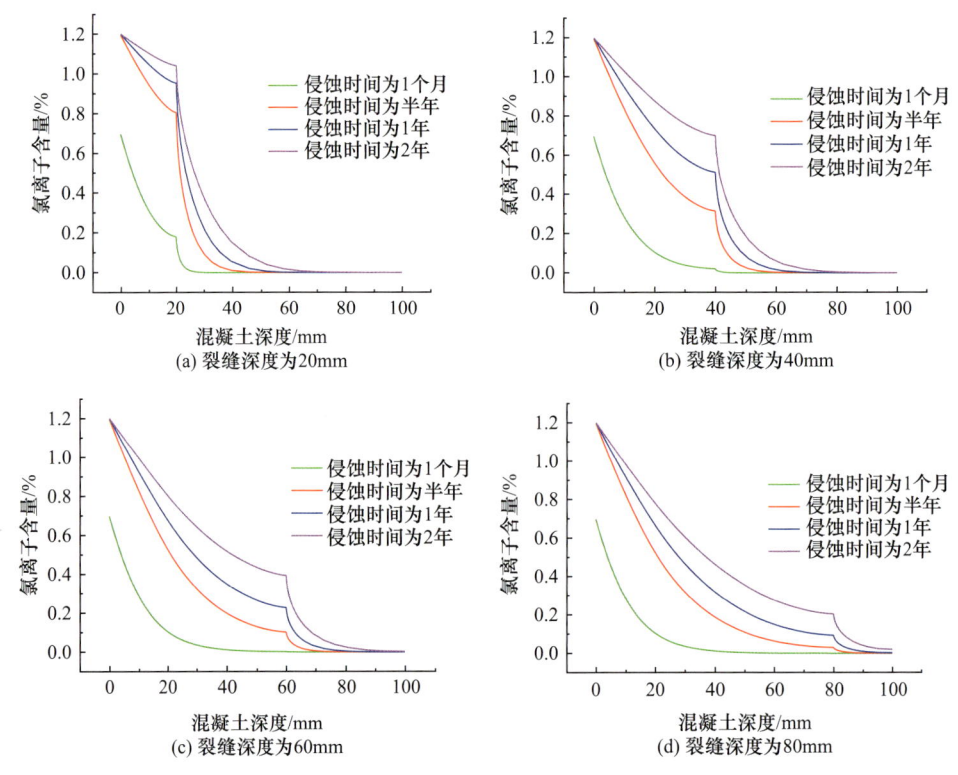

图 2-31 氯离子含量在不同裂缝深度(裂缝宽度为 0.2mm)下随混凝土深度的变化

由本节的分析可知,氯离子含量在裂缝宽度处于 $w \leqslant w_下$ 与 $w_下 < w < w_上$ 时差距不大,故只需取一种裂缝宽度即可代表这两种情况下的氯离子扩散规律。

本节取宽度为 0.06mm 的裂缝,深度取 20mm、40mm、60mm、80mm 为例,时间取 365 天(1 年),氯离子的扩散情况如图 2-32 所示。

取裂缝中心处 $y$ 方向的氯离子含量为纵坐标,以混凝土的深度为横坐标,作四种裂缝深度下(裂缝宽度为 0.06mm)的氯离子含量分布图,如图 2-33 所示。

由图 2-30 和图 2-31 可知,当裂缝宽度 $w \geqslant w_上$ 时,裂缝深度的变化会导致氯离子含量分布产生较大的变化。随着裂缝深度的增加,氯离子在水平方向上的侵蚀深度与竖直方向上的侵蚀深度均有增加,以图 2-31 中侵蚀时间为 1 年为例,当裂缝深度为 20mm 时,氯离子的侵蚀深度为 50.5mm;当裂缝深度为 40mm 时,氯离子的侵蚀深度为 61.4mm;当裂缝深度为 60mm 时,氯离子的侵蚀深度为 78.2mm;当裂缝深度为 80mm 时,氯离子的侵蚀深度为 89.7mm。此外,当裂缝深度增加时,氯离子含量在裂缝区段的变化率与在混凝土区段的变化率均基本呈现减小的趋势,以图 2-31 中侵蚀时间为 1 年为例,当裂缝深度为 20mm 时,氯离子在裂缝区段(0~20mm)的变化率为–0.0145%/mm,在混凝土区段(20~50.5mm)的变化率为–0.0225%/mm;当裂缝深度为 40mm 时,氯离子在裂缝区段(0~40mm)的变化率为–0.0134%/mm,在混凝土区段(40~61.6mm)的变化率为

(a) 裂缝深度为20mm　　　　　　　(b) 裂缝深度为40mm

(c) 裂缝深度为60mm　　　　　　　(d) 裂缝深度为80mm

图 2-32　裂缝宽度为 0.06mm 时不同深度下混凝土中氯离子含量分布

(a) 裂缝深度为20mm　　　　　　　(b) 裂缝深度为40mm

(c) 裂缝深度为60mm　　　　　　　(d) 裂缝深度为80mm

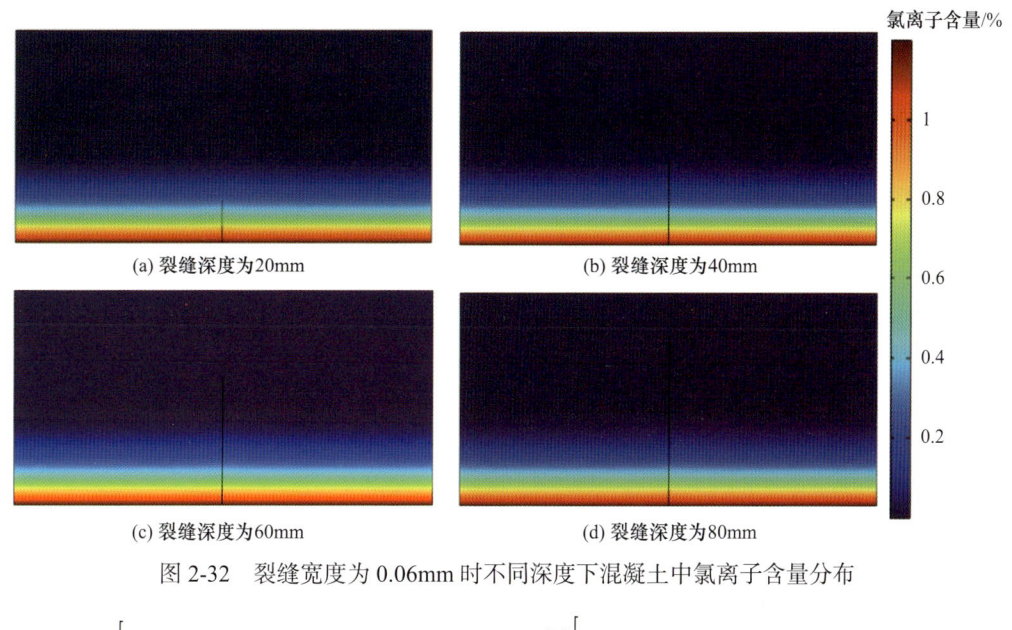

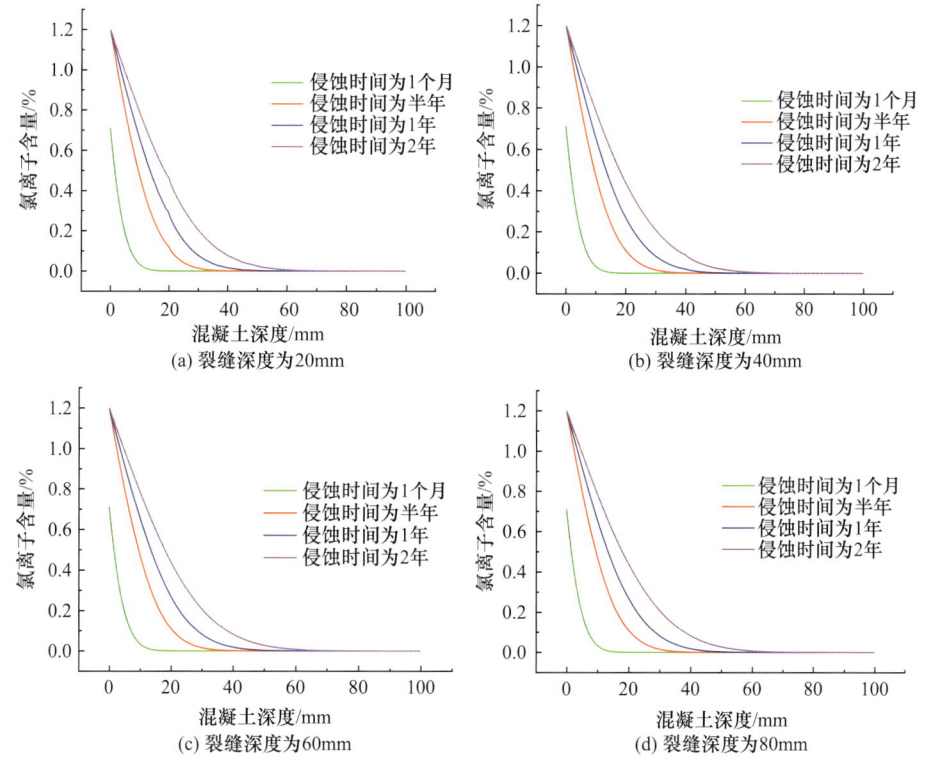

图 2-33　氯离子含量在不同裂缝深度(宽度为 0.06mm)下随混凝土深度的变化

−0.02125%/mm；当裂缝深度为 60mm 时，氯离子在裂缝区段(0～60mm)的变化率为 −0.0162%/mm，在混凝土区段(60～78.2mm)的变化率为−0.0095%/mm；当裂缝深度为 80mm 时，氯离子在裂缝区段(0～80mm)的变化率为−0.0131%/mm，在混凝土区段(80～

89.7mm)的变化率为−0.0104%/mm。

由图 2-32 与图 2-33 可知，当裂缝宽度 $w<w_上$ 时，氯离子的侵蚀深度也随着裂缝深度的增加而加深，但增加幅度相比于裂缝宽度为 $w \geqslant w_上$ 时减小了很多。

**3. 不同裂缝间距的影响**

以深度为 40mm 的裂缝，宽度取 0.2mm 为例，间距分别取 5mm、15mm、25mm、35mm；时间取 365 天(1 年)，氯离子的扩散情况如图 2-34 所示。

以深度为 40mm 的裂缝，宽度取 0.06mm 为例，间距分别取 5mm、15mm、25mm、35mm；时间取 365 天(1 年)，氯离子的扩散情况如图 2-35 所示。

(a) 裂缝间距为5mm　　(b) 裂缝间距为15mm

(c) 裂缝间距为25mm　　(d) 裂缝间距为35mm

图 2-34　裂缝宽度为 0.2mm 不同间距下混凝土中氯离子含量分布

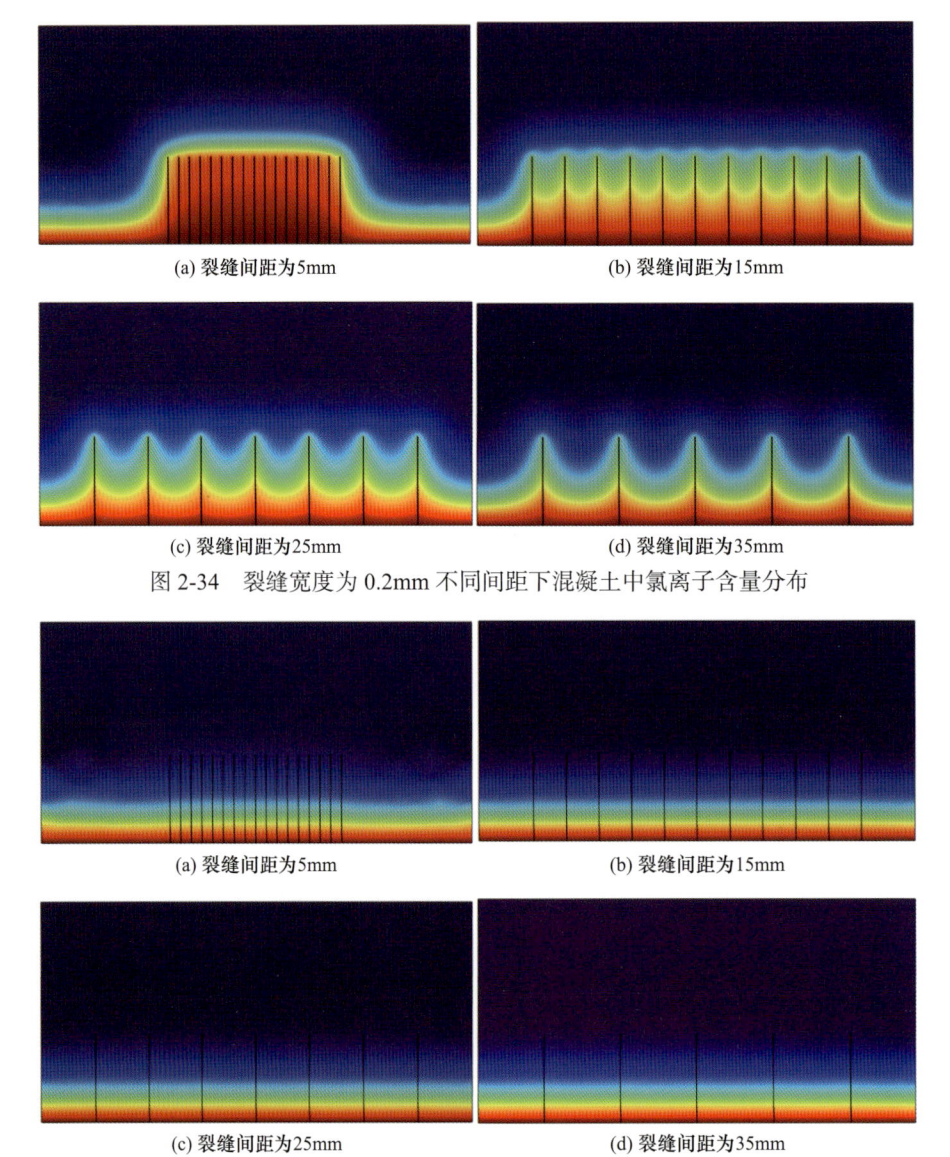

(a) 裂缝间距为5mm　　(b) 裂缝间距为15mm

(c) 裂缝间距为25mm　　(d) 裂缝间距为35mm

图 2-35　裂缝宽度为 0.06mm 不同间距下混凝土中氯离子含量分布

由图 2-34 可知，当裂缝宽度 $w \geq w_上$ 时，裂缝之间的间距越小，裂缝与裂缝之间的氯离子扩散深度越深，但是对于离裂缝较远的氯离子扩散深度几乎没有影响。由图 2-35 可知，当裂缝宽度 $w < w_上$ 时，裂缝间距与氯离子扩散深度之间并没有特别明显的关系。

4. 不同裂缝走向的影响

以深度为 40mm 的裂缝，宽度取 0.2mm 为例，裂缝与竖直方向的角度分别取 0°、30°、45°、60°；时间取 365 天(1 年)，氯离子的扩散情况如图 2-36 所示。

(a) 0°

(b) 30°

(c) 45°

(d) 60°

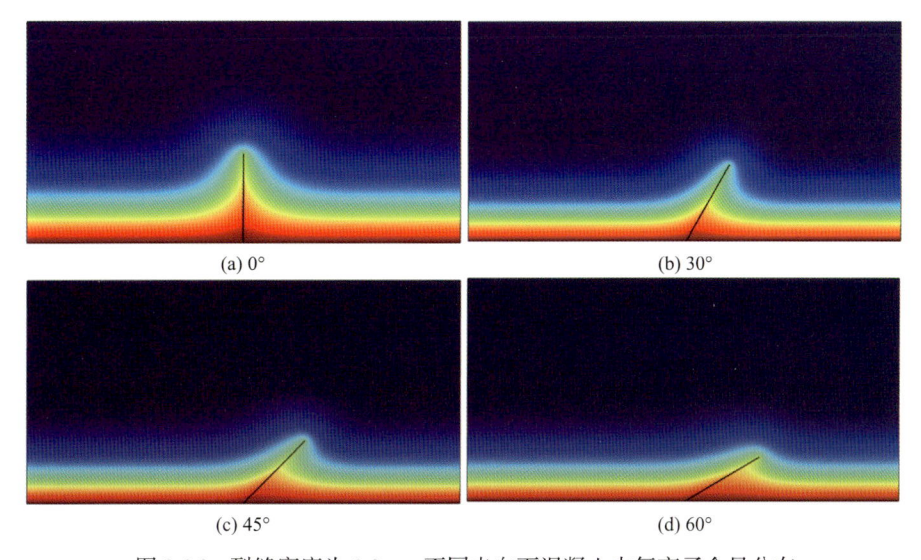

图 2-36　裂缝宽度为 0.2mm 不同走向下混凝土中氯离子含量分布

以深度为 40mm 的裂缝，宽度取 0.06mm 为例，裂缝与竖直方向的角度分别取 0°、30°、45°、60°；时间取 365 天(1 年)，氯离子的扩散情况如图 2-37 所示。

(a) 0°

(b) 30°

(c) 45°

(d) 60°

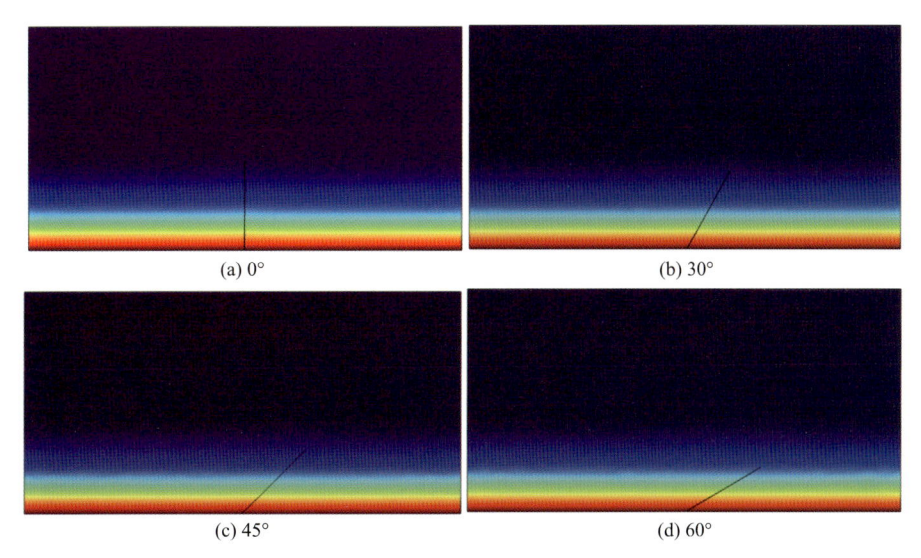

图 2-37　裂缝宽度为 0.06mm 不同走向下混凝土中氯离子含量分布

由图 2-36 可知，当裂缝宽度 $w \geqslant w_\perp$ 时，裂缝的走向与氯离子扩散的方向一致，且裂缝与竖直方向的夹角越小，氯离子在混凝土中的最大侵蚀深度越深。

由图 2-37 可知，当裂缝宽度 $w < w_\perp$ 时，裂缝的走向对氯离子含量的分布几乎没有影响。

## 2.5 非饱和混凝土中氯离子传输规律

混凝土按照内部孔隙含水是否达到饱和分为饱和混凝土和非饱和混凝土两类。无砟轨道并非一直处于氯离子溶液的浸泡状态，大部分情况下属于非饱水状态混凝土，在大气环境的驱动下，盐雾环境上空的盐核会在无砟轨道结构表面沉积，并且通过干湿交替的作用渗透到混凝土内部。所以，研究非饱和混凝土中氯离子的传输规律对了解无砟轨道结构的使用寿命与耐久性显得尤为必要。

本节先介绍非饱和混凝土中氯离子的传输机理；然后提出非饱和混凝土中氯离子传输模型，利用有限差分法对传输模型进行差分，并在 MATLAB 中求解；最后分析不同干湿循环制度比、不同混凝土水灰比、环境温度等工况下氯离子含量分布、峰值氯离子含量与对流区深度的规律。

### 2.5.1 非饱和混凝土氯离子传输机理

氯离子在非饱和混凝土中的传输可以看成毛细吸收作用、渗流作用与扩散作用这三种作用耦合下的结果。毛细吸收作用是指在表面张力的作用下使含氯离子的溶液通过混凝土微裂缝向混凝土内部传输的过程；渗流作用是指溶解在水中的氯离子与水在压力梯度下共同迁移的过程；扩散作用则是指由于混凝土内部存在氯离子含量梯度，这种浓度梯度产生的力使氯离子由浓度高的区域向浓度低的区域迁移。在上述三种作用下，氯离子在非饱和混凝土中的传输可以分为两种效应，即对流效应与扩散效应。

1. 对流效应

对流效应是指氯离子随着承载的溶液(水)向混凝土内部发生整体迁移的过程。在单位时间内流过垂直于对流平面内的氯离子对流通量 $J$ 为

$$J = C \times v \tag{2-30}$$

式中，$C$ 为氯离子含量；$v$ 为混凝土中溶液的对流速度。

对流效应是毛细吸收和渗流共同作用下的结果。

2. 扩散效应

扩散效应是氯离子在饱和混凝土中传输的唯一途径，对于氯离子在非饱和混凝土中的传输，扩散效应在整个传输过程中也是占据主导地位的。对氯离子在非饱和混凝土中传输而言，在混凝土的表层发生对流效应与扩散效应，而在混凝土的内部仅存在氯离子的扩散效应(图 2-38)。扩散效应分为稳态扩散过程与非稳态扩散过程，稳态扩散过程遵循 Fick 第

一定律，非稳态扩散过程遵循 Fick 第二定律。具体内容在 2.2.1 节已有介绍。非饱和混凝土中水分的扩散效应与氯离子的扩散效应均为非稳态扩散过程，即均采用 Fick 第二定律描述。

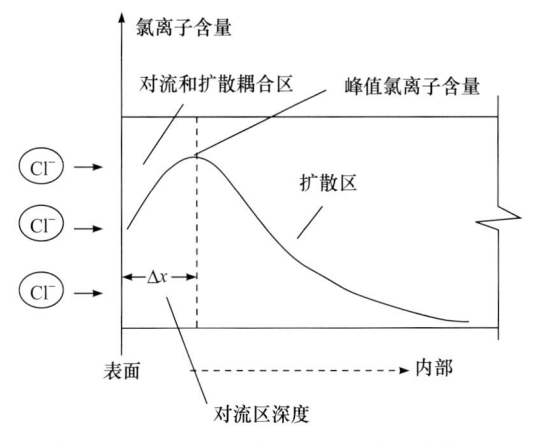

图 2-38 氯离子在非饱和混凝土中的传输机理

**3. 三类边界条件**

任何一个物理场都会涉及边界条件，物理场的边界条件分为三类：第一类边界条件、第二类边界条件与第三类边界条件。

第一类边界条件即狄氏(狄利克雷)条件，边界上给出函数本身，湿度场在干燥过程与湿润过程的边界条件均为第一类边界条件。

湿润过程的边界条件均为第一类边界条件，即有

$$S(x=0,t)|_{\Gamma_1} = S_1 \quad (湿润过程) \tag{2-31}$$

$$S(x=0,t)|_{\Gamma_1} = S_2 \quad (干燥过程) \tag{2-32}$$

式中，$S$ 为饱和度；$S_1$ 与 $S_2$ 均为常数。

氯离子场在湿润过程中的边界条件也为第一类边界条件，有

$$C(x=0,t)|_{\Gamma_1} = C_1 \quad (湿润过程) \tag{2-33}$$

式中，$C$ 为饱和度；$C_1$ 为常数。

第二类边界条件即纽曼边界条件，边界上给出函数的导数，氯离子场在干燥过程中的边界条件为第二类边界条件，有

$$k\frac{\partial C(x=0,t)}{\partial n}\bigg|_{\Gamma_2} = C_2 \quad (干燥过程) \tag{2-34}$$

式中，$C$ 为饱和度；$C_2$ 为常数。

第三类边界条件即洛平条件，它在边界上给出函数与函数在法线上导数的线性组合。第三类边界条件是第一类边界条件与第二类边界条件的一般形式，它在特定的情况下可以转换为第一类边界条件与第二类边界条件。

## 2.5.2 非饱和混凝土中水分传输模型与氯离子传输模型

因为非饱和混凝土中的传输过程同时涉及水分和氯离子这两种物质，所以模型也分

为非饱和混凝土中水分传输模型与非饱和混凝土中氯离子传输模型两种。

1. 非饱和混凝土中水分传输模型

非饱和混凝土中的水分传输是非稳态扩散过程，遵循Fick第二定律，故模型可以用式(2-35)描述：

$$\frac{\partial S}{\partial t} = \frac{\partial}{\partial x}\left(D_{H_2O}(S) \times \frac{\partial S}{\partial x}\right) \tag{2-35}$$

式中，$S$为混凝土饱和度；$D_{H_2O}(S)$为水分扩散系数，其物理意义为

$$D_{H_2O}(S) = K\frac{\partial \zeta}{\partial S} \tag{2-36}$$

式中，$\zeta$为毛细作用产生的势能；$K$为水力传导率。

清华大学李春秋[32]通过试验发现干燥过程中测得的水分扩散系数$D_{H_2O}(S)$与湿润过程中测得的水分扩散系数$D_{H_2O}(S)$相差2~6个数量级，所以$D_{H_2O}(S)$需要采用分段函数来分别表示干燥过程与湿润过程。根据美国学者Bažant等[33]与马来西亚学者Wong等[34]的研究，$D_{H_2O}(S)$采用式(2-37)表示：

$$D_{H_2O}(S) = \begin{cases} D_1 \times e^{BS} \times e^{\frac{U}{R}\left(\frac{1}{T_{ref}} - \frac{1}{T}\right)} \\ D_2 \times \left[\alpha + \frac{1-\alpha}{1+\left(\frac{1-S}{1-S^*}\right)^\gamma}\right] \times e^{\frac{U}{R}\left(\frac{1}{T_{ref}} - \frac{1}{T}\right)} \end{cases} \tag{2-37}$$

式中，$D_1$为混凝土完全干燥条件下的水分扩散系数；$D_2$为混凝土饱水条件下的水分扩散系数；$B$为回归系数；$U$为活化能；$R$为气体常数；$\alpha$为饱和度较低时的水分扩散系数$D_{H_2O}(S)$与饱水条件下的水分扩散系数$D_2$的比值；$S^*$为水分扩散系数$D_{H_2O}(S)$等于$D_2/2$时的混凝土饱和度；$\gamma$为曲线下降指数。

马来西亚学者Wong等通过试验得到$S^*$推荐值为0.792，英国学者Leech等[35]通过分析混凝土内部的含水率，得出混凝土材料的回归系数$B$可取6。欧洲-国际混凝土委员会[36]指出，在没有试验数据的情况下，推荐使用的曲线下降指数$\gamma$取6，$\alpha$取0.05。

2. 非饱和混凝土中氯离子传输模型

非饱和混凝土中氯离子的传输分为对流与扩散两个过程，计算模型中也为这两个过程的叠加效果。则非饱和混凝土中总的氯离子通量为

$$J_{Cl} = J_d + J_a \tag{2-38}$$

式中，$J_{Cl}$为非饱和状态下总的氯离子通量；$J_d$为非饱和状态下氯离子扩散通量；$J_a$为非饱和状态下氯离子对流通量。

而非饱和状态下氯离子扩散通量$J_d$可以表示为

$$J_d = -S \times D_{Cl} \times \frac{\partial C}{\partial x} \tag{2-39}$$

非饱和状态下氯离子对流通量 $J_a$ 可以表示为

$$J_a = -C \times D_{H_2O}(S) \times \frac{\partial S}{\partial x} \tag{2-40}$$

由氯离子守恒定律，可得

$$S \times \frac{\partial C}{\partial t} = -\frac{\partial J}{\partial x} \tag{2-41}$$

联立式(2-38)~式(2-41)，可得

$$S \times \frac{\partial C}{\partial t} = \left( S \times D_{Cl} \times \frac{\partial C}{\partial x} + C \times D_{H_2O}(S) \times \frac{\partial S}{\partial x} \right) \tag{2-42}$$

将混凝土中的氯离子浓度与氯离子含量进行转换，有

$$C_t \rho = C \phi S \tag{2-43}$$

式中，$C_t$ 为非饱和混凝土中氯离子总含量；$\rho$ 为混凝土的密度；$\phi$ 为混凝土的孔隙率。

由于氯离子在非饱和混凝土中传输时会与胶凝材料发生结合作用，正是结合作用的存在，使得混凝土内部的氯离子实际上仅包括自由氯离子含量，结合式(2-42)，可得

$$\frac{\partial C_t}{\partial t} = \frac{\partial}{\partial x} \left( D_{Cl} \times \frac{\partial C_{fm}}{\partial x} + \frac{C_{fm}}{S} \times D_{H_2O}(S) \times \frac{\partial S}{\partial x} \right) \tag{2-44}$$

式中，$C_{fm}$ 为非饱和混凝土中自由氯离子含量。由于非饱和混凝土中氯离子总含量 $C_t$ 等于非饱和混凝土中自由氯离子含量 $C_{fm}$ 加上非饱和混凝土中结合氯离子含量 $C_{bm}$，即有

$$C_t = C_{fm} + C_{bm} \tag{2-45}$$

则式(2-44)可以改写为

$$\frac{\partial C_t}{\partial C_{fm}} \times \frac{\partial C_{fm}}{\partial t} = \frac{\partial}{\partial x} \left( D_{Cl} \times \frac{\partial C_{fm}}{\partial x} + \frac{C_{fm}}{S} \times D_{H_2O}(S) \times \frac{\partial S}{\partial x} \right) \tag{2-46}$$

孟加拉国学者 Mohammed 等[37]通过混凝土试验得出结论，非饱和混凝土中自由氯离子含量 $C_{fm}$ 与非饱和混凝土中结合氯离子含量 $C_{bm}$ 之间存在线性关系，即有

$$C_{bm} = \xi C_{fm} \tag{2-47}$$

式中，$\xi$ 为氯离子吸附因子，Mohammed 等给出的推荐值为 0.221。

联立式(2-35)与式(2-46)，即为干湿循环作用下氯离子侵蚀的理论模型：

$$\frac{\partial S}{\partial t} = \frac{\partial}{\partial x} \left( D_{H_2O}(S) \times \frac{\partial S}{\partial x} \right) \tag{2-48}$$

$$(1 + \xi) \times \frac{\partial C_{fm}}{\partial t} = \frac{\partial}{\partial x} \left( D_{Cl} \times \frac{\partial C_{fm}}{\partial x} + \frac{C_{fm}}{S} \times D_{H_2O}(S) \times \frac{\partial S}{\partial x} \right) \tag{2-49}$$

氯离子扩散系数 $D_{Cl}$ 为

$$D_{\text{Cl}} = D_0 \times f(t) \times f(T) \times f(H) \times f(S) \tag{2-50}$$

式中，$D_0$、$f(t)$、$f(T)$、$f(H)$的含义与式(2-11)中的相同；$f(S)$为饱和度修正系数，由法国学者 Meira 等[38]与巴西学者 Guimarães 等[39]提出，具体的表达式为

$$f(S) = \lambda_1 \times S^2 + \lambda_2 \times S + \lambda_3 \tag{2-51}$$

式中，$\lambda_1$、$\lambda_2$、$\lambda_3$均为常数。

3. 边界条件与初始条件

若混凝土内部的初始氯离子含量为$C_0$，初始饱和度为$S_0$。则初始条件可写为

$$S(x \geqslant 0, t=0) = S_0, \quad C(x \geqslant 0, t=0) = C_0 \tag{2-52}$$

因为非饱和混凝土中氯离子的传输过程是一个干湿循环过程，所以边界条件分为湿润过程与干燥过程。在湿润过程中，混凝土与水分接触，混凝土边界处水分达到饱和，孔隙水中的氯离子含量与外界环境水中的氯离子含量相同：

$$S(x=0, t) = S_1, \quad C(x=0, t) = C_1 \tag{2-53}$$

在干燥过程中，假定混凝土表面的饱和度瞬间变为$S_1$，混凝土边界处的水分以一定的速度蒸发，而水分中的氯离子留在混凝土中，即有

$$S(x=0,t) = S_1, \quad \left[ D_{\text{Cl}} \times \frac{\partial C_{\text{fm}}}{\partial x} + \frac{C_{\text{fm}}}{S} \times D_{\text{H}_2\text{O}}(S) \times \frac{\partial S}{\partial x} \right]_{x=0} = 0 \tag{2-54}$$

通过边界条件与初始条件，联立上述氯离子侵蚀变系数偏微分方程组，便可得到非饱和混凝土中的湿度场(饱和度随位置和时间的分布关系)与氯离子场(氯离子含量随位置和时间的分布关系)。

### 2.5.3 有限差分法求解非饱和混凝土氯离子传输模型

1. 有限差分过程

氯离子侵蚀变系数偏微分方程组属于非线性方程组，因此可以采用有限差分法求解。具体的差分过程如下。

水分传输方程为

$$\frac{\partial S}{\partial t} = \frac{\partial}{\partial x}\left( D_{\text{H}_2\text{O}}(S) \times \frac{\partial S}{\partial x} \right) \tag{2-55}$$

令$D_{\text{H}_2\text{O}}(S) = \text{DS}$，即

$$\text{DS} = D_{\text{H}_2\text{O}}(S) = \begin{cases} D_1 \times e^{BS} \times e^{\frac{U}{R}\left(\frac{1}{T_{\text{ref}}} - \frac{1}{T}\right)} \\ D_2 \times \left[ \alpha + \frac{1-\alpha}{1+\left(\frac{1-S}{1-S^*}\right)^\gamma} \right] \times e^{\frac{U}{R}\left(\frac{1}{T_{\text{ref}}} - \frac{1}{T}\right)} \end{cases} \tag{2-56}$$

初始条件为

$$S(x>0,t=0)=S_0 \tag{2-57}$$

边界条件为

$$\begin{cases} S(x=0,t)=1 & (湿润过程) \\ S(x=0,t)=S_1 & (干燥过程) \end{cases} \tag{2-58}$$

将混凝土沿扩散方向等分为 $M$ 份，对水分的扩散方程式按照隐式有限差分格式进行离散，$i$ 为空间位置，即 $i=1,2,\cdots,M+1$，$j$ 为时刻，$\tau$ 为时间步长，$h$ 为空间步长。

$$S_i^{j+1} = S_i^j + \frac{\tau}{h^2}\left[\mathrm{DS}_{i+1/2}^{j+1}\left(S_{i+1}^{j+1}-S_i^{j+1}\right) - \mathrm{DS}_{i-1/2}^{j+1}\left(S_i^{j+1}-S_{i-1}^{j+1}\right)\right] \tag{2-59}$$

式中，$\mathrm{DS}_{i\pm1/2}^{j} = \dfrac{\mathrm{DS}_i^j + \mathrm{DS}_{i\pm1}^j}{2}$；令 $r = \dfrac{\tau}{h^2}$，化简式(2-59)得

$$\begin{aligned}&-\frac{r}{2}\left(\mathrm{DS}_{i+1}^{j+1}+\mathrm{DS}_i^{j+1}\right)S_{i+1}^{j+1} + \left(\frac{r}{2}\mathrm{DS}_{i+1}^{j+1}+\frac{r}{2}\mathrm{DS}_{i-1}^{j+1}+r\mathrm{DS}_i^{j+1}+1\right)S_i^{j+1}\\&-\frac{r}{2}\left(\mathrm{DS}_{i-1}^{j+1}+\mathrm{DS}_i^{j}\right)S_{i-1}^{j+1} = S_i^j, \quad i=2,3,\cdots,M\end{aligned} \tag{2-60}$$

令

$$\begin{cases} a_i = \dfrac{r}{2}\mathrm{DS}_{i+1}^{j+1} + \dfrac{r}{2}\mathrm{DS}_{i-1}^{j+1} + r\mathrm{DS}_i^{j+1} + 1, & i=2,3,\cdots,M \\ b_i = -\dfrac{r}{2}(\mathrm{DS}_{i+1}^{j+1}+\mathrm{DS}_i^{j+1}), & i=2,3,\cdots,M \\ c_i = -\dfrac{r}{2}(\mathrm{DS}_{i-1}^{j+1}+\mathrm{DS}_i^{j}), & i=2,3,\cdots,M \end{cases} \tag{2-61}$$

将式(2-61)写成矩阵形式，如式(2-62)所示，采用追赶法求解水分饱和度 $S$。

$$\begin{bmatrix} a_1 & b_1 & & & \\ c_2 & a_2 & b_2 & & \\ & \ddots & \ddots & \ddots & \\ & & c_{M-2} & a_{M-2} & b_{M-2} \\ & & & c_{M-1} & a_{M-1} \end{bmatrix} \times \begin{bmatrix} S_2^{j+1} \\ S_3^{j+1} \\ S_4^{j+1} \\ \vdots \\ S_M^{j+1} \end{bmatrix} = \begin{bmatrix} S_2^j - c_1 \cdot S_1^{j+1} \\ S_3^j \\ S_4^j \\ \vdots \\ S_M^j - b_{M-1} \cdot S_{M+1}^{j+1} \end{bmatrix} \tag{2-62}$$

氯离子传输方程为

$$\frac{\partial C_{\mathrm{fm}}}{\partial t} = \frac{1}{1+\xi} \times \frac{\partial}{\partial x}\left(D_{\mathrm{Cl}} \times \frac{\partial C_{\mathrm{fm}}}{\partial x} + \frac{C_{\mathrm{fm}}}{S} \times D_{\mathrm{H_2O}}(S) \times \frac{\partial S}{\partial x}\right) \tag{2-63}$$

式中，$D_{\mathrm{H_2O}}(S) = \mathrm{DS}$，令 $\mathrm{DF} = D_{\mathrm{Cl}}$，则有

$$\frac{\partial C_{\mathrm{fm}}}{\partial t} = \frac{1}{1+\xi} \times \frac{\partial}{\partial x}\left(\mathrm{DF} \times \frac{\partial C_{\mathrm{fm}}}{\partial x} + \frac{C_{\mathrm{fm}}}{S} \times \mathrm{DS} \times \frac{\partial S}{\partial x}\right) \tag{2-64}$$

初始条件为
$$C(x>0, t=0) = C_0$$
边界条件为
$$\begin{cases} C(x=0,t) = C_1 \times (1-e^{-\alpha t}), \quad \alpha=0.036 \quad (\text{湿润过程}) \\ DF \times \dfrac{\partial C_{fm}}{\partial x} + \dfrac{C_{fm}}{S} \times DS \times \dfrac{\partial S}{\partial x} = 0 \quad (\text{干燥过程}) \end{cases} \quad (2\text{-}65)$$

对氯离子的扩散方程(2-19)按照隐式有限差分格式进行离散，$i$ 表示空间位置，$j$ 表示时刻。

令 $r_1 = 0.8\dfrac{\tau}{h^2}$，则

$$\left[-r_1 DF_{i+1/2}^{j+1} - \frac{1}{2}r_1 DS_{i+1/2}^{j+1}\left(1 - \frac{S_i^{j+1}}{S_{i+1}^{j+1}}\right)\right]c_{i+1}^{j+1} + \left[r_1 DF_{i+1/2}^{j+1} + r_1 DF_{i-1/2}^{j+1} - \frac{1}{2}r_1 DS_{i+1/2}^{j+1}\left(\frac{S_{i+1}^{j+1}}{S_i^{j+1}} - 1\right)\right.$$
$$\left. + \frac{1}{2}r_1 DS_{i-1/2}^{j+1}\left(1 - \frac{S_{i-1}^{j+1}}{S_i^{j+1}}\right) + 1\right]c_i^{j+1} + \left[-r_1 DF_{i-1/2}^{j+1} + \frac{1}{2}r_1 DS_{i-1/2}^{j+1}\left(\frac{S_i^{j+1}}{S_{i-1}^{j+1}} - 1\right)\right]c_{i-1}^{j+1} = c_i^j \quad (2\text{-}66)$$

式中，$DF_{i\pm 1/2}^j = \dfrac{DF_i^j + DF_{i\pm 1}^j}{2}$，令 $c_{i+1}^{j+1}$ 的系数为 $u_i$，$c_i^{j+1}$ 的系数为 $d_i$，$c_{i-1}^{j+1}$ 的系数为 $l_i$，则 $u_i$、$d_i$ 和 $l_i$ 分别为

$$\begin{cases} u_i = -\dfrac{1}{2}r_1\left(DF_i^{j+1} + DF_{i+1}^{j+1}\right) - \dfrac{1}{4}r_1\left(DS_i^{j+1} + DS_{i+1}^{j+1}\right)\left(1 - \dfrac{S_i^{j+1}}{S_{i+1}^{j+1}}\right), \quad i=2,3,\cdots,M \\ d_i = \dfrac{1}{2}r_1\left(DF_i^{j+1} + DF_{i+1}^{j+1}\right) + \dfrac{1}{2}r_1\left(DF_i^{j+1} + DF_{i-1}^{j+1}\right) - \dfrac{1}{4}r_1\left(DS_i^{j+1} + DS_{i+1}^{j+1}\right)\left(\dfrac{S_{i+1}^{j+1}}{S_i^{j+1}} - 1\right) \\ \qquad + \dfrac{1}{4}r_1\left(DS_i^{j+1} DS_{i-1}^{j+1}\right)\left(1 - \dfrac{S_{i-1}^{j+1}}{S_i^{j+1}}\right) + 1, \quad i=2,3,\cdots,M \\ l_i = -\dfrac{1}{2}r_1\left(DF_i^{j+1} + DF_{i-1}^{j+1}\right) + \dfrac{1}{4}r_1\left(DS_i^{j+1} + DS_{i-1}^{j+1}\right)\left(\dfrac{S_i^{j+1}}{S_{i-1}^{j+1}} - 1\right), \quad i=2,3,\cdots,M \end{cases}$$
$$(2\text{-}67)$$

对于干燥状态下的氯离子边界条件 $DF \times \dfrac{\partial C_{fm}}{\partial x} + \dfrac{C_{fm}}{S} \times DS \times \dfrac{\partial S}{\partial x} = 0$，利用隐式有限差分格式离散可得 $DF_i^j\left(c_i^j - c_{i-1}^j\right) + \dfrac{c_{i-1}^j}{S_{i-1}^j}DS_i^j\left(S_{i+1}^j - S_i^j\right)\bigg|_{i=2} = 0$，则 $c_1^j = \dfrac{-DF_2^j}{DS_2^j(S_3^j - S_2^j)/S_1^j - DF_2^j}c_2^j$，

令 $Q(j) = \dfrac{-DF_2^j}{DS_2^j(S_3^j - S_2^j)/S_1^j - DF_2^j}$，则有

$$c_1^j = Q(j)c_2^j \quad (2\text{-}68)$$

$$\begin{bmatrix} d_1 & u_1 & & & \\ l_2 & d_2 & u_2 & & \\ \ddots & \ddots & \ddots & & \\ & & l_{M-2} & d_{M-2} & u_{M-2} \\ & & & l_{M-1} & d_{M-1} \end{bmatrix} \times \begin{bmatrix} c_2^{j+1} \\ c_3^{j+1} \\ c_4^{j+1} \\ \vdots \\ c_M^{j+1} \end{bmatrix} = \begin{bmatrix} c_2^{j} - l_1 \cdot c_1^{j+1} \\ c_3^{j} \\ c_4^{j} \\ \vdots \\ c_M^{j} - u_{M-1} \cdot c_{M+1}^{j+1} \end{bmatrix} \quad (2\text{-}69)$$

由式(2-68)可知，$c_1^{j+1} = Q(j+1) \cdot c_2^{j+1}$，将式(2-69)转换成式(2-70)：

$$\begin{bmatrix} d_1' & u_1 & & & \\ l_2 & d_2 & u_2 & & \\ \ddots & \ddots & \ddots & & \\ & & l_{M-2} & d_{M-2} & u_{M-2} \\ & & & l_{M-1} & d_{M-1} \end{bmatrix} \times \begin{bmatrix} c_2^{j+1} \\ c_3^{j+1} \\ c_4^{j+1} \\ \vdots \\ c_M^{j+1} \end{bmatrix} = \begin{bmatrix} c_2^{j} \\ c_3^{j} \\ c_4^{j} \\ \vdots \\ c_M^{j} - u_{M-1} \cdot c_{M+1}^{j+1} \end{bmatrix} \quad (2\text{-}70)$$

式中，$d_1' = d_1 + l_1 \cdot Q(j+1)$。之后采用追赶法求解氯离子含量 $C$。

2. 求解模型所需参数

模型选取的计算参数如表 2-9 所示。

表 2-9 求解偏微分方程组中的关键参数

| 项目 | 值 |
| --- | --- |
| $D_1$ | $4.05 \times 10^{-11} \text{m}^2/\text{s}$ |
| $D_2$ | $1.31 \times 10^{-10} \text{m}^2/\text{s}$ |
| W/C | 0.4 |
| $\lambda_1$ | 0.000175 |
| $\lambda_2$ | 0.0131 |
| $\lambda_3$ | 0.182 |
| $S_0$ | 0.3 |
| $S_1$ | 0.5 |
| $C_0$ | 0 |
| $C_1$ | 0.8% |
| $T$ | 25℃ |
| $m$ | 0.5 |
| $f(H)$ | 1 |
| 湿润周期 | 24h(1 天) |
| 干燥周期 | 24h(1 天) |

### 3. MATLAB 中有限差分部分代码

MATLAB 中有限差分部分代码如下：

```
function [U,C,x,t]=PDE_cl_CN24h_24h(uX,uT,Initialwater,Boundarywaterw,
Boundarywaterd,Initialcl,Boundaryclw,M,N)
%CN 格式求解饱和度偏微分方程
%饱和度初值条件：u(x>0,0)=Initialwater(x)
%饱和度边值条件：u(0,t)=Boundarywaterw(t)，湿润
%              u(0,t)=Boundarywaterd(t)，干燥
%输出参数：U -饱和度的解矩阵
%         C -氯离子含量的解矩阵
%         x -空间变量
%         t -时间变量
%输入参数：uX -空间变量 x 的取值上限
%         uT -时间变量 t 的取值上限
%         M -沿 x 轴的等分区间数
%         N -沿 t 轴的等分区间数
%计算步长
dx=uX/M;     %x 的步长
dt=uT/N;     %t 的步长
x=(0:M)*dx;
t=(0:N)*dt;
r=0.5*dt/dx/dx;    %网格比，其中 dt 单位为 s，dx 单位为 m，整个方程组均使用国际单位
r1=0.8*dt/dx/dx;   %用于氯离子含量计算的系数
%计算初值，从 x>0 开始
U=zeros(M+1,N+1);
for i=2:M
    U(i,1)=Initialwater(x(i));
end
%计算饱和度边值，分干燥和湿润两种状态
U(1,1)=Boundarywaterw(t(1));
for j=1:N+1
    U(M+1,j)=0.3;
end
for j=2:N+1
    if mod(ceil((j-1)/24),2)==0%湿润和干燥的判断语句，偶数为干燥，奇数为湿润
        U(1,j)=Boundarywaterd(t(j));
    else
        U(1,j)=Boundarywaterw(t(j));
```

```
        end
    end
```

### 2.5.4 非饱和混凝土氯离子传输模型的分析与研究

1. 模型计算结果与分析

计算模型在 90 个干湿循环周期内的氯离子含量与饱和度情况，并在 MATLAB 中做出两者的三维分布情况，如图 2-39 所示。

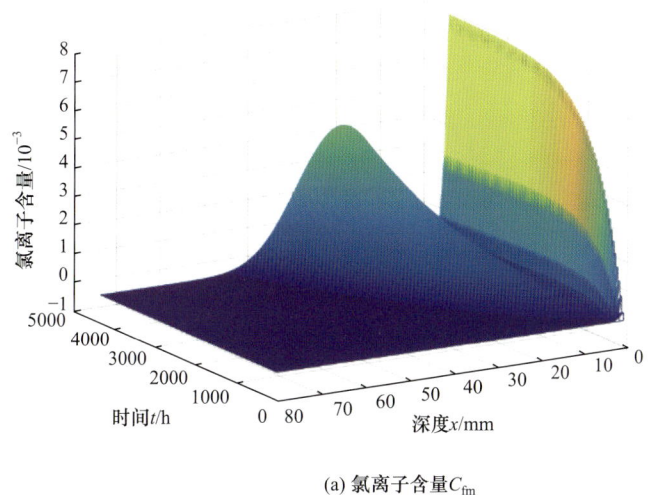

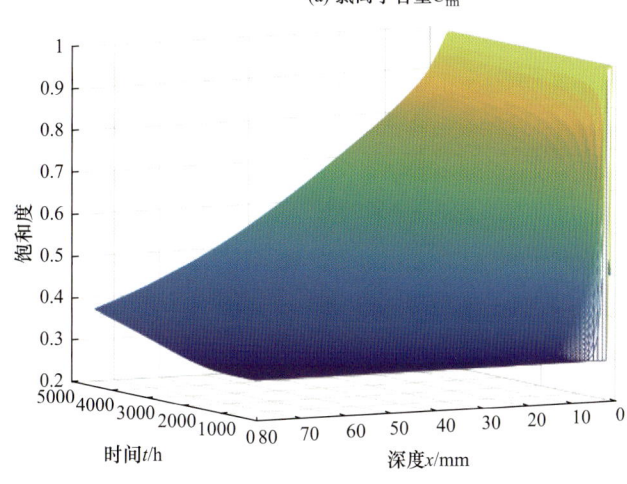

(a) 氯离子含量 $C_{fm}$

(b) 饱和度 $S$

图 2-39 氯离子含量与饱和度的三维分布

为了分析氯离子含量在不同干湿循环周期内的变化规律，分别选取 15、30、60、90、120 个周期，并计算出这五种周期下氯离子含量的变化情况，如图 2-40 所示。

由图 2-40 可以看出，随着混凝土深度的增加，氯离子含量呈现先降低再增加，随后又降低的趋势。且混凝土的对流区深度与峰值氯离子含量均不断增加。随着侵蚀时间的增加，氯离子的侵蚀深度也在增加。将不同干湿循环周期下的对流区深度、峰值氯离子含量及氯离子侵蚀深度值列在表 2-10 中。

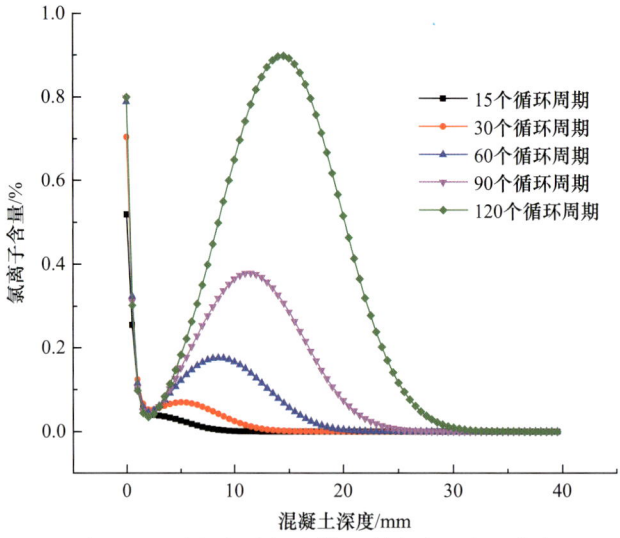

图 2-40 不同干湿循环周期下的氯离子含量分布

表 2-10 不同干湿循环周期下的对流区深度、峰值氯离子含量和氯离子侵蚀深度

| 干湿循环周期/个 | 对流区深度/mm | 峰值氯离子含量/% | 氯离子侵蚀深度/mm |
| --- | --- | --- | --- |
| 15 | 1.5 | 0.058 | 8.1 |
| 30 | 5 | 0.070 | 13.6 |
| 60 | 8.5 | 0.176 | 21.4 |
| 90 | 11.5 | 0.379 | 25.4 |
| 120 | 14.5 | 0.898 | 32.9 |

将不同干湿循环周期与对流区深度、峰值氯离子含量、氯离子侵蚀深度等关系拟合，如图 2-41～图 2-43 所示。

$y=-0.00047x^2+0.182x-0.684$
$R^2=0.985$

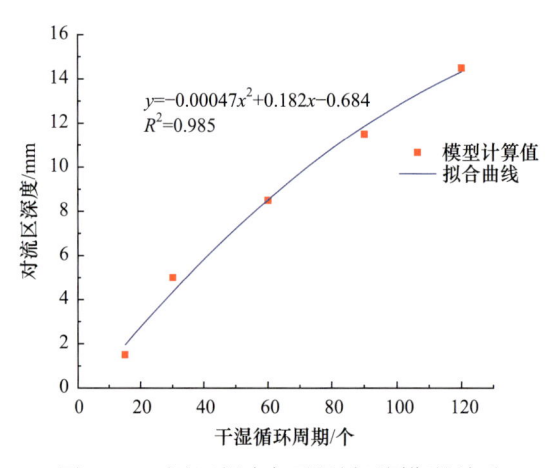

图 2-41 对流区深度与干湿循环周期的关系

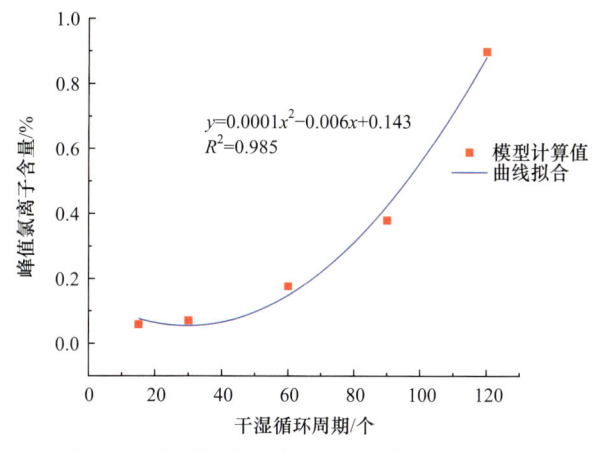

图 2-42　峰值氯离子含量与干湿循环周期的关系

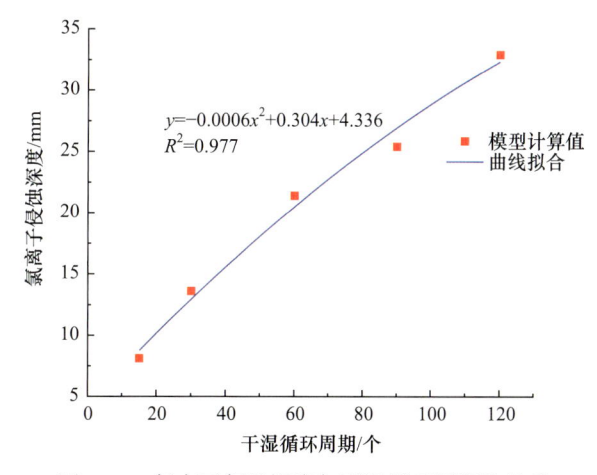

图 2-43　氯离子侵蚀深度与干湿循环周期的关系

由图 2-41 可知，采用一元二次方程可以很好地拟合出对流区深度与干湿循环周期的关系，两者之间的拟合方程为 $y=-0.00047x^2+0.182x-0.684$，即对流区深度随干湿循环周期的增加而增加，由于二次项系数较小，也可以看成两者之间呈线性增大关系。同理，氯离子侵蚀深度与干湿循环周期的关系拟合为 $y=-0.0006x^2+0.304x+4.336$，同样由于二次项系数较小，两者也可以看成呈线性增大关系。

对于峰值氯离子含量与不同干湿循环周期，两者之间的拟合方程为 $y=0.0001x^2-0.006x+0.143$，此时由于二次项系数较大，两者不能呈线性增大关系，而是随着循环周期次数的增加，峰值氯离子含量加速增大。

2. 模型参数敏感性分析

为了分析不同干湿循环制度比(不同干燥时间与湿润时间比)、不同初始饱和度 $S_0$、不同外界温度 $T$、不同外界氯离子含量 $C_1$ 条件下氯离子含量分布情况，本节分别进行 30、60、90 个三种循环周期下不同模型的参数敏感性分析。

1) 不同干湿循环制度比

选取总循环周期为48h，分别分析干湿循环制度比为1∶1、1∶3、1∶5、1∶7四种不同工况下的氯离子含量变化情况，如图2-44所示。

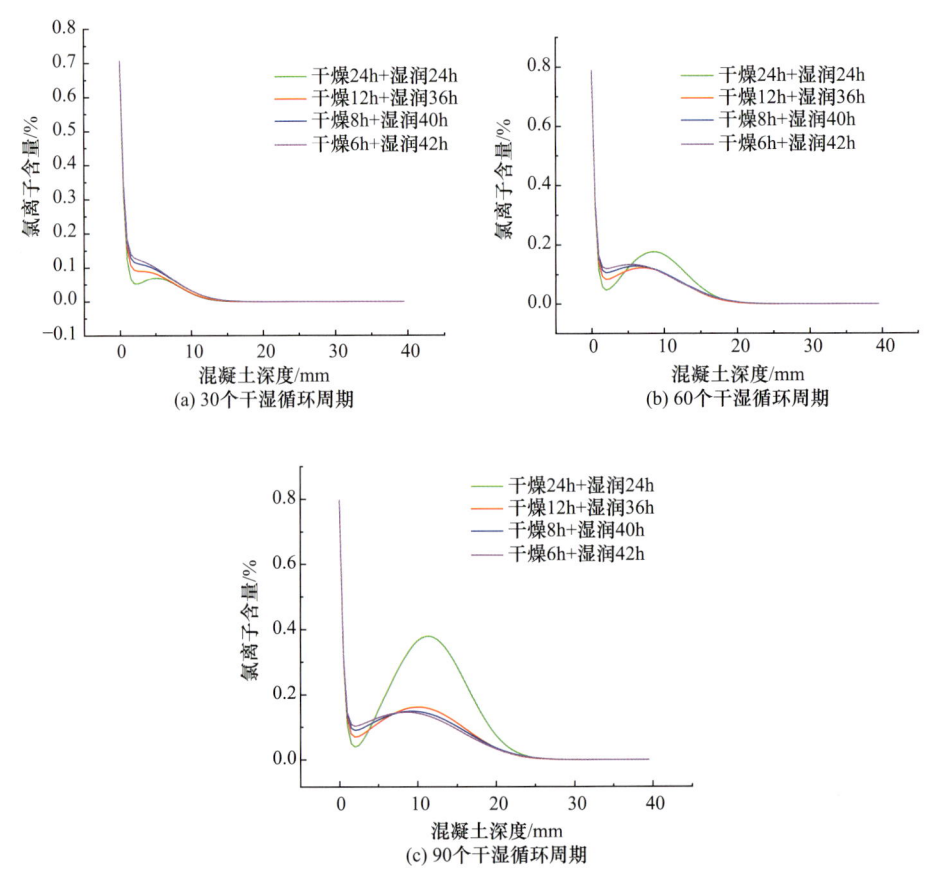

图2-44　不同干湿循环制度比下的氯离子含量分布

由图2-44可以发现：在循环次数较低时，湿润时间占比增大，其对流区深度增大，而峰值氯离子含量降低。而当干湿循环次数增大到60次以至90次时，湿润时间占比增大，其对流区深度与峰值氯离子含量均相应增加。由此可见，湿润过程下的氯离子扩散作用对氯离子扩散程度的影响高于干燥过程下氯离子对流作用对氯离子扩散程度的影响。

2) 不同初始饱和度

分别在初始饱和度 $S_0$ 为0.3、0.4、0.5三种不同工况下分析氯离子含量的变化情况，如图2-45所示。

由图2-45可以发现：随着混凝土中的初始饱和度增加，对流区深度与峰值氯离子含量均相应减少。分析其原因：当混凝土内部的饱和度增加时，混凝土内部水分增大，这样将会削弱氯离子的对流作用，使得对流区深度与峰值氯离子含量均减少。

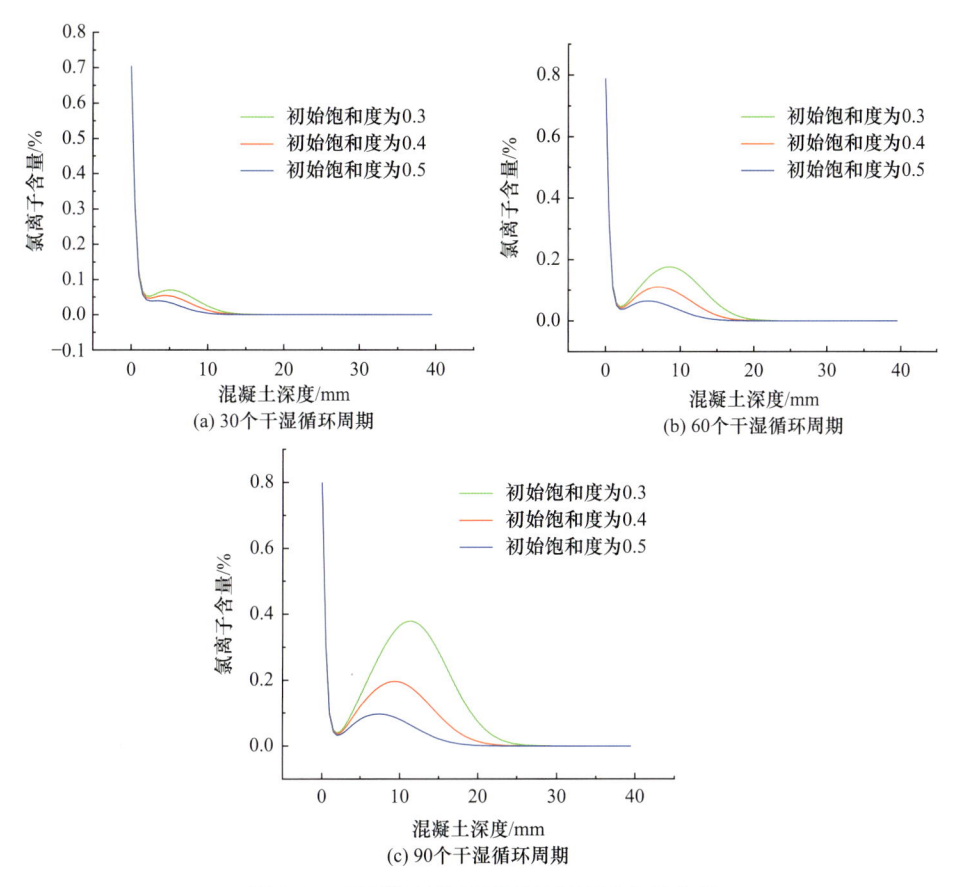

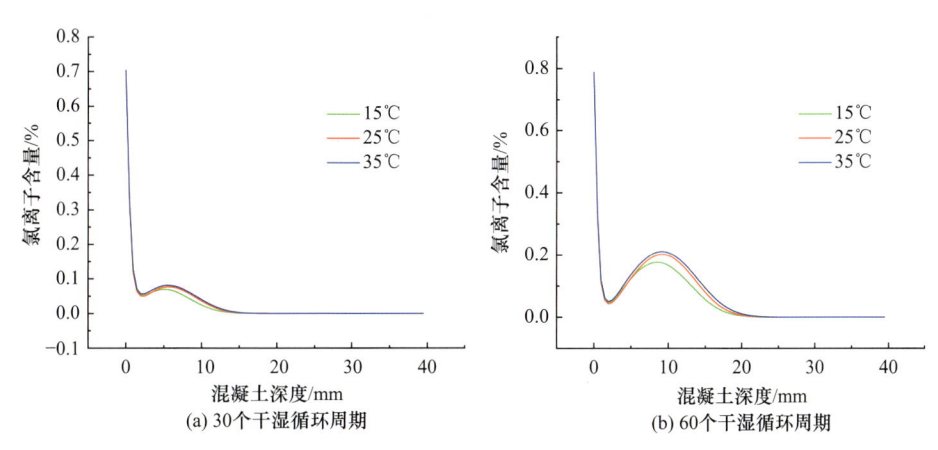

图 2-45　不同初始饱和度下的氯离子含量分布

3) 不同外界温度

分别选取外界温度为 15℃、25℃、35℃这三种不同工况下分析氯离子含量的变化情况，如图 2-46 所示。

由图 2-46 可以发现：随着外界温度的升高，对流区深度与峰值氯离子含量均相应增加。这是由于外界温度升高后：一方面，氯离子的扩散系数相应增加，这相当于增大了

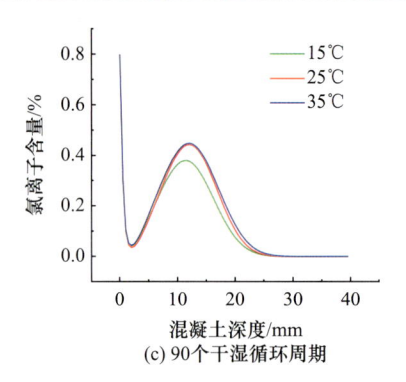

图 2-46　不同外界温度下的氯离子含量分布

氯离子传输中的扩散效应；另一方面，由于外界温度的提升，加速了混凝土的蒸发，混凝土的孔隙饱和度降低、毛细孔压力增大，从而使对流作用增强。

4) 不同外界氯离子含量

分别选取外界氯离子含量为 6%、8%、10%三种不同工况下分析氯离子含量的变化情况，如图 2-47 所示。由图 2-47 可以发现：随着外界氯离子含量的增加，混凝土表面氯离子含量也增大，且峰值氯离子含量也相应增加，但是对流区深度并不发生变化。

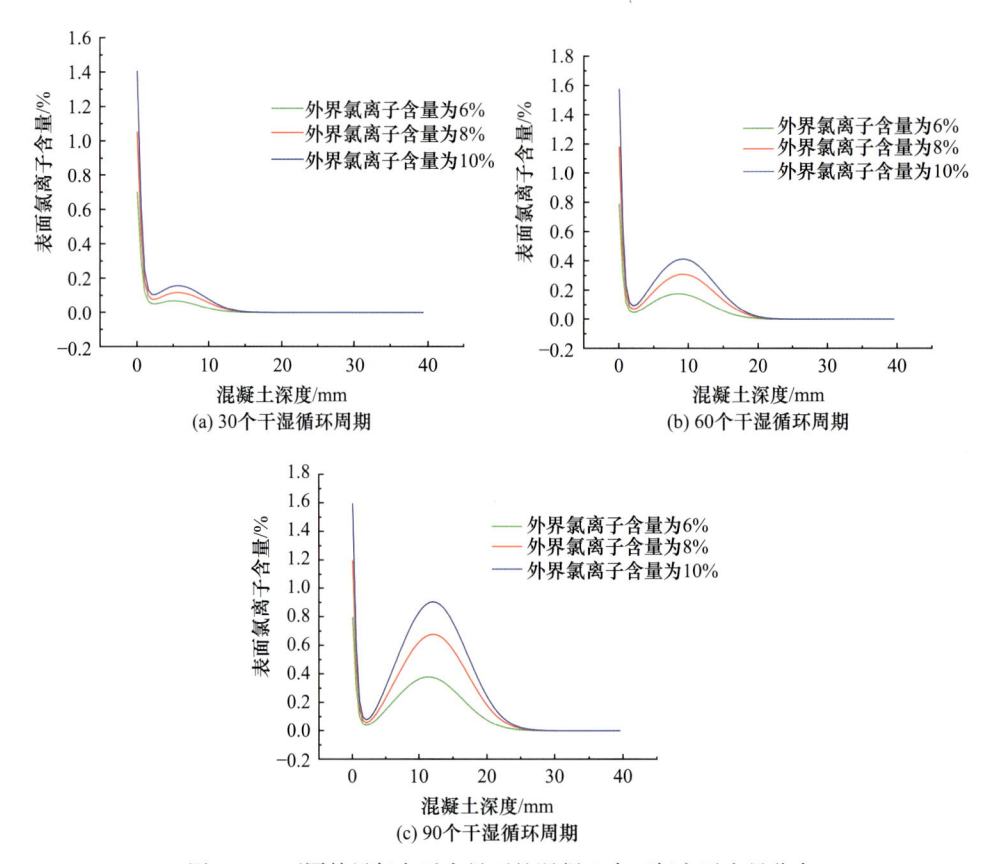

图 2-47　不同外界氯离子含量下的混凝土表面氯离子含量分布

## 2.6 本章小结

本章主要针对氯离子在混凝土中的传输以及与无砟轨道的应用问题开展研究，通过理论推导、查阅文献等方法建立了不同类型的氯离子传输模型，利用有限元软件 COMSOL 与数值计算软件 MATLAB 对模型进行了求解，利用试验数据与理论计算值对比，验证了理论模型的合理性，并在此基础上分析了不同类型(饱和、非饱和、带裂缝、疲劳荷载作用)下氯离子在混凝土中传输的全过程，为不同环境下无砟轨道中氯离子的侵蚀与耐久性分析提供了理论基础。本章的主要工作与结论如下：

(1) 通过 Fick 第二定律与考虑不同外界环境下的修正系数，提出了饱和混凝土中的氯离子扩散模型。通过 COMSOL 中的数值解与试验得出的数据进行对比，验证模型的正确性，并将饱和混凝土中的氯离子扩散模型应用于 CRTS Ⅰ 型双块式无砟轨道中，分析轨枕裂缝与层间离缝处氯离子含量的分布情况以及不同层间离缝下纵筋处的氯离子含量变化规律。

(2) 进行疲劳荷载下饱和混凝土中氯离子传输试验，并通过混凝土孔隙率、体积应变与疲劳荷载下氯离子扩散系数的关系，建立了疲劳荷载作用下的氯离子传输计算模型。利用 COMSOL 有限元软件建立了疲劳荷载作用下的固体力学场和模拟混凝土中氯离子传输的稀物质传递场，并将两场耦合，进而得到疲劳荷载作用下氯离子传输模型的理论计算值，并将理论计算值与试验值进行对比，验证了理论模型的合理性。利用建立的疲劳荷载作用下的氯离子传输模型，计算了不同应力比与不同侵蚀时间下的氯离子含量随混凝土深度的变化情况，并分析了氯离子的侵蚀程度与规律。

(3) 对无砟轨道产生的裂缝现象进行了归类与分析，建立了带裂缝的饱和混凝土中氯离子传输模型，并分析了氯离子在不同裂缝宽度、裂缝深度、裂缝间距、裂缝走向下的扩散规律。

(4) 通过非饱和混凝土中氯离子传输的相关文献与理论推导，得到非饱和混凝土中的水分传输模型与氯离子传输模型。采用数值计算中的有限差分法，将推导出的水分传输模型、氯离子传输模型与相应的初始条件和边界条件进行差分，并利用数值计算软件 MATLAB 进行了求解。将 MATLAB 中的计算值进行分析，得到对流区深度、峰值氯离子含量、侵蚀深度与干湿循环周期之间的关系，并将其拟合为函数曲线。进行模型参数敏感性分析，研究了不同干湿循环制度比、不同初始饱和度、不同外界温度、不同外界氯离子含量下氯离子含量的变化情况。

### 参 考 文 献

[1] 孟宪强, 王显利, 王凯英. 海洋环境混凝土中氯离子含量预测的多系数扩散方程[J]. 武汉大学学报(工学版), 2007, 40(3): 57-60.

[2] 钟丽娟, 黄庆华, 顾祥林, 等. 盐雾环境下混凝土中氯离子侵蚀加速试验的综述[J]. 结构工程师, 2009, 25(3): 144-149.

[3] 徐国葆. 我国沿海大气中盐雾含量与分布[J]. 环境技术, 1994, (3): 1-7.

[4] 施养杭, 罗刚. 含多种因素的氯离子侵入混凝土的有限差分计算模型[J]. 工业建筑, 2004, 35(5): 4.

[5] 李冉, 杨绿峰, 陈正. 混凝土中氯离子扩散的二维有限元法数值模拟[J]. 混凝土, 2008, (1): 36-39.

[6] 吴静新. 混凝土内氯离子传输模型及其数值研究[D]. 哈尔滨: 哈尔滨工业大学, 2012.

[7] 汤梦洁. 氯离子在混凝土结构中扩散的有限元模型研究[D]. 北京: 北京建筑大学, 2016.

[8] 张奕. 氯离子在混凝土中的输运机理研究[D]. 杭州: 浙江大学, 2008.

[9] Ababneh A, Benboudjema F, Xi Y P. Chloride penetration in nonsaturated concrete[J]. Journal of Materials in Civil Engineering, 2003, 15(2): 183-191.

[10] Walraven J. Fib model code for concrete structures 2010: Mastering challenges and encountering new ones[J]. Structural Concrete, 2013, 14(1): 3-9.

[11] Thomas M, Benta E. Life-365 service life prediction model version 2.0[J]. Concrete International, 2009, 31(5): 41-46.

[12] Song H W, Lee C H, Ann K Y. Factors influencing chloride transport in concrete structures exposed to marine environments[J]. Cement and Concrete Composites, 2008, 30(2): 113-121.

[13] Thomas M D A, Bamforth P B. Modeling chloride diffusion in concrete: Effect of fly ash and slag[J]. Cement and Concrete Research, 1999, 29(4): 487-495.

[14] DuraCrete. General Guide Lines for Durability Design and Redesign[M]. Weston: DuraCrete, 2000.

[15] Saetta A V, Scotta R V, Vitaliani R V. Analysis of chloride diffusion into partially saturated concrete[J]. Materials Journal, 1993, 90(5): 441-451.

[16] 余红发, 孙伟, 麻海燕. 混凝土在多重因素作用下的氯离子扩散方程[J]. 建筑材料学报, 2002, 5(3): 240-247.

[17] 施惠生, 王琼. 海工混凝土使用寿命预测研究[J]. 建筑材料学报, 2004, 7(2): 161-167.

[18] 凤翔. 无砟轨道中氯离子的传输机制与模型研究[D]. 成都: 西南交通大学, 2019.

[19] 延永东. 氯离子在损伤及开裂混凝土内的输运机理及作用效应[D]. 杭州: 浙江大学, 2011.

[20] 郝亚锋. 基于MEMS的静电控制加速度微开关分析及测试[D]. 西安: 西安电子科技大学, 2011.

[21] 吴刚. 海洋工程结构振动与声学特性计算[D]. 上海: 上海交通大学, 2008.

[22] Garboczi E J, Bentz D P. Analytical formulas for interfacial transition zone properties[J]. Advanced Cement Based Materials, 1997, 6(3): 99-108.

[23] Ismail M, Tuomi A, Franois R, et al. Effect of crack opening on the local diffusion of chloride in cracked mortar samples[J]. Cement and Concrete Research, 2008, (38): 1066-1111.

[24] 韩赟. 干旱区CRTS I型双块式无砟轨道道床板裂缝成因及防治措施[J]. 铁道建筑, 2018, 58(10): 112-115.

[25] Ismail M, Tuomi A, Francois R, et al. Effect of crack opening on the local diffusion of chloride in inert materials[J]. Cement and Concrete Research, 2004, (34): 711-716.

[26] Ismail M, Tuomi A, Francois R, et al. Effect of crack opening on the local diffusion of chloride in cracked mortar samples[J]. Cement and Concrete Research, 2008, (38): 1066-1111.

[27] Takewaka K, Yamaguchi T, Maeda S. Simulation model for deterioration of concrete structures due to chloride attack[J]. Journal of Advanced Concrete Technology, 2003, 1(2):139-146.

[28] Djerbi A, Bonnet S, Khelidj A. Influence of traversing crack on chloride diffusion into concrete[J]. Cement and Concrete Research, 2008, 38(6): 877-883.

[29] Marsavina L, Audenaert K, Schutter G D, et al. Experimental and numerical determination of the chloride penetration in cracked concrete[J]. Construct-ion and Building Materials, 2009, (23): 264-274.

[30] 陈小荣, 毛科峰, 郑建军. 界面裂纹对混凝土氯离子扩散系数的影响[J]. 水利水电科技进展, 2007, (4): 30-33, 54.

[31] 郭伟, 秦鸿根, 孙伟, 等. 外加剂与水胶比对混凝土氯离子渗透性的影响[J]. 硅酸盐通报, 2010, 29(6): 1478-1483.

[32] 李春秋. 干湿交替下表层混凝土中水分与离子传输过程研究[D]. 北京: 清华大学, 2009.
[33] Bažant Z P, Najjar L J. Nonlinear water diffusion in nonsaturated concrete[J]. Materials and Structures, 1972, 5(25): 3-20.
[34] Wong S F, Wee T H. Study of water movement in concrete[J]. Magazine of Concrete Research, 2001, 53(3): 205-220.
[35] Leech C, Lockington D, Dux P. Unsaturated diffusivity functions for concrete derived from NMR images[J]. Materials and Structures, 2003, 36(6): 413-418.
[36] du Beton C E I. CEB-FIP Model Code 1990: Design Code[M]. London: Thomas Telford, 1993.
[37] Mohammed T U, Hamada H. Relationship between free chloride and total chloride contents in concrete[J]. Cement and Concrete Research, 2003, 33: 1487-1490.
[38] Meira G R, Andrade C, Alonso C, et al. Durability deposition of concrete structures in marine atmosphere zones—The use of chloride rate on the wet candle as an environmental indicator[J]. Cement and Concrete Composites, 2010, 32(6): 427-435.
[39] Guimarães A T C, Climent M A, Vera G D, et al. Determination of chloride diffusivity through partially saturated Portland cement concrete by a simplified procedure[J]. Construction and Building Materials, 2011, 25(2): 785-790.

# 第 3 章　无砟轨道混凝土低温冻结行为

## 3.1　概　　述

由于气候、地质条件等原因，在寒区的既有无砟轨道中底座板粉化现象严重。我国高寒地区高速铁路主要位于季节性冻土区，如东北、西北和部分华北地区的高速铁路，以哈大线为例，它是世界上第一条修建在高寒地区的高速铁路，全长 1662.57km，其中 CRTS Ⅰ型板式无砟轨道结构占全线总长的 95.7%。然而，寒区的 CRTS Ⅰ型板式无砟轨道在运营过程中出现了严重的底座板粉化现象[1]。出现这种现象的原因是寒区具有冬季寒冷漫长、昼夜温差大的特点，无砟轨道中的水泥基材料在寒区恶劣条件下极易发生冻融破坏，如图 3-1 所示：材料内部的孔隙水在降温过程中结冰膨胀，造成微裂纹萌生与发展、内部微结构连通度增加，而融化过程促进材料内部相对湿度和饱水度增加，在这种循环过程中，孔隙介质在冰水两相之间重复变化，使基体微结构损伤不断加剧，饱水度持续增大，不可恢复变形急速增加，最终导致材料失效[2]。

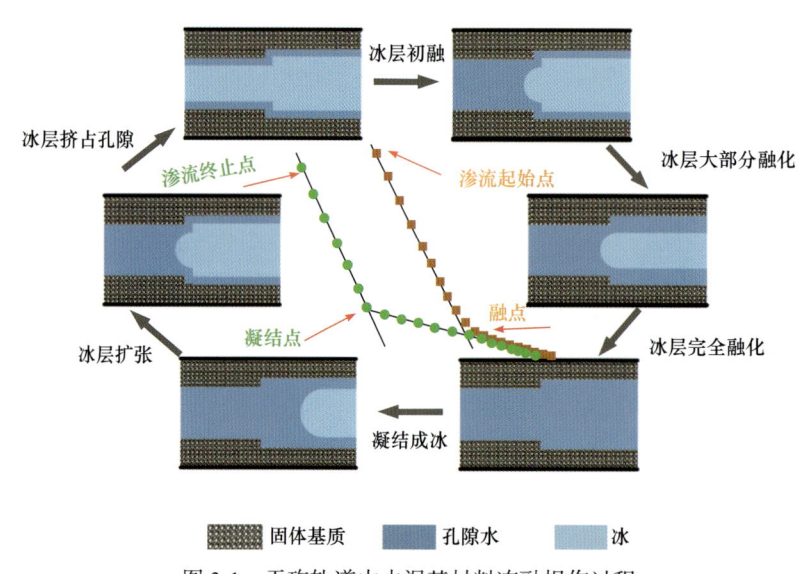

图 3-1　无砟轨道中水泥基材料冻融损伤过程

冻融破坏不仅影响了无砟轨道的使用寿命，降低了轨道的长期服役性能，还影响着行车的舒适性和安全性，增大了日常维修的工作量，对寒区高速铁路无砟轨道"冬夏一张图"的运营是极大的挑战[3]。冻融破坏发生的首要条件是无砟轨道混凝土孔隙内的水在低温环境下冻结，因此研究低温冻结行为对无砟轨道混凝土材料的损伤机理，提出适合寒区无砟轨道结构的保温方法，采取相关病害整治措施，可为进一步健全寒区高速铁路无砟轨道设计、运维提供理论指导，对保障寒区无砟轨道的安全行车，维持轨道的长期服役性能具有十分重要的理论价值和现实意义。

### 3.1.1 混凝土低温冻结行为的研究现状

早在 20 世纪 30 年代，冻融破坏引起的混凝土耐久性损失问题就已经引起了各国学者的重视，并提出了一系列的假说。尽管由于混凝土冻融破坏机理非常复杂，如今人们尚未得到一个完全能解释冻害的公认的理论，但是所提出的一些假说为工程结构抗冻设计提供了有力的理论基础。所提出的假说主要有静水压力假说、孔结构理论、渗透理论和温度应力理论等[4-7]。若抛开复杂的物理化学原因，冻融循环作用是一种周期性变化的荷载，它会在混凝土材料内产生过大的应力，而无砟轨道结构主要由钢筋和混凝土组成，因此关注混凝土冻融破坏是研究无砟轨道低温冻结行为的基础。

日本学者 Ueda 等[8]和芬兰学者 Penttala[9]基于热力学和弹性力学理论，通过二维弹性模型 RBSM(rigid body spring model)，建立了混凝土冻融破坏的细观本构模型，分析得到了混凝土试件在冻融过程中的应力应变理论值。美国学者 Bazant 等[10]基于混凝土冻融破坏的细观本构模型，模拟了混凝土毛细孔中水分的迁移过程，计算了孔隙溶解结冰释放热量时混凝土的温度和固相应力分布。考虑到实际混凝土结构是三维的，美国学者 Ng 等[11]通过三维内聚区域模型技术，模拟了冻融循环下水泥浆体的裂纹扩展情况。为了能更加仔细地观测混凝土内部的损伤程度，美国普渡大学 Yang 等[12]通过扫描电子显微镜观察了混凝土内部裂缝在不同冻融损伤程度下的分布情况，得出裂纹的密度、宽度和裂纹之间的连通程度随着冻融损伤程度的增长而不断增大的结论。

目前，针对轨道结构冻融破坏的研究较少，且大多数研究是通过试验探究冻融对轨道结构的影响规律，针对轨道结构低温冻结行为的理论研究还较为匮乏。中南大学 Li 等[13]设计研究了 CRTS Ⅲ 型板式无砟轨道在冻融环境和列车荷载耦合作用下混凝土的力学性能。浙江加州国际纳米技术研究院孔德玉等[14]研究了高速铁路 CRTS Ⅱ 型无砟轨道 CA 砂浆在绝湿条件下养护 28 天后的含水情况、水饱和度及其在绝湿和表面浸水条件下的抗冻性能。为了弥补理论分析和试验研究的不足，一些学者尝试采用数值分析方法来研究混凝土的冻融破坏过程。但由于冻融问题的复杂性，且各因素难以综合考虑，混凝土冻融损伤机理尚处于探索阶段，亟须开展合理的理论模型及有效的研究方法来分析混凝土冻融致损机理。

### 3.1.2 本章主要内容及研究思路

1. 本章主要内容

本章分析无砟轨道混凝土的孔隙结构与抗冻性的关系，并基于温度-应力耦合计算模型，通过 COMSOL 有限元软件建立 CRTS Ⅰ 型板式无砟轨道低温冻结模型，探究了寒区环境对轨道结构的影响规律，其主要研究内容如下：

(1) 阐明研究寒区 CRTS Ⅰ 型板式无砟轨道低温冻结行为的必要性和现实意义，从混凝土冻融破坏和轨道结构冻融破坏两个方面，介绍国内外研究现状；

(2) 详细介绍无砟轨道混凝土孔隙结构的物理参数和分类方法，总结其孔隙结构的测试方法，并对寒区环境下无砟轨道混凝土的孔隙压力进行分析；

(3) 介绍无砟轨道混凝土材料的结冰规律，通过 COMSOL 有限元软件将温度-应力耦合计算模型扩展并应用于混凝土低温冻结过程中热-力学问题的分析中，建立 CRTS Ⅰ型板式无砟轨道低温冻结模型；

(4) 基于 CRTS Ⅰ型板式无砟轨道低温冻结模型，研究寒区环境下 CRTS Ⅰ型板式无砟轨道的温度场、Tresca 应力和第一主应变，并分析不同孔隙率和冻结次数对寒区环境下 CRTS Ⅰ型板式无砟轨道的影响规律；

(5) 模拟底座板粉化后，寒区环境下轨道结构的 Tresca 应力和第一主应变变化情况，根据寒区 CRTS Ⅰ型板式无砟轨道底座板混凝土粉化的程度，提出合理有效的整治措施，并利用有限元模型分析保温措施对寒区 CRTS Ⅰ型板式无砟轨道抗冻性的影响。

2. 研究思路

本章研究思路如图 3-2 所示。

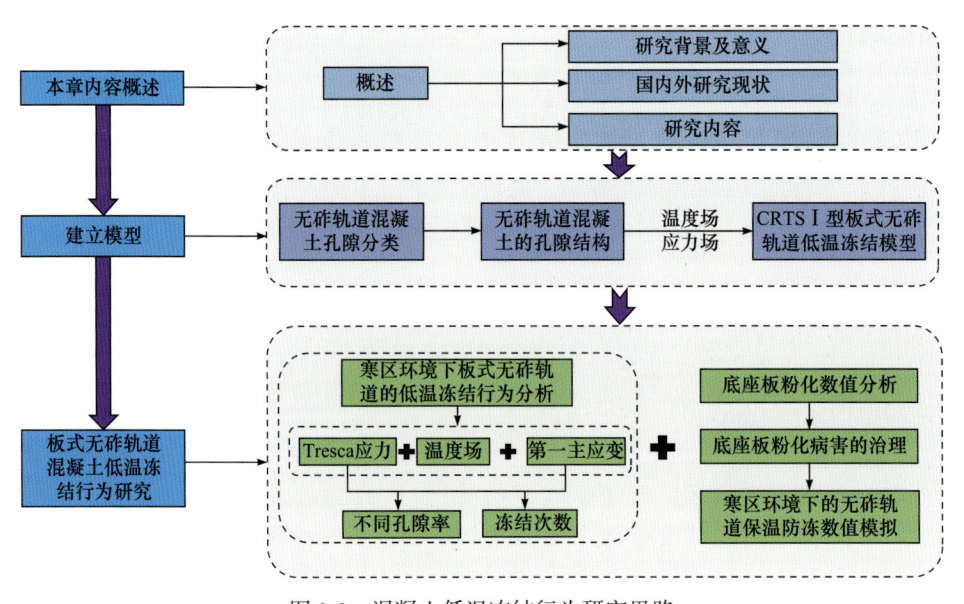

图 3-2 混凝土低温冻结行为研究思路

## 3.2 无砟轨道混凝土的孔隙结构

无砟轨道主要由混凝土材料组成，而混凝土作为一种多孔介质材料，其内部存在着大量的孔隙，这些孔隙是除去固体充填物(粗细骨料、水泥颗粒、固体水化产物、其他固体充填物)被气体或水充填的空间。虽然目前尚无统一理论来解释混凝土冻结破坏的机理，但由于混凝土的孔隙结构是将孔隙溶液结冰的微观物理化学过程与宏观材料变形确立定量关系的关键，所以大部分学者认为混凝土的孔隙结构对其抗冻性起着主导作用。因此，研究无砟轨道混凝土的孔隙结构，分析其与抗冻性的关系，对提高实际工程中无砟轨道的耐久性有着重要的意义。

和其他多孔材料相比，无砟轨道混凝土材料的孔隙具有多尺度、多样性等特点，其孔径分布尺度可从微观层次到宏观层次，如图 3-3 所示。

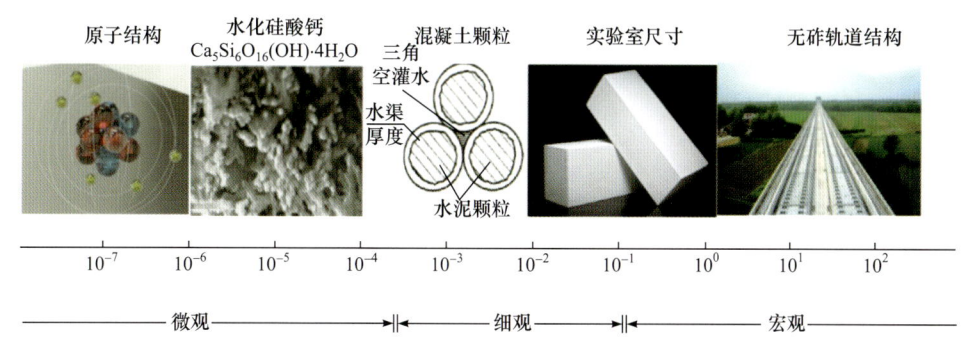

图 3-3 无砟轨道混凝土微观、细观和宏观层次结构示意图

### 3.2.1 无砟轨道混凝土的孔隙分类方法

由于各国学者研究方法的不同及制定标准的差异，混凝土孔隙的分类还没有达成共识，目前混凝土孔隙分类主要有以下几种：

(1) 吴中伟等[15]根据不同孔径对混凝土性能的影响，将混凝土的孔隙结构划分为孔径小于 20nm 的无害孔、孔径在 20~50nm 的少害孔、孔径在 50~200nm 的有害孔和孔径大于 200nm 多害孔。根据吴中伟等的理论，为提高无砟轨道混凝土的抗冻性，可减少其多害孔和有害孔的含量。

(2) 美国学者 T. C. Powers 通过对混凝土中孔隙结构的研究，将其划分为凝胶孔(<4nm)、毛细孔(10~1000nm)和气泡。凝胶孔由于孔径太小，对混凝土强度的影响可忽略不计；毛细孔的大小与水灰比有关，水灰比越大，毛细孔越大，且大于 50nm 的毛细孔会对混凝土的强度和抗冻性产生不利影响。

(3) 在第六届国际水泥化学会上，日本学者近藤连一和大门正机提出混凝土中的孔隙主要分为凝胶微晶内孔(<1.2nm)、凝胶微晶孔(0.6~1.6nm)、凝胶粒子间孔(3.2~200nm)、毛细孔和大孔(>200nm)[16]。

### 3.2.2 无砟轨道混凝土孔隙结构的物理参数

无砟轨道混凝土材料的孔隙结构的物理参数主要有总孔隙率、孔隙分布、最可几孔径和总比孔容等。

1. 总孔隙率

无砟轨道混凝土材料的孔隙率是指孔隙所占整个混凝土结构的百分比，其表达式如式(3-1)所示：

$$\phi = \frac{V_\mathrm{p}}{V_\mathrm{p} + V_\mathrm{s}} \tag{3-1}$$

式中，$\phi$ 为总孔隙率；$V_p$ 为孔隙所占的体积；$V_s$ 为除去孔隙以外其他相的体积。孔隙率反映了单位体积内孔隙的数量，也主导了混凝土材料的透水性，因此是孔隙结构中的重要特征参数。

2. 孔隙分布

孔隙分布表征了不同孔径的孔隙含量(mL/g)或孔隙率(%)，孔隙分布通常表示为

$$D_v(d) = \frac{dV}{d\log d} \tag{3-2}$$

式中，$D_v(d)$ 为孔隙分布函数；$dV$ 为孔隙体积变化量；$d\log d$ 为孔隙直径变化量。由压汞法、气体吸附法等方法可测得混凝土的孔隙分布，详见 3.2.3 节。孔隙分布可以表示成两种形式：微分孔隙分布和累积孔隙分布。

3. 孔隙最可几孔径

无砟轨道混凝土的孔隙最可几孔径是指出现概率最大的孔径，若混凝土材料中需形成连通的孔道，则其孔径要大于最可几孔径。微分孔隙分布曲线上的峰值所对应的孔径为最可几孔径，具体如图 3-14 所示。

4. 总比孔容

无砟轨道混凝土的孔隙总比孔容是表达单位质量混凝土中的所有孔洞体积，总比孔容越大，混凝土内的孔隙越多，孔隙结构越差[17]。累积孔隙分布曲线的最高点为混凝土的总比孔容，具体如图 3-15 所示。

### 3.2.3 无砟轨道混凝土孔隙结构的测试方法

测量无砟轨道混凝土材料孔隙结构的方法有很多，目前较为常用的方法包括压汞法、气体吸附法、图像分析法、光学观察法、核磁共振法、小角度散射法等。由于各种测量方法的原理各不相同，其测得的孔隙结构特征也不尽相同。

1. 压汞法

压汞法是测量混凝土材料孔隙分布和孔隙率常用的方法之一。当液体滴到混凝土的表面时，会产生一个固相-气相-液相平衡的系统，若液体与混凝土之间的湿润角小于 90°，则说明混凝土可以被该液体湿润。如果湿润角大于 90°，则说明混凝土不能被该液体湿润，需施加外力才能使液体湿润混凝土[18]。因此，压汞法的原理是利用液态汞与混凝土材料表面不浸润的性质(混凝土与汞之间的湿润角大于90°[19])，施加不同的压力，根据压入混凝土孔隙中液态汞的量来反映混凝土孔隙的特征。若认为混凝土中孔隙为圆柱形结构，则根据 Washburn 方程[20]，外界施加的压力与孔隙半径成反比：

$$P = -\frac{2\gamma\cos\theta}{r} \tag{3-3}$$

式中，$P$ 为压力；$r$ 为圆柱孔隙半径；$\gamma$ 为液态汞的表面张力；$\theta$ 为固液接触角。

通过压汞法可以获得混凝土材料的孔隙率、孔隙分布、临界孔隙半径和比表面积等孔隙结构参数，且压汞法具有所测孔隙区间大、操作简单和测试速度快等优点，因此被广泛应用于混凝土孔隙结构的研究中。

2. 气体吸附法

通过压汞仪(图 3-4)产生压力使气体与混凝土材料接触后，混凝土的孔隙表面会吸附所接触的气体分子。当吸附的厚度达到孔隙半径时，将形成毛细凝聚现象，根据 Kelvin 方程，孔隙半径与孔隙压力的关系可以表示为

$$r_c = \frac{-2\gamma_{lg} V_{mol} \cos\theta}{RT \ln(P/P_0)} \tag{3-4}$$

式中，$\gamma_{lg}$ 为吸附介质的表面张力(N/m)；$V_{mol}$ 为在温度 $T$ 下凝聚为液态的被吸附介质摩尔体积($m^3$/mol)；$R$ 为理想气体常数，8.314J/(mol·K)。

气体吸附法通常在气体吸附装置(图 3-5)中进行，采用氮气或二氧化碳作为吸附质气体，其制备样品的方法通常为：先将混凝土中的砂浆研磨至 5mm 以下，并进行干燥处理；然后将样品置于–192℃(液氮温度)下，通过调节试验压力的大小，测出样品在不同压力下的氮气或者二氧化碳吸附量，根据孔隙对气体的吸附量和吸附压力作出等温吸附图；当吸附过程结束后，对样品逐步降低分压，按照相同的方法作出等温脱附图；最后根据不同的孔隙模型计算出混凝土材料的总孔隙体积、孔隙分布及比表面积等[21]。

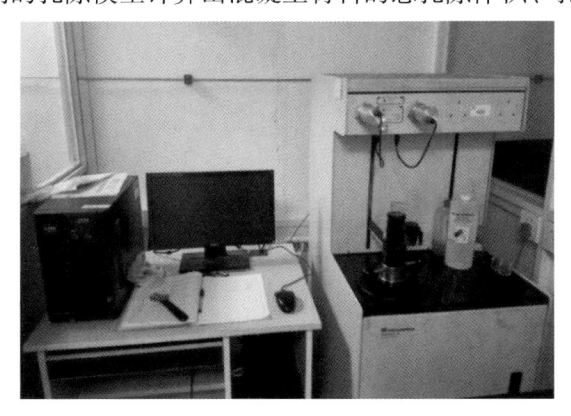

图 3-4 压汞仪　　　　　　图 3-5 气体吸附装置

3. 图像分析法

采用图像分析法研究混凝土孔隙结构的主要原理是体视学，即用材料的二维截面结构参数来确定材料三维结构的科学[22]。体视学认为，空间的点、线、面和体组成的图像可以表达材料的组成结构，点数($P$)、线长($L$)、平面面积($A$)、曲面面积($S$)和体积($V$)存在定量关系，其基本公式如下：

$$V_V = A_A = L_L = P_P \tag{3-5}$$

式中，$V_V$、$A_A$、$L_L$、$P_P$ 分别为每种组分所占体积、面积、线及点数的百分数。

在光学显微镜(图 3-6)下，混凝土材料中粗细骨料、水泥浆和孔隙会呈现不一样的性质，通过设定阈值确定图像中各像素点所对应的具体区域，可以得到相对应的二值图像。

由于试验得到的原始图像是二位灰度函数 $g(x,y)$，为了区分图像中的目标与背景，可通过设定好的准则找到最为合理的灰度值，作为阈值约束 $g(x,y)$。通过足够的样本，测量平面二维孔隙的信息，即可推算出混凝土内部的孔隙结构信息。图像分析法的样品制备过程如下：

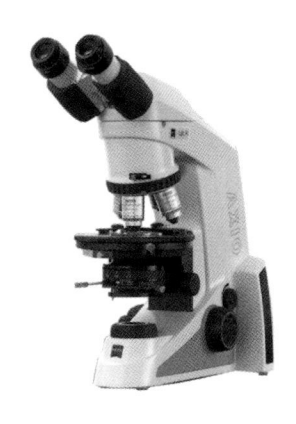

图 3-6  光学显微镜

(1) 切割。配制混凝土试块，并将其切割成厚度为 15mm 左右的薄片。
(2) 打磨。使用砂轮打磨薄片两侧的切割面，直到薄片表面平整光滑。
(3) 充填。将钛白粉末填入薄片切割片表面，以突出水泥基体与孔隙的对比度。
(4) 拍照。使用数字显微镜对观测面拍照，获取 RGB 图像。
(5) 二值化处理。通过 Image-ProPlus 或 MATLAB，将采集的照片进行二值化处理。

### 3.2.4 无砟轨道混凝土寒区环境下的孔隙压力

无砟轨道混凝土材料在寒区环境下，孔隙内部会因孔隙水的冻结而产生孔隙压力，当混凝土内部孔隙压力超过其能承受的极限时，材料将会产生变形、开裂等损害。由 3.2.1 节可知，无砟轨道混凝土材料的内部孔隙凝胶孔(<4nm)、毛细孔(10~1000nm)和气泡，其中毛细孔中的水结冰产生的压力是无砟轨道混凝土在寒冷的恶劣环境下遭受损伤的主要原因。随着温度的降低，无砟轨道混凝土毛细孔中的水达到冰点，由于毛细孔表面存在张力作用，孔隙中的水和冰存在压力差，由 Laplace 公式可得[23]

$$p_i - p_w = \frac{2\gamma}{r} \tag{3-6}$$

式中，$p_i$ 为孔隙冰压力；$p_w$ 为孔隙水压力；$r$ 为接触面曲率半径；$\gamma$ 为冰与水之间的表面张力。

如图 3-7 所示，吸附层水压力 $\pi_w$ 与孔隙冰压力的关系为

$$\pi_w = p_i - \frac{\gamma}{r} \tag{3-7}$$

由式(3-6)和式(3-7)可得平均孔隙压力 $p^*$(包括结冰孔和未结冰孔两部分)为

$$\begin{aligned} p^*(k) &= \underbrace{\frac{1}{n}\int_0^{R_{\text{peq}}(k)} P_w(k)\frac{\mathrm{d}\phi}{\mathrm{d}r}\mathrm{d}r}_{\text{未结冰孔}} + \underbrace{\frac{1}{n}\int_{R_{\text{peq}}(k)}^{\infty} \pi_w(k)\frac{\mathrm{d}\phi}{\mathrm{d}r}\mathrm{d}r}_{\text{结冰孔}} \\ &= P_w(k) + \underbrace{\frac{\gamma}{n}\int_{R_{\text{peq}}(k)}^{\infty}\frac{1}{r-\delta}\frac{\mathrm{d}\phi}{\mathrm{d}r}\mathrm{d}r}_{X(k)} \end{aligned} \tag{3-8}$$

式中，$P_w(k)$ 为静水压力；$X(k)$ 为结晶压力，具体如下所述。

1. 孔隙压力中的静水压力

当混凝土处于湿润的环境时，细的毛细孔由于毛细孔力首先吸水，而孔径较大的空气泡在常压下不易吸满水。在降温过程中，粗孔中的水先结冰，细孔中未结冰的水向粗孔移动，产生静水压力。为了更好地阐释静水压力，Powers 用图 3-8 所示模型，作为研究单元来计算静水压力。

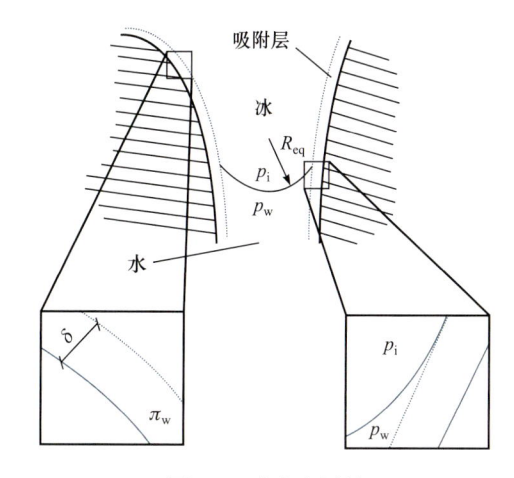

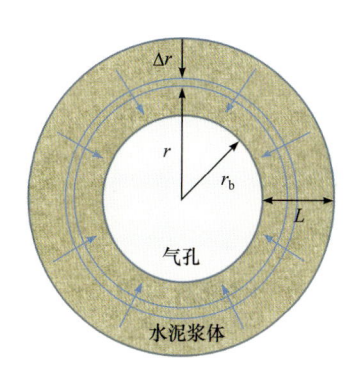

图 3-7  冰水交界处　　　　图 3-8  Powers 静水压力模型

经过分析可得未完全饱和水泥石的静水压力 $P_{max}$ 为

$$P_{max} = \frac{\eta}{3}(1.09 - 1/s)\frac{uR}{K}\phi(L) \tag{3-9}$$

式中，$s$ 为水泥石毛细孔的含水率，以毛细孔含水体积与毛细孔体积之比表示；$K$ 为与水泥石渗透性有关的系数；$\eta$ 为水的动力黏滞系数；$u = dw_f/dk$，为温度每降低 1℃冻结水的增加率，其中 $w_f$ 为单位体积水泥石平均结冰量，$k$ 为温度；$R = dk/dt$ 为降温速率，其中 $t$ 为时间；$\phi(L)$ 为与气孔间距、半径有关的函数：

$$\phi(L) = \frac{L^3}{r_b} + \frac{3L^2}{2} \tag{3-10}$$

式中，$r_b$ 为气孔半径；$L$ 为气孔间距系数，如图 3-8 所示，即气孔壁间距的一半。对于完全饱和水泥石($s=1$)，可得

$$P_{max} = 0.03\eta\frac{uR}{K}\phi(L) \tag{3-11}$$

Powers 认为此静水压力作用在整个水泥石上，若要使得混凝土不受破坏，必须有 $P_{max} \leq T$（$T$ 为水泥石抗拉强度）。式(3-11)两边同除以 $T$，得

$$\frac{P_{max}}{T} = 0.03\eta\frac{R}{Z}\phi(L) \tag{3-12}$$

其中式(3-12)是令 $Z = KT/u$ 所得。当 $T = P_{\max}$ 时，$\phi(L)$ 最大，即 $0.03\eta \dfrac{R}{Z}\phi(L) = 1$，变换得

$$\phi(L) = \dfrac{1}{0.03\eta}\dfrac{Z}{R} \tag{3-13}$$

式中，$\eta$ 为水的动力黏滞系数，为温度的函数。由于混凝土毛细孔中的水一般在 0～−4℃ 结冰，所以可取−2℃时的 $\eta$ 值(0.019 泊)，得

$$\phi(L)_{\max} = 1775\dfrac{Z}{R} \tag{3-14}$$

式中，$Z$ 可由试验确定，代表水泥浆的性质。通过以上理论得到了最大气孔间隔系数 $L_{\max}$，此系数可为增强无砟轨道混凝土的抗冻性提供一定的指导。由静水压力公式可知，无砟轨道混凝土材料内的孔隙半径越小，气孔间距越大，毛细孔中的水分含量越高，则无砟轨道混凝土在寒区的恶劣环境下产生的静水压力越大，这严重影响了无砟轨道的耐久性。

2. 孔隙压力中的结晶压力

除了静水压力，当温度降低至水的冰点时，水发生相变，转变为具有四面体结构的冰晶体，微小的冰晶体和液态水之间存在很大的表面张力，这种表面张力造成的压力差即孔隙水的结晶压力。假设无砟轨道混凝土中的孔隙为圆柱体且连续分布，当温度降低时冰晶体在混凝土的孔隙中扩展，当冰晶体由大孔隙扩展到小孔隙时，晶体施加于孔隙壁的压力差 $i(r,k)$ 可以表示为[24]

$$i(r,k) = \dfrac{\gamma}{r - \delta(k)} \tag{3-15}$$

$$\gamma = 0.0409 + 3.9\times 10^{-4}k \tag{3-16}$$

式中，$\gamma$ 为水和冰的表面张力，其大小与温度有关；$r$ 为孔隙半径；$k$ 为温度；$\delta$ 为未结冰吸附水分子层厚度。在降温过程中，孔隙水结冰造成的孔隙压力分布可以表示为

$$\mathrm{d}p = \dfrac{1}{n}i(r,k)\dfrac{\mathrm{d}q}{\mathrm{d}r}\mathrm{d}r \tag{3-17}$$

式中，$n$ 为孔隙率；$i(r,k)$ 为晶体施加于孔隙壁的压力差；$\mathrm{d}q/\mathrm{d}r$ 为孔径分布。由式(3-15)和式(3-17)可知，孔隙半径、孔隙分布等直接影响了结晶压力的大小，而较大的结晶压力将对无砟轨道混凝土的抗冻性产生不利影响，因此改善孔隙结构对寒区无砟轨道的耐久性起着至关重要的作用。

## 3.3 无砟轨道混凝土低温冻结过程数值模拟

本节首先介绍无砟轨道混凝土材料的结冰规律，然后考虑低温冻结作用下混凝土孔隙水-冰相变产生潜热的特点，将温度-应力耦合计算模型扩展并应用于混凝土低温冻结

过程中热-力学问题的分析中,并通过与清华大学曾强博士的试验结果对比,验证模型的合理性。最后,简述 CRTS Ⅰ型板式无砟轨道结构,详细给出 CRTS Ⅰ型板式无砟轨道低温冻结模型在 COMSOL 中的实现方法。

### 3.3.1 无砟轨道混凝土材料的结冰规律

由 3.2 节可知,无砟轨道混凝土的低温冻结行为是由孔隙水冻结直接引起的。在孔隙中,孔隙水呈弯液面,饱和蒸气压降低,因而孔隙水冰点下降,孔径越小,冰点越低。由热力学理论有

$$\ln\left(\frac{T_f}{T_0}\right) = -\frac{2\gamma}{\rho_w LR} \tag{3-18}$$

式中,$T_f$ 为孔隙水冰点(K);$T_0$ 为正常冰点,大小为 273.15K;$\gamma$ 为冰与水的表面张力,约为 $39\times10^{-3}$N/m;$\rho_w$ 为水的密度,大小为 1000kg/m³;$L$ 为水的相变潜热,大小为 333.5kJ/kg;$R$ 为温度降至 $T_f$ 时,能结冰的最小孔隙半径。

当 $\frac{T_0 - T_f}{T_0} \ll 1$ 时,有

$$\ln\left(\frac{T_f}{T_0}\right) = \frac{T_f - T_0}{T_0} = -\frac{2\gamma}{\rho_w LR} = \frac{k}{T_0} \tag{3-19}$$

式中,$k$ 为温度(℃)。

由式(3-19)可得孔隙半径与冰点的关系为

$$R = -\frac{2\gamma T_0}{\rho_w Lk} \tag{3-20}$$

代入相应数据,有

$$R_{eq} = \frac{64}{k} \tag{3-21}$$

式中,$R_{eq}$ 为孔隙半径(nm);64 为一常数(℃·nm)。

相关试验发现,孔隙壁上有一层吸附水膜在极低温度下也不冻结,该吸附层厚度 $\delta$ (nm)为

$$\delta = 1.97|k|^{\frac{1}{3}} \tag{3-22}$$

式中,1.97 为一常数(℃^{1/3}·nm)。

将式(3-21)和式(3-22)相加可得,当温度为 $k$ 时,孔径大于 $R_{peq}$ (nm)的孔隙才会结冰:

$$R_{peq} = R_{eq} + \delta = \frac{64}{|k|} + 1.97|k|^{\frac{1}{3}} \tag{3-23}$$

假设孔隙中只有水和冰(无气相),混凝土完全饱水,$S_i$ 为冰所占孔隙的比例,$S_w$

为水所占孔隙的比例，则有 $S_w + S_i = 1$。当温度为 $k$ 时，孔隙内水变为冰的体积含量 $V_{w\to i}$ 为

$$V_{w\to i} = \phi(R_{peq}) - V_{ads} \tag{3-24}$$

式中，$V_{ads}$ 为吸附层体积；$\phi$ 为累计孔隙含量，若假设孔隙是半径为 $r$ 的理想圆柱形，吸附层所占孔隙体积含量为 $\dfrac{2\delta}{r}$，有

$$V_{ads} = \int_{R_{peq}}^{\infty} \frac{2\delta}{r} \frac{d\phi}{dr} dr \tag{3-25}$$

式中，$d\phi/dr$ 为孔径分布。由定义可知冰和水所占孔隙的比例为

$$S_i = V_{w\to i}/n \tag{3-26}$$

$$S_w = 1 - S_i \tag{3-27}$$

式中，$n$ 为总孔隙率。因此，结冰速率 $v_i$ 为

$$\begin{aligned} v_i &= \frac{dw_i}{dk} = \rho_w \cdot \frac{dV_{w\to i}}{dk} = \rho_w \cdot \frac{dV_{w\to i}}{dr}\frac{dr}{dk} \\ &= \rho_w \left( \frac{d\phi}{dr} - \frac{dV_{ads}}{dr} \right)\frac{dr}{dk} = \rho_w \left( 1 - \frac{2\delta}{r} \right)\frac{d\phi}{dr}\frac{dr}{dk} \end{aligned} \tag{3-28}$$

式中，$w_i$ 为结冰量。

### 3.3.2 无砟轨道混凝土低温冻结行为的控制方程

目前，鲜有人运用有限元软件分析无砟轨道混凝土低温冻结行为，根据已有的研究结果可知，无砟轨道混凝土的低温冻结不是某一个物理场单独造成的。因此，本节考虑低温冻结作用下混凝土孔隙水-冰相变产生潜热的特点，将温度-应力耦合计算模型扩展并应用于无砟轨道混凝土低温冻结过程中热-力学问题的分析。

#### 1. 考虑孔隙压力的应力场

对于无砟轨道混凝土这样的多孔材料体系：

$$[\sigma] = [\sigma'] - bp^*[I] \tag{3-29}$$

式中，$\sigma$ 为应力；$\sigma'$ 为有效应力；$I$ 为单位矩阵；$b$ 为 Biot 系数，$b = 1 - K_o/K_m$，$K_o$ 和 $K_m$ 分别为多孔体系和骨架的体积弹性模量；$p^*$ 为平均孔隙压力(详见 3.2.4 节)。

无砟轨道内部的总应变可以看成弹性应变和温度应变的叠加：

$$\varepsilon = \varepsilon^e + \varepsilon^{th} \tag{3-30}$$

有效应力与应变的关系为

$$\sigma = H\varepsilon^e = H(\varepsilon - \varepsilon^{th}) \tag{3-31}$$

$$\varepsilon^{th} = \alpha^1(T - T_{ref}) \tag{3-32}$$

式中，$H$ 为刚度矩阵；$\varepsilon$ 为总应变；$\varepsilon^e$ 为弹性应变；$\varepsilon^{th}$ 为温度应变；$\alpha^l$ 为线膨胀系数；$T$ 为温度；$T_{ref}$ 为温度应变为零时的参考点温度。力学平衡微分方程为[25]

$$\nabla \cdot \sigma + F = 0 \tag{3-33}$$

式中，$F$ 为体力。在无外荷载情况下，有

$$\begin{cases} \dfrac{\partial \sigma'_x}{\partial x} + \dfrac{\partial \tau_{yx}}{\partial y} + \dfrac{\partial \tau_{zx}}{\partial z} - b\dfrac{\partial p^*}{\partial x} = 0 \\ \dfrac{\partial \tau_{xy}}{\partial x} + \dfrac{\partial \sigma'_y}{\partial y} + \dfrac{\partial \tau_{zy}}{\partial z} - b\dfrac{\partial p^*}{\partial y} = 0 \\ \dfrac{\partial \tau_{xz}}{\partial x} + \dfrac{\partial \tau_{yz}}{\partial y} + \dfrac{\partial \sigma'_z}{\partial z} - b\dfrac{\partial p^*}{\partial z} = 0 \end{cases} \tag{3-34}$$

2. 考虑水-冰相变的温度场

无砟轨道混凝土孔隙中的水在结冰过程需释放一定的热量，因此需将水-冰相变的潜热考虑进热传导方程[26]：

$$\rho C \frac{\partial T}{\partial t} = \nabla \cdot (\lambda \nabla T) + L \frac{\partial w_i}{\partial t} \tag{3-35}$$

$$\begin{cases} \lambda = \dfrac{nS_w \lambda_w + nS_i \lambda_i + \lambda_m}{nS_w + nS_i + 1} \\ C = \dfrac{nS_w C_w + nS_i C_i + C_m}{nS_w + nS_i + 1} \end{cases} \tag{3-36}$$

式中，$t$ 为时间；$\rho$ 为体系密度；$L$ 为水的相变潜热；$\lambda$ 为体系的导热系数；$C$ 为体系的比热容；$\lambda_w$、$\lambda_i$ 和 $\lambda_m$ 分别为水、冰和基质的导热系数；$C_w$、$C_i$ 比 $C_m$ 分别为水、冰和基质的比热容；$S_w$、$S_i$、$S_m$ 分别为水、冰和基质所占孔隙的比例。

### 3.3.3 无砟轨道混凝土低温冻结过程数值模拟

本节选取受低温冻结影响较为严重的 CRTS Ⅰ型板式无砟轨道为研究对象，进行无砟轨道混凝土低温冻结的数值模拟，采用 COMSOL 数值仿真软件，将温度-应力耦合作用应用于 CRTS Ⅰ型板式无砟轨道平面模型中。

1. 混凝土低温冻结模型验证

在对 CRTS Ⅰ型板式无砟轨道进行低温冻结数值模拟之前，需验证本节分析方法的合理性，本节验证的方法是用清华大学曾强等[27,28]的试验结果与 COMSOL 中模拟计算得到的结果进行对照。模型选用 40mm×40mm×160mm 的棱柱体砂浆试件(图 3-9)和直径为 10mm、高为 100mm 的圆柱体砂浆试件(图 3-10)，在试件的边界面上施加与试验相同的温度边界条件，并对试件底面进行垂直方向的约束，通过 3.2.2 节的混凝土低温冻结控制方程，采用热-力耦合模型对试件进行低温冻结的数值模拟，数值计算的主

要参数见表 3-1。

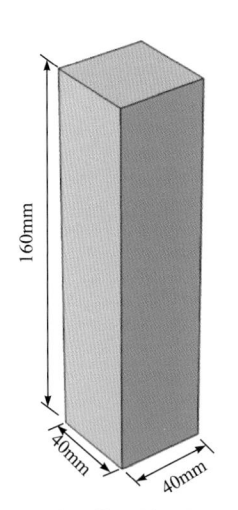

图 3-9 棱柱体砂浆试件示意图

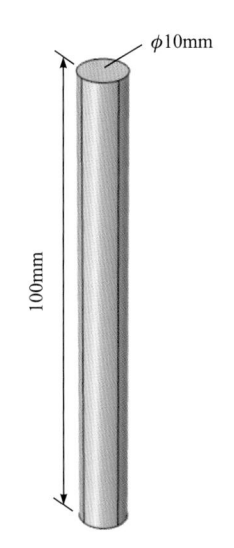

图 3-10 圆柱体砂浆试件示意图

表 3-1 棱柱体和圆柱体模型主要参数

| 参数 | 棱柱体 | 圆柱体 | 单位 |
| --- | --- | --- | --- |
| 正常冰点 | 273.15 | 273.15 | K |
| 砂浆密度 | 2140 | 2140 | kg/m$^3$ |
| 水密度 | 1000 | 1000 | kg/m$^3$ |
| 冰密度 | 916 | 916 | kg/m$^3$ |
| 渗透系数 | 8.343×10$^{-21}$ | 0.398×10$^{-23}$ | m$^2$ |
| 孔隙率 | 0.186 | 0.022 | — |
| 弹性模量 | 36 | 35 | GPa |
| 体膨胀系数 | 1×10$^{-5}$ | 2×10$^{-5}$ | K$^{-1}$ |
| 泊松比 | 0.2 | 0.2 | — |
| Biot 系数 | 0.46 | 0.33 | — |
| 砂浆导热系数 | 0.84 | 0.84 | W/(m·K) |
| 水导热系数 | 0.55 | 0.55 | W/(m·K) |
| 冰导热系数 | 2.2 | 2.2 | W/(m·K) |
| 砂浆比热容 | 0.84 | 0.84 | J/(g·K) |
| 水比热容 | 4.22 | 4.22 | J/(g·K) |
| 冰比热容 | 2.11 | 2.11 | J/(g·K) |
| 水相变潜热 | 333.5 | 333.5 | J/g |

由于曾强等试验中的棱柱体的低温冻结次数较多，本节列出前 4 次低温冻结数值模拟的结果，图 3-11 为低温冻结作用下，棱柱体应变的数值模拟结果与曾强等试验结果的对比。

图 3-12 为圆柱体试件第一个低温冻结降温过程中试验测得的变形曲线和孔隙的应变变化。

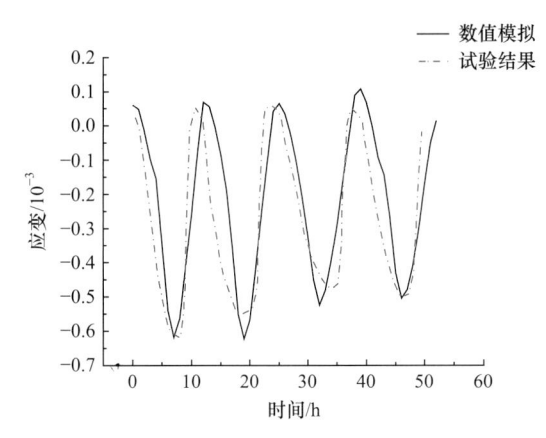

图 3-11　棱柱体(砂浆试件)低温冻结的应变变化

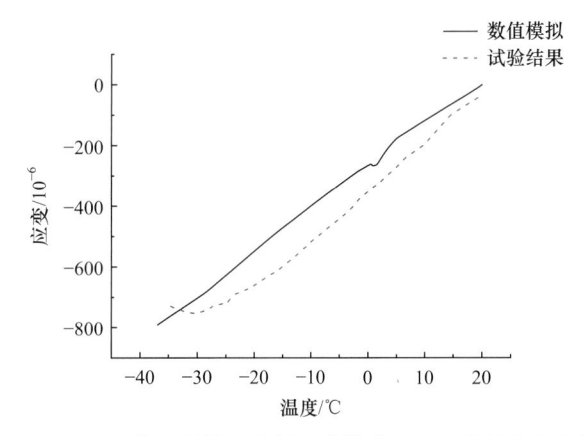

图 3-12　圆柱体试件第一个低温冻结降温过程中的应变变化

由图 3-11 可以看出，数值计算得到的棱柱体在低温冻结条件下的应变变化趋势与曾强等试验得到的结果基本一致，且应变峰值也较为吻合。对于圆柱体试件，由图 3-12 可以看出，其试验测量和数值模拟变形曲线相符较好，且在 0℃附近试件的应变呈现出近似水平的线段，这是因为孔隙水在结冰过程中会释放潜热，因此本节成功地模拟了孔隙水水-冰相变潜热。数值计算结果与试验结果存在着一定的差异，可能是混凝土材料在低温冻结过程中发生损伤、塑性变形以及试验数据的离散性等造成的，而这些在模拟中并未考虑。尽管如此，仍可认为本节模型的计算结果与曾强等两个试验的数据吻合较好，验证了本节混凝土低温冻结过程中热-力学模型是可靠、合理的。故 3.4 节 CRTS Ⅰ型板式无砟轨道低温冻结模型可采用本节提出的方法。

2. CRTS Ⅰ型板式无砟轨道低温冻结模型

1) CRTS Ⅰ型板式无砟轨道结构参数

(1) 钢轨：采用 60kg/m 钢轨。

(2) 扣件：一般采用 WJ-7 型无挡肩扣件，路基上扣件间距为 625mm，刚度为 35～

50kN/mm。

(3) 轨道板：轨道板是双向后张部分预应力钢筋混凝土预制板[29]，长度为4930mm，宽度为2400mm，厚度为190mm。

(4) CA砂浆充填层：CA砂浆是典型的黏弹性材料，由水泥、乳化沥青、水、铝粉、细骨料(砂)、混合料及各种外加剂等材料组成。CA砂浆位于轨道板与混凝土底座之间，厚度不应小于40mm，也不应大于100mm，作为轨道结构的调整层和弹性层(弹性模量为100~300MPa)，其主要作用是缓冲列车对轨道的冲击、传递荷载和阻断底座混凝土的反射裂缝等。

(5) 底座板：底座板为C40现浇钢筋混凝土，双向双层配筋，宽度为3000mm，厚度为300mm，分段长度为20~60m，段间设伸缩缝和剪力销。

(6) 凸形挡台：凸形挡台的主要功能是限制轨道板的纵横向位移，其半径为260mm，高度为50mm。为保证凸形挡台的使用寿命，在轨道板与凸形挡台间孔隙(约50mm)处用树脂材料充填，从而减少在传递水平力时对凸形挡台造成冲击。

2) CRTS I型板式无砟轨道模型建立

运用COMSOL进行CRTS I型板式无砟轨道低温冻结过程模拟，包括以下几个步骤。

(1) 选择分析模块。由3.3.2节可知，模拟CRTS I型板式无砟轨道低温冻结过程需要的模块有结构力学模块、传热模块。

(2) 建模。在建立CRTS I型板式无砟轨道模型时主要基于以下原则：

①为重点分析低温冻结对轨道结构的影响，本节建立CRTS I型板式无砟轨道模型的主要部件(轨道板、CA砂浆和底座板)，且各部位材质均匀并且各向同性。

②低温冻结行为研究涉及多个物理场，它们之间存在非线性，若使用三维模型，则模型网格数量庞大，收敛困难，因此本节采用二维平面计算模型。

③根据3.3.2节，将无砟轨道混凝土低温冻结过程的控制方程引入CRTS I型轨道板和底座板。由于CA砂浆具有黏弹性，其低温冻结过程更加复杂，故本节重点分析低温冻结行为对混凝土材料的影响，对于CA砂浆，只考虑温度对其的影响；对于轨道板，由于钢筋占总体积百分数很小，且钢筋的存在对轨道板的低温冻结影响甚小，分析中可忽略其中的钢筋。

④CRTS I型板式无砟轨道具有材料属性、几何结构的对称性，为保证计算精度，提高计算效率，故本节建立半个轨道模型用于分析。

CRTS I型板式无砟轨道低温冻结模型具体参数如表3-2所示。

表3-2 CRTS I型板式无砟轨道低温冻结模型具体参数

| 参数 | 轨道板(C60) | 底座板(C40) | 单位 |
|---|---|---|---|
| 厚度 | 190 | 300 | mm |
| 宽度 | 2400 | 3200 | mm |
| 正常冰点 | 273.15 | 273.15 | K |

续表

| 参数 | 轨道板(C60) | 底座板(C40) | 单位 |
|---|---|---|---|
| 砂浆密度 | 2140 | 2140 | kg/m³ |
| 水密度 | 1000 | 1000 | kg/m³ |
| 冰密度 | 916 | 916 | kg/m³ |
| 渗透系数 | 3.99×10⁻²² | 6.55×10⁻²⁰ | — |
| 孔隙率 | 0.08 | 0.28 | — |
| 弹性模量 | 36 | 32.5 | GPa |
| 体膨胀系数 | 1×10⁻⁵ | 0.8×10⁻⁵ | — |
| 泊松比 | 0.2 | 0.2 | — |
| Biot 系数 | 0.35 | 0.55 | — |
| 砂浆导热系数 | 0.84 | 0.84 | W/(m·K) |
| 水导热系数 | 0.55 | 0.55 | W/(m·K) |
| 冰导热系数 | 2.2 | 2.2 | W/(m·K) |
| 砂浆比热容 | 0.84 | 0.84 | J/(g·K) |
| 水比热容 | 4.22 | 4.22 | J/(g·K) |
| 冰比热容 | 2.11 | 2.11 | J/(g·K) |
| 水相变潜热 | 333.5 | 333.5 | J/g |

其中，CA 砂浆的密度为 2400kg/m³，弹性模量为 300MPa，泊松比为 0.2。

⑤边界条件。建立的 CRTS Ⅰ型板式无砟轨道低温冻结模型如图 3-13 所示，其中红色边采用对称边界，蓝色边施加热通量，底座板下添加弹簧基础。

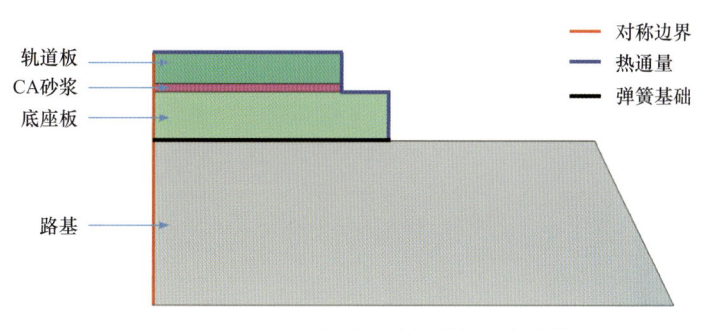

图 3-13 CRTS Ⅰ型板式无砟轨道低温冻结模型

⑥无砟轨道混凝土材料孔隙参数的确定。孔隙参数是无砟轨道混凝土材料微观参数的重要组成部分，它包括孔隙分布和累积孔隙分布，可采用压汞法、光学观察法和气体吸附法等方法获取。模型中轨道板和底座板采用的微分孔隙分布和累积孔隙分布如图 3-14 和图 3-15 所示。

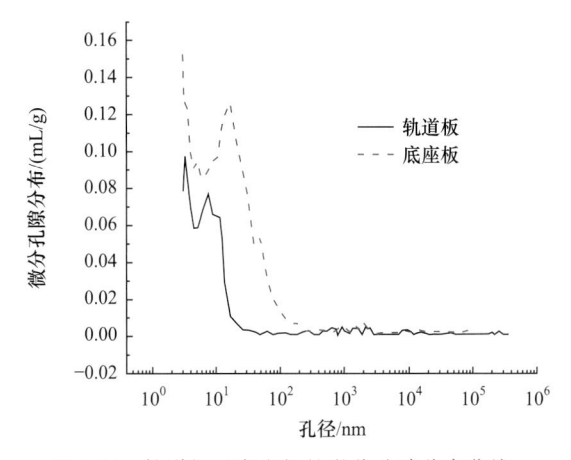

图 3-14 轨道板和底座板的微分孔隙分布曲线

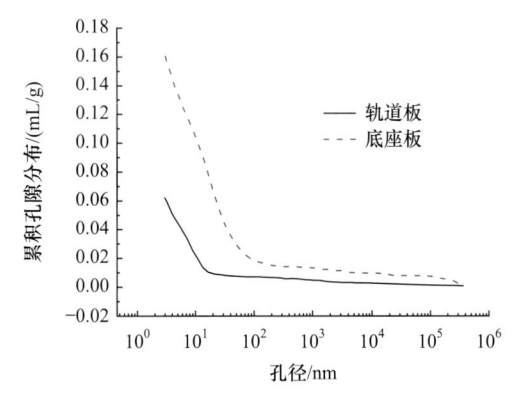

图 3-15 轨道板和底座板的累积孔隙分布曲线

图 3-14 为轨道板和底座板的微分孔隙分布曲线，轨道板的最可几孔径为 3.2nm，底座板的最可几孔径为 16.6nm，因此底座板的孔隙结构中大孔更多，孔隙更为分散，孔隙结构也更差。混凝土累积孔隙分布曲线的最大点为总比孔容，总比孔容越大，混凝土内的孔隙越多，孔隙结构越差。从图 3-15 可以看出轨道板的总比孔容为 0.067，而底座板的总比孔容为 0.162，因此轨道板的孔隙结构要优于底座板的孔隙结构。为了得到轨道板和底座板的连续孔隙分布数据，对图中的孔隙分布进行高斯拟合，其公式为[30]

$$\frac{dV}{d\log r} = f_0 + \sum_{i=1}^{N}\left[\frac{\sqrt{2}A_i}{w_i\sqrt{\pi}}\exp\left(-2(\log r - \log r_i)^2/w_i^2\right)\right] \quad (3-37)$$

式中，$r$ 为孔隙直径；$f_0$、$A_i$、$r_i$ 和 $w_i$ 为待定系数，具体见表 3-3。对高斯方程(3-37)进行积分可得累积孔隙分布的表达式：

$$\begin{aligned}V(d) &= \int_{\log d_{\max}}^{\log d}\left[f_0 + \sum_{i=1}^{N}\left(\frac{\sqrt{2}A_i}{w_i\sqrt{\pi}}\exp\left(-2(\log d - \log d_i)^2/w_i^2\right)\right)\right]d\log d \\ &= f_0\left(\left|\log d - \log d_{\max}\right|\right) + \sum_{i=1}^{N}A_i\left[1 - \frac{1}{2}\left(1 + \mathrm{erf}\left(\frac{\sqrt{2}(\log d - \log d_i)^2}{w_i}\right)\right)\right]\Bigg|_{\log d}^{\log d_{\max}}\end{aligned} \quad (3-38)$$

表 3-3　底座板和轨道板高斯拟合参数

| 　 | 拟合峰 | $f_0$ | $A_i$ | $w_i$ | $r_i$ /nm |
|---|---|---|---|---|---|
| 底座板 | 1 |  | 0.00621 | 0.432 | 327340 |
|  | 2 | 0.00271 | 0.102 | 0.727 | 15.488 |
|  | 3 |  | 0.301 | 0.647 | 1.0304 |
| 轨道板 | 1 |  | 0.00250 | 0.0996 | 11.350 |
|  | 2 | 0.00176 | 0.0324 | 0.329 | 6.9984 |
|  | 3 |  | 0.0199 | 0.181 | 302434 |

⑦网格划分。为了保证计算效率，对轨道板和底座板处的网格进行细划分，网格采用四边形单元，如图 3-16 所示。

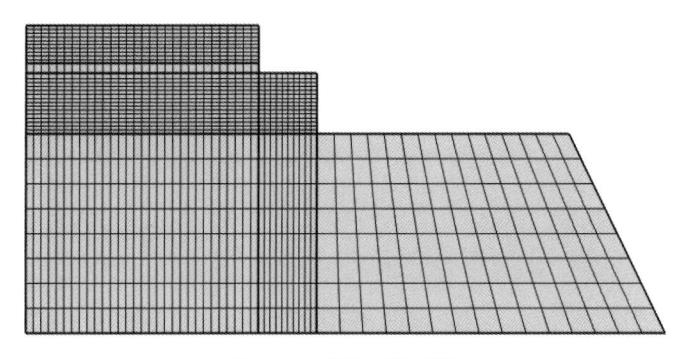

图 3-16　模型网格划分

## 3.4　寒区环境下无砟轨道的低温冻结行为分析

由于 CRTS Ⅰ 型板式无砟轨道的低温冻结是一个非常复杂的物理过程，大气降温幅度、无砟轨道混凝土材料的孔隙率和冻结次数等因素都影响着轨道结构的抗冻性，因此本节主要基于 3.3 节建立的 CRTS Ⅰ 型板式无砟轨道低温冻结模型，研究寒区环境下 CRTS Ⅰ 型板式无砟轨道的温度场、Tresca 应力和第一主应变，并分析寒区环境下不同孔隙率和冻结次数对 CRTS Ⅰ 型板式无砟轨道抗冻性的影响。

### 3.4.1　寒区环境对无砟轨道的影响规律

经过气象资料查询，哈大线经过的地区三月的日均最高温度可达 2℃，日均最低温度可达-10℃，在极端气候条件下，白天最高温度可达 5℃，夜间最低温度可达-15℃，降温幅度可达 20℃，在此环境下 CRTS Ⅰ 型板式无砟轨道易发生底座板粉化等现象。因此，研究低温冻结行为对 CRTS Ⅰ 型板式无砟轨道的影响规律有着重要的现实意义。

1. 寒区环境下 CRTS Ⅰ 型板式无砟轨道的温度场

温度是造成混凝土低温冻结行为的直接因素，本小节根据 3.2 节中的轨道低温冻结模型，研究轨道结构所处的大气温度从5℃经过12h降低至–15℃后的温度场特征。

由图3-17可知，轨道结构温度分布在–10.31～4.98℃，随着轨道板和底座板垂向深度增大，其温度值也随之增大。轨道板板角和底座板板角受降温影响的程度最深，其中轨道板板角的最低温度为–10.31℃，底座板板角的最低温度为–8.43℃。为更详细地研究轨道板和底座板在低温冻结影响下的温度场分布，在模型中布置如图3-18、图3-19和表3-4所示的截线，分析轨道板和底座板不同位置处的温度分布。

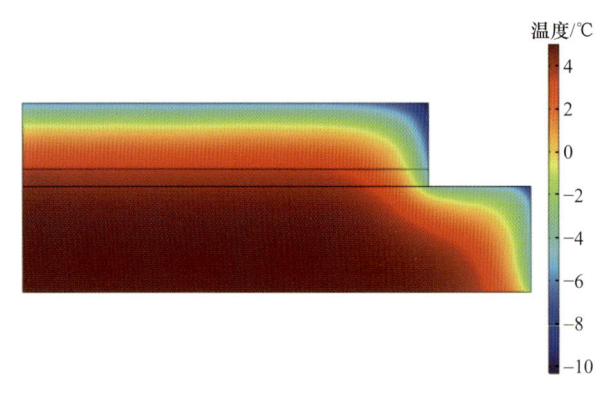

图 3-17 寒区环境下轨道结构温度场分布

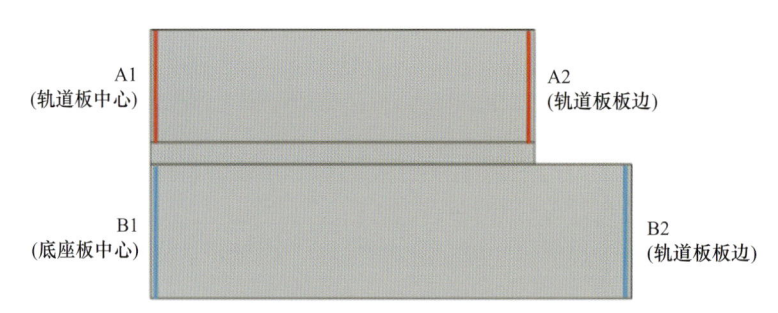

图 3-18 模型垂向截线示意图

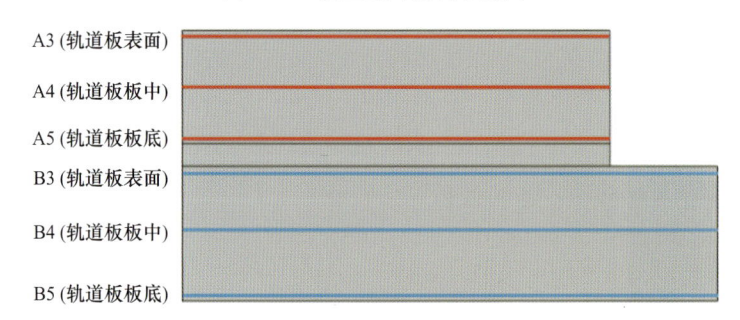

图 3-19 模型横向截线示意图

表 3-4 CRTS Ⅰ 型板式无砟轨道低温冻结模型温度场截线位置汇总表

|  | 截线名称 | 截线位置 | 起点坐标/mm | 终点坐标/mm |
| --- | --- | --- | --- | --- |
| 垂向 | A1 | 轨道板中心附近 | (5,250) | (5,0) |
|  | A2 | 轨道板板边附近 | (1195,250) | (1195,0) |

续表

|  | 截线名称 | 截线位置 | 起点坐标/mm | 终点坐标/mm |
|---|---|---|---|---|
| 垂向 | B1 | 底座板中心附近 | (5,−50) | (5,−350) |
|  | B2 | 底座板板边附近 | (1495,−50) | (1495,−350) |
| 横向 | A3 | 轨道板表面附近 | (0,185) | (1200,185) |
|  | A4 | 轨道板板中附近 | (0,95) | (1200,95) |
|  | A5 | 轨道板板底附近 | (0,5) | (1200,5) |
|  | B3 | 底座板表面附近 | (0,−55) | (1500,−55) |
|  | B4 | 底座板板中附近 | (0,−200) | (1500,−200) |
|  | B5 | 底座板板底附近 | (0,−345) | (1500,−345) |

1) 轨道板温度场分析

为分析轨道板在低温冻结影响下的温度场分布，提取轨道板在寒区环境下的垂向温度分布，如图 3-20 所示。

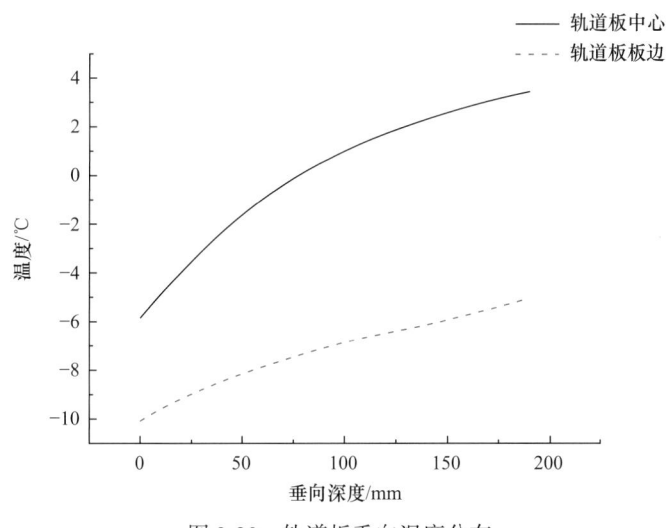

图 3-20 轨道板垂向温度分布

从图 3-20 中可以看出，轨道板在垂向的温度分布是非线性的，且随着垂向深度的增加，轨道板的温度不断升高，轨道板中心附近的最高温度为 3.43℃，最低温度为−5.85℃，其温度变化幅度为 9.28℃；轨道板板边附近的最高温度为−5.03℃，最低温度为−10.09℃，其温度变化幅度为 5.06℃。轨道板中心附近的整体温度分布小于板边，因此轨道板板边附近受低温冻结的影响程度更大。

图 3-21 为轨道板在低温冻结环境下的横向温度分布，其中轨道板横向约 870mm 的范围温度值变化较小，主要受到垂向温度场分布的影响，横向上轨道板表面、板中及板底附近的温度值差异较大，轨道板的温度越靠近板边温度越低。轨道板表面、板中及板底附近的温度变化如表 3-5 所示。

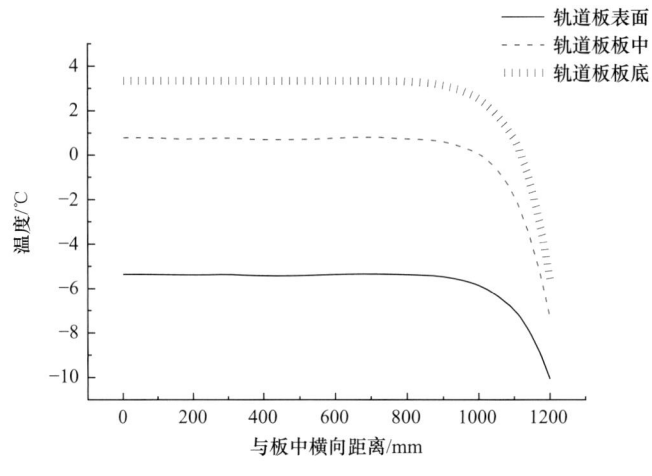

图 3-21 轨道板横向温度分布

表 3-5 轨道板表面、板中及板底附近的温度变化

| | 位置 | 最高温度/℃ | 最低温度/℃ | 温度变化幅度/℃ |
|---|---|---|---|---|
| 轨道板 | 表面 | −5.36 | −10.06 | 4.7 |
| | 板中 | 0.79 | −7.35 | 8.14 |
| | 板底 | 3.34 | −5.63 | 8.97 |

从表 3-5 中可以看出，轨道板表面相对于板中和板底，更易受到寒区环境下低温冻结的影响。

2) 底座板温度场分析

为分析底座板在低温冻结影响下的温度场分布，提取底座板在寒区环境下的垂向温度分布，如图 3-22 所示。

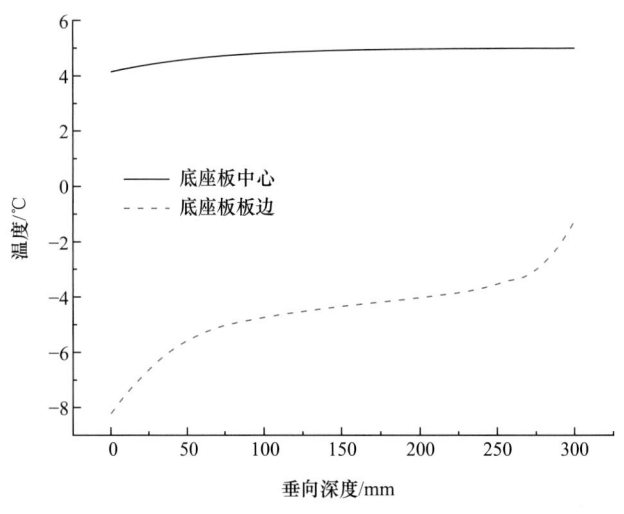

图 3-22 底座板垂向温度分布

图 3-22 为底座板在寒区环境下的垂向温度分布,从图中可以看出,底座板在垂向上的温度分布是非线性的,且其温度随着垂向深度的增加而增大。底座板中心附近的最高温度为 4.98℃,最低温度为 4.14℃,其温度变化幅度为 0.84℃;底座板板边附近的最高温度为–1.22℃,最低温度为–8.23℃,其温度变化幅度为 7.01℃。底座板中心附近位于 CA 砂浆下,不直接与外界环境相接触,因此温度变化幅度较小,而底座板板边直接暴露在寒冷环境中,受低温冻结的影响程度更大。

图 3-23 为轨道板在寒区环境下的横向温度分布,相比于轨道板,底座板横向也在一定范围内温度值基本保持稳定,主要受到垂向温度场分布的影响,但在此范围内底座板表面、板中及板底附近的温度值差异较小。越靠近板边,底座板温度越低,底座板表面、板中及板底附近的温度变化如表 3-6 所示。

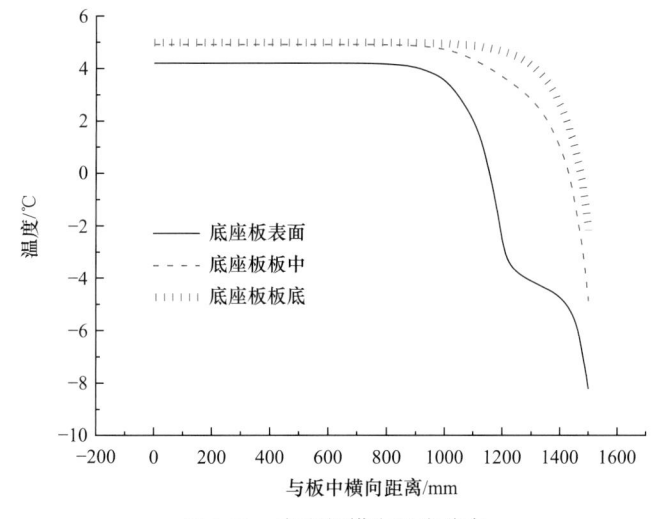

图 3-23 底座板横向温度分布

表 3-6 底座板表面、板中及板底附近的温度变化

|  | 位置 | 最高温度/℃ | 最低温度/℃ | 温度变化幅度/℃ |
| --- | --- | --- | --- | --- |
| 底座板 | 表面 | 4.21 | –8.21 | 12.42 |
|  | 板中 | 4.81 | –4.87 | 9.68 |
|  | 板底 | 4.98 | –2.17 | 7.15 |

从表 3-6 中可以看出,底座板表面相对于板中和板底,更易受到寒区环境中低温冻结的影响,由于实际运营中底座板在寒区环境的损伤较为严重,因此需采取一定的保温措施来减小低温冻结对底座板的影响。

2. 寒区环境下 CRTS Ⅰ 型板式无砟轨道的 Tresca 应力

Tresca 准则假设:不管结构处于什么样的应力状态,只要材料某点处的切应力达到材料的屈服极限值,就认为满足了材料屈服的条件。自 20 世纪 70 年代以来,Tresca 准则就成为常见的混凝土的破坏准则,因此本小节研究轨道结构所处的大气温度从 5℃经过 12h 降低至–15℃后的 Tresca 应力分布。

图 3-24 为 CRTS Ⅰ型板式无砟轨道在寒区环境下的 Tresca 应力分布，从图中可以看出，最大的 Tresca 应力分布在底座板板角附近，且底座板与外界直接接触的部分也有着较大的 Tresca 应力。混凝土的抗剪强度和抗压强度之比在 0.095～0.121，经查阅 GB 50010—2010《混凝土结构设计规范》[31]，可知底座板混凝土(C40)的抗压强度标准值为 26.8MPa，因此底座板混凝土的最小抗剪强度限值仅为 2.54MPa，而底座板中的 Tresca 应力最大值为 5.41MPa，大于其抗剪强度，因此底座板混凝土在寒区环境下易受损伤，这较好地解释了哈大线现场 CRTS Ⅰ型板式无砟轨道底座板出现的粉化现象。

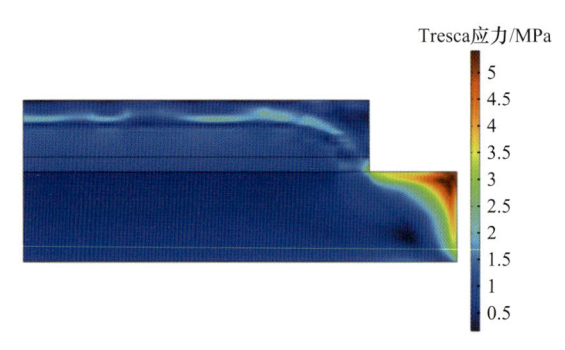

图 3-24　寒区环境下轨道结构的 Tresca 应力分布

轨道板的 Tresca 应力比底座板更小，这是因为轨道板是预制的，孔隙结构更紧密，大孔较少，孔隙率更小。经查阅 GB 50010—2010《混凝土结构设计规范》，可知轨道板混凝土(C60)的抗压强度标准值为 38.5MPa，因此轨道板混凝土的最小抗剪强度限值为 3.66MPa，而轨道板中的 Tresca 应力最大值为 2.38MPa，小于其抗剪强度，因此轨道板混凝土在寒区环境下不易受到损伤，这与哈大线现场 CRTS Ⅰ型板式无砟轨道轨道板没有出现较为明显的损伤现象相符合。

由以上分析可知寒区环境对底座板的影响程度更深，因此应重点分析底座板在寒区环境下的 Tresca 应力演化规律。为了更好地分析底座板中的 Tresca 应力，在底座板板角附近(Tresca 应力最大值附近)设置探针(坐标为(1490，–60)mm)，如图 3-25 所示。

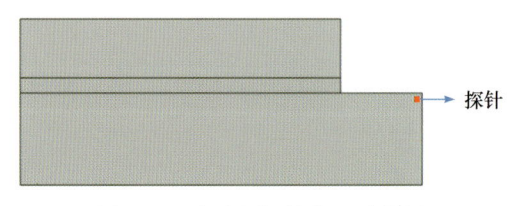

图 3-25　底座板探针位置示意图

图 3-26 为寒区环境下底座板探针处的 Tresca 应力演化规律，从图中可以看出，在降温的初始阶段，由于孔隙内的水尚未结冰，Tresca 应力随之减小，之后探针位置处的 Tresca 应力在 0℃以上就呈现增大的趋势，是由于探针处的降温速率要小于底座板表面，因此探针处在 2.7℃以下时，底座板表面附近毛细孔内水已经开始结冰，使得探针处附近产生孔隙压力。在探针处温度降至–2.2℃时，其 Tresca 应力就已达到底座板混凝土的最小抗

剪强度限值(2.54MPa)，且随着探针处温度的降低，Tresca 应力不断增大，底座板混凝土受低温冻结的影响程度加深。

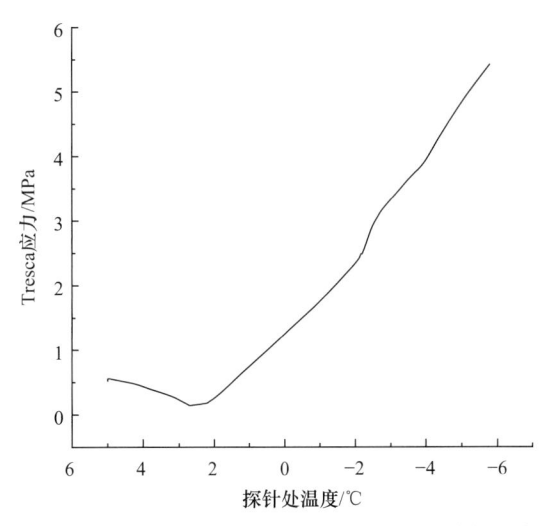

图 3-26 寒区环境下探针处的 Tresca 应力演化规律

3. 寒区环境下 CRTS Ⅰ 型板式无砟轨道的第一主应变

无论材料处于复杂还是简单的应力状态，当混凝土内部第一主应变超过混凝土自身的极限拉应变时，构件即开裂，混凝土作为典型脆性材料，可采用第一主应变破坏准则分析 CRTS Ⅰ 型板式无砟轨道在寒区环境下的应变。

图 3-27 为寒区环境下 CRTS Ⅰ 型板式无砟轨道的第一主应变分布，从图中可以看出，和 Tresca 应力的分布相同，低温冻结下的第一主应变主要在底座板板角附近较大，且底座板与外界直接接触的部分也有着较大的第一主应变。相关试验结果表明，C40 混凝土的极限拉应变为 $7.82\times10^{-5}$，而底座板中的第一主应变最大值为 $28.85\times10^{-5}$，大于其极限拉应变，因此底座板混凝土在寒区环境下易受损伤开裂，同样解释了哈大线现场 CRTS Ⅰ 型板式无砟轨道底座板出现的粉化掉块现象。

轨道板的第一主应变相较于底座板更小，这与轨道板本身的孔隙结构更紧密、本身强度更高有关。相关试验结果表明，C60 混凝土的极限拉应变为 $10.56\times10^{-5}$，而轨道板中的第一主应变最大值为 $8.53\times10^{-5}$，小于其极限拉应变，因此轨道板混凝土在寒区环境下不易受到损伤，这也与哈大线现场 CRTS Ⅰ 型板式无砟轨道轨道板没有出现较为明显的损伤现象相符合。

由以上分析可知寒区环境对底座板的影响程度更深，因此应重点分析底座板在寒区环境下的第一主应变演化规律。为了更好地了解寒区环境对底座板中第一主应变的影响，对图 3-28 所设探针处第一主应变进行分析。

图 3-28 为寒区环境下底座板探针处的第一主应变的演化规律，从图中可以看出，和 Tresca 应力的演化规律不同，探针处在 3℃ 以上时，第一主应变基本为零，这是因为底座板混凝土在温度降低过程中主要产生收缩应变，之后探针位置处的第一主应变在 0℃ 以

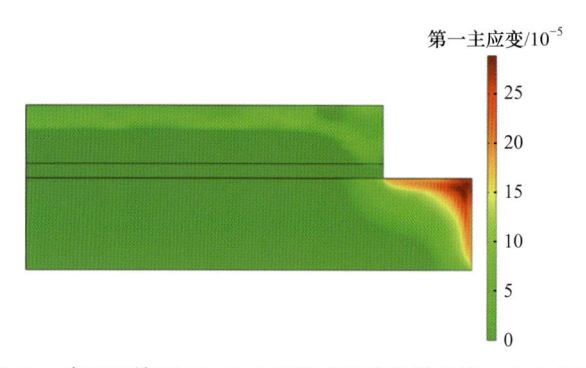

图 3-27　寒区环境下 CRTS Ⅰ 型板式无砟轨道的第一主应变分布

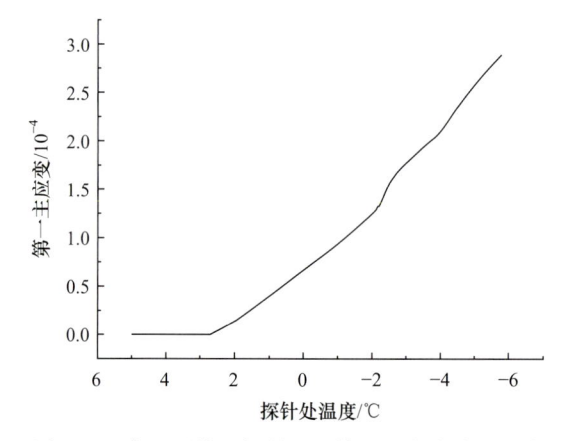

图 3-28　寒区环境下探针处的第一主应变演化规律

上就呈现增大的趋势,是由底座板表面附近毛细孔内的水结冰产生孔隙压力造成的。在探针处温度降至-0.6℃时,其第一主应变就已达到底座板混凝土的极限拉应变($7.82\times10^{-5}$),随着温度的不断降低,第一主应变也逐渐增大,底座板混凝土受低温冻结的影响程度变深。

这里需要注意的是,本节模拟寒区环境下的 CRTS Ⅰ 型板式无砟轨道底座板混凝土之所以易产生损伤,是因为模型考虑的是极端气候条件,而正常气候条件下(如大气温度从 3℃经过 12h 降低至-4℃),轨道结构的 Tresca 应力和第一主应变分布如图 3-29 和图 3-30 所示。

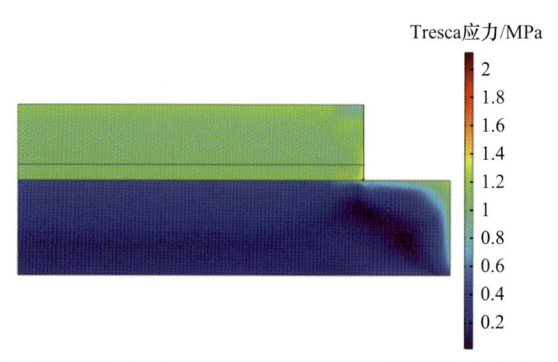

图 3-29　正常气候条件下轨道结构的 Tresca 应力分布

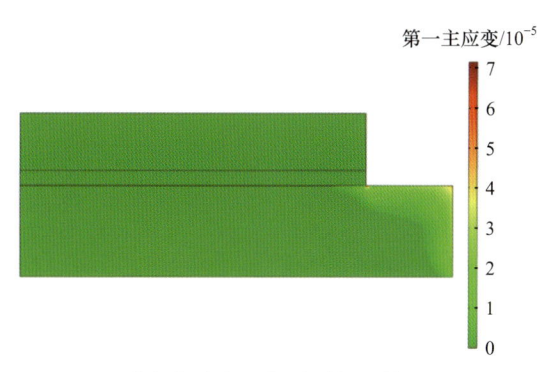

图 3-30　正常气候条件下轨道结构的第一主应变分布

从图 3-29 和图 3-30 中可以看出，正常气候条件下底座板混凝土的 Tresca 应力最大值为 2.12MPa，小于其抗剪强度限值 2.54MPa，正常气候条件下底座板混凝土的第一主应变最大值为 $7.14\times10^{-5}$，小于其极限拉应变 $7.82\times10^{-5}$。因此，在极端气候环境下，对轨道结构进行适当的保温措施显得尤为重要。

### 3.4.2　不同孔隙率下低温冻结对无砟轨道的影响

#### 1. 不同孔隙率下的 Tresca 应力

无砟轨道混凝土材料的孔隙率是指孔隙所占整个混凝土结构的百分比，它是影响无砟轨道抗冻性的重要因素。从理论上说，孔隙率越大，无砟轨道在严寒环境中受到的低温冻结越严重，这是因为更大的孔隙率往往代表着在单位体积内有更多的孔隙，在降温过程中更多的水分也将冻结。由于寒区的 CRTS Ⅰ 型板式无砟轨道受到低温冻结影响最大的区域主要在底座板，考虑实际情况，本小节模型的轨道板参数不变，取底座板的孔隙率分别为 0.09、0.185、0.28 和 0.375，研究不同孔隙率下的轨道结构所处大气温度从 5℃经过 12h(半天)降至−15℃后的 Tresca 应力分布。

图 3-31～图 3-34 为不同孔隙率下的 CRTS Ⅰ 型板式无砟轨道的 Tresca 应力分布，从图中可以看出，Tresca 应力在轨道板上数值较小，其最值主要集中于底座板，且寒区现场的轨道板损伤情况相对较少，因此重点分析底座板的 Tresca 应力分布。随着孔隙率的增大，底座板的 Tresca 应力的分布趋势并无明显变化，但其数值不断增加，说明孔隙率的大小对无砟轨道底座板低温冻结过程影响显著。底座板孔隙率为 0.09 时，轨道结构 Tresca 应力最大值为 3.84MPa；底座板孔隙率为 0.185 时，轨道结构 Tresca 应力最大值为 4.37MPa；底座板孔隙率为 0.28 时，轨道结构 Tresca 应力最大值为 5.41MPa；底座板孔隙率为 0.375 时，轨道结构 Tresca 应力最大值为 7.23MPa，孔隙率越高，寒区环境下轨道结构的 Tresca 应力超出底座板混凝土最小抗剪强度限值(2.54MPa)的范围也越大。为了更好地分析不同孔隙率对寒区环境下轨道结构 Tresca 应力的影响，对图 3-35 所设探针处的 Tresca 应力进行提取。

图 3-35 为不同孔隙率下探针处的 Tresca 应力演化规律，从图中可以看出，由于大气温度的变化规律一致，探针所处位置的温度均降至−5.8℃左右，且 Tresca 应力随温度的

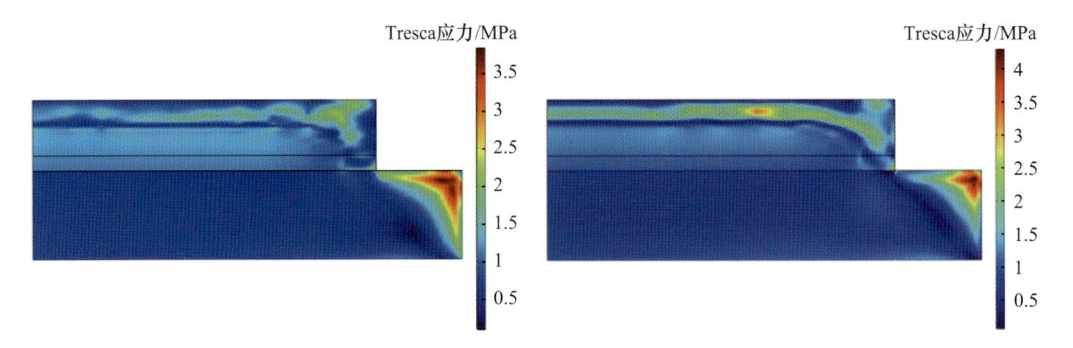

图 3-31　0.09 孔隙率下的 Tresca 应力分布　　图 3-32　0.185 孔隙率下的 Tresca 应力分布

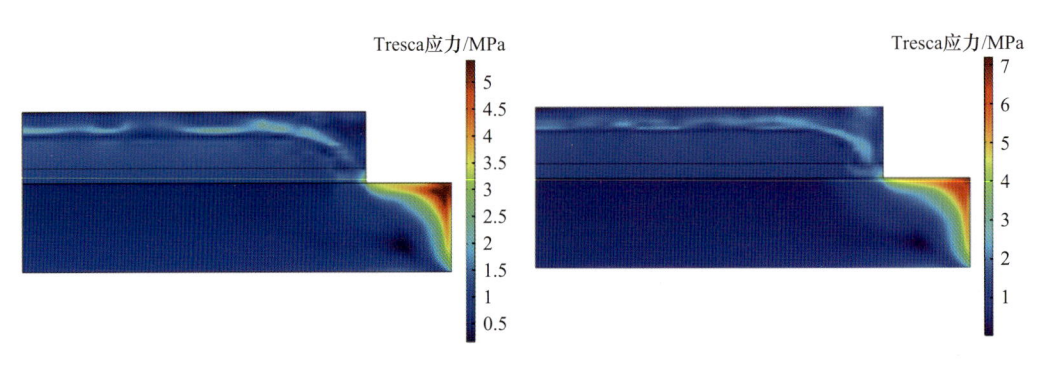

图 3-33　0.28 孔隙率下的 Tresca 应力分布　　图 3-34　0.375 孔隙率下的 Tresca 应力分布

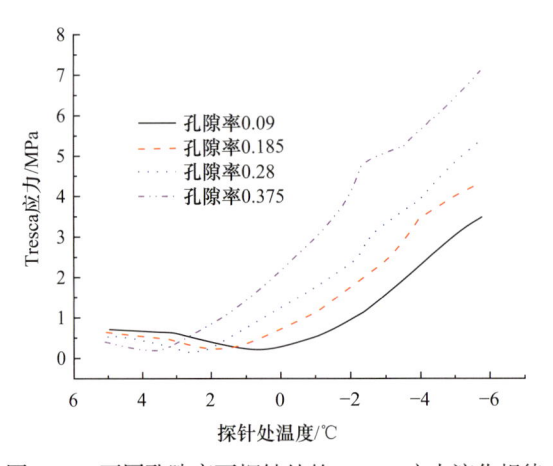

图 3-35　不同孔隙率下探针处的 Tresca 应力演化规律

变化规律基本一致，即先减小后增大。在降温的初始阶段，由于孔隙内的水尚未结冰，Tresca 应力随之减小，这里需要注意的是，不同孔隙率下的 Tresca 应力减小速率也不相同，这是因为孔隙率低的混凝土材料结构更为紧密。随着温度的降低，底座板表面附近的毛细孔先产生孔隙压力，使得探针位置处的 Tresca 应力在 0℃以上就呈现增大的趋势。孔隙率为 0.09 时，探针处的 Tresca 应力最大值为 3.49MPa；孔隙率为 0.185 时，探针处的 Tresca 应力最大值为 4.25MPa；孔隙率为 0.28 时，探针处的 Tresca 应力最大值为 5.35MPa；

孔隙率为0.375时,探针处的Tresca应力最大值为7.05MPa。通过以上分析可知,底座板混凝土材料结构密实程度越低,孔隙率越大,低温冻结对其造成的影响程度也就越大。

2. 不同孔隙率下的第一主应变

本小节模型的轨道板参数不改变,取底座板的孔隙率分别为0.09、0.185、0.28和0.375,研究不同孔隙率下轨道结构所处的大气温度从5℃经过12h(半天)降至−15℃后的第一主应变分布。

图3-36～图3-39为不同底座板孔隙率下,CRTS Ⅰ型板式无砟轨道的第一主应变分布图,图中第一主应变最大值集中于底座板板角附近,且孔隙率大小对底座板的第一主应变有着显著影响,最大第一主应变也随着孔隙率的增大而增大。从图3-36～图3-39中可以看出,无论底座板孔隙率多大,轨道板第一主应变均小于底座板,这是因为轨道板是在工厂预生产的,且混凝土材料本身强度更高。底座板孔隙率为0.09时,轨道结构第一主应变最大值为$13.12\times10^{-5}$;底座板孔隙率为0.185时,轨道结构第一主应变最大值为$22.93\times10^{-5}$;底座板孔隙率为0.28时,轨道结构第一主应变最大值为$28.85\times10^{-5}$;底座板孔隙率为0.375时,轨道结构第一主应变最大值为$38.34\times10^{-5}$,孔隙率越高,寒区环境下轨道结构的第一主应变超出底座板混凝土的极限拉应变($7.82\times10^{-5}$)的范围也越大。为更好地研究孔隙率的大小对底座板低温冻结影响的程度,下面分析探针处的第一主应变。

不同孔隙率下探针处的第一主应变演化规律如图3-40所示,与Tresca应力变化规律类似的是探针所处位置的温度在降至−5.8℃左右时,第一主应变达到最大值。但第一主应变在降温的初始阶段为零,这是因为在此过程中底座板混凝土产生收缩应变,随着温度的不断降低,孔隙压力持续增加,使得第一主应变随之增大。这里需要注意的是,不同孔隙率下探针处的第一主应变产生变化时的温度有所差异,导致这种情况出现的原因是孔隙率越大,底座板混凝土材料结构密实程度越低,在降温过程中有越多的孔隙水分冻结。孔隙率为0.09时,探针处的第一主应变最大值为$12.78\times10^{-5}$;孔隙率为0.185时,探针处的第一主应变最大值为$22.93\times10^{-5}$;孔隙率为0.28时,探针处的第一主应变最大值为$27.87\times10^{-5}$;孔隙率为0.375时,探针处的第一主应变最大值为$37.15\times10^{-5}$。通过以上分析可知,随着孔隙率的增大,第一主应变最大值的增幅也变大,这是因为孔隙率越大,单位体积内会有越多的水变成冰,其在降温过程将被挤出孔隙,产生了更大的孔隙压力。

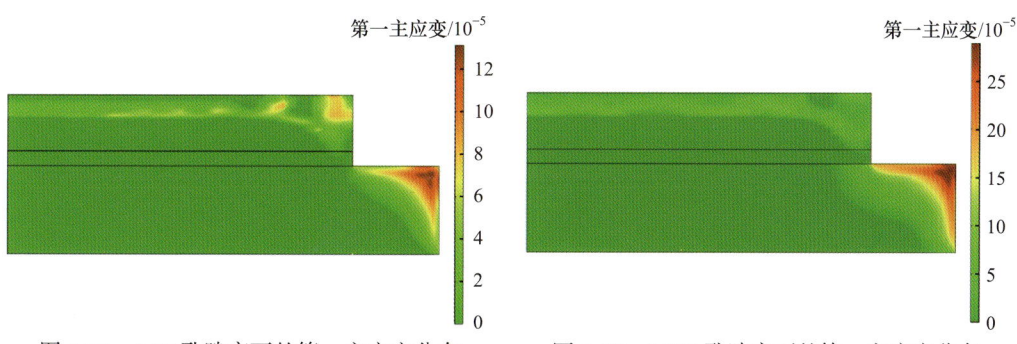

图3-36 0.09孔隙率下的第一主应变分布    图3-37 0.185孔隙率下的第一主应变分布

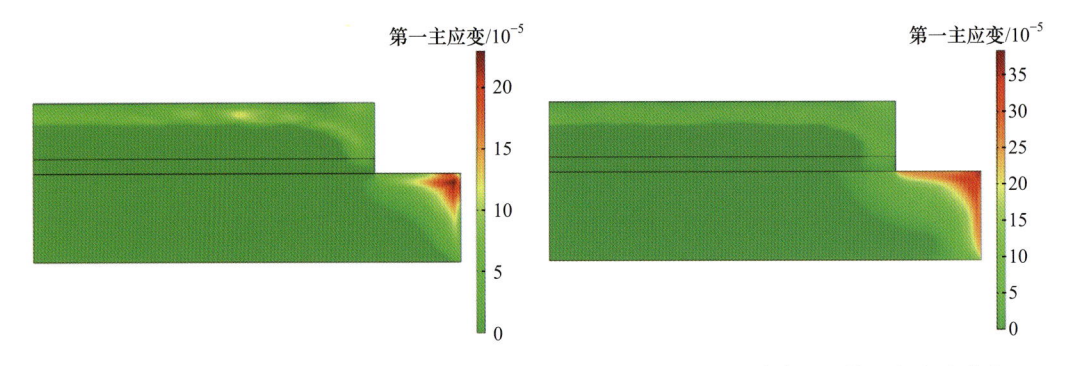

图 3-38　0.28 孔隙率下的第一主应变分布　　　图 3-39　0.375 孔隙率下的第一主应变分布

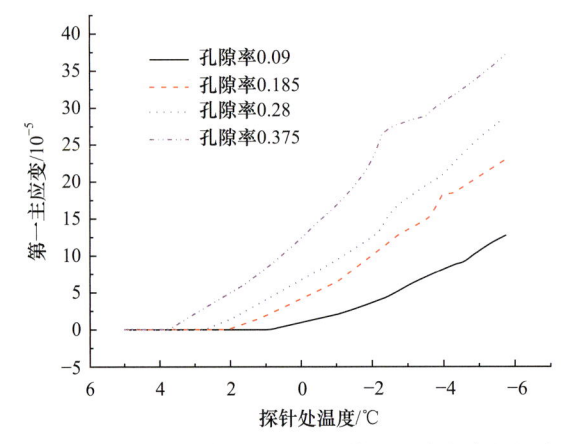

图 3-40　不同孔隙率下探针处的第一主应变演化规律

### 3.4.3　冻结次数对无砟轨道的影响

本节研究模型在相同孔隙率、孔隙分布等参数下，轨道结构经历 1 次、5 次、10 次和 20 次低温冻结后的 Tresca 应力分布，其所处的大气温度为 5～−15℃，降温和升温速率所经历的时间为 12h。

**1. 不同冻结次数下的 Tresca 应力**

图 3-41～图 3-44 为不同冻结次数下 CRTS Ⅰ型板式无砟轨道的 Tresca 应力分布，从图中明显观察到，随着冻结次数的增加，轨道结构中 Tresca 应力最大值逐渐提高。1 次、5 次、10 次和 20 次冻结后轨道结构的 Tresca 应力最大值分别为 5.41MPa、6.75MPa、7.43MPa、7.94MPa，冻结次数越多，轨道结构的 Tresca 应力超出底座板混凝土最小抗剪强度限值(2.54MPa)的范围也越大。为更好地研究冻结次数对轨道结构抗冻性的影响，提取探针处的 Tresca 应力随冻结次数增加的变化趋势进行分析。

图 3-45～图 3-48 为不同冻结次数下底座板探针处 Tresca 应力的变化趋势，其中降温过程中 Tresca 应力增大，升温过程中 Tresca 应力减小。从图 3-45～图 3-48 中可以看出，当冻结次数大于 1 次后，探针处的 Tresca 应力在降温和升温过程中存在应力最大

值,这是因为在降温过程中,孔隙水结冰体积膨胀,形成应力上最大值,在升温过程中,由于冰的体膨胀系数较大,形成应力下最大值。随着冻结次数的增加,探针处Tresca的应力最大值缓缓上升,在第 5 次降温后,探针处的应力最大值为 6.69MPa,在第 10 次降温后,探针处的应力最大值为 7.02MPa,在第 20 次降温后,探针处的应

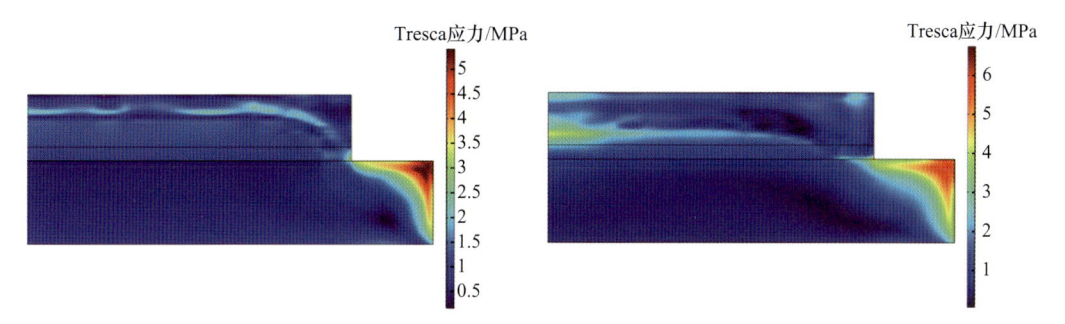

图 3-41　冻结 1 次后的 Tresca 应力

图 3-42　冻结 5 次后的 Tresca 应力

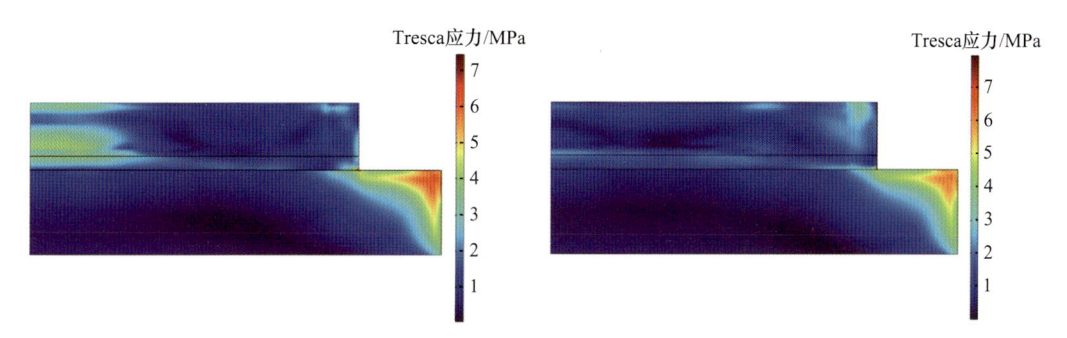

图 3-43　冻结 10 次后的 Tresca 应力

图 3-44　冻结 20 次后的 Tresca 应力

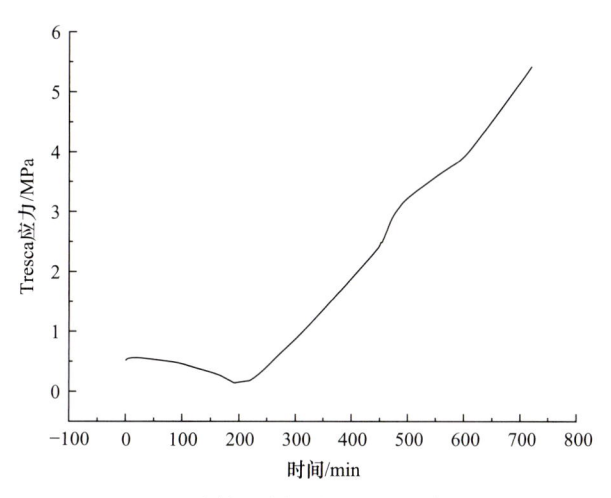

图 3-45　冻结 1 次探针处 Tresca 应力变化

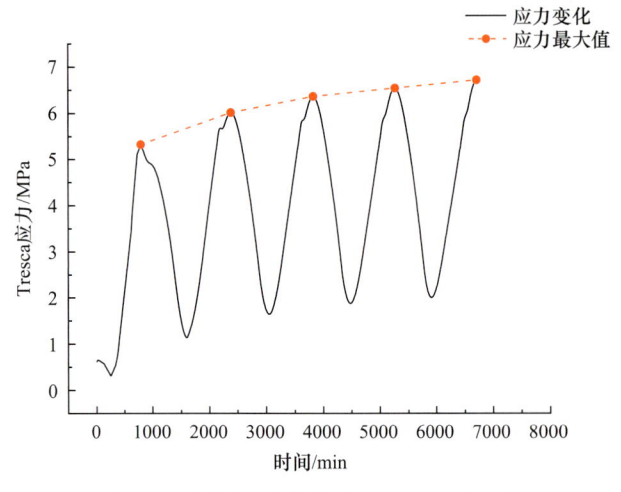

图 3-46　冻结 5 次探针处 Tresca 应力变化

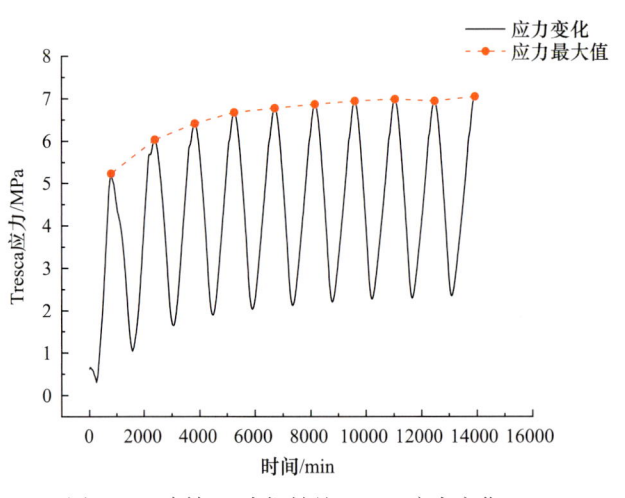

图 3-47　冻结 10 次探针处 Tresca 应力变化

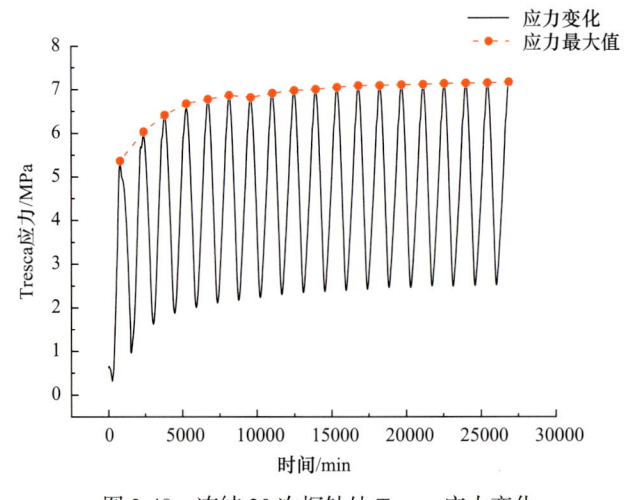

图 3-48　冻结 20 次探针处 Tresca 应力变化

力最大值为 7.17MPa。在冻结过程中，混凝土材料内部孔隙水结冰膨胀，导致微裂纹的萌生与发展、内部微结构连通度增加，多次的冻结使得基体微结构损伤不断加剧，饱水度持续增大，不可恢复变形增加，因此冻结次数的增加会对 CRTS Ⅰ 型板式无砟轨道的抗冻性产生不利影响。

2. 不同冻结次数下的第一主应变

本节研究模型在相同孔隙率、孔隙分布等参数下，轨道结构经历 1 次、5 次、10 次和 20 次低温冻结后的第一主应变分布，其所处的大气温度为 5~−15℃，降温和升温速率所经历时间为 12h。

图 3-49~图 3-52 为不同冻结次数下 CRTS Ⅰ 型板式无砟轨道的第一主应变分布，从图中可以看出，随着冻结次数的增加，轨道结构中第一主应变变化趋势与 Tresca 应力变化趋势相似。1 次、5 次、10 次和 20 次冻结后轨道结构的第一主应变最大值分别为 $28.85\times10^{-5}$、$35.86\times10^{-5}$、$39.28\times10^{-5}$、$42.38\times10^{-5}$，冻结次数越多，寒区环境下轨道结构的第一主应变超出底座板混凝土的极限拉应变($7.82\times10^{-5}$)的范围也越大。为更好地研究冻结次数对轨道结构第一主应变的影响，提取探针处的第一主应变随冻结次数增加的变化趋势进行分析。

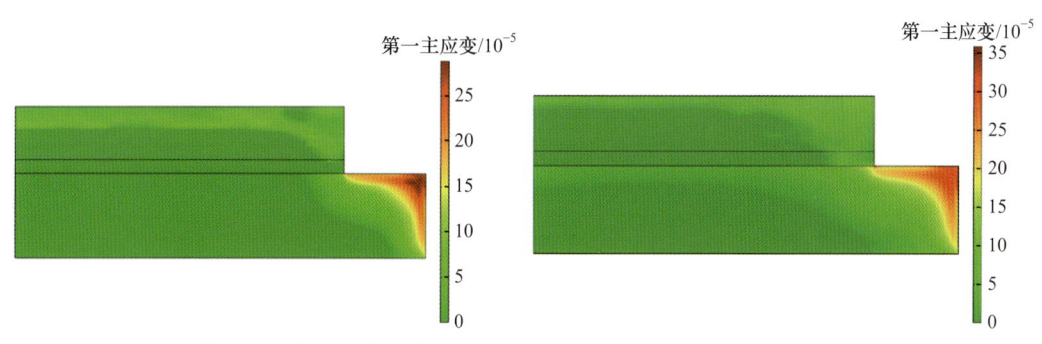

图 3-49　冻结 1 次后的第一主应变　　　　图 3-50　冻结 5 次后的第一主应变

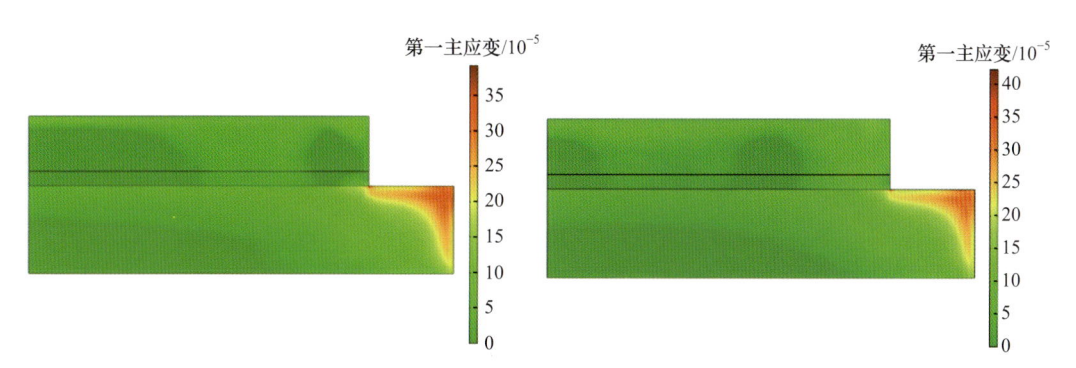

图 3-51　冻结 10 次后的第一主应变　　　图 3-52　冻结 20 次后的第一主应变

图 3-53～图 3-56 为不同冻结次数下底座板探针处第一主应变的变化趋势，其中降温过程中第一主应变增大，升温过程中第一主应变减小。从图 3-53～图 3-56 中可以看出，与 Tresca 应力的变化趋势类似，当冻结次数大于 1 次后，探针处的第一主应变在降温过程中，孔隙水结冰体积膨胀，形成应力上最大值，在升温过程中，由于冰的体膨胀系数较大，形成应力下最大值。随着冻结次数的增加，探针处第一主应变的最大值缓缓上升，在第 5 次降温后，探针处的应变最大值为 $34.59\times10^{-5}$，在第 10 次降温后，探针处的应变最大值为 $37.13\times10^{-5}$，在第 20 次降温后，探针处的应变最大值为 $38.37\times10^{-5}$。由于孔隙内的水反复结晶，产生孔隙压力，使得底座板混凝土内部孔隙的尺寸和数目增多，孔隙损伤不断累积，第一主应变也不断增大，因此冻结次数越多，寒区 CRTS Ⅰ 型板式无砟轨道受到低温冻结的影响程度越大。

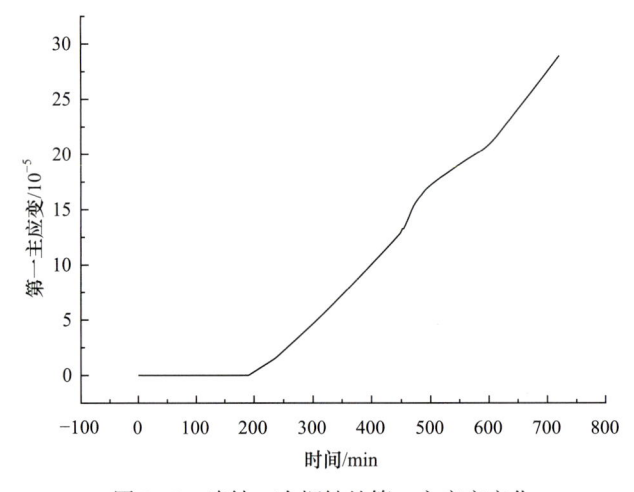

图 3-53 冻结 1 次探针处第一主应变变化

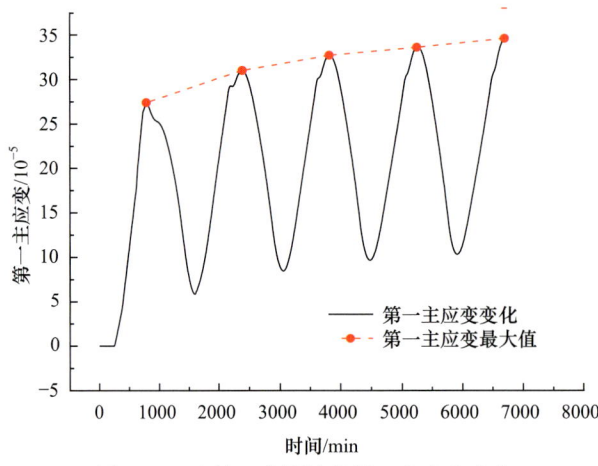

图 3-54 冻结 5 次探针处第一主应变变化

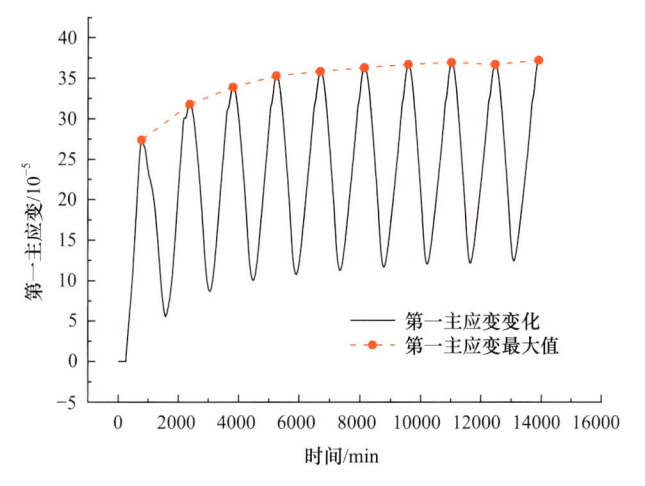

图 3-55 冻结 10 次探针处第一主应变变化

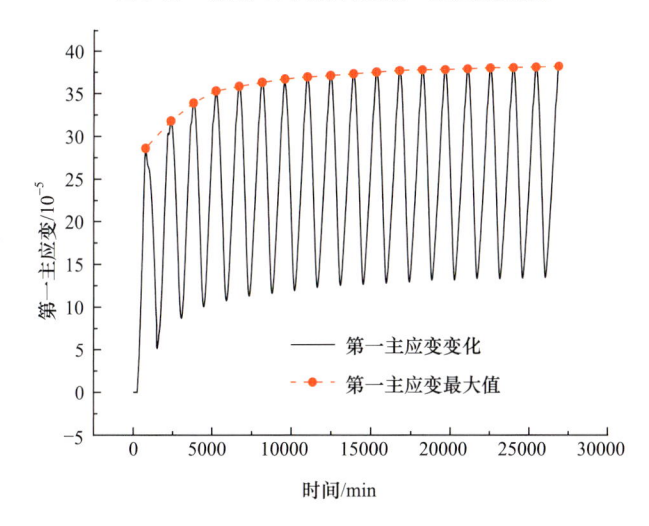

图 3-56 冻结 20 次探针处第一主应变变化

## 3.5 寒区环境下无砟轨道粉化整治与保温防护

由 3.4 节分析可知，底座板是受低温冻结影响程度最深的部分，寒区昼夜温差大，极易导致底座板混凝土粉化，且其粉化程度会随着冻结次数的增加而加剧，降低了轨道结构的抗冻性。在底座板的粉化严重的地段，甚至有混凝土分层剥落、内部钢筋外露的现象发生，大大降低了轨道结构的承载能力，给列车行驶带来了极大的安全隐患。因此，本节根据 CRTS Ⅰ 型板式无砟轨道低温冻结模型，模拟底座板混凝土粉化对无砟轨道的抗冻性影响，给出底座板粉化后的整治方案，提出寒区无砟轨道的保温措施，并利用有限元模型分析保温措施的可行性。

### 3.5.1 无砟轨道底座板混凝土粉化数值分析

底座板混凝土的粉化病害可按其粉化程度分为两类：一般粉化和严重粉化。底座板一般粉化表现为混凝土粉化深度小于3cm(表面露石)，粉化层下部混凝土较为坚实。底座板严重粉化表现为混凝土强度下降且连续剥落，粉化深度大于3cm。

由于粉化区域内底座板混凝土的密实度较低，强度下降，本节根据3.3节建立的CRTS Ⅰ型板式无砟轨道低温冻结模型，通过降低底座板粉化区域混凝土的弹性模量和增大其孔隙率来模拟底座板混凝土粉化对无砟轨道的影响，图3-57为底座板混凝土无粉化模型，图3-58为底座板混凝土一般粉化模型，图3-59为底座板混凝土严重粉化模型。

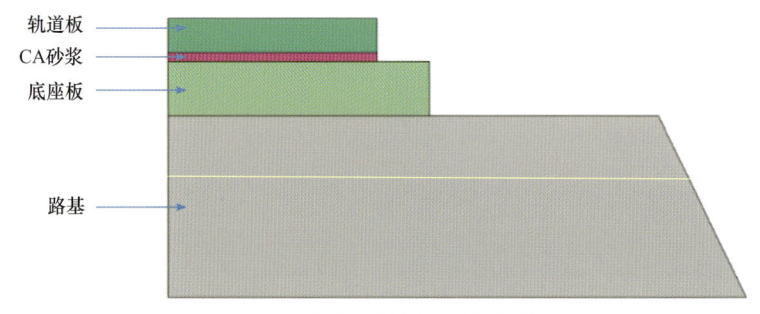

图3-57 底座板混凝土无粉化模型

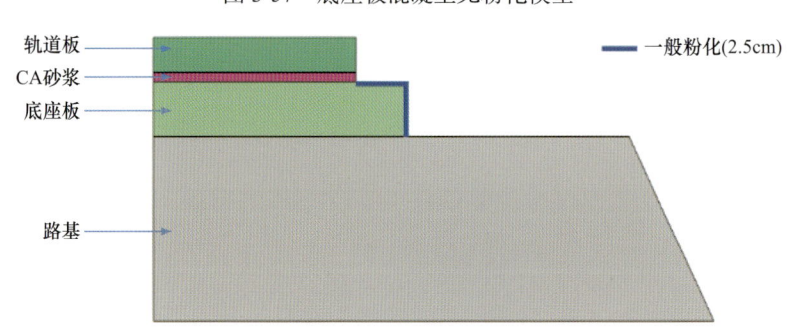

图3-58 底座板混凝土一般粉化模型

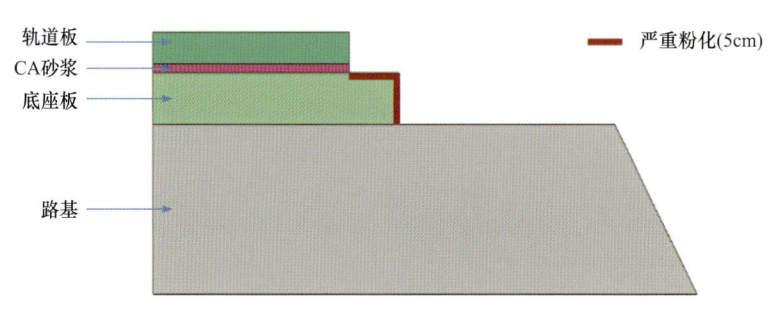

图3-59 底座板混凝土严重粉化模型

本节模型的其他参数不变，通过改变底座板粉化区域混凝土的弹性模量和孔隙率，研究底座板粉化后的轨道结构所处的大气温度从5℃经过12h降至−15℃后的Tresca应力分布，其参数变化见表 3-7。

表 3-7　模型底座板混凝土粉化后的参数变化

| 参数 | 无粉化 | 一般粉化 | 严重粉化 |
| --- | --- | --- | --- |
| 弹性模量/GPa | 32.5 | 28.5 | 23.6 |
| 孔隙率 | 0.28 | 0.43 | 0.55 |

图 3-60 和图 3-61 为底座板一般粉化和严重粉化后的轨道结构 Tresca 应力分布，从图中可以看出，由于底座板表面出现粉化后强度降低、孔隙率增大，其密实度降低，导致底座板受低温冻结的影响程度加深。相同工况下，无粉化的底座板 Tresca 应力最大值为 5.41MPa，而底座板一般粉化下的 Tresca 应力最大值为 10.96MPa，增幅为 102.59%；底座板严重粉化下的 Tresca 应力最大值更是达到了 14.96MPa，增幅为 176.52%。图 3-62 和图 3-63 为底座板一般粉化和严重粉化后的轨道结构第一主应变分布，无粉化的底座板第一主应变最大值为 $28.85\times10^{-5}$，而底座板一般粉化下的第一主应变最大值为 $59.78\times10^{-5}$，增幅为 107.21%；底座板严重粉化下的第一主应变最大值更是达到了 $99.85\times10^{-5}$，增幅为 246.10%。底座板粉化后，在寒区环境下，无论是其 Tresca 应力还是第一主应变都有很大的增幅，这将对无砟轨道承载结构的稳定性产生不利影响，因此需及时采取相关措施，减少底座板混凝土粉化现象的发生。

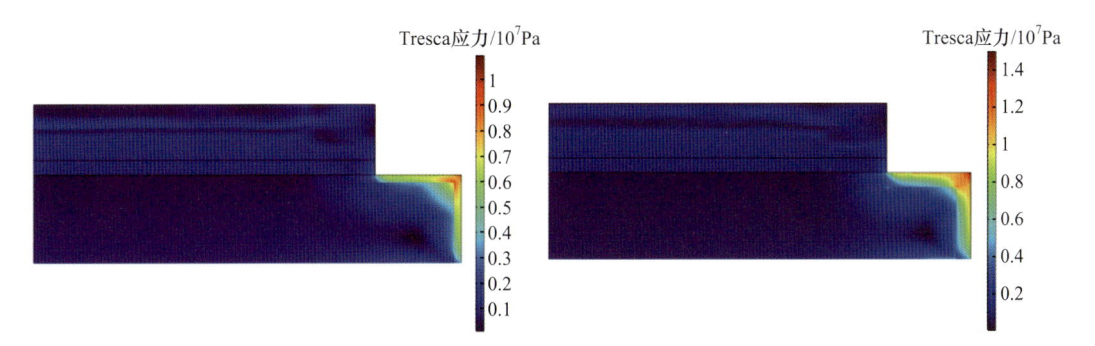

图 3-60　底座板一般粉化后的 Tresca 应力分布　　图 3-61　底座板严重粉化后的 Tresca 应力分布

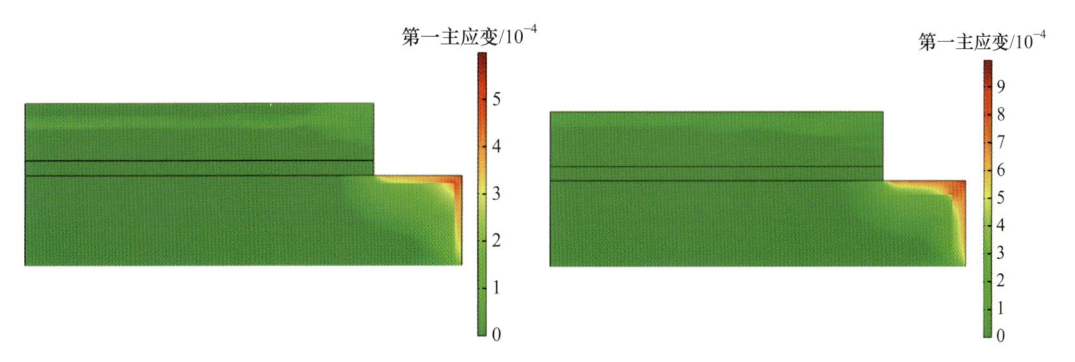

图 3-62　底座板一般粉化后的第一主应变分布　　图 3-63　底座板严重粉化后的第一主应变分布

### 3.5.2 无砟轨道底座板混凝土粉化整治

底座板粉化严重影响了轨道结构的耐久性，若不及时修复整治，轻则造成扬沙扬尘，重则使底座板结构露筋掉块，产生飞溅砂石撞击车体，威胁列车安全。因此，采取相关整治措施应对寒区 CRTS Ⅰ 型板式无砟轨道的底座板混凝土粉化现象具有重要的现实意义。

1. 修复材料

1) TK-M40 型聚合物砂浆

TK-M40 型聚合物砂浆以无机材料为主，多种助剂为辅，其特点是施工时间便于调控、强度发展可以控制等，适合天窗时间内修补，具体性能见表 3-8。

表 3-8　TK-M40 型聚合物砂浆性能

| 序号 | 项目 | 性能指标 | |
|---|---|---|---|
| 1 | 抗折强度 | ≥9MPa | |
| 2 | 抗压强度 | 2h | ≥5MPa |
|   |          | 1 天 | ≥10MPa |
|   |          | 7 天 | ≥40MPa |
| 3 | 黏结强度 | ≥1.5MPa | |
| 4 | 收缩率 | ≤0.2% | |
| 5 | 抗冻性 | 剥落量≤1000g/m², 动弹性模量损失≤40% | |
| 6 | 抗疲劳性 | 10000 次不断裂 | |

2) HD-800L 型密封材料

HD-800L 型密封材料由耐候橡胶、改性助剂和少量的无机填料组成，具有良好的耐老化性能、柔韧性和黏结性，其技术指标见表 3-9。

表 3-9　HD-800L 型密封材料性能指标

| 序号 | 检验项目 | 技术要求 | |
|---|---|---|---|
| 1 | 外观 | — | |
| 2 | 表干时间 | ≤60min | |
| 3 | 下垂度 | 垂直放置 | ≤3min |
|   |        | 水平放置 | 0min |
| 4 | 弹性恢复率(定伸 150%) | ≥80% | |
| 5 | 100%拉伸模量 | 温度条件：23℃ | ≤0.3MPa |
|   |              | 温度条件：-20℃ | ≤0.3MPa |

续表

| 序号 | 检验项目 | | 技术要求 |
|---|---|---|---|
| 6 | 拉伸强度 | 温度条件：23℃ | ≥1.0MPa |
| | | 温度条件：−20℃ | ≤2.0MPa |
| | | 热老化(80℃)336h 后 | ≥0.8MPa |
| | | 耐碱性 336h 后 | ≥0.8MPa |
| | | 紫外老化 1500h 后 | ≥0.8MPa |
| 7 | 断裂伸长率 | 温度条件：23℃ | ≥800% |
| | | 温度条件：−20℃ | ≥600% |
| | | 热老化(80℃)336h 后 | ≥600% |
| | | 耐碱性 336h 后 | ≥600% |
| | | 紫外老化 1500h 后 | ≥600% |
| 8 | 定伸黏结性(150%) | | 无破坏 |
| 9 | 黏结强度 | | — |
| 10 | 冷拉-热压后黏结性 | | 无破坏 |
| 11 | 拉伸-压缩循环后黏结性 | | 无破坏 |

2. 一般粉化程度的底座板损伤整治

1) 一般粉化程度的底座板损伤整治基本思路

一般粉化程度的底座板损伤整治基本思路如下：

(1) 将底座板混凝土表面粉化、剥落的混凝土打磨清除，表面设置反向排水坡(坡度不低于 3%)。

(2) 将底座板局部较深的粉化层剔除，采用 TK-M40 型聚合物砂浆充填修复。

(3) 采用渗透型抗冻防护材料对底座板混凝土进行表面防水处理。

(4) 采用 HD-800L 型密封材料对水泥乳化沥青砂浆与轨道板之间的缝隙进行防水封闭处理。

2) 一般粉化程度的底座板损伤整治施工工艺流程

一般粉化程度的底座板损伤整治施工工艺流程如图 3-64 所示。

3) 一般粉化程度的底座板损伤整治施工工艺

一般粉化程度的底座板损伤整治施工工艺如下：

(1) 混凝土粉化层清理、设置排水坡。采用抛光机、角磨机等对混凝土粉化区域薄弱混凝土表层进行打磨处理，剔除修补区域内混凝土表面疏松的部分，并用吹风机将浮尘清除，直至露出坚硬的混凝土基材。采用角磨机等将底座板混凝土上打磨出反向排水坡，坡度不低于 3%。

```
┌─────────────────────────────────┐
│ 混凝土粉化层清理、设置反向排水坡 │
└─────────────────┬───────────────┘
                  ↓
      ┌──────────────────────┐
      │  聚合物砂浆填充修补  │
      └──────────┬───────────┘
                 ↓
      ┌──────────────────────┐
      │ 涂刷渗透型抗冻防水剂 │
      └──────────┬───────────┘
                 ↓
           ┌───────────┐
           │  接缝密封 │
           └───────────┘
```

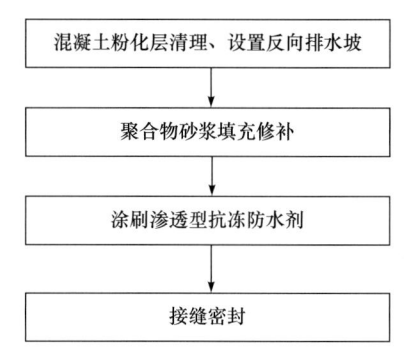

图 3-64　底座板混凝土一般粉化整治施工工艺流程图

(2) 底座板修复。剔除深度较大的底座板表面均匀涂刷界面剂,直到涂刷至混凝土不再吸收,且混凝土坑洼处不得积存界面剂。采用 TK-M40 型聚合物砂浆按照设计尺寸及坡度(不低于 3%)将混凝土修复。

(3) 涂刷防护材料。将混凝土外露部分(平面和侧面),采用渗透型抗冻防护材料进行防水处理。

(4) 接缝密封。采用 HD-800L 型密封材料将底座板与砂浆层转角部位、宽接缝与轨道板接缝密封及整治区域伸缩缝密封,阻止水的进入和底座板粉化的发展。

3. 严重粉化程度的底座板损伤整治

1) 严重粉化程度的底座板损伤整治基本思路

严重粉化程度的底座板损伤整治基本思路如下:

(1) 将外露疏松的底座板混凝土全部清除,露出坚实的混凝土,凿除宽度不大于底座板外露平台宽度。

(2) 在凿除后的底座板混凝土上植筋,增加浇筑防护层黏结。

(3) 采用 TK-M40 型聚合物砂浆将底座板混凝土回填,补平抹压至原设计高度和坡度。混凝土初凝后,涂刷养护剂进行养护。

(4) 若砂浆层与底座板存在离缝,则注浆。

2) 严重粉化程度的底座板损伤整治施工工艺流程

严重粉化程度的底座板损伤整治施工工艺流程如图 3-65 所示。

```
     ┌────────────────────────┐
     │  底座板混凝土粉化层清理 │
     └───────────┬────────────┘
                 ↓
     ┌────────────────────────┐
     │   涂刷界面剂、支立模板 │
     └───────────┬────────────┘
                 ↓
     ┌────────────────────────┐
     │     聚合物砂浆浇筑     │
     └───────────┬────────────┘
                 ↓
     ┌────────────────────────┐
     │   表面抹平,设置排水坡 │
     └───────────┬────────────┘
                 ↓
     ┌────────────────────────┐
     │     离缝注浆及密封     │
     └────────────────────────┘
```

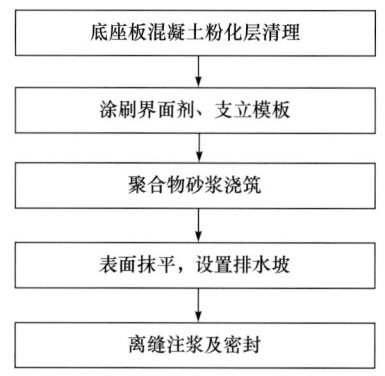

图 3-65　严重粉化外露底座板混凝土整治施工工艺流程图

3) 严重粉化程度的底座板损伤整治施工工艺

严重粉化程度的底座板损伤整治施工工艺如下：

(1) 底座板混凝土粉化层清理。采用电镐将修补区域内松散的底座板混凝土全部凿除(平面及立面)，使用吹风机将浮尘清理干净。基础清理必须将粉化的混凝土凿除干净，直至露出坚硬的混凝土基体。混凝土凿除深度应不小于6cm，对凿除后的混凝土平面及立面进行钻孔，植入直径为8mm的L型螺纹钢筋，植筋深度约为5cm，并设置钢筋网。

(2) 刷涂界面剂。在清理完毕的底座板混凝土表面刷涂界面剂，界面剂应薄层均匀，涂刷至混凝土不再吸收为止，且在混凝土坑洼处不得积存界面剂。

(3) 支立模板。在底座板外侧合适的位置支立模板，确保浇筑后的底座板尺寸与原尺寸基本一致。

(4) 聚合物砂浆现场拌和、浇筑。使用搅拌机，按照规定的配合比现场拌和聚合物砂浆，拌和均匀后浇在底座板损伤位置，若连续浇筑，则每间隔3.2m设置一条伸缩缝，伸缩缝宽度为2cm。

(5) 设置反向排水坡。采用抹刀将聚合物砂浆抹压填平，并设置坡度不小于3%的向外排水的反向排水坡。

(6) 离缝修补及密封。采用注浆的方式，对砂浆层与底座板离缝进行修补，防止水侵入内部，阻止内部混凝土粉化病害的发展。采用HD-800L型密封材料将底座板与砂浆层转角部位、宽接缝与轨道板接缝及整治区域伸缩缝密封。

4. 作业环境要求和验收标准

雨雪天气不得作业，作业环境温度需在6~35℃，因此采用暖风机加热和棉被覆盖的措施提高作业温度，作业验收标准如下：

(1) 高抗冻渗透性防水涂料喷涂后，在混凝土表面要至少有5s保持目测是湿的状态；

(2) 柔性密封材料应与底座板黏结老化，不得出现离缝、裂缝等缺陷；

(3) 同一作业单元的聚合物混凝土应连续搅拌灌注，且一次成型；

(4) 聚合物混凝土灌注高度不应高于原底座板高度，并设置坡度大于3%的排水坡。

### 3.5.3 寒区环境下无砟轨道保温数值模拟

由前面分析可知，底座板粉化现象将对轨道结构的抗冻性产生不利影响，需及时采取整治措施，为了减少底座板粉化等现象的发生，降低寒区无砟轨道受低温冻结行为的影响，应对寒区无砟轨道采取一定保温措施。由于温度是造成混凝土低温冻结行为的直接因素，可采取涂刷保温材料(图3-66)、覆盖道砟层"保温被"(图3-67)等方法，降低轨道表面的对流换热系数以达到保温效果。本节利用有限元模型分析保温措施对寒区CRTS I 型板式无砟轨道抗冻性的影响。

图 3-66 寒区无砟轨道保温材料涂刷示意图

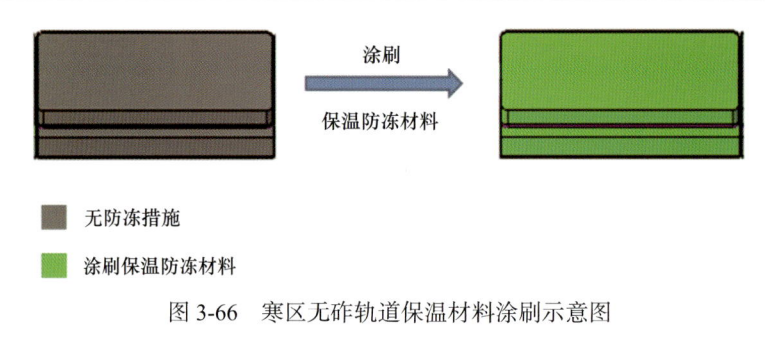

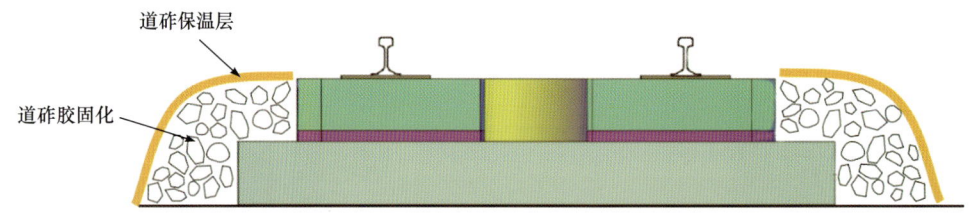

图 3-67 寒区无砟轨道道砟保温层布置示意图

1. 保温下的轨道结构温度场

CRTS Ⅰ型板式无砟轨道采取保温措施,如涂刷保温材料、覆盖道砟层"保温被"等,可降低轨道表面的对流换热系数,轨道的对流换热系数可按式(3-39)考虑:

$$u_{c} = \begin{cases} 4.0v + 5.6, & v \leqslant 5.0 \\ 7.15v^{0.78}, & v > 5.0 \end{cases} \quad (3\text{-}39)$$

式中,$u_c$ 为对流换热系数(W/(m²·K));$v$ 为风速(m/s)。

由式(3-39)可知,正常情况下 CRTS Ⅰ型板式无砟轨道对流换热系数为 5.6~20W/(m²·K),因此本小节研究模型在孔隙率、孔隙分布等参数不变下,没有保温措施(对流换热系数为 10W/(m²·K))和采取了保温措施(对流换热系数为 5W/(m²·K))的轨道结构所处的大气温度从 5℃经过 12h 降低至–15℃后的温度场分布。

由图 3-68~图 3-71 可知,无保温措施的轨道结构温度分布在–10.31~4.98℃,采取保温措施的轨道结构温度分布在–6.78~4.99℃,可以看出在降温过程中,是否有保温措施对轨道的最低温度(表面附近)有较大的影响,对最高温度(结构内部)的影响可以忽略不计,这与混凝土的热传导性较差有一定的关系。随着轨道板和底座板垂向深度增大,其温度值也增大。轨道板板角和底座板板角受降温影响的程度最深,其中无保温措施的轨道板板角的最低温度为–10.31℃,底座板板角的最低温度为–8.43℃;采取保温措施的轨道板板角的最低温度为–6.78℃,底座板板角的最低温度为–5.05℃。为更详细地研究保温措施对轨道板和底座板在寒区环境下温度场的影响,根据图 3-18 和图 3-19 所示的截线,分析轨道板和底座板不同位置处的温度分布。

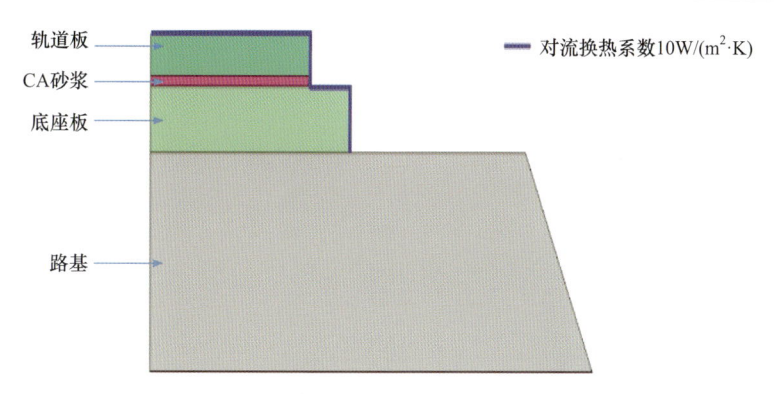

图 3-68　无保温措施的轨道低温冻结模型

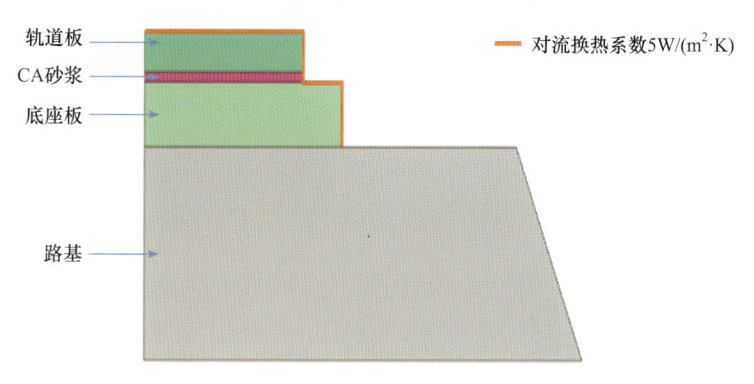

图 3-69　采取保温措施的轨道低温冻结模型

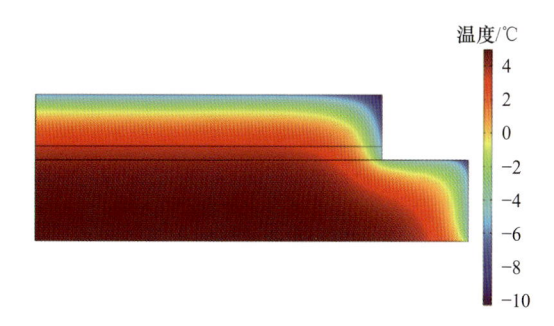

图 3-70　无保温措施的轨道温度场分布

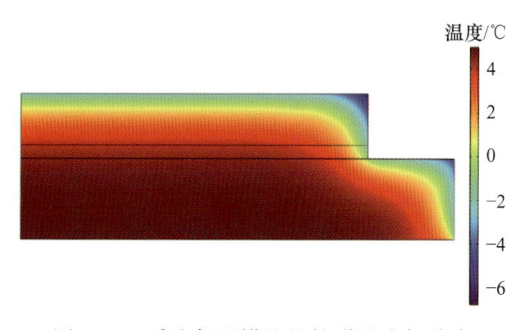

图 3-71　采取保温措施的轨道温度场分布

1) 轨道板温度场分析

为分析有无保温措施下轨道板在寒区环境下的垂向温度分布，提取轨道板在寒区环境下的垂向温度分布，如图 3-72 所示。

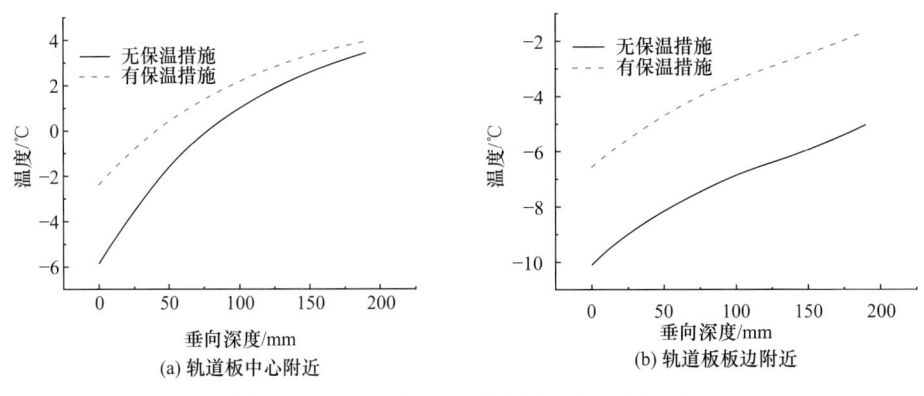

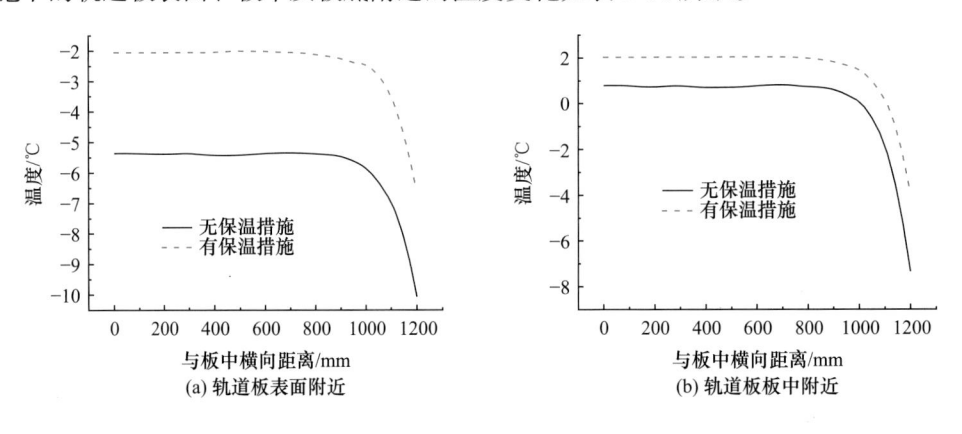

图 3-72 有无保温措施的轨道板垂向温度分布

从图 3-72 中可以看出，轨道板在垂向上的温度分布是非线性的，且随着垂向深度的增加，轨道板的温度不断升高。从图 3-72(a)中可以得到无保温措施下轨道板中心附近的最高温度为 3.43℃，最低温度为-5.85℃，其温度变化幅度为 9.28℃；采取保温措施后轨道板中心附近的最高温度为 3.95℃，最低温度为-2.39℃，其温度变化幅度为 6.34℃。从图 3-72(b)中可以得到无保温措施下轨道板板边附近的最高温度为-5.03℃，最低温度为-10.01℃，其温度变化幅度为 4.98℃；采取保温措施后轨道板板边附近的最高温度为-1.78℃，最低温度为-6.57℃，其温度变化幅度为 4.79℃。轨道板中心附近的整体温度分布小于板边，因此轨道板板边附近受低温冻结的影响程度更大，采取保温措施后轨道板内部的温度有着较大的改善，可在一定程度减小低温冻结对轨道板的影响。

图 3-73 为有无保温措施下的轨道板在寒区环境下的横向温度分布，其中轨道板横向约 870mm 的范围内温度值变化较小，主要受到垂向温度场分布的影响，横向上轨道板表面、板中及板底附近的温度值差异较大，轨道板的温度越靠近板边温度越低。有无保温措施下的轨道板表面、板中及板底附近的温度变化如表 3-10 所示。

(c) 轨道板板底附近

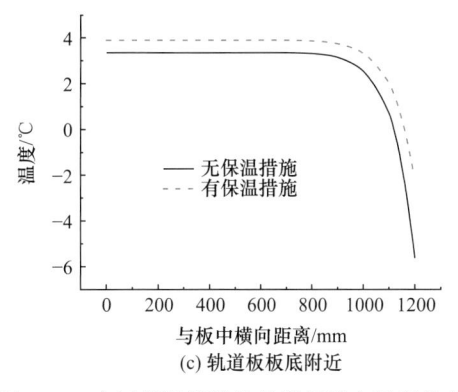

图 3-73 有无保温措施的轨道板横向温度分布

表 3-10 有无保温措施下的轨道板表面、板中及板底附近的温度变化

| 是否有保温措施 | 位置 | 最高温度/℃ | 最低温度/℃ | 温度变化幅度/℃ |
| --- | --- | --- | --- | --- |
| 无 | 表面 | −5.36 | −10.06 | 4.70 |
|  | 板中 | 0.81 | −7.36 | 8.17 |
|  | 板底 | 3.34 | −5.63 | 8.97 |
| 有 | 表面 | −2.05 | −6.57 | 4.52 |
|  | 板中 | 2.03 | −3.82 | 5.85 |
|  | 板底 | 3.88 | −2.07 | 5.95 |

从表 3-10 中可以看出，轨道板表面相对于板中和板底，更易受到寒区环境中低温冻结的影响，采取保温措施后轨道板表面、板中及板底附近受低温冻结的影响程度降低。

2) 底座板温度场分析

为分析有无保温措施下底座板在寒区环境下的垂向温度分布，提取底座板在寒区环境下的垂向温度分布，如图 3-74 所示。

(a) 底座板中心附近　　(b) 底座板板边附近

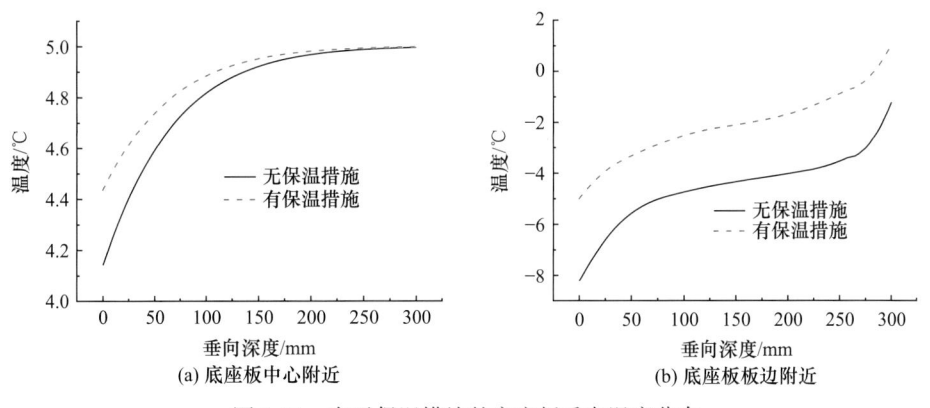

图 3-74 有无保温措施的底座板垂向温度分布

图 3-74 为有无保温措施下底座板在寒区环境下的垂向温度分布，从图中可以看出，底座板在垂向上的温度分布是非线性的，且其温度随着垂向深度的增加而增大。从图 3-74(a)中可以得到无保温措施下底座板中心附近的最高温度为 4.98℃，最低温度为 4.14℃，其温度变化幅度为 0.84℃；采取保温措施后底座板中心附近的最高温度为 4.98℃，最低温度为 4.43℃，其温度变化幅度为 0.55℃。从图 3-74(b)中可以得到无保温措施下底座板板边附近的最高温度为−1.23℃，最低温度为−8.22℃，其温度变化幅度为 6.99℃；采取保温措施后底座板板边附近的最高温度为 0.98℃，最低温度为−5.02℃，其温度变化幅度为 6℃。底座板中心附近位于 CA 砂浆下，不直接与外界环境相接触，因此温度变化幅度较小，而底座板板边直接暴露在寒冷环境中，受低温冻结的影响程度更大，在寒区环境下采取保温措施后，底座板内部的温度有明显的升高。

图 3-75 为有无保温措施下轨道板在寒区环境下的横向温度分布，相比于轨道板，其中底座板横向也在一定范围内温度值基本保持稳定，主要受到垂向温度场分布的影响，但在此范围内底座板表面、板中及板底附近的温度值差异较小。越靠近板边，底座板温度越低，有无保温措施下的底座板表面、板中及板底附近的温度变化如表 3-11 所示。

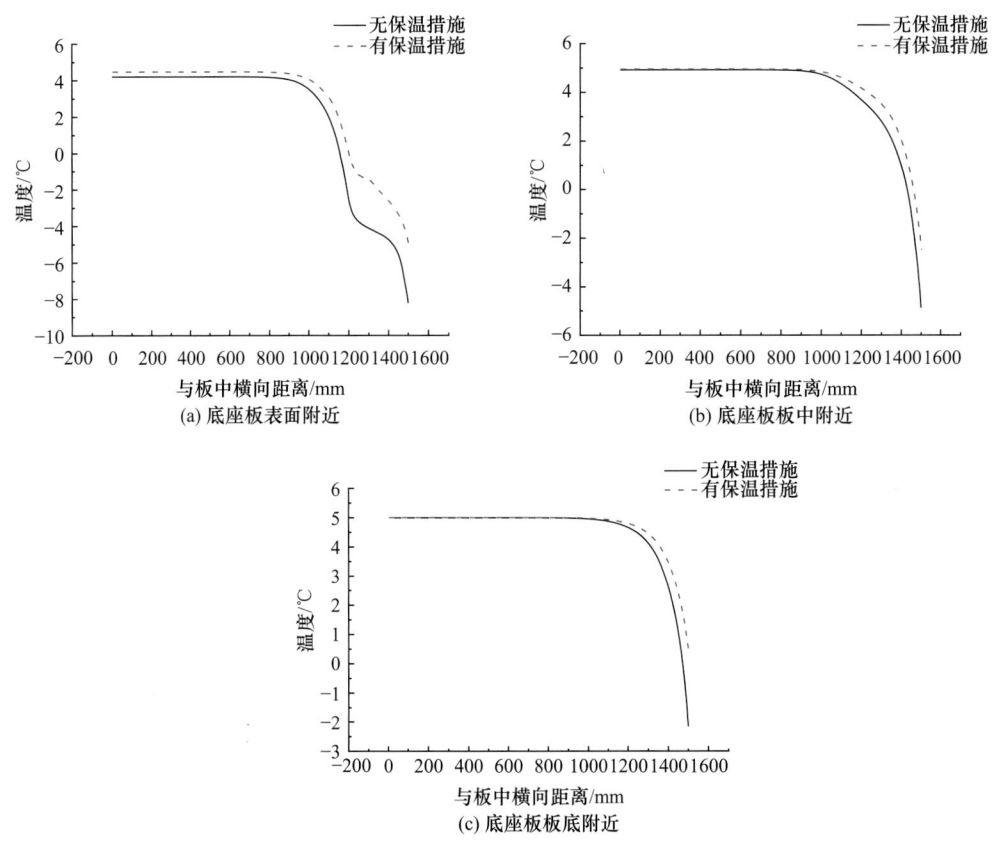

图 3-75 有无保温措施的底座板横向温度分布

表 3-11　有无保温措施下底座板表面、板中及板底附近的温度变化

| 是否有保温措施 | 位置 | 最高温度/℃ | 最低温度/℃ | 温度变化幅度/℃ |
| --- | --- | --- | --- | --- |
| 无 | 表面 | 4.21 | −8.22 | 12.43 |
|  | 板中 | 4.93 | −4.88 | 9.81 |
|  | 板底 | 4.98 | −2.16 | 7.14 |
| 有 | 表面 | 4.47 | −5.03 | 9.50 |
|  | 板中 | 4.92 | −2.49 | 7.41 |
|  | 板底 | 4.98 | 0.57 | 4.41 |

从表 3-11 中可以看出，底座板表面相对于板中和板底，更易受到寒区环境中低温冻结的影响，采取保温措施后，底座板表面、板中及板底附近的温度均有所升高，实际运营中底座板受低温冻结的影响程度较深，因此需采取一定的保温措施降低低温冻结对底座板的影响。

2. 保温下的 Tresca 应力

由于寒区的 CRTS I 型板式无砟轨道产生的损伤主要集中于底座板，因此本小节重点分析采取保温措施后底座板的 Tresca 应力。

由图 3-76 和图 3-77 可知，采取保温措施虽不能改变底座板遭受低温冻结最为严重的区域，但在很大程度上减小了 Tresca 应力的大小。无保温措施下底座板的 Tresca 应力最大值为 5.41MPa，而采取保温措施后的底座板的 Tresca 应力最大值为 3.43MPa，相比于无保温措施的底座板 Tresca 应力最大值下降 36.60%。为更好地分析有无保温措施对底座板中 Tresca 应力的影响，提取底座板探针处的 Tresca 应力。

图 3-78 为有无保温措施底座板探针处的 Tresca 应力演化规律，在相同的寒区环境下，采取保温措施能提高底座板内部的温度，无保温措施的底座板探针处温度可降至 −5.79℃，对应的 Tresca 应力大小为 5.35MPa，而采取保温措施后的底座板探针处的温度仅降低至 −3.71℃，对应的 Tresca 应力大小为 3.32MPa。同位置的探针 Tresca 应力变化趋势基本相同，但采取保温措施后探针处的 Tresca 应力增长速度略小，这与采取保温措施后轨道结构的降温速率更小，混凝土孔隙内的水冻结速率降低有关。

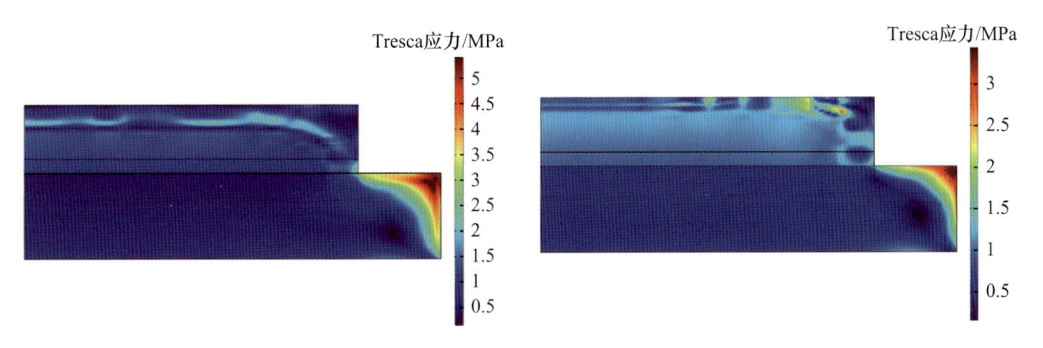

图 3-76　无保温措施下的 Tresca 应力分布　　图 3-77　有保温措施下的 Tresca 应力分布

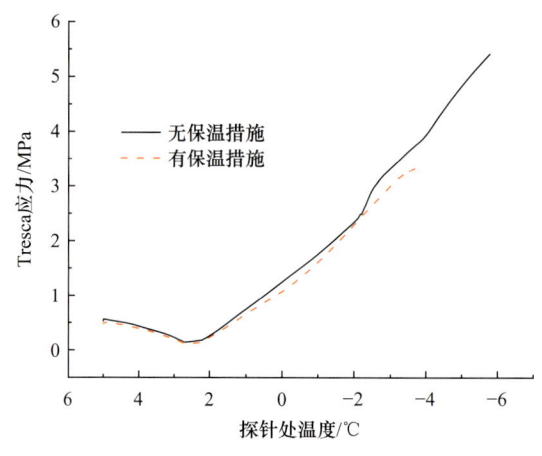

图 3-78　有无保温措施探针处的 Tresca 应力演化规律

**3. 保温下的第一主应变**

有无保温措施下，CRTS Ⅰ型板式无砟轨道所处的大气温度从 5℃经过 12h 降低至 −15℃后的第一主应变分布如图 3-79 和图 3-80 所示。

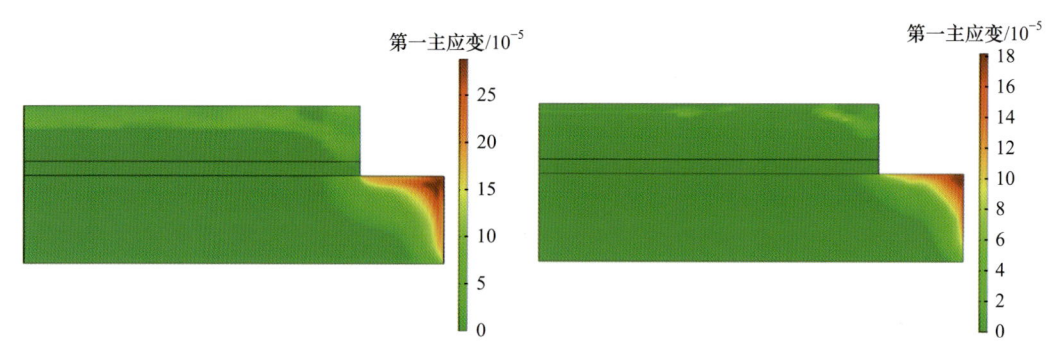

图 3-79　无保温措施下的第一主应变分布　　图 3-80　有保温措施下的第一主应变分布

从图 3-79 和图 3-80 中可以看出，与 Tresca 应力分布一样，低温冻结下第一主应变在底座板板角附近较大。无保温措施下底座板的第一主应变最大值为 $28.85 \times 10^{-5}$，而采取保温措施后底座板的第一主应变最大值为 $18.19 \times 10^{-5}$，相比于无保温措施的底座板第一主应变最大值下降了 36.95%。为更好地分析有无保温措施对底座板中第一主应变的影响，提取底座板探针处的第一主应变。

由图 3-81 可以看出，有无保温措施的底座板探针处的第一主应变变化趋势基本相同，即在降温的初始阶段，由于底座板混凝土主要产生收缩应变，第一主应变基本为零，随着温度的不断降低，底座板表面附近毛细孔内水开始结冰，使得探针处附近产生孔隙压力，第一主应变也逐渐增大。无保温措施的探针处第一主应变为最大值为 $27.87 \times 10^{-5}$，而采取了保温措施的探针处第一主应变最大值为 $16.72 \times 10^{-5}$。采取保温措施后探针处的第一主应变增长速度略小，这是因为采取保温措施后轨道结构的降温速率更小，混凝土孔隙内的水冻结速率降低。上述结果表明，在寒区环境下，采取保温措施可显著提高轨道结构的抗冻性。

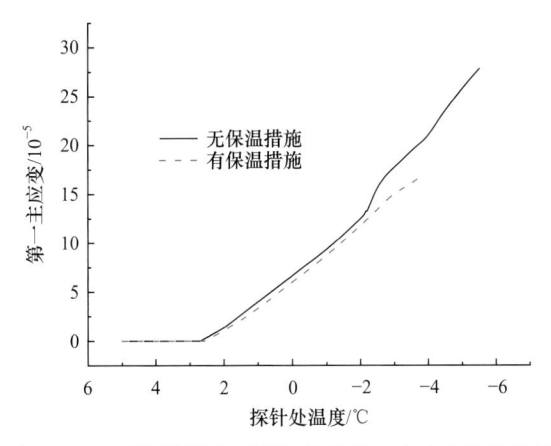

图 3-81 有无保温措施下探针处的第一主应变演化规律

## 3.6 本章小结

本章主要针对寒区 CRTS Ⅰ型板式无砟轨道所受的低温冻结问题开展研究，分析了无砟轨道混凝土的孔隙结构与抗冻性的关系；介绍了无砟轨道混凝土材料的结冰规律，然后考虑低温冻结作用下混凝土孔隙水-冰相变产生潜热的特点，将温度-应力耦合计算模型扩展并应用于混凝土低温冻结过程中热-力学问题的分析中；通过 COMSOL 有限元软件建立了 CRTS Ⅰ型板式无砟轨道低温冻结模型，探究了寒区环境下低温冻结对轨道结构的影响规律；模拟底座板混凝土粉化对无砟轨道的抗冻性影响，给出底座板粉化后的整治方案，提出了寒区无砟轨道的保温措施，并利用有限元模型分析了保温措施的可行性。主要研究成果及结论如下：

(1) 介绍了无砟轨道混凝土材料的孔隙结构的物理参数，主要有总孔隙率、孔隙分布、最可几孔径和总比孔容等。由于各国学者研究方法的不同、制定标准的差异，混凝土孔隙的分类还没有达成共识，本章主要总结几种常用分类方法。

(2) 介绍了无砟轨道混凝土孔隙结构的测试方法，包括压汞法、气体吸附法和图像分析法，研究了寒区环境下无砟轨道混凝土的孔隙压力，并对孔隙压力中的静水压力和结晶压力进行了详细的阐述。

(3) 研究了无砟轨道混凝土材料的结冰规律，考虑低温冻结作用下混凝土孔隙水-冰相变产生潜热的特点，将温度-应力耦合计算模型扩展并应用于无砟轨道混凝土低温冻结过程中热-力学问题的分析，并通过与清华大学曾强等的试验结果对比，验证了模型的合理性。简述了 CRTS Ⅰ型板式无砟轨道结构，详细地给出了 CRTS Ⅰ型板式无砟轨道低温冻结模型在 COMSOL 中的实现方法。

(4) 基于 CRTS Ⅰ型板式无砟轨道低温冻结模型，研究了寒区环境下 CRTS Ⅰ型板式无砟轨道的温度场、Tresca 应力和第一主应变，并分析了不同孔隙率和冻结次数对寒区环境下CRTS Ⅰ型板式无砟轨道的影响规律。结果表明，降温过程中，轨道结构的 Tresca

应力和第一主应变最大值主要分布于底座板表面附近，这与哈大线现场 CRTS Ⅰ 型板式无砟轨道底座板出现的粉化现象相符合；孔隙率和冻结次数的增加，均会对轨道结构的抗冻性产生不利影响。

(5) 在寒区恶劣环境下，底座板一旦粉化，无论是其 Tresca 应力还是第一主应变都会有很大的增幅，会对无砟轨道的抗冻性产生不利影响。底座板混凝土的粉化病害可按其粉化程度分为两类，即一般粉化和严重粉化，本章根据寒区 CRTS Ⅰ 型板式无砟轨道底座板混凝土粉化的程度，提出了合理有效的整治基本思路、施工流程和施工工艺。

(6) 采取涂刷保温材料、覆盖道砟层"保温被"等保温措施，降低轨道表面的对流换热系数，可在一定程度上减小寒区无砟轨道受低温冻结的影响。

## 参 考 文 献

[1] 潘晨. 基于有限元数值模拟的水泥混凝土路面冰冻损伤机理研究[D]. 哈尔滨：哈尔滨工业大学，2010.

[2] Wang Z D, Zeng Q, Wang L, et al. Characterizing blended cement pastes under cyclic freeze-thaw actions by electrical resistivity[J]. Construction and Building Materials, 2013, 44(3): 477-486.

[3] 刘伟平. 哈大高速铁路运营五年技术创新综述[C]. 中国铁道学会高寒地区高速铁路技术研讨会，2017: 19-24.

[4] Powers T C. A working hypothesis for further studies of frost resistance of concrete[J]. Journal of the American Concrete Institute, 1945, 16(4): 245-272.

[5] Powers T C, Helmuth R. Theory of volume changes in hardened Portland cement paste during freezing. Proc[J]. Proceedings of Highway Research Board, 1953, 32: 285-297.

[6] Hodgson C, Mcintosh R. The freezing of water and benzene in porous vycor glass[J]. Canadian Journal of Chemistry, 1960, 38(6): 958-971.

[7] Kaur I, Singh K, Craciun E M. New modified couple stress theory of thermoelasticity with hyperbolic two temperature[J]. Mathematics, 2023, 11(2): 432.

[8] Ueda T, Hasan M, Nagai K, et al. Mesoscale simulation of insuence of frost damage on mechanical properties of concrete[J]. Journal of Materials in Civil Engineering, 2009, (6): 244-252.

[9] Penttala V. Freezing-induced strains and pressures in wet porous materials and especially in concrete mortars[J]. Advanced Cement Based Materials, 1998, 7(1): 8-19.

[10] Bazant Z P, Chern J C, Rosenberg A M, et al. Mathematical model for freeze-thaw durability of concrete[J]. Journal of the American Ceramic Society, 1988, 71(9): 776-783.

[11] Ng K, Dai Q. Numerical investigation of internal frost damage of digital cement paste samples with cohesive zone modeling and SEM microstructure characterization[J]. Construction and Building Materials, 2014, 50: 266-275.

[12] Yang Z, Weiss W J, Olek J. Water transport in concrete damaged by tensile loading and freeze-thaw cycling[J]. Journal of Materials in Civil Engineering, 2006, 18(3): 424-434.

[13] Li N, Long G C, Fu Q, et al. Effects of freeze and cyclic flexural load on mechanical evolution of filling layer self-compacting concrete[J]. Construction and Building Materials, 2019, 200(10): 198-208.

[14] 孔德玉，毛锦达，钱晓倩，等. CRTS Ⅱ型板式无砟轨道 CA 砂浆抗冻性研究[J]. 建筑材料学报，2011, 14(6): 859-863.

[15] 吴中伟，廉慧珍. 高性能混凝土[M]. 北京：中国铁道出版社，1999.

[16] 华南工学院水泥教研组. 第六届国际水泥化学会议论文集 第二卷 水泥水化与硬化[M]. 北京：中

国建筑工业出版社, 1982.
[17] 李家乐. 板式无砟轨道混凝土低温冻结行为研究[D]. 成都: 西南交通大学, 2020.
[18] 覃维祖. 结构工程材料[M]. 北京: 清华大学出版社, 2000.
[19] Diamond S. Aspects of concrete porosity revisited[J]. Cement and Concrete Research, 1999, 29(8): 1181-1188.
[20] Washburn E W. Note on a method of determining the distribution of pore sizes in a porous material[J]. Proceedings of the National Academy of Sciences, 1921, 7(4): 115-116.
[21] 闫美珠, 杨利民, 姚望, 等. 浅谈混凝土测孔方法[J]. 砖瓦, 2018, 371(11): 120-123.
[22] 张雄, 黄廷皓, 张永娟, 等. Image-Pro Plus 混凝土孔结构图像分析方法[J]. 建筑材料学报, 2015, 18(1): 177-182.
[23] 秦允豪. 普通物理学教程[M]. 北京: 高等教育出版社, 2004.
[24] Scherer G W. Crystallization in pores[J]. Cement and Concrete Research, 1999, 29(8): 1347-1358.
[25] 徐芝纶. 弹性力学简明教程[M]. 北京: 高等教育出版社, 2013.
[26] Olsen M P J. Mathematical modeling of the freezing process of concrete and aggregates[J]. Cement and Concrete Research, 1984, 14(1): 113-122.
[27] 曾强, 李克非. 冻融情况下降温速率对水泥基材料变形和损伤的影响[J]. 清华大学学报(自然科学版), 2008, 48(9): 1390-1394.
[28] 曾强. 水泥基材料低温结晶过程孔隙力学研究[D]. 北京: 清华大学, 2012.
[29] 李欣. CRTS Ⅰ型板式轨道砂浆破损与维修标准研究[D]. 成都: 西南交通大学, 2011.
[30] Harlan J E, Picot D, Loll P J, et al. Calibration of size-exclusion chromatography: Use of a double Gaussian distribution function to describe pore sizes[J]. Analytical Biochemistry, 1995, 224(2): 557-563.
[31] 中华人民共和国住房和城乡建设部. 混凝土结构设计规范[S]. GB 50010—2010. 北京: 中国建筑工业出版社, 2010.

# 第 4 章　无砟轨道自密实混凝土早期劣化机理

## 4.1　概　　述

自密实混凝土是一种在较低水灰比情况下掺入适量高效减水剂，提高其流动性能从而达到自密实状态的一种特殊水泥基材料[1]。与普通混凝土相比，自密实混凝土的特点为在新拌混凝土阶段，无须振捣密实，仅凭自身的自密实性就能充满填充空间。自密实混凝土具有减少施工时间、缓解工人劳动强度、降低工程整体造价、提升结构强度等优点，因此具有良好的经济效益和社会效益[2]。

在轨道工程中，作为 CRTS Ⅲ型板式无砟轨道的关键结构，自密实混凝土层起到了支承、传力、调整结构层的作用。其性能在很大程度上决定着轨道结构的后期运营维护成本、平顺性、耐久性、行车安全性等[3]，若混凝土出现严重病害，将影响轨道结构长期使用能力，甚至威胁其使用寿命。但是，自密实混凝土层在实际工程中却容易出现各类损伤性问题。从工程实际上看：自密实混凝土由于受到自身材料选择及配比、施工工艺、施工环境的影响，容易在早期产生收缩，从而导致层间离缝、边角裂纹等结构劣化现象。

考虑到自密实混凝土对整体结构的影响，十分有必要通过合理的理论模型及有效的研究方法预测自密实混凝土早期劣化现象，分析自密实混凝土早期劣化原因。混凝土的早期收缩一共包括两部分：由水化耗水引起的自收缩以及由于向外界散失水分而产生的干燥收缩。

### 4.1.1　自密实混凝土早期水化-干缩研究现状

在混凝土浇筑过程中，由于水化反应以及环境影响，混凝土内部水分会逐步消耗，从而引起混凝土体积变形。同时，水泥水化和水分扩散将在混凝土内部产生湿度梯度，并由此引起混凝土不均匀变形。水化反应所产生的热量使得混凝土内部温度分布不均匀，进而引起混凝土温度变形。在龄期开始阶段的混凝土中，由于温湿度变形、温湿度梯度所引发的不均匀变形将会导致混凝土在受约束条件下产生一定应力和应力梯度，二者所叠加产生的综合效应是引起混凝土早期开裂的主要原因。即使没有出现明显的宏观裂缝，早期出现的变形在混凝土内部形成的微观开裂，也会对混凝土在后期环境作用下的耐久性能产生一定的影响。

因此，混凝土在前期的收缩变形是其早期行为中的必然特征，而与普通混凝土相比，自密实混凝土作为高性能混凝土的一种，具有掺合料多、胶凝材料用量高、水胶比低等特点，其在早期的变形效应将会比普通混凝土更为显著[4]。所以在无砟轨道浇筑实践中，自密实混凝土养护条件的要求很高，若操作不当，自密实混凝土则会容易迅速失水，从而使得自密实混凝土与轨道板分离产生离缝。此外，如果润湿不到位，轨道板内部将会比较干燥，而且自密实混凝土被浇筑后，其内部水分会向轨道板中迁移，导致自密实混凝土表面水分相对较少，影响混凝土湿度扩散，进一步对水化-干缩过程造成影响。由于自密实混凝土是混凝土的一种，其早期劣化与普通混凝土有一定的共性，因此引入混凝土早期变形的相关研究。

基于材料层面的混凝土早期变形的相关研究早已受到学者的关注。在发现硬化后的混凝土因为干燥作用产生变形而发生开裂，尤其是在近年来，高强度混凝土的应用带来了更普遍的早期开裂现象的情况下，混凝土干燥收缩受到学者的普遍关注，许多基于经验并考虑诸多影响因素的干缩预测模型[5]也相继应运而生。随之而来的，作为早期混凝土自收缩现象的关键，混凝土水化反应过程研究也在近年来得到了人们的关注。

清华大学的侯东伟博士通过建立一体化计算方程，分析了水分初始分布和水化耗水、湿度扩散对湿度分布规律的影响，以及水泥水化热和环境温度对温度场分布规律的影响。武汉大学的 Zhou 等[6]通过建立湿-热-化耦合模型，对混凝土早期以及后续传热和水分输送过程进行了有限元分析。研究结果表明，该模型仿真结果与普通硅酸盐水泥的水化放热速率相对应。捷克共和国的 Jendele 等[7]通过建立多尺度水-热-力-化耦合模型，对具有不同水泥性能、混凝土成分、结构形状和边界条件的早期混凝土的力学性能及开裂问题进行了分析，值得注意的是，Jendele 等在研究中同时考虑了湿度传输和湿度扩散效应。

当前混凝土早期水化反应及收缩效应的研究虽然较为丰富，但少有应用到无砟轨道领域。针对无砟轨道混凝土结构早期水化现象对混凝土结构自身性能的影响，西南交通大学孙泽江[8]利用温度场模型计算并分析了冬夏两季 CRTS Ⅲ 型板式无砟轨道自密实混凝土浇筑初期的温度场，并基于此计算了自密实混凝土浇筑初期的应力值，从而对其力学性能进行分析，为 CRTS Ⅲ 型板式无砟轨道施工提供参考。史璐慧[9]针对路基上双块式无砟轨道道床板更容易产生收缩裂缝的现象，建立了早期双块式无砟轨道收缩模型，获得了干燥条件下双块式无砟轨道湿度场、道床板水泥水化场、收缩应变场以及力的分布和发展规律，并分析了双块式无砟轨道结构的典型收缩裂缝产生的原因。

事实上，无砟轨道的部分混凝土结构采用现浇工艺，工作环境较不稳定，混凝土水化-干缩对工程质量带来的影响复杂而显著。结合前面论述，自密实混凝土水化-干缩过程是一个多场耦合的过程，涉及湿度场、化学场、温度场及力场。此外，结构自身因素(包括水灰比、掺合料等)以及外界环境温湿度对其水化-干缩过程的影响也应当纳入考量，以期建立一个统一、完整、准确地描述早龄期自密实混凝土水化-干缩引起其性能变化的预测方法。

### 4.1.2 本章主要内容及研究思路

1. 主要研究内容

本章针对非荷载条件下出现的 CRTS Ⅲ 型板式无砟轨道自密实混凝土早期普遍开裂问题，考虑到湿度场、温度场对混凝土水化反应以及后续干燥收缩的影响，旨在建立自密实混凝土水化-干缩多场耦合模型，重点分析早期自密实混凝土湿度、收缩变形、应力的发展规律，为其非荷载劣化现象找出原因。同时，考虑到自密实混凝土自身配比、施工养护条件可能对水化-干缩过程造成影响，通过上述模型，对不同水灰比、不同轨道板润湿程度下的自密实混凝土早期性能发展进行仿真计算，以期为工程实践提供参考。本章的具体研究工作如下：

(1) 通过查阅国内外相关文献，介绍自密实混凝土病害及性能研究现状，并针对自密实混凝土早期非荷载开裂现象，对可能造成混凝土早期劣化的混凝土水化-干缩过程进行梳理。

(2) 通过介绍混凝土水化-干缩过程的多场耦合机理，建立混凝土水化模型及混凝土水化-干缩模型，并通过 COMSOL 对模型合理性进行验证。

(3) 建立自密实混凝土早期水化-干缩模型，分别对早期自密实混凝土沿 $x$、$y$、$z$ 方向的收缩变形、应力分布，以及重要测点处湿度及应力发展做出模拟；分析早期自密实混凝土在板边、板角出现裂纹、离缝的原因。

(4) 讨论不同水灰比和轨道板板底润湿程度对自密实混凝土水化-干缩过程的影响。

2. 研究思路

本章研究思路如图 4-1 所示。

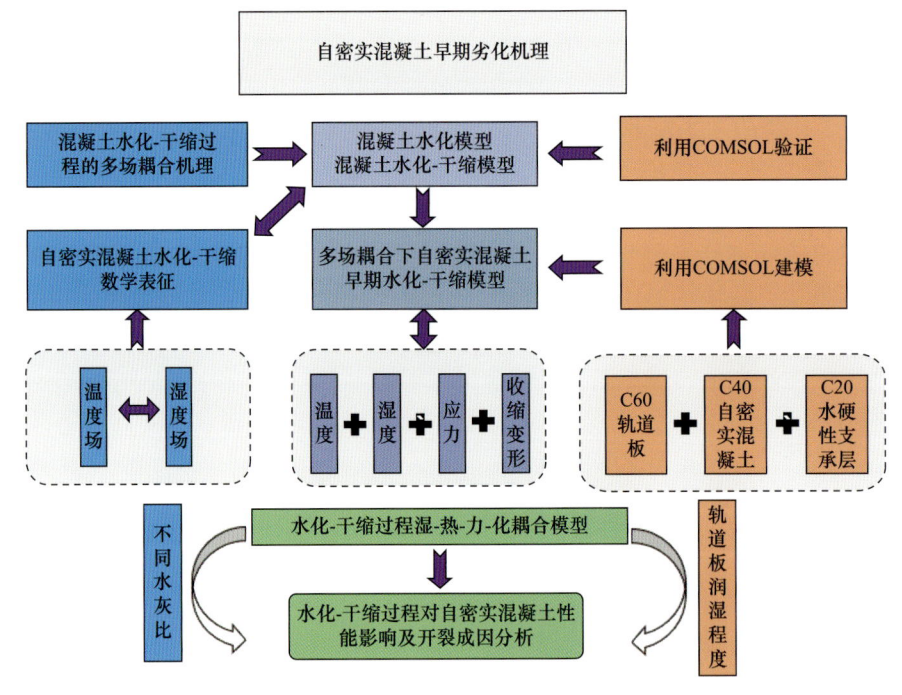

图 4-1 自密实混凝土早期劣化研究思路

## 4.2 无砟轨道中自密实混凝土水化-干缩数学表征

混凝土开裂与其在服役期间结构性能的下降密切相关。研究结果表明，温度和湿度变化引起的混凝土体积变形是影响其开裂的重要因素，特别是对早期混凝土[10]。在水化过程中，混凝土内水分的变化主要受混凝土自干燥和与外界环境交换的影响。反过来，温度和湿度的变化通常也会影响水化反应[11]。外部环境作用下的混凝土水化、自干燥、水分传输和低温冷却会导致结构内产生温度梯度和湿度梯度，最终致使结构开裂[12]。因此，预测混凝土结构在温度、水化行为和水分变化等多因素影响下其结构自身性能的发展对工程实践具有显著意义。

**4.2.1 水泥水化度的确定**

在水泥中，水基本上是以结合水和自由水的形式存在的。其中，结合水是指与水泥基材料发生水化反应而成为固体水化物一部分的水，自由水则是指没有参与水化反应的拌和水。已有研究一般通过水化度 $a_c$ 来确定水泥水化作用的反应程度[6]：

$$a_c = \frac{w_n}{\overline{w}_n^\infty} \tag{4-1}$$

式中，$\overline{w}_n^\infty$ 为理想条件下结合水的最终质量；$w_n$ 为 $t$ 时刻水泥水化反应时所形成的结合水的质量。

在工程实践中永远不能达到理想的湿度条件，真实的结合水的最终质量 $w_n^\infty$ 较理想的 $\overline{w}_n^\infty$ 小，其比值为 $a_c^\infty = w_n^\infty / \overline{w}_n^\infty$。

此外，水化度也可以用 $t$ 时刻水泥水化反应放出的热量与潜在水化放热的比来表征[7]：

$$a_c = \frac{Q_h}{Q_{h,pot}} \tag{4-2}$$

式中，$Q_h$ 为 $t$ 时刻水泥水化反应放出的热量；$Q_{h,pot}$ 为潜在水化放热。

根据阿伦尼乌斯(Arrhenius)定律，与时间相关的水泥水化进程可用式(4-3)表示。其中，水化速率与温度和名义化学亲和势 $A_c(a_c)$ 有关[6]：

$$\frac{\partial a_c}{\partial t} = A_c(a_c) e^{\frac{-E_{ac}}{RT}} \tag{4-3}$$

$$A_c(a_c) = A_{c1} \left( \frac{A_{c2}}{a_c^\infty} + a_c \right) (a_c^\infty - a_c) e^{\frac{-\eta_c a_c}{a_c^\infty}} \tag{4-4}$$

式中，$A_c(a_c)$ 为名义化学亲和势；$a_c^\infty$ 为最终水化度；$E_{ac}$ 为反应活化能，取 40kJ/mol；$R$ 为通用气体常数，取 8.31441J/(mol·K)；$A_{c1}$、$A_{c2}$、$\eta_c$ 为材料参数，可通过模拟绝热试验过程中的温度演变获取[13]。

此外，当相对湿度降低时，水化进程会减缓甚至停止，故还需引入相对湿度修正系数 $\beta_h(h)$ [14]：

$$\frac{\partial a_c}{\partial t} = \beta_h(h) A_c(a_c) e^{\frac{-E_{ac}}{RT}} \tag{4-5}$$

$$\beta_{\mathrm{h}}(h) = \frac{1}{1+(a-ah)^4} \tag{4-6}$$

式中，$h$ 为相对湿度；$a$ 为材料参数，取值为 5.5~7.5。

### 4.2.2 瞬态传热过程

混凝土的瞬态传热过程可以用式(4-7)表示：

$$\rho C \frac{\partial T(x,t)}{\partial t} = \lambda_T \Delta T(x,t) + \frac{\partial Q}{\partial t}$$
$$\frac{\partial Q}{\partial t} = Q_\infty \frac{\partial a_\mathrm{c}}{\partial t} \tag{4-7}$$

式中，$\rho$、$C$、$\lambda_T$、$\Delta$ 和 $Q_\infty$ 分别为密度、体积热容、导热系数、拉普拉斯算子和最终水化体积热。混凝土水化引起的潜热释放实际上是一个非线性的、热相关的过程。

1. 热容

根据水泥、水和细骨料的热容大小和体积分数，基质的热容可以通过以下公式进行估算[15]：

$$\begin{cases} C_\mathrm{freshpaste} = C_\mathrm{water} f_\mathrm{water} + C_\mathrm{cement} f_\mathrm{cement} \\ C_\mathrm{paste}(\xi) = C_\mathrm{freshpaste} \{1 - A'[1 - \exp(-B'\xi)]\} \\ C_\mathrm{matrix} = C_\mathrm{paste} f_\mathrm{paste} + C_\mathrm{fineagg} f_\mathrm{fineagg} \end{cases} \tag{4-8}$$

式中，$C_\mathrm{freshpaste}$、$C_\mathrm{paste}(\xi)$、$C_\mathrm{water}$、$C_\mathrm{cement}$、$C_\mathrm{matrix}$ 和 $C_\mathrm{fineagg}$ 分别为单位体积的早期砂浆、水化过程中的砂浆、水、水泥、基质、细骨料的热容；$f_\mathrm{water}$、$f_\mathrm{cement}$、$f_\mathrm{paste}$ 和 $f_\mathrm{fineagg}$ 分别为水、水泥、砂浆、细骨料的体积分数；$A'$ 和 $B'$ 为材料的常数。

2. 导热系数

水泥基材料一般由水、水泥和骨料等组成，根据 Hashin-Shtrikman 界限理论可以对其导热系数近似值进行计算。具体过程为通过测量相的导热系数($\lambda_1$、$\lambda_2$)和体积分数($f_1$、$f_2$)来确定估计值。当 $\lambda_2 \geqslant \lambda_1$ 时，结合相关资料[16]可知两相复合材料导热系数的 Hashin-Shtrikman 下限 $\lambda_\mathrm{l}$ 和上限 $\lambda_\mathrm{u}$。

$$\begin{cases} \lambda_\mathrm{l} = \lambda_1 + \dfrac{f_2}{\dfrac{1}{\lambda_2 - \lambda_1} + \dfrac{f_1}{3\lambda_1}} \\ \lambda_\mathrm{u} = \lambda_2 + \dfrac{f_1}{\dfrac{1}{\lambda_1 - \lambda_2} + \dfrac{f_2}{3\lambda_2}} \end{cases} \tag{4-9}$$

然后可以通过 Hashin-Shtrikman 界限的平均值确定复合材料的有效导热系数估计值：

$$\lambda_{\text{hom}} = \frac{\lambda_l + \lambda_u}{2} \tag{4-10}$$

### 4.2.3 水分传输

单位体积水分输送的控制方程为

$$\frac{\partial w}{\partial t} + \frac{\partial w_h}{\partial t} = -\text{div}(\bar{q}_h) \tag{4-11}$$

式中，$w$ 为当前时刻 $t$ 的含水率(kg/m³)；$w_h$ 为水化作用耗水量(kg/m³)；$\bar{q}_h$ 为水分通量 (kg/(m²·s))。其中，$w$ 对时间求导为

$$\frac{\partial w}{\partial t} = C_h \frac{\partial h}{\partial t} \tag{4-12}$$

式中，$C_h$ 为混凝土水含量(kg/m³)。

水分通量可表示为

$$\bar{q}_h = -D_h \nabla h \tag{4-13}$$

式中，$\nabla h$ 为相对湿度梯度；$D_h$ 为湿度扩散系数(kg/(m²·s))。

1. 水化作用耗水

试验结果表明，1kg 水泥完全水化约消耗水 0.23kg，即 $Q_{w,pot}$=0.23。视水化耗水量 $w_h$ 与水化度 $a_c$ 线性相关，则：

$$w_h = Q_{w,pot} c a_c \tag{4-14}$$

式中，$c$ 为 1m³ 混凝土中水泥的质量。

2. 混凝土含水量

混凝土中的含水量(kg/m³)可通过本构关系获得[15]：

$$w = w_f \frac{(b-1)h}{b-h} \tag{4-15}$$

式中，$w_f$ 为自由水饱和度；$b$ 为大于 1 的无量纲近似因子，将相对湿度 $h$=0.80 时的 $w_f$ 和水的质量 $w_{80}$ 代入下列公式可求得式(4-16)中的含水量：

$$b = \frac{(w_f - w_{80})h}{w_f h - w_{80}} \tag{4-16}$$

最终，$C_h$(kg/m³)可通过式(4-17)计算得出：

$$C_h = \frac{\partial w}{\partial h} = \frac{w_f(b-1)b}{(b-h)^2} \tag{4-17}$$

### 4.2.4 湿度扩散

本节引用的混凝土水分传输机理[7]适用于毛细孔隙相互不连通的密实混凝土，其中，

孔隙中的水分对流会受到水压的抑制。式(4-13)提到的湿度扩散系数 $D_\mathrm{h}$ 可由水分扩散系数 $D_\mathrm{h}^\mathrm{w}$ 和水蒸气扩散系数 $D_\mathrm{h}^\mathrm{wv}$ 加和得到：

$$D_\mathrm{h} = D_\mathrm{h}^\mathrm{w} + D_\mathrm{h}^\mathrm{wv} \tag{4-18}$$

水分扩散系数 $D_\mathrm{h}^\mathrm{w}$ 可表示为

$$D_\mathrm{h}^\mathrm{w} = D_\mathrm{w}^\mathrm{w} \frac{\partial w}{\partial h} \tag{4-19}$$

式中，$D_\mathrm{w}^\mathrm{w} = \dfrac{3.8 A^2 1000^{\frac{W}{W_\mathrm{f}}-1}}{w_\mathrm{f}^2} \dfrac{\partial w}{\partial h}$，$A$ 为吸水系数(kg/(m²·s⁰·⁵))，具体取决于混凝土配合比。

水蒸气扩散系数 $D_\mathrm{h}^\mathrm{wv}$ (kg/(m·s·Pa))可表示为

$$D_\mathrm{h}^\mathrm{wv} = D_\mathrm{p}^\mathrm{wv} \frac{\partial p}{\partial h} = D_\mathrm{p}^\mathrm{wv} \frac{\partial (p_\mathrm{sat} h)}{\partial h} = D_\mathrm{p}^\mathrm{wv} p_\mathrm{sat} \tag{4-20}$$

式中

$$p_\mathrm{sat} = 611 \mathrm{e}^{\frac{aT}{T+T_0}} p_\mathrm{a} \tag{4-21}$$

$T$ 为摄氏温度。当 $T \geq 0℃$ 时，$T_0=234.18℃$，$a=17.08$；当 $T<0℃$ 时，$T_0=272.44℃$，$a=22.44$。

而水蒸气压力驱动的扩散系数 $D_\mathrm{h}^\mathrm{wv}$ 可由式(4-22)表示：

$$D_\mathrm{h}^\mathrm{wv} = \frac{\delta}{\mu} \tag{4-22}$$

式中，$\mu$ 为水蒸气扩散阻力系数；$\delta$ 为空气中的水蒸气扩散系数(kg/(m·s·Pa))：

$$\delta = \frac{0.00002306 p_\mathrm{a}}{\frac{R}{M_\mathrm{w}}(T+273.15) p_\mathrm{a}} \left( \frac{T+273.15}{273.15} \right)^{1.81} = 1.994E-12(T+273.15)^{0.81} \tag{4-23}$$

式中，$p_\mathrm{a}$ 为大气压强；$R$ 为通用气体常数，取 8.31441J/(mol·K)；$M_\mathrm{w}$ 为水的摩尔质量，取 0.01801528kg/mol。

具体的混凝土水化模型相关参数见表 4-1。

表 4-1　水化模型相关参数汇总表[7]

| 参数 | w/c = 0.25 | w/c = 0.50 | w/c = 0.43 |
| --- | --- | --- | --- |
| 水泥密度/(kg/m³) | 1784 | 1234 | 409.45 |
| 初始水密度/(kg/m³) | 446 | 617 | 178 |
| 填料质量/kg | — | — | 85.74 |
| 骨料质量/kg | — | — | 1785 |
| 填料密度/(kg/m³) | — | — | 2380 |
| 骨料密度/(kg/m³) | — | — | 2829 |

续表

| 参数 | $w/c = 0.25$ | $w/c = 0.50$ | $w/c = 0.43$ |
|---|---|---|---|
| 填料热容/(J/(m³·K)) | — | — | $2.38 \times 10^6$ |
| 骨料热容/(J/(h·m·K)) | — | — | $2.38 \times 10^6$ |
| 填料导热系数/(J/(h·m·K)) | — | — | 4320 |
| 骨料导热系数/(J/(h·m·K)) | — | — | 8640 |
| 水化模型参数 $A_{c1}$/h⁻¹ | 1.8 | 0.9744 | 0.9744 |
| 水化模型参数 $A_{c2}$/h⁻¹ | $3.52 \times 10^{-4}$ | $7.00 \times 10^{-4}$ | $7.00 \times 10^{-4}$ |
| 水化模型参数 $a_c^\infty$ | 0.5 | 0.85 | 0.85 |
| 水化模型参数 $\eta_c$ | 4.6 | 6.7 | 6.7 |
| 相对湿度为 0.80 时的水的质量 $w_{80}$/(kg/m³) | 250 | 300 | 40 |
| 水泥密度/(kg/m³) | 3220 | 3220 | 3220 |
| 水密度/(kg/m³) | 1000 | 1000 | 1000 |
| 水泥热容/(J/(m³·K)) | $2.42 \times 10^6$ | $2.42 \times 10^6$ | $2.42 \times 10^6$ |
| 水热容//(J/(m³·K)) | $4.18 \times 10^6$ | $4.18 \times 10^6$ | $4.18 \times 10^6$ |
| 水泥导热系数/(J/(h·m·K)) | 5580 | 5580 | 5580 |
| 水导热系数/(J/(h·m·K)) | 2174 | 2174 | 2174 |
| 潜在水化放热 $Q_{h,pot}$/(J/kg) | 509217 | 509217 | 509217 |
| 活化能/(J/mol) | 38300 | 38300 | 38300 |
| 化学结合水 $Q_{w,pot}$ | 0.24 | 0.24 | 0.24 |
| 吸水系数 $A$/(kg/(m²·h^{0.5})) | 0.6 | 0.6 | 0.6 |
| 水蒸气扩散阻力系数 $\mu$ | 210 | 210 | 210 |

### 4.2.5 自密实混凝土早期收缩变形方程

前面提到，在混凝土水化反应阶段，除了水化耗水、水分传输及扩散会引起混凝土体积变形，水化放热及环境温度及其变化也会引起混凝土温度变形。为了研究早期自密实混凝土的收缩变形等力学性能，进一步从固体力学角度出发对混凝土劣化现象进行预测和分析，本节引入相关学者[5]研究中基于湿度变化的混凝土自身与干燥收缩一体化计算方程。

该理论方程以湿度场作为媒介，搭建了温度场与力场之间的弱耦合关系，并未直接考虑温度场与力场之间的耦合效应。方程中，湿度开始下降之前的宏观体积减小主要由化学减缩控制，湿度开始下降之后的混凝土宏观收缩变形大小主要由毛细孔张力控制。

下面分别对两个阶段的混凝土收缩计算方程进行介绍。

1. 湿度饱和期

前面提到，在混凝土从凝结到湿度开始下降的湿度饱和期，化学减缩是引发其宏观体积收缩的主要原因。在这一阶段，由于混凝土的刚度尚在发展阶段，化学减缩更加能引起显著的宏观体积收缩。假定湿度饱和期中混凝土刚度影响系数为 $\zeta$，此时混凝土化学减缩引起的宏观体积收缩可由式(4-24)表示[17]：

$$\varepsilon_\mathrm{s} = \zeta\left(1 - \sqrt[3]{1-(V_\mathrm{cs}-V_0)}\right) \tag{4-24}$$

式中，$V_0$ 为混凝土凝结时的化学减缩量；$V_\mathrm{cs}$ 为混凝土化学减缩量，可以通过美国学者 Powers 等[17]的水泥水化模型得到：

$$V_\mathrm{cs} = 0.2(1-p)a_\mathrm{c} \tag{4-25}$$

$$p = \frac{w/c}{w/c + \rho_\mathrm{w}/\rho_\mathrm{c}} \tag{4-26}$$

式中，$w/c$ 为水灰比；$\rho_\mathrm{c}$ 为水泥密度。

由式(4-26)可知，$p$ 仅是一个关于变量 $w/c$ 的函数。

2. 湿度下降期

从湿度开始下降之后，毛细孔张力成为引发混凝土宏观体积收缩的主要原因。在这一阶段，相对湿度为 $h$ 时孔隙水的弯液面曲率半径表达式[16]为

$$r = -\frac{2\gamma M}{\ln(h)\rho_\mathrm{w}RT} \tag{4-27}$$

式中，$\gamma$ 为水的表面张力(0.073N/m)；$T$ 为开尔文温度。

由 Laplace 方程，可得到混凝土毛细孔内水所产生的收缩应力计算式，其表达结果如下[18]：

$$\sigma = \frac{2\gamma}{r} = -\frac{\ln(h)\rho_\mathrm{w}RT}{M} \tag{4-28}$$

一般认为混凝土材质中的毛细孔足够小且分布随机，并假设混凝土为各向同性弹性材料，由于毛细孔体积与混凝土的宏观体积相比要小得多，通过弹性自洽原理[13]可得由单个毛细孔张力引起的宏观体积收缩为

$$\varepsilon_\mathrm{h} = \sigma\left(\frac{1}{3K} - \frac{1}{3K_\mathrm{s}}\right) \tag{4-29}$$

式中，$K_\mathrm{s}$ 为混凝土基质体积模量；$K$ 为混凝土含孔体积模量，可以得到它与弹性模量 $E$、泊松比 $\mu$ 的关系式为

$$K = \frac{E}{3(1-2\mu)} \tag{4-30}$$

当某时刻混凝土内部相对湿度为一确定值 $h$ 时，由式(4-28)和式(4-29)可知，毛细孔

内水的弯液面曲率半径为 $r_h$，所有毛细孔产生的毛细张力均相同，并且只有当毛细孔半径小于弯液面曲率半径 $r_h$ 时才会有毛细孔张力产生。因此，对于含有多个孔隙的混凝土收缩总应变为[14]

$$\varepsilon_h = \sigma\left(\frac{1}{3K} - \frac{1}{3K_s}\right)\int_0^{r_h} \frac{g(r)}{\overline{V}} dr \qquad (4\text{-}31)$$

式中，$g(r)$ 为孔隙体积的分布函数；$\overline{V}$ 为平均孔径下毛细单孔的体积；$g(r)/\overline{V}$ 为孔隙数量分布函数。

可以定义孔隙影响系数 $v_p$ 为[19]

$$v_p = \int_0^{r_h} \frac{g(r)}{\overline{V}} dr \qquad (4\text{-}32)$$

因为孔隙影响系数和有效孔体积率相关，并且由于水泥石内部孔隙的存在，其状态的复杂性将会导致无法准确地计算孔的数量，也因此导致 $\overline{V}$ 成为无法获取的参数，由于 $v_p$ 和毛细孔体积分布的相关联性，将式(4-28)和式(4-32)代入式(4-31)而得混凝土宏观的收缩表达式为

$$\varepsilon_h = -v_p \frac{\rho_w RT}{3M}\left(\frac{1}{K} - \frac{1}{K_s}\right)\ln(h) \qquad (4\text{-}33)$$

由于混凝土内部毛细水的充盈度也会影响收缩的大小，美国 Bentz 等[20]引入了饱和度修正系数 $S$ 的概念，湿度下降期由毛细孔张力引起的收缩应变可表达为

$$\varepsilon_h = -\frac{Sv_p \rho_w RT}{3M}\left(\frac{1}{K} - \frac{1}{K_s}\right)\ln(h) \qquad (4\text{-}34)$$

式中，$S = V_{ew}(a)/v_p(a)$，$V_{ew}$ 为蒸发水量，$v_p$ 为孔隙总体积量。在引入饱和度修正系数 $S$ 后，非饱和孔的量值将会在总量中进行一定程度的折减修正。并且当计入所有毛细孔体积后，充水的毛细孔壁才可能有毛细张力的存在，因此 $S$ 有必要引入。

3. 基于湿度变化的混凝土收缩总数学方程

综合湿度饱和期和湿度下降期的收缩预测方程得到考虑相对湿度影响的混凝土收缩总数学方程如下：

$$\varepsilon_{sh} = \begin{cases} \xi\left[1 - \sqrt[3]{1-(V_{cs}-V_0)}\right], & h = 100\% \\ \varepsilon_{sc} - \dfrac{Sv_p \rho_w RT}{3M}\left(\dfrac{1}{K} - \dfrac{1}{K_s}\right)\ln(h), & h < 100\% \end{cases} \qquad (4\text{-}35)$$

式中，$\varepsilon_{sc}$ 可由 $\xi\left[1 - \sqrt[3]{1-(V_{cs}-V_0)}\right]$ 计算而得到的从混凝土湿度开始减弱的收缩变形量，其中 $V_{cs}$ 通过水泥水化产物及其相关体积方程来估算得到，$V_0$ 为混凝土凝结状态下的化学缩减值。

4. 相关参数的确定

1) 饱和度修正系数

对于普通混凝土：

$$S = \frac{p - 0.7(1-p)a_c}{p - 0.5(1-p)a_c} \tag{4-36}$$

2) 弹性模量

在收缩方程中所涉及的另一个重要参数便是弹性模量，只有当弹性模量确定下来时，才能求其体积模量。混凝土的宏观力学性能与其自身的水化程度关联密切，可以类比其抗压强度。对于已知的混凝土类别，其弹性模量值与水化度之间可用如下关系式来表达[19]：

$$E(\alpha) = \beta_E E_{28} \left( \frac{a_c - a_c^\infty}{a_u - a_c^\infty} \right)^{\beta_E} \tag{4-37}$$

式中，$E_{28}$ 为混凝土第 28 天时的弹性模量；$a_u$ 与 $a_c^\infty$ 分别为混凝土最终和凝结时的水化度(通常也定义为混凝土初始水化度)；常数 $\beta_E$ 可以根据规范 GB/T 50081—2019《混凝土物理力学性能试验方法标准》测量得到，通常情况下 C30、C50、C80 的 $\beta_E$ 值统一取 1.05。

3) 孔隙修正系数

通常在进行孔隙修正系数计算时，应该先考虑不同混凝土的孔隙结构分布特点。其中伴随水化程度的进行，总孔隙含量呈现减少趋势，并且在水灰比减小时，混凝土内部的毛细孔径的分布会朝着小孔区移动，这些都是混凝土内部结构的基本特性。通过研究[21]借用混凝土累积孔隙体积率的表达式，日本的冈村定义孔隙修正系数表达式为

$$v_p = 1 - e^{-k_0 \beta_p r} \tag{4-38}$$

式中，常数 $k_0$ 是对 $\beta_p$ 参数的修正值，由试验并通过对混凝土变形数据的反推而确定；$\beta_p$ 为方程的参数，并且由于孔隙结构会伴随水化程度的改变而变动，因此 $\beta_p$ 与水泥水化度有关：

$$\beta_p = A_p \cdot e^{va_c} \tag{4-39}$$

式中，常数 $A_p$、$v$ 由试验确定。

### 4.2.6 混凝土水化模型验证

捷克共和国的 Jendele 等[7]同时考虑了湿度传输和湿度扩散效应，建立多尺度水-热-力-化耦合模型，分析了具有不同水泥性能、混凝土成分、结构形状和边界条件的早期混凝土的力学性能及开裂问题。

参照相关文献[22]，对相关试验设置进行模拟，再与 Jendele 等试验得出的水泥浆体水化度变化规律进行对比，来验证模型的可行性。水泥浆体试验装置如图 4-2 所示，试验中，试件的垂直表面为绝热，侧移传热系数为 15.97，外部温度恒定为 20℃，水泥浆体的

水灰比为 0.50，水化度参数 $B_1$=1.800h$^{-1}$，$B_2$=7.0×10$^{-4}$，$\eta$=6.7，最终水化度 $a_c^\infty$ 取 0.85，其余水泥水化度计算所用材料的组成部分的质量分数以及模拟所需的热、湿参数参考表 4-1。由于计算工具所限，本章仅对 56 天内水泥浆体的水化度变化进行模拟验证，模拟结果如图 4-3 所示。

虽然原模型的水化度预测与 Jendele 等的试验结果在一定程度上相近，但水化释放速率结果与理论结果不一致。在水化过程开始时，水化速率较快，造成这种差异的原因可能是在水化反应开始时，随着温度的升高，水化反应和水化放热速率加快。温度对水泥早期水化放热速率影响较大，但随着时间推移这种影响将逐渐变小。而在本次仿真中，无法绝对真实地模拟隔热材料对水泥浆体水化反应的影响，故在前期水化反应阶段，COMSOL 仿真结果的水化速率大于试验结果。

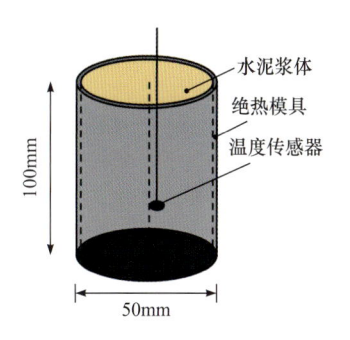

图 4-2 水泥浆体试验装置

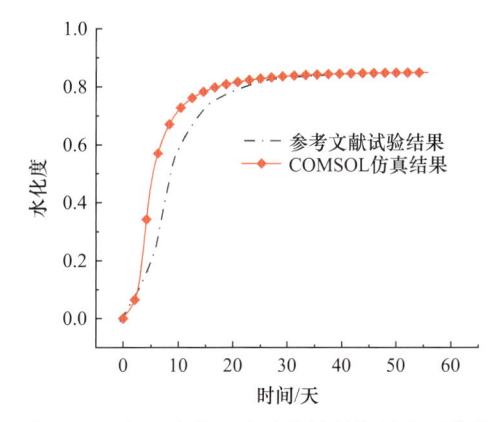

图 4-3 混凝土水化程度随等效龄期的发展曲线

总体而言，模型的计算结果与理论相符，与试验数据吻合得较好。

## 4.3 多场耦合下无砟轨道自密实混凝土早期水化-干缩过程

自密实混凝土早期水化-干缩过程中，由于湿-热-力-化耦合效应而产生离缝、开裂等现象。本节通过建立 CRTS Ⅲ型板式无砟轨道早期水化-干缩模型，对基准养护温度 20℃下养护 28 天内混凝土结构内部由温湿度非线性变形引起的收缩变形情况、应力发展做出预测，从根本上揭示早期混凝土开裂机理。

### 4.3.1 无砟轨道自密实混凝土早期水化-干缩模型

本节使用 COMSOL 仿真软件模拟自密实混凝土早期水化-干缩过程。在建立模型时，为节约计算成本，没有考虑下部基础及结构内钢筋等构件。模型中主要建立了 C60 轨道板、C40 自密实混凝土以及 C20 水硬性支承层三个几何体，并联立成装配体，结构层之间视为紧密黏结。由于这三种层状结构均为中心对称，故取其 1/4 结构进行建模。

网格尺寸：最大单元大小 0.1m，最小单元大小 0.005m，共计 5550 个网格。网格划分之后的数值模型如图 4-4 所示。

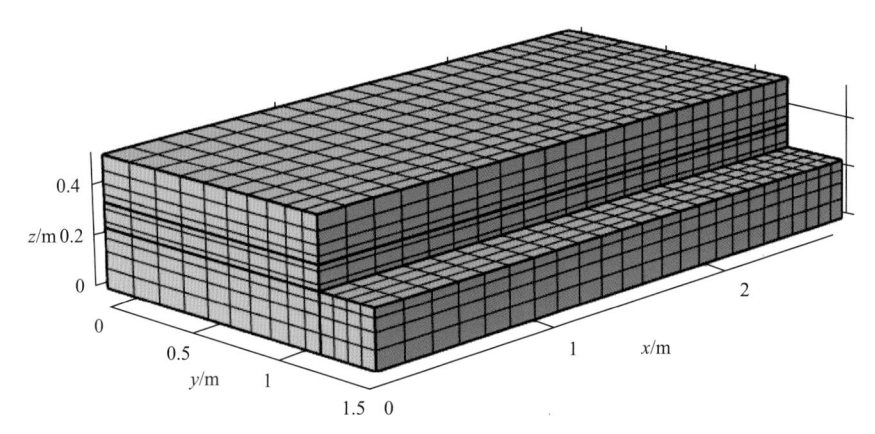

图 4-4 CRTS Ⅲ型板式无砟轨道湿-热-化耦合模型

路基上 CRTS Ⅲ型板式无砟轨道部件的材料参数如表 4-2 所示。

表 4-2 CRTS Ⅲ型板式无砟轨道构件材料参数[23]

| 部件 | 参数 | 单位 | 数值 |
| --- | --- | --- | --- |
| 轨道板 | 密度 | kg/m³ | 2500 |
|  | 弹性模量 | MPa | 36500 |
|  | 泊松比 | — | 0.2 |
|  | 热膨胀系数 | m/℃ | $1\times10^{-5}$ |
|  | 尺寸(长×宽×高) | m×m×m | 5.35×2.50×0.19 |
| 自密实混凝土 | 密度 | kg/m³ | 2500 |
|  | 弹性模量 | MPa | 32500 |
|  | 泊松比 | — | 0.2 |
|  | 热膨胀系数 | m/℃ | $1\times10^{-5}$ |
|  | 尺寸(长×宽×高) | m×m×m | 5.35×2.50×0.10 |
| 水硬性支承层 | 密度 | kg/m³ | 2500 |
|  | 弹性模量 | MPa | 25500 |
|  | 泊松比 | — | 0.2 |
|  | 热膨胀系数 | m/℃ | $1\times10^{-5}$ |
|  | 尺寸(长×宽×高) | m×m×m | 5.35×3.10×0.242 |

为探究自密实混凝土四周及中部早期水化过程中湿度、温度、应力、应变等重要指标演化情况，本章在自密实混凝土中选取了 9 个测点，编号分别为 1～9。其中，编号 2、

1 为混凝土板角上下两点，3、4、7、8 为横、纵边缘中心上下四点，6、9、5 为混凝土中心位置上中下三点，具体坐标见表 4-3。测点布置如图 4-5 所示，为全方位关注混凝土结构的性能演变情况，选取 A、B 两个视角对其进行观测。

表 4-3 自密实混凝土测点坐标

| 测点编号 | 1 | 2 | 3 | 4 | 5 | 6 | 7 | 8 | 9 |
|---|---|---|---|---|---|---|---|---|---|
| $x$ 坐标 | 1.25 | 1.25 | 0 | 0 | 0 | 0 | 1.25 | 1.25 | 0 |
| $y$ 坐标 | 2.675 | 2.675 | 2.675 | 2.675 | 0 | 0 | 0 | 0 | 0 |
| $z$ 坐标 | 0 | 0.1 | 0 | 0.1 | 0 | 0.1 | 0 | 0.1 | 0.05 |

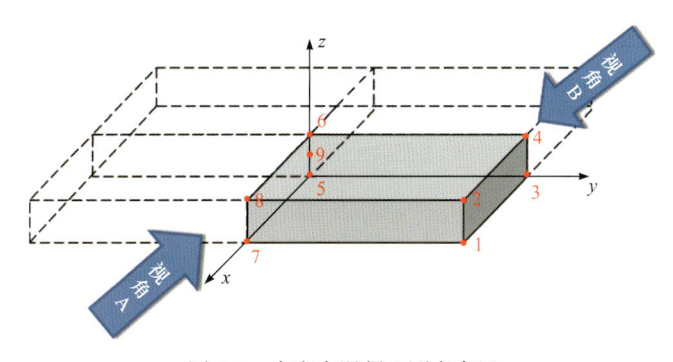

图 4-5 自密实混凝土测点布置

结合相关文献研究成果[24]，选用水灰比为 0.43 作为标准自密实混凝土配比，相关参数见表 4-1。

其中，测点 1、2 用于观察水化-干缩过程中自密实混凝土板角分别与自密实混凝土和轨道板相接位置的性能发展情况；测点 3、4 用于观察自密实混凝土沿轨道横向性能变化情况；测点 7、8 用于观察自密实混凝土沿轨道纵向性能变化情况；测点 5、6、9 用于观察自密实混凝土板中心沿垂向性能变化情况。

### 4.3.2 无砟轨道自密实混凝土湿度演化

相对湿度变化是湿度变形发生的内在驱动力，自密实混凝土早期水泥水化与水分传输、扩散造成的内部湿度变化是研究的重点之一。在养护期间，自密实混凝土因水分损失过快将产生离缝开裂。因此，通过模型预测整体混凝土及关键测点的湿度变化情况，可以指导养护工作的开展，并为自密实混凝土早期开裂损伤现象做出预测和分析。

图 4-6 为 28 天内自密实混凝土测点 1～9 的相对湿度发展情况。从图中可以看出，随着时间的推移，自密实混凝土内部的相对湿度呈现出两个阶段：湿度饱和期(相对湿度 $h=100\%$)以及湿度下降期(相对湿度 $h<100\%$)，将从湿度饱和期转变为湿度下降期的时刻称为临界时间。且相对湿度的下降速率逐渐降低，与水化度的变化具有一定的同步性。从各测点的湿度发展情况来看：贴近支承层一侧的混凝土板角位置(测点 1)的湿度下降最快，下降值最大，湿度下降约 23%。而贴近轨道板一侧的混凝土板角位置(测点 2)的湿度

下降略快，仅次于测点 1，下降率约为 19%。此外，自密实混凝土短边中心位置的测点 3、4 的湿度下降率紧随其后，各下降了 17% 和 13% 左右；而相较于短边中心测点，长边中心测点 7、8 的湿度下降率要低一些，约为 9% 和 11%。最后测点 6、9、5 的湿度下降率最小，且几乎保持一致，仅为 1%～2%。总体来看，位于板边和板角区域的测点的相对湿度降幅明显大于板中心位置。

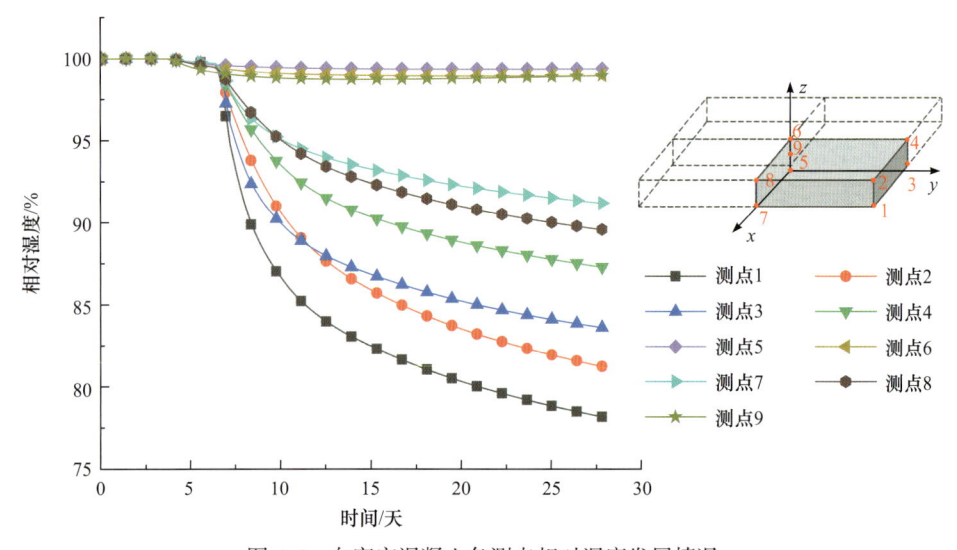

图 4-6 自密实混凝土各测点相对湿度发展情况

通过自密实混凝土各测点湿度发展模拟，可得出下列结论：混凝土养护期间，由于水化反应及水分传输、扩散现象引起的四角干缩现象最容易出现，而板中位置由于湿度保持良好，不易产生收缩开裂现象；自密实混凝土相较于轨道板，更容易与下部水硬性支承层之间形成离缝；自密实混凝土横向相较于纵向的相对湿度降幅更大，更容易失水，但失水程度都不及板角位置。

### 4.3.3 无砟轨道自密实混凝土温度演化

水化反应放出的热量会导致混凝土内部温度升高，而环境温度及其变化与混凝土自身温变效应叠加在一起将会引起混凝土温度变形。因此，有必要研究混凝土早期温度随时间发展情况。

图 4-7 为大气温度为 20℃时，28 天内自密实混凝土测点 1～9 的温度发展情况。从图中可以看出，自密实混凝土内各测点温度均随着时间的推移，呈先大幅上升、后整体下降的趋势。在混凝土浇筑完毕的前两天内，水化反应作用剧烈，水化耗水放出了大量热，导致温度整体升高。从具体测点来看，温度涨幅分为三个梯队。其中，测点 1、2 的涨幅最小，仅 1℃左右，测点 3、4、7、8 的涨幅达到了 2.5℃，而涨幅最高的测点 5、6、9 的温度差高达 4.5℃。

从仿真结果可以看出，水化反应会对自密实混凝土早期温度变化造成显著影响，进而可能会引起较为显著的温度变形，对结构自身性能产生影响。而随着时间的推移，养

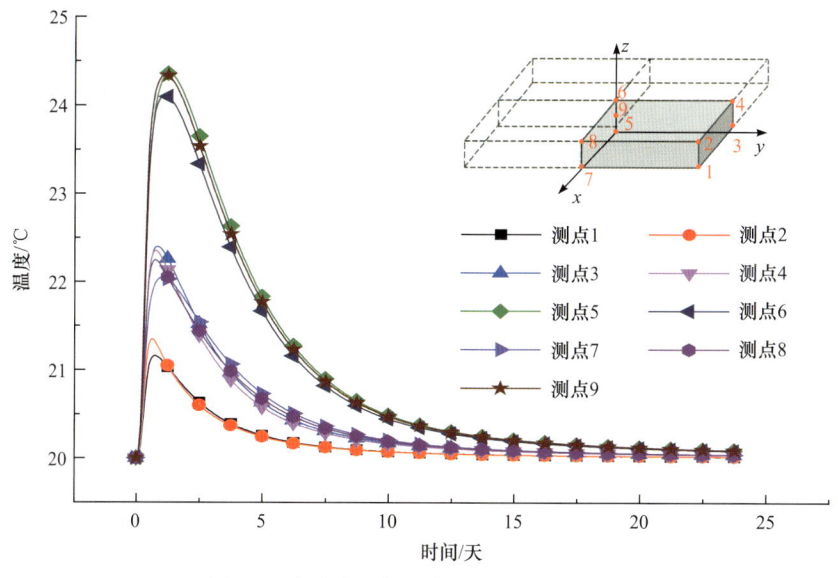

图 4-7 自密实混凝土各测点温度发展情况

护 20 多天后，混凝土内外温度逐渐恢复到环境温度；从各处测点的温度变化来看，测点 1 和 2 在水化期间温度上升很小，说明板角处温度受环境影响最大；测点 5、6、9 的温度上涨剧烈，说明在水化期间板腔内温度急剧上升，水化放热显著，应注意在板内可能出现较大的温度应力；自密实混凝土上下对应的测点位置(1-2、3-4、7-8、5-9-6)处，温度变化规律近乎一致，说明沿自密实混凝土垂向几乎不存在温度梯度，这可能是由该混凝土层体积较小、厚度太薄所致。

### 4.3.4 无砟轨道自密实混凝土收缩应变

混凝土收缩变形分为两类：由水泥水化引起的收缩作用称为自收缩，由水分散失到环境中而引起的混凝土收缩则称为干燥收缩。其中，自收缩作用是混凝土材料产生早期收缩的主要原因。自密实混凝土自浇筑完成后，随着龄期的增长，自干燥自收缩以及干燥收缩将不断进行，CRTS Ⅲ型板式无砟轨道结构将产生一定的收缩变形。研究表明，由于自密实混凝土的胶凝材料用量比普通混凝土更高，水胶比更低，与普通混凝土相比，自密实混凝土的收缩值明显更大。自密实混凝土的收缩变形将影响其体积稳定性，从而易造成开裂现象，严重时将危害无砟轨道结构的整体性和水密性，为水、氯离子等侵蚀介质提供进入通道，从而加速轨道结构劣化，影响其耐久性。因此，本节通过有限元仿真软件，对自密实混凝土早期收缩变形过程进行模拟。计算中，以轨道横向作为 $x$ 方向，行车方向作为 $y$ 方向，与地面垂直方向作为 $z$ 方向(图 4-8)。其中，沿 $x$ 方向的自密实混凝土收缩应变云图如图 4-9 所示。

从图 4-9 中 A、B 两个视角(图 4-9(a)、(b)为视角 A，图 4-9(c)、(d)为视角 B)可以看出，相较于轨道板和水硬性支承层，自密实混凝土沿着 $x$ 方向收缩更为明显，养护 28 天后最大收缩应变为 $-3 \times 10^{-4}$，事实上，在养护 7～14 天的时间中，自密

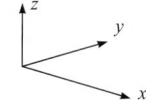

图 4-8 坐标轴方向规定

实混凝土的变形更为明显。这是因为在该时间段内，相对湿度进入下降期，水化耗水导致混凝土产生较大的体积变形。直到养护 21 天后，自密实混凝土的收缩变形基本不再发展。除板角区域外，混凝土结构沿着 $x$ 方向的收缩变形整体上基本均匀，中心区域收缩值小，不到$-1\times10^{-4}$，明显小于四角收缩变形。这是由于在自密实混凝土边界位置，混凝土的自收缩和干燥收缩在轨道板与支承层的约束下均不能自由发生，因而与支承层和轨道板边界产生了一定张拉，尤其与混凝土强度等级较低的支承层之间沿着轨道横向产生了明显的张拉应变，约为 $2\times10^{-4}$，容易造成离缝开裂。

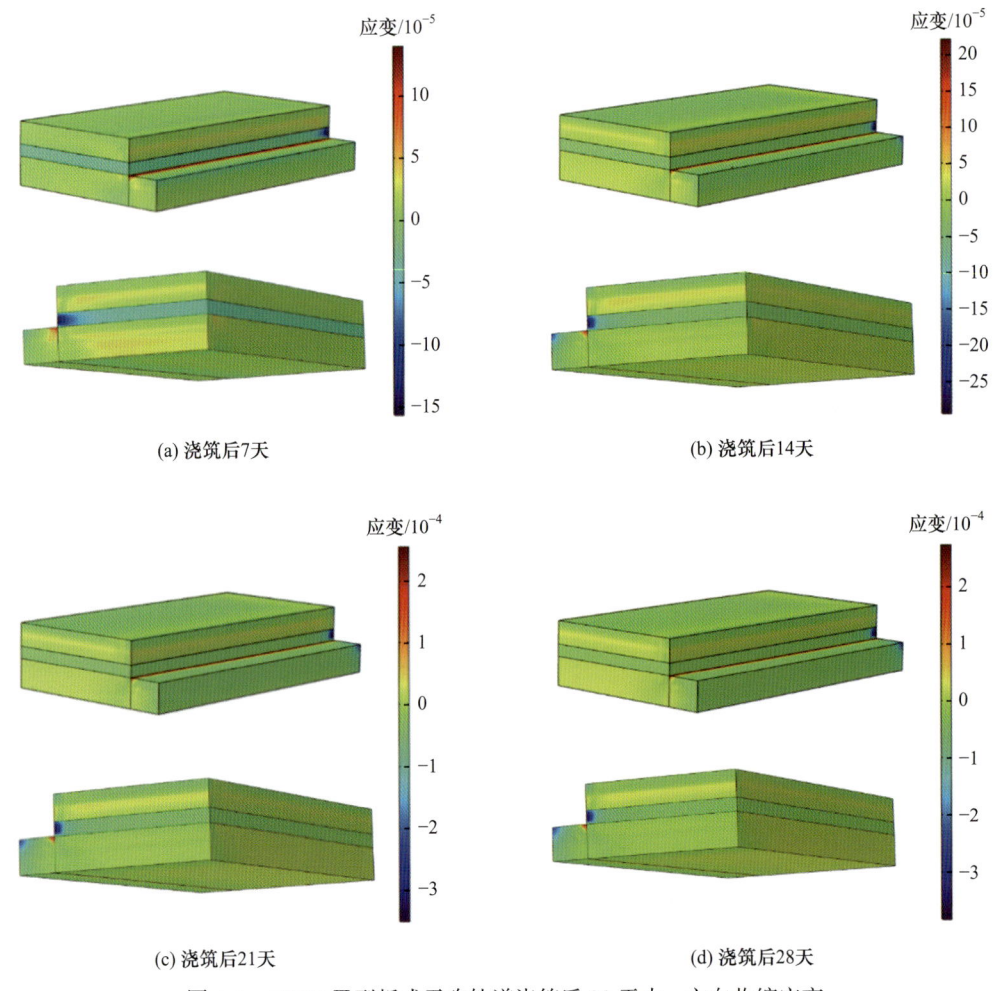

(a) 浇筑后7天

(b) 浇筑后14天

(c) 浇筑后21天

(d) 浇筑后28天

图 4-9  CRTS Ⅲ型板式无砟轨道浇筑后 28 天内 $x$ 方向收缩应变

从图 4-10 中 A、B 两个视角可以看出，自密实混凝土、轨道板和水硬性支承层都在 $y$ 方向产生了一定程度的收缩。其中，自密实混凝土最为明显，养护之后最大收缩应变达 $-4.5\times10^{-4}$，而支承层的收缩也接近$-2.0\times10^{-4}$，达到其一半左右，轨道板的收缩量不大，且较为均匀，整体收缩值约为$-5\times10^{-5}$。此外，自密实混凝土和支承层沿着 $y$ 方向的边界收缩效应尤为明显，这是由于边界没有多余约束。同样，在轨道板与支承层的约束下，28 天之后，自密实混凝土中心区域收缩值小，约为$-3.5\times10^{-4}$，明显小于四角收缩变形。

相较于 $x$ 方向，$y$ 方向的自密实混凝土的收缩变形持续发展时间较长，在 28 天内，其收缩应变值整体一直在不断攀升。而在板边和板角上，沿 $y$ 方向自密实混凝土与轨道板/支承层的相接部位不存在拉应变。

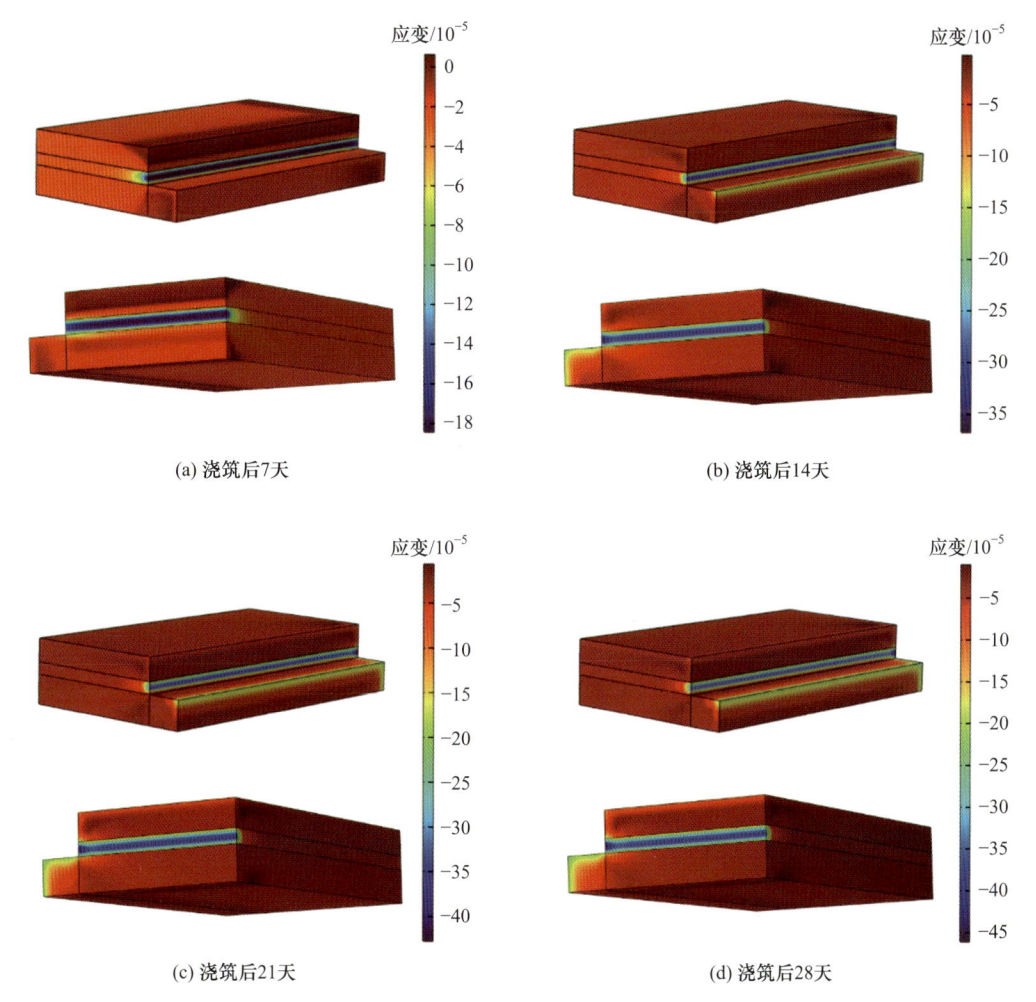

(a) 浇筑后7天

(b) 浇筑后14天

(c) 浇筑后21天

(d) 浇筑后28天

图 4-10　CRTS Ⅲ型板式无砟轨道浇筑后 28 天内 $y$ 方向收缩应变

从图 4-11 中可以看出，相较于轨道板和水硬性支承层，自密实混凝土沿着 $z$ 方向的收缩更为明显，养护 28 天后从视角 B 观察得到最大收缩应变出现在板边位置，约为 $-6\times10^{-4}$，从视角 A 观察到的板角最大收缩应变约为 $-4\times10^{-4}$；而对于其中心区域，收缩值明显下降，约为 $-4\times10^{-4}$，同样，这是由边界条件约束所致。而事实上，养护 21 天后，自密实混凝土的收缩变形基本不再发展。对于轨道板和支承层混凝土，二者中心区域沿着 $z$ 方向的收缩变形整体上基本均匀，大小几乎为零；而在板边和板角上，沿 $z$ 方向自密实混凝土与轨道板/支承层的相接部位不存在拉应变。

(a) 浇筑后7天  (b) 浇筑后14天

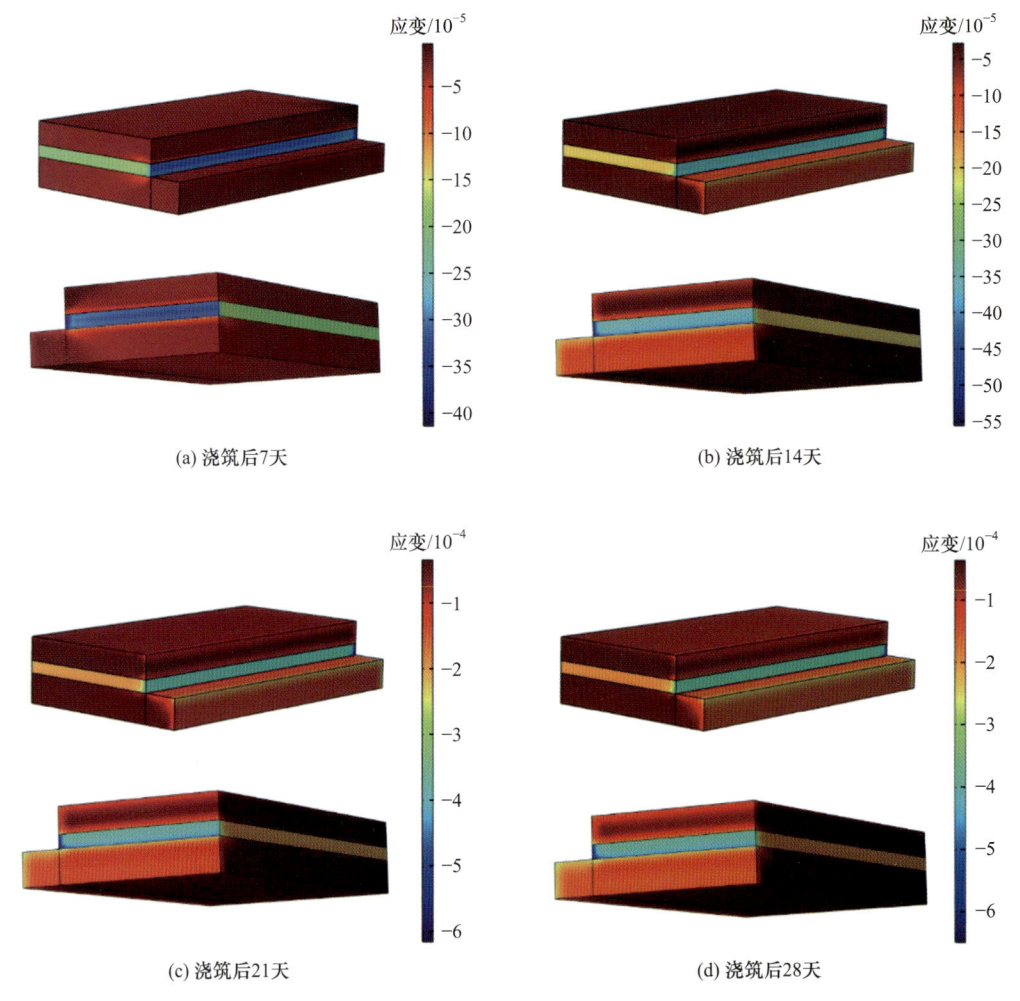

(c) 浇筑后21天  (d) 浇筑后28天

图 4-11  CRTS Ⅲ型板式无砟轨道浇筑后 28 天内 $z$ 方向收缩应变

自密实混凝土由于胶凝材料更多,相较于轨道板和水硬性支承层,早期水化带来的沿 $x$、$y$、$z$ 方向的收缩更为明显,养护 28 天之后,最大收缩量级均达到了 $10^{-4}$。其中,在边界条件约束下,除板角区域外,混凝土结构沿着各方向的收缩变形整体上基本均匀,中心区域收缩值小,明显小于板边和板角的收缩变形。此外,由于自密实混凝土的收缩,其与混凝土轨道板、支承层之间沿着横向(板宽)产生了张拉应变,尤其与强度等级较低的支承层之间的张拉应变更为明显,更容易产生离缝开裂现象。

### 4.3.5  无砟轨道自密实混凝土应力

根据工程实践,混凝土早期开裂现象大多由非荷载因素所致,结构内自身的收缩变形有可能致使混凝土在约束条件下产生一定的拉应力,当拉应力大于材料抗拉强度时将引发开裂现象。因此,数值仿真预测自密实混凝土结构及其关键测点的应力发展情况,以此为自密实混凝土早期开裂损伤现象做出预测和分析。对于自密实混凝土整体,为全面观测其板边缘位置和板中位置的应力变化,本节从两个视角对其 28 天养护时间内的应力发展云图进行分析，分别命名为视角 A 和视角 B(图 4-12(a)和(b)为视角 A、图 4-12(c)和(d)为视角 B)，如图 4-12 所示。

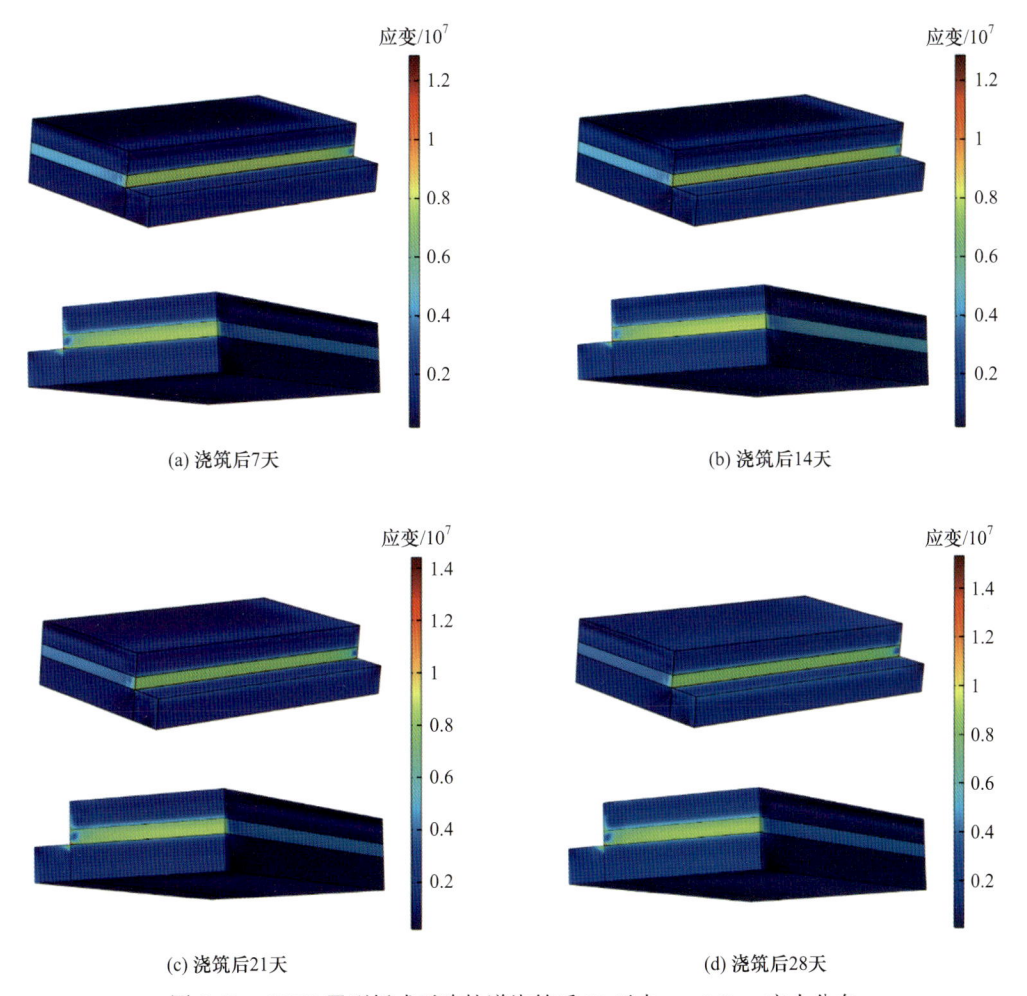

(a) 浇筑后7天

(b) 浇筑后14天

(c) 浇筑后21天

(d) 浇筑后28天

图 4-12　CRTS Ⅲ型板式无砟轨道浇筑后 28 天内 von Mises 应力分布

由图 4-12 可以看出，轨道板和支承层整体受力均匀，最终应力仅 2MPa 左右，满足混凝土抗拉强度要求。其中从视角 A 观察得出，自密实混凝土的板边缘区域拉应力明显大于轨道板和支承层。最大张拉应力位于与支承层相接的板角位置，28 天养护之后其值约为 14MPa；从视角 B 观察得出，自密实混凝土中心区域的受力较为均匀，板边区域的拉应力接近于 10MPa。板边、板角应力明显大于内部应力的原因可能是在混凝土水化-干缩期间的收缩作用为边界条件约束所致，其应力值均已超出 C40 混凝土抗拉强度，因此在板边缘及板角位置均易产生收缩开裂现象。

通过前文对自密实混凝土收缩应变的分析，得出了由上部轨道板结构和下部支承层结构对其的约束作用，该结构在边角位置的收缩变形无法自由发生，故会产生一定的张拉变形。现对 9 个测点的应力发展进行分析，以此来讨论结构表面重要位置及结构中心产生的不均匀应力及其可能造成的影响。

为了对早期混凝土水化-干缩过程中混凝土应力的发展有一个更为直观的认知，在浇筑后 28 天内自密实混凝土各测点 von Mises 应力发展(图 4-13)引入了相关资料[18]给出的第 7~28 天中自密实混凝土的抗拉强度随养护时间的变化曲线，其发展规律可由式(4-40)获得：

$$f_{t,\tau} = f_{t28} \cdot \lg \tau / \lg 28 \tag{4-40}$$

式中

$$f_{t28} = 0.42 f_{c28} \tag{4-41}$$

$\tau$ 为养护龄期(天)；$f_{t,\tau}$ 为 $t$ 时刻自密实混凝土抗拉强度(MPa)；$f_{t28}$ 为养护 28 天后自密实混凝土抗拉强度(MPa)；$f_{c28}$ 为养护 28 天后自密实混凝土抗压强度，取 46.8MPa。

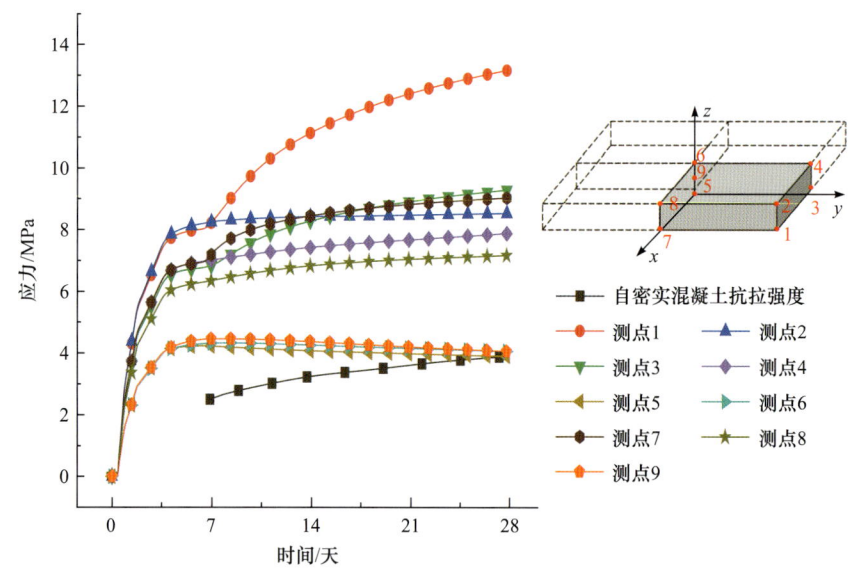

图 4-13　浇筑后 28 天内自密实混凝土各测点 von Mises 应力发展

从图 4-13 中可以看出，养护 7 天内，自密实混凝土测点 1~9 的应力增长速率很快，然而养护 14 天后，大部分测点的 von Mises 应力几乎不再发展。这是由于 7 天内水化发展的速率较快，自收缩效应显著，由此带来的应力值也较大；随后，水化发展逐渐趋于平稳，内部测点的应力发展也逐渐缓和；而在测点 1、2 为代表的板角 von Mises 应力和以测点 3、4、7、8 为代表的板边 von Mises 应力在水化反应"式微"时又迎来再一轮的增长，结合前面云图结果，这应该是由边界条件影响所致。

对比测点应力值与抗拉强度随养护时间的变化曲线可以看出，除测点 5、6、9，其余测点值均明显大于抗拉强度，说明混凝土边界点均面临损伤的威胁；从测点 5、6、9 可以看出，自密实混凝土的中心位置沿着垂直方向的 von Mises 应力发展情况几乎一致；测点 3、4、7、8 的应力发展速率几乎一致，且测点 3 的最终应力结果略大于测点 7，测点 4 的最终应力结果略大于测点 8，说明相较于板长方向，应力沿着板宽方向的值更大，更容易产生损伤；最后，测点 1 的最终应力结果明显大于测点 2，再一次印证了自密实混凝土早期水化带来的离缝现象更容易在自密实混凝土和水硬性支承层之间产生。

## 4.4 无砟轨道早龄期自密实混凝土性能影响因素分析

自密实混凝土早期性能的发展过程中，会受到各种自身和外界因素的制约，不当的养护条件、配合比、施工环境等都有可能加速其劣化进程。

在现场施工中，强调在自密实混凝土层浇筑前需对其相连的轨道板板底进行充分润湿，为自密实混凝土的浇筑成型提供良好的工程环境。此外，自密实混凝土配合比一直是学者关注的重点工程问题，其与混凝土主要性能直接相关。在混凝土早期发展过程中，水灰比是影响自收缩大小的重要因素。

综上，本节从两方面对自密实混凝土性能发展及劣化成因展开讨论：①不同水灰比下具有代表性的重要测点的体积应变发展及 von Mises 应力发展；②不同轨道板板底润湿程度下 28 天后自密实混凝土湿度梯度大小结果、von Mises 应力结果，以及重要测点的相对湿度发展和 von Mises 应力发展。

4.3 节设计了九个测点对自密实混凝土进行多方位观测，经过结果分析，由于这三个测点最为特殊，如图 4-14 所示，重点对代表自密实混凝土与支承层相连位置的测点 1、与轨道板相连位置的测点 2 以及板正中位置测点 9 的性能演变情况进行仿真计算。

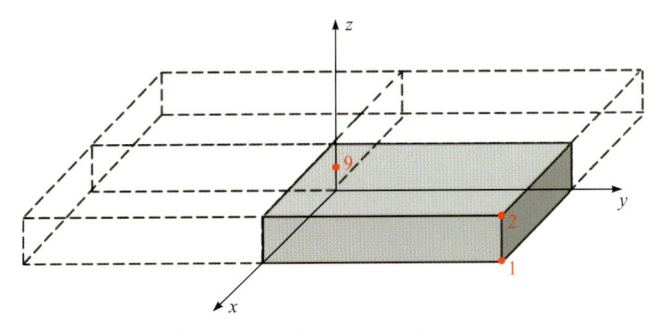

图 4-14 本节研究所需测点布置图

### 4.4.1 水灰比对水化-干缩阶段自密实混凝土性能的影响

已有研究结果显示，在相同的条件下，胶骨比(胶凝材料与骨料的质量之比)为 0.333 的自密实混凝土一天之内的收缩率达到了 $209.8×10^{-6}$，而胶骨比为 0.201 的普通混凝土一天内的收缩率仅有 $71.3×10^{-6}$。说明在一定范围内，胶凝材料用量越多，水胶比越低，由水分散失引起的混凝土干燥收缩占比越小，由水泥水化引起的自干燥收缩的占比越大。此外研究表明，混凝土水灰比($w/c$)对湿度扩散系数影响较为显著，随着 $w/c$ 的增大，湿度扩散系数也将逐渐增大。

相较于普通混凝土，自密实混凝土所用胶凝材料的用量更大，因而其水灰比通常也较低。鉴于混凝土早期水化-干缩过程是一个多场耦合的复杂问题，本节从自密实混凝土水灰比 $w/c$ 入手，分析 $w/c$=0.25、0.43、0.50 时早期自密实混凝土结构性能演化规律，为工程实践中自密实混凝土配比研究提供参考。

图 4-15 展示了 28 天龄期内自密实混凝土测点 1、2、9 体积收缩应变发展。从图中可以看出，测点 1、2、9 经历了完整的混凝土早期变形，呈现出先膨胀后收缩的变形特征。这可能是由于混凝土刚开始进行水化反应的短期时间内，刚度相当小，难以抵挡水化放热造成的体积膨胀；后续相继进入湿度饱和期和湿度下降期，自密实混凝土体积不断收缩，最终 28 天后各测点呈现出的应变均为收缩应变。

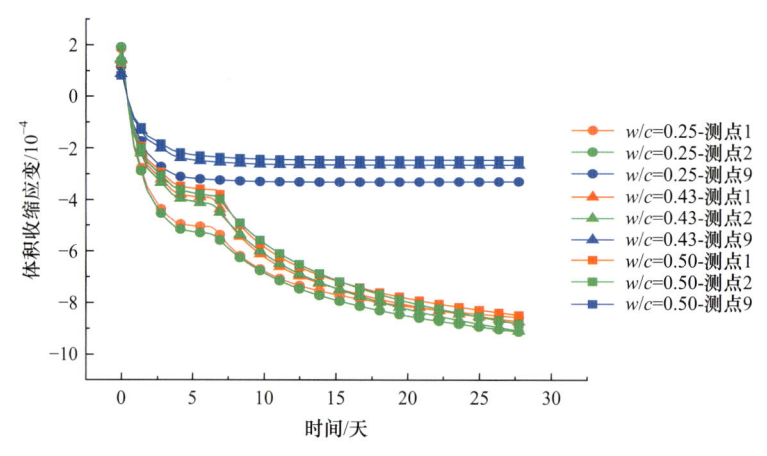

图 4-15　$w/c$=0.25、0.43、0.50 时测点 1、2、9 体积收缩应变发展

分别观测测点 1、2、9 体积收缩应变发展趋势，同一测点、不同水灰比下的应变发展趋势几乎相同，幅值不同，统一结果为：随着水灰比的降低，相同位置处的体积收缩应变更大。测点 9 在 28 天后最小收缩应变为 $2.4\times10^{-4}$，最大收缩应变为 $3.3\times10^{-4}$，增长了 37.5%；测点 2 在 28 天后最小收缩应变为 $8.5\times10^{-4}$，最大收缩应变为 $8.8\times10^{-4}$，增长了 3.5%；测点 1 在 28 天后最小收缩应变为 $8.8\times10^{-4}$，最大收缩应变为 $9.1\times10^{-4}$，增长了 3.4%。说明水灰比对自密实混凝土内部体积收缩应变有明显影响，在边界处的影响较低，但应变幅值很高，或是由边界条件限制所致。

图 4-16 展示了 28 天龄期内自密实混凝土测点 1、2、9 的 von Mises 应力发展。从图中可以看出，测点 1、2、9 的 von Mises 应力在水化前期增长较快，这是由湿度下降期之前结构化学收缩所致；湿度下降后，结构的宏观变形不再由化学收缩控制，结构中心 von Mises 应力(测点 9 结果)趋于平稳，而板角、板边由于边界的限制，应力值得到了再一次增长。

分别观测测点 1、2、9 的 von Mises 应力发展趋势，同一测点、不同水灰比下的应力发展趋势也几乎相同，而幅值不同，统一结果为：随着水灰比的降低，相同位置处的体积收缩应力更大。测点 9 在 28 天后最小 von Mises 应力为 3.5MPa，最大 von Mises 应力为 5.2MPa，增长了 48.6%；测点 2 在 28 天后最小 von Mises 应力为 8.1MPa，最大 von Mises 应力为 9.1MPa，增长了 12.3%；测点 1 在 28 天后最小 von Mises 应力为 12.7MPa，最大 von Mises 应力为 13.2MPa，增长了 3.9%。说明水灰比对自密实混凝土内部应力有明显影响，在边界处的影响较低，但应力幅值很高，或是由边界条件限制所致。

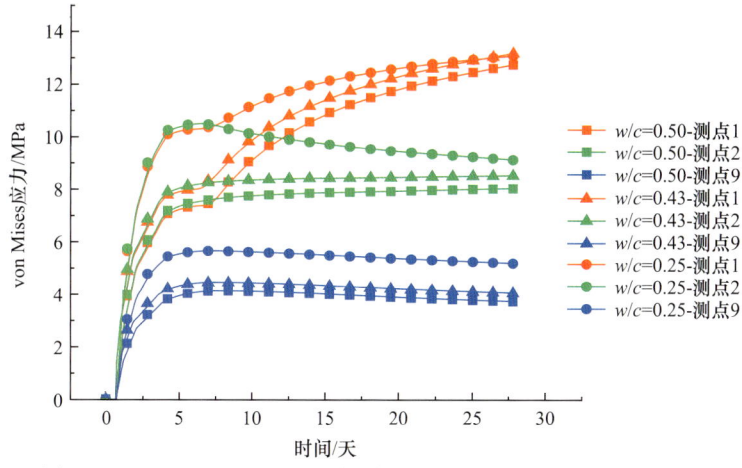

图 4-16 w/c=0.5、0.8、1.0时测点 1、2、9 的 von Mises 应力发展

### 4.4.2 湿度对水化-干缩阶段自密实混凝土性能的影响

大量研究表明，外界环境湿度的变化会导致混凝土内水分不均匀分布，从而在其结构表面产生不均匀收缩。此外，由于内部水分的流失，低环境湿度会影响甚至阻止混凝土正常的水化过程，从而降低了结构的强度和耐久性。外部环境作用下的混凝土水化、自干燥、水分传输和低温冷却会导致结构内产生湿度梯度，最终致使结构开裂。因此，探讨混凝土结构湿度梯度及湿度变化对研究混凝土自身性能具有重要影响。

在实际施工过程中，要求自密实混凝土在灌注前，应对轨道板板底进行充分润湿，将轨道板混凝土孔隙内气体进行充分置换。然而，轨道板板底的润湿程度只能被定性地定义，不能定量地衡量。假设在 4.2 节中，认为水分扩散系数 $D_h^w$ 为 1，为了定义润湿程度不到位的轨道板板底，在其前面乘以一个水分扩散系数影响系数 $D(D \leqslant 1)$，$D$ 越小，表明润湿程度越不充足。为了探究轨道板润湿不到位对自密实混凝土水化的影响，对混凝土结构湿度梯度及应力分布做了分析。

首先考察 28 天龄期后湿度梯度的分布及重要测点相对湿度变化情况。

从图 4-17 中可以看出，当 $D=1.0$ 时轨道板、自密实混凝土和水硬性支承层在 28 天后其内部位置的湿度梯度分布较为均一，幅值基本在 0.5 左右；但是在三块板的边缘附近，其湿度梯度差异较为明显，在很小的距离范围内其湿度梯度幅值变化较大，由 0.5 增大到 2.5 左右。当 $D=0.8$ 时三块板在 28 天后内部的湿度梯度较小，基本都低于 0.5，并且幅值也相对均一；在板边缘附近，轨道板和支承层的湿度梯度幅值由 0.5 增大到 2.5 左右，自密实混凝土的湿度梯度由 0.5 增大到 3.0 左右。当 $D=0.5$ 时三块板的结构内部基本不存在湿度梯度，湿度分布相对均衡，同样在边界附近产生较为明显的湿度梯度变化，并且自密实混凝土更为明显，最大幅值已接近 4.0。通过湿度梯度云图可知：自密实混凝土板内湿度梯度较小，几乎都低于 0.5，随着逐渐向板表面靠近，湿度梯度开始在短距离内不断攀升。$D=1.0$、0.8 和 0.5 时，板表面最大湿度梯度分别为最大 2.0、3.0、4.0。说明不同的轨道板板底润湿条件对自密实混凝土表面湿度梯度影响较大，对板内湿度环境几乎没有影响。

(a) $D$=1.0　　　　　　(b) $D$=0.8　　　　　　(c) $D$=0.5

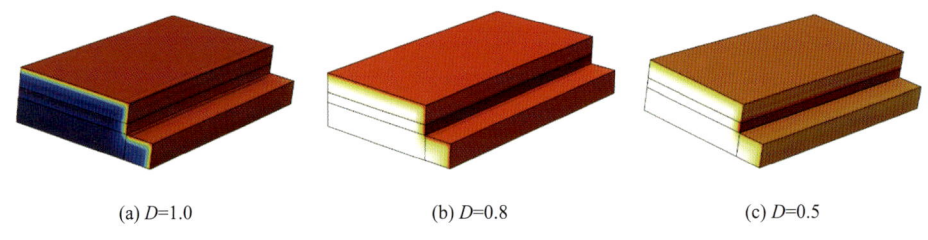

图 4-17　28 天龄期后湿度梯度分布

图 4-18 绘制了 28 天龄期内测点 1、2、9 相对湿度发展。从图中数据可以看出，随着轨道结构相对湿度 $h$ 开始下降，在相同水分扩散系数影响系数 $D$、不同测点处的相对湿度的下降梯度仍然区别明显：板角的相对湿度在临界时间后迅速下降，而板中心几乎保持不变。此外，在自密实混凝土中心位置(测点 9)，相对湿度幅值基本稳定在 1.0 附近，几乎不显现湿度梯度；在板角位置(测点 1、2)，相同测点在不同水分扩散系数影响系数 $D$ 下的湿度下降情况则有明显区分：28 天后，测点 1 在 $D$=1.0、0.8、0.5 时相对湿度分别下降约 21.9%、22.4%、23.9%，测点 2 在 $D$=1.0、0.8、0.5 时相对湿度分别下降约 18.8%、20.2%、23.1%。

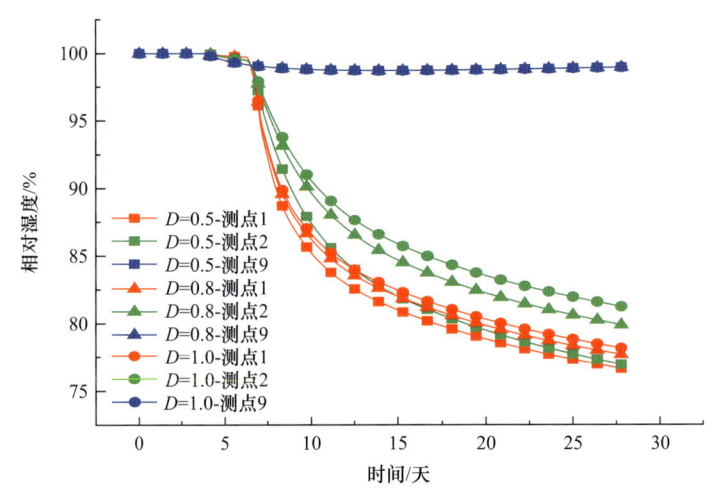

图 4-18　$D$=0.5、0.8、1.0 时测点 1、2、9 相对湿度发展

结合前面 28 天龄期后湿度梯度分布研究，可得出如下结论：在水化-干缩过程中，水分扩散系数影响系数 $D$ 越小，轨道板板底润湿程度越不充分，对自密实混凝土边缘区域的最大湿度梯度值及其相对湿度的影响越大，$D$ 从 1.0 减小到 0.5 时，板表面最大湿度梯度从 2.0 增长到 4.0，测点 1、2 的相对湿度分别减小了 2.0%和 4.3%。

其次考察 28 天龄期后 von Mises 应力分布及重要测点应力变化情况。

图 4-19 描述了 28 天龄期后应力分布，从图中可以看出，不同水分扩散系数影响系数 $D$ 值下，轨道结构的 von Mises 应力云图整体变化不大，轨道板和支承层的 von Mises 应力值较小，应力值在 2~4MPa 附近，自密实混凝土层边缘的 von Mises 应力值较大，约为轨道板和支承层的 2 倍。自密实混凝土层应力最大值出现在板角位置，从云图中仅能得知随着水分扩散系数影响系数 $D$ 的降低，应力最大值大约从 14MPa 上升到 16MPa，

均超过了混凝土抗拉强度值。

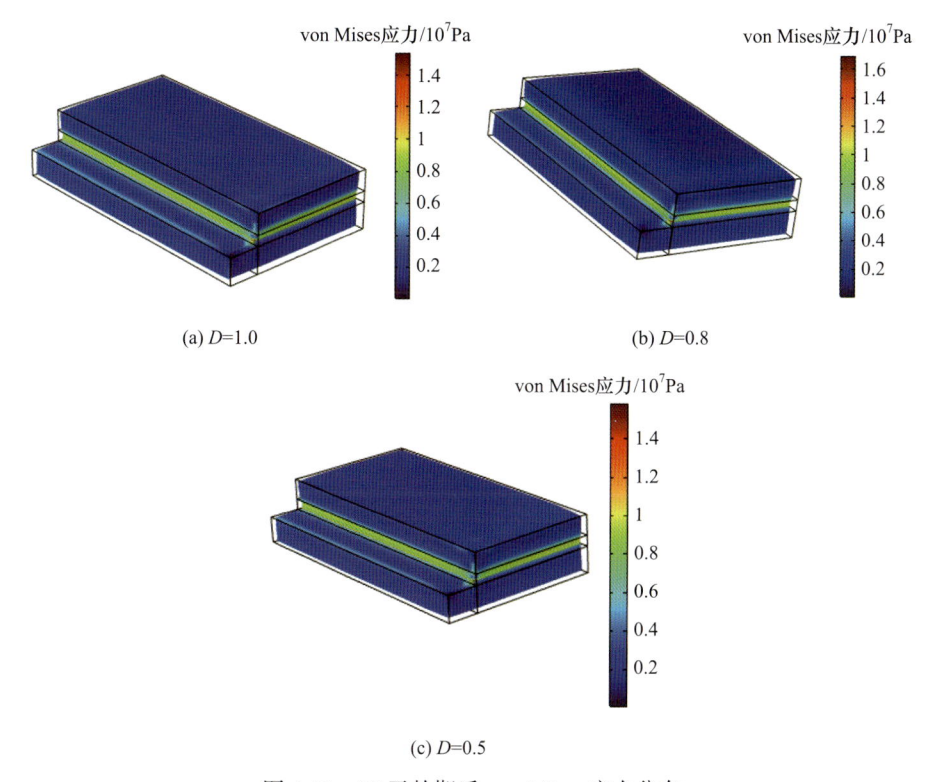

(a) $D$=1.0

(b) $D$=0.8

(c) $D$=0.5

图 4-19 28 天龄期后 von Mises 应力分布

图 4-20 绘制了 28 天龄期内测点 1、2、9 的 von Mises 应力发展。从图中数据可以看出，在相同水分扩散系数影响系数 $D$、不同测点处的 von Mises 应力值仍然区别明显：其中，与支承层相接的测点 1 处最终应力值由于早期水化-干缩作用及边界条件限制的影响，相对于与轨道板相接的测点 2 和内部中心测点 9，依旧保持最大。

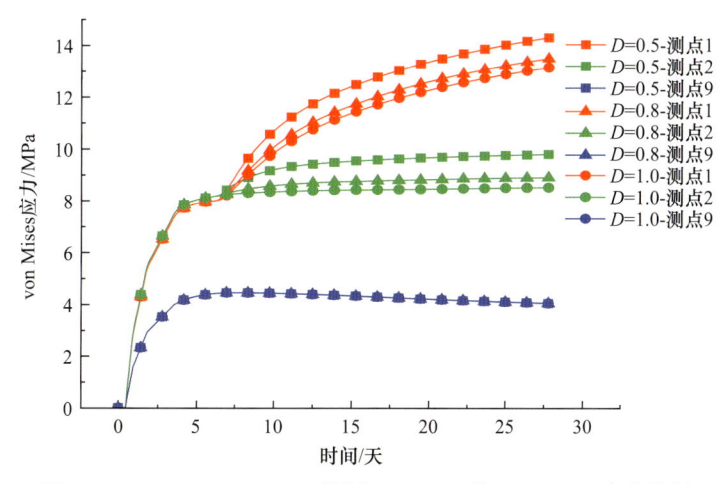

图 4-20 $D$=0.5、0.8、1.0 时测点 1、2、9 的 von Mises 应力发展

当水分扩散系数影响系数 $D$ 不同时,在水化-干缩阶段前期,即养护时间为 7 天内,$D$ 对不同测点的应力几乎没有影响;在水化-干缩阶段后期,随着时间的推移,$D$ 对板角位置应力的影响逐渐显露出来,在 28 天之后,测点 1 在 $D=1.0$、0.8、0.5 时最终 von Mises 应力分别为 13.2MPa、13.5MPa、14.3MPa,测点 2 在 $D=1.0$、0.8、0.5 时最终 von Mises 应力分别为 8.5MPa、8.9MPa、9.8MPa。而测点 9 的 von Mises 应力发展曲线在不同 $D$ 时始终保持一致,说明板底润湿程度对板中心位置的应力发展几乎没有影响,对边角位置的应力发展过程则影响显著。

结合前面 28 天龄期后 von Mises 应力分布研究,可得出如下结论:在水化-干缩过程中,随着水分扩散系数影响系数 $D$ 的减小,轨道板板底润湿程度越不充分,对自密实混凝土板角区域的最大应力值影响越大,其中,$D$ 从 1.0 减小到 0.5 时,测点 1、2 的应力值分别增加了 8.3%和 15.3%。

## 4.5 本章小结

本章针对非荷载条件下 CRTS Ⅲ型板式无砟轨道自密实混凝土早期离缝、开裂等劣化现象,考虑到湿度场、温度场对混凝土水化反应以及后续干燥收缩的影响,建立了自密实混凝土水化-干缩多场耦合模型。重点对早期自密实混凝土湿度、收缩变形、应力的发展规律进行了分析,得到了自密实混凝土早期劣化的成因。此外,对不同水灰比、不同轨道板润湿程度下自密实混凝土早期性能发展及其可能产生的病害进行了仿真模拟及结果分析,为工程实践中提供了参考。本章主要工作及结论如下:

(1) 针对自密实混凝土早期非荷载开裂现象,通过引入温湿相关的混凝土动态水化理论,瞬态传热及水分传输过程并考虑混凝土综合干缩模型,从而搭建出混凝土水化-干缩模拟平台。最终利用 COMSOL 建立数值模型,结合试验结果对模型的合理性进行了验证。

(2) 建立了自密实混凝土早期水化-干缩模型,分别对早期自密实混凝土沿 $x$、$y$、$z$ 方向的收缩变形、应力分布,以及重要测点处相对湿度、温度及应力发展做出了模拟,结果表明:混凝土养护期间,由于水化反应及水分传输、扩散现象,容易出现四角干缩现象,且自密实混凝土横向相较于纵向的相对湿度降幅更大,沿着轨道横向产生了一定张拉。自密实混凝土最大张拉应力位于与支承层相接的板角位置,28 天养护之后其值约为 14MPa,而板边区域的拉应力接近于 10MPa,混凝土板边、板角区域均面临损伤的威胁。此外,与支承层相连的板角测点最终应力结果明显大于与轨道板相连的板角测点,相较于轨道板,自密实混凝土更容易与支承层之间产生离缝开裂现象。

(3) 对水灰比分别为 0.25、0.43、0.50 的早期自密实混凝土进行了体积收缩应变及 von Mises 应力分析。结果表明:水灰比的变化对板中心和板边角位置的体积收缩应变及 von Mises 应力均会产生影响。水灰比从 0.50 降至 0.25 时,对自密实混凝土进行 28 天养护之后,测点 1、2、9 的体积收缩应变分别增长了 3.4%、3.5%、37.5%,测点 1、2、9 的 von Mises 应力分别增长了 3.9%、12.3%、48.6%。随着水灰比的降低,同一位置处的体积收缩应变和 von Mises 应力值更大,混凝土结构更容易产生收缩开裂。

(4) 通过水分扩散系数影响系数 $D(D \leq 1, D$ 越小，表明润湿程度越不充足)定义了不同的轨道板板底润湿程度，分析了轨道板板底润湿程度对自密实混凝土水化-干缩过程中湿度及应力的影响。结果表明：轨道板板底润湿程度越不充分，对自密实混凝土边缘区域的最大湿度梯度、板角区域的相对湿度及最大应力值的影响越大。$D$ 从 1.0 减小到 0.5 时，板表面最大湿度梯度从 2.0 增长到 4.0，板角上下测点的相对湿度分别减小了 2.0%和 4.3%，应力值分别增加了 15.3%和 8.3%。

## 参 考 文 献

[1] 侯东伟. 混凝土自身与干燥收缩一体化及相关问题研究[D]. 北京: 清华大学, 2010.

[2] 齐永顺, 杨玉红. 自密实混凝土的研究现状分析及展望[J]. 混凝土, 2007, (1): 25-28.

[3] 熊德辉. 高速铁路 CRTSⅢ型板式无砟轨道养护维修技术研究[D]. 北京: 中国铁道科学研究院, 2014.

[4] 虞晓婧. C40 自密实混凝土在无砟轨道板工程中的应用研究[D]. 石家庄: 石家庄铁道大学, 2019.

[5] 王吉. 自密实混凝土水化-干缩过程及早期劣化成因[D]. 成都: 西南交通大学, 2020.

[6] Zhou W, Qi T, Liu X, et al. A hygro-thermo-chemical analysis of concrete at an early age and beyond under dry-wet conditions based on a fixed model[J]. International Journal of Heat and Mass Transfer, 2017, 115: 488-499.

[7] Jendele L, Smilauer V, Cervenka J. Multiscale hydro-thermo-mechanical model for early-age and mature concrete structures[J]. Advances in Engineering Software, 2014, 72: 134-146.

[8] 孙泽江. CRTSⅢ型板式无砟轨道自密实混凝土浇筑初期温度场及应力[D]. 成都: 西南交通大学, 2019.

[9] 史璐慧. 双块式无砟轨道早期混凝土湿度及收缩开裂研究[D]. 成都: 西南交通大学, 2019.

[10] Holt E, Leivo M. Cracking risks associated with early age shrinkage[J]. Cement Concrete Composites, 2004, 26(5): 521-530.

[11] Zhang J, Qi K, Huang Y. Calculation of moisture distribution in early-age concrete[J]. Journal of Engineering Mechanics, 2009, 135(8): 871-880.

[12] Aldred J M, Rangan B V, Buenfeld N R. Effect of initial moisture content on wick action through concrete[J]. Cement and Concrete Research, 2004, 34(6): 907-912.

[13] Luzio G D, Cusatis G. Hygro-thermo-chemical modeling of high performance concrete. I: Theory[J]. Cement and Concrete Composites, 2009, 31(5): 301-308.

[14] Bazant Z P, Najjar L J. Nonlinear water diffusion in nonsaturated concrete[J]. Matériaux et Construction, 1972, 5: 3-20.

[15] Bentz D P. Transient plane source measurements of the thermal properties of hydrating cement pastes[J]. Materials and Structures, 2007, 40(10): 1073-1080.

[16] 高原, 张君, 韩宇栋. 混凝土超早期收缩试验与模拟[J]. 硅酸盐学报, 2012, 40(8): 1088-1094.

[17] Powers T C, Brownyard T L. Studies of the physical properties of hardened portland cement paste[J]. Journal Proceedings, 1947, 43(9): 1-9.

[18] Glasstone S. Textbook of Physical Chemistry[M]. London: Macmillan, 1966.

[19] Zhang J, Qi K, Huang Y. Calculation of moisture distribution in early age concrete[J]. ASCE Journal of Engineering Mechanics, 2009, 135(8): 871-880.

[20] Bentz D P, Garboczi E J, Quenard D A. Modelling drying shrinkage in reconstructed porous materials: Application to porous vycor glass[J]. Modelling and Simulation in Materials Science and Engineering, 1999, 6(3): 211-236.

[21] Okamura H, Ouchi M. Self-compacting concrete: Development, present use and future[C]. Proceedings of 1st International RILEM Symposium on Self-Compacting Concrete, 1999: 3-14.

[22] Nawa T, Horita T. Autogenous shrinkage of high-performance concrete[C]. International Workshop on Microstructure and Durability to Predict Service Life of Concrete Structures, 2004: 36-45.

[23] 杨政. CRTS Ⅲ型板式轨道层间离缝下的受力及维修限值研究[D]. 成都: 西南交通大学, 2014.

[24] 中国铁路科学研究院. 京沪高速铁路道岔板充填层自密实混凝土暂行技术要求[S]. 北京: 中国铁道出版社, 2010.

# 第 5 章　无砟轨道 CA 砂浆损伤发展规律分析

## 5.1　概　　述

CA 砂浆是一种由水泥、乳化沥青、砂与多种外加剂组成，经水泥水化硬化与沥青破乳胶结共同作用而形成的一种新型有机无机复合材料[1]，充填于轨道板与混凝土底座板之间，厚度约 50mm，主要起着支承调整、黏结约束、缓冲协调等作用。工程实践表明：砂浆充填层的服役性能对高速铁路运营的安全性、经济性及舒适性有巨大影响，是板式轨道结构的关键工程材料之一[2]。

作者团队于遂渝线、赣龙线现场调研中发现，CA 砂浆损伤问题(图 5-1)是无砟轨道的典型病害之一，常出现于轨道板端位置，在一定程度上破坏了轨道平顺性，可能进一步导致轨道结构的损伤劣化[3-5]。根据铁路局轨道维修记录，在遂渝线蔡家车站 K126+688～K139+825 里程范围内，2010 年以前未运行轴重较大的列车，轨道状态良好，维修工作少；而 2010 年开始运行较重轴载列车后，在这种列车荷载特征影响下，轨道修复工作频繁，多处修复后的轨道又出现二次病害，甚至好几处 CA 砂浆无法通过修补来满足要求，只能进行整体更换，因此于 2014 年停运该类型列车，仅通行轴重较轻的列车。由此可见，列车荷载特征对砂浆损伤影响突出，在此种情况下，有必要开展 CA 砂浆损伤问题的相关研究，以便为无砟轨道结构的设计及养护维修提供一定的理论参考。

(a) 砂浆碎裂掉块　　(b) 砂浆与轨道板层间离缝损伤

(c) 砂浆层冒浆　　(d) 砂浆层挤出

图 5-1　CA 砂浆病害

### 5.1.1 CA 砂浆损伤研究现状

CA 砂浆在德国、日本、韩国、中国的高速铁路均有使用，其制备与应用技术已趋于成熟，但服役期间中仍旧会出现需要经常更换 CA 砂浆层的修补工作情况。CA 砂浆损伤是目前无砟轨道中普遍存在的损伤之一，自 CA 砂浆开始应用，相关研究就在不停地进行中。我国 CRTS Ⅰ型板式无砟轨道和 CRTS Ⅱ型板式无砟轨道均具有 CA 砂浆调整层。而根据弹性模量和强度等指标的不同，又将 CA 砂浆分为 CRTS Ⅰ型和 CRTS Ⅱ型两类。本章主要分析 CRTS Ⅰ型板式无砟轨道的 CA 砂浆损伤。

目前，针对 CA 砂浆损伤的研究主要包括试验研究、本构关系、数值模拟三方面。从试验研究方面来看：西南交通大学的丁维桐等[6]、刘哲[7]，浙江大学的李剑锃[8]，华东交通大学的吕雪冬[9]，哈尔滨工业大学的 Li 等[10]通过单轴压缩、疲劳加载、冻融循环等试验研究，同时从应力、应变、抗压强度、抗折强度、疲劳剩余强度、裂纹发展情况等诸多方面，不同程度地讨论了温度、应变率、围压、干湿循环、加载幅值、加载次数等因素对砂浆损伤的影响。表明在砂浆损伤试验方面已具备了大量研究基础，有众多成果可以借鉴参考用于验证。本章正是根据试验研究所得 CA 砂浆的应力-应变曲线，与模拟所得数据进行对比分析，证明所建模型的合理性与正确性。

从本构关系研究方面来看：中南大学的张胜等[11]、作者团队[12]、中南大学的 Xie 等[13]、青岛理工大学的尹晓文等[14]、浙江工业大学的郑曙光等[15]利用定义损伤程度系数、损伤因子等方式引入损伤，基于应变等效原理、各向同性损伤等假设条件，推导得到 CA 砂浆的损伤本构方程，结合试验数据拟合得到相关参数，并通过分析试验结果与拟合结果的相关性以验证其本构的合理性。这些本构关系各自考虑了不同因素对砂浆材料损伤的影响，为研究 CA 砂浆损伤奠定了良好基础。根据这些已经通过验证的本构模型，本章将结合有限元分析方法，从中选取本构模型，利用有限元软件进行模拟，对该本构模型着重进行介绍并推导，以便于建模分析。

从数值模拟研究方面：作者团队[16-18]、中铁二院工程集团有限责任公司的徐浩等[19]通过模型分析、损伤本构模型建立、有限元实体模拟，建立弹性地基梁模型等一系列模拟研究并开展一系列试验研究相互比较印证。通过试验与数值模拟互补来得到一个更为全面、客观的研究结果。

现有针对 CA 砂浆损伤的研究主要为：试验研究与理论推导本构关系，在数值模拟方面着重考虑 CA 砂浆损伤对无砟轨道动力响应的影响，少有针对 CA 砂浆自身损伤的研究。但是在轨道服役过程中不同列车荷载特征影响下(本章使用 CRH2 以及 C80 指代不同荷载特征)、初始弹性模量变化、不同服役状态(如离缝情况)等对 CA 砂浆自身的损伤发展情况有较大影响。研究其损伤对于改进 CRTS Ⅰ型板式无砟轨道的设计以及对轨道结构的运营维护有一定的参考价值。

### 5.1.2 本章主要内容及研究思路

1. 主要研究内容

本章针对我国 CRTS Ⅰ型板式无砟轨道 CA 砂浆层损伤在不同列车荷载特征影响下

的产生与发展问题，介绍 CA 砂浆统计损伤本构方程，并应用 Fortran 语言编写相应的 UMAT 子程序，建立砂浆有限元模型并与试验结果对比，以验证该子程序的合理性；而后建立 CRTS I 型板式无砟轨道结构实体模型，嵌入统计损伤本构 UMAT 子程序，分析不同弹性模量、不同速度下列车作用、不同板端离缝高度下 CA 砂浆的损伤发展规律。本章的具体研究工作如下：

(1) 对板式无砟轨道 CA 砂浆的损伤研究现状进行介绍，并根据 CA 砂浆统计损伤本构方程，考虑应变率效应，编写应变率为常数的 UMAT 子程序，利用 ABAQUS 建立砂浆有限元模型，与他人的试验结果进行对比，验证该子程序的合理性。

(2) 利用 ABAQUS 建立 CRTS I 型板式无砟轨道结构实体模型，嵌入应变率为变量的 CA 砂浆统计损伤本构 UMAT 子程序以计算砂浆损伤。

(3) 考虑到实际服役过程中砂浆弹性模量会发生变化，分析不同列车荷载作用下不同初始弹性模量时 CA 砂浆的损伤分布与发展规律。采用实测的轮轨垂向力时程曲线对模型进行动力加载，探讨不同速度的不同列车荷载作用下 CA 砂浆的损伤分布及发展规律，以及在现场调研发现 CRTS I 型板式无砟轨道常出现板端离缝病害后建立相应模型，分析不同离缝高度下 CA 砂浆自身的损伤分布与发展情况。

2. 研究思路

本章研究思路如图 5-2 所示。

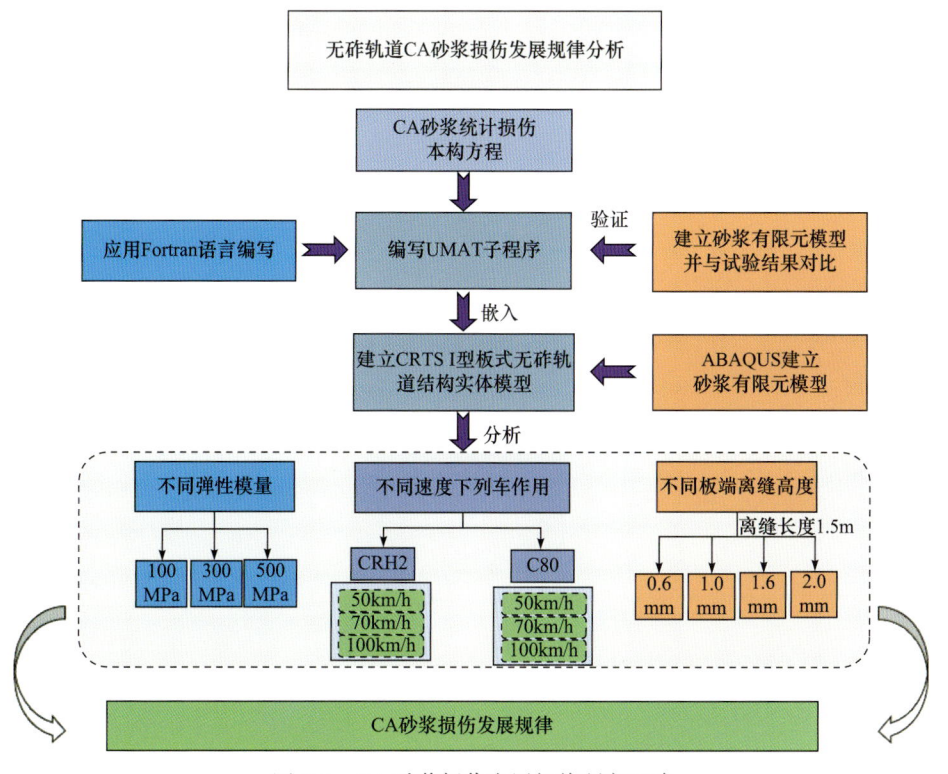

图 5-2 CA 砂浆损伤发展规律研究思路

## 5.2 无砟轨道 CA 砂浆统计损伤本构模型

CA 砂浆在 CRTS Ⅰ型板式无砟轨道系统中起着支承、调整、吸振等作用，其材料特性决定了砂浆在列车荷载作用下的实际服役状态，其运营过程中的损伤往往与砂浆材料本身的材料性能有着密不可分的关系。本节主要从损伤力学研究 CA 砂浆损伤的角度出发，对 CA 砂浆统计损伤模型进行介绍，具体叙述统计损伤模型的推导及在 ABAQUS 有限元软件中的实现方法，并与其他学者试验结果对比证明其正确性。

### 5.2.1 无砟轨道 CA 砂浆损伤本构数学表达式

损伤力学理论系统地讨论了微观缺陷对材料力学性能、结构应力分布的影响以及缺陷的演变规律，可用于分析结构破坏的整个过程，包括微观裂纹的演化、宏观裂纹的形成直至构件的完全破坏，目前已广泛应用于工程结构损伤分析及控制研究中。按照材料变形与状态，可将其损伤分为弹性损伤(无明显不可逆变形)、塑性损伤(有残余变形)、蠕变损伤(损伤量值为时间的函数)、疲劳损伤(与荷载循环次数、应力水平有关)、动态损伤(动态荷载作用时间短，扩展小)五种。

1. 损伤因子与有效应力

1958 年，苏联科学家 Kachanov[20]引入有效应力和材料连续性因子，用于表征金属材料在损伤时的应力-应变关系，奠定了损伤力学发展的基础。苏联 Rabotnov[21]于 1963 年在 Kachanov 理论的基础上，以受力体积作为损伤变量引入"损伤因子"的概念，研究金属的蠕变本构方程，建立了损伤理论的雏形。该损伤因子定义为

$$D = 1 - \frac{\tilde{V}}{V} \tag{5-1}$$

式中，$V$ 为表观受力体积；$\tilde{V}$ 为有效受力体积。

然而，由于材料损伤后的有效受力体积难以测定，为便于实际测试以利于损伤力学在工程领域的发展和应用，各种适于实际运用的损伤因子定义形式出现，包括以承载面积、弹性模量、耗散能等为损伤变量各自定义的损伤因子。

1971 年，法国著名学者 Lemaitre[22]提出了应变等效原理，接着引入了有效应力的概念：单轴受力状态下，用损伤后的有效应力取代无损材料本构关系中的名义应力，利用无损材料的本构方程推导得出受损材料的本构关系，极大地方便了对材料损伤的评估。有效应力与名义应力的关系表示为

$$\tilde{\sigma} = \frac{\sigma}{1-D} \tag{5-2}$$

式中，$\tilde{\sigma}$ 为损伤后的有效应力；$\sigma$ 为无损材料的名义应力，即

$$\sigma = \frac{P}{A} \tag{5-3}$$

$P$ 为作用于材料的集中力；$A$ 为材料无损时的承载面积。

2. CA 砂浆统计损伤本构方程

本构方程是描述材料应力-应变(增量)关系的数学公式，建立损伤本构方程可通过在本构方程中引入损伤因子来实现。根据 Lemaitre 应变等效原理，推导得出 CA 砂浆材料损伤时的应力-应变关系为

$$\sigma = \tilde{\sigma}(1-D) = (1-D)H\varepsilon = \tilde{H}\varepsilon \tag{5-4}$$

式中，$H$ 为无损状态下的弹性刚度矩阵；$\tilde{H}$ 为有损状态下的弹性刚度矩阵；$\varepsilon$ 为应变矩阵。

定义损伤因子时需要采用有明确物理意义的损伤变量，其测定与推导过程尽量简单易行，且能够反映损伤机制。实际服役过程中，CA 砂浆各部位所受应力不尽相同，材料损伤程度也不一样，因此可将 CA 砂浆视为多微元组成的一个整体，将破坏微元占总微元的比例定义为损伤因子：

$$D = \frac{\tilde{N}}{N} \tag{5-5}$$

式中，$\tilde{N}$ 为破坏微元的数目；$N$ 为微元总数目。

在施工运营过程中，CA 砂浆充填层产生的微缺陷与损伤具有一定的随机性，其材料强度也表现出一定程度的不确定性和随机性。水泥乳化沥青砂浆层在线路运营过程中，主要承受着动载及静载作用，因此强度是其非常重要的性能指标，故将微元强度视为随机变量，且服从韦布尔(Weibull)分布，其概率密度为

$$P(F) = \frac{m}{F_0}\left(\frac{F}{F_0}\right)^{m-1}\exp\left(-\frac{F}{F_0}\left(\frac{F}{F_0}\right)^m\right) \tag{5-6}$$

式中，$F$ 为微元强度；$m$、$F_0$ 为 Weibull 分布参数。

CA 砂浆属于黏弹性材料，其破坏形态表现出较强的韧性破坏特征，因此本章采用 von Mises 破坏准则来定义 CA 砂浆的微元强度。von Mises 破坏准则以等效应力为判据，材料处于塑性状态时等效应力为定值，该定值取决于材料变形的性质，与应力无关，其表达式为

$$F = \frac{1}{\sqrt{2}}\sqrt{(\tilde{\sigma}_x - \tilde{\sigma}_y)^2 + (\tilde{\sigma}_y - \tilde{\sigma}_z)^2 + (\tilde{\sigma}_z - \tilde{\sigma}_x)^2 + 6(\tilde{\tau}_{xy}^2 + \tilde{\tau}_{yz}^2 + \tilde{\tau}_{zx}^2)} \tag{5-7}$$

式中，$\tilde{\sigma}_x$、$\tilde{\sigma}_y$、$\tilde{\sigma}_z$ 分别为 $x$、$y$、$z$ 方向的有效正应力；$\tilde{\tau}_{xy}$、$\tilde{\tau}_{yz}$、$\tilde{\tau}_{zx}$ 为其有效切应力。

根据式(5-4)可将 CA 砂浆材料微元强度改写为名义应力表示的微元强度：

$$F = \frac{1}{\sqrt{2}(1-D)}\sqrt{(\tilde{\sigma}_x - \tilde{\sigma}_y)^2 + (\tilde{\sigma}_y - \tilde{\sigma}_z)^2 + (\tilde{\sigma}_z - \tilde{\sigma}_x)^2 + 6(\tilde{\tau}_{xy}^2 + \tilde{\tau}_{yz}^2 + \tilde{\tau}_{zx}^2)} \tag{5-8}$$

当微元强度小于 $F$ 时，认为该微元已破坏，破坏微元的数目为

$$\tilde{N} = N\int_0^F P(F)\mathrm{d}F = N\left(1-\exp\left(-\left(\frac{F}{F_0}\right)^m\right)\right) \tag{5-9}$$

根据式(5-5)，损伤因子可表示为

$$D = 1-\exp\left(-\left(\frac{F}{F_0}\right)^m\right) \tag{5-10}$$

将 CA 砂浆的损伤破坏视为连续过程，且在宏观上表现为各向同性，同时认为其内部微元在破坏前服从线弹性关系，以此建立其统计损伤本构方程。将式(5-10)代入式(5-4)，得

$$\sigma = \tilde{H}\varepsilon = H\varepsilon\exp\left(-\left(\frac{F}{F_0}\right)^m\right) \tag{5-11}$$

该式即 CA 砂浆统计损伤本构关系，若用名义应力的形式表示，则为

$$\sigma_i = E\varepsilon_i(1-D) + \mu(\sigma_j + \sigma_k) = E\varepsilon_i\exp\left(-\left(\frac{F}{F_0}\right)^m\right) + \mu(\sigma_j + \sigma_k) \tag{5-12}$$

$$\tau_{ij} = G\gamma_{ij}\exp\left(-\left(\frac{F}{F_0}\right)^m\right) \tag{5-13}$$

式中，$i=1,2,3$；$j=1,2,3$；$k=1,2,3$；$i\neq j\neq k$。

以上应用损伤力学理论，结合统计学知识，推导得到了 CA 砂浆的统计损伤本构方程[23]，该损伤本构方程认为只要有应力就会产生损伤。统计损伤模型考虑了 CA 砂浆材料内部构造不均匀性，并假设各微元的强度服从统计分布规律，表明砂浆损伤不仅受其内部随机分布的缺陷支配，也受材料内部应力-应变状态的影响，加之模型参数较少，便于工程应用，故本章应用此模型对 CA 砂浆的损伤进行分析研究。

### 5.2.2 UMAT 子程序编写

一般使用有限元软件进行模拟时，尽量使用现有的模型。当软件没有提供我们需要的材料模型，必要时可以自己定义所需要的材料模型。由于 ABAQUS 具有便捷的子程序接口和相应的二次开发功能及强大的非线性求解能力，并广泛应用于工程科学计算与分析研究中，因此本章采用 ABAQUS 软件进行建模计算。

1. ABAQUS 用户材料子程序 UMAT 简介

ABAQUS 中的用户材料子程序 UMAT，为用户提供了自定义材料本构模型的程序接口，用户可通过 VC 或者 Fortran 编程来实现所要解决的工程科学问题中需要的特定材料模型[24]。

UMAT 子程序具有强大的功能，使用 UMAT 子程序能够自主定义材料的本构关系，

扩展程序功能；其次几乎可以用于力学行为分析的任何过程，但是必须在 UMAT 中提供材料本构的雅可比(Jacobian)矩阵，即应力增量对应变增量的变化率。且主程序与 UMAT 之间存在数据传递，甚至共用一些变量，因此须遵守 UMAT 的相关书写格式。

2. CA 砂浆损伤本构 UMAT 子程序编写

根据 5.2.1 节 CA 砂浆统计损伤本构方程，编写相应的 UMAT 子程序。有限元计算(增量方法)的基本问题是：已知第 $n$ 步的结果(应力、应变等)，给出一个应变增量，计算新的应力，因此必须提供材料增量形式的本构关系与一致切线刚度矩阵。

对式(5-11)进行应变张量求偏导，可得

$$\frac{\partial \sigma}{\partial \varepsilon} = \tilde{H} + \frac{\partial \tilde{H}}{\partial \varepsilon} : \varepsilon \tag{5-14}$$

依据链式法则，进一步将其化为

$$\frac{\partial \sigma}{\partial \varepsilon} = \tilde{H} + \left(\frac{\partial \tilde{H}}{\partial F} : \varepsilon\right)\frac{\partial F}{\partial \tilde{\sigma}}\frac{\partial \tilde{\sigma}}{\partial \varepsilon} + \left(\frac{\partial \tilde{H}}{\partial F_0} : \varepsilon\right)\frac{\partial F_0}{\partial \varepsilon} + \left(\frac{\partial \tilde{H}}{\partial m} : \varepsilon\right)\frac{\partial m}{\partial \varepsilon} \tag{5-15}$$

由 $\dfrac{\partial \tilde{\sigma}}{\partial \varepsilon} = H = \dfrac{\tilde{H}}{1-D}$，故有

$$\frac{\partial \sigma}{\partial \varepsilon} = \left[I + \frac{1}{1-D}\left(\frac{\partial \tilde{H}}{\partial F} : \varepsilon\right)\frac{\partial F}{\partial \tilde{\sigma}}\right]\tilde{H} + \left(\frac{\partial \tilde{H}}{\partial F_0} : \varepsilon\right)\frac{\partial F_0}{\partial \varepsilon} + \left(\frac{\partial \tilde{H}}{\partial m} : \varepsilon\right)\frac{\partial m}{\partial \varepsilon} \tag{5-16}$$

式中，$I$ 为 6 阶单位矩阵。

若加载时应变率 $\theta$ 为定值，则 Weibull 分布参数 $F_0$、$m$ 为常数，式(5-16)后两项均为零，该式可化为

$$\frac{\partial \sigma}{\partial \varepsilon} = \left[I + \frac{1}{1-D}\left(\frac{\partial \tilde{H}}{\partial F} : \varepsilon\right)\frac{\partial F}{\partial \tilde{\sigma}}\right]\tilde{H} \tag{5-17}$$

若应变率为变量，考虑应变率效应，则弹性模量 $E$、Weibull 分布参数 $F_0$ 与 $m$ 均为应变率 $\theta$ 的函数。当弹性模量 $E$ 与微元强度 $F$ 的单位均为 MPa 时，经过拟合，这三个参数可分别表示为[23]

$$E = 789.87\theta^{0.1083} \tag{5-18}$$

$$F_0 = 20.061\theta^{0.1405} \tag{5-19}$$

$$m = 55.419\theta + 1.3585 \tag{5-20}$$

式中，$\theta = \dfrac{\bar{\varepsilon}_{n+1} - \bar{\varepsilon}_n}{\Delta t}$，$\Delta t$ 为时间增量(s)，$\bar{\varepsilon}$ 为等效应变，即

$$\bar{\varepsilon} = \frac{\sqrt{2}}{3}\sqrt{(\varepsilon_x - \varepsilon_y)^2 + (\varepsilon_y - \varepsilon_z)^2 + (\varepsilon_z - \varepsilon_x)^2 + 6(\gamma_{xy}^2 + \gamma_{yz}^2 + \gamma_{zx}^2)} \tag{5-21}$$

根据以上对增量本构关系的推导，得到一致切线刚度矩阵的计算方法，接着按照 ABAQUS 用户材料子程序接口规范，采用固定格式的 Fortran 语言进行相应的 UMAT 子

程序编程：

(1) 材料的密度、弹性模量、泊松比以及表征材料损伤程度的初始损伤场作为用户自定义场变量输入。

(2) 为了能够获得场变量的历史值，定义状态变量来保存相应的场变量。本章定义损伤后的名义应力 STRESS_D 为状态变量 1~6(即 STATEV(1)~STATEV(6))，损伤量值 DT 为状态变量 7(即 STATEV(7))，应变率 YBL 为状态变量 8(即 STATEV(8))(注意：应变率为变量时，仅有损伤量值 DT(STATEV(1))、应变率 YBL(STATEV(2))、总损伤量值 DD(STATEV(3))三个状态变量)。

(3) 在 ABAQUS/Standard 中，每一个增量加载步开始时，主程序在单元的积分点上调用 UMAT 子程序，并传入已知状态的应力、应变、应变增量、荷载增量、时间步长以及与求解过程相关的变量。

(4) UMAT 子程序根据本构方程更新应力及其他相关的量，提供 Jacobian 矩阵 DDSDDE 给 ABAQUS 主程序以形成整体刚度矩阵，该矩阵只影响收敛速度，不影响计算结果的准确性。

(5) 主程序结合当前荷载增量求解应变增量，继而进行平衡校核，然后进行下一增量步的求解。

根据上述思路，该模型的 UMAT 子程序实现流程如图 5-3 所示。

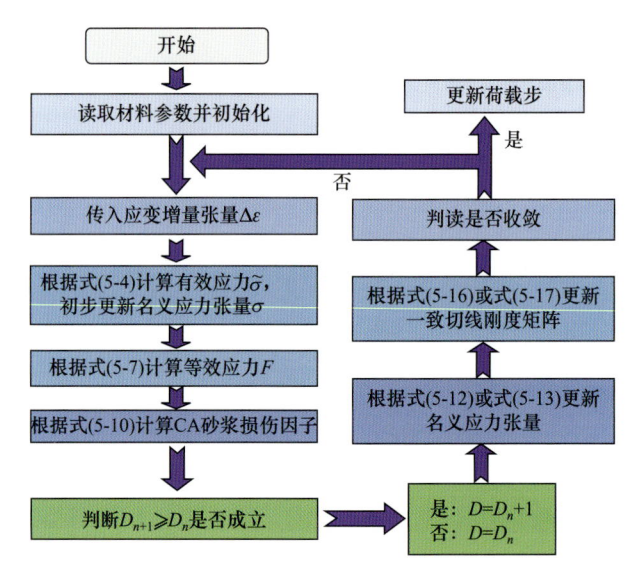

图 5-3 CA 砂浆损伤本构 UMAT 子程序编写流程图

### 5.2.3 CA 砂浆有限元模型算例验证

在 ABAQUS 中建立砂浆有限元实体模型，然后将子程序嵌入该模型中，计算所得结果与试验所得对比，以验证 UMAT 子程序的合理性与正确性。

在相关文献中[17]，学者自制了 CRTS Ⅰ型 CA 砂浆并对其进行单轴压缩试验，试件大小为 $\phi$50mm×50mm，采用应变加载模式，应变率分别为 $3.3\times10^{-6}\text{s}^{-1}$、$1.7\times10^{-4}\text{s}^{-1}$、$1.7\times10^{-3}\text{s}^{-1}$、$6.6\times10^{-3}\text{s}^{-1}$、$1.7\times10^{-2}\text{s}^{-1}$ 时，与之对应的 CA 砂浆弹性模量分别为 193MPa、

299MPa、477MPa、488MPa、451MPa，并得到了不同应变率下砂浆的应力-应变曲线，CA砂浆的破坏形态呈腰鼓状，如图5-4所示。

1. CA砂浆有限元模型

将包含CA砂浆统计损伤本构UMAT子程序嵌入ABAQUS中，并自定义材料的弹性模量与泊松比，以模拟CA砂浆的单轴压缩试验。假设试样不存在初始损伤，施加荷载后开始出现损伤，CA砂浆试样微元强度随机分布。

数值模拟的砂浆有限元模型为1mm×1mm×1mm的正方体试样(详见图5-5)，验证时的模型不宜过于复杂，故该模型仅包含1个单元，且为线性六面体完全积分单元(C3D8I)。采用位移加载模式，在CA砂浆试样上方施加竖直向下的位移荷载(与所要对比的试验加载一致)，底面采用对称约束，限制$y$方向位移与绕$x$、$z$方向的旋转(U2=Y1=Y3=0)。

图5-4 单轴压缩下CA砂浆破坏形态[17]　　图5-5 CA砂浆有限元模型

CA砂浆力学性能呈现出较强的应变率效应，取应变率分别为 $3.3×10^{-6}s^{-1}$、$1.7×10^{-4}s^{-1}$、$1.7×10^{-3}s^{-1}$、$6.6×10^{-3}s^{-1}$、$1.7×10^{-2}s^{-1}$，而后根据式(5-18)~式(5-20)适当修正材料的弹性模量与韦伯分布参数，得到砂浆有限元模型计算所用参数，具体见表5-1。

表5-1 CA砂浆有限元模型计算参数

| 应变率$\theta$/s$^{-1}$ | $3.3×10^{-6}$ | $1.7×10^{-4}$ | $1.7×10^{-3}$ | $6.6×10^{-3}$ | $1.7×10^{-2}$ |
| --- | --- | --- | --- | --- | --- |
| 弹性模量 $E$/MPa | 201 | 308 | 396 | 458 | 451 |
| 泊松比 $\nu$ | 0.2 | 0.2 | 0.2 | 0.2 | 0.2 |
| Weibull分布参数 $F_0$ | 3.40568 | 5.92558 | 8.18900 | 9.90829 | 11.31698 |
| Weibull分布参数 $m$ | 1.3589 | 1.3679 | 1.4527 | 1.7243 | 2.3006 |

2. CA砂浆应力-应变曲线结果对比

利用有限元模型计算得到不同应变率下CA砂浆试样的应力-应变曲线(此处应力为$y$轴正应力S22)，并与相关文献的试验结果[17]进行对比分析，具体如图5-6所示。

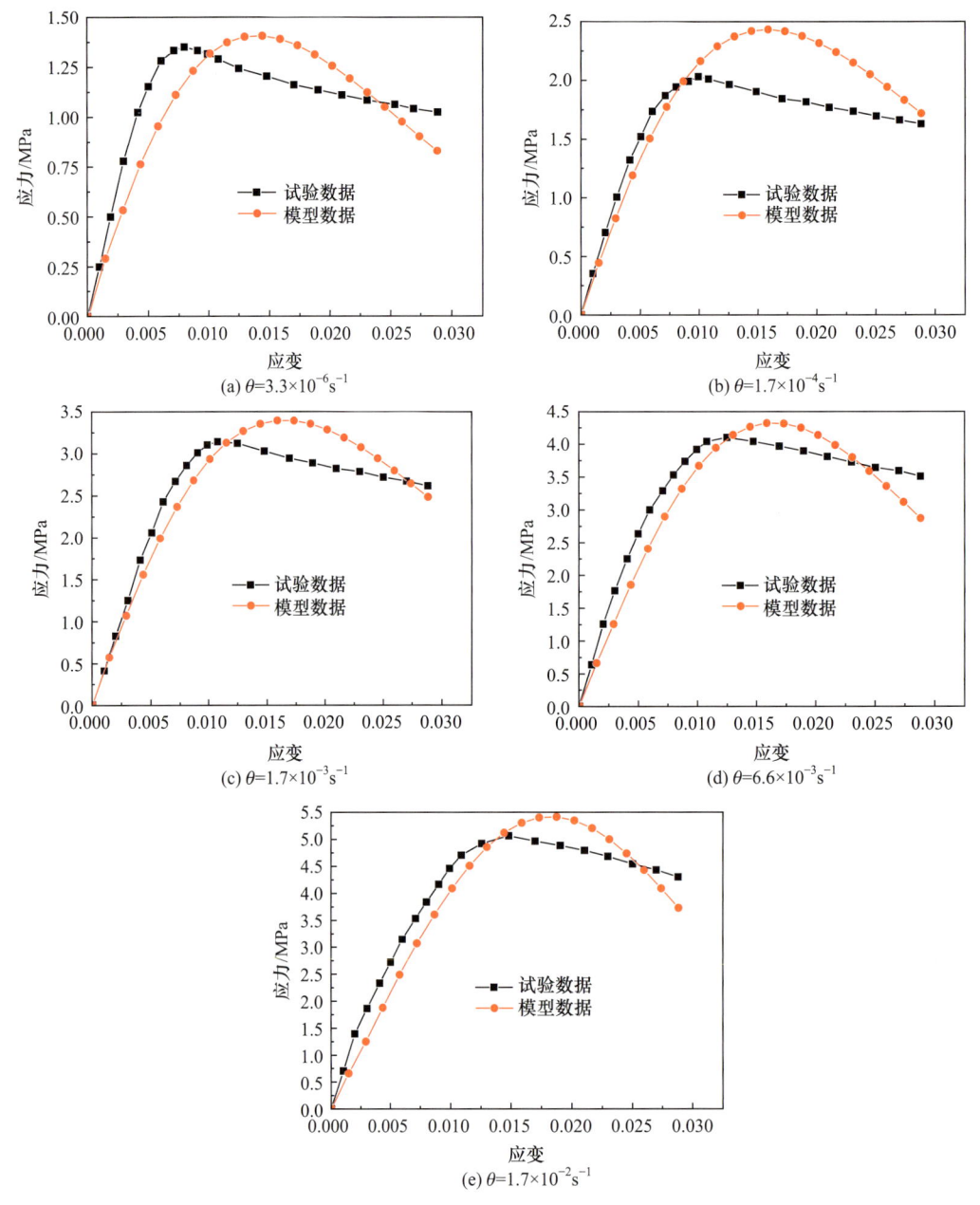

图 5-6 不同应变率下 CA 砂浆的应力-应变关系曲线

由图 5-6 可以看出，不同应变率下 CA 砂浆的应力-应变曲线均呈现出：随着应变增加，应力先增加至最大值而后缓慢减小的趋势。通过模型数据与试验数据的对比分析可知，当应变率分别为 $3.3\times10^{-6}\mathrm{s}^{-1}$、$1.7\times10^{-4}\mathrm{s}^{-1}$、$1.7\times10^{-3}\mathrm{s}^{-1}$、$6.6\times10^{-3}\mathrm{s}^{-1}$、$1.7\times10^{-2}\mathrm{s}^{-1}$ 时，两组数据的 Pearson 相关系数分别为 0.97631、0.98279、0.99200、0.97473、0.97929，均在 0.9747 以上，说明模型数据与试验数据具有良好的相关性。模型计算结果的线弹性变化阶段与试验结果较为一致，随着应变率的增加，模型计算所得的应力最大值后的下降段与试验结果更加接近，这说明模型能够较好地反映 CA 砂浆随应变率增加而逐渐由韧性向脆性转化的过程。以上分析充分表明了考虑应变率效应的 CA 砂浆统计损伤本构 UMAT 子程序的合理性与正确性。

3. 不同应变率下 CA 砂浆损伤发展情况

不同应变率下，CA 砂浆峰值应力不同。式(5-10)、式(5-18)~式(5-20)表明材料的损伤与其承受的应变率和应力有关，故本节分析不同应变率下 CA 砂浆的损伤发展情况。表 5-2 展示了模拟试验中不同应变率下 CA 砂浆峰值应力下的应变与损伤情况。

表 5-2 不同应变率下 CA 砂浆峰值应力下的应变与损伤情况

| 应变率 $\dot{\varepsilon}/\text{s}^{-1}$ | $3.3\times10^{-6}$ | $1.7\times10^{-4}$ | $1.7\times10^{-3}$ | $6.6\times10^{-3}$ | $1.7\times10^{-2}$ |
| --- | --- | --- | --- | --- | --- |
| 应力最大值/MPa | 1.40 | 2.43 | 3.39 | 4.31 | 5.40 |
| 应变/$10^{-3}$ | 14.40 | 15.84 | 15.84 | 15.84 | 18.85 |
| 损伤量值 | 0.509 | 0.498 | 0.454 | 0.399 | 0.354 |

由表 5-2 可以发现：随着应变率从 $3.3\times10^{-6}\text{s}^{-1}$ 增大到 $1.7\times10^{-2}\text{s}^{-1}$，CA 砂浆的应力最大值由 1.40MPa 变为 5.40MPa，呈递增趋势；整体来看，应变率增大，应力最大值对应的应变缓慢增加，而对应的损伤量值却从 0.509 逐步减小至 0.354。说明 CA 砂浆达到一定损伤后，应力-应变曲线即走向下降趋势，应变率越大，应力最大值对应的应变越大而损伤越小。从另一方面来看，当损伤未达到应力最大值时，应力一定，应变率越大，对应的损伤越小，而应变率一定，应力越大，损伤越大。这是因为：应变率越大，达到同等应变的时间越短，能量耗散时间不充分，根据功能原理，只能增加应力以抵消外部能量，因此其应力最大值较高；而荷载作用时间短，砂浆裂纹来不及扩展，导致损伤发展相对较慢，因而对应的损伤量值较小。

根据模拟分析结果，可以得到 CA 砂浆在不同应变率下的损伤发展曲线，具体如图 5-7 所示。模拟时采用的线性位移加载，可得出 CA 砂浆的损伤增量与应变之间的关系，具体如图 5-8 所示。

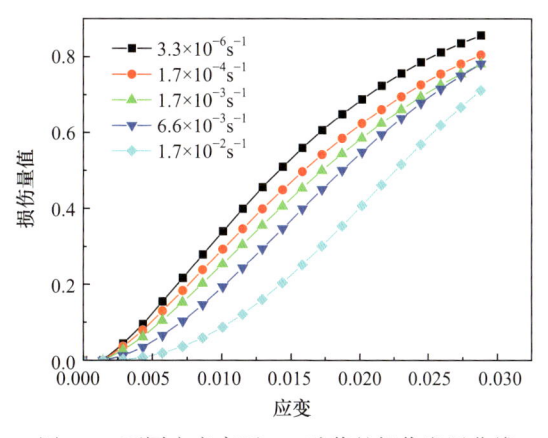

图 5-7 不同应变率下 CA 砂浆的损伤发展曲线

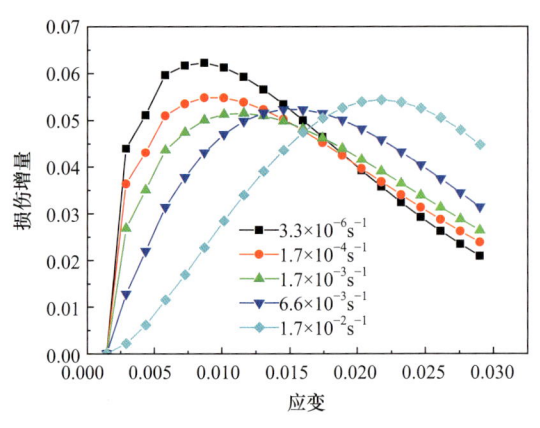

图 5-8　CA 砂浆损伤增量与应变之间的关系

由图 5-7 可知，应变率一定，砂浆的损伤量值随着应变增加而逐渐增大。当应变达到 0.0288 时，应变率为 $3.3\times10^{-6}\mathrm{s}^{-1}$、$1.7\times10^{-4}\mathrm{s}^{-1}$、$1.7\times10^{-3}\mathrm{s}^{-1}$、$6.6\times10^{-3}\mathrm{s}^{-1}$、$1.7\times10^{-2}\mathrm{s}^{-1}$ 时各自对应的损伤量值分别为 0.85636、0.80569、0.78151、0.78170、0.71204；整体来看，应变一定，应变率越大，对应损伤反而越小。这是由于：应变率较高时，CA 砂浆的原始裂纹来不及扩展，试样由一维轴向应力转变为一维轴向应变状态，侧向应变由于惯性作用而受到限制，相当于受到围压作用，且限制作用随着应变率的增大而增大，加之沥青网络结构的横向约束抑制了材料内部裂纹的扩展，使得在应变相同时，整体呈现出损伤较小的态势[25]。

根据图 5-8，应变率一定，砂浆的损伤增量随着应变增加呈现出先增大后减小的趋势。应变率为 $3.3\times10^{-6}\mathrm{s}^{-1}$、$1.7\times10^{-4}\mathrm{s}^{-1}$、$1.7\times10^{-3}\mathrm{s}^{-1}$、$6.6\times10^{-3}\mathrm{s}^{-1}$、$1.7\times10^{-2}\mathrm{s}^{-1}$，应变增量为 $1.44\times10^{-3}$ 时，各应变率下的损伤增量峰值分别为 0.06230、0.05481、0.05145、0.05227、0.06105。应变率增大时，损伤增量峰值整体呈先减小后增大的趋势且该峰值对应的应变增大。当应变小于 0.0075 时，应变率越大，损伤增量越小，损伤增长速度越慢；当应变大于 0.0225 时，应变率越大，损伤增量越大，损伤增长速度越快。应变在 0.0075~0.0225 时，不同应变率的损伤增量曲线呈交叉状态，为损伤增量由增长变为下降的过渡区间。应变率较高，材料达到同等应变的时间较短，沥青网络结构的约束作用相对较强，因此损伤增量较小；但到后期材料已经达到一定损伤，同等应变下，应变率小的比应变率大的累积损伤更大，此时应变率大的损伤增量更大。

## 5.3　含有砂浆损伤的无砟轨道有限元模型

实际情况中，列车运营过程中会有较大的不同轴载的列车动载，CA 砂浆始终处于列车作用下。为研究实际板式无砟轨道结构在列车作用下 CA 砂浆的损伤发展情况，本节利用 ABAQUS 建立 CRTS Ⅰ 型板式无砟轨道有限元实体模型。因列车作用下砂浆应变率随时间变化，故将 5.2 节的 CA 砂浆统计损伤本构 UMAT 子程序进行修改，改为应变率为变量的子程序，而后将其嵌入模型中用于分析计算。

## 5.3.1 无砟轨道有限元模型

CRTS Ⅰ型板式无砟轨道有限元模型中，钢轨、轨道板及底座板采用实体单元 C3D8R 模拟，使用软件自带线弹性本构方程；CA 砂浆采用实体单元 C3D8I 模拟，应用所编写的 UMAT 子程序定义其本构方程，并认为砂浆无初始损伤；扣件和地基则采用阻尼-弹簧单元模拟。圆形凸台的主要作用是对轨道板产生纵、横向约束，对轨道结构整体垂向受力影响较小[26-28]，因而建模时简化了凸台。钢轨两端采用固定约束；中间轨道板与 CA 砂浆之间采用接触定义，法向为硬接触，切向使用罚函数；其余轨道板与 CA 砂浆层、CA 砂浆层与底座板则采用绑定约束。共建立 5 块轨道板以消除边界影响，并以中间 CA 砂浆层为研究对象。CA 砂浆层的网格尺寸为 0.1m，一块轨道板有 2320 个单元，其下砂浆层有 2512 个单元。计算模型与有限元模型分别如图 5-9 和图 5-10 所示。

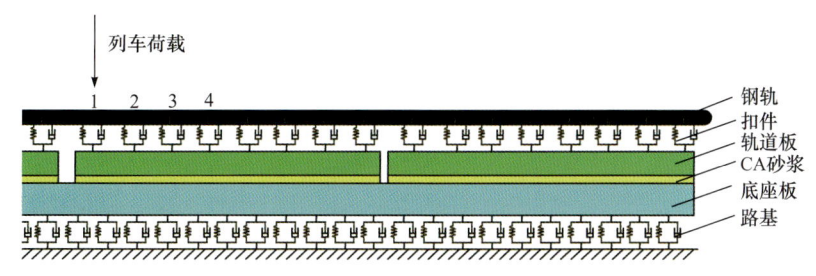

图 5-9 CRTS Ⅰ型板式无砟轨道计算模型

图 5-10 CRTS Ⅰ型板式无砟轨道有限元模型

1. 模型计算参数

所建轨道结构模型的相关参数如表 5-3 所示。

表 5-3 CRTS Ⅰ型板式无砟轨道模型参数

| 结构 | 名称 | 符号 | 单位 | 数值 |
| --- | --- | --- | --- | --- |
| 钢轨 | 弹性模量 | $E_r$ | $10^{11}$N/m$^2$ | 2.059 |
|  | 泊松比 | $v_r$ | — | 0.3 |
|  | 单位长度质量 | $m_r$ | kg/m | 60.64 |
|  | 密度 | $\rho_r$ | $10^3$kg/m$^3$ | 7.98 |

续表

| 结构 | 名称 | 符号 | 单位 | 数值 |
|---|---|---|---|---|
| 扣件 | 间距 | $L_f$ | m | 0.625 |
|  | 垂向刚度 | $K_f$ | $10^7$N/m | 6.0 |
|  | 垂向阻尼 | $C_f$ | $10^5$N·s/m | 3.625 |
| 轨道板 | 长度 | $L_s$ | m | 4.93 |
|  | 宽度 | $W_s$ | m | 2.4 |
|  | 厚度 | $H_s$ | m | 0.19 |
|  | 弹性模量 | $E_s$ | $10^{10}$N/m² | 3.65 |
|  | 泊松比 | $v_s$ | — | 0.2 |
|  | 密度 | $\rho_s$ | $10^3$kg/m³ | 2.4 |
| CA砂浆层 | 长度 | $L_a$ | m | 4.93 |
|  | 宽度 | $W_a$ | m | 2.4 |
|  | 厚度 | $H_a$ | m | 0.05 |
|  | 弹性模量 | $E_a$ | $10^{10}$N/m² | 0.03 |
|  | 泊松比 | $v_a$ | — | 0.2 |
|  | 密度 | $\rho_a$ | $10^3$kg/m³ | 2.4 |
| 底座板 | 宽度 | $L_b$ | m | 3.2 |
|  | 厚度 | $H_b$ | m | 0.3 |
|  | 弹性模量 | $E_b$ | $10^{10}$N/m² | 3.25 |
|  | 泊松比 | $v_b$ | — | 0.2 |
|  | 密度 | $\rho_b$ | $10^3$kg/m³ | 2.4 |
| 路基 | 面刚度 | $K_l$ | MPa/m | 75 |
|  | 垂向阻尼 | $C_l$ | $10^5$N·s/m | 1.0 |

2. 实测轮轨垂向力荷载

现有针对损伤的研究，多是采用列车加上轨道不平顺谱模拟获得的轮轨力进行加载，鲜有使用实测轮轨力进行加载来研究损伤的，故本章采用实测轮轨力进行模拟计算。

计算所用荷载为渝怀线鱼嘴2号隧道内和遂渝线蔡家车站实测所得轮轨垂向力[29]。其中，渝怀线共测得19组CRH2、C80数据，遂渝线共测得12组CRH2数据。

目前，CRH2常用209型转向架，固定轴距2.4m；C80常用K6型转向架，固定轴距为1.8m。根据转向架的固定轴距及其通过时长即可计算得出相应车速。图5-11展示了较为典型的一次转向架作用下CRH2与C80实测轮轨垂向力时程曲线，其中CRH2速度为110km/h，C80速度为70km/h。

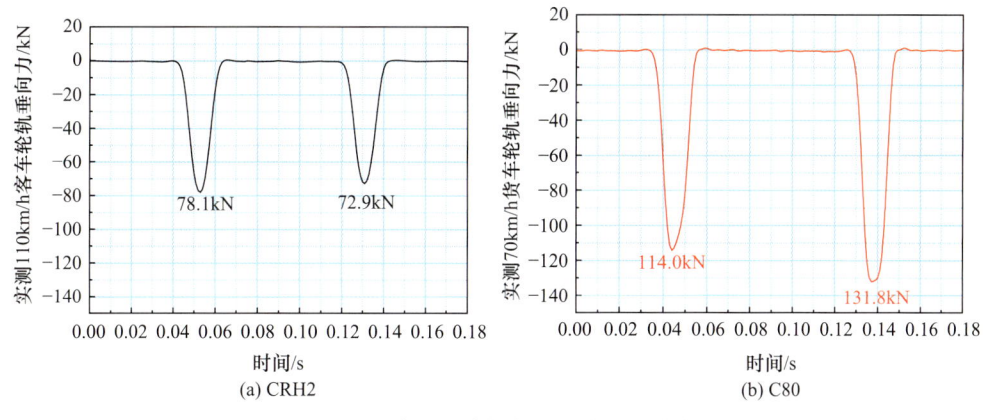

图 5-11　实测列车轮轨垂向力时程曲线

本章采用如图 5-11 所示实测 CRH2、C80 轮轨力时程曲线对模型进行动力加载，因现场调研发现砂浆损伤主要位于轨道板端区域，故于中间板端第一扣件位置处钢轨上施加轮轨垂向力(图 5-9)。考虑到有限元模型较大，计算耗时较多，仅加载一个转向架作用的时间。CRH2 转向架前轮经过时最大轮轨力为 78.1kN，转向架后轮经过时为 72.9kN；C80 转向架前轮经过时最大轮轨力为 114.0kN，转向架后轮经过时为 131.8kN。C80 轮轨力峰值为 CRH2 轮轨力峰值的 1.5~1.8 倍，两者差值 35.9kN~58.9kN，相差较大。

### 5.3.2　砂浆损伤对轨道结构动态响应的影响

在现有研究中，CA 砂浆时常被定义为线弹性材料用于计算分析，而实际上 CA 砂浆的应力-应变曲线并非完全保持线性关系[30]。经过列车荷载作用，CA 砂浆不可避免地会产生损伤，从而影响轨道结构受力，加剧结构损伤。综上所述，本节对 CA 砂浆分别采用线弹性本构模型与统计损伤本构模型，由于施加的垂向列车荷载，故探讨砂浆损伤对轨道结构垂向动态响应的影响。

1. CA 砂浆应力与应变

图 5-12 和图 5-13 分别展示了线弹性模型与统计损伤模型下，CA 砂浆层左侧第一扣件下方单元的垂向应力、垂向应变时程曲线，发现统计损伤模型下砂浆的应力、应变明显大于线弹性模型的对应值。

对于砂浆应力，CRH2 作用下，线弹性模型、统计损伤模型下 CA 砂浆的垂向应力峰值分别为 0.106MPa、0.228MPa，后者为前者的 2.15 倍左右；C80 作用下，线弹性模型、统计损伤模型下 CA 砂浆的垂向应力峰值分别为 0.181MPa、0.392MPa，后者为前者的 2.17 倍左右。对于砂浆应变，CRH2 作用下，线弹性模型、统计损伤模型下 CA 砂浆的垂向应变峰值分别为 $0.307\times10^{-3}$、$0.721\times10^{-3}$，后者为前者的 2.35 倍左右；C80 作用下，线弹性模型、统计损伤模型下 CA 砂浆的垂向应变峰值分别为 $0.526\times10^{-3}$、$1.242\times10^{-3}$，后者为前者的 2.36 倍左右。考虑损伤后，砂浆的应力与应变均变大，这是因为在同样的荷载作用下，CA 砂浆损伤使内部产生裂纹并扩展导致受力面积减小，材料应力、变形则相应增大。

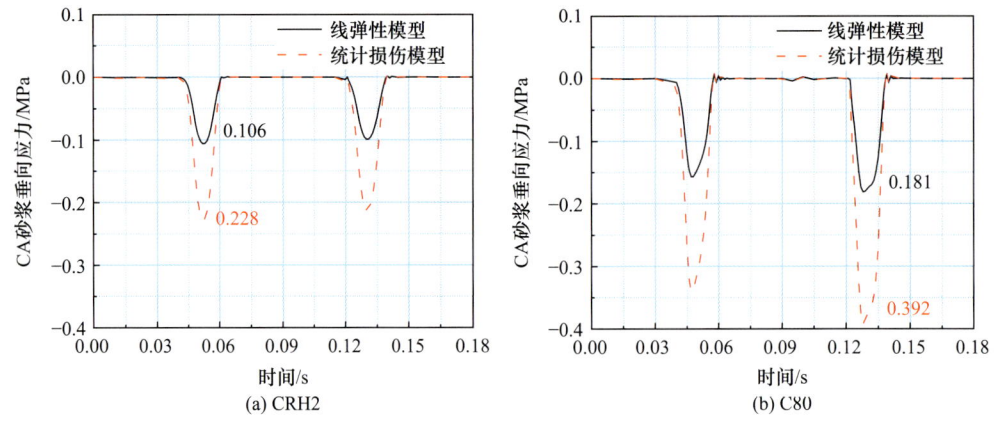

图 5-12　线弹性模型与统计损伤模型 CA 砂浆垂向应力对比

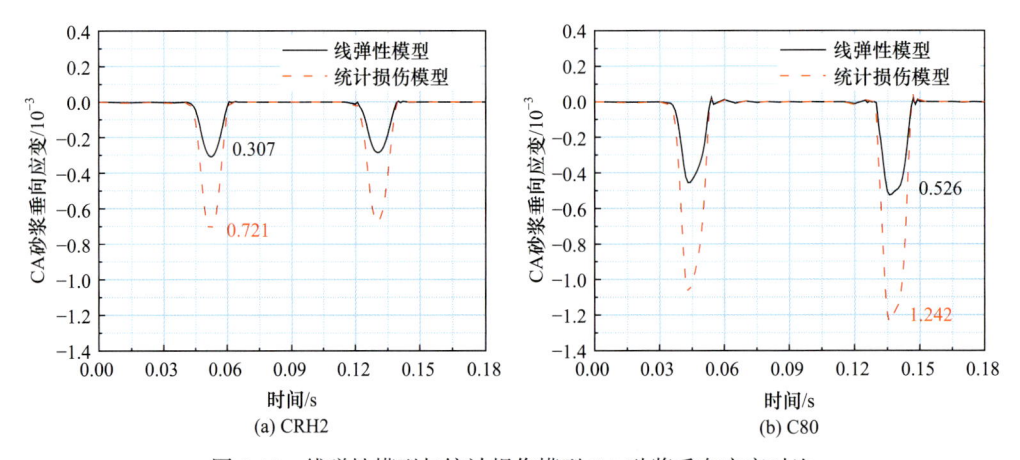

图 5-13　线弹性模型与统计损伤模型 CA 砂浆垂向应变对比

CA 砂浆的垂向应变率时程曲线具体如图 5-14 所示，统计损伤模型下砂浆的垂向应变率明显大于线弹性模型下的垂向应变率。CRH2 作用下，线弹性模型、统计损伤模型下 CA 砂浆的垂向应变率峰值分别为 $0.055\text{s}^{-1}$、$0.125\text{s}^{-1}$，后者为前者的 2.27 倍左右；C80

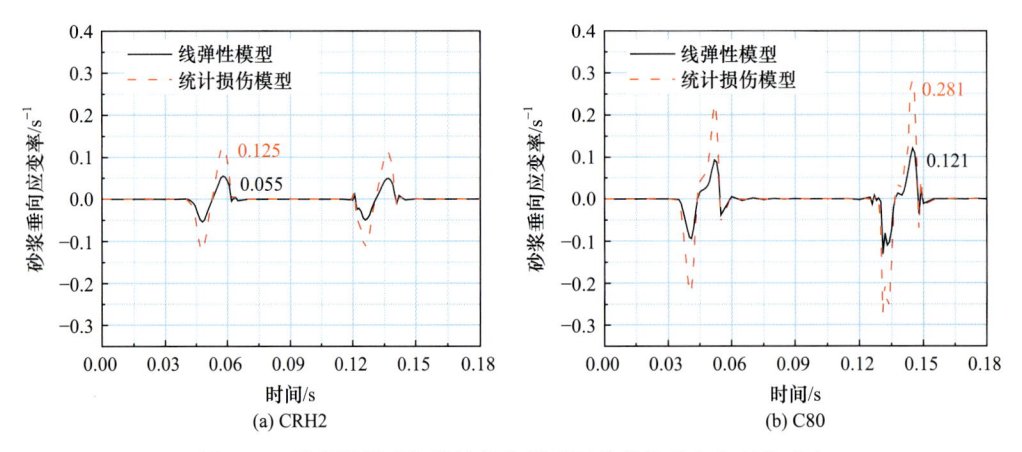

图 5-14　线弹性模型与统计损伤模型下砂浆的垂向应变率对比

作用下，线弹性模型、统计损伤模型下 CA 砂浆的垂向应变率峰值分别为 $0.121\text{s}^{-1}$、$0.281\text{s}^{-1}$，后者为前者的 2.32 倍左右。

**2. 轨道板加速度与位移**

图 5-15 和图 5-16 分别展示了中间轨道板左侧第一个扣件点的垂向加速度、垂向位移的时程曲线。

图 5-15 线弹性模型与统计损伤模型轨道板的垂向加速度对比

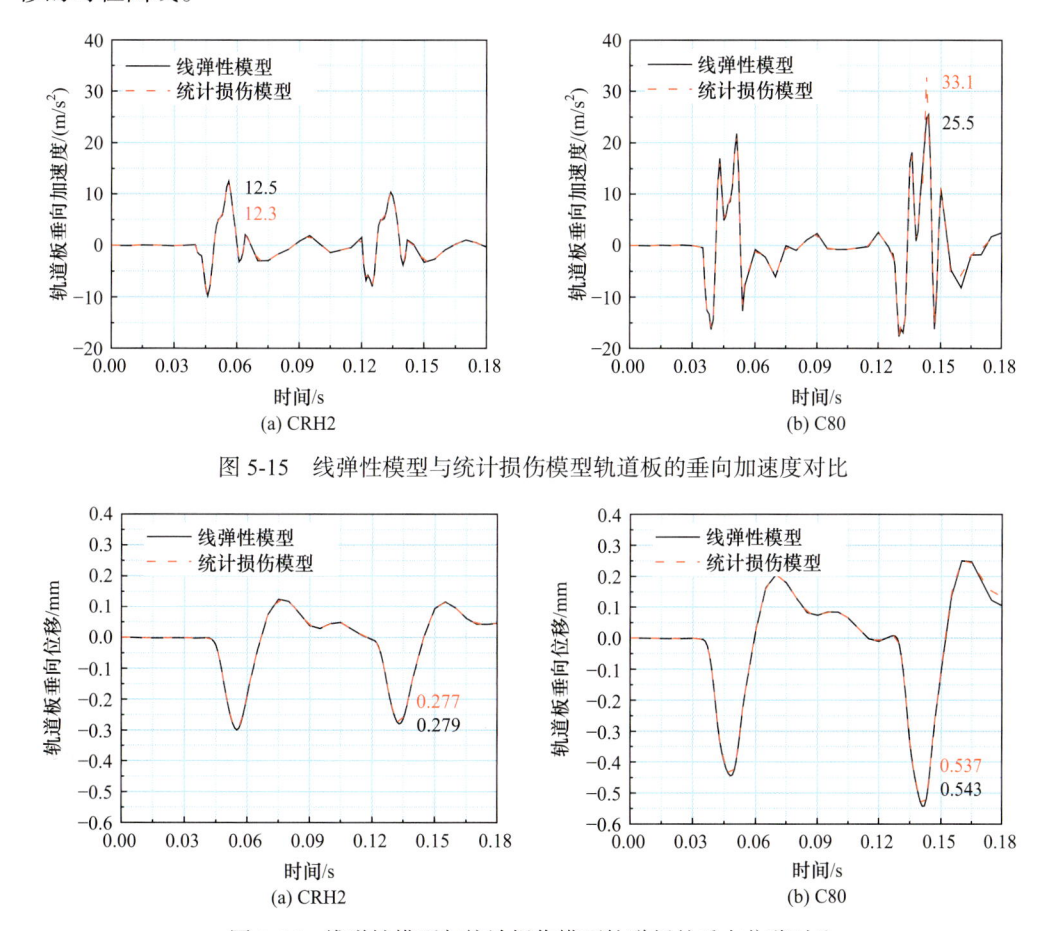

图 5-16 线弹性模型与统计损伤模型轨道板的垂向位移对比

线弹性模型与统计损伤模型下轨道板的垂向加速度、垂向位移相差不大。对于轨道板加速度，CRH2 作用下，线弹性模型、统计损伤模型下轨道板的垂向加速度峰值分别为 $12.5\text{m/s}^2$、$12.3\text{m/s}^2$；C80 作用下，线弹性模型、统计损伤模型下轨道板的垂向加速度峰值分别为 $25.5\text{m/s}^2$、$33.1\text{m/s}^2$。对于轨道板位移，CRH2 作用下，线弹性模型、统计损伤模型下轨道板的垂向位移峰值分别为 0.279mm、0.277mm；C80 作用下，线弹性模型、统计损伤模型下轨道板的垂向位移峰值分别为 0.543mm、0.537mm。C80 作用下轨道板的垂向加速度峰值、垂向位移峰值均约为 CRH2 作用下的 2 倍，该差异可能是由 C80 相较于 CRH2 轴重大，轮轨力大引起的。

### 3. 钢轨加速度与位移

图 5-17 和图 5-18 分别为轮轨力作用点处左侧钢轨垂向加速度、垂向位移曲线。

图 5-17 线弹性模型与统计损伤模型钢轨垂向加速度对比

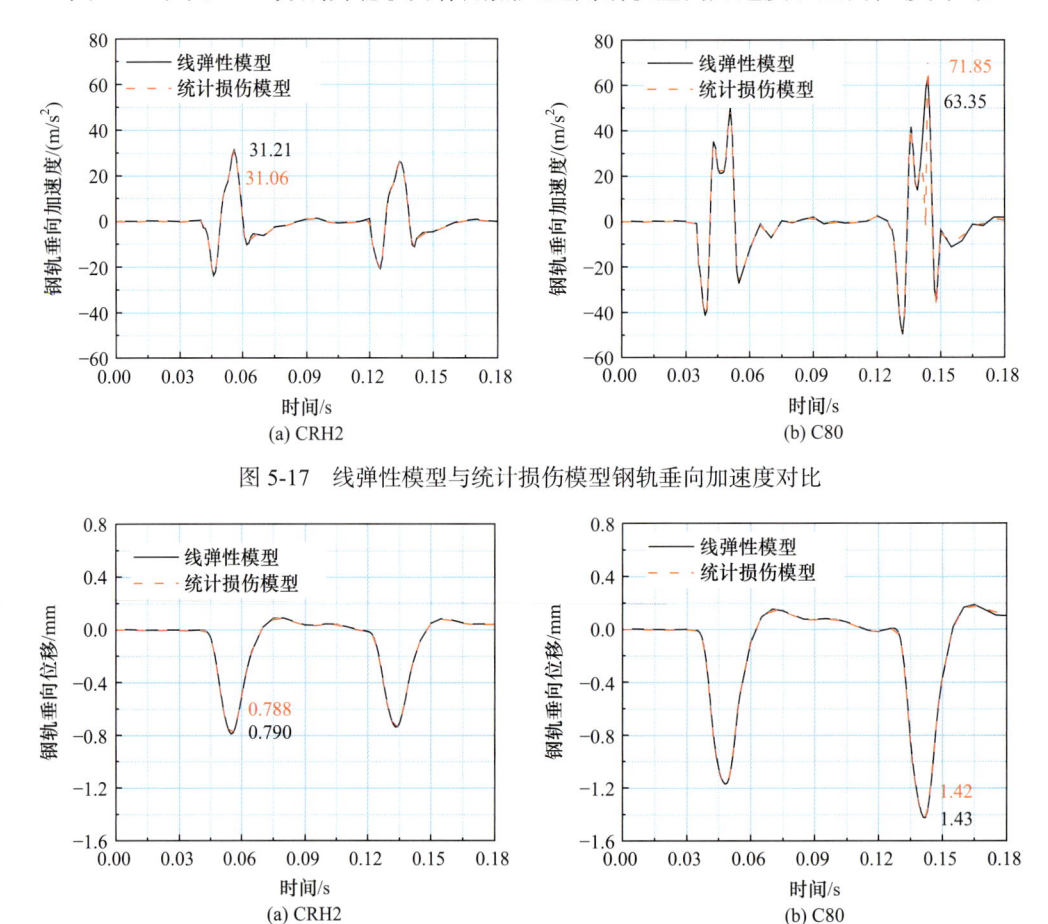

图 5-18 线弹性模型与统计损伤模型钢轨垂向位移对比

可以发现：CRH2 作用下，线弹性模型、统计损伤模型下钢轨垂向加速度峰值分别为 31.21m/s²、31.06m/s²，两者相差很小；C80 作用下，线弹性模型、统计损伤模型下钢轨垂向加速度峰值分别为 63.35m/s²、71.85m/s²，两者相差 8.5m/s²。对于钢轨位移，CRH2 作用下，线弹性模型、统计损伤模型下钢轨的垂向位移峰值分别为 0.790mm、0.788mm；C80 作用下，线弹性模型、统计损伤模型下钢轨的垂向位移峰值分别为 1.43mm、1.42mm，两者相差很小。C80 作用下钢轨的垂向加速度峰值、垂向位移峰值均约为 CRH2 作用下的 2 倍，该差异可能是由 C80 相较于 CRH2 轴重大，轮轨力大引起的。

## 5.4 初始弹性模量对无砟轨道 CA 砂浆损伤发展的影响

弹性模量是材料进行力学分析的重要参数。试验表明，不同应变率加载下 CA 砂浆所表现出来的弹性模量也不一样[4]，而实际运营过程中列车荷载作用下材料的应变率随着时间在不断变化。CA 砂浆弹性模量变化，砂浆所受应力也将发生改变，其损伤状态也将不同。因此，本节采用 5.3 节所建有限元模型，探讨 CA 砂浆初始弹性模量对其损伤发展的影响。

### 5.4.1 计算工况的选取

CA 砂浆弹性模量(28 天)一般为 100～300MPa，服役时受现场施工影响及列车、温度、雨水等外部条件作用，其初始弹性模量也容易发生变化。综合考虑以上因素，模拟时取初始弹性模量分别为 100MPa、300MPa、500MPa，分析不同初始弹性模量下 CA 砂浆的损伤发展规律[31,32]。

### 5.4.2 不同初始弹性模量下 CA 砂浆损伤情况

本节主要分析 CA 砂浆层在不同列车荷载特征下的损伤分布情况，考虑到所加荷载为垂向荷载，分析研究砂浆最大损伤所在单元损伤与其垂向应变率、垂向应力之间的关系。

1. 初始弹性模量 100MPa 时 CA 砂浆损伤情况

利用模型进行计算分析，可得初始弹性模量为 100MPa 时 CA 砂浆在不同列车荷载特征下的损伤分布云图，具体如图 5-19 所示。

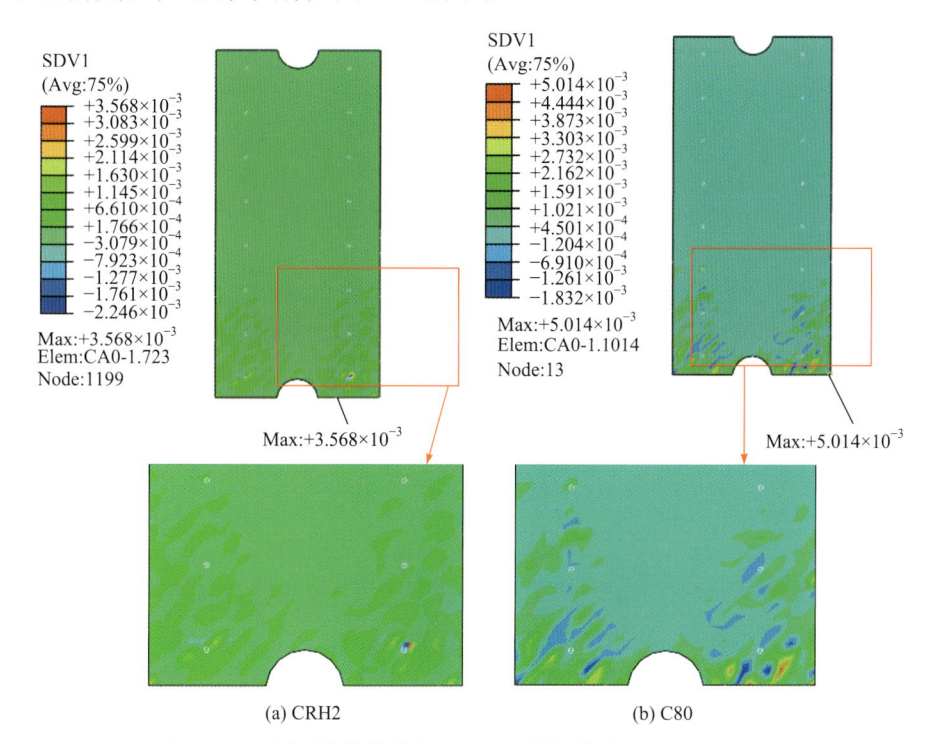

(a) CRH2    (b) C80

图 5-19 不同列车荷载特征下 CA 砂浆损伤分布云图(100MPa)

可以看出，在 CRH2 一次转向架作用后，CA 砂浆的损伤主要分布于层端第 3 个扣件位置处以内区域，最大损伤量值为 $3.568\times10^{-3}$，位于右侧第一个扣件位置下方的砂浆层中部；而在 C80 一次转向架作用后，CA 砂浆层的损伤主要分布区域与 CRH2 作用下的基本一致，但最大损伤量值为 $5.014\times10^{-3}$，处于右侧砂浆层角部区域。在一次转向架作用下，C80 引起的 CA 砂浆损伤量值相对较大，约为 CRH2 引起的 1.4 倍。

图 5-20 展示了列车作用下 CA 砂浆的最大损伤所在单元的损伤发展情况。砂浆损伤急剧发展均处于应变率较低、应力较高时，不同列车荷载作用下 CA 砂浆损伤均在前轮经过时发展缓慢，后轮经过时急剧发展。CRH2 一次转向架作用下，前轮经过时 CA 砂浆的应变率、应力以及损伤量值分别为 $2.678\times10^{-3}\text{s}^{-1}$、$-0.121\text{MPa}$、$4.892\times10^{-6}$；后轮经过时的对应量值分别为 $2.499\times10^{-4}\text{s}^{-1}$、$-0.113\text{MPa}$、$3.568\times10^{-3}$。C80 一次转向架作用下，前轮经过时 CA 砂浆的应变率、应力以及损伤量值分别为 $1.583\times10^{-2}\text{s}^{-1}$、$-0.131\text{MPa}$、$4.661\times10^{-6}$；后轮经过时的对应量值分别为 $-7.888\times10^{-3}\text{s}^{-1}$、$-0.152\text{MPa}$、$5.014\times10^{-3}$。

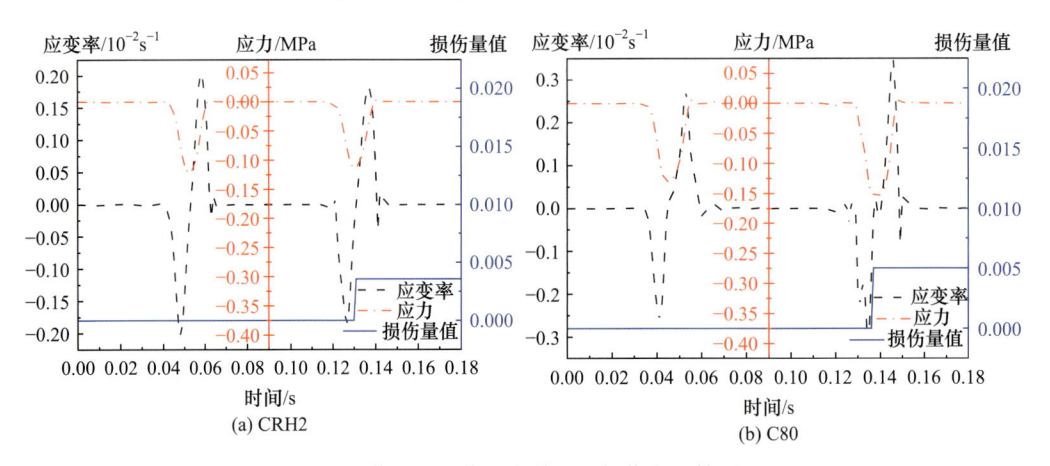

(a) CRH2

(b) C80

图 5-20　CA 砂浆最大损伤所在单元的损伤发展情况(100MPa)

#### 2. 初始弹性模量 300MPa 时 CA 砂浆损伤情况

初始弹性模量为 300MPa 的 CA 砂浆在不同列车荷载特征下的损伤分布云图如图 5-21 所示。在 CRH2 一次转向架作用后，CA 砂浆层的损伤主要分布在层端，其损伤区域扩散至板端第三个扣件位置处，最大损伤量值为 $9.721\times10^{-3}$，位于左侧第一个扣件位置下方的砂浆层中部；而在 C80 一次转向架作用后，CA 砂浆层的损伤主要分布区域比 CRH2 作用下的稍广，最大损伤量值为 $1.297\times10^{-2}$，位于左侧第二个扣件位置下方的砂浆层中部。在一次转向架作用下，C80 引起的 CA 砂浆损伤量值相对较大，约为 CRH2 引起的 1.3 倍。

根据模拟结果，作出 CA 砂浆的最大损伤所在单元的损伤发展曲线，如图 5-22 所示。砂浆损伤急剧发展均处于应变率较低、应力较高时，不同列车荷载作用下 CA 砂浆损伤均在前轮经过时急剧发展，后轮经过时发展缓慢。CRH2 一次转向架作用下，前轮经过时 CA 砂浆的应变率、应力以及损伤量值分别为 $3.130\times10^{-4}\text{s}^{-1}$、$-0.163\text{MPa}$、$9.721\times10^{-3}$，后轮经过时的对应量值分别为 $1.361\times10^{-3}\text{s}^{-1}$、$-0.153\text{MPa}$、$9.721\times10^{-3}$。C80 一次转向架作用下，当前轮经过时 CA 砂浆的应变率、应力以及损伤量值分别为 $1.396\times10^{-3}\text{s}^{-1}$、$-0.236\text{MPa}$、$1.297\times10^{-2}$，后轮经过的对应量值分别为 $7.871\times10^{-3}\text{s}^{-1}$、$-0.272\text{MPa}$、$1.297\times10^{-2}$。

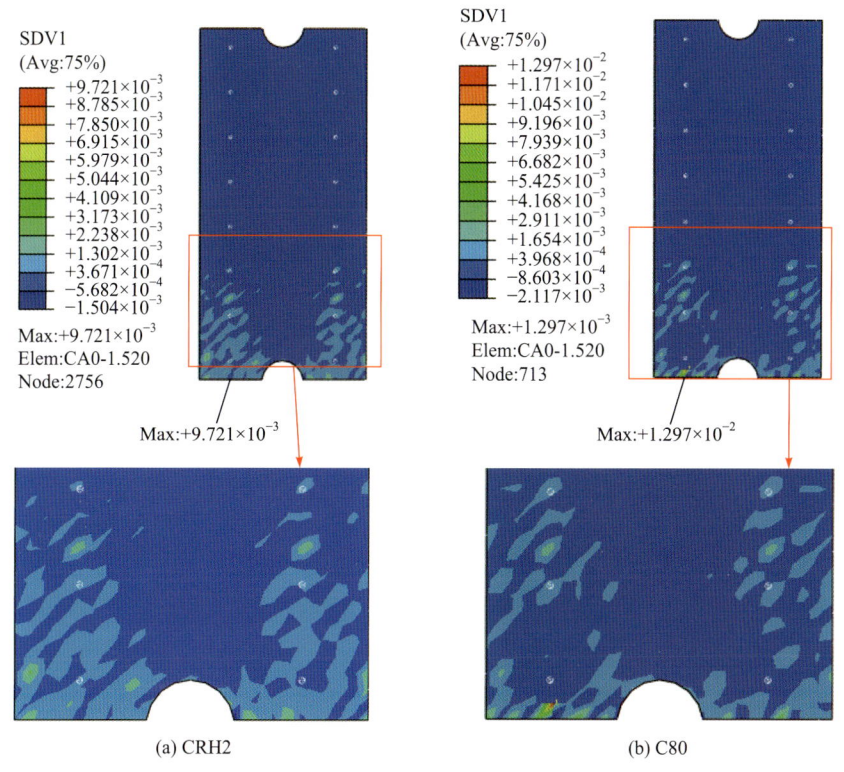

(a) CRH2　　　　　　　　　　　　(b) C80

图 5-21　不同列车荷载特征下 CA 砂浆损伤分布云图(300MPa)

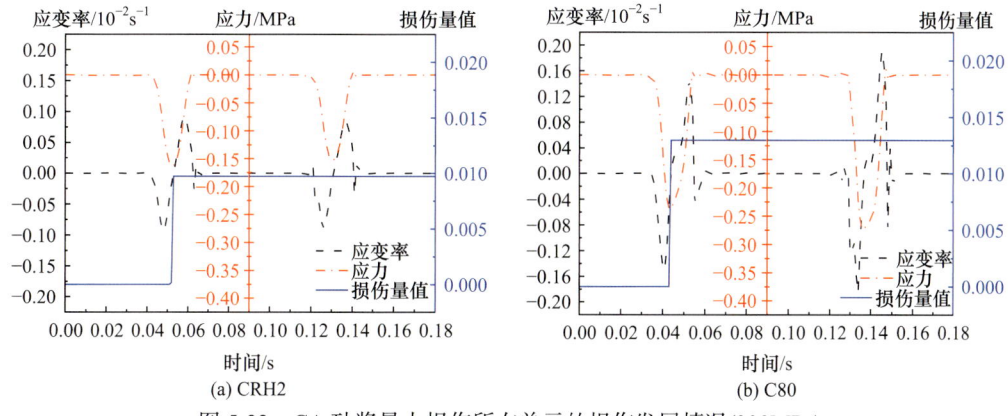

(a) CRH2　　　　　　　　　　　　(b) C80

图 5-22　CA 砂浆最大损伤所在单元的损伤发展情况(300MPa)

3. 初始弹性模量 500MPa 时 CA 砂浆损伤情况

初始弹性模量为 500MPa 时 CA 砂浆在不同列车荷载特征下的损伤分布云图如图 5-23 所示。

(a) CRH2　　　　　　　　　　(b) C80

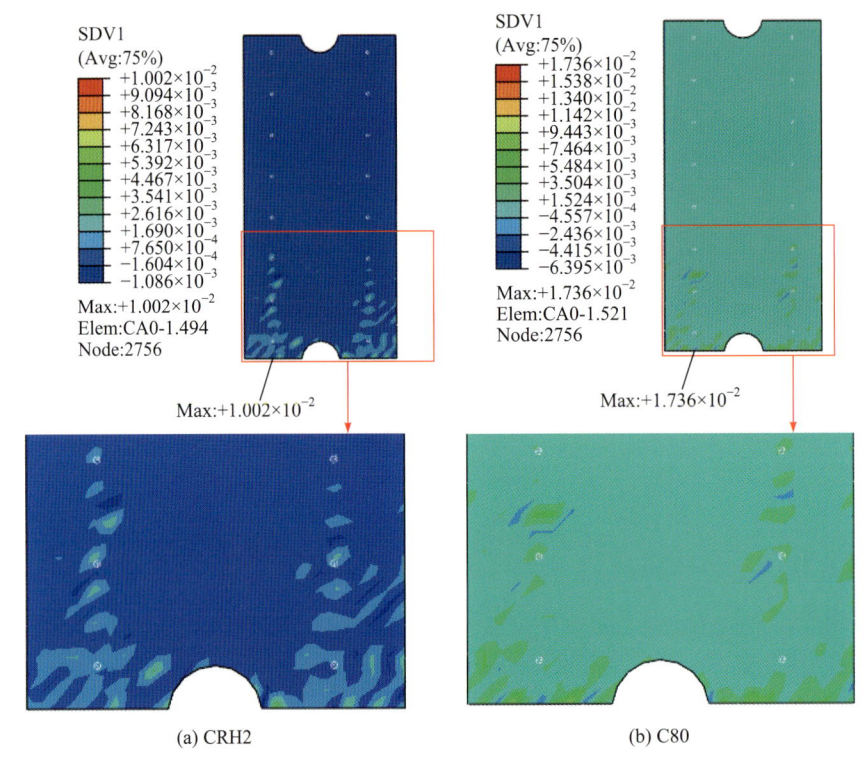

图 5-23　不同列车荷载特征下 CA 砂浆损伤分布云图(500MPa)

在 CRH2 一次转向架作用后，CA 砂浆层的损伤主要分布在层端，其损伤区域扩散至板端第三个扣件位置处，最大损伤量值为 $1.002×10^{-2}$，位于左侧第一个扣件位置下方的 CA 砂浆层中部；而在 C80 一次转向架作用后，CA 砂浆层的损伤主要分布区域与 CRH2 作用下的基本一致，最大损伤量值为 $1.736×10^{-2}$，位于左侧第一个扣件位置下方的 CA 砂浆层中部。在一次转向架作用下，C80 引起的 CA 砂浆损伤量值相对较大，约为 CRH2 引起的 1.7 倍。

根据模拟结果，作出 CA 砂浆的损伤发展曲线，如图 5-24 所示。砂浆损伤急剧发展

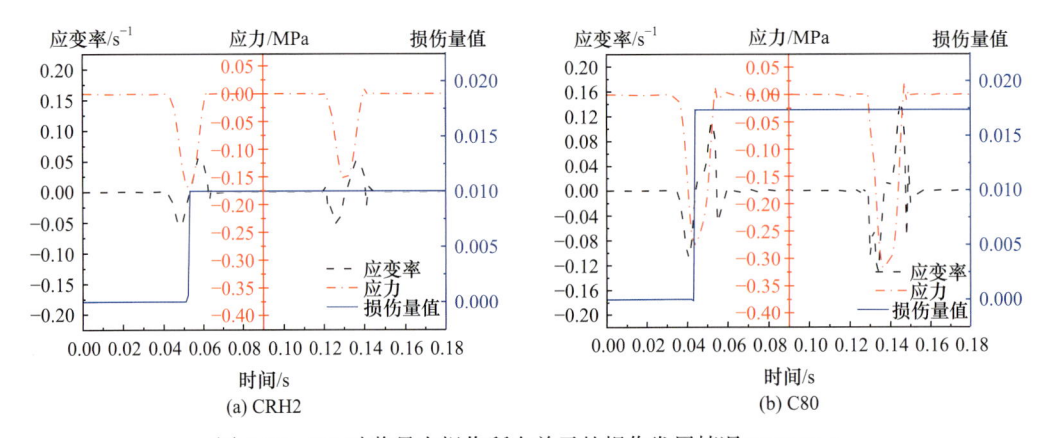

(a) CRH2　　　　　　　　　　(b) C80

图 5-24　CA 砂浆最大损伤所在单元的损伤发展情况(500MPa)

均处于应变率较低、应力较高时,不同列车荷载作用下 CA 砂浆损伤均在前轮经过时急剧发展,后轮经过时发展缓慢。CRH2 一次转向架作用下,前轮经过时 CA 砂浆的应变率、应力以及损伤量值分别为 $-1.251\times10^{-4}\mathrm{s}^{-1}$、$-0.168\mathrm{MPa}$、$1.002\times10^{-2}$,后轮经过时的对应量值分别为 $2.007\times10^{-4}\mathrm{s}^{-1}$、$-0.157\mathrm{MPa}$、$1.002\times10^{-2}$。C80 一次转向架作用下,当前轮经过时 CA 砂浆的应变率、应力以及损伤量值分别为 $-5.193\times10^{-3}\mathrm{s}^{-1}$、$-0.275\mathrm{MPa}$、$1.736\times10^{-2}$,后轮经过的对应量值分别为 $1.822\times10^{-3}\mathrm{s}^{-1}$、$-0.317\mathrm{MPa}$、$1.736\times10^{-2}$。

4. 不同初始弹性模量下 CA 砂浆损伤发展规律

不同初始弹性模量下 CA 砂浆的最大损伤与其应变率、应力变化情况如表 5-4 和图 5-25 所示。

表 5-4 不同初始弹性模量下 CA 砂浆的损伤情况

| 初始弹性模量 | 100MPa | | 300MPa | | 500MPa | |
| --- | --- | --- | --- | --- | --- | --- |
| 列车荷载 | CRH2 | C80 | CRH2 | C80 | CRH2 | C80 |
| 砂浆最大损伤/$10^{-3}$ | 3.568 | 5.014 | 9.721 | 12.97 | 10.02 | 17.36 |
| 前轮/后轮作用时出现 | 后轮 | 后轮 | 前轮 | 前轮 | 前轮 | 后轮 |
| 对应应变率/$10^{-3}\mathrm{s}^{-1}$ | 0.2499 | $-7.888$ | 0.313 | 1.396 | $-0.1251$ | 1.822 |
| 对应应力/MPa | $-0.113$ | $-0.152$ | $-0.163$ | $-0.236$ | $-0.168$ | $-0.317$ |

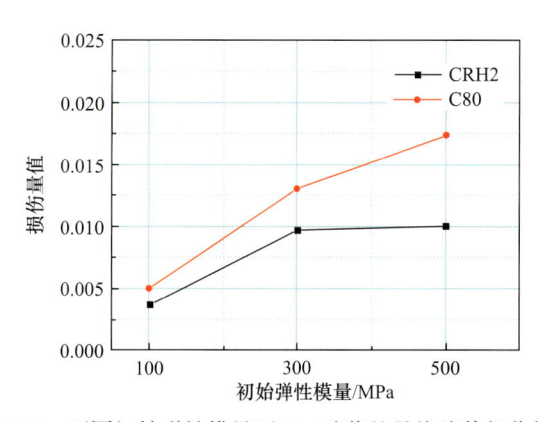

图 5-25 不同初始弹性模量下 CA 砂浆的最终峰值损伤情况

由表 5-4 可以看出,不同列车荷载作用下,砂浆损伤急剧发展均处于应变率较低($10^{-4}\sim10^{-3}\mathrm{s}^{-1}$ 数量级,但其应变率峰值在 $10^{-1}\mathrm{s}^{-1}$ 数量级大小)、应力较高(基本位于峰值处)时,损伤最大值可能出现在前轮作用时,也可能出现在后轮作用时,这与前后轮作用时的应力、应变率大小状态密切相关。CA 砂浆为同一弹性模量时,一次转向架作用下,C80 引起的 CA 砂浆损伤量值为 CRH2 引起的 1.3~1.8 倍,究其原因,可能是 C80 轮轨力较 CRH2 大,荷载从钢轨、扣件、轨道板传递到砂浆层,轨道结构整体所受应力均较大,导致砂浆层受损更为严重。

图 5-25 展示出，当 CA 砂浆无初始损伤时，其初始弹性模量为 100MPa、300MPa、500MPa 时，不同列车荷载作用下砂浆损伤量值均随弹性模量的增大而增加。无初始损伤时，砂浆初始弹性模量增加会导致其损伤的增长：弹性模量较高，砂浆沥青含量较少，形成的沥青膜网状结构[25]相对较少，脆性相对明显，塑性相对较弱，对应变率的敏感性降低，但所受应力会增大，进而损伤增大。

## 5.5 列车速度对无砟轨道 CA 砂浆损伤发展的影响

我国已建立多条高速铁路，根据线路建设时的运营需求和地质构造等多方面原因，不同线路设计速度也不一样。我国铁路设计速度主要包括 80km/h、120km/h、200km/h、250km/h、350km/h，但实际运营时很难达到理想的持续高速状态。这是因为线路部分区段的曲率半径、缓和曲线、超高等无法满足列车高速运行，或是道岔技术条件限制、车流密度较大，出于安全考虑必须控制车速。

遂渝线和渝怀线的 CRH2 设计速度为 200km/h，C80 列车设计速度为 120km/h，作者团队现场测试轮轨力时，发现实际运营速度均较设计速度小，且过往车辆速度不一[33]，不同区段砂浆的损伤程度也不一样，考虑上述实际情况，本节探讨列车速度与 CA 砂浆损伤之间的关系。

### 5.5.1 计算工况的选取

本节所用模型与 5.3 节所用模型基本一致，CA 砂浆弹性模量采用 300MPa，采用实测轮轨力曲线进行动力加载，分析研究不同速度列车作用下 CA 砂浆损伤发展规律。

根据在遂渝线和渝怀线实测得到不同速度、不同列车荷载作用下的轮轨力时程曲线的具体情况，选取 CRH2 速度 60km/h、80km/h、110km/h，C80 速度 50km/h、70km/h、100km/h 分别进行研究，具体一次转向架作用下的轮轨力时程曲线分别如图 5-26 和图 5-27 所示，其中 110km/h CRH2 与 70km/h C80 的轮轨力时程曲线如 5.3 节的图 5-11 所示。

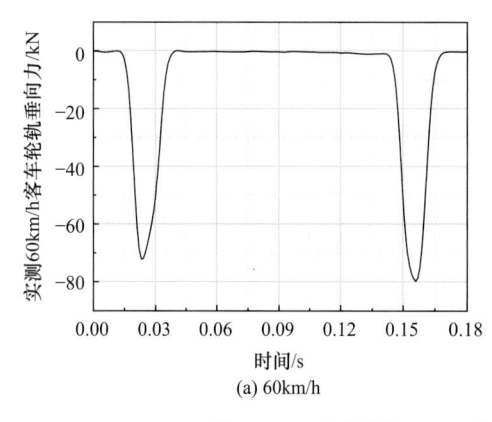

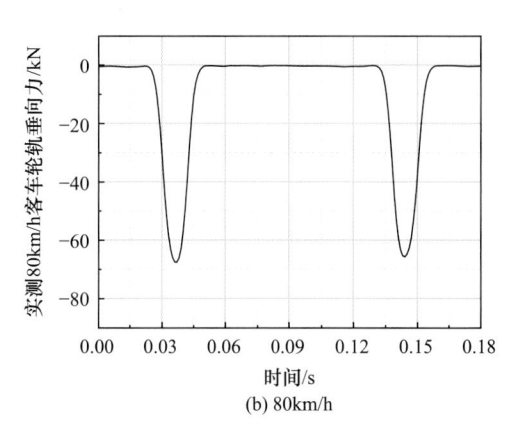

图 5-26 不同速度 CRH2 作用下实测轮轨垂向力时程曲线

# 第 5 章 无砟轨道 CA 砂浆损伤发展规律分析

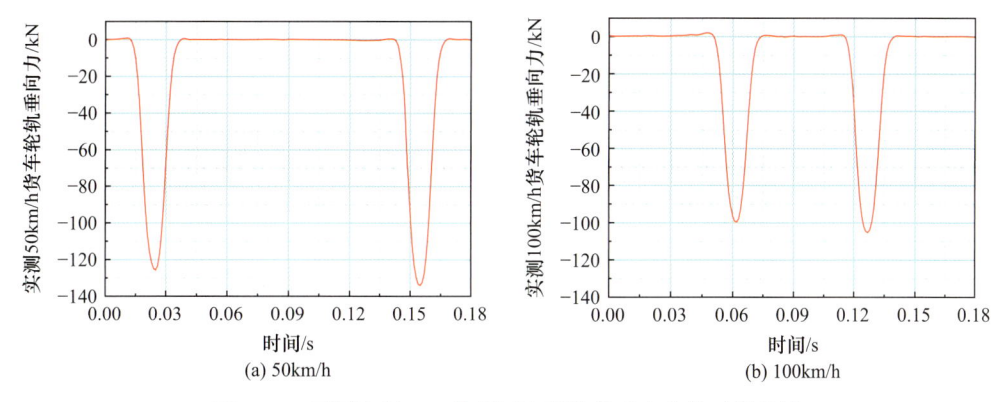

图 5-27 不同速度 C80 作用下实测轮轨垂向力的时程曲线

不同速度、不同列车荷载作用下的轮轨力时程曲线的峰值如表 5-5 所示。60km/h、80km/h、110km/h 的 CRH2 转向架前轮经过时最大轮轨力分别为 72.1kN、67.5kN、78.1kN，转向架后轮经过时分别为 79.7kN、65.7kN、72.9kN；50km/h、70km/h、100km/h 的 C80 转向架前轮经过时最大轮轨力分别为 125.8kN、114.0kN、99.8kN，转向架后轮经过时分别为 134.1kN、131.8kN、105.4kN。不同车速的 CRH2 前轮轮轨力峰值相差不超过 11kN，不同车速的 C80 前轮轮轨力峰值相差不超过 26kN，相差均不算太大。

表 5-5 不同速度、不同列车荷载作用下的轮轨力时程曲线峰值

| 列车 | CRH2 | | | C80 | | |
| --- | --- | --- | --- | --- | --- | --- |
| 车速/(km/h) | 60 | 80 | 110 | 50 | 70 | 100 |
| 转向架前轮最大轮轨力/kN | 72.1 | 67.5 | 78.1 | 125.8 | 114.0 | 99.8 |
| 转向架后轮最大轮轨力/kN | 79.7 | 65.7 | 72.9 | 134.1 | 131.8 | 105.4 |

## 5.5.2 不同速度、不同列车荷载作用下无砟轨道 CA 砂浆损伤情况

本节主要分析 CA 砂浆层在不同速度、不同列车荷载作用下的损伤分布情况，以及最大损伤所在单元的损伤发展情况。

### 1. 不同速度 CRH2 作用下 CA 砂浆损伤情况

分析可知不同速度 CRH2 作用下 CA 砂浆的损伤分布基本一致，均主要集中分布于层端 3 个扣件区域内，具体如图 5-28 所示。

不同速度 CRH2 作用下砂浆的最大损伤发展情况具体如图 5-29 所示。分析图 5-29 可知，在 60km/h、80km/h、110km/h 的 CRH2 一次转向架作用下，砂浆的最大损伤量值分别为 $1.528\times10^{-2}$、$7.363\times10^{-3}$、$9.721\times10^{-3}$，整体呈现出随车速增加而缓慢减小的趋势；80km/h 下砂浆损伤比 110km/h 的略小，与前者车速下的轮轨力相对较小有关；与车速对应的应变率分别为 $-2.297\times10^{-3}\mathrm{s}^{-1}$、$-1.301\times10^{-3}\mathrm{s}^{-1}$、$3.130\times10^{-4}\mathrm{s}^{-1}$，对应的应力分别为 $-0.233\mathrm{MPa}$、$-0.116\mathrm{MPa}$、$-0.163\mathrm{MPa}$。

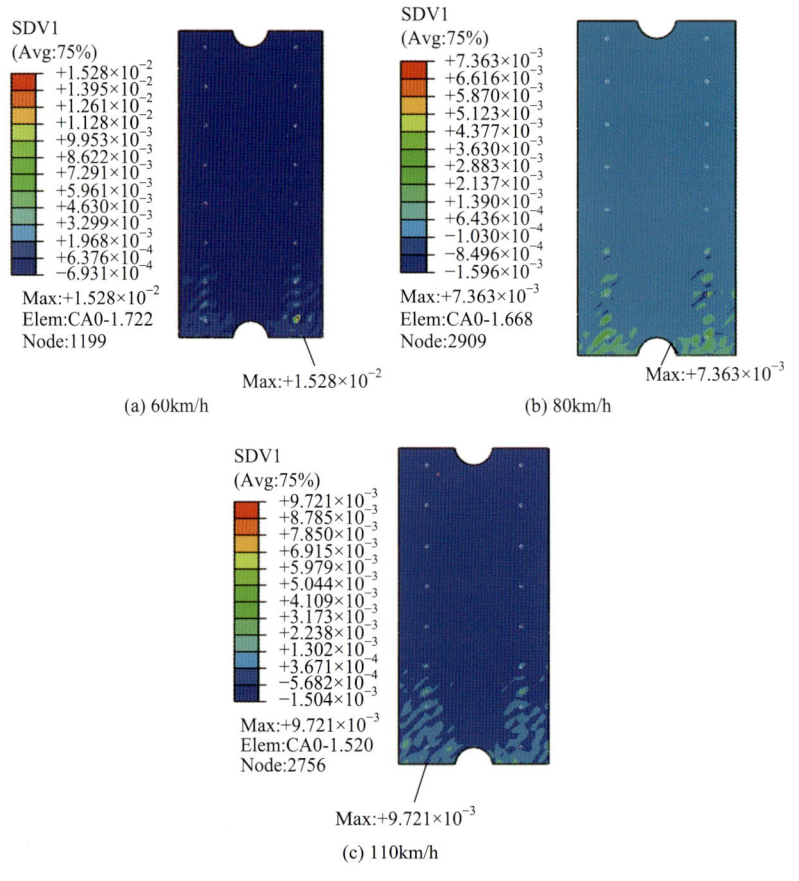

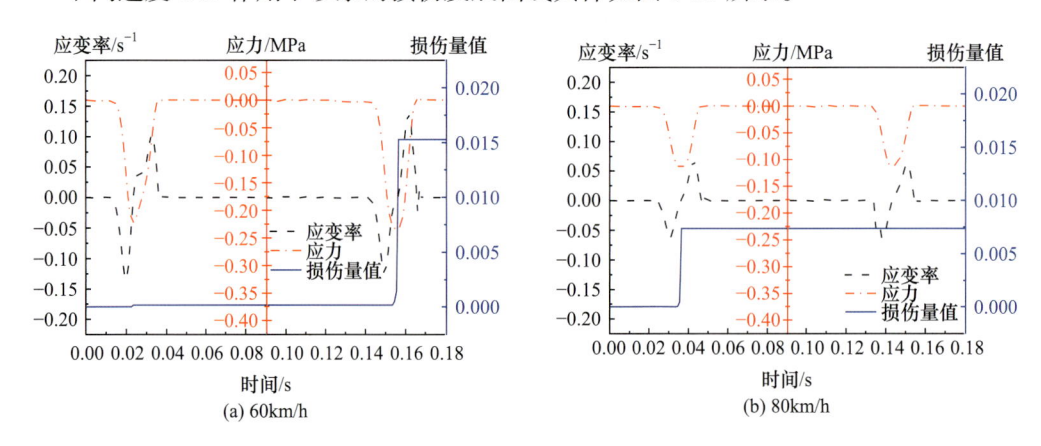

图 5-28 不同速度 CRH2 作用下 CA 砂浆损伤分布云图

**2. 不同速度 C80 作用下 CA 砂浆损伤情况**

分析可知不同速度 C80 作用下 CA 砂浆的损伤分布区域基本一致，均主要集中分布在板端 3 个扣件区域内，具体如图 5-30 所示。

不同速度 C80 作用下砂浆的损伤发展曲线具体如图 5-31 所示。

(c) 110km/h

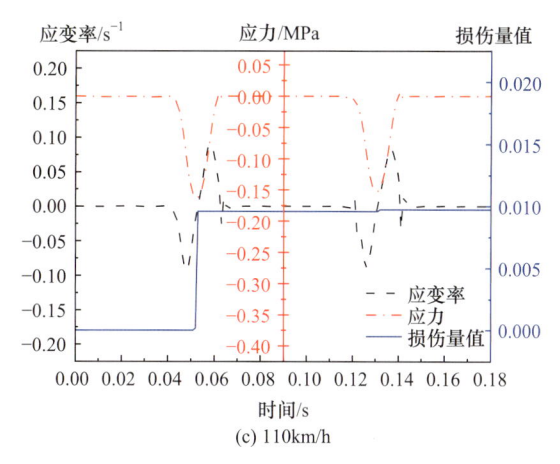

图 5-29 不同速度 CRH2 作用下 CA 砂浆损伤发展曲线

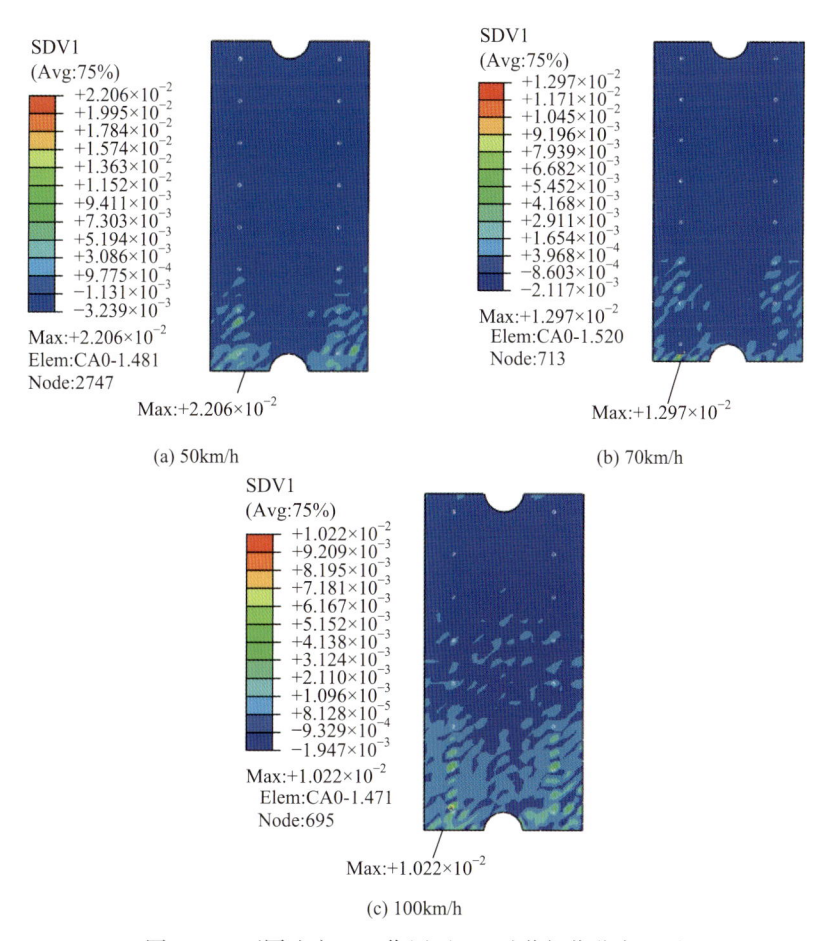

(a) 50km/h

(b) 70km/h

(c) 100km/h

图 5-30 不同速度 C80 作用下 CA 砂浆损伤分布云图

由图 5-31 可知，在 50km/h、70km/h、100km/h 的 C80 一次转向架作用下，砂浆的最大损伤量值分别为 $2.206×10^{-2}$、$1.297×10^{-2}$、$1.022×10^{-2}$，整体呈现出随车速增加而缓慢减小的趋势；与车速对应的应变率分别为 $6.085×10^{-3}s^{-1}$、$1.396×10^{-3}s^{-1}$、$13.39×10^{-3}s^{-1}$，对

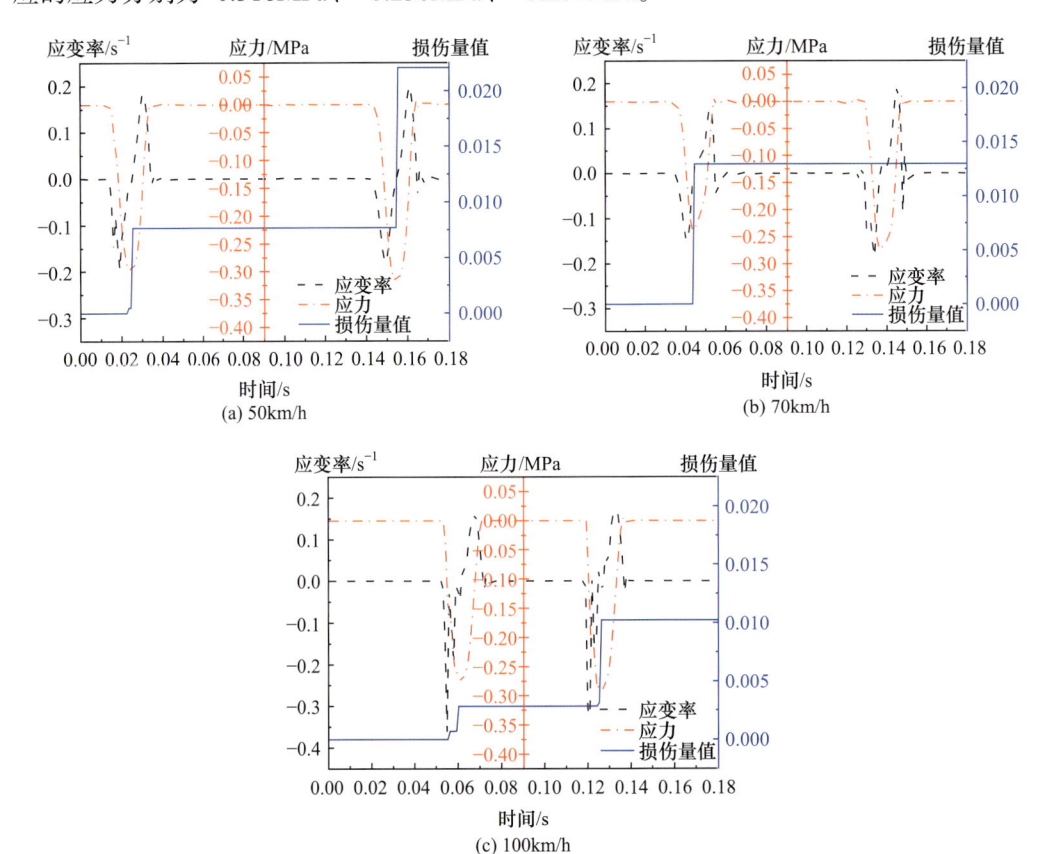

应的应力分别为-0.318MPa、-0.236MPa、-0.264MPa。

图 5-31　不同速度 C80 作用下 CA 砂浆损伤发展曲线

**3. 不同速度、不同列车荷载作用下 CA 砂浆损伤发展规律**

综合前面分析结果，不同速度、不同列车荷载作用下 CA 砂浆最大损伤量值具体如表 5-6 和图 5-32 所示。由表 5-6 和图 5-32 可知，当 CA 砂浆无初始损伤，速度由 60km/h 变为 110km/h 时，CRH2 一次转向架作用下砂浆峰值损伤整体随速度增加而减小；速度由 50km/h 变为 100km/h 时，C80 一次转向架作用下最大损伤随速度增加呈现减小态势；车速相近，C80 作用下的砂浆损伤均比 CRH2 作用下的大。究其原因，可能是列车速度越慢，作用于轨道结构的时间越长，砂浆裂纹扩展时间越长，因而损伤越大；速度越快，作用于轨道结构的时间越短，砂浆裂纹扩展时间越短，因而损伤越小。

表 5-6　不同速度、不同列车荷载作用下 CA 砂浆的最大损伤量值

| 列车 | CRH2 | | | C80 | | |
|---|---|---|---|---|---|---|
| 车速/(km/h) | 60 | 80 | 110 | 50 | 70 | 100 |
| 砂浆最大损伤量值/10⁻³ | 15.28 | 7.363 | 9.721 | 22.06 | 12.97 | 10.22 |

续表

| 列车 | CRH2 | | | C80 | | |
|---|---|---|---|---|---|---|
| 对应应变率/$10^{-3}\text{s}^{-1}$ | −2.297 | −1.301 | 0.313 | 6.085 | 1.396 | 13.39 |
| 对应应力/MPa | −0.233 | −0.116 | −0.163 | −0.318 | −0.236 | −0.264 |

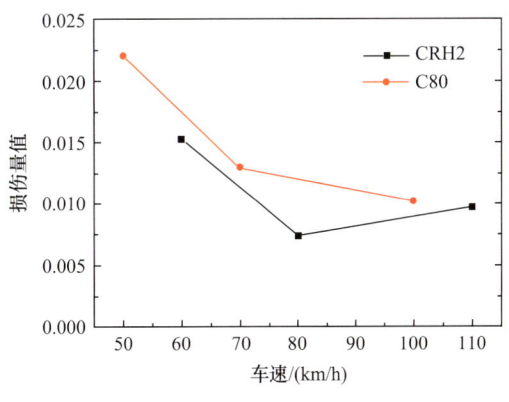

图 5-32 不同速度、不同列车荷载作用下 CA 砂浆最大损伤量值

## 5.6 板端离缝高度对无砟轨道 CA 砂浆损伤发展的影响

作为一种典型的单元板式无砟轨道，CRTS Ⅰ型板式无砟轨道在长期温度荷载及列车荷载作用下，容易在轨道板端四角产生离缝。离缝产生初期一般较小，然而在列车荷载，尤其是轴重较大的 C80 荷载作用下，砂浆材料性能极易发生劣化导致离缝继续扩展，甚至会与轨道板之间形成"拍打"的不利状态，导致砂浆自身乃至轨道结构整体损伤的进一步加剧[34]。因此，本节主要针对实测 CRH2、C80 荷载作用时不同板端离缝高度情况下 CA 砂浆的损伤发展规律进行研究。

### 5.6.1 计算工况的选取

我国关于 CA 砂浆离缝的三个评定等级[35]中，情况最严重的Ⅲ级的离缝高度为 2.0mm。在现场实际调研中，砂浆离缝状况比较严重，CRTS Ⅰ型板式无砟轨道沿纵向普遍存在 0.5～1.5m 长的离缝，且多分布于板端区域。综上所述，根据查阅相关文献及现场调研，取最不利情况，本节分别研究离缝高度 0.6mm、1.0mm、1.6mm、2.0mm，离缝长度 1.5m 时 CA 砂浆的损伤状态。

本章所用模型与 5.3 节所用模型基本一致，CA 砂浆弹性模量采用 300MPa，采用 110km/h CRH2 作用下实测轮轨力、70km/h C80 作用下实测轮轨力进行动力加载，对模型中间轨道板下的 CA 砂浆层，设置不同高度、长度的离缝。本节模型做出如下假设：

(1) 轨道板与 CA 砂浆离缝设于板端，且假设为横向贯通离缝，离缝状态考虑离缝高度和离缝长度两个方面(具体见图 5-33)。

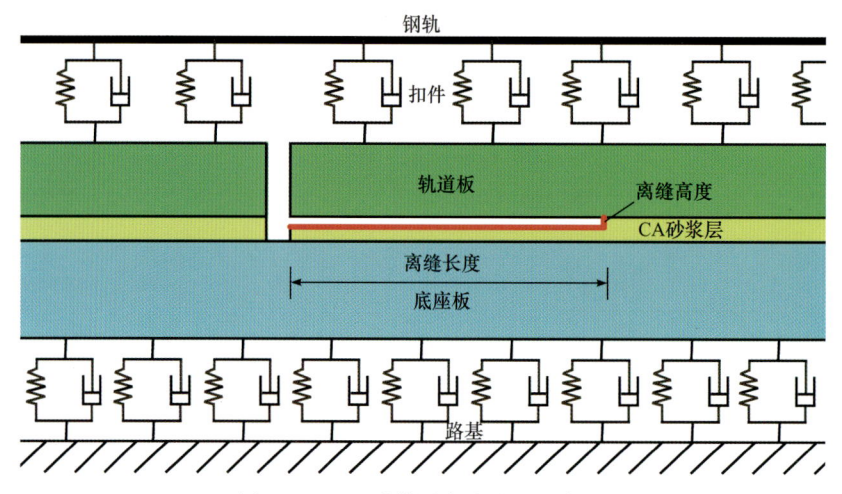

图 5-33 CA 砂浆层离缝设置示意图

(2) 中间轨道板与砂浆层采用接触定义，其余轨道板与砂浆层、砂浆层与底座板之间则均采用绑定约束。

(3) 荷载采用实测的轮轨垂向力，忽略相邻转向架的叠加影响，列车荷载作用于第一扣件支承处钢轨上方。

### 5.6.2 不同板端离缝高度下无砟轨道 CA 砂浆损伤发展规律

本节分析不同列车荷载作用下不同板端离缝高度时 CA 砂浆的损伤发展规律，模型建立时，采用的板端离缝长度均为 1.5m。

**1. CRH2 作用下不同板端离缝高度时 CA 砂浆损伤情况**

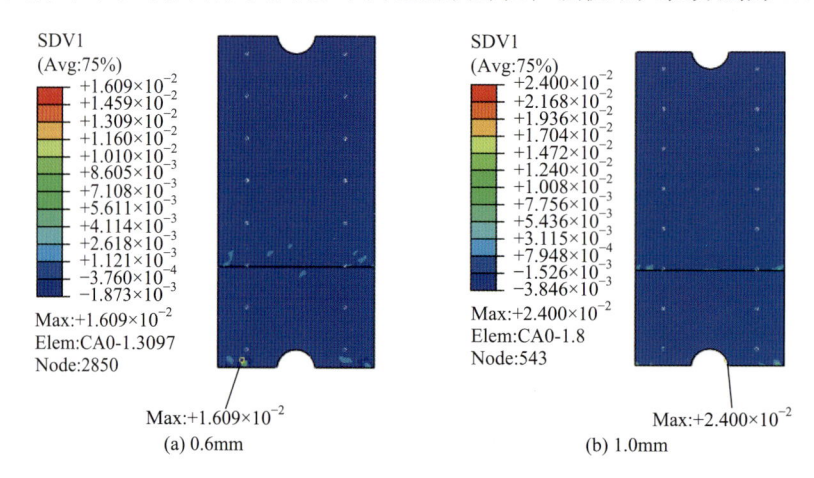

计算可得 CRH2 作用下不同板端离缝高度时 CA 砂浆的损伤分布情况，具体如图 5-34 所示。

图 5-34 表明，CRH2 作用下，板端离缝长度为 1.5m 时：离缝高度 0.6mm 与 1.0mm，损伤均主要分布于砂浆层端和其离缝-未离缝衔接部位，损伤最大值分别为 $1.609\times10^{-2}$、

(a) 0.6mm     (b) 1.0mm

(c) 1.6mm    (d) 2.0mm

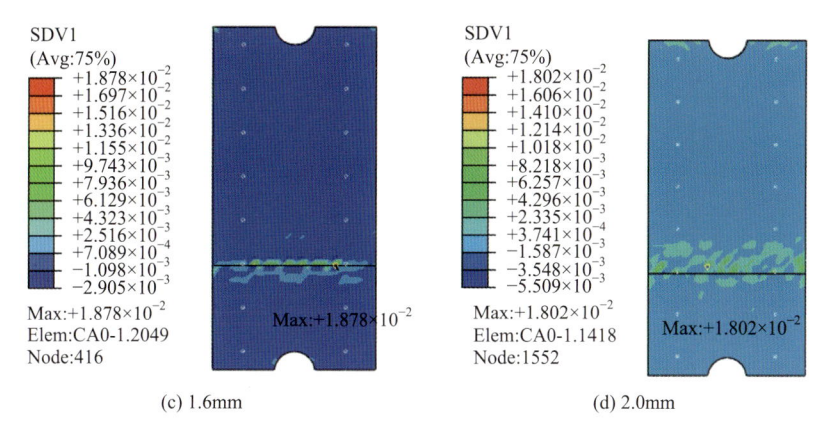

图 5-34　CRH2 作用下不同板端离缝高度时 CA 砂浆层的损伤分布云图

$2.400×10^{-2}$，均位于层端；离缝高度 1.6mm，砂浆损伤主要分布于离缝-未离缝衔接部位，损伤最大值为 $1.878×10^{-2}$，位于离缝-未离缝衔接周围，此外层端和远处层端略有损伤分布；离缝高度 2.0mm，砂浆损伤主要分布于离缝-未离缝衔接部位，略有分布于远处砂浆层端，损伤最大值为 $1.802×10^{-2}$，位于离缝-未离缝衔接周围，损伤范围比离缝高度 1.6mm下的分布更广。

分析可得 CRH2 作用下不同板端离缝高度时 CA 砂浆最大损伤所在单元的损伤发展情况，具体如图 5-35 所示。

图 5-35 表明，不同离缝高度下，砂浆损伤急剧发展依旧处于应变率较低、应力较高时。板端离缝长度 1.5m，当板端离缝高度为 0.6mm 与 1.0mm 时，CRH2 作用下导致离缝区域的轨道板突然下压至砂浆层，因此出现砂浆应变率与应力陡然增大的情形，导致最大损伤出现于砂浆层端。当板端离缝高度增大至 1.6mm 时，轨道板一边下压，一边上翘，受力支点位于砂浆层离缝-未离缝衔接周围，通过此时离缝区域的轨道板与砂浆层略有接触，两者之间接触减弱，砂浆最大损伤出现在离缝-未离缝衔接部位，且该部位出现较大拉应力。当板端离缝高度为 2.0mm 时，轨道板受力依旧为一边下压一边上翘，因此砂浆最大损伤出现在离缝-未离缝衔接周围，但离缝区域的轨道板与砂浆层未有接触，呈现脱空状态，此时砂浆层受力区域产生变化，从轨道板传递下来的荷载分散至其他区域，因此损伤量值减小。

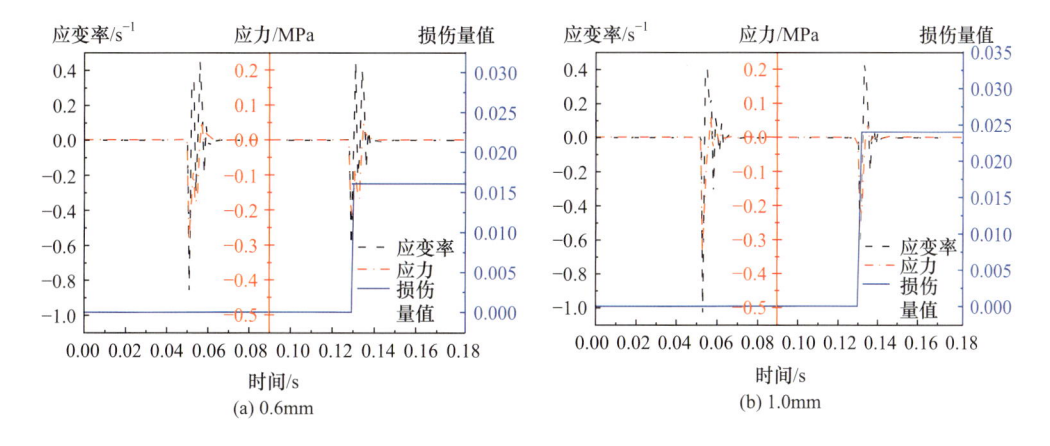

(a) 0.6mm    (b) 1.0mm

(c) 1.6mm　　　　　　　　　　(d) 2.0mm

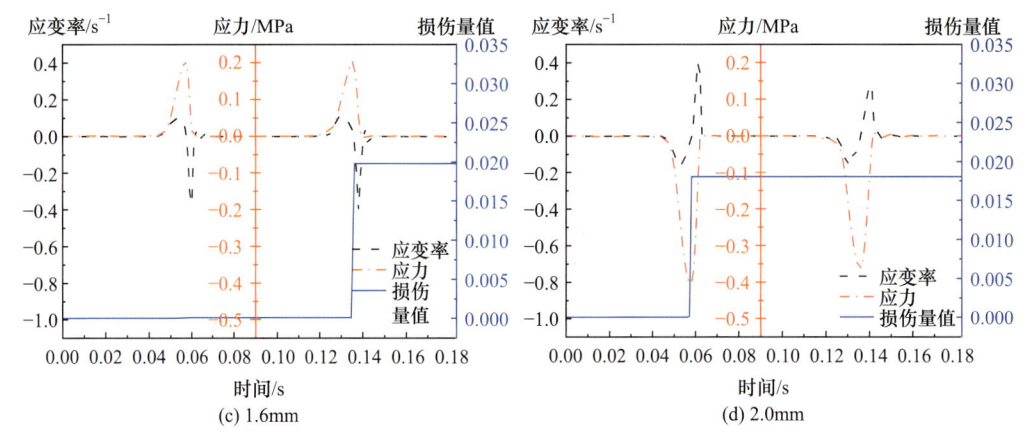

图 5-35　CRH2 作用下不同板端离缝高度时 CA 砂浆层的最大损伤发展情况

综上所述，CRH2 作用下不同板端离缝高度时 CA 砂浆层的最大损伤如图 5-36 所示。轨道板与砂浆层之间无离缝到有离缝，砂浆损伤量值增加；离缝高度增大到一定值，离缝区域轨道板与砂浆层之间接触减弱甚至出现脱空，导致砂浆损伤量值些许减小，但依旧比没有离缝的损伤量值大。

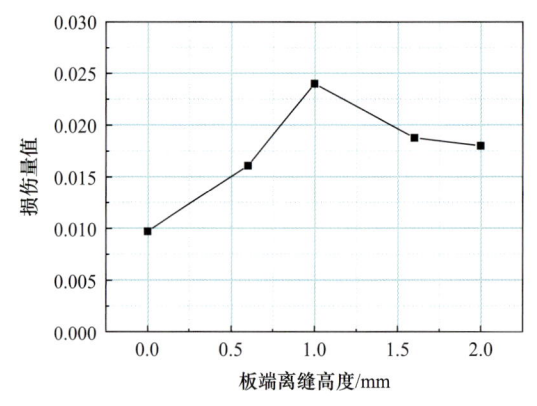

图 5-36　CRH2 作用下不同板端离缝高度时 CA 砂浆层的最大损伤量值

**2. C80 作用下不同板端离缝高度时 CA 砂浆损伤情况**

计算可得 C80 作用下不同板端离缝高度下 CA 砂浆的损伤情况，具体如图 5-37 和图 5-38 所示。

图 5-37 表明，C80 作用下，板端离缝长度为 1.5m 时，离缝高度为 0.6mm、1.0mm、1.6mm，损伤均主要分布于砂浆层端和离缝-未离缝衔接部位，损伤最大值分别为 $2.229\times10^{-2}$、$6.878\times10^{-2}$、$7.565\times10^{-2}$，呈增大趋势且均位于层端。离缝高度 2.0mm，砂浆损伤主要分布于离缝-未离缝衔接部位，略有分布于砂浆层端，此时离缝区域的轨道板与砂浆层接触减弱；损伤最大值为 $5.120\times10^{-2}$，位于离缝-未离缝衔接周围。由图 5-38 可以看出，轨道板与砂浆层之间无离缝到有离缝，砂浆损伤量值增大；离缝高度增大到一定值，离缝区域轨道板与砂浆层之间接触减弱甚至出现脱空，导致砂浆损伤量值减小。

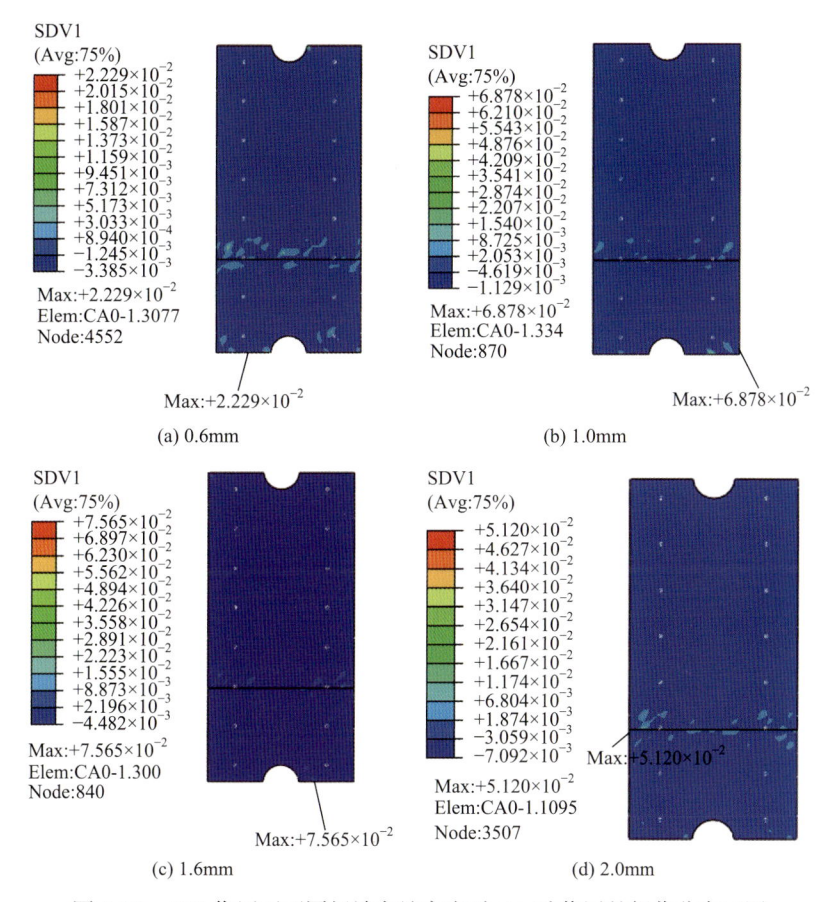

图 5-37  C80 作用下不同板端离缝高度时 CA 砂浆层的损伤分布云图

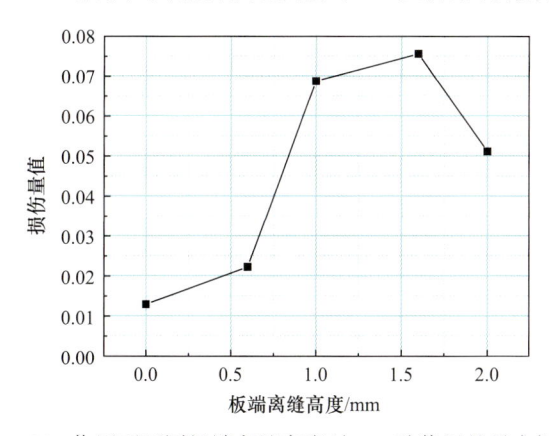

图 5-38  C80 作用下不同板端离缝高度时 CA 砂浆层的最大损伤量值

3. CRH2、C80 作用时不同板端离缝高度下砂浆损伤发展规律

CRH2、C80 作用时不同板端离缝高度下，CA 砂浆的最大损伤量值如表 5-7 和图 5-39 所示。一次转向架作用下，板端离缝高度一样的情况下，C80 引起的 CA 砂浆损伤量值约为 CRH2 引起的 1～4 倍，可见轮轨力大小对砂浆损伤的影响较大。板端离缝长度为

1.5m 时：CRH2 作用下，砂浆损伤量值随离缝高度先增大后减小，在离缝高度为 1.0mm 时最大；C80 作用下，砂浆损伤随离缝高度先增大后减小，在离缝高度为 1.6mm 时最大；不同列车荷载作用下，砂浆损伤量值随离缝高度变化的转折点不同，主要是两者轮轨力的差异引起的。

表 5-7  CRH2、C80 作用时不同板端离缝高度下 CA 砂浆的最大损伤量值

| 列车 | CRH2 | | | | | C80 | | | | |
|---|---|---|---|---|---|---|---|---|---|---|
| 板端离缝高度/mm | 0 | 0.6 | 1.0 | 1.6 | 2.0 | 0 | 0.6 | 1.0 | 1.6 | 2.0 |
| 砂浆层最大损伤量值/$10^{-3}$ | 9.721 | 16.09 | 24.00 | 18.78 | 18.02 | 12.97 | 22.29 | 68.78 | 75.65 | 51.20 |

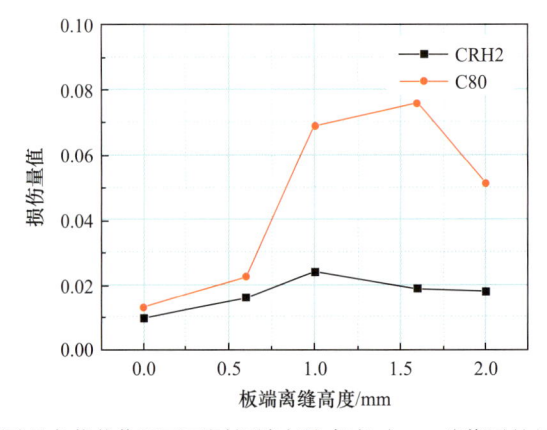

图 5-39  不同列车荷载作用下不同板端离缝高度时 CA 砂浆层的最大损伤量值

## 5.7 本章小结

本章主要针对我国 CRTS Ⅰ型板式无砟轨道 CA 砂浆层损伤的产生与发展问题，首先介绍了应用损伤力学与 Weibull 分布理论所推导的 CA 砂浆统计损伤本构方程，应用 Fortran 语言编写相应的 UMAT 子程序并验证其合理性；接着假设砂浆不存在初始损伤，建立 CRTS Ⅰ型板式无砟轨道有限元实体模型并嵌入 UMAT 子程序，分析了不同初始弹性模量下砂浆的损伤量值；而后进一步研究了不同速度、不同列车荷载作用下砂浆的损伤情况；最后探讨了不同离缝高度情况下砂浆的损伤分布与发展状况，主要得出以下结论：

(1) 通过嵌入 CA 砂浆统计损伤本构 UMAT 子程序建立砂浆有限元模型，将计算所得模型数据与试验数据进行对比分析表明，同一应变率下，两组数据的 Pearson 相关系数均在 0.9747 以上，相关性较好，充分证明了考虑应变率效应的 CA 砂浆统计损伤本构 UMAT 子程序的合理性与正确性。

(2) CA 砂浆达到一定损伤后，应力-应变曲线即走向下降趋势，应变率越大，峰值应力对应的应变相对越大而损伤量值却越小。当应变率为 $3.3×10^{-6}s^{-1}$、$1.7×10^{-4}s^{-1}$、$1.7×10^{-3}s^{-1}$、$6.6×10^{-3}s^{-1}$、$1.7×10^{-2}s^{-1}$，各自对应的损伤量值分别为 0.85636、0.80569、

0.78151、0.78170、0.71204；整体来看，加载的应变一定，应变率越大，最终损伤量值反而越小。

(3) 应变率一定，砂浆的损伤增量随着应变增加呈现出先增大后减小的趋势；应变率增大时，砂浆的损伤增量峰值整体呈先减小后增大的趋势且该峰值对应的应变增大。应变小于0.0075时，应变率越大，砂浆损伤增量相对越小，损伤增长速度相对越慢；应变大于0.0225时，应变率越大，砂浆损伤增量相对越大，损伤增长速度相对越快。应变在0.0075~0.0225时，不同应变率的损伤增量曲线呈交叉状态，为损伤增量由增长变为下降的过渡区间。

(4) 列车荷载作用下，统计损伤模型下CA砂浆的应力峰值、应变峰值以及应变率峰值均为线弹性模型的2倍以上大小。这是因为在同样的荷载作用下，考虑CA砂浆损伤后，内部产生裂纹并扩展导致其承载面积减小，材料应力、变形则相应增大。

(5) 经过轨道结构受力的层层传递，无初始损伤时，CA砂浆统计损伤本构的应用对轨道板、钢轨等部件动态响应的影响较小；只是在C80作用下，对轨道板、钢轨的加速度略微有些影响。不同列车荷载作用下，砂浆损伤急剧发展均处于应变率较低的$10^{-4}$~$10^{-3}s^{-1}$量级、应力较高接近峰值时，损伤最大值可能出现在转向架前轮作用时，也可能出现在后轮作用时，这与前后轮作用时的应力、应变率大小状态密切相关。

(6) 同一初始弹性模量下，不论是CRH2作用还是C80作用，CA砂浆的损伤均主要集中分布于层端3个扣件区域内；C80一次转向架作用下引起的CA砂浆损伤量值约为CRH2引起的1.3~1.8倍，可能是因为C80轮轨力较CRH2大，荷载从钢轨、扣件、轨道板传递到砂浆层，轨道结构整体所受应力均较大，导致砂浆层受损更为严重。CA砂浆初始弹性模量为100MPa、300MPa、500MPa时，不同列车荷载作用下砂浆的最大损伤均呈现出增加的态势。这时弹性模量较高，砂浆沥青含量较少，形成的沥青膜网状结构相对较少，脆性相对明显，塑性相对较弱，对应变率的敏感性降低，但所受应力会增大，进而损伤增大。

(7) CRH2、C80一次转向架作用下，砂浆的最大损伤量值整体均呈现出随车速增加而减小的趋势；C80作用下的砂浆损伤量值均比CRH2作用下的大，CRH2作用下80km/h速度下砂浆损伤比CRH2 110km/h的小，这与轮轨力的大小密切相关。砂浆最大损伤量值随着车速的增加而呈现出减小的趋势，究其原因，列车速度越慢，作用于轨道结构的时间越长，砂浆裂纹扩展时间越长，因而损伤越大；速度越快，作用于轨道结构的时间越短，砂浆裂纹扩展时间越短，因而损伤越小。

(8) 板端离缝长度为1.5m，离缝高度分别为0.6mm、1.0mm、1.6mm、2.0mm时，CRH2作用下，砂浆的最大损伤随离缝高度增加先增大后减小，且在离缝高度为1.0mm时达到最大；C80作用下，砂浆最大损伤随离缝高度增加先增大后减小，且在离缝高度为1.6mm时达到最大；C80作用下，砂浆的损伤比CRH2作用下的大，这与轮轨力大小有关；列车荷载作用下，有离缝时的砂浆损伤均比没有离缝时的大。

(9) 离缝长度一定，当离缝高度较小时，列车荷载作用导致离缝区域轨道板突然下压至砂浆层，砂浆应变率与应力陡然增大，最大损伤出现于砂浆层端，损伤主要分布于砂浆层端和离缝-未离缝衔接部位；离缝高度增加，轨道板在CRH2作用下处于一边下压，一边上翘，受力支点位于砂浆层离缝-未离缝衔接周围，通过此时离缝区域的轨道板与砂浆层略有接触，两者之间接触减弱，砂浆损伤主要分布于离缝-未离缝衔接部位，此外砂浆层端和远处砂浆端部略有损伤分布，最大损伤位于离缝-未离缝衔接周围；离缝高度继续增大，列车荷载作用下离缝区域轨道板与砂浆层未有接触，呈现脱空状态，砂浆损伤主要分布于离缝-未离缝衔接部位，略有分布于远处砂浆层端，最大损伤位于离缝-未离缝衔接周围。

## 参 考 文 献

[1] 田根源. CA砂浆粘弹性特征及其对疲劳损伤的影响分析[D]. 成都：西南交通大学, 2018.

[2] 向俊, 赫丹, 曾庆元, 等. 水泥沥青砂浆劣化对板式轨道动力学性能的影响[J]. 中南大学学报(自然科学版), 2009, 40(3): 791-796.

[3] 另本春. 武广铁路客运专线CRTS Ⅰ型板式无砟轨道混凝土试验研究[J]. 铁道建筑, 2010, 50(1): 159-162.

[4] Zhu S Y, Fu Q, Cai C B, et al. Damage evolution and dynamic response of cement asphalt mortar layer of slab track under vehicle dynamic load[J]. Science China Technological Sciences, 2014, 57(10): 1883-1894.

[5] Liu D, Liu Y F, Ren J J, et al. Contact loss beneath track slab caused by deteriorated cement emulsified asphalt mortar: Dynamic characteristics of vehicle-slab track system and prototype experiment[J]. Mathematical Problems in Engineering, 2016, (3): 1-12.

[6] 丁维桐, 杨吉龙, 吴梦瑶, 等. 极端温度下CRTS Ⅰ型板式无砟轨道CA砂浆受压损伤试验[J]. 铁道标准设计, 2018, 62(11): 25-28.

[7] 刘哲. 温度荷载对CRTS Ⅰ型板式轨道CA砂浆充填层影响规律研究[D]. 成都：西南交通大学, 2016.

[8] 李剑锃. 高速铁路CA砂浆抗压性能试验研究[D]. 杭州：浙江大学, 2013.

[9] 吕雪冬. 动静荷载作用下CRTS Ⅱ型CA砂浆力学性能试验研究[D]. 南昌：华东交通大学, 2016.

[10] Li Y L, Sun H J, He X, et al. Freeze-thaw damage and creep behavior of cement asphalt composite binder[J]. Construction and Building Materials, 2020, 245: 118407.

[11] 张胜, 傅强, 周锡玲, 等. CA砂浆力学性能的应变率敏感性及本构关系[J]. 华南理工大学学报(自然科学版), 2014, 42(11): 106-112.

[12] 王平, 徐浩, 谢铠泽, 等. CRTS Ⅰ型CA砂浆动态压缩试验及本构关系研究[J]. 铁道工程学报, 2014, 188(5): 35-40, 58.

[13] Xie Y J, Fu Q, Zheng K R, et al. Dynamic mechanical properties of cement and asphalt mortar based on SHPB test[J]. Construction and Building Materials, 2014, 70: 217-225.

[14] 尹晓文, 傅强, 高源, 等. 水泥沥青砂浆损伤本构关系研究[J]. 长江科学院院报, 2015, 32(8): 110-113,120.

[15] 郑曙光, 章雪峰, 罗伟, 等. CA砂浆等效单轴疲劳损伤本构模型研究[J]. 科技通报, 2018, 34(8): 224-229.

[16] 赵坪锐. 板式无砟轨道动力学性能分析与参数研究[D]. 成都：西南交通大学, 2003.

[17] 朱胜阳. 高速铁路无砟轨道结构损伤行为及其对动态性能的影响[D]. 成都：西南交通大学, 2015.

[18] 刘观, 胡佳, 杜华杨, 等. CRTS Ⅰ型板式无砟轨道CA砂浆疲劳寿命分析[J]. 铁道标准设计, 2014, 58(5): 5-8.

[19] 徐浩, 林红松, 颜华, 等. CRTS Ⅰ型CA砂浆劣化对其疲劳寿命的影响分析[J]. 铁道工程学报, 2017, 34(12): 30-34.

[20] Kachanov L. Time of the rupture process under creep conditions, Izy Akad[J]. Isv. Akad. Nauk. SSR Otd. Tekh. Nauk, 1958, 23: 26-31.

[21] Rabotnov Y N. On the equations of state for creep[J]. Progress in Applied Mechanics, 1963, 178(31): 117-122.
[22] Lemaitre J. Evalution of dissipation and damage in metals submitted to dynamic loading[C]. International Conference of Mechanical Behavior of Materials, 1971: 1-7.
[23] 傅强, 谢友均, 郑克仁, 等. 水泥乳化沥青砂浆统计损伤本构模型[J]. 西南交通大学学报, 2014, 49(1): 111-118.
[24] ABAQUS User's Manual[EB/OL]. https://www.docin.com/p-135975974.html[2023-02-04].
[25] 傅强, 谢友均, 郑克仁, 等. CRTS Ⅱ型水泥乳化沥青砂浆力学性能的应变率效应及模型[J]. 硅酸盐学报, 2014, 42(8): 989-995.
[26] 梁飞. CRTS Ⅰ型板式无砟轨道力学特性研究[D]. 长沙: 中南大学, 2013.
[27] 谢鹏. 客货共线 CRTS Ⅰ型板式无砟轨道疲劳特性研究[D]. 成都: 西南交通大学, 2016.
[28] 李浩蓝. CRTS Ⅰ型板式轨道CA砂浆[D]. 成都: 西南交通大学, 2020.
[29] 赵华卫. 客货共线无砟轨道荷载作用特征分析[D]. 成都: 西南交通大学, 2014.
[30] 胡华锋. 高速铁路 CRTS Ⅰ板式无砟轨道充填层力学性能分析及试验研究[D]. 北京: 北京交通大学, 2014.
[31] 任娟娟, 李浩蓝, 杜威, 等. 板式无砟轨道 CA 砂浆黏弹性特征[J]. 中南大学学报(自然科学版), 2019, 50(3): 743-751.
[32] Ren J J, Li H L, Cai X P, et al. Viscoelastic deformation behavior of cement and emulsified asphalt mortar in China railway track system Ⅰ prefabricated slab track[J]. Journal of Zhejiang University—Science A (Applied Physics and Engineering), 2020, 21(4): 304-316.
[33] 任娟娟, 徐家铎, 田根源, 等. 客货共线无砟轨道轮轨力统计特征研究[J]. 工程力学, 2018, 35(2): 251-260.
[34] Ren J J, Wang J, Li X, et al. Influence of cement asphalt mortar debonding on the damage distribution and mechanical responses of CRTS Ⅰ prefabricated slab[J]. Construction and Building Materials, 2020, 230: 1-12.
[35] 中华人民共和国铁道部. 高速铁路无砟轨道线路维修规则(试行)[S]. 北京: 中国铁道出版社, 2012.

# 第6章　基于振动响应的无砟轨道层间脱空损伤识别

## 6.1　概　　述

无砟轨道损伤本质上是随时间发展演化出现的经时损伤，在施工阶段，无砟轨道各层结构在混凝土早龄期会因材料特性(强度、耐久性等)、施工条件(工艺方法、施工间隔等)和环境影响(温度、湿度等)存在潜在的损伤风险；在运营阶段，随服役时间不断循环的荷载作用(列车荷载、温度荷载等)将导致无砟轨道关键部件(轨道板、CA砂浆层、自密实混凝土层等)的力学性能不断劣化，不同结构层间的黏结作用随之衰减，加之无砟轨道层状连续结构传力机制复杂、变形难以协调等因素的影响，结构损伤加剧，进一步导致高速铁路线路状态恶化，影响列车运营安全性和可靠性。

现场调研发现，CA砂浆层脱空是目前无砟轨道中普遍存在且影响较为突出的损伤之一。CA砂浆作为轨道结构中的薄弱部分，极易出现破损掉块、冒浆、离缝等损伤，但内部劣化损伤较为隐蔽，只根据表面可见损伤很难判断和评估轨道结构内部的损伤情况，进而导致盲目维修，给线路的维修和养护带来不必要的损失。

现有的损伤识别方法种类多样，但真正能够适用于复杂轨道结构的方法却非常匮乏。为了准确掌握轨道结构的质量状况，以及结构的损伤类型与损伤程度，并对其进行及时的维修和有效的防治，避免损伤加剧，因此有必要在现有测试及处理技术的基础上针对无砟轨道各类层间损伤开展多角度、深层次的损伤检测与识别方法研究，为制定科学合理的轨道结构养护维修策略提供重要的技术指导[1]。

### 6.1.1　结构损伤识别方法研究现状

结构损伤识别是结构健康监测工作的重要环节，随着对结构损伤识别的不断重视，各种各样的识别技术、计算机算法大量涌现，目前常用的结构损伤识别方法主要分为局部损伤识别方法和整体损伤识别方法。

*1. 无砟轨道局部损伤识别方法*

结构的局部损伤识别主要是利用专门的检测设备对可能存在损伤的局部位置进行检测，只在相对较小的区域检测和量化损伤，应用于无砟轨道结构损伤的局部识别方法主要包括探地雷达法、冲击回波法和超声波法等。

不同的局部损伤识别方法对无砟轨道典型层间损伤检测具有一定的效果，但也存在各自的局限性，例如，探地雷达法检测速度快，但容易受到钢筋的干扰；冲击回波法受金属影响较小，可测点数量较多，识别效率不高，不同识别方法的优缺点对比如表6-1所示。因此，采用结合多种局部损伤识别方法优势的联合检测方式[2]是实现无砟轨道局部损伤快速、精准识别的重要途径之一。同时考虑到高速铁路维修天窗的限制，在使用局部损伤识别方法之前需要提前知道损伤出现的大致区域，再进行优先排查，且很难识别结构的整体损伤，为此学者针对无砟轨道整体损伤识别技术进行了大量研究。

表 6-1　不同局部损伤识别方法对比

| 识别方法 | 优点 | 缺点 |
| --- | --- | --- |
| 探地雷达法 | 使用便捷，可连续快速检测，不受结构表面影响 | 回波信号易受钢轨和无砟轨道密布钢筋的干扰，人工解译雷达图像存在较多不确定因素，损伤识别精度较低 |
| 冲击回波法 | 单面检测，检测结果直观，受钢筋影响小，精度较高 | 测试效率低，不适合大面积检测，传统冲击回波法和空气耦合冲击回波法分别易受结构表面平整度和环境噪声的影响 |
| 弹性波反射法 | 受钢筋影响较小，对层间损伤较敏感 | 易受空腔内充填物和边界条件的影响，仅适合浅层脱空检测 |
| 超声波法 | 单面测试，操作方便 | 超声波信号衰减较快，且易受钢筋影响，对无砟轨道充填层损伤的检测效果不明显，检测效率偏低 |
| 机械阻抗法 | 单面检测，检测结果直观 | 受人工激振力大小和接触时间影响较大，选取损伤阈值的主观性较强 |
| 弹性波 CT 法 | 可对无砟轨道部件的整体质量进行全方位扫描 | 需满足两个对立的可测面，对无砟轨道典型层间损伤的适用性较低 |

**2. 无砟轨道整体损伤识别方法**

整体损伤识别方法是一种基于结构振动的方法，可以识别结构的整体损伤，克服了局部损伤识别对结构整体损伤程度难以掌握的缺点。国内外学者主要从模态参数、无砟轨道振动信号及车辆振动信号三个方面进行无砟轨道结构的损伤识别研究。

在模态参数分析方面，西南交通大学的胡志鹏等[3]建立了轨道板-砂浆模态分析有限元模型，利用轨道板高斯曲率判断 CA 砂浆损伤的有无及损伤位置，结果表明一阶高斯曲率对损伤的识别效果最好。但他们仅对砂浆损伤位置进行了识别，未对高斯曲率的抗噪性能以及在砂浆损伤程度识别中的适用性进行分析。

现有基于模态参数的轨道结构损伤识别对结构小损伤的识别效果不太理想[4]，且学者大多基于单一模态指标的变化规律进行损伤识别。此外，对于无砟轨道等大型复杂结构，获取精确的结构模态参数难度较大，加之基于模态参数的识别方法不适用于无砟轨道结构损伤实时状态的监测，为此学者提出了仅利用结构振动响应信号的损伤识别方法，主要从无砟轨道振动和车辆振动两个方面进行研究。

在无砟轨道振动分析方面，华中科技大学的 Hu 等[5]通过比较砂浆层各区域的刚度分布，提出了基于贝叶斯的 CRTS Ⅰ 型板式无砟轨道砂浆层损伤识别方法，并利用试验验证，但当损伤区域较小时，该方法可能会出现不可识别的问题。但此种识别方法大多采用人工提取的浅层特征，较少考虑损伤的深层次特征，故较难全面反映振动信号中隐藏的结构损伤信息。作者团队从理论仿真角度出发，采用内聚力模型建立了列车荷载作用下含轨枕连接面损伤的双块式无砟轨道数值模型，通过小波包分解分析轨枕和道床板振动信号在各频带内的能量变化规律，但提出的识别方法不能同时实现对轨枕连接面损伤程度和位置的识别。

在基于车辆振动的损伤分析方面，石家庄铁道大学胥帅[6]基于轴箱与转向架垂向加速度的变分模态分解结果，结合滑动检测技术和支持向量机(SVM)模式识别判断了轨道板、底座板脱空损伤的位置、程度及类型，但只对三种较大脱空长度的损伤进行了识别分析，同时未采用运营线路中车体轴箱与转向架振动响应数据进行验证。中国铁道科学研究院尹峰[7]通过建立轨道静力学模型和车辆-轨道耦合动力学模型，基于轨道板出现离缝分析了动态有载与静态无载条件下的轨道板和钢轨垂向位移的变化规律，最后提出了一种在理论上可行的轨道板离缝识别手段，但其缺乏在实际线路中的应用。

从上述研究成果可以看出，学者主要围绕较大的离缝或脱空开展基于车辆振动响应的无砟轨道层间损伤识别研究，但如何从车辆振动信号中分离出不平顺和部件损伤的影响成分，放大损伤程度较小的层间损伤微弱信息，是提高基于车辆振动信号的损伤识别方法适用范围面临的重要挑战之一。

综合上述文献可知，采用基于模态参数、无砟轨道振动信号及车辆振动信号三种整体损伤识别方法对无砟轨道典型层间损伤检测具有一定的效果，但仍存在对小损伤识别精度低、现场应用经验少等不足。不同识别方法的优缺点对比如表 6-2 所示。

**表 6-2　不同整体损伤识别方法对比**

| 识别方法 | 优点 | 缺点 |
| --- | --- | --- |
| 基于模态参数的损伤识别 | 能较为准确地识别无砟轨道较大的层间损伤 | 获取精确的无砟轨道结构模态参数难度较大，对小损伤的识别精度较低 |
| 基于无砟轨道振动信号的损伤识别 | 能较为准确地识别无砟轨道层间损伤位置或程度 | 较少能实现损伤位置和程度的同步识别，缺乏现场实测数据的验证 |
| 基于车辆振动信号的损伤识别 | 适合无砟轨道结构损伤实时状态的监测，对较大的层间离缝、脱空识别效果较好 | 受轨道不平顺的干扰，损伤特征指标对层间小损伤不敏感 |

随着智能化识别需求的提高，神经网络技术得到不断发展和应用。神经网络技术不仅可以表达线性映射关系，还可以表达复杂的非线性映射关系。其中 BP 神经网络因其强大的非线性映射能力在结构损伤程度识别方面得到广泛应用。虽然 BP 神经网络也能处理非线性分类问题，但针对小样本的分类，SVM 是一种更为有效的解决方法。

目前，高速铁路轨道服役状态的智能化分析、检测已成为当前铁路发展的迫切需求，而应用神经网络等现代技术进行高速铁路轨道损伤状态的分析和研究工作尚不充分。因此，本章选择基于轨道结构及车辆振动加速度的损伤特征指标提取方法，并结合 BP 神经网络、SVM 分别对 CRTS I 型板式无砟轨道砂浆层脱空损伤程度和脱空类型进行识别研究。

### 6.1.2　本章主要内容及研究思路

1. 本章主要内容

本章以 CRTS I 型板式无砟轨道为研究对象，建立含 CA 砂浆脱空损伤的车辆-板式无砟轨道耦合动力学模型，通过在不同轨道部件上布置测点以获取列车荷载作用下结构的振动响应，并利用数理统计分析方法从时域、频域及时频域提取振动信号的特征指标，基于 BP 神经网络和 SVM 分别构建板式无砟轨道砂浆横向脱空度识别和砂浆脱空类型识别两种模型，实现对板式轨道层间脱空损伤的识别。本章的主要内容如下：

(1) 阐明本章的主要研究背景和意义，对现有的无砟轨道损伤识别手段及研究现状进行介绍。

(2) 基于含 CA 砂浆脱空损伤的车辆-板式无砟轨道垂向耦合动力学模型，提取不同脱空损伤工况下轨道板、底座板上测点及车轮的振动加速度信号，得到时域、频域及时频域三个方面的损伤特征指标。

(3) 介绍 BP 神经网络的基本结构及推导过程，分析神经网络参数中隐含层神经元个数及学习速率对网络性能的影响，建立基于 BP 神经网络的脱空识别模型，对板式无砟轨道板端砂浆横向脱空损伤程度进行有效识别。

(4) 根据砂浆板端脱空和板中脱空两种损伤类型下的损伤特征指标，利用 SVM 构建板式无砟轨道层间脱空类型的识别模型，对比分析网格搜索法和粒子群优化算法在 SVM 参数优选过程中的性能优劣，借助 SVM 模式识别技术实现对轨道结构脱空损伤类型的识别。

2. 研究思路

本章以板式无砟轨道中常见的 CA 砂浆层脱空为例进行层间脱空损伤的识别研究，本章研究思路如图 6-1 所示。

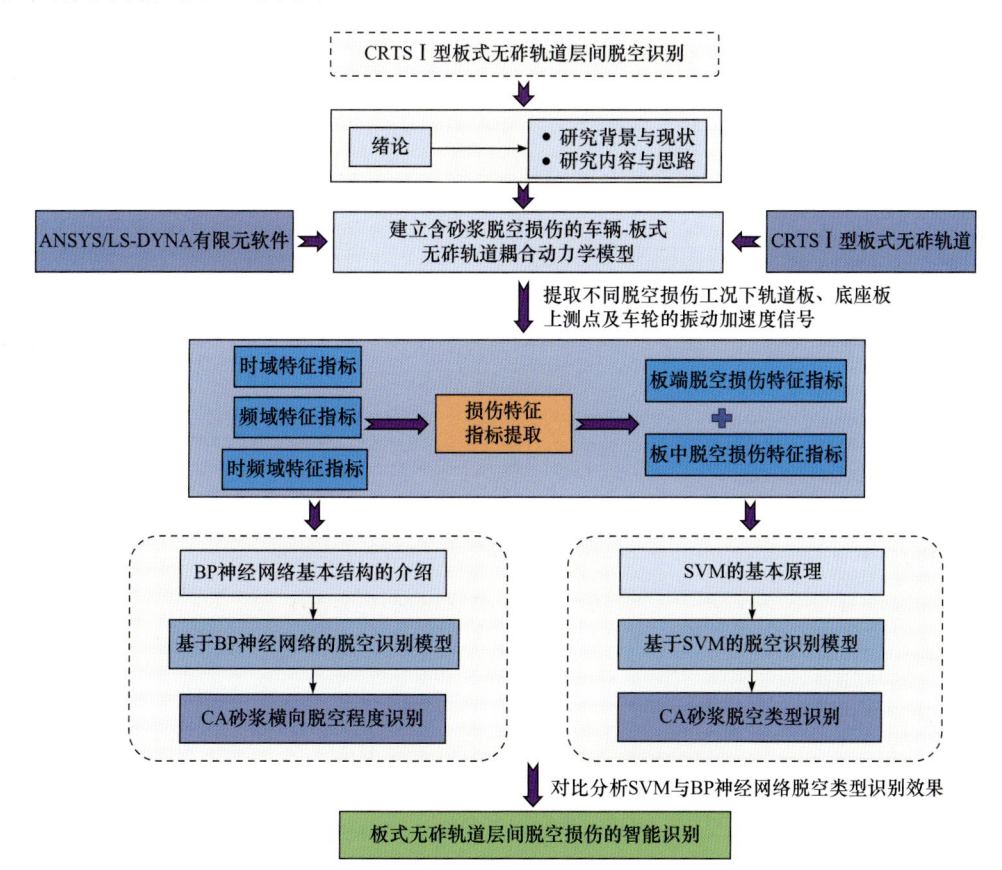

图 6-1 板式无砟轨道层间脱空识别研究思路

## 6.2 基于振动信号的损伤特征指标提取

目前我国高速铁路无砟轨道结构损伤主要集中于层间离缝、脱空等，而砂浆层脱空是其中一种较为常见且直接影响列车运行平稳性、安全性的损伤形式，因此为了提前准确掌握轨道结构的质量状况，开展针对砂浆层脱空损伤的识别研究显得尤为重要。本节通过建立含 CA 砂浆脱空损伤的车辆-板式无砟轨道动力分析模型，获取在板端、板中砂浆不同横向脱空度下的车轮加速度、轨道结构振动响应数据，并借助信号处理手段从时域、频域及时频域角度提取损伤特征指标，为后续的损伤识别研究奠定基础。

### 6.2.1 含脱空损伤的无砟轨道动力学模型

当无砟轨道结构存在脱空损伤时，主要影响列车在垂向上的振动，故本节仅考虑车辆与轨道结构间的垂向振动。采用 ANSYS/LS-DYNA 有限元软件建立含砂浆脱空损伤的车辆-板式无砟轨道垂向耦合动力学模型，模型中车辆采用全车模型，被简化为由车体、前后转向架以及轮对构成的多刚体系统，轨道结构为 CRTS Ⅰ 型板式无砟轨道。

**1. 车辆-板式无砟轨道垂向耦合动力学模型**

借助 ANSYS/LS-DYNA 有限元软件建立车辆-CRTS Ⅰ 型板式无砟轨道垂向耦合模型，在车辆动力学模型中，将车辆视为由车体、转向架及轮对等构成的多刚体系统，车体和转向架各具有浮沉、侧滚和点头 3 个自由度，轮对有浮沉和侧滚 2 个自由度，车辆系统共计 17 个自由度。为进一步对轮轨接触弹簧进行线性化处理，轮轨接触简化为赫兹接触[8]。一系悬挂、二系悬挂采用弹簧-阻尼单元模拟，并考虑悬挂的线性刚度和黏性阻尼，车辆选用我国 CRH2 型动车组，其基本结构参数如表 6-3 所示，运行速度取为 300km/h。

表 6-3 CRH2 型动车组基本结构参数

| 名称 | 单位 | 数值 |
| --- | --- | --- |
| 车体质量 | kg | 39600 |
| 构架质量 | kg | 3500 |
| 轮对质量 | kg | 2000 |
| 轮对数量 | 对 | 4 |
| 轴重 | t | 14 |
| 固定轴距 | m | 2.5 |
| 转向架中心距 | m | 17.5 |
| 车体点头转动惯量 | kg·m² | $1.654 \times 10^6$ |
| 车体侧滚转动惯量 | kg·m² | $1.283 \times 10^5$ |
| 构架点头转动惯量 | kg·m² | $1.314 \times 10^3$ |
| 构架侧滚转动惯量 | kg·m² | $1.752 \times 10^3$ |

续表

| 名称 | 单位 | 数值 |
|---|---|---|
| 轮对侧滚转动惯量 | kg·m² | 0.980×10³ |
| 一系悬挂垂向刚度 | N/m | 1.100×10⁶ |
| 二系悬挂垂向刚度 | N/m | 1.890×10⁶ |
| 一系悬挂垂向阻尼 | N·s/m | 1.960×10⁴ |
| 二系悬挂垂向阻尼 | N·s/m | 4.000×10⁴ |

轨道结构为路基上的 CRTS Ⅰ 型板式无砟轨道，从上到下包括钢轨、扣件、轨道板、CA 砂浆、底座板及路基，结构参数取值详见表 6-4。其中，钢轨简化为弹性 Euler 梁；扣件、路基及砂浆层采用弹簧-阻尼单元进行模拟，通过设置代表砂浆的支承弹簧的刚度、阻尼数值为零来表示 CA 砂浆脱空损伤；轨道板与底座板均采用实体单元进行模拟。由于砂浆脱空对轨道结构的垂向振动响应影响最大，故模型中仅考虑轨道在垂向的振动特性。为了消除边界条件的影响和考虑车辆停车区间的长度，同时节约模型计算时间，建立了 13 块轨道板，模型共计 65m，如图 6-2 所示。

表 6-4 CRTS Ⅰ 型板式无砟轨道结构参数

| 参数 | | 符号 | 单位 | 量值 |
|---|---|---|---|---|
| 钢轨 | 弹性模量 | $E_r$ | N/m² | 2.059×10¹¹ |
| | 截面惯量 | $I_r$ | m⁴ | 3.217×10⁻⁵ |
| | 单位长度质量 | $m_r$ | kg/m | 60.64 |
| | 泊松比 | $v_r$ | — | 0.3 |
| 扣件 | 垂向刚度 | $K_p$ | N/m | 6.0×10⁷ |
| | 垂向阻尼 | $C_p$ | N·s/m | 3.625×10⁵ |
| | 间距 | $a$ | m | 0.625 |
| 轨道板 | 弹性模量 | $E_s$ | N/m² | 3.65×10¹⁰ |
| | 长度 | $L_s$ | m | 4.95 |
| | 宽度 | $W_s$ | m | 2.4 |
| | 厚度 | $H_s$ | m | 0.19 |
| | 泊松比 | $v_s$ | — | 0.2 |
| CA 砂浆 | 弹性模量 | $E_c$ | N/m² | 3.0×10⁸ |
| | 阻尼 | $C_c$ | N·s/m | 34.58 |
| | 厚度 | $H_c$ | m | 0.05 |

续表

| 参数 | | 符号 | 单位 | 量值 |
|---|---|---|---|---|
| 底座板 | 弹性模量 | $E_b$ | N/m² | 3.25×10¹⁰ |
| | 宽度 | $W_b$ | m | 3.2 |
| | 厚度 | $H_b$ | m | 0.3 |
| | 泊松比 | $v_b$ | — | 0.2 |
| 路基 | 面刚度 | $K_r$ | MPa/m | 75 |
| | 垂向阻尼 | $C_r$ | N·s/m | 1.0×10⁵ |

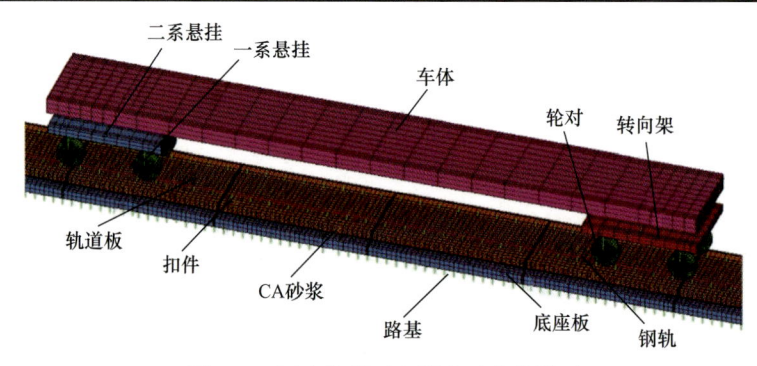

图 6-2 车辆-轨道垂向耦合动力学模型

在列车-轨道垂向耦合动力学模型中采用德国低干扰谱(以下简称德国谱)模拟现场的线路状况，德国谱为根据其功率谱密度表达式，分别求出其频谱对应的幅值和随机相位，再通过傅里叶逆变换，从而得到轨道不平顺的时域模拟样本，其时域随机不平顺样本如图 6-3 所示。其高低不平顺功率谱密度表达式为

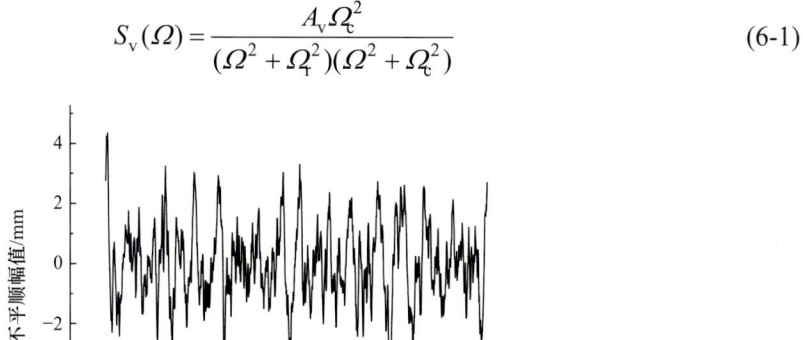

$$S_v(\Omega) = \frac{A_v \Omega_c^2}{(\Omega^2 + \Omega_r^2)(\Omega^2 + \Omega_c^2)} \tag{6-1}$$

图 6-3 德国谱

式中，$S_v(\Omega)$ 为高低不平顺功率谱密度(m²/(rad/m))；$\Omega$ 为轨道不平顺的空间角频率

(rad/m)；$\Omega_c$、$\Omega_r$为截断频率(rad/m)；$A_v$为粗糙度常数($m^2 \cdot rad/m$)。截断频率与粗糙度系数取值如表6-5所示。

表6-5 德国轨道谱粗糙度系数及截断频率

| 轨道级别 | $\Omega_c$/(rad/m) | $\Omega_r$/(rad/m) | $\Omega_s$/(rad/m) | $A_v$/($m^2 \cdot rad/m$) |
|---|---|---|---|---|
| 低干扰 | 0.8246 | 0.0206 | 0.4380 | $4.032 \times 10^{-7}$ |
| 高干扰 | 0.8246 | 0.0206 | 0.4380 | $1.080 \times 10^{-6}$ |

注：$\Omega_s$为截断频率(rad/m)。

2. 脱空损伤工况及测点设置

水泥乳化沥青砂浆充填层作为CRTS Ⅰ型板式无砟轨道的关键结构层，主要起到支承轨道板、缓冲高速列车荷载与减振等作用，其性能的好坏对板式轨道结构的平顺性、耐久性和列车运行的舒适性、安全性及运营维护成本等有重大影响。同时，CA砂浆也属于轨道结构中的薄弱部位，极易出现破损掉块、冒浆、离缝等损伤，在列车荷载、雨水侵蚀及温度等作用下，离缝进一步发展，最终演变为脱空损伤。现有研究表明，CA砂浆脱空损伤主要发生于轨道板板端及板边位置，少数分布在轨道板中部[9,10]，因此本节将砂浆脱空损伤设置在板端和板中，并假定砂浆沿厚度方向完全损伤，重点研究板端和板中砂浆不同横向脱空度下的损伤情况，如图6-4所示。

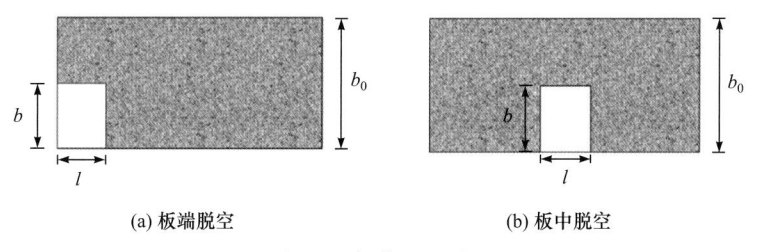

(a) 板端脱空　　　　(b) 板中脱空

图6-4 损伤工况设置

图6-4(a)和(b)分别为板端砂浆和板中砂浆横向没有完全贯通，其中纵向脱空长度$l$固定为0.94m(板端至第2个扣件)，横向脱空长度$b$取为0m、0.72m、1.2m、1.68m和2.4m，对应的砂浆横向脱空度$d$ ($d = b/b_0$)分别为0、0.3、0.5、0.7及1。

当CA砂浆出现局部损伤后，该损伤部位和与之相关联的轨道板和底座板的力学响应与完好状态相比将会出现较大差异。此外，砂浆破损后将改变轨道板刚度，影响轨道系统的平顺性和可靠性，进而导致列车车轮出现异常的振动响应。轨道板、底座板及车轮的异常振动响应往往包含了大量的损伤信息，因此本章在轨道板表面、轨道板板底及底座板表面共选择3个测点(图6-5)，用于提取列车荷载作用下轨道结构的加速度时程曲线，以及车辆右前轮的车轮加速度时程曲线。

(a) 俯视图

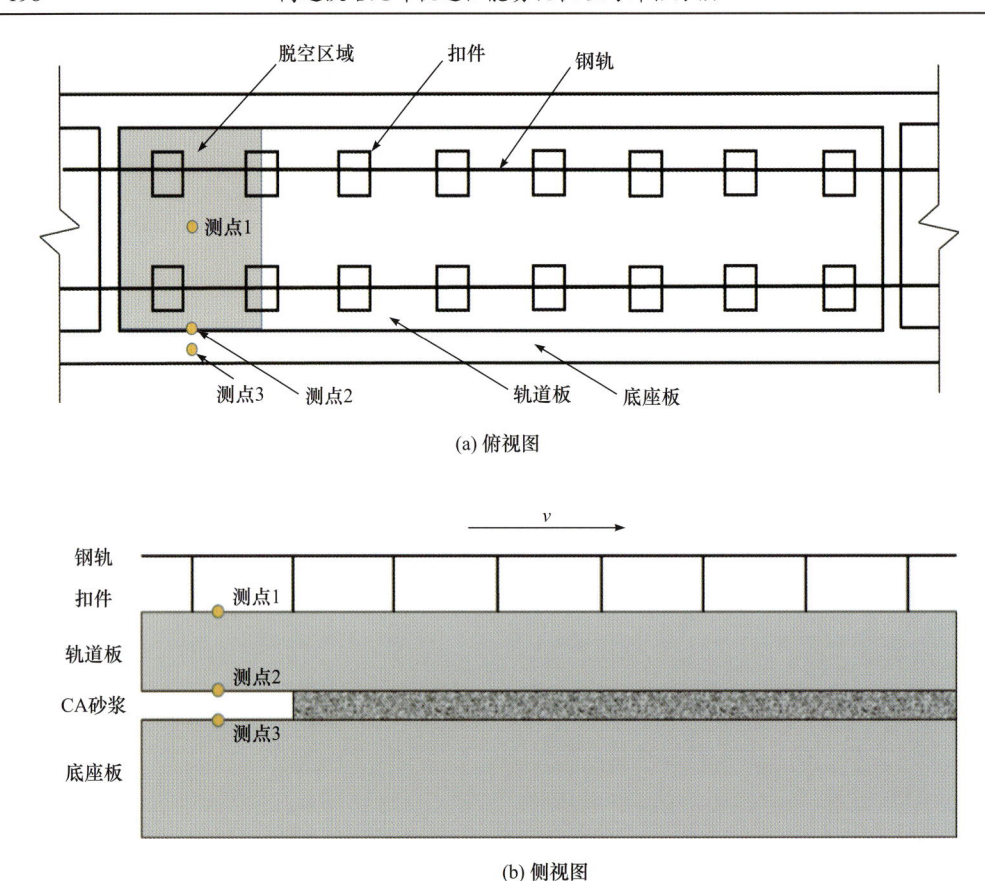

(b) 侧视图

图 6-5　测点布置图

车辆-板式无砟轨道垂向耦合模型中,车辆从轨道一端驶入,经过约 0.4s 后,车辆第一组轮对到达设有脱空损伤的第 7 块轨道板,大约 0.3s 后车辆最后一组轮对离开第 7 块轨道板,故选取车辆到达脱空损伤处的前 0.1s 至车辆离开最中间轨道板的后 0.1s 这段时间,即 0.3~0.8s。由于在实际工程应用中,采集位移比应变更为方便,而加速度信号又是位移类采集数据中容易获取且对损伤最为敏感的检测指标。因此,本节对 3 个测点及车轮的加速度数据进行采样,采样频率为 1000Hz,分别采集加速度数据 501 个。

### 6.2.2　时域与频域特征指标提取

由传感器获取的原始结构振动信号并不能十分直观形象地体现不同损伤程度下的振动差异,为了实现板式轨道在不同砂浆脱空工况下的损伤识别,就需要借助数理统计理论和信号处理手段对原始信号进行处理,提取出能够代表原始信号信息的特征指标,为下一步损伤识别准备所需数据。本节在车辆-板式无砟轨道动力学模型中计算得到的车轮加速度、轨道板与底座板测点加速度的基础上,以板端砂浆脱空工况为例,分别从时域、频域角度提取砂浆不同横向脱空度下的损伤特征指标,而板中砂浆不同横向脱空度下的损伤特征指标将在 6.4 节进行介绍。

1. 时域特征指标提取

时域信号一般是未经处理的原始数据,包含了结构完整的损伤信息,而且其信号波形比较直观,便于理解。考虑到幅值信息展现了振动信号的原貌,时域分析主要关注振动幅值随时间的变化规律,在时域内对时域信号进行处理,提取出能够反映真实损伤情况的特征指标。目前,时域范围内常用的损伤特征主要分为有量纲指标与无量纲指标两大类,其中有量纲指标包括峰值、峰峰值、均值、绝对均值、方差、标准差、均方根值及方根幅值等,无量纲指标包括偏度、峭度、峰值因子、脉冲因子、裕度因子和波形因子等[11,12]。

1) 峰值

峰值即振动信号中的振动幅值最大值,常用于会造成结构出现瞬态冲击效应的损伤识别,其计算表达式为

$$X_\mathrm{p} = |\max(x_i)| \tag{6-2}$$

式中,$x_i$ 为振动信号的第 $i$ 个振动幅值,下同。

2) 峰峰值

峰峰值是指一个周期内信号最大值与最小值之差,描述了信号的变化范围,其计算表达式为

$$X_\mathrm{pp} = \max(x_i) - \min(x_i) \tag{6-3}$$

3) 均值

均值也称为数学期望,即信号振动幅值的平均值,反映振动信号的一般水平和幅值波动中心,其计算表达式为

$$\overline{X} = \frac{1}{N}\sum_{i=1}^{N} x_i x_{id}^{(k+1)} = x_{id}^{(k)} + v_{id}^{(k+1)} \tag{6-4}$$

4) 绝对均值

绝对均值为信号振动幅值的绝对值取平均,其计算表达式为

$$X_\mathrm{ave} = \frac{1}{N}\sum_{i=1}^{N} |x_i| \tag{6-5}$$

5) 方差

方差是用来度量随机变量的离散程度,在概率分布与统计描述中,方差的定义和计算公式均不相同,在统计描述中方差用于计算每一个变量与总体均值间的差异,其计算表达式为

$$\sigma_\mathrm{n}^2 = \frac{1}{N}\sum_{i=1}^{N}(x_i - \overline{X})^2 \tag{6-6}$$

6) 标准差

标准差又称均方差,用于度量一组数据平均数的离散程度,是方差的算术平方根,其计算表达式为

$$\sigma_{\mathrm{n}} = \sqrt{\frac{1}{N}\sum_{i=1}^{N}(x_i - \overline{X})^2} \tag{6-7}$$

7) 均方根值

均方根值也称为方均根值或有效值，反映振动信号能量强度的大小。均方根值在处理样本数据时消除了误差正负号的影响，故能较好地反映试验结果误差的离散性，在物理学中常用其分析噪声，在结构损伤识别中也常利用结构中某些测点的振动响应信号的均方根值作为损伤评价指标，其计算表达式为

$$X_{\mathrm{rms}} = \sqrt{\frac{1}{N}\sum_{i=1}^{N}x_i^2} \tag{6-8}$$

8) 方根幅值

方根幅值是与均方根值对应的统计指标，是算术平方根的平均值的平方，其计算表达式为

$$X_{\mathrm{r}} = \left(\frac{1}{N}\sum_{i=1}^{N}\sqrt{|x_i|}\right)^2 \tag{6-9}$$

9) 偏度

偏度又称偏态、偏态系数，用于度量统计数据分布的偏斜方向和程度，是数据分布非对称程度的数字表征，其计算表达式为

$$S = \frac{\sum_{i=1}^{N}(x_i - \overline{X})^3}{N\sigma_{\mathrm{n}}^3} \tag{6-10}$$

10) 峭度

峭度是无量纲参数，对冲击信号特别敏感，尤其适用于表面损伤类的故障识别。当无砟轨道结构出现损伤后，结构振动响应加剧，造成大幅值响应信号的概率密度增大，从而改变原有信号幅值的概率分布，使其偏离正态分布，峭度值因此发生改变。峭度值越大，说明结构损伤越严重，其计算表达式为

$$K = \frac{\sum_{i=1}^{N}(x_i - \overline{X})^4}{N\sigma_{\mathrm{n}}^4} \tag{6-11}$$

11) 峰值因子

峰值因子是信号中峰值与均方根值的比值，用来检测信号中是否存在冲击的一个统计指标，代表了峰值在波形中的极端情况，其计算表达式为

$$C = \frac{X_{\mathrm{p}}}{X_{\mathrm{rms}}} \tag{6-12}$$

12) 脉冲因子

脉冲因子与峰值因子相似，区别在于分母不同，同样用于检测信号中是否存在冲击，

是信号峰值与绝对均值的比值，其计算表达式为

$$I = \frac{X_\text{p}}{X_\text{ave}} \tag{6-13}$$

13) 裕度因子

裕度因子是信号峰值与方根幅值的比值，其物理含义与脉冲因子、峰值因子类似，常用于检测和诊断机械设备的磨损情况，其计算表达式为

$$L = \frac{X_\text{p}}{X_\text{r}} \tag{6-14}$$

14) 波形因子

波形因子是均方根值与绝对均值的比值，也等于脉冲因子与峰值因子之比，其计算表达式为

$$F = \frac{X_\text{rms}}{X_\text{ave}} \tag{6-15}$$

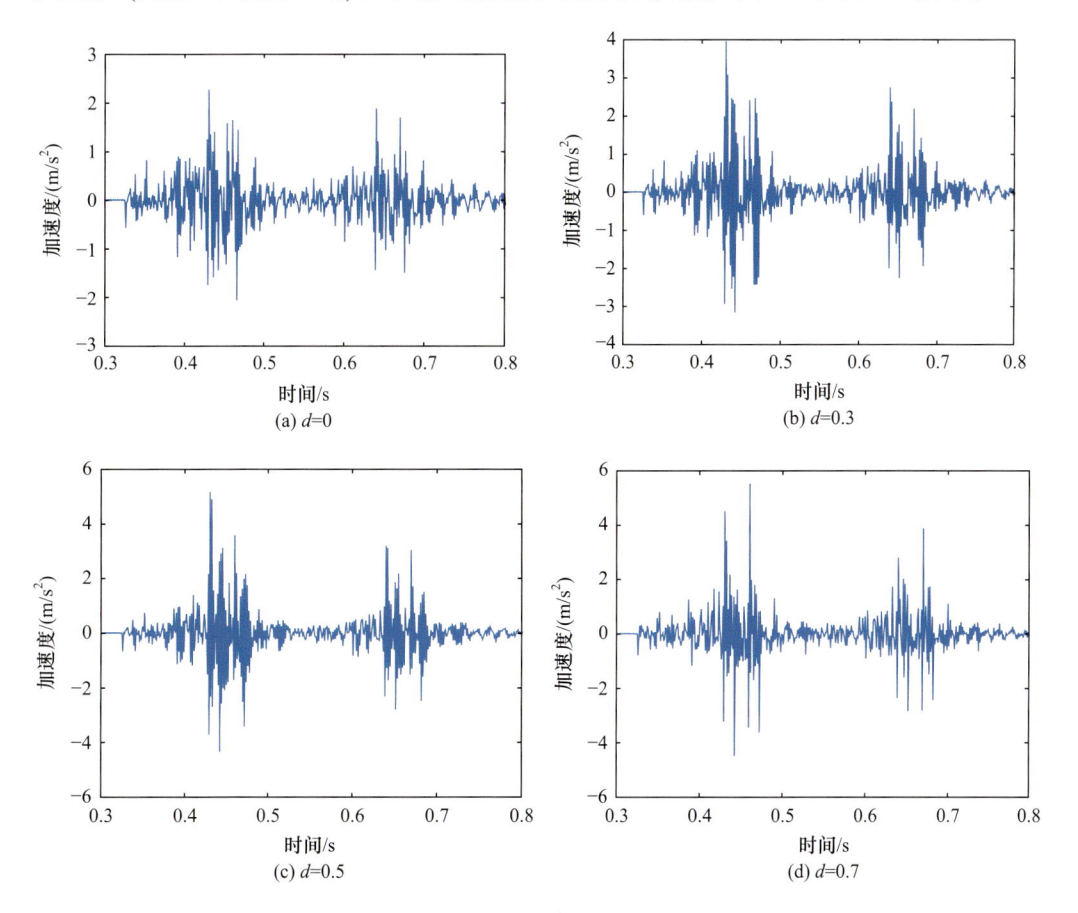

通过模型计算得到板端处砂浆不同横向脱空度下 3 个测点和车轮的加速度数据，其中测点 1(测点 2、测点 3 略)和车轮的加速度时程曲线分别如图 6-6 和图 6-7 所示。

(e) $d=1$

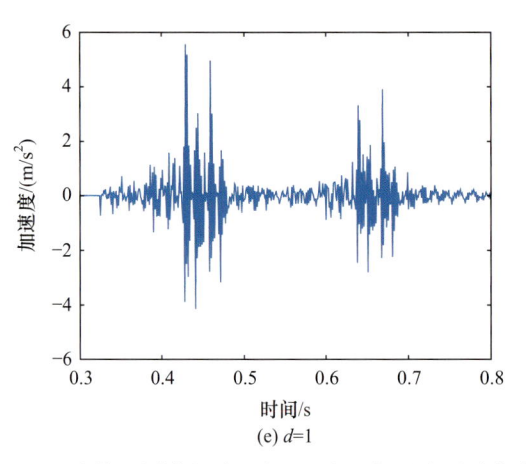

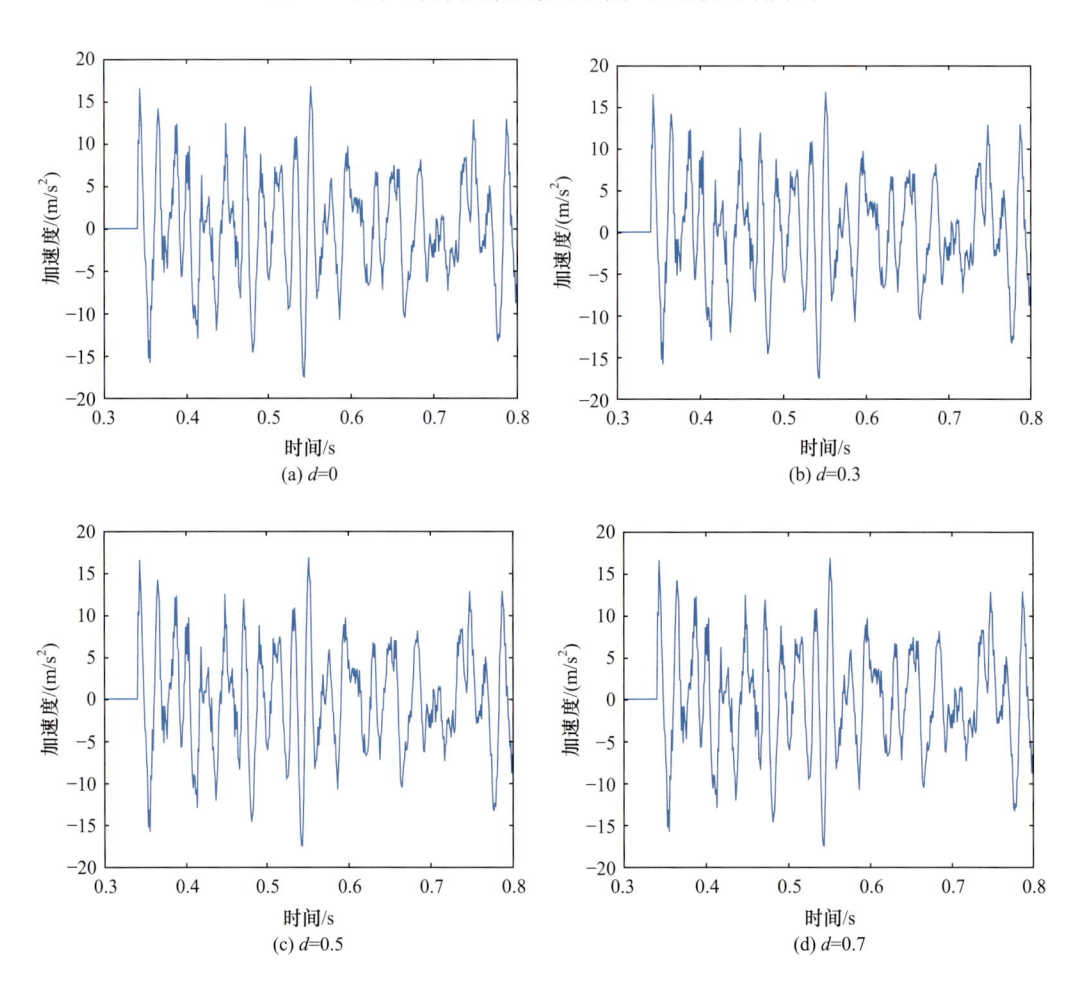

图 6-6 砂浆不同横向脱空度下测点 1 加速度时域曲线

(a) $d=0$

(b) $d=0.3$

(c) $d=0.5$

(d) $d=0.7$

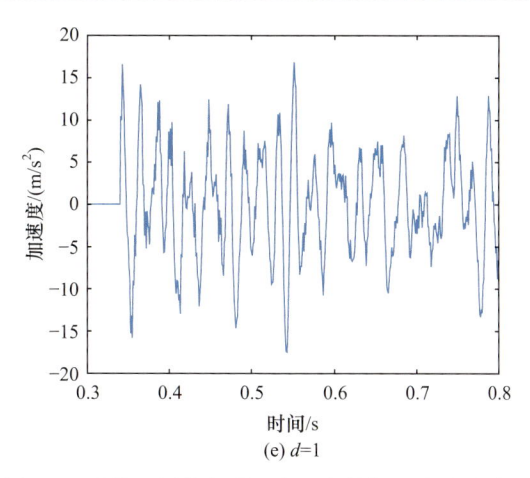

## 第6章 基于振动响应的无砟轨道层间脱空损伤识别

(e) $d=1$

图 6-7 砂浆不同横向脱空度下车轮加速度时域曲线

由图 6-6 可知,测点 1 在砂浆不同横向脱空度下的加速度响应差别较大,随着横向脱空度的增大,加速度最大幅值有增大的趋势。然而从图 6-7 中可以看出,车轮加速度随砂浆横向脱空损伤程度的加深基本无变化,可见当砂浆脱空损伤在轨道板横向未完全贯通时,其对车轮加速度的影响不明显。仅从加速度的时域曲线很难量化不同损伤程度之间的区别,为此基于数理统计,对时域曲线进行统计分析,选择峰值、方根幅值等 8 个有量纲的时域指标及偏度、波形因子等 6 个无量纲的时域指标表征时域曲线。利用式(6-2)~式(6-15)计算得到 3 个测点及车轮加速度的 14 个时域指标,其中测点 1 和车轮加速度的时域指标分别如表 6-6 和表 6-7 所示,测点 2 和测点 3 的加速度时域指标如图 6-8 所示。

表 6-6 测点 1 时域指标

| 时域指标 | | 砂浆横向脱空度 | | | | |
|---|---|---|---|---|---|---|
| | | $d=0$ | $d=0.3$ | $d=0.5$ | $d=0.7$ | $d=1$ |
| 有量纲指标/(m/s²) | 峰值 | 2.2757 | 3.9543 | 5.1722 | 5.5205 | 5.5526 |
| | 峰峰值 | 4.3385 | 7.1169 | 9.5205 | 9.7007 | 10.0096 |
| | 均值 | 0.0007 | 0.0007 | 0.0009 | 0.0009 | 0.0007 |
| | 绝对均值 | 0.3095 | 0.4178 | 0.4956 | 0.4816 | 0.4371 |
| | 方差 | 0.2207 | 0.5014 | 0.7700 | 0.7738 | 0.6159 |
| | 标准差 | 0.4698 | 0.7081 | 0.8775 | 0.8797 | 0.7848 |
| | 均方根值 | 0.4698 | 0.7081 | 0.8775 | 0.8797 | 0.7848 |
| | 方根幅值 | 0.2278 | 0.2881 | 0.3294 | 0.3198 | 0.2971 |
| 无量纲指标 | 偏度 | 0.1140 | 0.3574 | 0.5293 | 0.9146 | 0.6251 |
| | 峭度 | 6.7930 | 9.5292 | 11.2126 | 13.8394 | 15.9416 |
| | 峰值因子 | 4.8443 | 5.5841 | 5.8941 | 6.3122 | 7.0342 |

续表

| 时域指标 | | 砂浆横向脱空度 | | | | |
|---|---|---|---|---|---|---|
| | | $d=0$ | $d=0.3$ | $d=0.5$ | $d=0.7$ | $d=1$ |
| 无量纲指标 | 脉冲因子 | 7.3517 | 9.4638 | 10.4353 | 11.5305 | 12.6292 |
| | 裕度因子 | 9.9914 | 13.7266 | 15.7012 | 17.3636 | 18.5814 |
| | 波形因子 | 1.5176 | 1.6948 | 1.7705 | 1.8267 | 1.7954 |

表 6-7 车轮加速度时域指标

| 时域指标 | | 砂浆横向脱空度 | | | | |
|---|---|---|---|---|---|---|
| | | $d=0$ | $d=0.3$ | $d=0.5$ | $d=0.7$ | $d=1$ |
| 有量纲指标/(m/s$^2$) | 峰值 | 17.4560 | 17.4560 | 17.4550 | 17.4550 | 17.4530 |
| | 峰峰值 | 34.3420 | 34.3420 | 34.3410 | 34.3400 | 34.3360 |
| | 均值 | 0.0069 | 0.0070 | 0.0070 | 0.0070 | 0.0069 |
| | 绝对均值 | 4.8122 | 4.8143 | 4.8155 | 4.8163 | 4.8172 |
| | 方差 | 38.2495 | 38.2497 | 38.2623 | 38.2654 | 38.2559 |
| | 标准差 | 6.1846 | 6.1846 | 6.1857 | 6.1859 | 6.1851 |
| | 均方根值 | 6.1846 | 6.1846 | 6.1857 | 6.1859 | 6.1851 |
| | 方根幅值 | 3.8769 | 3.8811 | 3.8822 | 3.8838 | 3.8865 |
| 无量纲指标 | 偏度 | −0.0654 | −0.0666 | −0.0668 | −0.0673 | −0.0681 |
| | 峭度 | 2.9571 | 2.9559 | 2.9551 | 2.9548 | 2.9539 |
| | 峰值因子 | 2.8225 | 2.8225 | 2.8219 | 2.8217 | 2.8218 |
| | 脉冲因子 | 3.6274 | 3.6259 | 3.6247 | 3.6241 | 3.6231 |
| | 裕度因子 | 4.5025 | 4.4977 | 4.4962 | 4.4943 | 4.4906 |
| | 波形因子 | 1.2852 | 1.2846 | 1.2845 | 1.2844 | 1.2840 |

由表 6-6 可得出，测点 1 的峰值、峭度、峰值因子、脉冲因子及裕度因子均随砂浆横向脱空度的增大而严格增大。砂浆不同横向脱空度下的车轮加速度时域曲线差别很小，因此从中提取出的 14 个时域指标，其数值相差也较小，如表 6-7 所示。另外，考虑到频域特征指标及频带能量指标的提取均是基于车轮加速度时域曲线，因此在频域特征指标和频带能量指标提取中不再考虑车轮加速度，只考虑设置在轨道板及底座板上的 3 个测点。

图 6-8 中的特征序号 1~14 依次对应式(6-1)~式(6-14)的时域指标，由图可以看出，不同损伤程度下，对于测点 2，其特征序号 1、2、10、11 及 13 对应的时域指标数值相差比较明显，而对于测点 3，其特征序号 10 和 13 对应的时域指标数值相差最为明显，其余指标的数值相差不大。

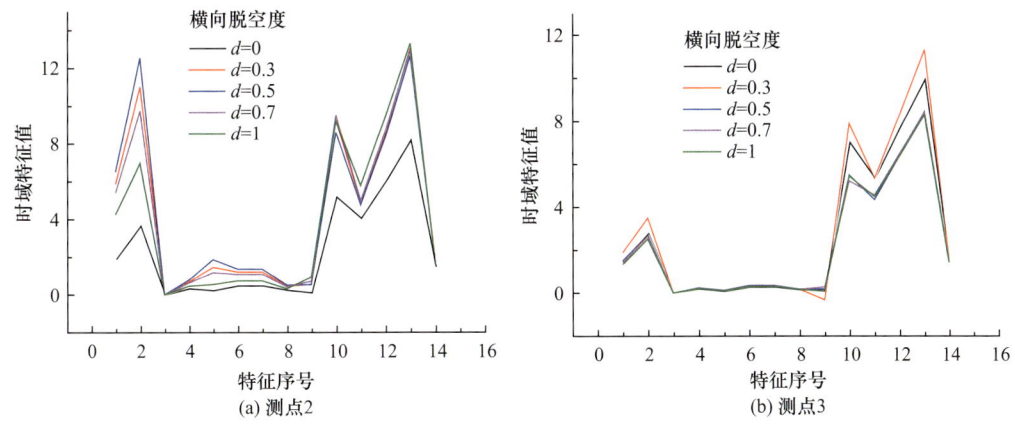

图 6-8　测点 2、3 的时域特征值

**2. 频域特征指标提取**

频率和能量是信号频域特征的主要表现形式。由于结构振动信号的某些信息在时域范围较难获得，为了深度挖掘振动信号中隐含的损伤信息，实现结构损伤的准确识别，仅从时域角度提取振动信号特征值显然是不足的，因此将信号从时域转换到频域，然后对其进行频域分析是非常重要的。利用快速傅里叶变换(fast Fourier transform，FFT)将复杂的时间信号进行分解，得到若干谐波分量，从频域范围内提取幅值、能量及功率等损伤特征指标。当无砟轨道出现脱空损伤后，结构振动信号的频率结构发生改变，通过对频率信号的分析达到损伤识别的目的。

目前，常用的频域特征参数有幅值谱、能量谱及功率谱。

1) 幅值谱

幅值谱是频率分布与振动幅值的映射曲线，表现为各频率成分对应的幅值大小，是结构损伤识别方法中最基本的频域分析指标，一个时域振动信号 $x(t)$ 的幅值谱函数可用式(6-16)表示：

$$X(f) = \int_{-\infty}^{+\infty} x(t) e^{-j2\pi f t} dt \tag{6-16}$$

2) 能量谱

能量谱是能量谱密度的简称，用以描述能量信号，信号幅值谱的模的平方即能量谱。

3) 功率谱

功率谱密度简称功率谱，表示功率随频率的分布情况。在振动信号时域-频域转换中，基于帕塞瓦尔定理，时域与频域内的信号总功率不变，由此可获得信号的功率谱密度，当数据样本有限时，可采用图期法、Welch 法对功率谱进行估计。功率谱密度包括互功率谱密度和自功率谱密度两种类型。

本节采用幅值谱和能量谱来表征加速度信号的频域特征，利用 FFT 将信号从时域转换到频域，进一步分析板端砂浆不同横向脱空度下各个测点的振动响应规律，并提取频域内的损伤特征指标，为后面的损伤识别做准备。

经过 FFT 后得到 3 个测点的加速度频谱图，其中测点 1 的频谱曲线如图 6-9 所示，测点 2、3 略。

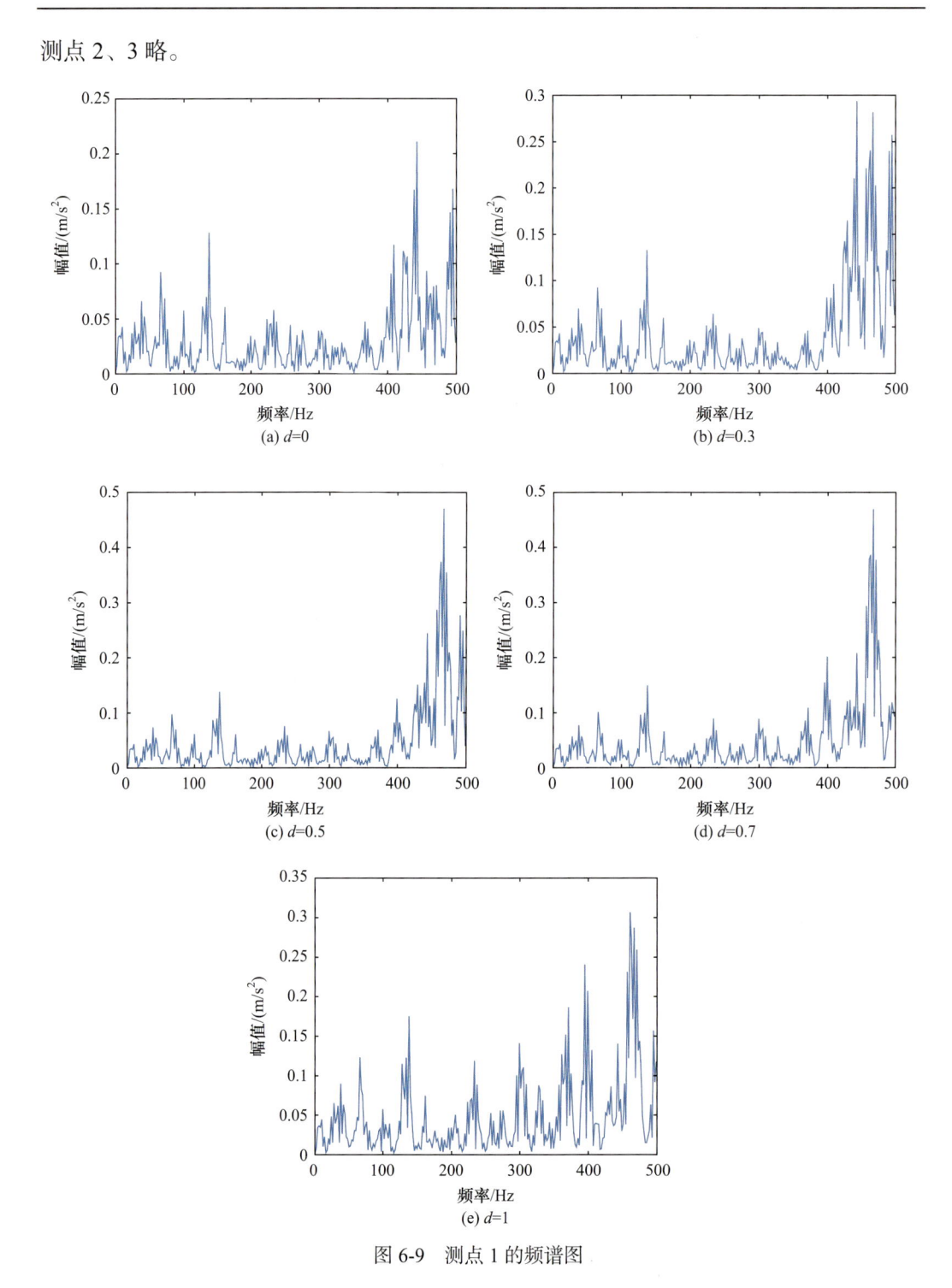

图 6-9 测点 1 的频谱图

由于能量谱与幅值谱变化趋势一致，故在此省略各测点的能量谱曲线。

从图 6-9 可以看出高频段内的振幅较大，但与测点加速度的时域曲线分析相似，从频谱图像上很难区分不同损伤程度之间的差异，因此将曲线图形数值化，即分别计算各测点在板端砂浆不同横向脱空度下的平均幅值、最大幅值、平均能量及最大能量,共 4 项频域指标。3 个测点的各项频域指标分别如表 6-8～表 6-10 所示。

表 6-8  测点 1 频域指标

| 频域指标 | 砂浆横向脱空度 ||||| 
|---|---|---|---|---|---|
| | $d = 0$ | $d = 0.3$ | $d = 0.5$ | $d = 0.7$ | $d = 1$ |
| 平均幅值/(m/s²) | 0.0289 | 0.0383 | 0.0444 | 0.0462 | 0.0473 |
| 最大幅值/(m/s²) | 0.2107 | 0.2933 | 0.4696 | 0.4685 | 0.3066 |
| 平均能量/J | 0.0008 | 0.0015 | 0.0020 | 0.0021 | 0.0022 |
| 最大能量/J | 0.0444 | 0.0860 | 0.2206 | 0.2195 | 0.0940 |

表 6-9  测点 2 频域指标

| 频域指标 | 砂浆横向脱空度 ||||| 
|---|---|---|---|---|---|
| | $d = 0$ | $d = 0.3$ | $d = 0.5$ | $d = 0.7$ | $d = 1$ |
| 平均幅值/(m/s²) | 0.0290 | 0.0568 | 0.0618 | 0.0539 | 0.0457 |
| 最大幅值/(m/s²) | 0.1889 | 0.5545 | 0.7856 | 0.6305 | 0.2550 |
| 平均能量/J | 0.0008 | 0.0032 | 0.0038 | 0.0029 | 0.0021 |
| 最大能量/J | 0.0357 | 0.3075 | 0.6171 | 0.3976 | 0.0650 |

表 6-10  测点 3 频域指标

| 频域指标 | 砂浆横向脱空度 ||||| 
|---|---|---|---|---|---|
| | $d = 0$ | $d = 0.3$ | $d = 0.5$ | $d = 0.7$ | $d = 1$ |
| 平均幅值/(m/s²) | 0.0169 | 0.0199 | 0.0195 | 0.0180 | 0.0177 |
| 最大幅值/(m/s²) | 0.1022 | 0.1842 | 0.1794 | 0.1486 | 0.1170 |
| 平均能量/J | 0.0003 | 0.0004 | 0.0004 | 0.0003 | 0.0003 |
| 最大能量/J | 0.0104 | 0.0339 | 0.0322 | 0.0221 | 0.0137 |

从表 6-8～表 6-10 可以看出,测点 1 的平均幅值和平均能量随砂浆横向脱空度的增大而增大,最大幅值和最大能量随砂浆横向脱空度增大先增大后减小。而测点 2 和测点 3 的 4 项频域指标与砂浆横向脱空度均未呈现线性关系,其中对于测点 3,不同横向脱空度下的平均幅值和平均能量差异很小,这主要是因为测点 3 位于底座板上表面,在列车荷载作用下,轨道板与 CA 砂浆层吸收了大部分振动荷载,荷载向下传递至底座板时对其振动影响较小。

### 6.2.3  基于小波包分解的频带能量提取

以傅里叶变换理论为基础的频域分析仅能体现信号的频率分布规律,无法同时结合信号的时域、频域信息，不利于结构损伤的准确识别。小波变换可以将结构振动信号分解到不同尺度空间，具有多分辨率分析、时频局部化能力强的特点。而小波包分解可看成小波变换的扩展，是一种更为精细的信号分解方法，因此本节采用小波包分解获取振动信号在各频段内的能量信息，将其作为损伤特征指标。

1. 小波包分解理论

小波包分解克服了小波分解只对信号低频部分进行分解而忽略高频成分的缺陷，同时对低频和高频信号进行分解，如图 6-10 所示，图中 $A_{i,j}$ 为分解获得的低频信号，$D_{i,j}$ 为高频信号。小波包分解均匀划分信号频带，完整保留了原始信号的信息，提高了信号时频分辨率。

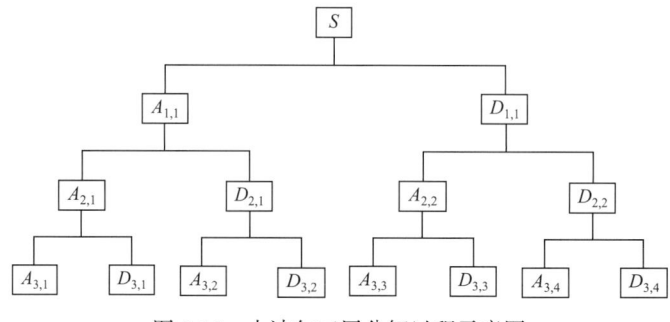

图 6-10 小波包三层分解过程示意图

设 $p_j^i(t)$ 为第 $j$ 层的小波包，$G$ 和 $H$ 分别为小波分解低频、高频滤波器，用矩阵表示，则小波包的分解算法可表示为

$$\begin{cases} p_j^{2i-1} = \sum_k H(k-2t) p_{j-1}^i(t) \\ p_j^{2i} = \sum_k G(k-2t) p_{j-1}^i(t) \end{cases} \tag{6-17}$$

小波包的重构算法可表示为

$$p_j^i(t) = 2\left[\sum_k h(t-2k) p_j^{2i-1}(t) + \sum_k g(t-2k) p_j^{2i}(t)\right] \tag{6-18}$$

式中，$h$、$g$ 分别为 $H$、$G$ 的共轭矩阵。

小波包对应的小波函数与小波包具有相同的性质，设小波包函数为 $\varphi_{j,k}^i(t)$，其计算表达式为

$$\varphi_{j,k}^i(t) = 2^{\frac{j}{2}} \varphi^i(2^j t - k), \quad i = 1, 2, \cdots \tag{6-19}$$

式中，$i$ 为频率指标，$j$ 为尺度指标，$k$ 为位置指标。

信号 $x(t)$ 经过 $j$ 层小波包分解，得到 $2^j$ 个频带，可用式(6-20)表示：

$$x(t) = \sum_{i=1}^{2^j} x_j^i(t) \tag{6-20}$$

式中，$x_j^i(t) = \sum_k c_{j,k}^i \psi_{j,k,i}(t)$，其中 $c_{j,k}^i$ 为小波包系数，由式(6-21)计算：

$$c_{j,k}^i = \int_{-\infty}^{+\infty} x(t) \psi_{j,k,i}(t) \mathrm{d}t \tag{6-21}$$

$\psi_{j,k,i}(t)$ 称为一个小波包。

信号 $x(t)$ 的总能量可表示为

$$E_x = \int_{-\infty}^{+\infty} x^2(t) \mathrm{d}t = \sum_{m=1}^{2^j} \sum_{n=1}^{2^j} \int_{-\infty}^{+\infty} x_j^m(t) x_j^n(t) \mathrm{d}t \tag{6-22}$$

由小波包的正交性质可得

$$E_x = \sum_{i=1}^{2^j} E_i^j \tag{6-23}$$

即信号总能量等于小波包分解后第 $j$ 层的共 $2^j$ 个频带能量的总和，其中第 $j$ 层的第 $i$ 个频带的能量为 $E_i^j = \int_{-\infty}^{+\infty} x_i^j(t)^2 \mathrm{d}t$。

针对振动响应信号 $F(t)$ 进行 $i$ 层小波包分解，可将信号分解为 $2^i$ 个频带，则第 $i$ 层的第 $j$ 个频带能量 $E_j^i$ 等于频带内振动响应绝对值的平方和，可表示为

$$E_j^i = \sum \left| f_j^i \right|^2, \quad j = 0, 1, 2, \cdots, 2^{i-1} \tag{6-24}$$

式中，$f_j^i$ 为第 $i$ 层频带 $j$ 上的振动响应。

2. 频带能量提取

基于小波包分解理论对砂浆不同横向脱空度下提取的3个测点加速度信号进行三层分解，将0～500Hz的频域范围划分为8个频带，各个频带对应的频率范围如表6-11所示。

表6-11 小波包分解的频带划分

| 小波包系数 | d(3,0) | d(3,1) | d(3,2) | d(3,3) | d(3,4) | d(3,5) | d(3,6) | d(3,7) |
|---|---|---|---|---|---|---|---|---|
| 频带范围/Hz | 0～63 | 63～125 | 125～188 | 188～250 | 250～313 | 313～375 | 375～438 | 438～500 |

以砂浆无损伤状态下的测点1加速度信号分解为例，可得小波包分解树及小波包系数分别如图6-11和图6-12所示。

利用小波包分解得到砂浆不同损伤程度下测点1的8个频带能量如表6-12所示，测点2和测点3的频带能量分布如图6-13所示，图中的频带1～8依次代表表6-11中的频带范围0～63Hz 到 438～500Hz。

图 6-11 小波包分解树

(a) 节点(3,0)的小波包系数
(b) 节点(3,1)的小波包系数
(c) 节点(3,2)的小波包系数
(d) 节点(3,3)的小波包系数
(e) 节点(3,4)的小波包系数
(f) 节点(3,5)的小波包系数
(g) 节点(3,6)的小波包系数
(h) 节点(3,7)的小波包系数

图 6-12 小波包分解系数

表 6-12 测点 1 频带能量　　　　　　　　　　　　　　　　　(单位：J)

| 频率范围 | 砂浆横向脱空度 ||||| 
|---|---|---|---|---|---|
| | $d=0$ | $d=0.3$ | $d=0.5$ | $d=0.7$ | $d=1$ |
| 0~63Hz | 9.5266 | 9.8559 | 10.5119 | 11.5163 | 14.6402 |
| 63~125Hz | 10.3425 | 10.6879 | 12.0148 | 12.5258 | 16.3966 |

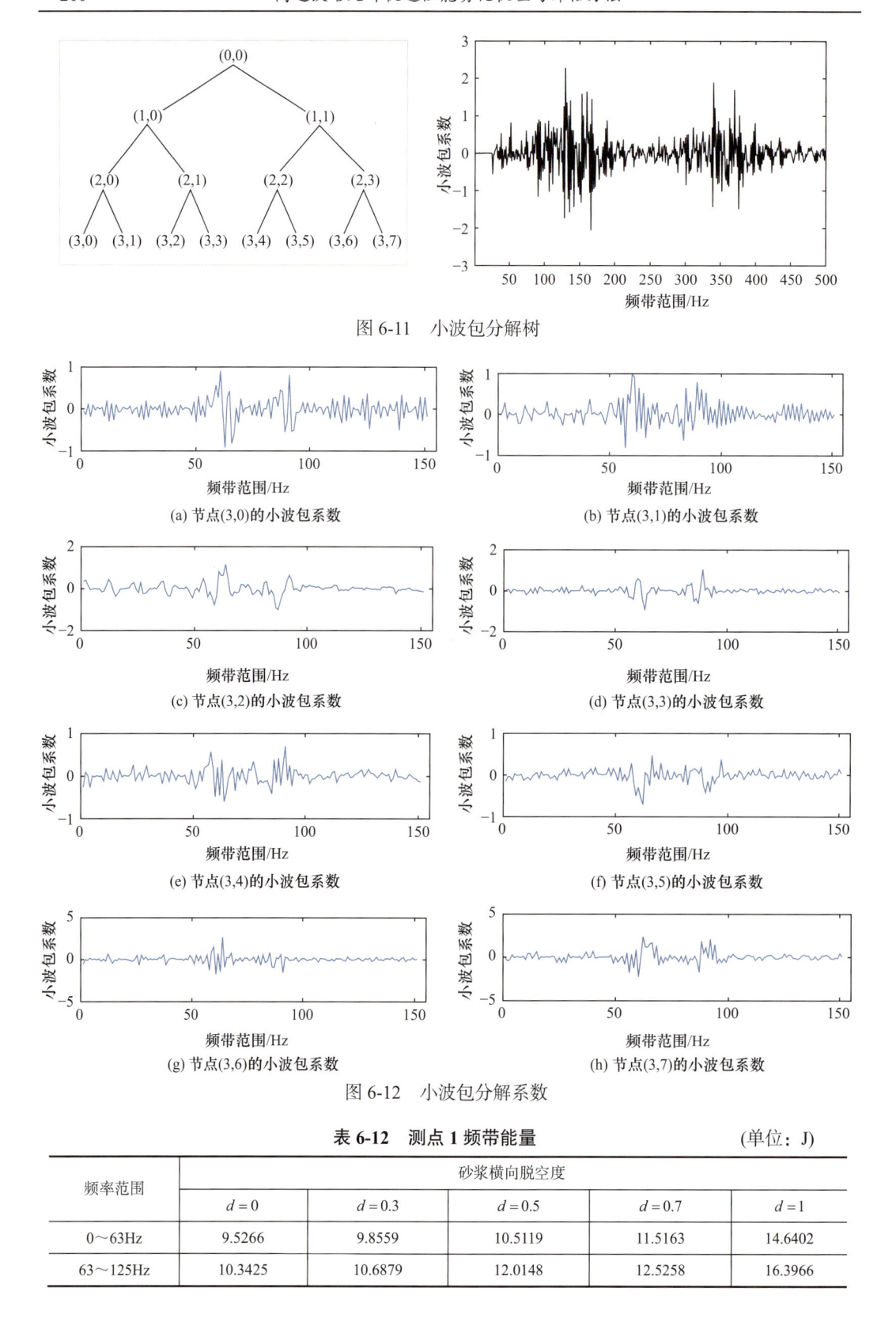

续表

| 频率范围 | 砂浆横向脱空度 ||||| 
|---|---|---|---|---|---|
| | $d=0$ | $d=0.3$ | $d=0.5$ | $d=0.7$ | $d=1$ |
| 125~188Hz | 11.0381 | 12.1509 | 14.2875 | 16.9228 | 23.2865 |
| 188~250Hz | 5.6766 | 6.0790 | 7.2189 | 8.9286 | 13.6875 |
| 250~313Hz | 4.5882 | 5.1260 | 7.0310 | 10.5880 | 22.9005 |
| 313~375Hz | 3.2019 | 3.2781 | 5.6444 | 11.4391 | 33.8673 |
| 375~438Hz | 31.9637 | 44.1094 | 34.3276 | 46.5289 | 56.2866 |
| 438~500Hz | 52.1663 | 178.7552 | 312.4789 | 288.9214 | 149.7547 |

由表 6-12 可知，除了频带 375~438Hz 和 438Hz~500Hz，其余 6 个频带的能量均随砂浆横向脱空度的增大而增大，但增大幅值不显著。不同横向脱空度下，438~500Hz 的频带能量数值相差最大。

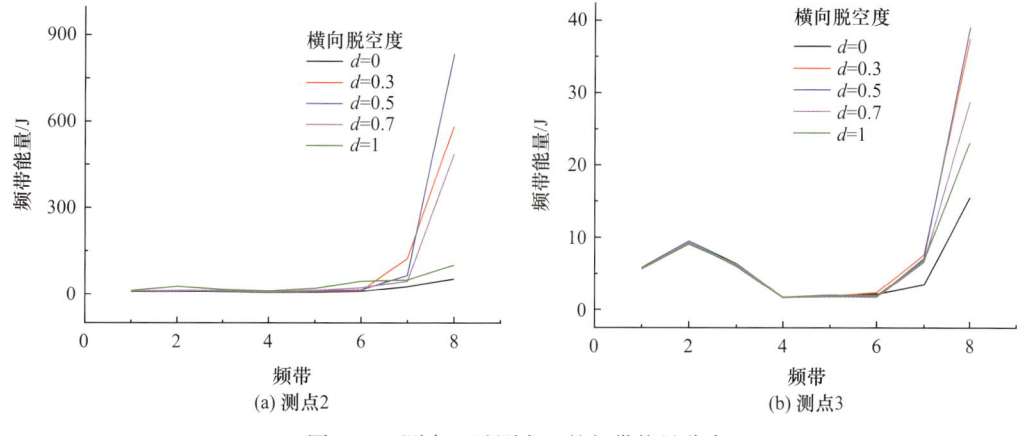

图 6-13 测点 2 及测点 3 的频带能量分布

由图 6-13 可以看出，测点 2 与测点 3 类似，在 CA 砂浆不同横向脱空度下，频带 1 至频带 7 的能量均相差较小，只有频带 8 的能量差别较大，其中 $d=0.5$ 时计算得到的频带 8 能量高于其他损伤工况。

## 6.3 基于 BP 神经网络的脱空损伤程度识别

BP 神经网络因其结构简单、操作方便等优点，成为最具代表性的一种神经网络，被广泛应用于结构损伤的识别研究。本章针对 CRTS Ⅰ 型板式无砟轨道板端砂浆出现的脱空损伤，将 6.2 节计算得到的砂浆不同横向脱空度下的损伤特征指标作为神经网络输入向量，网络输出对应为横向脱空度，通过训练神经网络搭建损伤特征指标与横向脱空度的非线性映射关系。最后利用训练好的神经网络模型识别加算的板端砂浆脱空工况下的损伤程度，从而验证基于 BP 神经网络的砂浆脱空损伤程度识别方法的可行性。

### 6.3.1 BP 神经网络的基本结构及推导

1. 神经网络概述

人工神经网络(artificial neural network，ANN)，简称神经网络，是一种基于生物神经网络进行智能化信息处理的数学模型，以模拟大脑运行的某些机制实现特定的功能。神经网络实际上是一个由大量节点相互连接而组成的复杂网络系统，通过调整节点间的相互关系实现对信息的处理，在计算过程中需要输入大量数据样本，样本作为节点，与大脑神经元相似，使用加权值表示节点间的连接强度。

神经网络从生物神经网络发展而来，吸取了生物神经网络的许多优点，其主要特点如下：

(1) 并行分布式信息处理。神经网络中的每一个神经元都可独立处理信息，并及时输出运算结果，上一层神经元的计算结果接着传输给下一层神经元做进一步处理，神经网络的协同并行处理信息的方式显著提升了网络系统对信息的处理效率，使得传输数据具有实时性特点。神经网络利用分布式存储对信息进行保存，使用大量神经元之间的连接及权值分布来表示特定的信息。

(2) 非线性映射能力。神经网络无须提前获得描述输入与输出向量之间对应的函数表达式，通过训练和学习获取各种输入-输出模式映射关系，具有较强的非线性映射能力。

(3) 非凸性。系统的演化方向取决于特定的状态函数，神经网络的非凸性使得其状态函数存在多个极值点，即对应多个较为稳定的平衡系，从而网络系统演化具有多样性。

(4) 非常定性。神经网络具有自适应、自组织及自学习能力，可以针对不同类型的信息进行处理，且在处理时系统也一直处于动态变化中，采用迭代过程描述非线性系统的演化过程。

(5) 联想记忆。神经网络的整体行为不仅取决于单个神经元特征，还取决于各个神经元之间的相互作用，模拟人类大脑的非局限性，体现了神经网络系统的联想记忆功能。

神经网络的上述特点使其克服了传统人工智能在处理直觉和非结构化信息方面的不足，通过网络结构的变化和动力学行为获取并行分布式信息处理功能，在模式识别与图像处理、控制和优化、通信、空间科学等领域得到了广泛的应用。神经网络种类繁多，按照神经网络的网络性能、学习方式、结构与学习算法的不同对其进行分类，如图 6-14 所示。

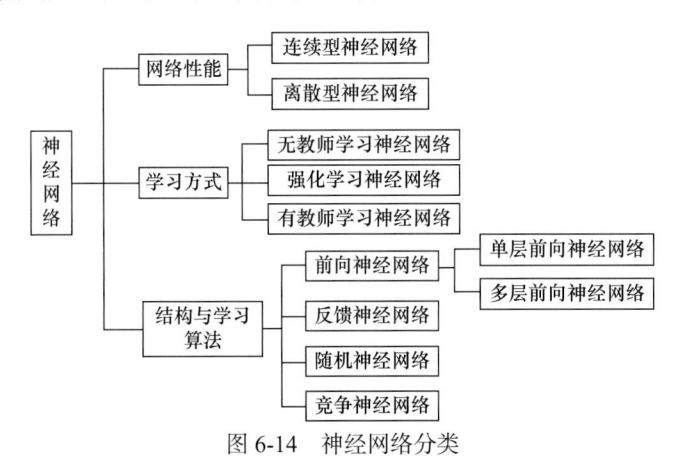

图 6-14 神经网络分类

## 2. BP 神经网络的结构

BP 神经网络是众多神经网络中最具代表性的一种,于 1986 年由 Rumelhart 和 McClelland 等提出,属于多层前馈型神经网络,采用反向传播学习算法进行权值调整,因此称为 BP 神经网络。BP 神经网络具有结构简单、操作方便等优点,且能模拟任意的输入-输出间的非线性关系,主要用于函数逼近、模式识别、分类及数据压缩等方面。BP 神经网络的隐含层可以为一层或多层,其中含单层隐含层的 BP 神经网络拓扑结构如图 6-15 所示,表达了 $n$ 个输入样本与 $n$ 个输出值之间的映射关系。

一个基本的 BP 神经元模型如图 6-16 所示,该模型具有 $n$ 个输入样本,每个输入样本与下一层通过权值 $w_i$ 连接,输出值可用式(6-25)表示:

$$y = f\left(\sum_{i=1}^{n} w_i x_i + b\right) \tag{6-25}$$

式中,$f$ 为传递函数,也称为激励函数;$b$ 为神经元单元的阈值。

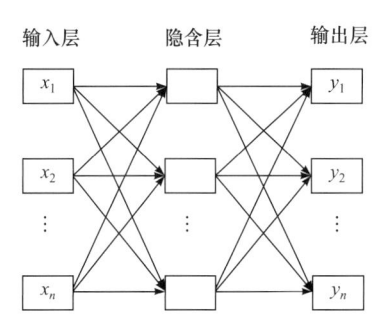

图 6-15　BP 神经网络拓扑结构　　　　图 6-16　BP 神经元模型

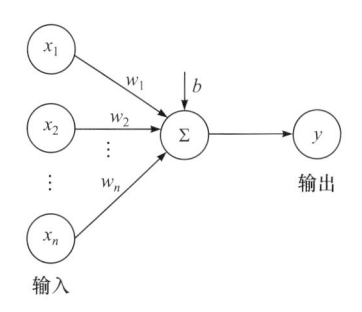

传递函数的作用在于对输入、输出值进行转换,并将输出值限制在一定范围内输出,主要有域值函数、分段线性函数和非线性函数三类。BP 神经网络通常采用 sigmoid 函数(S 型函数)与线性函数作为传递函数。S 型函数又可分为 log-sigmoid(logsig)函数与 tan-sigmoid(tansig)函数。

logsig 函数:

$$f(x) = \frac{1}{1+e^{-x}}, \quad f(x) \in (0,1)$$

tansig 函数:

$$f(x) = \frac{e^x - e^{-x}}{e^x + e^{-x}}, \quad f(x) \in (-1,1)$$

函数图形如图 6-17 所示。

(a) logsig函数　　　　　　　　　(b) tansig函数

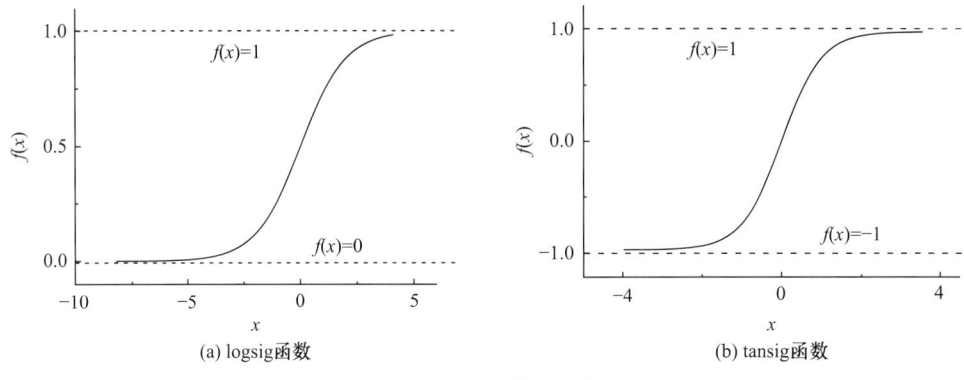

图 6-17　S 型传递函数

3. BP 神经网络的推导

BP 神经网络的学习训练过程主要包括两个阶段：信号正向计算和误差反向传播计算。信号正向计算阶段从输入样本开始，根据前一次迭代产生的权值和阈值逐层向后计算各层的输出值；误差反向传播计算阶段从输出层开始，根据各个权值、阈值对误差的影响程度逐层向前对其进行修正。信号正向计算与误差反向传播计算是一个反复交替的过程，不断调整各层的权值、阈值，直到满足收敛条件，停止神经网络的训练，输出层输出计算结果。

下面以一个三层 BP 神经网络为例详细介绍算法过程，设输入样本为 $x_i(i=1,2,\cdots,n)$，隐含层神经元为 $y_j(j=1,2,\cdots,s)$，输出为 $z_k(k=1,2,\cdots,m)$，期望输出为 $t_k(k=1,2,\cdots,m)$。输入层到隐含层：权值为 $w$，阈值为 $b_1$，传递函数为 $f_1$。隐含层到输出层：权值为 $T$、阈值为 $b_2$，传递函数为 $f_2$。

1) 信号正向计算阶段

隐含层输出值为

$$y_j = f_1\left(\sum_{i=1}^{n} w_{ij}x_i + b_{1j}\right), \quad j=1,2,\cdots,s \tag{6-26}$$

输出层的计算输出为

$$z_k = f_2\left(\sum_{j=1}^{s} T_{jk}y_j + b_{2k}\right), \quad k=1,2,\cdots,m \tag{6-27}$$

输出误差为

$$E = \frac{1}{2}\sum_{k=1}^{m}(t_k - z_k)^2 \tag{6-28}$$

2) 误差反向传播计算阶段

误差反向传播计算阶段主要是对输出层与隐含层、隐含层与输入层之间的权值和阈值进行修正。

(1) 权值修正。

①输出节点权值 $T$ 的修正。输出层对应的第 $j$ 个输入到第 $k$ 个输出的权值 $T_{kj}$ 的变化

由式(6-29)计算(式中 $\eta$ 为学习效率):

$$\Delta T_{kj} = -\eta \frac{\partial E}{\partial T_{kj}} = -\eta \frac{\partial E}{\partial z_k} \frac{\partial z_k}{\partial T_{kj}} \qquad (6\text{-}29)$$

由式(6-28)可知,误差函数与 $m$ 个输出均相关,但是仅有一个 $z_k$ 对应一个 $T_{kj}$,且各个输出之间相互独立,所以 $\frac{\partial E}{\partial z_k} = -(t_k - z_k)$。由式(6-27)可知,$\frac{\partial z_k}{\partial T_{kj}} = f_2' \cdot y_j$。代入式(6-29)可得

$$\Delta T_{kj} = \eta \cdot (t_k - z_k) \cdot f_2' \cdot y_j \qquad (6\text{-}30)$$

令 $\delta_{kj} = (t_k - z_k) \cdot f_2'$,则 $\Delta T_{kj} = \eta \delta_{kj} y_j$。

② 隐含层节点权值 $w$ 的修正。隐含层对应的第 $i$ 个输入到第 $j$ 个输出之间的权值 $w_{ji}$ 的变化可按式(6-31)计算:

$$\Delta w_{ji} = -\eta \frac{\partial E}{\partial w_{ji}} = -\eta \frac{\partial E}{\partial z_k} \frac{\partial z_k}{\partial y_j} \frac{\partial y_j}{\partial w_{ji}} \qquad (6\text{-}31)$$

由式(6-27)计算得 $\frac{\partial z_k}{\partial y_j} = f_2' \cdot T_{jk}$,再由式(6-26)计算得 $\frac{\partial y_j}{\partial w_{ji}} = f_1' \cdot x_i$。

考虑到误差函数 $E$ 中对某一个 $w_{ji}$ 就有一个 $y_j$ 与之对应,而每一个输出 $z_k$ 都与 $y_j$ 有关,所以式(6-31)存在对 $k$ 的求和。

将 $\frac{\partial E}{\partial z_k}$、$\frac{\partial z_k}{\partial y_j}$ 和 $\frac{\partial y_j}{\partial w_{ji}}$ 代入式(3-7)后,可化简为

$$\Delta w_{ji} = \eta \sum_{k=1}^{m} (t_k - z_k) \cdot f_2' \cdot T_{jk} \cdot f_1' \cdot x_i \qquad (6\text{-}32)$$

再令 $\delta_{ji} = \sum_{k=1}^{m}(t_k - z_k) \cdot f_2' \cdot T_{jk} \cdot f_1'$,故 $\Delta w_{ji} = \eta \delta_{ji} x_i$。

(2) 阈值修正。

阈值修正与权值修正原理相似,分为输出层节点阈值修正和隐含层节点阈值修正。
①输出层节点阈值修正。输出层对应的第 $k$ 个输出的阈值 $b_{2k}$ 的变化由式(6-33)计算:

$$\Delta b_{2k} = -\eta \frac{\partial E}{\partial b_{2k}} = -\eta \cdot \frac{\partial E}{\partial z_k} \cdot \frac{\partial z_k}{\partial b_{2k}} = -\eta \cdot [-(t_k - z_k)] \cdot f_2' \qquad (6\text{-}33)$$

令 $\delta_k = (t_k - z_k) \cdot f_2'$,则 $\Delta b_{2k} = \eta \delta_k$。
②隐含层节点阈值修正。隐含层对应的第 $j$ 个输出的阈值 $b_{1j}$ 的变化由式(6-34)计算:

$$\Delta b_{1j} = -\eta \frac{\partial E}{\partial b_{1j}} = -\eta \cdot \frac{\partial E}{\partial z_k} \cdot \frac{\partial z_k}{\partial y_j} \cdot \frac{\partial y_j}{\partial b_{1j}} = \eta \cdot \sum_{k=1}^{m}(t_k - z_k) \cdot f_2' \cdot T_{jk} \cdot f_1' \qquad (6\text{-}34)$$

令 $\delta_j = \sum_{k=1}^{m}(t_k - z_k) \cdot f_2' \cdot T_{jk} \cdot f_1'$，则 $\Delta b_{1j} = \eta \delta_j$。

### 6.3.2 BP神经网络的脱空识别模型

1. BP神经网络参数选择

利用 MATLAB 的 feedforwardnet 函数建立一个含单层隐含层的 BP 神经网络，将板端的砂浆横向脱空度 $d$ 分别为 0、0.3、0.5、0.7 及 1 五种工况，计算得到的测点 1、2、3 的时域、频域及频带能量共 78 个特征指标作为输入样本，对应的横向脱空度作为输出样本，随机排序后输入神经网络中，在对网络进行训练之前需要选择合适的结构参数，才能到达最佳的识别效果。

由于输入样本中包括时域、频域及各个频带能量等不同的特征指标，其数值量级存在较大差异，容易造成网络学习速率的降低，甚至网络系统的崩溃，因此必须提前对输入样本进行归一化处理，利用式(6-35)可将样本数据转化为[0,1]的数据：

$$x' = \frac{x - x_{\min}}{x_{\max} - x_{\min}} \tag{6-35}$$

式中，$x$ 为初始样本值；$x_{\max}$、$x_{\min}$ 分别为初始样本中的最大值和最小值；$x'$ 为归一化处理后的样本值。

BP 神经网络中涉及的参数主要有传递函数、训练函数、期望误差、训练次数、隐含层神经元个数及学习速率等。

1) 传递函数

传递函数主要是对网络输出值范围进行限定，由于输出层为砂浆脱空损伤程度，不存在负值，本章选择 logsig 函数作为网络的传递函数。

2) 训练函数

LM(Levenberg-Marquardt)算法是一种专门针对训练样本为中等规模的前向型神经网络而提出的快速算法，且在 MATLAB 中容易实现。因此，为了克服标准 BP 算法存在的训练时间长、不易收敛等不足，本章的训练函数选用改进后的 BP 算法——LM 算法[13]。此外，网络参数中的期望误差取为 0.001，最大训练迭代次数取为 100，而隐含层神经元个数和学习速率的选择不容易确定。为了建立一个较好的 BP 神经网络，有效识别 CA 砂浆的横向脱空损伤程度，需要对隐含层神经元个数和学习速率进行优选。针对不同隐含层神经元个数、学习速率进行网络训练，分析隐含层神经元个数及学习速率对网络预测精度的影响规律，选择最小均方误差(MSE)对应的网络参数，即最优网络参数。

(1) 隐含层神经元个数。

BP 神经网络一般由输入层、隐含层及输出层组成，其中输入层和输出层的神经元个数可根据求解的实际问题确定，在本章建立含单层隐含层的神经网络中，输入层神经元个数为 78 个，输出层神经元对应横向脱空度，为 1 个。然而，隐含层神经元个数的确定不太容易，目前也没有明确的理论公式对其进行规定，可利用下面的经验公式[14]对隐含层神经元个数进行估计：

$$m = \sqrt{n+l} + a \tag{6-36}$$

式中，$m$、$n$ 和 $l$ 分别为神经网络中隐含层、输入层及输出层的神经元个数；$a$ 为参数，取值范围为 1~10。计算可得隐含层神经元个数范围为[10,19]，通过网络的识别效果对比即可确定其确切的个数。

设隐含层神经元个数为 10~19，学习速率取为 0.13，训练后得到网络预测精度随隐含层神经元个数的变化规律如图 6-18 所示。

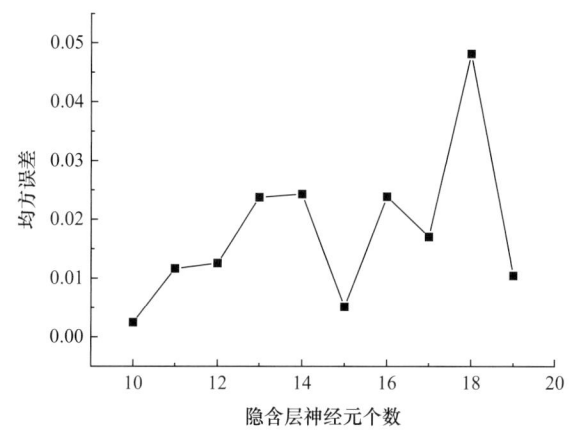

图 6-18 隐含层神经元个数对预测精度的影响

由图 6-18 可以看出，BP 神经网络的预测精度对隐含层神经元个数十分敏感，当隐含层神经元个数为 10 时，网络的预测精度达到最高，均方误差仅为 0.0025。

(2) 学习速率。

对于学习速率，其选取范围一般在 0.01~0.8，当学习速率过大时网络系统在训练中不稳定，过小又会导致训练时间过长，为了保证网络的稳定性，学习速率一般取较小的值。将神经网络学习速率设置为 0.03~0.23，增量为 0.02，隐含层神经元个数取为 10，训练后得到网络预测精度随学习速率的变化规律如图 6-19 所示。

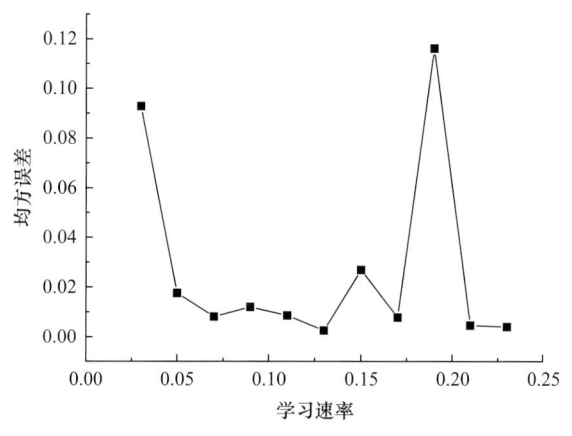

图 6-19 学习速率对预测精度的影响

由图 6-19 可知，网络预测精度对学习速率较为敏感，当网络学习速率为 0.13 时，训练后的均方误差最小，仅为 0.003，BP 神经网络的性能较好。

2. 基于 BP 神经网络的脱空识别

由上面的参数优选分析可知，为达到 BP 神经网络的最佳损伤识别效果，隐含层神经元个数取为 10，学习速率取为 0.13，设置好网络结构参数后输入五种砂浆横向脱空度下的特征指标及对应的脱空度，归一化处理后进行网络训练。程序运行过程中显示的网络结构如图 6-20 所示。

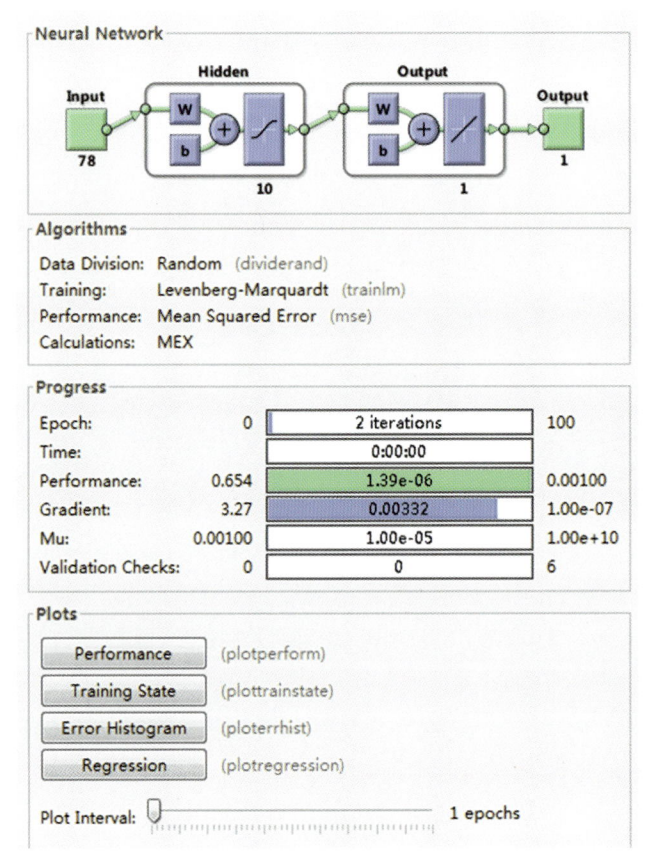

图 6-20　神经网络结构图

神经网络在训练过程中，输入样本会被分成三部分，分别用于训练(Train)、验证(Validation)及测试(Test)。训练样本用于网络的训练，验证样本是网络每训练一次后用来检验网络对验证样本的预测能力，测试样本在网络训练中不发挥作用，网络训练成功后，观察测试样本的误差曲线走势可在一定程度上反映网络性能的好坏。图 6-21 为 BP 神经网络训练 2 次后的输出误差曲线。

由图 6-21 可以看出，神经网络性能函数为均方误差，网络训练迭代 2 次后，训练样本的均方误差已小于期望误差 0.001，训练结束。训练样本、验证样本及测试样本的误差

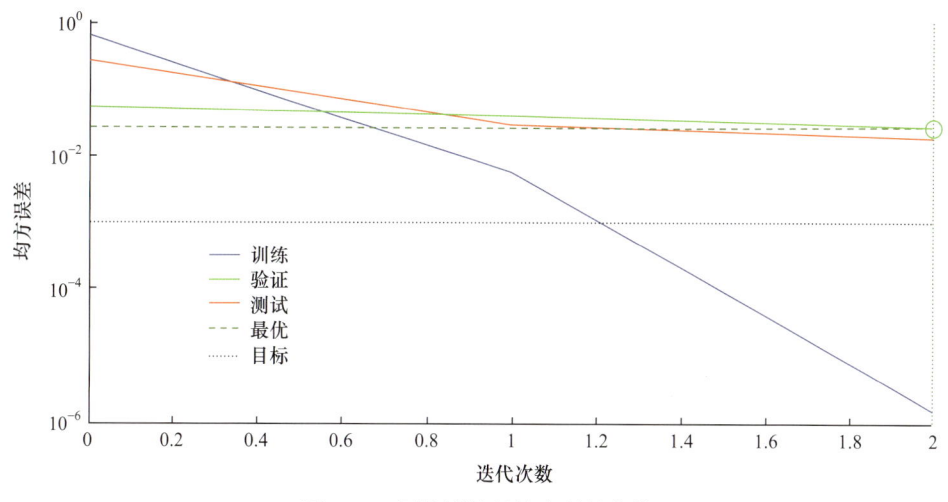

曲线具有较好的相关性，均随迭代次数呈下降趋势，说明网络性能良好。

图 6-21　网络训练的输出误差曲线

将神经网络的实际输出与期望输出进行线性回归分析，可得训练样本和总的输入样本的线性回归结果如图 6-22 所示。

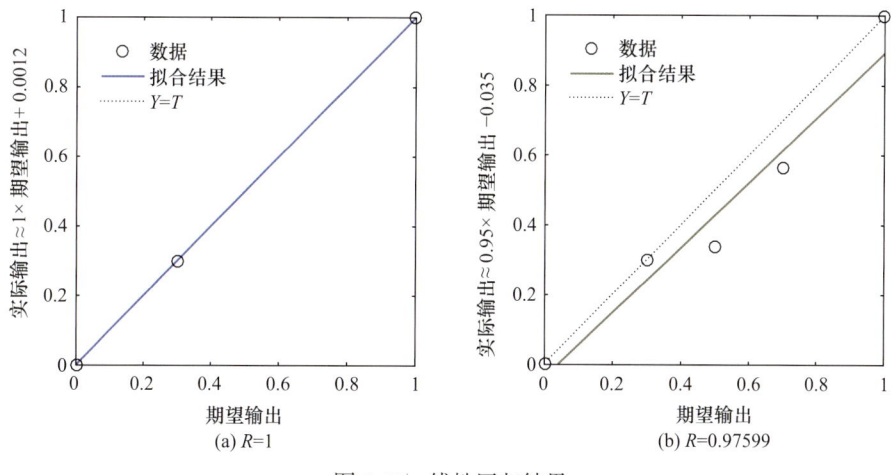

(a) $R=1$

(b) $R=0.97599$

图 6-22　线性回归结果

由图 6-22 可知，训练样本共 3 个，分别对应砂浆横向脱空度 0、0.3 和 1，其相关系数 $R$ 为 1，而总的输入样本的相关系数为 0.97599，接近 1，由此说明网络相关性显著，训练后的输出与期望输出之间匹配度较高。保存训练成功后的神经网络，用于接下来对砂浆横向脱空度的识别研究。

增加板端砂浆横向脱空度 $d = 0.6$ 和 $d = 0.8$ 两组工况，分析得到 3 个测点的时域、频域及频带能量特征指标，输入到前文已训练好的神经网络中，其中横向脱空度 0.6 和 0.8 下的损伤特征指标分别如表 6-13～表 6-15 和表 6-16～表 6-18 所示。

表 6-13 测点 1 的损伤特征指标($d$=0.6)

| 特征指标 | 量值 | 特征指标 | 量值 |
| --- | --- | --- | --- |
| 峰值/(m/s²) | 5.4595 | 波形因子 | 1.8096 |
| 峰峰值/(m/s²) | 9.7531 | 平均幅值/(m/s²) | 0.0457 |
| 均值/(m/s²) | 0.0009 | 最大幅值/(m/s²) | 0.4880 |
| 绝对均值/(m/s²) | 0.4909 | 平均能量/J | 0.0021 |
| 方差/(m/s²) | 0.7892 | 最大能量/J | 0.2382 |
| 标准差/(m/s²) | 0.8884 | 频带 1 能量/J | 11.0797 |
| 均方根值/(m/s²) | 0.8884 | 频带 2 能量/J | 12.5155 |
| 方根幅值/(m/s²) | 0.3240 | 频带 3 能量/J | 15.5383 |
| 偏度 | 0.7176 | 频带 4 能量/J | 8.0983 |
| 峭度 | 12.5746 | 频带 5 能量/J | 8.6676 |
| 峰值因子 | 6.1455 | 频带 6 能量/J | 8.3516 |
| 脉冲因子 | 11.1207 | 频带 7 能量/J | 39.3674 |
| 裕度因子 | 16.8513 | 频带 8 能量/J | 310.4269 |

表 6-14 测点 2 的损伤特征指标($d$=0.6)

| 特征指标 | 量值 | 特征指标 | 量值 |
| --- | --- | --- | --- |
| 峰值/(m/s²) | 6.5058 | 波形因子 | 1.7463 |
| 峰峰值/(m/s²) | 12.5407 | 平均幅值/(m/s²) | 0.0618 |
| 均值/(m/s²) | 0.0008 | 最大幅值/(m/s²) | 0.7856 |
| 绝对均值/(m/s²) | 0.7832 | 平均能量/J | 0.0038 |
| 方差/(m/s²) | 1.8709 | 最大能量/J | 0.6171 |
| 标准差/(m/s²) | 1.3678 | 频带 1 能量/J | 10.5913 |
| 均方根值/(m/s²) | 1.3678 | 频带 2 能量/J | 11.4189 |
| 方根幅值/(m/s²) | 0.5145 | 频带 3 能量/J | 11.4625 |
| 偏度 | 0.5206 | 频带 4 能量/J | 7.0790 |
| 峭度 | 8.5982 | 频带 5 能量/J | 11.0816 |
| 峰值因子 | 4.7563 | 频带 6 能量/J | 15.5692 |
| 脉冲因子 | 8.3062 | 频带 7 能量/J | 66.2687 |
| 裕度因子 | 12.6452 | 频带 8 能量/J | 835.4141 |

表 6-15 测点 3 的损伤特征指标(d=0.6)

| 特征指标 | 量值 | 特征指标 | 量值 |
| --- | --- | --- | --- |
| 峰值/(m/s²) | 1.4928 | 波形因子 | 1.4262 |
| 峰峰值/(m/s²) | 2.6816 | 平均幅值/(m/s²) | 0.0185 |
| 均值/(m/s²) | 0.0014 | 最大幅值/(m/s²) | 0.1609 |
| 绝对均值/(m/s²) | 0.2276 | 平均能量/J | 0.0003 |
| 方差/(m/s²) | 0.1054 | 最大能量/J | 0.0259 |
| 标准差/(m/s²) | 0.3246 | 频带 1 能量/J | 5.6910 |
| 均方根值/(m/s²) | 0.3246 | 频带 2 能量/J | 9.3820 |
| 方根幅值/(m/s²) | 0.1761 | 频带 3 能量/J | 6.0032 |
| 偏度 | 0.2602 | 频带 4 能量/J | 1.7136 |
| 峭度 | 5.2305 | 频带 5 能量/J | 1.8115 |
| 峰值因子 | 4.5983 | 频带 6 能量/J | 1.7563 |
| 脉冲因子 | 6.5579 | 频带 7 能量/J | 6.8223 |
| 裕度因子 | 8.4782 | 频带 8 能量/J | 32.1889 |

表 6-16 测点 1 的损伤特征指标(d=0.8)

| 特征指标 | 量值 | 特征指标 | 量值 |
| --- | --- | --- | --- |
| 峰值/(m/s²) | 5.5334 | 波形因子 | 1.8054 |
| 峰峰值/(m/s²) | 9.5614 | 平均幅值/(m/s²) | 0.0466 |
| 均值/(m/s²) | 0.0009 | 最大幅值/(m/s²) | 0.4276 |
| 绝对均值/(m/s²) | 0.4779 | 平均能量/J | 0.0022 |
| 方差/(m/s²) | 0.7445 | 最大能量/J | 0.1828 |
| 标准差/(m/s²) | 0.8628 | 频带 1 能量/J | 11.9717 |
| 均方根值/(m/s²) | 0.8628 | 频带 2 能量/J | 13.1778 |
| 方根幅值/(m/s²) | 0.3251 | 频带 3 能量/J | 18.5847 |
| 偏度 | 1.0519 | 频带 4 能量/J | 9.8390 |
| 峭度 | 14.9220 | 频带 5 能量/J | 13.0519 |
| 峰值因子 | 6.3434 | 频带 6 能量/J | 15.5343 |
| 脉冲因子 | 11.4526 | 频带 7 能量/J | 53.5965 |
| 裕度因子 | 16.8382 | 频带 8 能量/J | 258.1556 |

表 6-17　测点 2 的损伤特征指标($d=0.8$)

| 特征指标 | 量值 | 特征指标 | 量值 |
| --- | --- | --- | --- |
| 峰值/(m/s$^2$) | 5.1431 | 波形因子 | 1.6997 |
| 峰峰值/(m/s$^2$) | 9.1087 | 平均幅值/(m/s$^2$) | 0.0513 |
| 均值/(m/s$^2$) | 0.0009 | 最大幅值/(m/s$^2$) | 0.5270 |
| 绝对均值/(m/s$^2$) | 0.5730 | 平均能量/J | 0.0026 |
| 方差/(m/s$^2$) | 0.9485 | 最大能量/J | 0.2778 |
| 标准差/(m/s$^2$) | 0.9739 | 频带 1 能量/J | 11.3336 |
| 均方根值/(m/s$^2$) | 0.9739 | 频带 2 能量/J | 15.0737 |
| 方根幅值/(m/s$^2$) | 0.3909 | 频带 3 能量/J | 14.2064 |
| 偏度 | 0.8061 | 频带 4 能量/J | 9.6903 |
| 峭度 | 9.6995 | 频带 5 能量/J | 15.7174 |
| 峰值因子 | 5.2810 | 频带 6 能量/J | 29.9637 |
| 脉冲因子 | 8.9763 | 频带 7 能量/J | 46.0572 |
| 裕度因子 | 13.1564 | 频带 8 能量/J | 360.4682 |

表 6-18　测点 3 的损伤特征指标($d=0.8$)

| 特征指标 | 量值 | 特征指标 | 量值 |
| --- | --- | --- | --- |
| 峰值/(m/s$^2$) | 1.3682 | 波形因子 | 1.4193 |
| 峰峰值/(m/s$^2$) | 2.6413 | 平均幅值/(m/s$^2$) | 0.0179 |
| 均值/(m/s$^2$) | 0.0014 | 最大幅值/(m/s$^2$) | 0.1401 |
| 绝对均值/(m/s$^2$) | 0.2174 | 平均能量/J | 0.0003 |
| 方差/(m/s$^2$) | 0.0952 | 最大能量/J | 0.0196 |
| 标准差/(m/s$^2$) | 0.3086 | 频带 1 能量/J | 5.6862 |
| 均方根值/(m/s$^2$) | 0.3086 | 频带 2 能量/J | 9.3616 |
| 方根幅值/(m/s$^2$) | 0.1669 | 频带 3 能量/J | 6.0345 |
| 偏度 | 0.2621 | 频带 4 能量/J | 1.7342 |
| 峭度 | 5.2861 | 频带 5 能量/J | 1.8427 |
| 峰值因子 | 4.4342 | 频带 6 能量/J | 1.7908 |
| 脉冲因子 | 6.2936 | 频带 7 能量/J | 6.5688 |
| 裕度因子 | 8.1970 | 频带 8 能量/J | 27.4839 |

运行 BP 神经网络,得到横向脱空度 0.6 对应的网络输出结果为 0.6502,期望输出为 0.6,相对误差为 8.4%;横向脱空度 0.8 对应的网络输出结果为 0.7477,期望输出为 0.8,相对误差为–6.5%。两组脱空损伤下的相对误差均较小,在可接受范围内,说明该神经网络具有优异的内插能力,能对砂浆横向脱空度分别为 0.6 和 0.8 的不同损伤进行有效识别,性能较为可靠。

## 6.4 基于 SVM 的脱空损伤识别

支持向量机(SVM)是一种处理非线性分类问题的有效方法,其算法简单,易于实现,建模仅依赖关键样本,且计算复杂度只与样本数量有关,与样本维度无关。因此,本节针对板式无砟轨道 CA 砂浆层出现的板端脱空和板中脱空,在利用 6.2 节建立的模型及特征指标提取方法获取两种不同脱空类型的损伤特征指标的基础上,利用 SVM 建立层间脱空损伤类型识别模型,通过测试样本验证该方法的可靠性,并与神经网络的识别效果进行对比。

### 6.4.1 SVM 的基本原理

SVM 的基本原理在于寻找一个最优超平面,将分类问题转化为最优化问题,并利用核函数对分类样本实现维度升高,进而达到线性可分的目的。本节主要介绍线性 SVM 和非线性 SVM 的基本原理。

1. 线性 SVM

模式识别又称模式分类,即从有限个训练样本中寻找出隐含的分类关系,以此建立分类模型对未知数据进行预测。假定一组训练样本集为$(x_i,y_i)$,其中$i=1,2,\cdots,n$,$X_i \in \mathbf{R}^d$,为 $d$ 维向量,当 $y_i \in \{1,-1\}$ 时,属于二类分类问题;当 $y_i \in \{1,2,\cdots,k\}$($k$ 为分类类数)时,属于多类分类问题。由于多类分类可看成多个二类分类的叠加,本节重点介绍二类线性 SVM。

对于一个给定训练样本 $X_i$ 的二类线性分类问题,就是寻找一个适当的线性函数 $f(X)$ ($X$ 为未知样本),对任意的 $X_i$,当 $f(X_i) \geqslant 0$ 时把 $X_i$ 归为正类,当 $f(X_i) < 0$ 时把 $X_i$ 归为负类。引入符号函数 sgn,则分类决策函数可表示为 $y=\text{sgn}(f(X))$。

线性判别函数一般取为 $f(X) = w_1x_1 + w_2x_2 + \cdots + w_dx_d + b = (W \cdot X) + b$,$(W \cdot X)$ 为向量内积运算,$W$ 和 $b$ 为待定参数。当训练样本维度 $d > 3$ 时,$(W \cdot X) + b = 0$ 称为划分超平面。依据 Vapnik 提出的间隔最大化原则,在保证对所有样本正确分类的基础上,寻求间隔(训练样本到划分超平面距离)最大化,此时最大间隔对应的划分超平面为最优超平面,示意图如图 6-23 所示。

图 6-23 中 $L$ 为最优超平面,其方程为 $(W \cdot X) + b = 0$,$l_1$ 和 $l_2$ 为边界。

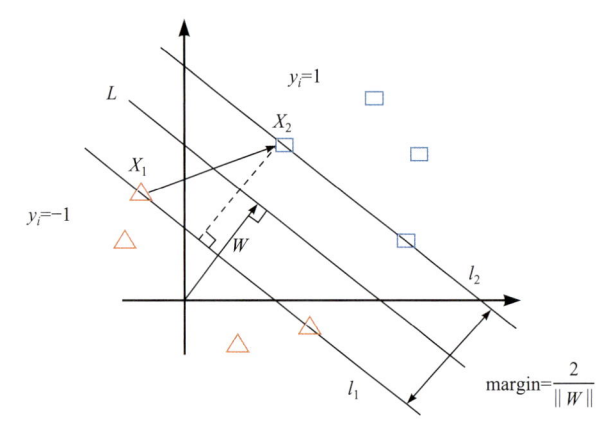

图 6-23 最优超平面示意图

在边界 $l_1$ 上有 $(W \cdot X_1) + b = -1$，在边界 $l_2$ 上有 $(W \cdot X_2) + b = 1$，两者相减可得 $(W \cdot (X_2 - X_1)) = 2$。同除以超平面 $L$ 的法向量的模得 $\left( \dfrac{W}{\|W\|} \cdot (X_2 - X_1) \right) = \dfrac{2}{\|W\|}$，其中 $\dfrac{W}{\|W\|}$ 可看成单位向量，故 $\left( \dfrac{W}{\|W\|} \cdot (X_2 - X_1) \right)$ 为向量 $(X_2 - X_1)$ 在超平面法向量上的投影。此时分类间隔(正负两类样本到超平面的距离之和)为 $2/\|W\|$，要使间隔最大，等价于求 $\dfrac{1}{2}\|W\|^2$ 的最小值。为了保证超平面对所有样本都能正确分类，需满足：

$$\begin{cases} y_i = 1, & (W \cdot X_i) + b \geq 1 \\ y_i = -1, & (W \cdot X_i) + b \leq 1 \end{cases} \rightarrow y_i((W \cdot X_i) + b) \geq 1 \tag{6-37}$$

因此，建立线性 SVM 便转化成求在式(6-37)约束下的如下函数的最小值：

$$\phi(W) = \frac{1}{2}\|W\|^2 \tag{6-38}$$

根据最优化理论中的 Kuhn-Tucker 定理，可构造拉格朗日函数求解式(6-38)的最小值。拉格朗日函数定义如下：

$$L(W, b, \alpha) = \frac{1}{2}\|W\|^2 - \sum_{i=1}^{n} \alpha_i [y_i((W \cdot X_i) + b) - 1] \tag{6-39}$$

式中，$\alpha_i$ 为拉格朗日乘子，$\alpha_i \geq 0$。为求式(6-39)的最小值，分别对 $W$、$b$ 和 $\alpha_i$ 求偏导并令其为 0，得到

$$\begin{cases} \dfrac{\partial L}{\partial W} = 0 \rightarrow W = \sum_{i=1}^{n} \alpha_i y_i X_i \\ \dfrac{\partial L}{\partial b} = 0 \rightarrow \sum_{i=1}^{n} \alpha_i y_i = 0 \\ \dfrac{\partial L}{\partial \alpha_i} = 0 \rightarrow \alpha_i [y_i((W \cdot X_i) + b) - 1] = 0 \end{cases} \tag{6-40}$$

将式(6-40)代入式(6-39)，消去 $W$ 和 $b$，$L(W,b,\alpha)$ 变换为 $L(\alpha)$：

$$L(\alpha) = \sum_{i=1}^{n}\alpha_i - \frac{1}{2}\sum_{i=1,j=1}^{n}\alpha_i\alpha_j y_i y_j(X_i \cdot X_j) = \sum_{i=1}^{n}\alpha_i - \frac{1}{2}\|W\|^2 \quad (6\text{-}41)$$

所以上述最优超平面问题就转化为求 $L(\alpha)$ 的最大值：

$$\begin{cases} \max L(\alpha) = \max\left\{\sum_{i=1}^{n}\alpha_i - \frac{1}{2}\sum_{i=1,j=1}^{n}\alpha_i\alpha_j y_i y_j(X_i \cdot X_j)\right\} \\ \text{s.t.} \sum_{i=1}^{n}\alpha_i y_i = 0, \quad \alpha_i \geq 0 \end{cases} \quad (6\text{-}42)$$

式(6-42)为一个二次函数的对偶规划问题，存在唯一解。假定最优解为 $\alpha^* = (\alpha_1^*,\alpha_2^*,\cdots,\alpha_n^*)$，其中非支持向量对应的 $\alpha_i^*$ 均为零。

将 $\alpha^*$ 代入式(6-39)得 $W^* = \sum_{i=1}^{n}\alpha_i^* y_i X_i$，进而求得 $b^*$，因此最优超平面的决策函数为

$$y = \text{sgn}((W \cdot X) + b) = \text{sgn}\left(\sum_{i=1}^{n}\alpha_i^* y_i(X_i \cdot X) + b^*\right) \quad (6\text{-}43)$$

2. 非线性 SVM

现实世界中绝大部分分类问题都是非线性的，采用前面介绍的线性 SVM 无法对数据做较好的分类处理，因此通过引入非线性映射 $\varphi$ 将初始的样本空间映射到一个高维的特征空间，然后在这个新的特征空间中寻找最优分类面，对数据进行线性分类，如图 6-24 所示。

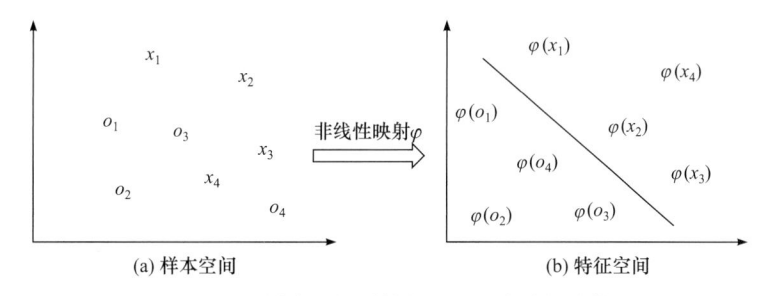

图 6-24 样本空间到特征空间的非线性映射

采用非线性映射 $\varphi$ 把原数据空间的矢量 $X$ 映射到高维特征空间的 $\varphi(X)$，在式(6-42)中用 $\varphi(X)$ 代替 $X$，得到特征空间上线性分类的对偶规划问题：

$$\begin{cases} \max L(\alpha) = \max\left\{\sum_{i=1}^{n}\alpha_i - \frac{1}{2}\sum_{i=1,j=1}^{n}\alpha_i\alpha_j y_i y_j(\varphi(X_i) \cdot \varphi(X_j))\right\} \\ \text{s.t.} \sum_{i=1}^{n}\alpha_i y_i = 0, \quad \alpha_i \geq 0 \end{cases} \quad (6\text{-}44)$$

非线性 SVM 中利用核函数的思想，寻求一个函数 $K$，使其满足 $K(X,Y)=$

$(\varphi(X)\cdot\varphi(Y))$，从而无须知道非线性映射 $\varphi$ 的具体表达式，大大简化了算法的难度。此时特征空间的最优超平面决策函数表示为

$$y = \text{sgn}\left(\sum_{i=1}^{n}\alpha_i^* y_i(\varphi(X_i)\cdot\varphi(X)) + b^*\right)\text{sgn}\left(\sum_{i=1}^{n}\alpha_i^* y_i K(X_i,X) + b^*\right) \quad (6\text{-}45)$$

一个 Mercer 核函数(连续的对称正定核函数)可以表示为两个向量内积的形式，被广泛用于非线性 SVM 中。Mercer 核函数种类较多，常用的类型有多项式核函数、径向基核函数及 sigmoid 核函数等。

(1) 多项式核函数：

$$K(X,Y) = (aX^{\mathrm{T}}Y + b)^c \quad (6\text{-}46)$$

(2) 径向基核函数：

$$K(X,Y) = \exp(-g\|X - Y\|^2) \quad (6\text{-}47)$$

(3) sigmoid 核函数：

$$K(X,Y) = \tanh(dX^{\mathrm{T}}Y + k) \quad (6\text{-}48)$$

其中，$a$、$b$、$c$、$d$、$k$ 及 $g$ 均为参数；tanh 为双曲正切函数。

由于基于径向基核函数的 SVM 对维度及样本数量具有较强的适应能力，收敛域较宽，广泛应用于模式识别、神经网络等领域。因此，本章选取径向基核函数作为 SVM 脱空识别模型的核函数。

### 6.4.2 SVM 的参数优选算法

在确定 SVM 的核函数类型后，SVM 的性能主要受惩罚系数 $C$ 和核函数参数 $g$ 的影响，其中惩罚系数 $C$ 表示对训练误差的宽容度，$C$ 值越大说明对训练误差超过允许误差 $\varepsilon$ 的样本的惩罚就越大，使得 SVM 训练时间增加；$C$ 值过小容易造成样本数据欠拟合，预测精度下降。参数 $g$ 为径向基核函数自带的变量，主要影响数据在新的特征空间的分布，一个合适的 $g$ 可以明显减少支持向量的个数，加快 SVM 训练和预测样本的速度。目前，优化参数 $C$ 和 $g$ 常用的方法有网格搜索法、粒子群优化算法和遗传算法等，下面主要介绍前两种方法。而不管采用网格搜索法还是粒子群优化算法，都会用到交叉验证，因此下面首先介绍交叉验证的基本方法。

在利用 SVM 进行模式识别或函数估计过程中，模型性能的优劣主要由训练样本集的自身性质决定，而训练样本集的选取又具有随机性，尤其是当样本数据量较少时，如何利用已有的样本集训练出一个性能良好的模型至关重要，可借助交叉验证(cross validation)解决这个问题。CV 的基本原理就是从训练样本集中挑选部分样本作为验证集，余下的作为训练集，以此调整和优化训练的模型，避免过度学习，常见的 CV 方法有如下两种。

$K$ 折交叉验证法：$K$ 折交叉验证($K$-folder cross validation)是将训练样本集随机分成 $K$ 个子集，每次选择一个子集作为验证集，剩下的作为训练集，交叉验证重复 $K$ 次，并将 $K$ 次的平均交叉验证识别率作为结果，$K$ 一般取大于 2 的整数。在 $K$ 折交叉验证中，所

有样本数据既作为训练集，同时也作为验证集，每个样本都被验证一次，使得验证更具有代表性。

留一交叉验证法：留一交叉验证(leave-one-out cross validation)是 $K$ 折交叉验证的特例，即 $K$ 取训练样本集中样本个数 $N$，每个样本单独作为一次验证集，剩余的 $N–1$ 个样本作为训练集。由于每次交叉验证，几乎全部的样本均用来训练模型，最接近原始样本的分布，过程中没有随机因素的干扰，所得的结果比较可靠。但是相比于 $K$ 折交叉验证法，留一交叉验证法的计算成本较高，这是因为训练样本集的规模决定了建立模型的数量，当样本数量较多时，运用留一交叉验证法非常费时，因此留一交叉验证法仅适合于小样本的情况。

1. 网格搜索法

网格搜索法是一种在选择参数 $C$ 和 $g$ 中比较简单且常用的方法，其原理为对参数的可行区间按照一定的步长进行划分，选取参数的离散值，然后利用交叉验证法计算两个参数不同离散值组合下的分类准确率，其中分类准确率最高对应的参数即最优参数，搜索过程如图 6-25 所示。在对参数的网格搜索中，可先选择大步长粗略确定最优参数存在的区间，根据粗选结果，缩小参数取值范围，选择小步长进行参数寻优，这样可显著提高搜索效率。利用网格搜索法得到的最佳参数基本是全局最优解，可减小分类误差，且参数 $C$ 和 $g$ 相对独立，在寻找最优解时便于并行化进行。因此，针对较小的数据样本，网格搜索法在保证计算效率的同时也能获得参数最优解。

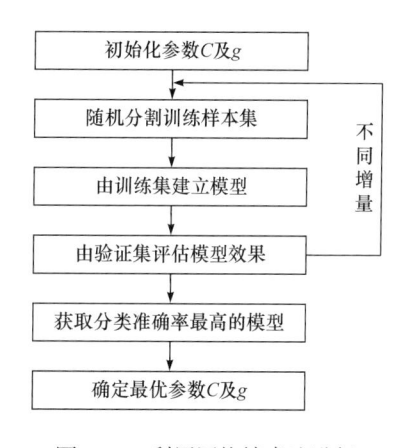

图 6-25 利用网格搜索法进行 SVM 参数寻优的算法流程图

2. 粒子群优化算法

粒子群优化算法，最早是由美国的 Kennedy 等[15]于 1995 年提出的一种并行元启发式算法，用来模拟自然界中的鸟群、鱼群等的群觅食行为。由于粒子群优化算法具有结构简单、调整的参数较少、收敛快等优点，一直被广泛应用于结构损伤识别[16-19]、多目标优化问题[20]及信号处理[21]等多个领域。在基本粒子群优化算法中，处于搜索空间的任意一个粒子都是优化问题的潜在解，粒子的特征可用空间位置、速度及适应度值表征。当粒子在搜索空间中移动时，可计算每个粒子的个体最佳位置和群体最佳位置，粒子根据个体和群体的最佳位置动态调整运行速度和更新位置，通过不断迭代计算，以达到在搜索空间内的参数寻优的目的。

假设在 $D$ 维搜索空间中，群体由 $m$ 个粒子组成，第 $i$ 个粒子在搜索空间的位置为向量 $X_i = [x_{i1}, x_{i2}, \cdots, x_{iD}]$，相对应的速度向量 $V_i = [v_{i1}, v_{i2}, \cdots, v_{iD}]$，个体最佳位置 $P_i = [p_{i1}, p_{i2}, \cdots, p_{iD}]$，其中 $i = 1, 2, \cdots, m$。

设 $f(\cdot)$ 为适应度函数，用来衡量每个粒子的适应度，则个体最佳位置按照式(6-49)

更新：

$$P_i^{(k+1)} = \begin{cases} X_i^{(k+1)}, & f(X_i^{(k+1)}) \leqslant f(P_i^{(k)}) \\ P_i^{(k)}, & f(X_i^{(k+1)}) > f(P_i^{(k)}) \end{cases} \qquad (6\text{-}49)$$

式中，变量的上标$(k)$和$(k+1)$分别表示第$k$次和第$k+1$迭代，下同。

种群中的所有粒子所经历的最佳位置称为群体最佳位置，可表示为$P_g = [p_{g1}, p_{g2}, \cdots, p_{gD}]$，由式(6-50)计算：

$$P_g^{(k)} \in \left\{P_1^{(k)}, P_2^{(k)}, \cdots, P_m^{(k)}\right\} \Big| f(P_g^{(k)}) = \min\left\{f(P_1^{(k)}), f(P_2^{(k)}), \cdots, f(P_m^{(k)})\right\} \qquad (6\text{-}50)$$

在每一个迭代周期内，粒子根据个体最佳位置、速度向量、全体最佳位置等产生新的速度和位置，更新公式如下：

$$v_{id}^{(k+1)} = w v_{id}^{(k)} + c_1 r_1 (p_{id}^{(k)} - x_{id}^{(k)}) + c_2 r_2 (p_{gd}^{(k)} - x_{id}^{(k)}) \qquad (6\text{-}51)$$

$$x_{id}^{(k+1)} = x_{id}^{(k)} + v_{id}^{(k+1)} \qquad (6\text{-}52)$$

式中，$d$为粒子的维度，$d=1,2,\cdots,D$；$w$为惯性权重，决定了先前速度项对粒子速度的影响程度，作用在于平衡群体全局搜索和局部搜索的能力[22]；$c_1$、$c_2$为加速度常数，一般在0~2取值；$r_1$、$r_2$是0~1的随机数。

粒子群优化算法流程如图6-26所示。

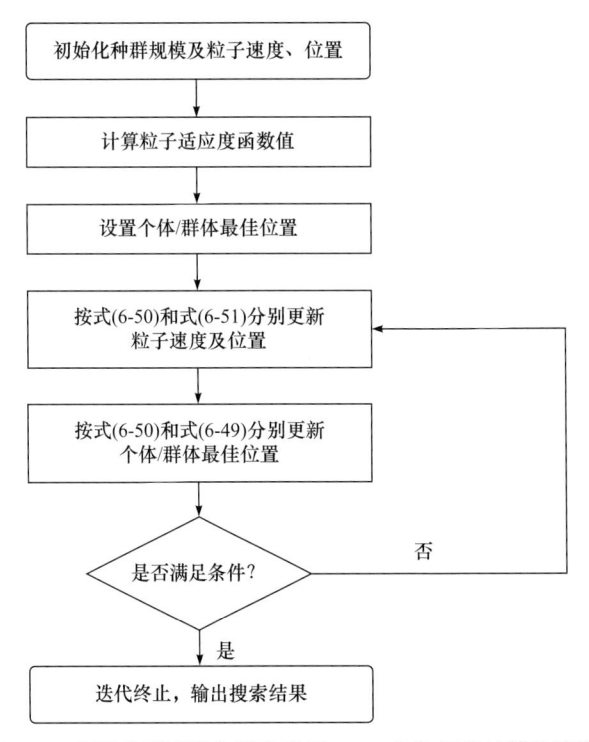

图6-26 利用粒子群优化算法进行SVM参数寻优的算法流程图

### 6.4.3 SVM 的脱空样本准备

在对无砟轨道层间脱空损伤类型的识别研究中，采用 SVM 可将损伤识别转换为模式分类问题，不同的损伤类型对应不同的模式，用不同的标签区分。基于 SVM 的层间脱空识别过程主要包括样本准备、样本训练和脱空识别三个阶段，具体步骤如下：

(1) 样本准备。在采集到的板式无砟轨道板端脱空、板中脱空及无脱空三种情况下 3 个测点加速度原始数据的基础上，提取各测点的时域、频域及频带能量的特征指标，由特征指标组成样本集，选择适当比例的样本用于 SVM 的训练，组建训练样本集 $(X,Y)$，剩余样本作为测试样本，其中 $X$ 代表特征指标，$Y$ 代表对应不同损伤类型的标签，$Y$ 取值为 0、–1、+1，分别表示砂浆无脱空、板端脱空和板中脱空。

(2) 样本训练。基于训练样本集 $(X,Y)$，寻找参数 $C$ 和 $g$ 的最优值，从而获得最优分类超平面，得到脱空识别模型。

(3) 脱空识别。将测试样本输入已训练好的模型，根据输出的标签判断损伤的类型，从而达到损伤识别的目的。

为了考察普遍性，扩大仿真计算的数据样本，除 6.2.1 节针对纵向脱空长度取 0.94m 时，板端和板中各设置 4 种不同横向脱空度的工况外，其中砂浆层无脱空对应工况 1，板端脱空下 $d$ 取 0.3、0.5、0.7 及 1 对应工况 2～5，板中脱空下 $d$ 取 0.3、0.5、0.7 及 1 对应工况为 6～9，增加 2 组板端脱空工况、2 组板中脱空工况，脱空示意图如图 6-27 所示，阴影部分为脱空区域。

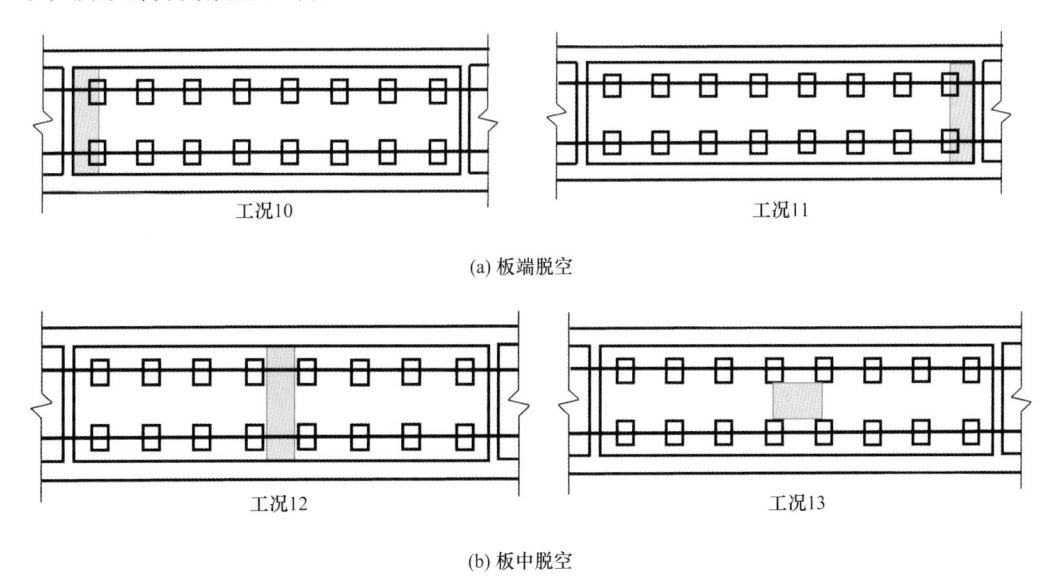

(a) 板端脱空

(b) 板中脱空

图 6-27 仿真工况示意图

针对以上 13 种损伤工况，在列车-轨道垂向耦合动力学模型中除采用德国谱，同时也采用中国高速铁路无砟轨道高低不平顺谱(以下简称中国谱)模拟现场的线路状况，利用自编程序模拟产生车速为 300km/h 的高低不平顺谱，如图 6-28 所示。

图 6-28 中国谱

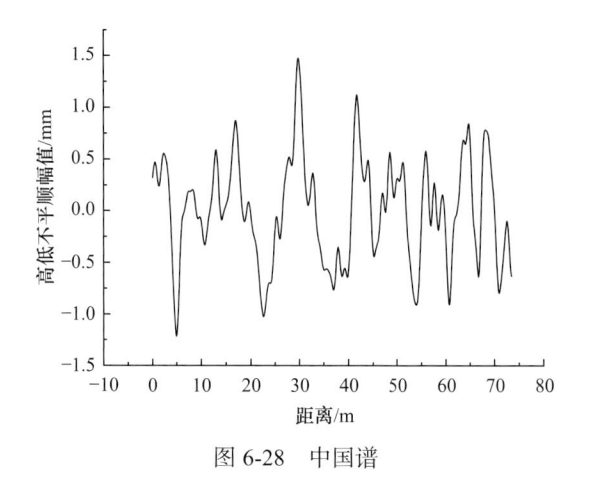

利用 6.2 节建立的动力学模型,计算不同仿真工况下测点的加速度响应,利用前文介绍的损伤特征指标的提取方法,得到不同脱空类型在德国谱和中国谱激励下的特征指标,构成脱空识别的样本数据,其中每个样本均包括 3 个测点的时域、频域及时频域的损伤特征指标。表 6-19 为不同样本编号对应的计算工况和分类标签。

表 6-19 脱空识别样本数据编号

| 样本编号 | 脱空类型 | 仿真工况 | 高低不平顺谱 | 分类标签 |
|---|---|---|---|---|
| 1 | 无脱空 | 1 | 德国谱 | 0 |
| 2 | 无脱空 | 1 | 中国谱 | 0 |
| 3 | 板端脱空 $d=0.3$ | 2 | 德国谱 | −1 |
| 4 | 板端脱空 $d=0.3$ | 2 | 中国谱 | −1 |
| 5 | 板端脱空 $d=0.5$ | 3 | 德国谱 | −1 |
| 6 | 板端脱空 $d=0.5$ | 3 | 中国谱 | −1 |
| 7 | 板端脱空 $d=0.7$ | 4 | 德国谱 | −1 |
| 8 | 板端脱空 $d=0.7$ | 4 | 中国谱 | −1 |
| 9 | 板端脱空 $d=1$ | 5 | 德国谱 | −1 |
| 10 | 板端脱空 $d=1$ | 5 | 中国谱 | −1 |
| 11 | 板端脱空 | 10 | 德国谱 | −1 |
| 12 | 板端脱空 | 10 | 中国谱 | −1 |
| 13 | 板端脱空 | 11 | 德国谱 | −1 |
| 14 | 板端脱空 | 11 | 中国谱 | −1 |
| 15 | 板中脱空 $d=0.3$ | 6 | 德国谱 | +1 |
| 16 | 板中脱空 $d=0.3$ | 6 | 中国谱 | +1 |
| 17 | 板中脱空 $d=0.5$ | 7 | 德国谱 | +1 |
| 18 | 板中脱空 $d=0.5$ | 7 | 中国谱 | +1 |

续表

| 样本编号 | 脱空类型 | 仿真工况 | 高低不平顺谱 | 分类标签 |
| --- | --- | --- | --- | --- |
| 19 | 板中脱空 $d$=0.7 | 8 | 德国谱 | +1 |
| 20 | 板中脱空 $d$=0.7 | 8 | 中国谱 | +1 |
| 21 | 板中脱空 $d$=1 | 9 | 德国谱 | +1 |
| 22 | 板中脱空 $d$=1 | 9 | 中国谱 | +1 |
| 23 | 板中脱空 | 12 | 德国谱 | +1 |
| 24 | 板中脱空 | 12 | 中国谱 | +1 |
| 25 | 板中脱空 | 13 | 德国谱 | +1 |
| 26 | 板中脱空 | 13 | 中国谱 | +1 |

针对板端脱空 $d$=1、板中脱空 $d$=1 及无脱空三种损伤，分别计算在德国谱和中国谱激励下 3 个测点的损伤特征指标，得到样本编号 1、2、9、10、21 和 22 的样本数据如图 6-29 所示。

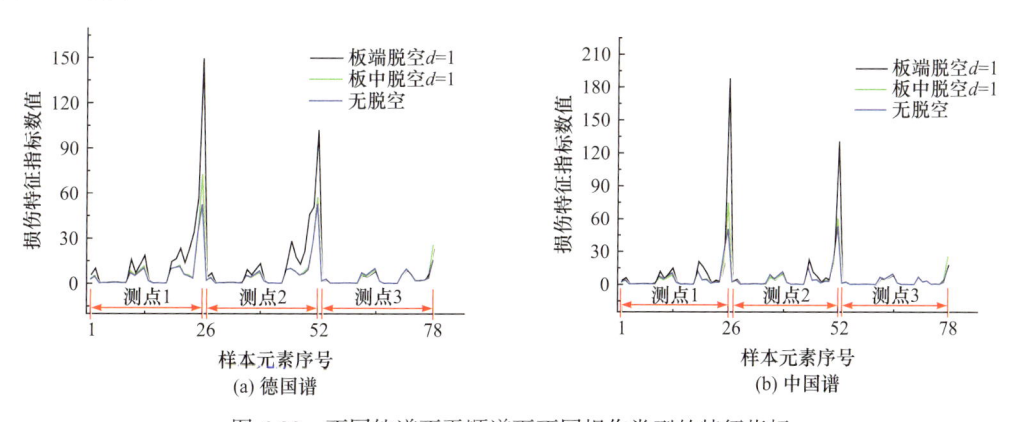

图 6-29 不同轨道不平顺谱下不同损伤类型的特征指标

图 6-29 中测点 1、2、3 的 26 个损伤特征指标对应的元素序号分别为 1~26、27~52 及 53~78。从图中可以看出不同脱空损伤类型下的特征指标间存在较大差异，其中测点 1 和测点 2 的频带能量指标差异明显，其中频带 8 的能量(即测点的最后一个损伤特征指标)相差最大，且相同脱空工况下，中国谱激励下频带 8 的能量大于德国谱，而测点 3 的特征指标变化最小。

### 6.4.4 SVM 的脱空识别效果

通过在 MATLAB 中嵌入林智仁等开发的 LIBSVM 软件包进行脱空识别研究，针对表 6-19 中的 26 组样本数据，在 12 组板端/板中脱空样本中随机选择 7 组用于模型训练，剩下 5 组作为测试样本，2 组无脱空的样本用于训练，因此得到模型训练样本共 16 个，测试样本共 10 个。

将 16 个训练样本和 10 个测试样本输入 SVM 中，分别采用网格搜索法和粒子群优化算法对参数进行优化，为便于数据分析，选择脱空类型识别率、漏报率和错分率三个指标来评价识别结果，其中识别率=准确分类的测试样本数量/总的测试样本数量，漏报率=未检测出的脱空数量/设置脱空的数量，错分率=脱空识别错误的数量/设置脱空的数量。

基于网格搜索法的参数优化过程如图 6-30(a)所示，用时 2.40s，其中参数 $C$ 和 $g$ 的搜索范围均为$[2^{-10}, 2^{10}]$，步长为 0.5，选择 5 折交叉验证，损伤类型的识别结果如图 6-30(b)所示。

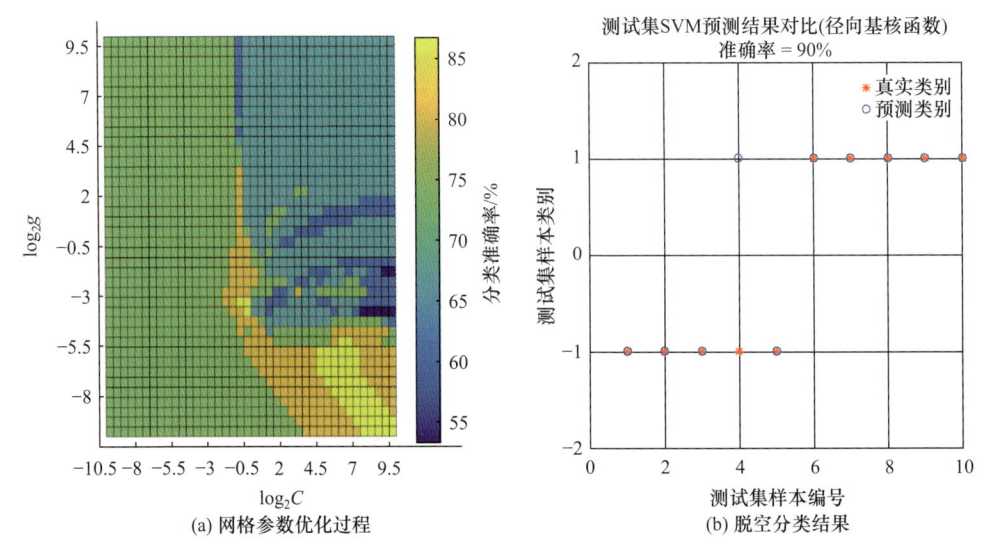

(a) 网格参数优化过程

(b) 脱空分类结果

图 6-30 基于网格搜索法的脱空分类结果

由图 6-30(a)可以看出由亮黄色区域对应的参数 $C$ 和 $g$ 得到的训练样本分类准确率最高，约为 86.7%，由此得到 10 组测试样本中仅有一组板端脱空样本被错误识别为板中脱空，识别率为 90%，漏报率为 0，错分率为 10%。

针对基于粒子群优化算法的参数优化，选择种群规模为 10，最大迭代次数为 150 次，加速度常数 $c_1$ 和 $c_2$ 分别取 1.5 和 1.7，样本验证方式为 5 折交叉验证，参数 $C$ 和 $g$ 的最小值均为 $2^{-10}$，最大值为 $2^{10}$。优化过程如图 6-31(a)所示，用时 2.62s，从图中可以看出，开始的最佳适应度较低，为 73.3%，随着种群的不断进化，最佳适应度逐渐增大，最后在第 6 代收敛于 86.7%，得到最优的 $C$ 和 $g$ 分别为 14.9448 和 $9.76\times 10^{-4}$，损伤类型的识别结果如图 6-31(b)所示，可以得出，与网格搜索法类似，10 组测试样本中仅有一组板端脱空样本被错误识别为板中脱空，脱空类型识别率为 90%(9/10)，漏报率为 0(0/10)，错分率为 10%(1/10)。

综上，基于网格搜索法、粒子群优化算法的脱空识别率均为 90%，表明针对小样本数据，利用 SVM 可以对砂浆脱空类型进行较为精准的识别。由于样本组数较少，在参数优选中，网格搜索法与粒子群优化算法的用时相差不大，粒子群优化算法的优势尚未体现出来。

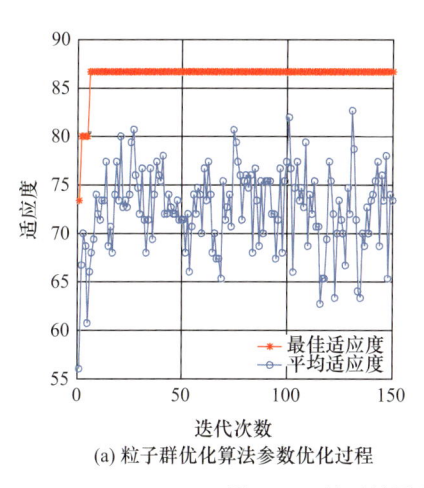

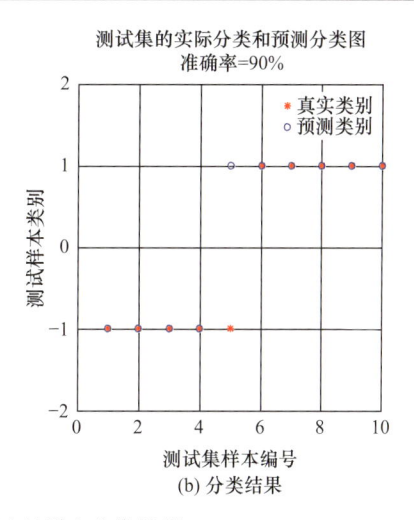

图 6-31 基于粒子群优化算法的脱空分类结果

(a) 粒子群优化算法参数优化过程

(b) 分类结果

除此之外，本节还对比了 SVM 与 BP 神经网络的识别效果。BP 神经网络强大的非线性映射能力使得其被广泛用于数据回归分析、分类问题等领域，本节利用与 SVM 相同的样本数据，训练得到一个 BP 神经网络分类模型，对比分析了 SVM 与 BP 神经网络针对不同砂浆脱空类型的识别效果。

在 MATLAB 中使用 feedforwardnet 函数创建 BP 神经网络，训练函数为 trainlm，隐含层为 1 层，最大训练次数为 100 次。经过多次试算，选定隐含层神经元个数为 15 个，学习速率为 0.01。从 12 组板端脱空样本中随机选择 7 组用于训练，剩余 5 组用来测试，板中脱空也是如此，2 组无脱空样本用于训练。模型训练时收敛速度较快，迭代次数为 6 次，训练过程的误差变化如图 6-32 所示。

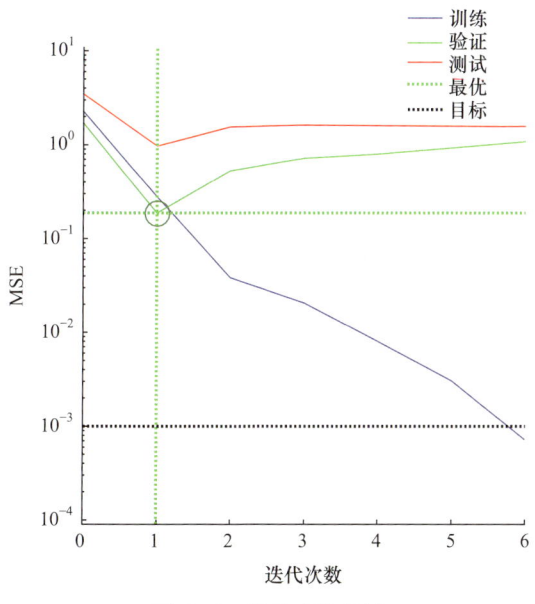

图 6-32 误差变化曲线

将 10 组测试样本输入到训练好的 BP 神经网络中，运行程序，用时 3.51s，输出板端/板中脱空类型的分类标签，如表 6-20 所示。

表 6-20　神经网络分类标签输出结果

| | 板端脱空 | | | | | 板中脱空 | | | | |
|---|---|---|---|---|---|---|---|---|---|---|
| 真实标签 | −1 | −1 | −1 | −1 | −1 | +1 | +1 | +1 | +1 | +1 |
| 输出标签 | −1 | −1 | +1 | −1 | −1 | +1 | −1 | +1 | −1 | +1 |

从表 6-20 可以看出，10 组测试样本中有 3 组识别错误，其中板端 1 组，板中 2 组，得到 BP 神经网络的脱空识别率为 70%，漏报率为 0，错分率为 30%。与前面 SVM 的识别结果相比，基于 SVM 的识别率为 90%，脱空识别效果优于 BP 神经网络。此外，基于 SVM 的分类模型计算时间相对较短，特别是针对规模庞大的样本数据时，SVM 的计算成本较低的优势将进一步突显。因此，对于一般的分类问题，应用 SVM 方法建立的模型，其分类效果一般优于 BP 神经网络。

## 6.5　本 章 小 结

本章以板式无砟轨道 CA 砂浆脱空病害为研究对象，分析了目前用于砂浆层损伤的识别技术及研究现状，通过建立含脱空损伤的轨道结构动力学模型，提出一种结合结构振动响应的特征指标提取与 BP 神经网络、SVM 的损伤识别方法，实现了对砂浆脱空损伤程度及脱空类型的有效识别，主要研究成果及结论如下：

(1) 系统分析了现有国内外针对无砟轨道结构的局部损伤和整体损伤识别技术，总结了不同方法的局限性，并结合板式无砟轨道自身的结构特点，确定采用基于振动响应的损伤特征指标提取与 BP 神经网络、SVM 相结合的方法对砂浆脱空进行识别研究。

(2) 建立 CRTS Ⅰ 型板式无砟轨道动力学模型，针对砂浆板端脱空和板中脱空，分别设置了 4 种不同横向脱空度的脱空工况，并在轨道板表面、轨道板板底及底座板表面共设置 3 个测点，基于采集的测点和车轮加速度响应，从时域、频域及时频域提取损伤特征指标。其中时域内的指标 14 个，分别为峰值、峰峰值、均值、绝对均值、方差、标准差、均方根值、方根幅值、偏度、峭度、峰值因子、脉冲因子、裕度因子和波形因子；频域内的指标 4 个，分别为平均幅值、最大幅值、平均能量和最大能量；时频域内的指标 8 个，分别为频带 1~8 的能量，共计 26 项特征指标。

(3) 针对板端砂浆脱空，将不同脱空损伤程度下获取的 3 个测点的特征指标输入由 BP 神经网络构建的脱空识别模型中，对脱空损伤程度进行识别，识别相对误差控制在 10%以内，识别效果良好。

(4) 针对板端脱空和板中脱空两种不同损伤类型，利用动力学模型和特征指标提取方法计算得到无脱空、板端脱空及板中脱空的 SVM 样本数 26 个，输入到由支持向量机搭建的脱空识别模型中，对脱空类型进行分类，分类准确率达到 90%，并与神经网络识别效果进行对比，证明了结合时域、频域及时频域混合特征提取与 SVM 的砂浆脱空类型识别算法的有效性。

## 参 考 文 献

[1] 石慧. 无砟轨道 CA 砂浆脱空智能感知算法研究[D]. 北京: 北京交通大学, 2019.

[2] 舒志乐, 廖志恒, 张华杰, 等. 高速铁路无砟轨道砂浆层病害联合检测模型试验[J]. 中国科技论文, 2022, 17(6): 602-608.

[3] 胡志鹏, 王平, 熊震威, 等. 基于高斯曲率识别板式无砟轨道中 CA 砂浆脱空损伤[J]. 铁道科学与工程学报, 2014, 11(3): 54-59.

[4] 章亦然, 魏纲, 蒋吉清. 基于轨道振动的 CA 砂浆层劣化识别研究综述[J]. 低温建筑技术, 2021, 43(12): 73-77.

[5] Hu Q, Shen Y L, Zhu H P, et al. A feasibility study on void detection of cement-emulsified asphalt mortar for slab track system utilizing measured vibration data[J]. Engineering Structures, 2021, 245: 112349.

[6] 胥帅. 基于车辆动力响应的无砟轨道损伤辨识方法研究[D]. 石家庄: 石家庄铁道大学, 2018.

[7] 尹峰. CRTS Ⅱ型轨道板上拱离缝检测方法研究[J]. 铁道建筑, 2018, 58(2): 117-120.

[8] 蔡成标, 翟婉明, 王开云. 遂渝线路基上板式轨道动力性能计算及评估分析[J]. 中国铁道科学, 2006, 27(4): 17-21.

[9] 罗凛. CRTS Ⅰ型 CA 砂浆充填层典型施工质量问题分析及控制措施[J]. 价值工程, 2016, 35(4): 140-143.

[10] 吴绍利, 王鑫, 吴智强, 等. 高速铁路无砟轨道结构病害类型及快速维修方法[J]. 中国铁路, 2013, (1): 42-44.

[11] 杜威. 基于振动响应的 CRTS Ⅰ型板式无砟轨道层间脱空损伤识别研究[D]. 成都: 西南交通大学, 2020.

[12] 漆瑾. 高速机车走行部实时在线监测与诊断方法的研究[D]. 成都: 西南交通大学, 2006.

[13] 陈红霞, 狄方殿, 朱亚洲. 连续梁桥支座损伤识别方法[J]. 土木工程与管理学报, 2017, 34(4): 53-58, 70.

[14] 飞思科技产品研发中心. 神经网络理论与 MATLAB7 实现[M]. 北京: 电子工业出版社, 2005.

[15] Kennedy J, Eberhart R C. Particle swarm optimization[C]. Proceedings of IEEE International Conference on Neural Network, 1995: 1942-1948.

[16] 刘云刚. 结构损伤识别的小波-粒子群遗传优化算法研究[D]. 长沙: 长沙理工大学, 2018.

[17] 郑明. 基于智能算法的梁损伤定位的研究与实现[D]. 武汉: 武汉理工大学, 2009.

[18] 万祖勇. 基于粒子群优化算法的结构损伤检测[D]. 武汉: 华中科技大学, 2005.

[19] Reyes-Sierra M, Coello C A C. Multi objective particle swarm optimizers: A survey of the state-of-the-art[J]. International Journal of Computational Intelligence Research, 2006, 2(3): 287-308.

[20] 李烨, 郭子立, 郭奕杉. 基于 PSO 的轨道交通列车节能控制优化研究[J]. 控制工程, 2018, 25(10): 1911-1915.

[21] Melgani F, Bazi Y. Classification of electrocardiogram signals with support vector machines and particle swarm optimization[J]. IEEE Transactions on Information Technology in Biomedicine, 2008, 12(5): 667-677.

[22] 赵乃刚, 邓景顺. 粒子群优化算法综述[J]. 科技创新导报, 2015, 12(26): 216-217.

# 第 7 章 基于机器学习的无砟轨道路基沉降识别

## 7.1 概　　述

路基沉降作为无砟轨道系统中的典型病害，对列车运行的安全性和平稳性存在恶劣的影响，严重时甚至危及行车安全[1]。无砟轨道路基沉降后，伴随着结构自重和列车荷载的作用，轨道结构会产生跟随性变形，轨面平顺性降低，同时结构附加应力变大，严重时轨道与路基间产生小范围的脱空甚至空吊[2,3]。对于轨道结构，当列车驶过路基沉降脱空地段时，轨道结构由于在此处失去支承，会发生周期性"拍打"，轨道结构部件的服役性能会逐渐劣化。对于车辆系统，由于路基不均匀沉降导致轨道线路几何形位变形，轮轨相互作用会激化，自下而上传播到车辆系统的上部结构，严重威胁车辆运行的安全性和平稳性[4]。与此同时，路基沉降作用下车轨系统的非正常动力响应也会反作用于路基，在长期列车循环冲击荷载作用下，路基沉降也会进一步恶化。

考虑到路基沉降发生的必然性及其带来的恶劣影响，实时的路基沉降监测就显得尤为重要。而随着我国运营里程的增长，大范围的路基沉降监测给后期的运营维护带来了巨大挑战。此外，由于技术、经济等原因，我国在高速铁路路基沉降实时监测的基础研究和开发不足，从而导致高速铁路运营的安全保障技术基础不够完善。目前沉降监测方法一般适用于典型工点和局部地段，效率低且费用高，缺少一种实时、准确判断轨道线下基础沉降变形的简便方法。考虑到路基沉降对车辆的影响存在一定的规律性，而基于车辆的检测方法主要集中在钢轨的检测上以控制轨道几何状态的恶化。因此，本章提出一种基于机器学习的无砟轨道路基沉降识别方法，通过研究基础沉降引起的车轨系统振动响应规律，将该规律应用到路基状态的识别中，经过分类算法模型反推轨道基础沉降状态，及时判断无砟轨道路基沉降病害，并大致推断路基沉降的程度，实现无砟轨道路基沉降的简便识别，以提高现有无砟轨道路基沉降的监测与养护维修的及时性及便利性。

### 7.1.1 无砟轨道路基沉降监测的研究现状

对于路基沉降监测方法，我国无砟轨道路基沉降监测方法在传统的路基沉降监测方法基础上改进而来，一般可分为传统土木监测、光学、全球定位系统(global positioning system，GPS)及雷达测量技术。传统的土木监测技术包括沉降板法、杆式沉降仪、静力水准仪等，存在测量效率低、经济性一般和自动化监测困难等缺点。光学测量技术包括激光位移传感器测量、光纤位移传感器测量等，但均受环境条件影响比较大，其中激光位移传感器易于安装但监测精度较差，光纤位移传感器测量虽然监测精度高但价格昂贵，且安装维护困难，因此并不适合大规模使用。GPS 测量和干涉合成孔径雷达

(interferometric synthetic aperture radar，InSAR)测量作为空间对地的沉降监测技术，适用于大范围的沉降观测，但也存在测量精度低、易受环境影响等问题。

针对目前高速铁路路基沉降观测技术不足的问题，学者在大量研究的基础上提出了其他高速铁路路基沉降监测方法。针对大风、高温差复杂自然条件下的路基沉降监测，中铁西北科学研究院有限公司屈耀辉等[5]研发了一种新型多点静力水准仪，克服了恶劣环境下路基沉降监测难以达到规范要求精度的难题。河海大学何秀凤等[6]基于多时项的合成孔径雷达干涉测量技术，将 C 波段合成孔径雷达(synthetic aperture radar，SAR)数据用于高速铁路路基形变监测，采用相位稳定性分析和 StaMPS 技术以提高相干性点密度和形变参数解算稳定性，实测结果与北斗卫星导航系统(BeiDou navigation satellite system，BDS)监测结果有较好的一致性。考虑到 SAR 数据量较少、同质区域内相位不平稳等，湖南科技大学祝传广等[7]基于 Fisher 信息量改进基于特征分解的干涉相位最大似然估计(eigendecomposition-based maximum estimator of interferometric phase，EMI)算法优化估计分布式散射体(distributed scatterer，DS)相位，由此得到改进的 MT-InSAR 监测技术，通过日兰高速铁路巨野煤田段地表沉降验证了算法的可靠性。

以上方法拓宽了高速铁路路基沉降的监测方法，但随着高速铁路运营里程的增长，我国对高速铁路路基沉降自动化监测系统的应用提出了更迫切的需求。咸阳师范学院廖世芳[8]设计了自动化监测系统，并为高速铁路工程路基沉降变形自动化监测提供了完善的分析平台。中铁第五勘察设计院集团有限公司时洪斌等[9]为了解决全球导航卫星系统(global navigation satellite system，GNSS)自动化监测和传统路基自动化监测在技术上的缺陷，结合北斗融合多源传感器，搭建了一套铁路软基稳定性监测系统，在此基础上对软基沉降变形开展了现场试验验证。

上述自动化监测满足了对沉降监测的及时性和精确性，但在实际应用过程中需要在路基表面或内部设置传感器，增加了施工的工作量。考虑到路基沉降对车辆的影响存在一定的规律性，而基于车辆的检测方法主要集中在钢轨的检测上以控制轨道几何状态的恶化，将路基变形对车辆系统的影响规律应用到路基状态的识别中，是本章研究的思路。

### 7.1.2 本章主要内容及研究思路

1. 本章主要内容

本章以双块式无砟轨道的路基沉降病害识别为研究对象，提出一种基于机器学习的无砟轨道路基沉降识别方法，通过建立考虑路基沉降的车辆-轨道-路基垂向耦合模型研究车辆系统振动规律，结合特征提取与支持向量机、卷积神经网络算法，实现对无砟轨道路基沉降病害的有效识别。本章主要内容如下：

(1) 对高速铁路无砟轨道路基沉降识别方法进行初步探讨，介绍大致的识别方法和数据获取方式，并通过建立考虑路基沉降作用的车辆-轨道-路基耦合动力学模型，研究不同沉降波长、幅值组合的路基沉降作用下车辆-轨道系统振动响应规律，为后面路基沉降识别提供样本数据支撑。

(2) 结合考虑扣件失效、支承层离缝等轨道结构层损伤或变形的影响，提出对无砟轨道路基沉降敏感的车辆系统振动特征，并研究不同列车速度和轨道不平顺谱等条件对无砟轨道路基沉降下车辆系统振动敏感特征的影响规律。

(3) 基于车辆系统振动敏感特征，在支持向量机理论的基础上，分别对比考虑人工特征提取、卷积神经网络自动提取特征，即采用 PSO-SVM 和 CNN-SVM 算法，实现对无砟轨道路基沉降的有效识别，并考虑不同列车速度、轨道不平顺谱条件下的识别结果，验证算法的鲁棒性。

2. 研究思路

本章研究思路如图 7-1 所示。

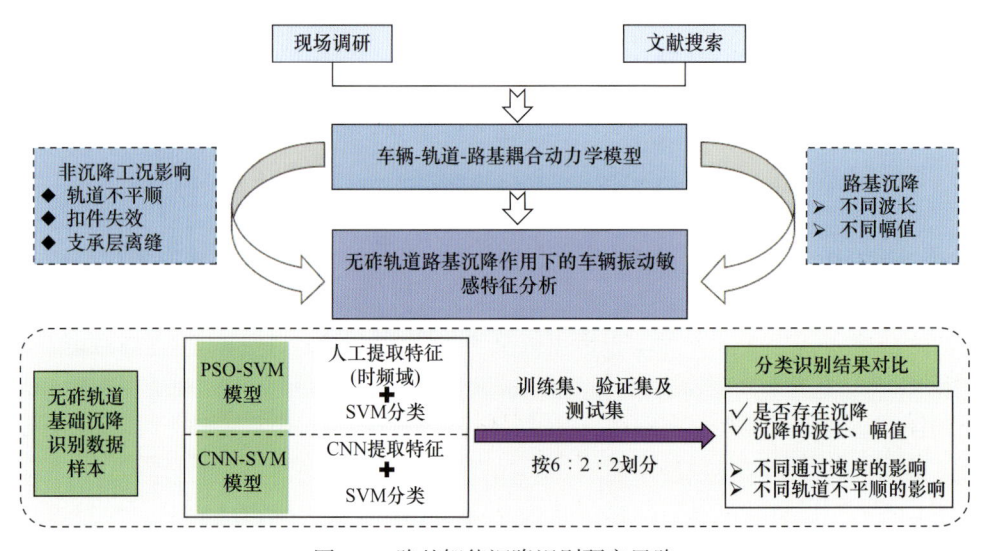

图 7-1 路基智能沉降识别研究思路

## 7.2 基于机器学习的路基沉降识别方法

本节对基于机器学习的无砟轨道路基沉降识别方法进行初步说明，对整套识别系统的流程进行较为详细的描述，介绍基于机器学习的识别算法和基于理论仿真的沉降识别数据获取，为后面路基沉降和其他条件影响下的车辆系统振动规律研究和路基沉降识别提供前期基础。

### 7.2.1 无砟轨道路基沉降识别主要过程

在高速铁路无砟轨道系统中，车辆、轨道及路基作为一个密切联系、相互影响的耦合结构，路基沉降时不仅轨道结构会产生跟随性变形，车辆的振动特性在路基沉降不平顺的激励作用下也会产生显著变化。正是这种关系，使得通过车辆振动特性来对路基沉降进行识别成为可能。无砟轨道路基沉降一般可通过余弦曲线表示，为了简化计算模型，本节只对单波作用下余弦型无砟轨道路基不均匀沉降进行识别研究。对于无砟轨道路基沉降的识别主要包括两个方面：一方面是对无砟轨道路基是否存在沉降进行判断，另一方面是识别路基沉降波长和幅值的大小。

通过建立车辆-轨道-路基耦合动力学模型，研究路基沉降作用下车辆振动响应规律，并考虑轨道结构损伤或变形对路基沉降识别的附加影响，选取对无砟轨道路基沉降敏感的响应特征；基于合适的机器学习分类识别理论，建立适合无砟轨道路基沉降识别的识别模型；将敏感响应特征数据贴上对应标签作为模型的样本，划分训练集、验证集和测试集后进行模型训练，将测试样本输入最佳模型后得出分类识别结果，由此判断无砟轨道路基是否存在沉降以及路基沉降波长和幅值的大小。

### 7.2.2 基于机器学习的沉降识别算法

在无砟轨道路基发生沉降时，车辆和轨道结构的动力特性指标会显著高于正常路段，这些指标的变化与路基沉降的程度之间存在一定的联系，且这种规律实际并不是简单的线性规律，故仅凭简单的结构动力响应值很难准确地判断路基沉降的波长和幅值。而机器学习是一种从现有数据中挖掘规律，并由此对未知结果进行分类预测的方法，可以得到在传统研究中难以发现的规律，因此可应用于本章的无砟轨道路基沉降识别中。

常见的机器学习算法有随机森林、朴素贝叶斯、人工神经网络、支持向量机、主成分分析及深度学习等，这些方法的应用过程主要包括"特征提取+模式识别"的过程。一般先通过特征提取获得样本数据，并划分对应的数据标签，由此得到样本数据集，然后经过输入一定参数，并对大量训练样本的规律进行总结学习来进行预测。现有不少基于车辆振动响应对轨道结构病害进行识别的研究，但采用的方法大都是基于传统人工提取特征的模式识别，一般采用时频域分析、小波包分解等信号处理方法获取特征作为输入样本，如支持向量机、神经网络等，它们具有较强的非线性映射能力，能根据选取的特征指标自动归纳规则，获得内在规律并输出相应的标签值，具有不错的分类识别效果。但由于采用人工对振动信号进行二次处理得到特征指标，存在一定的局限性，即难以挖掘到更深层次的振动信号特征。而与传统特征提取手段相比，基于深度学习的分类识别方法可自动挖掘振动信号更深层次的特征，在避免信息丢失的基础上具有较高的识别率。

### 7.2.3 基于理论仿真的沉降识别数据获取

在无砟轨道路基沉降识别研究中，本章识别数据的来源主要采用车辆结构的垂向加速度。之所以选择通过车辆振动响应对无砟轨道路基沉降来进行识别，是因为车辆结构的垂向加速度相对于轨道结构的响应更容易测量。如果通过测量钢轨、扣件及轨道板等结构的振动响应，其时间和成本不亚于对路基沉降采用相关设备精准监测，即失去了路基沉降快速简便识别的意义。

考虑到现场无砟轨道路基沉降行为的复杂性，为了便于研究，本章所有的识别计算数据均是通过理论仿真计算而得到的。建立考虑路基沉降的车辆-轨道-路基垂向耦合模型，划分不同的沉降工况，计算得到相应的车辆结构垂向加速度数据。此外，还需要通过车轨系统振动敏感特征分析，对比考虑轨道结构损伤或者变形对车辆系统振动的影响，选出对路基沉降作用敏感的车辆某一部位或多个部位的垂向加速度数据作为路基沉降识别的原始输入数据。

1. 车辆-轨道-路基垂向耦合模型

本节建立考虑路基沉降的车辆-轨道-路基垂向耦合模型，方便研究车辆系统在不同沉降工况和不同附加条件下的振动响应规律，并为后续的路基沉降识别研究提供样本数据支持。

1) 车辆模型

在进行车辆-线路耦合动力学分析时，根据线路结构的特点，对车辆模型进行一定的简化。车辆简化力学模型如图 7-2 所示，车辆视为由车体、转向架、轮对及弹簧-阻尼悬挂系统构成的多自由度振动系统。其中，车体和前后两个转向架均考虑侧滚、浮沉和点头 3 个自由度，四个轮对考虑侧滚和浮沉 2 个自由度，总共 17 个自由度。车辆选用我国 CRH2 型动车组，其基本参数如表 7-1 所示。

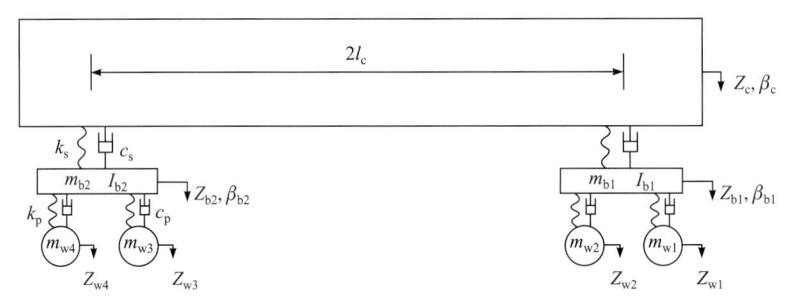

图 7-2 车辆简化力学模型

表 7-1 CRH2 型动车组车辆参数

| 名称 | 量值 | 单位 |
| --- | --- | --- |
| 车体质量 | 39600 | kg |
| 转向架质量 | 3500 | kg |
| 轮对质量 | 2000 | kg |
| 轮对数量 | 4 | 对 |
| 轴重 | 14 | t |
| 固定轴距 | 2.5 | m |
| 转向架中心距 | 17.5 | m |
| 车体点头转动惯量 | $1.654×10^6$ | $kg·m^2$ |
| 车体侧滚转动惯量 | $1.283×10^5$ | $kg·m^2$ |
| 转向架点头转动惯量 | $1.314×10^3$ | $kg·m^2$ |
| 转向架侧滚转动惯量 | $1.752×10^3$ | $kg·m^2$ |
| 轮对侧滚转动惯量 | $0.980×10^3$ | $kg·m^2$ |
| 一系悬挂垂向刚度 | $1.100×10^6$ | N/m |
| 二系悬挂垂向刚度 | $1.890×10^6$ | N/m |
| 一系悬挂垂向阻尼 | $1.960×10^4$ | N·s/m |
| 二系悬挂垂向阻尼 | $4.000×10^4$ | N·s/m |

2) 无砟轨道-路基模型

本章研究中采用高速铁路路基上应用最广泛的 CRTS Ⅰ 型双块式无砟轨道。在仿真模型中，为简化计算而忽略了轨枕块的作用，钢轨与道床板通过扣件直接相连。其整体结构从上至下依次为钢轨、扣件、道床板、支承层及路基，各结构的具体参数如表 7-2 所示。

表 7-2 CRTS Ⅰ 型双块式无砟轨道结构参数

| 参数 | | 符号 | 量值 | 单位 |
|---|---|---|---|---|
| 钢轨 | 弹性模量 | $E_r$ | $2.059 \times 10^{11}$ | N/m² |
| | 截面惯量 | $I_r$ | $3.217 \times 10^{-5}$ | m⁴ |
| | 单位长度质量 | $m_r$ | 60.64 | kg/m |
| | 泊松比 | $v_r$ | 0.30 | — |
| 扣件 | 垂向刚度 | $K_p$ | $5.0 \times 10^7$ | N/m |
| | 垂向阻尼 | $C_p$ | $3.625 \times 10^5$ | N·s/m |
| | 间距 | $d$ | 0.625 | m |
| 道床板 | 弹性模量 | $E_s$ | $3.45 \times 10^{10}$ | N/m² |
| | 宽度 | $W_s$ | 2.8 | m |
| | 厚度 | $H_s$ | 0.26 | m |
| | 泊松比 | $v_s$ | 0.20 | — |
| 支承层 | 弹性模量 | $E_c$ | $3.45 \times 10^8$ | N/m² |
| | 宽度 | $W_c$ | 3.2 | m |
| | 厚度 | $H_c$ | 0.3 | m |
| | 泊松比 | $v_c$ | 0.20 | — |
| 基床表层 | 弹性模量 | $E_b$ | $2.0 \times 10^8$ | N/m² |
| | 宽度 | $W_b$ | 8.6 | m |
| | 厚度 | $H_b$ | 0.4 | m |
| | 泊松比 | $v_b$ | 0.25 | — |
| 基床底层 | 弹性模量 | $E_d$ | $1.6 \times 10^8$ | N/m² |
| | 宽度 | $W_d$ | 12.2 | m |
| | 厚度 | $H_d$ | 2.3 | m |
| | 泊松比 | $v_d$ | 0.30 | — |

建立的无砟轨道-路基有限元模型如图 7-3 所示。其中，钢轨为弹性点支承基础上的 Bernoulli-Euler 梁，采用梁单元模拟。道床板、支承层及路基均采用实体单元，道床板和支承层之间采用绑定接触，支承层与路基之间的作用采用可分离接触模拟。扣件采用垂向线性弹簧阻尼单元，模拟连接钢轨与道床板的连接作用。其中，路基由表层和底层两部分构成，表层为级配碎石，底层为 AB 组填料，分别赋予对应的材料单元属性。

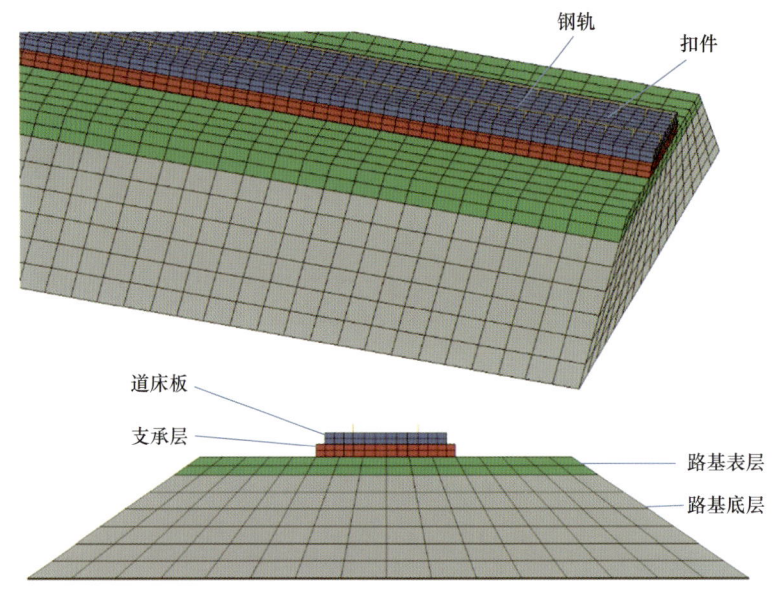

图 7-3 轨道-路基有限元模型

3) 车辆-轨道-路基耦合模型

铁路车辆由车体、转向架、轮对等基本部件组成,为复杂的多自由度体系。本章车辆模型采用空间车辆模型,根据多体动力学理论,将其视为一个多刚体系统,车辆由车体、2 个转向架、4 个轮对构成,转向架与轮对之间采用一系悬挂连接,车体与转向架之间采用二系悬挂连接。对于车辆-轨道的垂向耦合,轮对与钢轨的相互作用视为赫兹接触,即等效为弹性体接触,由此得到的轮轨垂向力如式(7-1)所示:

$$p(t) = \left(\frac{1}{G}\delta Z(t)\right)^{3/2} \tag{7-1}$$

式中,$G$ 为轮轨接触常数;$\delta Z(t)$ 为轮轨间弹性压缩量。考虑到在不影响计算精度的基础上尽量节约计算时间,模型中采用锥形踏面,轮轨接触关系以赫兹接触理论为基础,将轮轨接触线性化处理[10]。采用商用有限元软件 ANSYS 和多体动力学软件 LS-DYNA 联合仿真,建立车辆-轨道-路基垂向耦合模型,如图 7-4 所示。

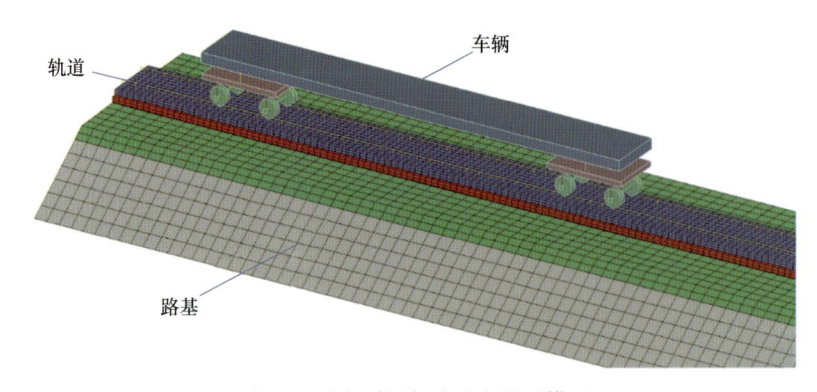

图 7-4 车辆-轨道-路基有限元模型

在车辆-轨道系统动力学模型中，需要添加轨道随机不平顺作为车辆-轨道耦合系统的激励，以模拟实际情况下的轨道几何形位不平顺。模型中分别采用德国谱和中国谱的随机不平顺作为轮轨系统的激励[11]。又因为本章建立的是车辆-轨道-路基垂向耦合模型，故主要考虑轨道垂向高低不平顺激励对车轨系统振动的影响。因此，通过德国谱和中国谱对应的PSD函数获取随机的轨道高低不平顺激励时域样本，结果如图7-5所示。

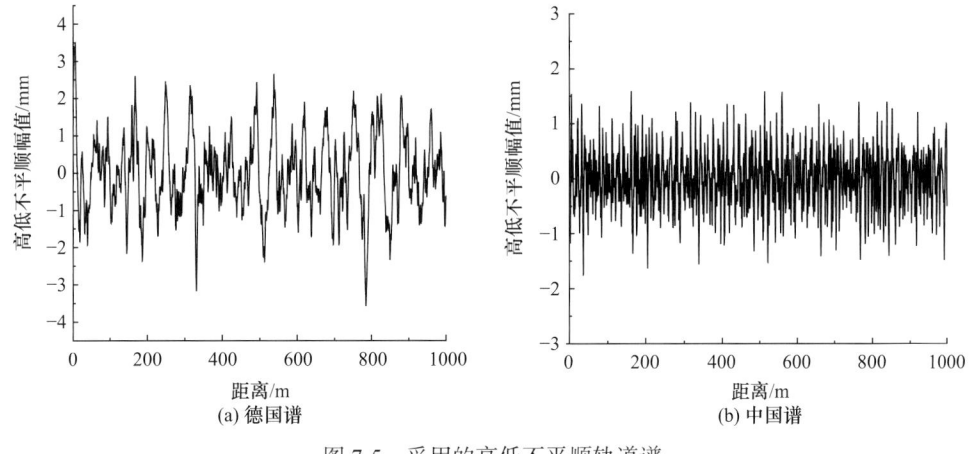

图 7-5 采用的高低不平顺轨道谱

### 2. 路基沉降的设置

本章研究中路基不均匀沉降只考虑沿线路纵向的不均匀沉降，假设路基横向沉降分布均匀，根据现有研究[12-14]，对于路基不均匀沉降变形目前主要考虑余弦曲线，其对应的曲线表达式如式(7-2)所示：

$$y = \frac{1}{2} f_0 \left( 1 - \cos^2\left(\frac{2\pi x}{l_0}\right) \right) \tag{7-2}$$

式中，$f_0$ 为基础沉降最大幅值；$l_0$ 为沉降波长；$x$ 为沉降位置的坐标。在实际求解过程中，通过根据路基沉降位移曲线对路基支承节点施加强制位移来模拟路基的沉降作用。此外，考虑路基沉降后自重荷载的作用，在 ANSYS 中对路基沉降变形作用下的轨道结构进行隐式求解得到自重作用下的初始变形。最后把计算结果输入 LS-DYNA，进行应力初始化，初始化后的沉降脱空模型如图 7-6 所示，在此基础上车轨耦合以进行显式动力分析得到车辆-轨道-路基系统的振动响应。

### 3. 模型验证

为了验证模型的正确性及可靠性，计算 CRH2 型动车车辆以 300km/h 的速度通过路基上 CRTS Ⅰ型双块式无砟轨道，轨道不平顺激励采用中国谱。根据本章车辆-轨道-路基垂向耦合动力学模型，将计算得到的结果与相关文献进行对比，其中本章计算得到的钢轨垂向位移、轮轨垂向力时程曲线分布如图 7-7 和图 7-8 所示，部分仿真计算结果与相关文献的对比如表 7-3 所示。

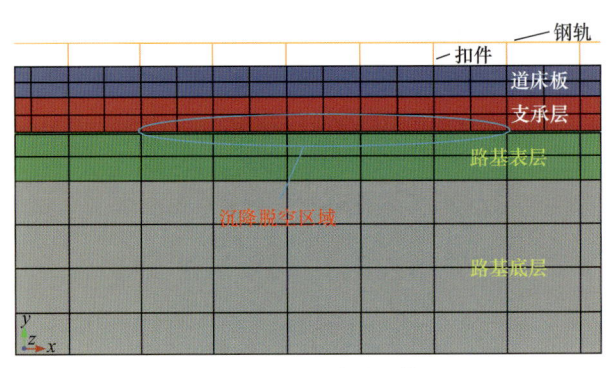

图 7-6　路基沉降脱空模型

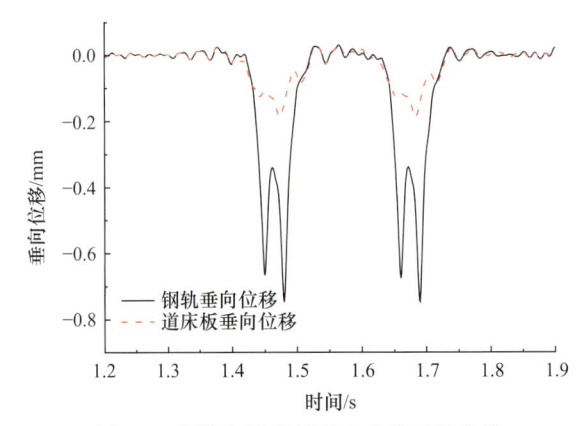

图 7-7　钢轨和道床板垂向位移时程曲线

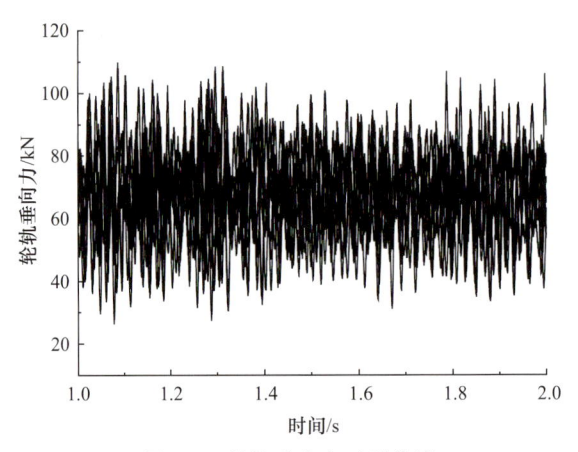

图 7-8　轮轨垂向力时程曲线

表 7-3　仿真结果和其他文献的对比(无沉降)

| 项目 | 轮轨垂向力/kN | 钢轨加速度/(m/s$^2$) | 钢轨垂向位移/mm | 道床板垂向位移/mm |
| --- | --- | --- | --- | --- |
| 本章 | 109.90 | 123.37 | 0.75 | 0.19 |
| 徐庆元等[15] | 107.40 | 222.10 | 0.84 | 0.14 |
| 现场实测[16] | 86.00 | 263.40 | 0.69 | 0.21 |

为验证路基沉降模型的准确性，计算了无沉降作用和在波长 $l$=10m、幅值 $h$=10mm 沉降作用下的动力响应，并将相应的结果与其他学者的文章进行对比[17]。根据图 7-9，无沉降时车体垂向加速度 0.11m/s$^2$，沉降波长取 10m，幅值取 10mm 时，车体垂向加速度为 0.63m/s$^2$，其余结果对比如表 7-4 所示，计算结果与相关文献相差不大，表明该仿真计算结果是合理有效的。

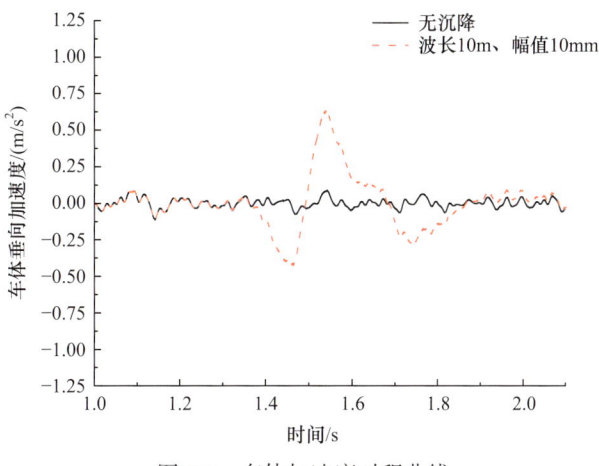

图 7-9 车体加速度时程曲线

表 7-4 仿真结果和其他文献的对比(有沉降)

| 项目 | 本章 | | 文献[17] | |
| --- | --- | --- | --- | --- |
| | 无沉降 | $l$=10m、$h$=10mm | 无沉降 | $l$=10m、$h$=10mm |
| 钢轨最大垂向位移/mm | 0.75 | 2.12 | 1.04 | 3.12 |
| 道床板最大垂向位移/mm | 0.19 | 1.58 | 0.17 | 1.94 |
| 车体最大垂向加速度/(m/s$^2$) | 0.11 | 0.63 | 0.14 | 0.76 |

## 7.3 无砟轨道路基沉降的车辆振动敏感特征分析

在无砟轨道路基沉降作用下，当车辆通过沉降地段时，轨道结构及车辆的动力响应与正常路段存在较大差异，而通过研究不同沉降工况下车辆系统振动响应差异的变化规律，可对路基沉降工况进行识别。因此，有必要研究在不同路基沉降作用下车辆轨道动力响应特征，选取对路基沉降敏感的结构动力响应指标，从而依据车辆振动响应实现对路基沉降工况的初步识别。

### 7.3.1 模型工况设置

1. 工况

本小节计算采用 7.2 节建立的车辆-轨道-路基垂向耦合模型，车辆运行速度取

300km/h，路基沉降的工况均按照余弦型沉降设置，结合工程实际[18]，分别按照不同波长、不同沉降幅值划分出 10 种不同沉降程度的工况，如表 7-5 所示。

表 7-5 路基沉降工况设置

| 工况 | 沉降波长/m | 沉降幅值/mm |
| --- | --- | --- |
| 1 | 0 | 0 |
| 2 | 10 | 10 |
| 3 | 10 | 20 |
| 4 | 10 | 30 |
| 5 | 20 | 10 |
| 6 | 20 | 20 |
| 7 | 20 | 30 |
| 8 | 30 | 10 |
| 9 | 30 | 20 |
| 10 | 30 | 30 |

2. 测点布置

在建立模型和设置工况的基础上，为了研究沉降作用时的车辆振动响应规律，分别提取车体、转向架和轮对等不同车辆组成部件在不同工况下的振动响应时程曲线，其中车体、转向架及轮对的垂向加速度均取车辆前部位置的加速度。对于轨道结构振动响应，分别提取钢轨、道床板垂向位移及加速度的时程曲线，其中沉降地段的测点设置在沉降余弦曲线的波谷处。

### 7.3.2 沉降作用下车辆系统振动敏感特征的选取

无砟轨道自身作为一种多层复合结构，考虑到其他结构层损伤可能对车辆系统振动响应产生影响，除了考虑路基沉降变形的影响规律，还应考虑轨道结构变形、损伤等对车辆振动的附加影响，并选出振动敏感特征。因此，针对本章研究的双块式无砟轨道结构，在研究路基沉降对车辆振动影响的过程中，除了考虑施加轨道高低不平顺激励，还研究扣件失效、支承层离缝对车辆振动响应的影响。

1. 路基沉降作用下的车辆轨道振动响应

本小节计算中车辆通过速度取 300km/h，采用中国谱作为轨道不平顺激励。当路基沉降波长取 10m 时，幅值分别取 10mm、20mm、30mm；当沉降幅值取 10mm 时，波长分别取 10m、20m、30m。由此得到轨道结构及车辆的振动响应结果。

1) 钢轨

在不同沉降工况下钢轨的垂向位移、加速度时程曲线如图 7-10 所示。

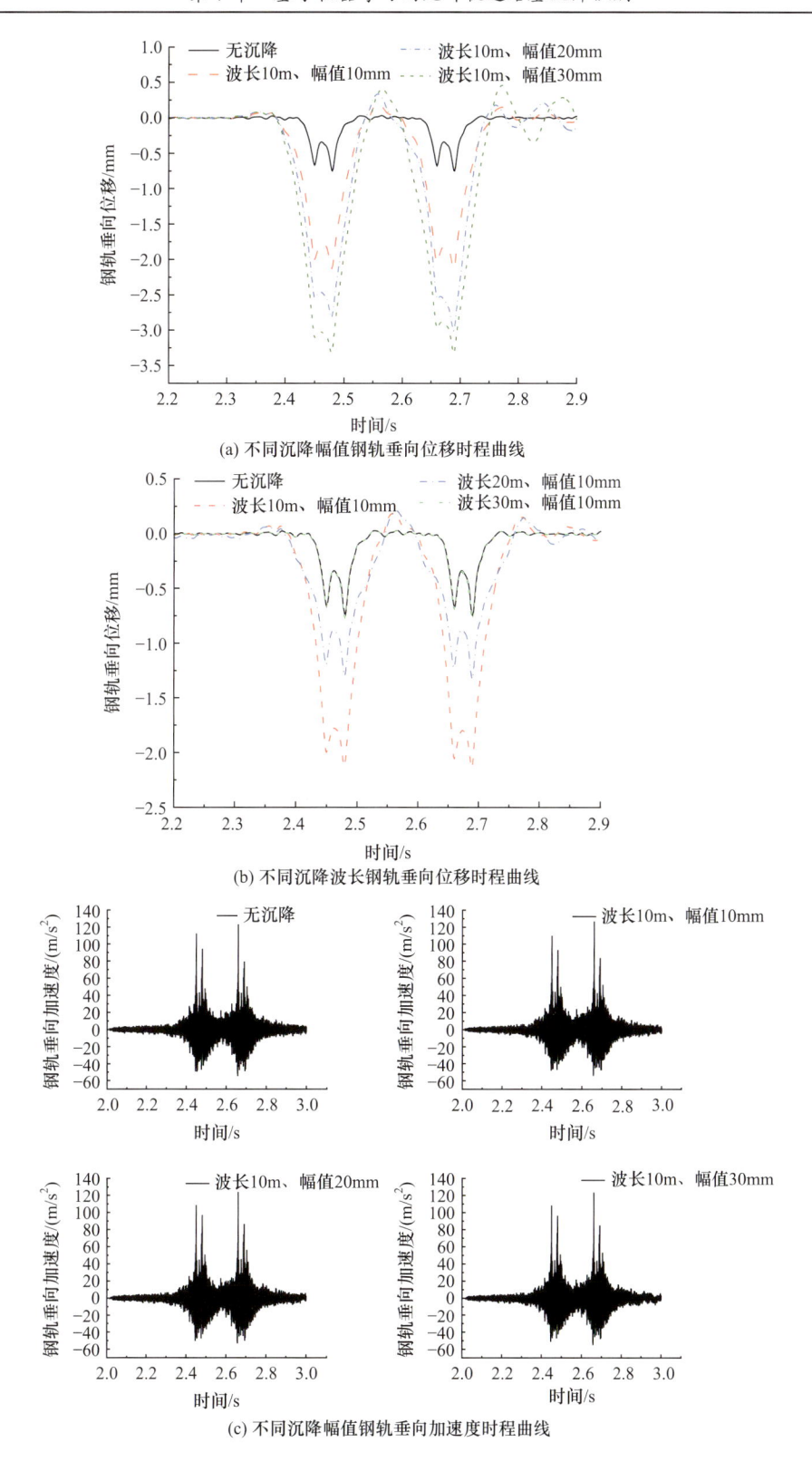

(a) 不同沉降幅值钢轨垂向位移时程曲线

(b) 不同沉降波长钢轨垂向位移时程曲线

(c) 不同沉降幅值钢轨垂向加速度时程曲线

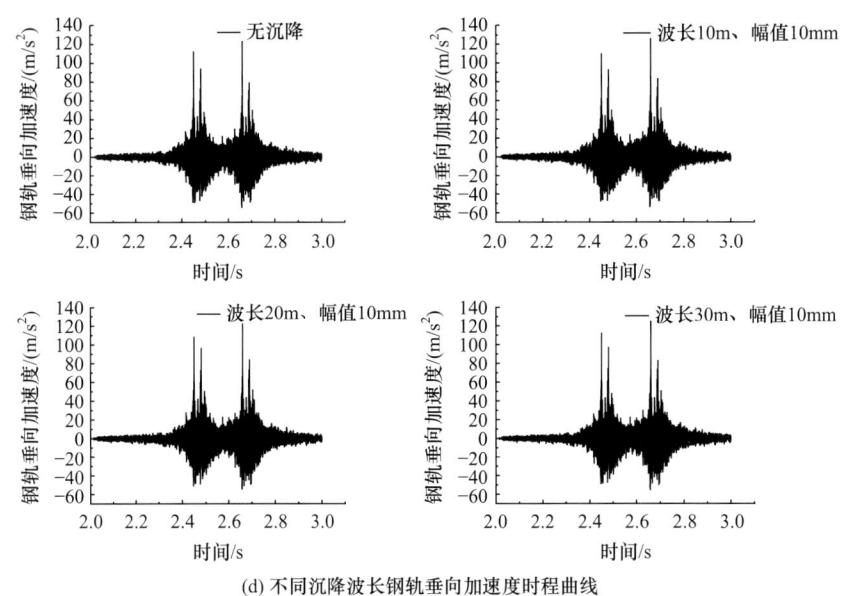

(d) 不同沉降波长钢轨垂向加速度时程曲线

图 7-10 路基沉降时的钢轨振动响应

由图 7-10 中的计算结果可知，路基沉降对钢轨的垂向位移影响较大，而对钢轨的垂向加速度没有太大影响，变化幅度在 1%以内。从图 7-10(a)、(b)中可以看出，沉降波长取 10m，幅值依次增加取 10mm、20mm、30mm 时，钢轨最大垂向位移从 0.75mm 逐渐增加至 2.13mm、3.11mm、3.32mm，增幅最大达到 342.7%，这表明钢轨正下方的支承层由于路基沉降而产生局部的脱空，导致车辆驶过该处时钢轨在垂向产生大量位移。当沉降幅值取 10mm，波长依次增加取 10m、20m、30m 时，钢轨最大垂向位移分别为 2.13mm、1.33mm、0.77mm，表明波长取 30m 时钢轨正下方支承层与路基保持接触而未发生局部脱空行为，因此最大钢轨垂向位移仅增加 2.7%；波长为 10m、20m 时的工况均存在支承层的局部脱空行为，而波长 20m 的工况在车辆通过瞬间由于车辆冲击荷载的作用，原先存在局部脱空的支承层底部与路基表面再次接触，重新起到支承作用，从而导致最大钢轨垂向位移要小于波长 10m 时的工况；由于波长 10m 时支承层的底部在车辆通过过程中始终存在局部脱空，故此工况的钢轨垂向位移最大。

2) 道床板

不同沉降工况下道床板的垂向位移、加速度时程曲线如图 7-11 所示。

由图 7-11 中的计算结果可知，路基沉降对道床板的垂向位移影响较大，而对道床板垂向加速度影响较小。从图 7-11(a)、(b)中可以看出，路基沉降对道床板垂向位移的影响规律与钢轨垂向位移类似。当沉降波长取 10m，幅值依次增加取 10mm、20mm、30mm 时，道床板最大垂向位移从 0.19mm 增加至 1.58mm、2.45mm、2.76mm，增幅最大达到 1352.6%，这表明钢轨正下方的支承层由于路基沉降而产生局部脱空，导致车辆驶过该处时道床板受车辆冲击荷载在垂向产生大量位移。当沉降幅值取 10mm，波长依次增加取 10m、20m、30m 时，道床板最大垂向位移分别为 1.58mm、0.72mm、0.19mm，表明波长取 30m 时道床板正下方支承层与路基保持接触而未发生局部脱空行为，因此最大道床板

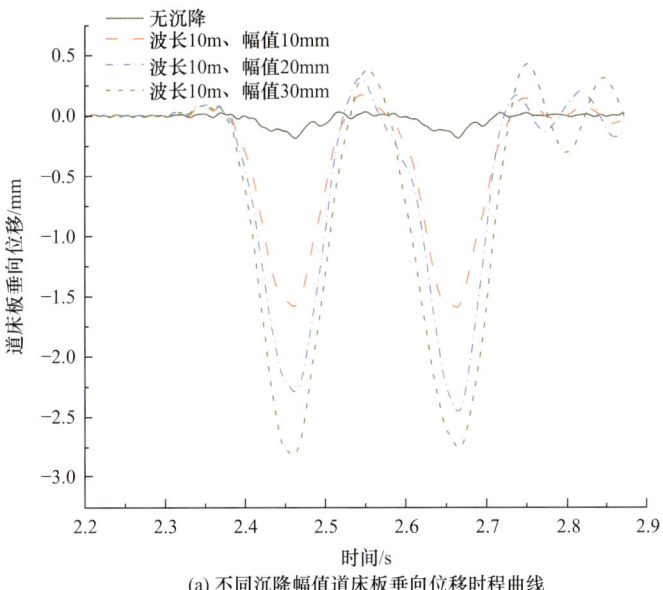

(a) 不同沉降幅值道床板垂向位移时程曲线

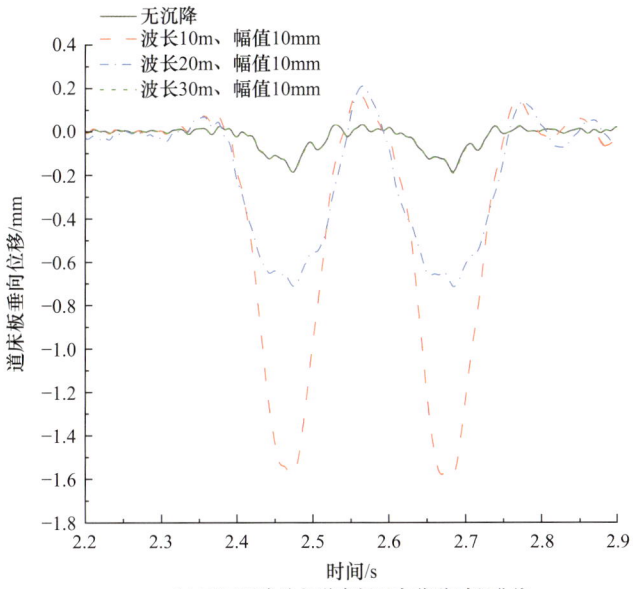

(b) 不同沉降波长道床板垂向位移时程曲线

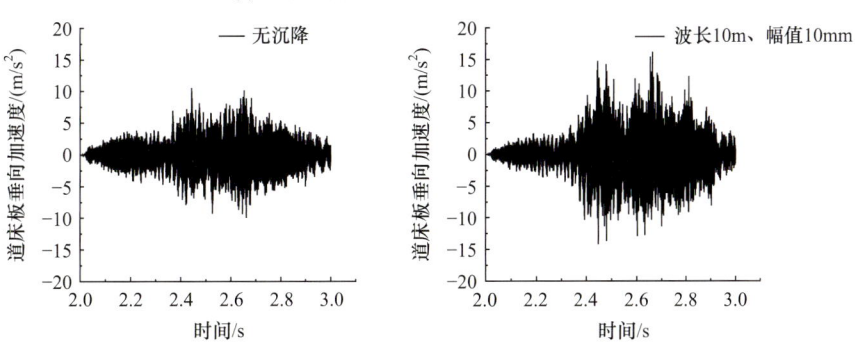

(c) 不同沉降幅值道床板垂向加速度时程曲线

(d) 不同沉降波长道床板垂向加速度时程曲线

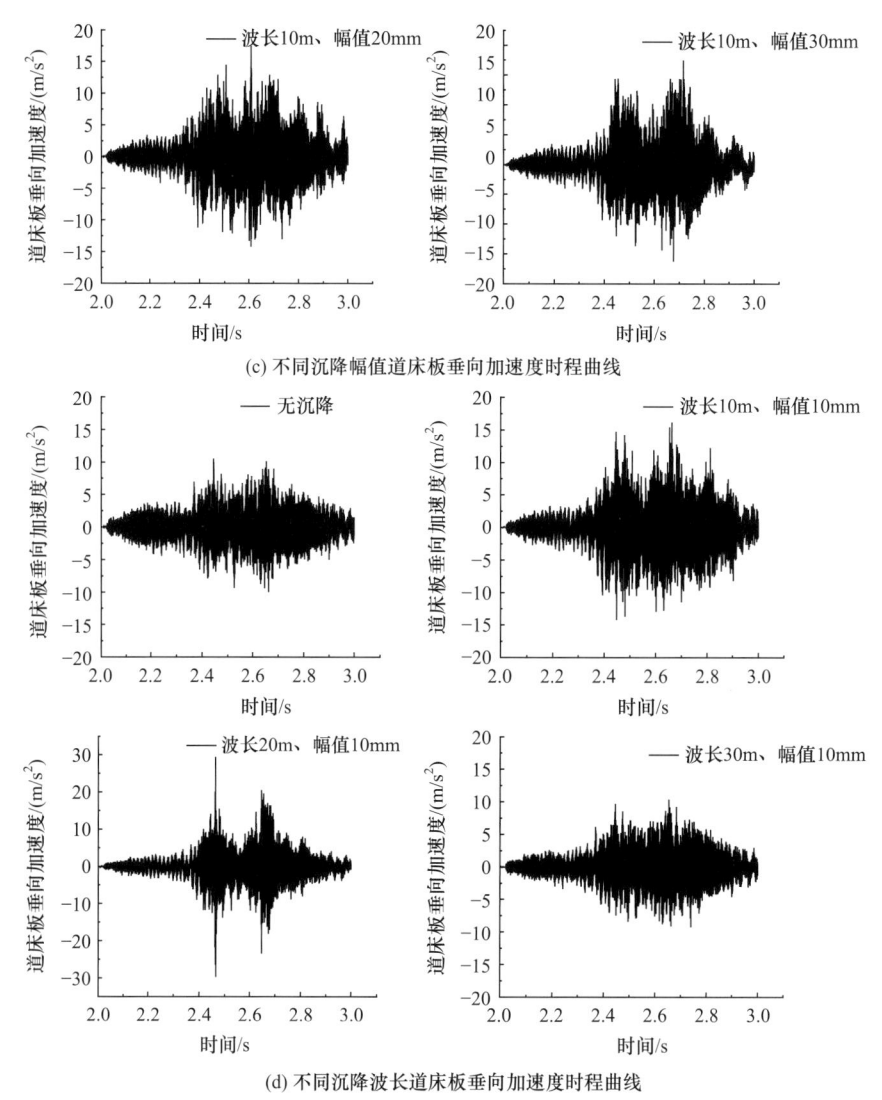

图 7-11 路基沉降时的道床板振动响应

垂向位移相较于正常路段几乎不变；波长为 10m、20m 时的工况均存在支承层的局部脱空行为，而波长 20m 的工况在车辆通过瞬间由于车辆冲击荷载的作用，原先存在局部脱空的支承层底部与路基表面再次接触，重新起到支承作用，从而导致最大道床板垂向位移要小于波长 10m 时的工况；由于波长 10m 时支承层的底部在车辆通过过程中始终存在局部脱空，故此工况的道床板垂向位移最大。

从图 7-11(c)、(d)中可以看出，沉降后的道床板最大垂向加速度均要大于沉降前。当沉降波长取 10m，幅值依次增加取 10mm、20mm、30mm 时，道床板最大垂向位移从 10.15m/s² 逐渐增加至 16.19m/s²、17.45m/s²、17.47m/s²，增幅最大达到 72.1%，此时三种工况中支承层在车辆行驶通过前后均一直存在局部脱空，因此最大道床板加速度相差不大。当沉降幅值取 10mm，波长依次增加取 10m、20m、30m 时，道床板最大垂向加速度分别为 16.19m/s²、

29.73m/s²、10.38m/s²，波长取 30m 时道床板正下方支承层与路基保持接触而未发生局部脱空行为，故最大道床板垂向加速度与正常路段相差不多；波长为 10m、20m 时的工况均存在支承层的局部脱空行为，而波长 20m 的工况在车辆通过瞬间支承层底部与路基表面再次接触，瞬间接触的冲击作用导致道床板最大垂向加速度在三种工况中最大。

3) 车体

在不同沉降工况下，提取得到的车体垂向加速度时程曲线如图 7-12 所示。

(a) 不同沉降幅值时车体垂向加速度时程曲线

(b) 不同沉降波长时车体垂向加速度时程曲线

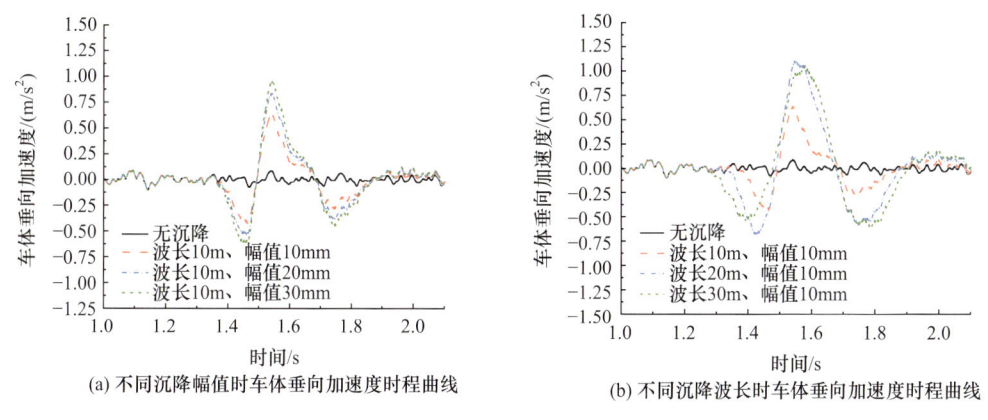

图 7-12　路基沉降时的车体垂向加速度

根据图 7-12 中的计算结果，车体垂向加速度对路基沉降的变化比较敏感。从图 7-12(a)中可以看出，当沉降波长取 10m，幅值依次增加取 10mm、20mm、30mm 时，车体最大垂向加速度从 0.11m/s² 逐渐增加至 0.62m/s²、0.82m/s²、0.94m/s²，增幅最大达到 754.5%，这是因为沉降波长不变，幅值越大，轨道结构的垂向变形就越大，导致车辆驶过该处时受到的高低不平顺激励作用越明显。

从图 7-12(b)中可以看出，当沉降幅值取 10mm，波长依次增加取 10m、20m、30m 时，车体最大垂向加速度分别为 0.62m/s²、1.09m/s²、1.05m/s²，由于波长 10m 时支承层的底部在车辆通过过程中始终存在局部脱空，钢轨相对于沉降前的垂向变形量远达不到 10mm 的路基沉降量，所以波长 10m 时的车体最大垂向加速度最小；而波长 20m 的工况在车辆通过瞬间支承层与路基表面再次接触，与波长 30m 的工况一样达到了最大垂向变形量，此时波长越短则不平顺的激励作用会越明显，因此沉降波长 20m 工况的车体最大垂向加速度要比波长 30m 的工况要稍大一些。

4) 转向架和轮对

在不同沉降工况下转向架和轮对的垂向加速度时程曲线如图 7-13 所示。

根据图 7-13 中的计算结果，转向架垂向加速度对路基沉降的变化比较敏感，而轮对垂向加速度对路基沉降的变化相对不太敏感，沉降幅值从 0mm 增至 30mm 时，车辆通过沉降区间时的最大轮对加速度从 17.0m/s² 增加至 20.3m/s²，增幅为 19.4%。从图 7-13(a)中可以看出，当沉降波长取 10m，幅值依次增加取 10mm、20mm、30mm 时，转向架最大垂向加速度从 1.38m/s² 逐渐增加至 2.42m/s²、2.84m/s²、3.24m/s²，增幅最大达到 134.8%，这是因为沉降波长不变，幅值越大，轨道结构的垂向变形就越大，导致车辆驶过该处时受到的高低不平顺激励作用越明显。

(a) 不同沉降幅值转向架垂向加速度时程曲线

(b) 不同沉降波长转向架垂向加速度时程曲线

(c) 不同沉降幅值轮对垂向加速度时程曲线

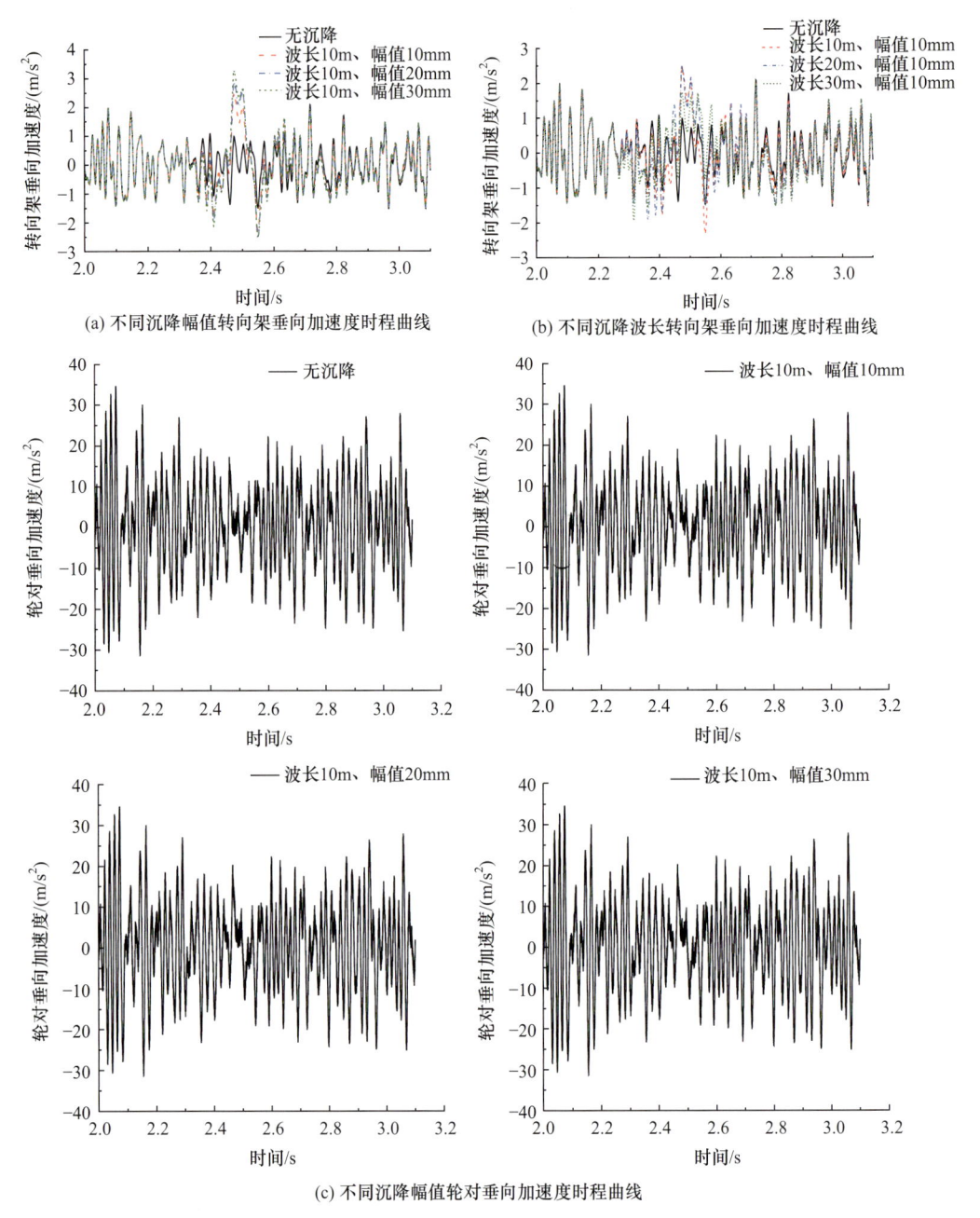

图 7-13 路基沉降时转向架和轮对的振动响应

从图 7-13(b)中可以看出，当沉降幅值取 10mm，波长依次增加取 10m、20m、30m 时，转向架最大垂向加速度分别为 2.42m/s²、2.49m/s²、1.73m/s²，波长 20m 的工况在车辆通过瞬间支承层与路基表面再次接触，与波长 30m 的工况一样达到最大垂向变形量，此时波长越短则不平顺的激励作用会越明显，因此沉降波长 20m 的工况的转向架最大垂向加速度要比波长30m的工况要稍大。由于转向架和车体振动的敏感波长存在区别,故此时波长10m的工况下,转向架的最大垂向加速度介于其余两种工况之间。

2. 轨道结构层损伤与路基沉降对车辆系统振动的对比影响

随着运营时间的增长,高速铁路某些线路出现了不同程度的扣件弹条集中断裂现象,双块式无砟轨道在受车辆荷载和复杂环境条件的长期作用下,在实际运营中发现道床板与支承层间离缝已在较多线路出现[19]。类似这样的轨道结构层损伤会对基于车辆响应的识别带来不利影响,因此本部分取扣件失效、支承层离缝两种典型不同轨道结构层损伤与路基沉降作用进行对比研究。

1) 扣件失效

扣件通过连接钢轨和轨枕,能在列车冲击荷载下保持轨道线形,且起到缓冲减振、减缓轨道残余变形的作用。对于无砟轨道,扣件的弹性作用和缓冲作用较为关键,但在轨道结构长期服役过程中,扣件会受到列车疲劳荷载和复杂环境作用而导致失效,导致不能发挥应有的作用,影响列车运行的平顺性和稳定性,甚至危及行车安全。

这里计算中考虑扣件完全失效的状态,即扣件不再能够提供垂向支承力。车辆通过速度取300km/h,采用中国谱作为随机不平顺激励,由此得到轨道结构及车辆的振动响应结果。考虑无沉降无扣件失效、扣件失效1对和2对、余弦曲线型沉降(波长10m、幅值10mm)共三种工况,对比这三种工况下车辆的振动响应,其中车体、转向架的垂向加速度时程曲线如图7-14所示。

(a) 车体垂向加速度时程曲线
(b) 转向架垂向加速度时程曲线

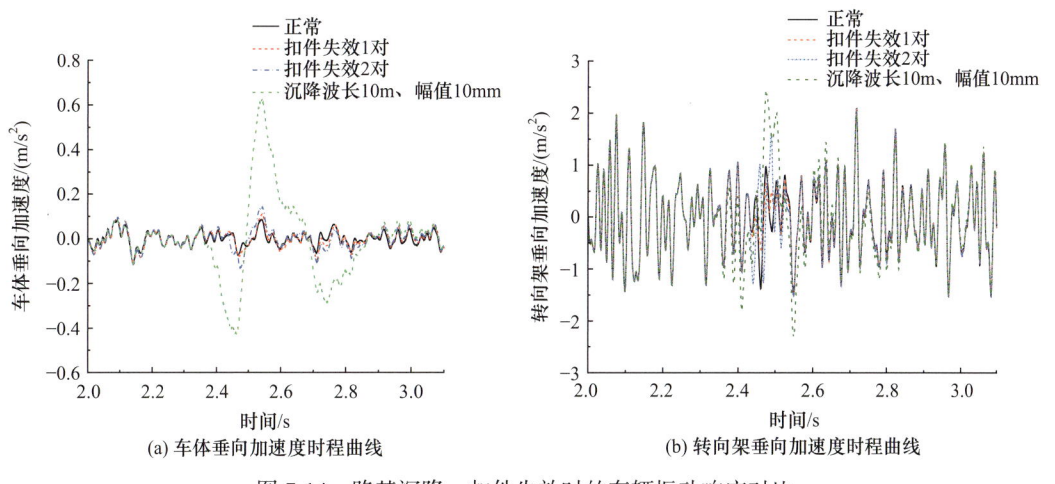

图7-14 路基沉降、扣件失效时的车辆振动响应对比

根据图7-14中的计算结果,相比于正常路段,车体和转向架垂向加速度的变化受路基沉降变形影响较大,扣件失效1对与正常路段的车辆加速度时程曲线没有明显的差异。从图7-14(a)中可以看出,在车辆通过沉降区间时程内,正常路段、扣件失效1对、余弦曲线型沉降(波长10m、幅值10mm)这三种工况对应的车体最大垂向加速度分别为$0.09m/s^2$、$0.11m/s^2$、$0.62m/s^2$,扣件失效和沉降工况对应的增幅分别为22.2%和588.9%;对应的转向架最大垂向加速度分别为 $1.38m/s^2$、$1.45m/s^2$、$2.42m/s^2$,扣件失效和沉降工

况对应的增幅分别为 5.1%和 75.4%。由此可以看出，与一般情况下的扣件失效情况相比，车体和转向架的垂向加速度受路基沉降作用的影响起主要的控制作用，并且车体的振动对路基沉降变形比转向架更敏感。

2) 支承层离缝

对于支承层离缝，假设离缝长度 5m，离缝高度 2mm 的工况进行模拟计算[20]。分别考虑无沉降无扣件失效、支承层离缝(离缝长度 5m、高度 2mm)、余弦曲线型沉降(波长10m、幅值 10mm)共三种工况，对比这三种工况下的车辆振动响应，其中车体和转向架的垂向加速度时程曲线如图 7-15 所示。

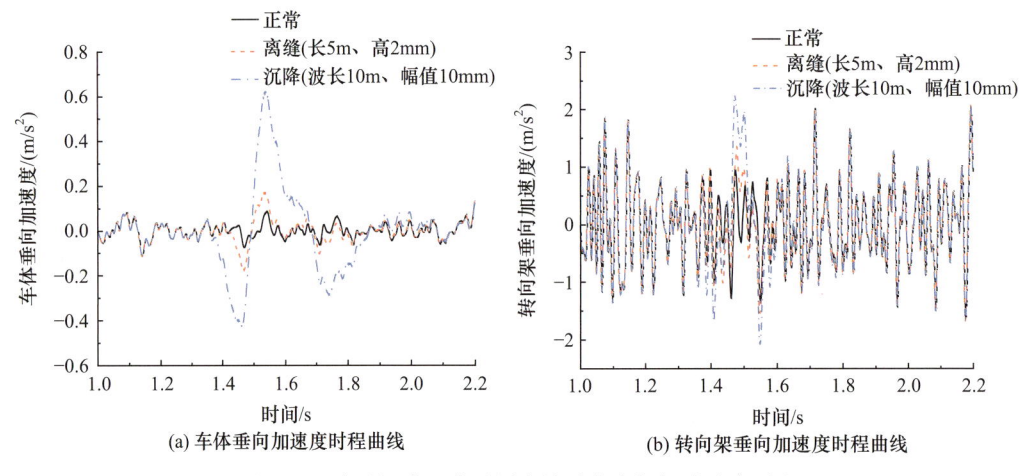

图 7-15 路基沉降、支承层离缝时的车辆振动响应对比

根据图 7-15 中的计算结果，与正常路段的工况相比较，车体和转向架垂向加速度的变化对路基沉降变形和支承层离缝均较为敏感，但路基沉降变形与正常路段的车辆加速度时程曲线差异要更明显一些。从图 7-15(a)中可以看出，在车辆通过沉降区间时程内，正常路段、支承层离缝(离缝长度 5m、高度 2mm)、余弦型路基沉降(波长 10m、幅值 10mm)这三种工况对应的车体最大垂向加速度分别为 0.09m/s²、0.17m/s²、0.62m/s²，支承层离缝和沉降变形较正常地段的增幅分别为 88.9%和 588.9%；对应的转向架最大垂向加速度分别为 1.38m/s²、1.54m/s²、2.42m/s²，支承层离缝和沉降变形较正常地段的增幅分别为11.6%和 75.4%。由此可以看出，与一般情况下的双块式无砟轨道支承层离缝相比，车体和转向架的垂向加速度受路基沉降作用的影响起主要的控制作用，并且车体的振动对路基沉降变形比转向架更敏感一些。

为了研究在不同类型工况作用下车辆各结构振动的频域分布特征，分别考虑计算了正常路段、扣件失效 1 对、支承层离缝(离缝长度 5m、高度 2mm)及余弦型路基沉降(波长10m、幅值 10mm)作用下的车辆振动响应，将计算获得的车体、转向架和轮对垂向加速度时程曲线经过快速傅里叶变换(FFT)，得到不同类型工况下的车辆各结构垂向加速度振幅频谱图对比如图 7-16 所示。

根据图 7-16(a)~(c)，分别对比在正常路段、扣件失效、支承层离缝和路基沉降作用下的车体、转向架和轮对的垂向加速度振幅频谱图，可以看出：扣件失效、支承层离缝和路基沉降工况对车体垂向振动的影响频段主要集中在 1~10Hz，在此频率区间内路基沉降对车体的振动影响要远大于其余工况；在 1~20Hz 频率区间内，相比于正常路段，转向架垂向振动响应更易受到扣件失效、支承层离缝和路基沉降工况的影响，且在 1~10Hz 范围内路基沉降对转向架的振动远大于其余工况；轮对垂向振动对支承层离缝和路基沉降均不太敏感，而扣件失效对轮对垂向振动的影响比较明显，主要影响频段位于 40~60Hz；车体垂向振动受路基沉降影响最大，可作为路基沉降程度识别的敏感特征；虽然车体和转向架的振动响应主要受路基沉降变形的控制，但在考虑扣件失效、支承层离缝等附加因素的影响下判断路基沉降是否存在时，可将车体和转向架垂向加速度均作为识别敏感特征。

(a) 车体垂向加速度振幅频谱图

(b) 转向架垂向加速度振幅频谱图

(c) 轮对垂向加速度振幅频谱图

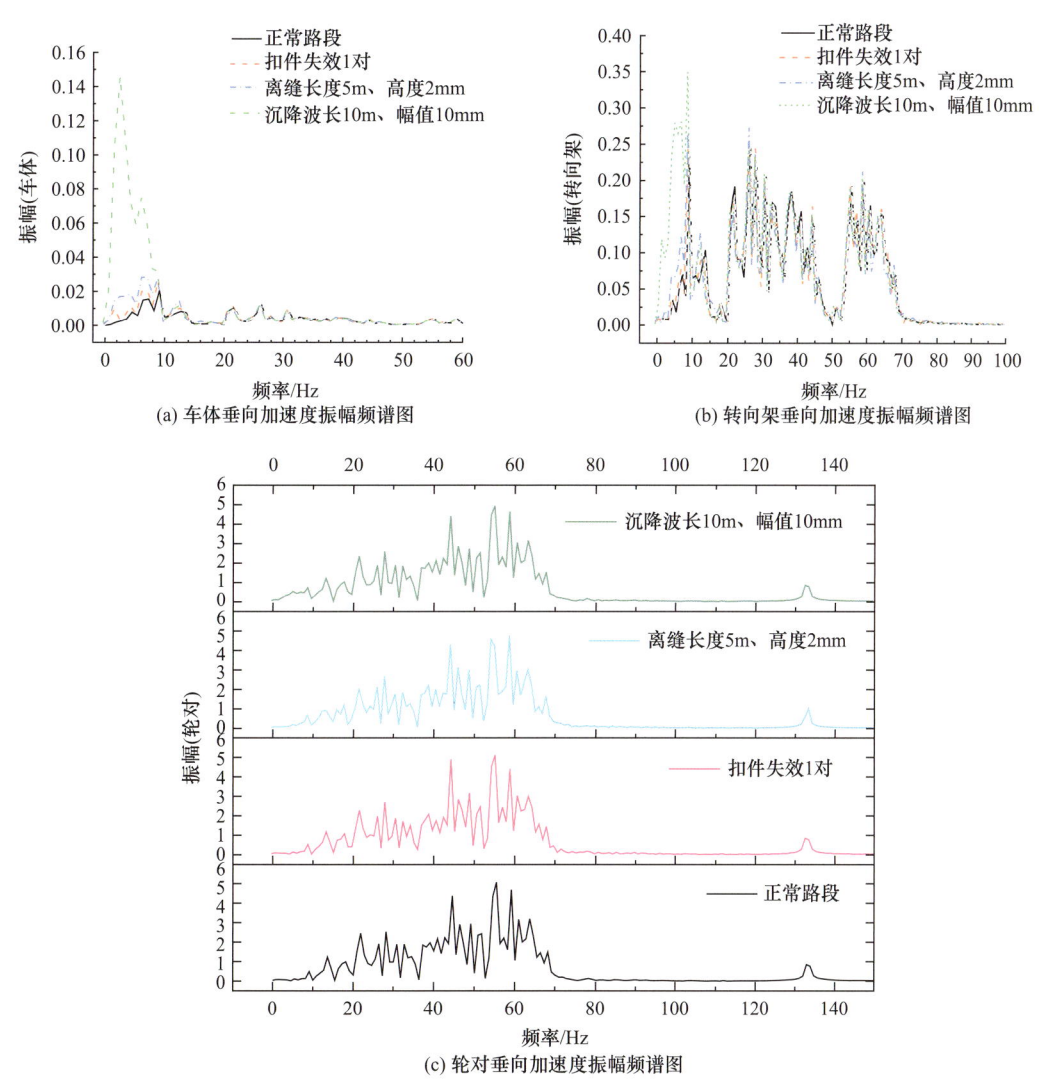

图 7-16 不同类型工况下的车辆结构加速度振幅频谱图对比

### 7.3.3 其他条件对路基沉降车辆振动敏感指标的影响

**1. 不同通过速度对沉降作用下车辆振动的影响**

沉降波长取 10m，沉降幅值取 10mm，车辆通过速度取 250km/h、300km/h 及 350km/h，对比研究不同通过速度条件对车体、转向架振动加速度两项路基沉降敏感特征的影响，对应的时程曲线如图 7-17 所示。

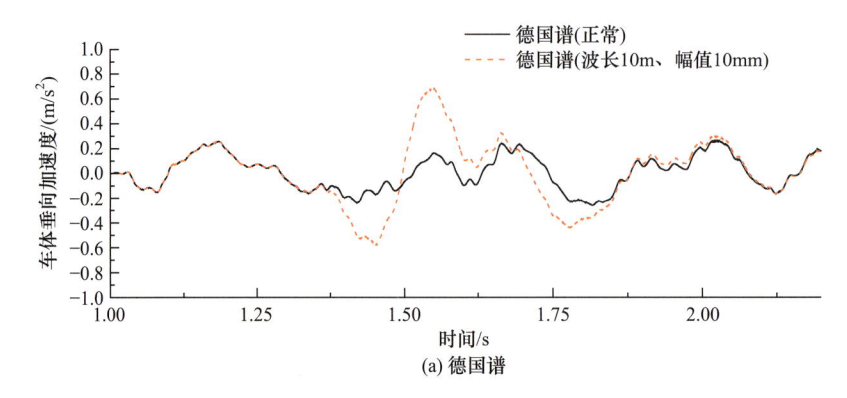

(a) 车体垂向加速度时程曲线

(b) 转向架垂向加速度时程曲线

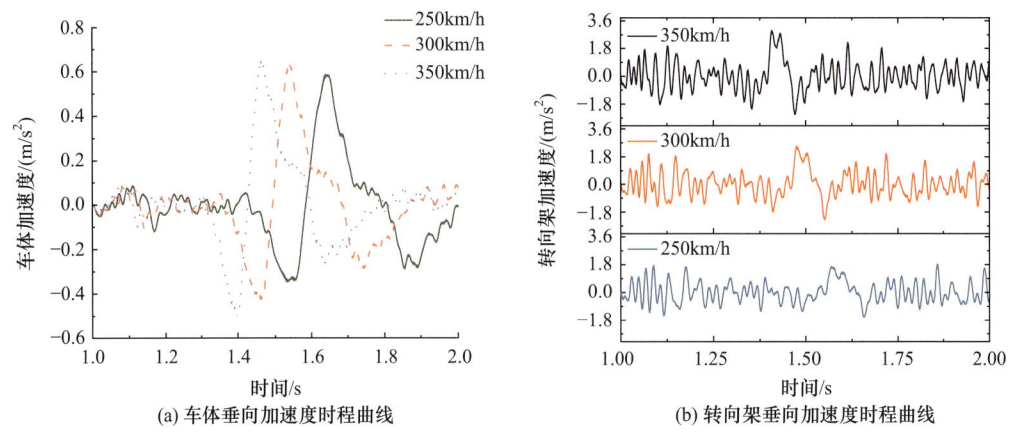

图 7-17　不同通过速度时的车辆振动响应对比

由图 7-17 中的计算结果可知，随着车辆通过速度的提高，车体、转向架垂向加速度的最大值均有不同程度的增长，但时程曲线的线型变化规律基本保持一致。250km/h、300km/h 及 350km/h 三种通过速度对应的车体最大垂向加速度分别为 0.58m/s²、0.62m/s²、0.64m/s²，最大增幅为 10.3%；对应的转向架最大垂向加速度分别为 1.63m/s²、2.42m/s²、2.92m/s²，最大增幅为 79.1%。可以看出，在路基沉降作用下，虽然车体和转向架的垂向加速度均受不同车辆通过速度的影响，但车体的振动受车辆通过速度的影响要比转向架小。

**2. 不同轨道不平顺对沉降作用下车辆振动的影响**

分别采用中国谱和德国谱作为不平顺激励，车辆通过速度均取为 300km/h，对比研究了不同轨道不平顺条件对车体、转向架垂向加速度两项路基沉降敏感特征的影响，对应的时程曲线如图 7-18 和图 7-19 所示。

(a) 德国谱

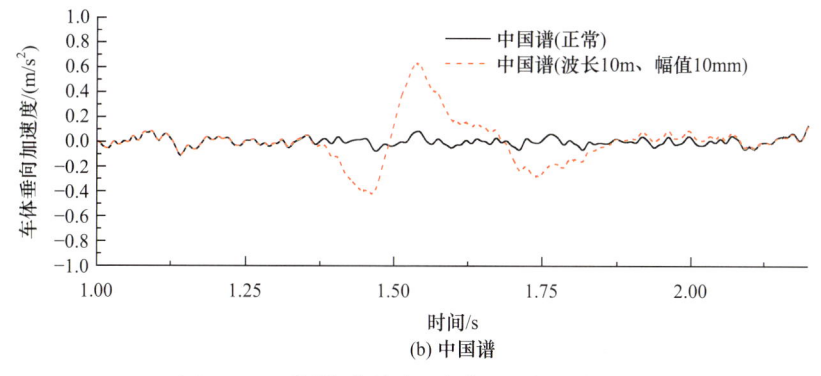

图 7-18　不同轨道谱时的车体垂向加速度对比

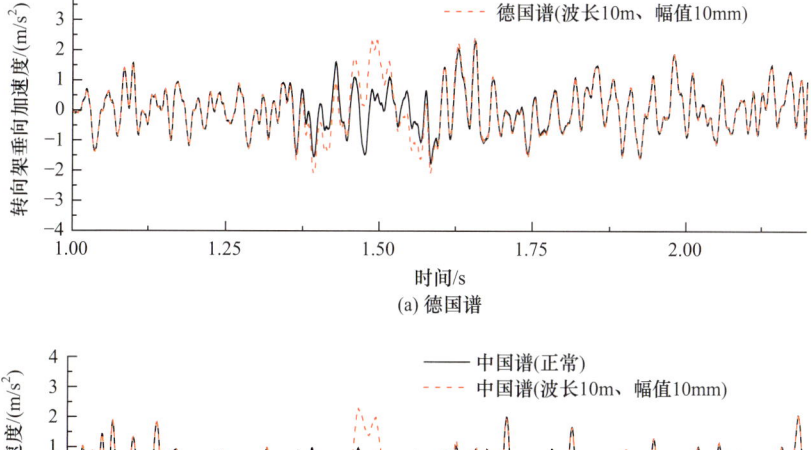

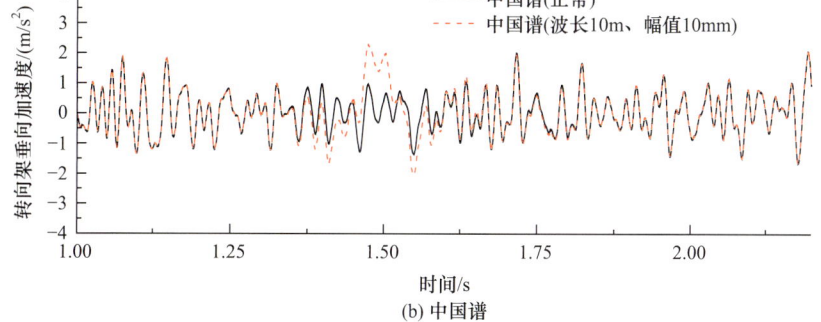

图 7-19　不同轨道谱时的转向架垂向加速度对比

根据图 7-18 和图 7-19，对比分析德国谱和中国谱的计算结果，德国谱对车体振动影响要大一些，无沉降作用下的车体最大加速度为 0.25m/s²，而采用中国谱时为 0.11m/s²；在沉降作用下(沉降波长 10m、幅值 10mm)，两种工况的车体最大加速度分别为 0.68m/s² 和 0.63m/s²，相对无沉降的工况增长 172% 和 473%。对于转向架垂向加速度，德国谱和中国谱的影响相差不大，最大值分别为 2.39m/s² 和 2.01m/s²，而在沉降作用下(沉降波长 10m、幅值 10mm)，车辆通过沉降区间时程内的最大值分别为 2.27m/s² 和 2.23m/s²。可以看出，在路基沉降作用下，由于德国谱的不平顺幅值要稍大于中国谱，车辆振动受德国谱的影响更大，且车体的振动受到的影响要比转向架大；对比轨道不平顺单独作用和路基沉降附加作用下的结果不难发现，车体垂向加速度受沉降作用的影响要更明显，与轨道不平顺单独作用下的时程曲线具有较大的差异，而在该沉降工况作用下的转向架垂向加速度，只在沉降区间时程内有较大的增幅，其最大值与正常路段轨道不平顺单独作用下的最大值相差不大，甚至在采用德国谱时会稍小一些，表明虽然转向架受轨道不平顺和路基沉降影响的差异有限，但不如车体垂向加速度区分明显。

## 7.4 无砟轨道路基沉降识别方法

基于机器学习的损伤识别方法一般包括特征提取和特征分类两方面，针对特征提取方式的不同，本节以支持向量机算法为核心(见 6.4 节)，针对无砟轨道路基沉降识别问题分别提出基于人工特征提取的 PSO-SVM 算法和基于深度学习自动特征提取的 CNN-SVM 融合算法。本节分别针对无砟轨道路基沉降是否存在和沉降程度进行识别，并对比两种算法在不同车辆速度、轨道不平顺谱条件下的路基沉降识别结果。

### 7.4.1 卷积神经网络算法理论基础

高速铁路无砟轨道的车辆振动信号具有非平稳性、非线性的特征，而通过车辆振动来对轨下基础沉降进行识别，关键在于如何提取振动信号中的敏感特征。传统的基于振动信号的模式识别通常包含信号采集与处理、特征选取及分类识别等主要过程，但在特征提取时处理比较复杂，且存在一定的主观性。而基于深度学习的识别方法在特征提取时具有显著优点，可以挖掘更深层次的信号特征。其中卷积神经网络(CNN)作为深度学习的经典算法，以其优异的训练过程，成功地解决了特征提取、分类等问题[21, 22]。本节主要介绍 CNN 和 CNN-SVM 融合算法的基本原理。

1. 基本结构及推导

卷积神经网络[23]是一种具有多层隐含结构、有较强特征提取和模式识别能力的深度学习模型，近年来广泛应用于图像、视觉等各种信号的处理。针对所处理信号的类型，一般可分为 2D-CNN 和 1D-CNN。本节对车辆振动信号直接处理，为避免一维到二维的转化[24]，选择 1D-CNN 为无砟轨道路基沉降识别的模型基础。

1D-CNN 通常由卷积层、池化层、全连接层和 Softmax 分类层构成，其基本结构示意图如图 7-20 所示。

1) 卷积层

卷积神经网络的卷积层在本质上就是输入样本与卷积核的内积运算。卷积操作的表达式如下：

$$x_i = \sigma(w_i x_{i-1} + b_i) \tag{7-3}$$

式中，$x_i$ 为卷积层的输出向量；$\sigma$ 为激活函数；$x_{i-1}$ 为卷积层的输入向量；$w_i$ 为卷积核矩阵；$b_i$ 为偏置向量。

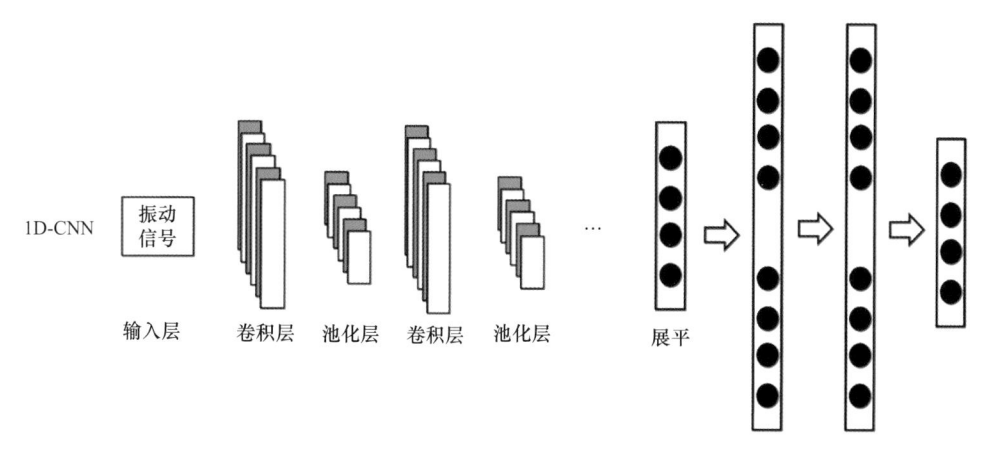

图 7-20　1D-CNN 结构示意图

2) 池化层

池化层主要是对输入向量应用池化操作来降采样，从而实现数据降维，筛选出样本的主要特征。这里选用最常用的最大池化方法，即其对输入向量采取局部最大运算，然后保留局部最大值为特征值。最大池化的表达式定义如下：

$$p^{l(i,j)} = \max \left\{ a^{l(i,t)} \right\}_{(j-1)W+1 \leqslant t \leqslant jW} \tag{7-4}$$

式中，$a^{l(i,t)}$ 为 $l$ 层第 $i$ 个结构中第 $t$ 个神经元的值；$W$ 为池化窗口区域的宽度；$p^{l(i,j)}$ 为第 $l$ 层神经元池化操作后得到保留的特征值。

3) 全连接层

在输入的样本向量经过多个卷积、池化操作后，全连接层负责将其与之后的 Softmax 分类器进行连接。全连接层中的神经元之间无连接，但与上一层的神经元均存在连接，用来降低池化层后数据的矩阵维数，进行特征提取，采用 Flattern 函数把特征值展开得到一维数组。全连接层的表达式定义如下：

$$O(x) = f(wx + b) \tag{7-5}$$

式中，$x$ 为全连接层的输入值；$O(x)$ 为全连接层的输出值；$w$ 为权值；$b$ 为偏置向量；$f(\cdot)$ 为激活函数。

4) Softmax 分类层

Softmax 作为 Logistic 二值分类器，调整 Softmax 值可实现多分类。若将全连接层的输出向量表示为 $V_c = [V_1, V_2, \cdots, V_C]$，则 $V_i$ 对应的 Softmax 值为

$$b_i = \text{Softmax}(V_i) = e^{V_i} \bigg/ \sum_{j=1}^{C} e^{V_j} \tag{7-6}$$

式中，$0 \leqslant b_i \leqslant 1$，且 $\sum_{j=1}^{C} e^{V_i} b(i) = 1$。

## 2. 卷积神经网络的训练过程

卷积神经网络的主要训练过程如下：

(1) 样本数据的输入。将输入样本依次通过卷积神经网络的各结构层，网络中的每一层都对样本进行处理和传递。其中，误差代价函数为交叉熵函数，如下：

$$L = \frac{1}{N}\sum -(y_i \lg(p_i) + (1-y_i)\lg(1-p_i)) \tag{7-7}$$

式中，$N$ 为训练样本数；$p_i$ 为输出值；$y_i$ 为输出期望值。

(2) 误差的反向传播。误差从输出层逐层向前反向传播，为了求解最小误差，网络中各层的权值和偏置采用 Adam 算法不断更新[25]。与采用单一的学习率不同，Adam 算法为不同参数匹配对应的学习率，使误差损失函数最小化，其数学表达式为

$$\begin{cases} m_t = \beta_1 m_{t-1} + (1-\beta_1)g_t \\ v_t = \beta_2 v_{t-1} + (1-\beta_2)g_t^2 \end{cases} \tag{7-8}$$

$$\begin{cases} \hat{m}_t = \dfrac{m_t}{1-\beta_1^t} \\ \hat{v}_t = \dfrac{v_t}{1-\beta_2^t} \end{cases} \tag{7-9}$$

$$w_t = w_{t-1} - \alpha \frac{\hat{m}_t}{\sqrt{\hat{v}_t} + \varepsilon} \tag{7-10}$$

式中，$\beta_1$ 和 $\beta_2$ 为常数；$m_t$ 为梯度的指数移动均值；$v_t$ 为平方梯度；$\varepsilon$ 为步长，一般取 0.001；$w_t$ 为权值。

## 3. 卷积神经网络的优化调整

### 1) 卷积层的 BN(batch normalization)标准化

考虑到 1D-CNN 中每一层的输入会随训练参数改变，故需通过调整学习速率和相关参数以不断适应每层之间的变化。此外，在 BN 操作后，可以利用激活函数得到输入信号的一种非线性表达，以进一步提高网络的特征提取能力。因此，在卷积层后增加标准化 BN 操作[26]，归一化的过程如下：

$$\hat{y}^{l(i,j)} = \frac{y^{l(i,j)} - E(y^{l(i,j)})}{\sqrt{\mathrm{Var}(y^{l(i,j)}) + \varepsilon}} \tag{7-11}$$

$$z^{l(i,j)} = \gamma^{l(i)} \hat{y}^{l(i,j)} + \beta^{l(i)} \tag{7-12}$$

式中，$z^{l(i,j)}$ 为输出值；$\varepsilon$ 为常数；$\gamma^{l(i)}$ 和 $\beta^{l(i)}$ 分别为学习尺度和变化参数。

### 2) 采用 SVM 分类器

SVM 可采用已知算法寻找到目标函数的全局最小值，而其余分类方法由于在寻找假设空间方法上的缺陷，通常只能获得局部最优解。因此，考虑到虽然 CNN 本身自带

Softmax 分类器,可以单独完成分类识别任务,但为了弥补 CNN 的不足,本章又引入 SVM 分类器进一步提高 CNN 模型的性能。CNN-SVM 模型的实现步骤如图 7-21 所示。

图 7-21　CNN-SVM 模型的实现步骤

与正常的 CNN 模型相比,CNN-SVM 模型中只用到 CNN 中的卷积层、池化层来从输入数据中自动提取特征,而 CNN 中全连接层的作用被 SVM 所取代,将自动提取的特征作为 SVM 的输入并经过 SVM 算法处理后实现分类。

### 7.4.2　无砟轨道路基沉降识别数据

对于高速铁路无砟轨道路基沉降的识别,主要分为判别沉降是否存在、沉降程度两个阶段。本节的计算识别数据均来源于 7.3 节的理论计算,通过改变轨道不平顺谱、设置不同的工况计算得到相关的识别数据,所用到的数据主要包括不同轨下变形类型、不同沉降程度工况下车体和转向架垂向加速度,采样时长为 1s,采样频率为 1kHz,即每例样本 1024 个采样点。本节仿真试验所采用的硬件平台为:中央处理器型号为 Intel (R) Core i9 7960x CPU@4.40 GHz,16 核 32 线程;内存型号为 4×8GB @ 4000MHz;GPU 型号为 NVIDIA GeForce GTX 1080TI 11GB。

1. 沉降存在判断

针对无砟轨道路基是否存在沉降的识别,相应的计算数据如表 7-6 所示。考虑到轨道结构损伤或变形等对沉降识别判断的不利影响,选取了扣件失效、支承层离缝两种类型作为轨下变形识别的主要干扰因素,最终一共划分了正常路段、扣件失效路段、支承层离缝路段及路基沉降路段共四种类型来进行分类识别。其中扣件失效分别考虑了失效连续 1 对、2 对的工况,对支承层离缝考虑了离缝长度 5m、离缝高度 2mm 和 4mm 的工况。根据 7.3 节的研究内容,本节的识别数据采用车体前端和转向架的垂向加速度作为识别数据。

表 7-6　沉降存在识别数据

| 编号 | 识别类型 | 数据来源 | 样本数 |
| --- | --- | --- | --- |
| 1 | 正常路段 | 车体、转向架垂向加速度 | 400 |
| 2 | 扣件失效 |  |  |
| 3 | 支承层离缝 |  |  |

续表

| 编号 | 识别类型 | 数据来源 | 样本数 |
|---|---|---|---|
| 4 | 路基沉降 | 车体、转向架垂向加速度 | 400 |

通过速度取 300km/h，采用中国谱作为不平顺激励，提取车体前端的垂向加速度以及转向架加速度，四种类型的工况分别计算出 100 组样本，共计 400 个样本。分别取四种识别类型中 2 例样本的车体垂向加速度和转向架垂向加速度数据如图 7-22 和图 7-23 所示。

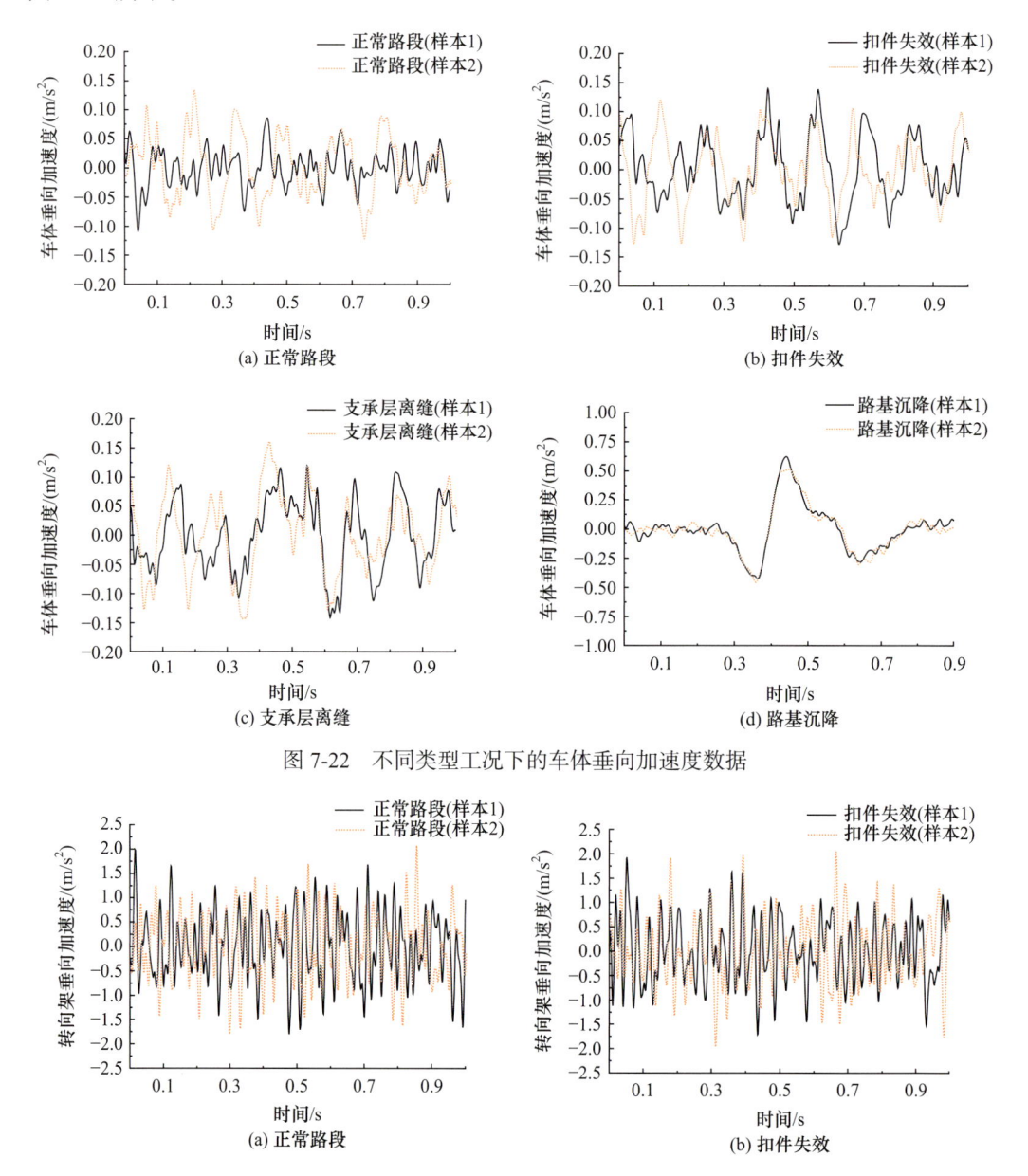

(a) 正常路段

(b) 扣件失效

(c) 支承层离缝

(d) 路基沉降

图 7-22 不同类型工况下的车体垂向加速度数据

(a) 正常路段

(b) 扣件失效

(c) 支承层离缝　　　　　　　　　　(d) 路基沉降

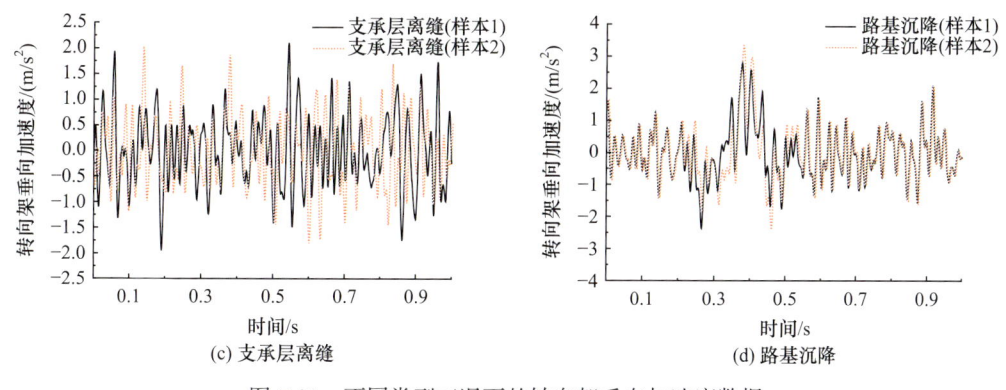

图 7-23　不同类型工况下的转向架垂向加速度数据

根据以上抽取的 2 例样本的加速度时程曲线，不难看出在车辆通过模型中设定的不利地段时，正常路段、扣件失效、支承层离缝及路基沉降对车辆加速度的影响依次增加，具体表现为结构的加速度峰值呈增大趋势，影响的时间也逐步扩大，且路基沉降的影响最为突出。

2. 沉降程度

针对无砟轨道路基沉降程度的识别，相应的计算数据如表 7-7 所示。根据 7.3.1 节中说明的 10 种工况进行计算，按波长分别划分为 0m、10m、20m 及 30m 共四种不同类型，按沉降幅值分别划分为 0mm、10mm、20mm 及 30mm 共四种不同类型。根据 7.3 节的研究内容，采用车体前端的垂向加速度作为识别数据。

表 7-7　沉降程度识别数据

| 编号 | 识别波长(m)/幅值(mm) | 数据来源 | 样本数 |
|---|---|---|---|
| 1 | 0 | 车体垂向加速度 | 600 |
| 2 | 10 | | |
| 3 | 20 | | |
| 4 | 30 | | |

车辆通过速度取 300km/h，采用中国谱作为不平顺激励，提取车体前端的垂向加速度，每 4 种类型的工况分别计算出 150 个样本，共计 600 个样本。10 种不同工况组合样本的车体垂向加速度时域数据如图 7-24 所示。从图中可以看出，相对于正常路段，路基沉降作用下车体垂向加速度的变化较为突出，波形类似于沉降变形的余弦曲线，且随着沉降波长和幅值的增大愈加明显，不同沉降波长和幅值组合作用下的车体垂向加速度曲线的形状存在一定的区别，有利于后面对波长和幅值的识别。

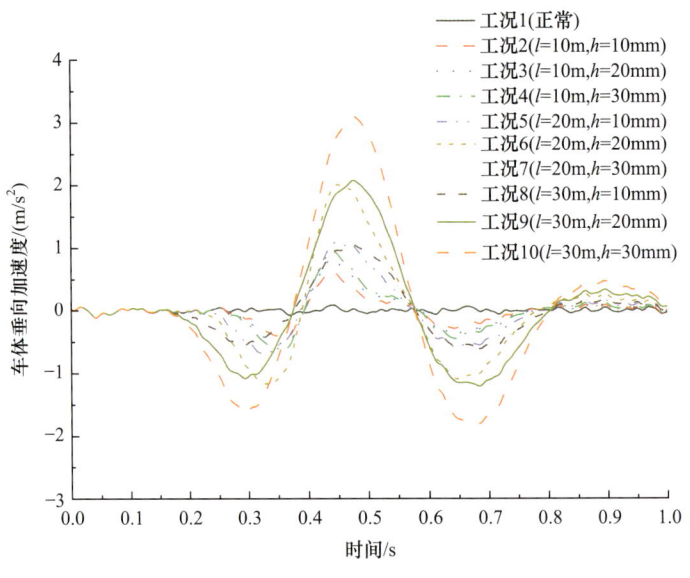

图 7-24 车体垂向加速度(某一组样本)

### 7.4.3 基于 PSO-SVM 的识别方法

1. 识别流程

对于无砟轨道路基沉降的分类识别，将不同类型的工况采用不同的标签进行区分，便可把不同类型工况的识别转变为模式识别问题。

1) 样本准备

在采集到的不同类型工况下的车体、转向架垂向加速度时程曲线原始数据的基础上，提取每一例样本对应的时域、频域及频带能量的特征指标，由特征指标组成样本集($X$, $Y$)，其中 $X$ 代表样本的特征指标，$Y$ 代表样本对应的标签，将所有的样本按照 6∶2∶2 划分为训练集、验证集和测试集。

2) 训练过程

基于前一步骤获得的训练集和验证集，借助粒子群优化算法对模型进行训练以寻找关键参数 $C$ 和 $g$ 的最佳值，最后获得针对无砟轨道路基沉降识别的最佳分类识别模型。

3) 识别过程

把测试样本输入经过多次训练而得到的最佳模型，输出结果后根据对应的标签判断损伤的类型，最终实现对不同类型路基沉降工况的分类识别。

2. 特征指标的选取

特征指标的选取详见 6.2.2 节内容。

3. 路基沉降存在识别

根据 6.2.2 节中说明的时频域指标提取方法，提取 14 项时域指标、4 项频域指标及

8项时频域指标。将正常路段、扣件失效、支承层离缝及路基沉降共 4 种工况作用下每一例样本的车体和转向架垂向加速度数据分别提取出 26 项时频域指标,其中车体垂向加速度的时频域指标编号为 1~26,转向架垂向加速度的时频域指标编号为 27~52。将所有的样本数据进行归一化,最终得到不同类型工况下的车辆振动时频域指标值分布如图 7-25 所示。

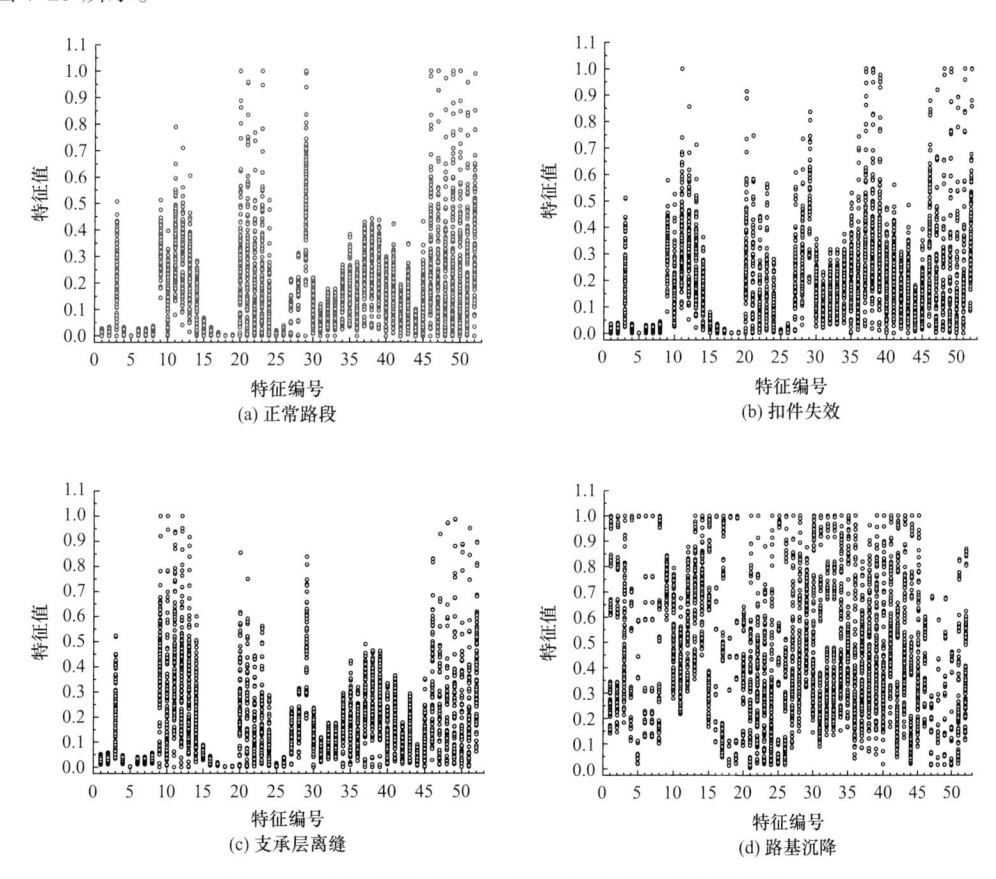

图 7-25 不同类型工况下的车辆振动时频域指标值分布

根据图 7-25 结果,可以较为直观地看出正常路段、扣件失效路段、支承层离缝路段及路基沉降路段的各项指标值总体分布均存在明显的差别。对比 1~26 号的车体加速度指标和 27~52 号的转向架指标,不难发现正常路段与支承层离缝的差异对车体的指标更为敏感,而正常路段与扣件失效路段的差异对转向架的指标更为敏感,这主要是因为支承层离缝的作用波长要长于扣件失效的作用波长,导致车体相对更易受到支承层离缝的较长波作用的影响,而转向架相对更易受到扣件失效的较短波作用的影响。此外,对比四种类型工况下的时域特征分布,不管是车体垂向加速度还是转向架的垂向加速度时频域指标,路基沉降作用的各项时域特征指标值分布与其余 3 种工况的差别均非常明显。

根据前面所说明的训练模型,将所得训练样本的时频域指标输入模型进行训练,选出具有最优 $C$ 和 $g$ 的模型,再对剩余的测试样本进行测试,最后得到不同类型工况的识别结果，如图 7-26 所示。

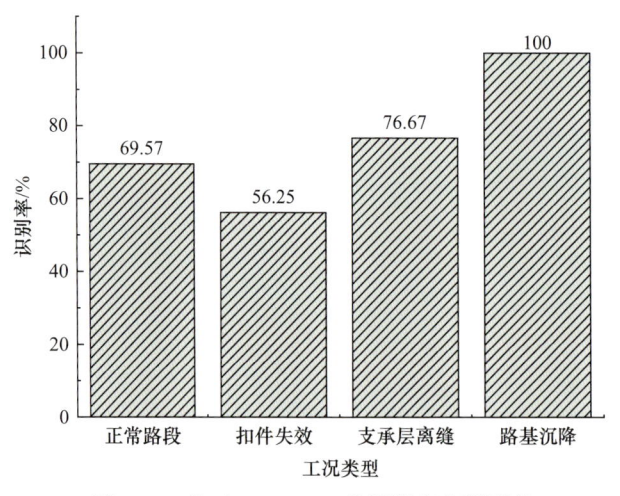

图 7-26 基于 PSO-SVM 的沉降存在识别率

从图 7-26 中可以看出，正常路段、扣件失效、支承层离缝及路基沉降这四种工况的识别率分别为 69.57%、56.25%、76.67%和 100%，路基沉降的识别率要远高于其他三种工况，表明该算法虽然不能很好地将扣件失效、支承层离缝的工况与正常路段的工况区分开来，但却能在扣件失效和支承层离缝的影响下准确判断出该处工点是否存在路基沉降，这一方面表明扣件失效、支承层离缝等轨道结构损伤或变形引起的短波激励对路基沉降识别的干扰影响比较小，另一方面说明该算法对路基沉降存在的识别具有较好的可靠性。

**4. 路基沉降程度识别**

根据前面分别对不同沉降波长、不同沉降幅值组合工况的原始车体垂向加速度时域数据进行时频域特征指标的提取，每一例样本提取 14 项时域指标、4 项频域指标及 8 项时频域指标，合计 26 项指标。将各项指标从 1～26 依次编号，并归一化后得到某一组样本对应的特征指标，如图 7-27 所示。

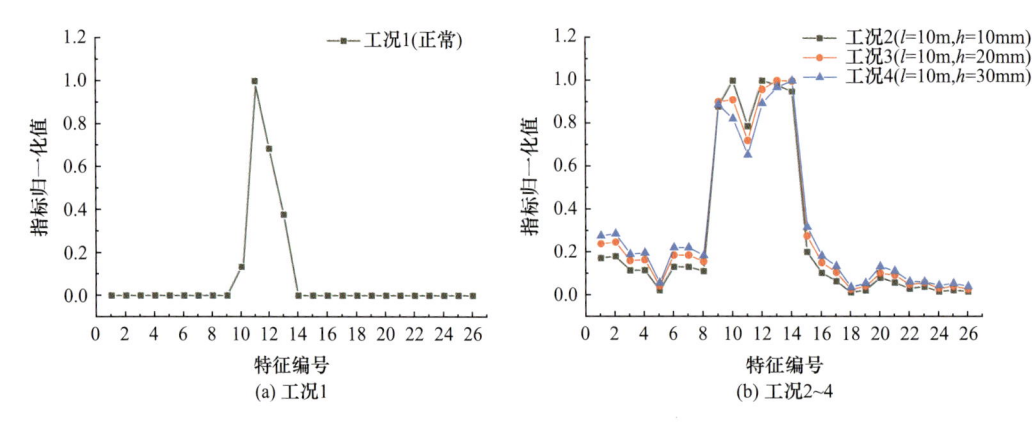

(c) 工况5~7

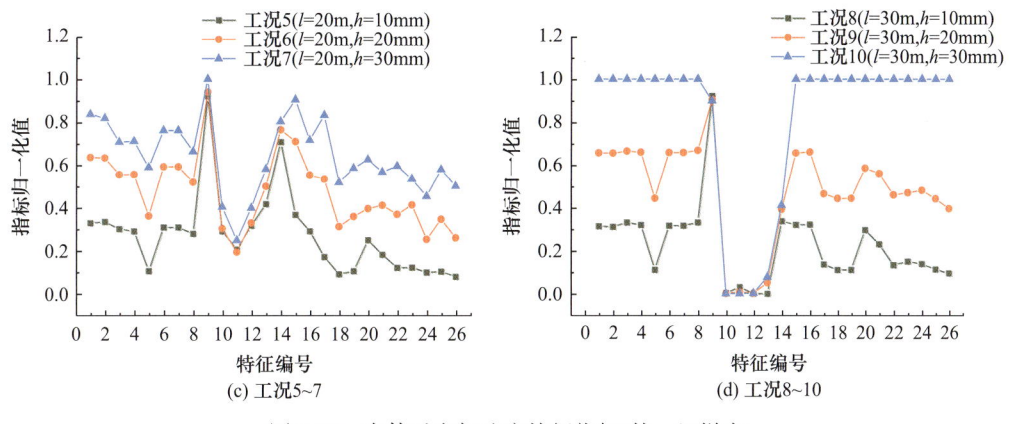

(d) 工况8~10

图 7-27 车体垂向加速度特征指标(某一组样本)

根据图 7-27 中结果,可以看出正常路段、不同沉降波长及不同沉降幅值作用下各项指标值总体分布均存在较为明显的差别,尤其是正常路段与沉降路段的特征指标差异最为突出。而对于不同工况路基沉降指标,当沉降波长取较小值为 10m 时,沉降幅值从 10mm 增加至 30mm,其对应指标的差异相对较小,而这种差异随着沉降波长的增加而出现较为明显的扩大化,即表明路基沉降波长越长,越接近车体振动的敏感波长,路基沉降幅值作用的影响会愈加明显。此外,对比不同沉降波长与不同幅值的指标变化,各项指标对沉降波长的敏感程度要明显高于对沉降幅值变化的敏感程度。

根据前面的模型识别流程,将所得不同波长组合、不同幅值组合的训练样本提取出的时频域指标输入模型进行训练,选出具有最优 $C$ 和 $g$ 的模型,再对剩余的测试样本进行测试,最后分别得到不同沉降波长和不同沉降幅值的识别结果,如图 7-28 所示。

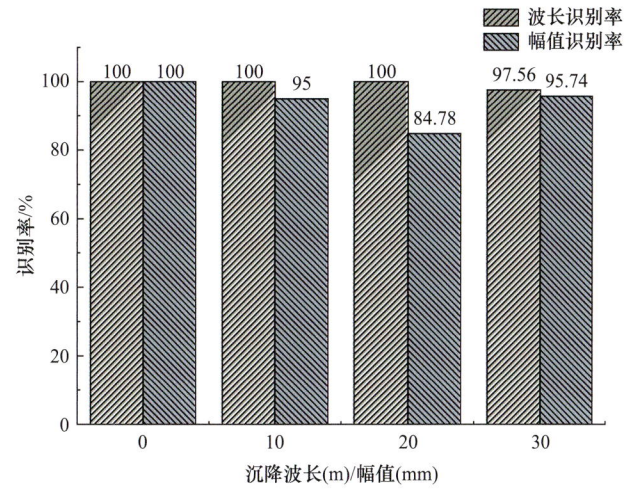

图 7-28 基于 PSO-SVM 的沉降波长/幅值识别率

从图 7-28 中可以看出,沉降波长的识别率明显要高于沉降幅值的识别率,无沉降的识别率为 100%,当沉降波长分别取 10m、20m 及 30m 时的识别率分别为 100%、100% 和 97.56%,而沉降幅值为 10mm、20mm 及 30mm 的识别率为 95%、84.78% 和 95.74%,

测试结果与沉降波长对各项指标更敏感的结论相符合。沉降幅值为 10mm 和 20mm 时的识别率均相对较低，表明该算法在沉降幅值较小时的辨别性能相对较弱，而随着沉降波长的增加，其识别率出现了轻微的下降趋势。虽然该算法对沉降幅值的识别能力相对较弱，最低识别率达到了 84.78%，但其对路基沉降波长的识别率均近于 100%，表明其对沉降波长的识别能力较为优秀。

### 7.4.4 基于 CNN-SVM 的识别方法

1. 识别流程

本小节采用 CNN-SVM 组合分类模型，基于传统的 CNN 模型，但不采用固有的 Softmax 分类层，而是在获得降采样层的特征值的基础上，将其输入至 SVM 分类器中进行分类训练，以获得更好的分类效果。基于 CNN-SVM 的路基沉降识别过程主要包括 CNN 提取特征阶段和 SVM 分类阶段，具体步骤如图 7-29 所示。

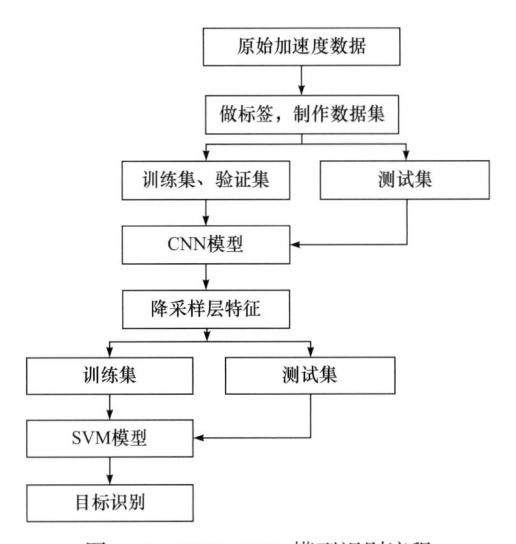

图 7-29 CNN-SVM 模型识别流程

1) 样本准备

在采集到的不同类型工况下的车体垂向加速度时程曲线原始数据集的基础上，将其制作对应的标签并组成样本集 $(X, Y)$，其中 $X$ 代表样本的特征指标，$Y$ 代表样本对应的标签，使用留出法将所有的样本按照 6∶2∶2 随机划分为训练集、验证集和测试集。

2) 模型特征提取

将训练集数据和验证集数据输入模型进行训练，得到训练好的 CNN 模型，然后将所有样本的数据集输入 CNN 模型中，输出降采样层的特征值，分别作为对应的训练特征和测试特征集。

3) 模型分类识别

SVM 模型的核函数采用径向基核函数，参数 $C$ 和 $g$ 采用粒子群优化算法取得最优值以训练模型，最后将训练好的 CNN-SVM 组合模型对步骤 2)中得到的测试特征集进行分类，根据输出的标签判断不同的类型工况。

## 2. 路基沉降存在识别

根据 7.4.1 节中说明的 CNN-SVM 组合分类模型设计理论，选择 7.4.2 节中的正常路段、扣件失效路段、支承层离缝路段及路基沉降路段的车体加速度作为原始数据集，然后将所有 1×1024 维的原始振动信号进行归一化处理作为原始输入数据。构造具有卷积-池化-卷积-池化-全连接-SVM 分类器不同结构层的组合模型以深度提取振动信号的特征。为了在提取足够多的有效特征的基础上，避免参数过多而导致过拟合，每个维度的卷积核大小尽量一致。最终得到针对路基沉降存在识别的 CNN-SVM 模型参数如表 7-8 所示。

表 7-8 针对路基沉降存在识别的 CNN-SVM 模型参数

| 编号 | 网络层 | 大小 | 步长 | 数目 |
| --- | --- | --- | --- | --- |
| 1 | 输入层 | 1×1024 | — | — |
| 2 | 卷积层 | 1×256 | 1×2 | 8 |
| 3 | 池化层 | 1×3 | 1×2 | 8 |
| 4 | 卷积层 | 1×256 | 1×2 | 16 |
| 5 | 池化层 | 1×3 | 1×2 | 16 |
| 6 | 卷积层 | 1×256 | 1×1 | 32 |
| 7 | 池化层 | 1×3 | 1×2 | 32 |
| 8 | 全连接层 | 512 | — | 1 |
| 9 | SVM 分类层 | 1×4 | — | 1 |

根据前面说明的 CNN-SVM 组合模型训练过程，将所得归一化后的训练样本输入模型进行训练，再对剩余的测试样本进行测试，最后得到不同类型工况的识别结果，如图 7-30 所示。

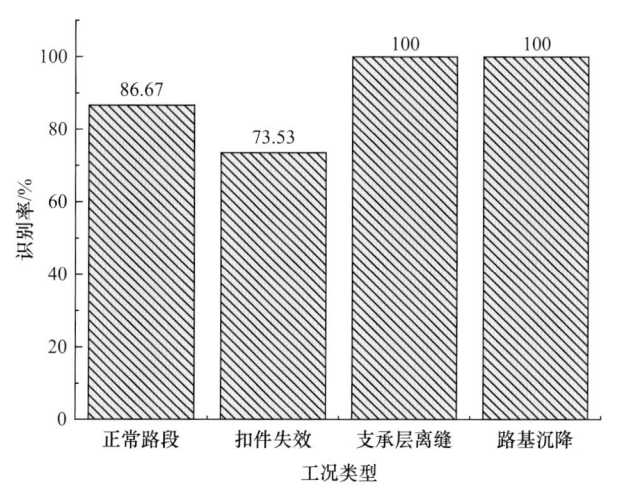

图 7-30 基于 CNN-SVM 的沉降存在识别率

根据图 7-30 中的计算结果，正常路段、扣件失效、支承层离缝及路基沉降这四种工况的识别率分别为 86.67%、73.53%、100%和 100%，支撑层离缝和路基沉降的识别率要远高于其他两种工况，其中扣件失效工况的识别率最低，这表明该算法虽然不能很好地将扣件失效工况与正常路段工况区分开来，但能在扣件失效的影响下准确判断出该处工点是否存在支承层离缝或者路基沉降，这主要是由于扣件失效引起的不平顺激励波长相对较短，远小于车体振动的敏感波长，并且与正常路段存在轨道高低不平顺激励作用的差异相对较小。对比图 7-28 中基于 PSO-SVM 模型的识别结果，虽然对于路基沉降工况的识别率均为 100%，但对于其余三种类型工况的辨识结果，采用 CNN-SVM 组合模型的辨识准确率均要明显高很多，表明对路基沉降存在的识别算法具有更好的识别性能。

3. 路基沉降程度识别

基于 CNN-SVM 组合分类模型设计理论，分别选择 7.4.2 节中不同沉降波长组合(0m、10m、20m 及 30m)、不同沉降幅值组合(0mm、10mm、20mm 及 30mm)的车体垂向加速度作为原始数据集，然后将所有 $1\times1024$ 维的原始振动信号进行归一化处理作为原始输入数据，同样构造了具有卷积-池化-卷积-池化-全连接-SVM 分类器不同结构层的组合模型以深度提取振动信号的特征。其中卷积层的维度由 $1\times256$ 改为 $1\times5$，针对路基沉降程度识别的 CNN-SVM 模型所有的参数如表 7-9 所示。

表 7-9  针对路基沉降程度识别的 CNN-SVM 模型参数

| 编号 | 网络层 | 大小 | 步长 | 数目 |
| --- | --- | --- | --- | --- |
| 1 | 输入层 | $1\times1024$ | — | — |
| 2 | 卷积层 | $1\times5$ | $1\times2$ | 8 |
| 3 | 池化层 | $1\times3$ | $1\times2$ | 8 |
| 4 | 卷积层 | $1\times5$ | $1\times2$ | 16 |
| 5 | 池化层 | $1\times3$ | $1\times2$ | 16 |
| 6 | 卷积层 | $1\times5$ | $1\times1$ | 32 |
| 7 | 池化层 | $1\times3$ | $1\times2$ | 32 |
| 8 | 全连接层 | 512 | — | 1 |
| 9 | SVM 分类层 | $1\times4$ | — | 1 |

将不同沉降波长和不同沉降幅值作用下提取的数据经过归一化后的训练样本分别输入建立好的 CNN-SVM 组合模型进行训练，选取最优模型后再对剩余的测试样本进行测试，最后得到不同类型工况下沉降波长和沉降幅值的识别结果如图 7-31 所示。

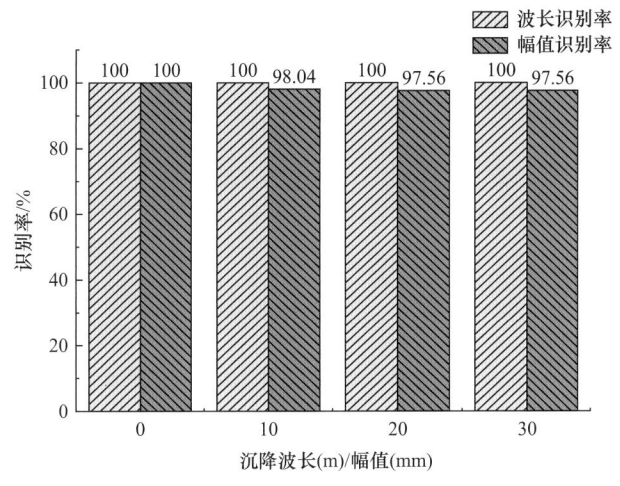

图 7-31 基于 CNN-SVM 的沉降程度识别率

由图 7-31 可以看出，沉降波长的识别率显著高于沉降幅值的识别率，其中无沉降时的识别率均为 100%，沉降波长取 10m、20m 和 30m 时的识别率均为 100%，而沉降幅值取 10mm、20mm 及 30mm 时对应的识别率分别为 98.04%、97.56% 和 97.56%。这表明该算法的测试结果与基于 PSO-SVM 模型的识别结果相似，即由于车体垂向加速度对沉降波长的变化更敏感而导致沉降波长的大小更容易识别。对比图 7-28 中的识别结果，采用 CNN-SVM 混合模型的识别率均要明显高于采用 PSO-SVM 模型的识别率，特别是对于沉降幅值的识别存在较大差距，前者沉降幅值的最低识别率为 97.56%，而后者沉降幅值的最低识别率仅有 84.78%，相差了 12.78 个百分点，这表明采用 CNN-SVM 混合模型的识别方法对路基沉降程度的识别能力要更为优秀。

### 7.4.5 无砟轨道路基沉降识别方法对比

当车辆通过速度、轨道不平顺不同时，车辆-轨道-路基耦合动力学系统的振动响应会存在一定差异，这给基于车辆振动响应的无砟轨道路基沉降识别带来一定的不确定性。为了验证前文两种算法的鲁棒性，本节研究在不同车辆通过速度及不同轨道不平顺激励下的无砟轨道路基沉降识别规律。

#### 1. 不同车辆通过速度

轨道不平顺作为一种强迫振动输入，其激励频率 $f$ 随着车辆速度的增加而线性增加。根据 $f=v/\lambda$（$v$ 为车辆速度，$\lambda$ 为不平顺波长），当激励频率随着车速增加而增长时，车辆-轨道系统的振动响应便随之增大。因此，为了研究在不同车辆通过速度下的路基沉降识别规律，保持其他仿真参数不变，将车辆通过速度分别取为 250km/h、300km/h 和 350km/h 进行仿真计算识别，由此得到不同车辆速度下的路基沉降识别结果如图 7-32 和图 7-33 所示。

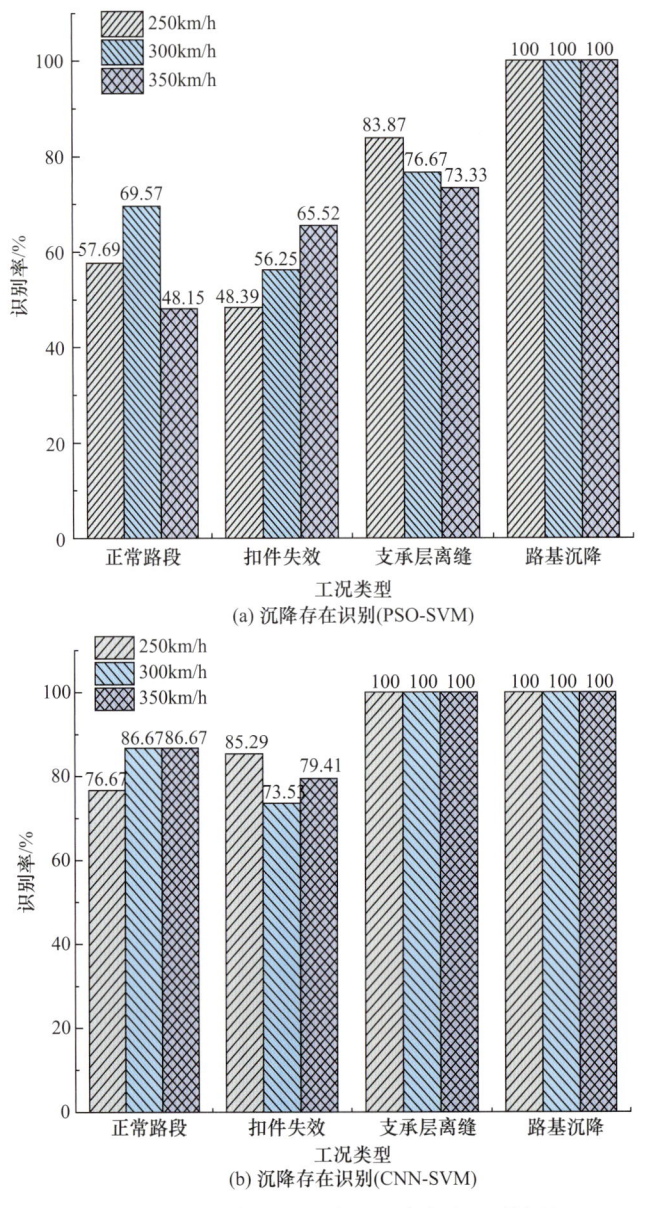

图 7-32 不同车速下的路基沉降存在识别结果

由图 7-32(a)和(b)的计算结果可知,不同车速条件对 PSO-SVM 模型识别率的影响主要集中在正常路段、扣件失效路段和支承层离缝路段,正常路段识别率的差值最大,达到了 21.42 个百分点,而路基沉降路段的识别率均为 100%。表明该算法的识别率虽然受不同速度条件的影响存在较大波动,但对于区分路基沉降工况和非路基沉降工况依然具有稳定的识别结果。

不同车速条件对 CNN-SVM 模型识别率的影响主要集中在正常路段、扣件失效路段,扣件失效路段受到的影响最大,其识别率的差值达到了 11.76 个百分点,而对于支承层离缝路段和路基沉降路段,识别结果几乎不受车辆速度改变的影响,两者的识别率均保持为100%。因此，该算法的识别率受不同速度条件的影响相较于PSO-SVM模型要小一些，尽管两种算法对区分路基沉降工况和非路基沉降工况均达到了100%的辨识准确率，但是通过对比其余三种非沉降工况的辨识结果，不难发现采用CNN-SVM组合模型的辨识准确率均要明显高很多，并且受车辆通过速度改变而产生的波动要小一些，表明对路基沉降存在的识别，CNN-SVM组合模型具有更优秀的识别稳定性。

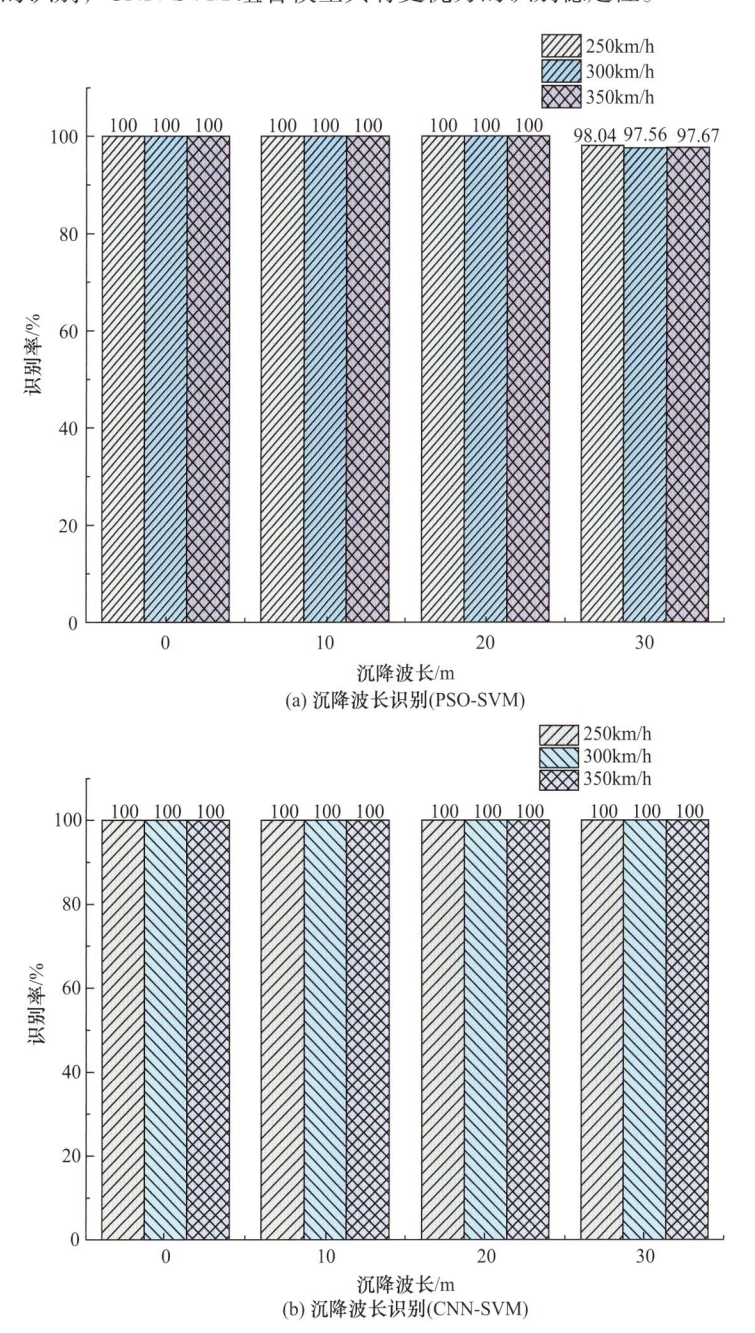

(a) 沉降波长识别(PSO-SVM)

(b) 沉降波长识别(CNN-SVM)

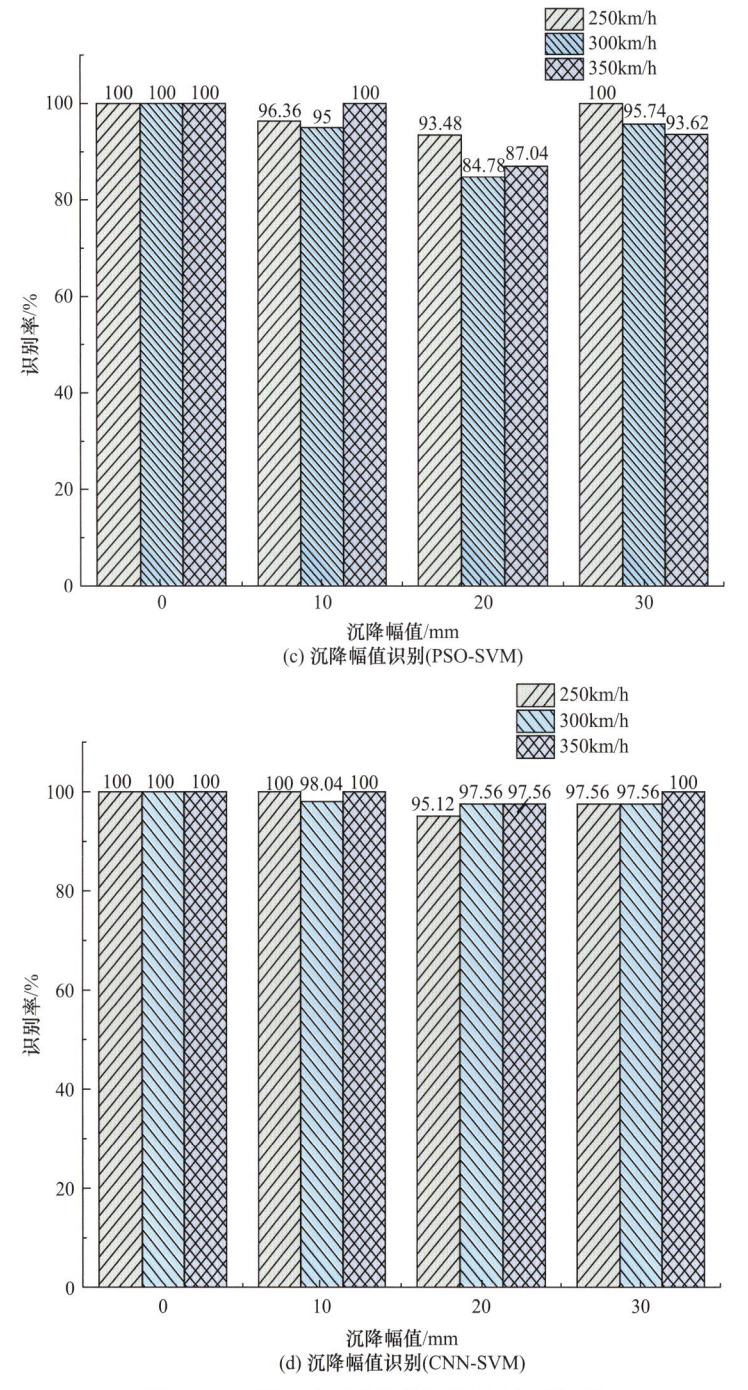

图 7-33 不同车速下的路基沉降程度识别结果

由图 7-33(a)和(b)的计算结果可知，不同车速条件下 PSO-SVM 和 CNN-SVM 两种模型对路基沉降波长的识别率的影响均比较小。当车辆通过速度分别取 250km/h、300km/h 及 350km/h 时，PSO-SVM 模型对沉降波长为 10m、20m 时的识别率均为 100%，而对沉降波长为 30m 时的识别率分别为 98.04%、97.56% 及 97.67%，表明该算法在波长较长时的识别率会稍低一些。此时，CNN-SVM 算法对路基沉降波长的识别率均稳定在 100%，说明该算法对路基沉降波长的辨识效果要好于 PSO-SVM 算法，且相对更稳定。

由图 7-33(c)和(d)的计算结果可知，不同车速条件下 PSO-SVM 和 CNN-SVM 两种模型对路基沉降幅值的识别率均存在一定影响，且 PSO-SVM 模型所受的影响要更大一些。当路基沉降幅值为 20mm 时，车辆通过速度分别取 250km/h、300km/h，采用 PSO-SVM 算法的沉降幅值识别率分别为 93.48% 和 84.78%，达到了因车速影响的幅值识别率最大差值 8.7 个百分点；此时采用 CNN-SVM 算法的沉降幅值识别率分别为 95.12% 和 97.56%，对应的因车速影响的幅值识别率最大差值为 2.44 个百分点。此外，两种分类算法模型的最低识别率均出现在沉降幅值为 20mm 的工况，此时采用 PSO-SVM 和 CNN-SVM 模型的幅值识别率分别为 84.78% 和 95.12%，差值达到了 10.34 个百分点。将沉降波长、沉降幅值的识别结果进行对比，可以发现两种算法对沉降幅值的识别结果均要差于对沉降波长的识别结果，并且沉降幅值识别结果受车辆通过速度的影响波动明显要高于沉降波长识别结果。综上，不管是对于沉降波长还是沉降幅值的识别，CNN-SVM 算法的辨识能力要强于基于手动提取特征的 PSO-SVM 算法，且在车速条件改变时的识别稳定性更好。

2. 不同轨道不平顺

为了验证基于车辆振动响应的无砟轨道路基沉降识别算法在不同轨道不平顺激励条件下的适用性，保持其他仿真参数不变，将轨道不平顺激励分别采用中国谱和德国谱来进行仿真计算识别，由此得到不同轨道不平顺谱激励下的路基沉降识别结果如图 7-34 和图 7-35 所示。

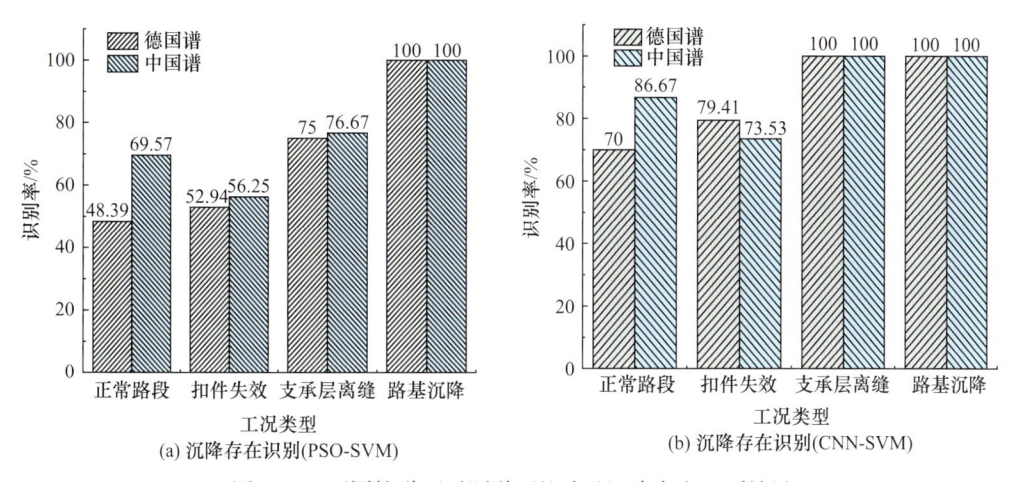

图 7-34　不同轨道不平顺谱下的路基沉降存在识别结果

根据图 7-34(a)中分别采用德国谱和中国谱下 PSO-SVM 算法的沉降存在识别结果，可以看出不同轨道不平顺谱条件对 PSO-SVM 模型识别率的影响主要集中在正常路段、扣件失效路段和支承层离缝路段，其中正常路段识别率的差值最大，达到了 21.18 个百分点，此时该算法对路基沉降路段的识别率均为100%，表明采用PSO-SVM算法的识别率虽受轨道不平顺谱的改变而存在较大波动，但仍然能够有效地区分路基沉降工况和非路基沉降工况。

分别采用德国谱和中国谱，CNN-SVM算法的沉降存在识别结果如图7-34(b)所示，可以看出，轨道不平顺谱的变化对CNN-SVM模型识别率的影响主要在于正常路段、扣件失效路段，与PSO-SVM算法类似，正常路段的识别所受到的影响最大，其识别率的差值达到了16.67个百分点，而对于支承层离缝路段和路基沉降路段，识别结果几乎不受轨道不平顺谱改变的影响，两者的识别率均保持为100%。此外，相较于PSO-SVM算法，虽然两种算法对区分路基沉降工况和非路基沉降工况均达到了100%的辨识准确率，但是通过对比其余三种非沉降工况的辨识结果，不难发现采用CNN-SVM组合模型的辨识准确率受轨道不平顺条件改变而产生的波动要小一些，表明该算法对路基沉降存在识别效果比较稳定。

在德国谱和中国谱激励下，图7-35(a)和(b)分别为路基沉降波长识别的计算结果，可

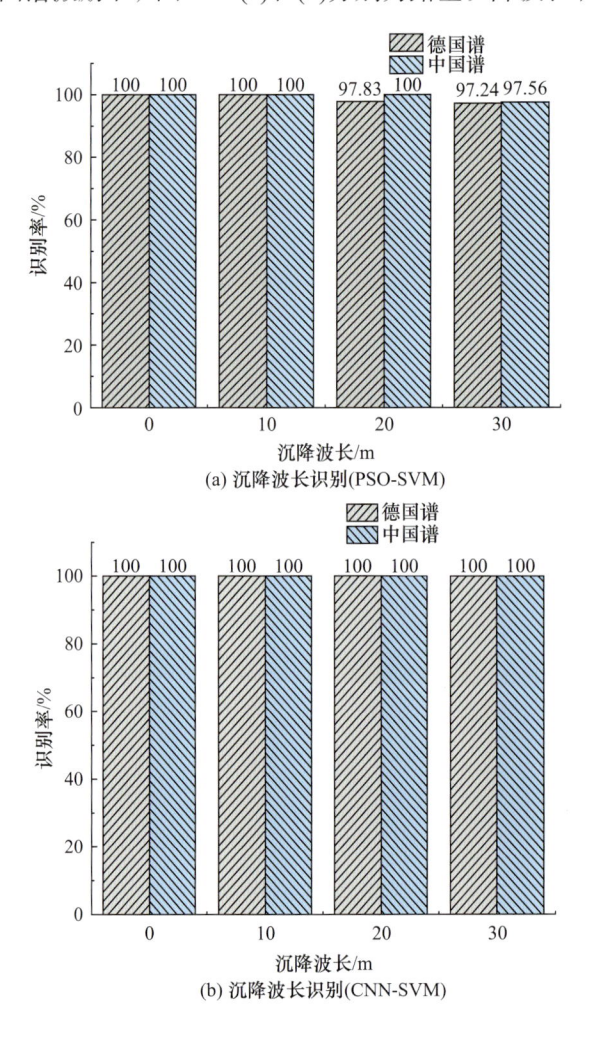

(a) 沉降波长识别(PSO-SVM)

(b) 沉降波长识别(CNN-SVM)

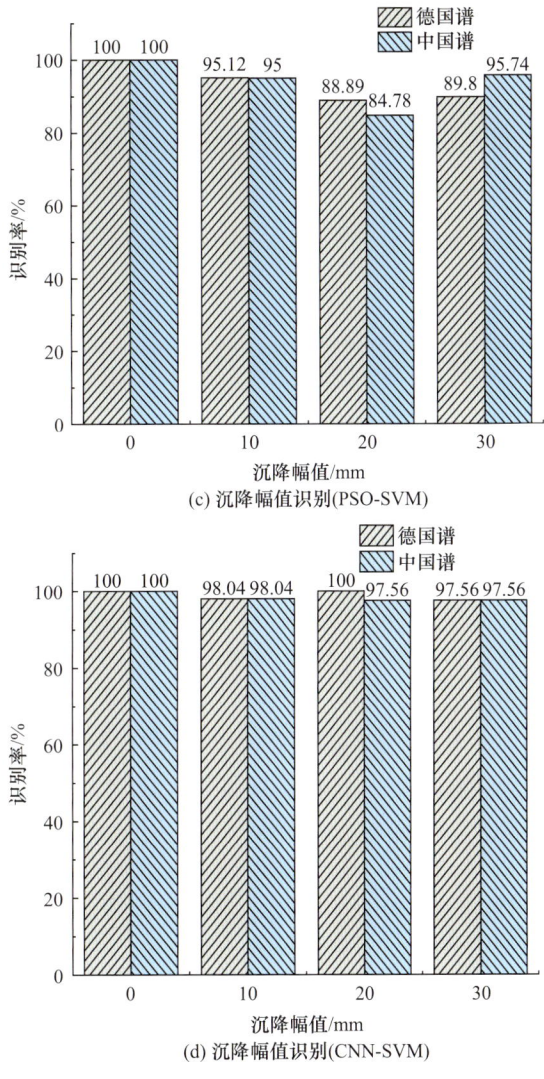

图 7-35　不同轨道不平顺谱下路基沉降程度识别结果

以看出轨道不平顺谱的改变对 PSO-SVM 和 CNN-SVM 两种算法识别率的影响均较小。当车辆通过速度分别取 250km/h、300km/h 及 350km/h 时，PSO-SVM 模型对沉降波长为 10m 时的识别率均为 100%，而对沉降波长为 20m、30m 时的识别率最小值分别为 97.83%、97.24%，即波长变长时该算法对沉降波长的识别率会呈降低趋势。而相较于 PSO-SVM 算法，CNN-SVM 算法对路基沉降波长的辨识效果要更好一些，几乎不受轨道不平顺谱激励改变的影响，其路基沉降波长的识别率均稳定在 100%。

根据图 7-35(c) 和 (d) 中德国谱和中国谱激励下对路基沉降幅值的计算结果，PSO-SVM 和 CNN-SVM 两种算法对路基沉降幅值的识别均会受到轨道不平顺谱改变的影响，且 PSO-SVM 算法受的影响要稍大一些。当路基沉降幅值为 30mm 时，分别采用德国谱和中国谱激励，采用 PSO-SVM 算法的沉降幅值识别率分别为 89.80% 和 95.74%，达到了因不平顺激励影响的幅值识别率最大差值 5.94 个百分点；与此同时，采用 CNN-

SVM 算法因不平顺激励影响的幅值识别率最大差值为 2.44 个百分点，出现在波长为 20m 的沉降工况。此外，两种分类算法的最低识别率均出现在沉降幅值为 20mm 的工况，此时采用 PSO-SVM 和 CNN-SVM 算法的幅值识别率分别为 84.78%和 97.56%，差值达到了 12.78 个百分点。将沉降波长、沉降幅值的识别结果进行对比，不难看出幅值识别结果受轨道不平顺激励改变而产生的波动明显要高于波长识别结果，且不管是对于沉降波长还是幅值的识别，轨道不平顺激励改变时 CNN-SVM 算法的辨识效果要优于 PSO-SVM 算法。

## 7.5 本章小结

高速铁路路基是保证列车运行平稳性的重要基础，而在长期列车高频冲击荷载和复杂环境作用下，路基沉降会不可避免地发生，而目前的沉降监测方法一般适用于典型工点和局部地段，且效率低、费用高，因此本章以双块式无砟轨道路基沉降病害为研究对象，提出一种基于机器学习的路基沉降识别方法，通过建立考虑路基沉降的车辆-轨道-路基垂向耦合模型，结合特征提取与支持向量机、卷积神经网络等算法，实现了对无砟轨道路基沉降病害的有效识别，主要研究成果及结论如下：

(1) 分析了目前的路基沉降监测识别方法和无砟轨道智能识别的研究现状，提出了一种基于车辆系统振动加速度响应的无砟轨道路基沉降识别方法；根据路基沉降作用下的车辆系统振动规律得到车辆系统振动敏感特征，基于特征提取的理念提出 PSO-SVM 和 CNN-SVM 两种路基沉降识别算法对路基沉降进行识别。

(2) 建立考虑路基沉降的车辆-轨道-路基耦合模型，研究了不同路基沉降工况下的车辆系统振动响应规律。沉降波长取 10m，幅值从 0mm 增至 30mm，车辆通过沉降区间时的车体、转向架及轮对最大垂向加速度均呈逐渐增大趋势，对应的最大增幅分别为 754.5%、134.8%和 19.4%。车体、转向架垂向加速度对路基沉降作用相对比较敏感，同时车辆通过速度和轨道不平顺谱的改变对这两项指标振动规律的影响相对较小。

(3) 结合考虑轨道结构层损伤或变形的附加影响，提出了对无砟轨道路基沉降敏感的车辆系统振动特征。考虑扣件失效 1 对、支承层离缝(离缝长度 5m、高度 2mm)、余弦曲线型沉降(波长 10m、幅值 10mm)，车体垂向加速度的增幅分别为 22.2%、88.9%和 588.9%，转向架垂向加速度的增幅分别为 5.1%、11.6%和 75.4%；各工况对车体振动的影响主要集中在 1~10Hz，此时路基沉降对车体和转向架的振动影响要远大于其余工况；车体垂向加速度受路基沉降影响最大，可作为路基沉降程度识别的敏感特征，在考虑扣件失效、支承层离缝等附加因素的影响下判断路基沉降是否存在时，可将车体和转向架垂向加速度均作为识别敏感特征。

(4) 基于车辆系统振动敏感特征，在支持向量机理论的基础上，分别对比考虑人工特征提取、卷积神经网络自动提取特征，实现了对无砟轨道路基沉降的有效识别。PSO-SVM 和 CNN-SVM 算法对路基沉降存在的识别率均为 100%，沉降波长的最低识别率分别为 97.56%和 100%，幅值最低识别率为 84.78%和 97.56%。两种算法均能有效地判断路基沉降的存在和沉降波长、幅值，但 CNN-SVM 算法的准确率总是要优于 PSO-SVM 算法。

改变车辆通过速度和轨道不平顺谱时,对沉降幅值识别的干扰作用比较明显,此时 PSO-SVM 和 CNN-SVM 算法的幅值识别率最大差值分别为 5.94 个百分点和 2.44 个百分点,表明 CNN-SVM 算法的鲁棒性要强于 PSO-SVM 算法。

## 参 考 文 献

[1] 单文娣. 基于车辆轨道动力特性的轨道基础沉降智能识别方法[D]. 北京: 北京交通大学, 2012.

[2] 郭宇, 高建敏, 孙宇, 等. 路基沉降与双块式无砟轨道轨面几何变形的映射关系[J]. 铁道学报, 2016, 38(9): 92-100.

[3] 郭宇, 高建敏, 孙宇, 等. 板式无砟轨道轨面变形与路基沉降的映射关系[J]. 西南交通大学学报, 2017, 52(6): 1139-1147, 1215.

[4] Guo Y, Zhai W, Sun Y. A mechanical model of vehicle-slab track coupled system with differential subgrade settlement[J]. Structural Engineering and Mechanics: An International Journal, 2018, 66(1): 15-25.

[5] 屈耀辉, 庄德华. 大风、高温差条件下高速铁路路基沉降自动观测仪器与评估方案研究[J]. 铁道标准设计, 2017, 61(5): 6-10.

[6] 何秀凤, 高壮, 肖儒雅, 等. 多时相 Sentinel-1A InSAR 的连盐高速铁路沉降监测分析[J]. 测绘学报, 2021, 50(5): 600-611.

[7] 祝传广, 张继贤, 邓喀中, 等. 基于改进 MT-InSAR 的日兰高速铁路巨野煤田段沉降监测[J]. 煤炭学报, 2022, 47(3): 1031-1042.

[8] 廖世芳. 戈壁地区高速铁路沉降变形监测与预测研究[D]. 西安: 西安科技大学, 2012.

[9] 时洪斌, 刘柏林, 毛忠良. 基于北斗融合多源传感器技术的铁路路基稳定性监测研究[J]. 路基工程, 2022, 220(1): 1-7.

[10] 任娟娟, 徐家铎, 田根源, 等. 客货共线无砟轨道轮轨力统计特征研究[J]. 工程力学, 2018, 35(2): 239-248.

[11] 康熊, 刘秀波, 李红艳, 等. 高速铁路无砟轨道不平顺谱[J]. 中国科学: 技术科学, 2014, 44(7): 687-696.

[12] 蔡成标, 徐鹏. 高速铁路无砟轨道关键设计参数动力学研究[J]. 西南交通大学学报, 2010, 45(4): 493-497.

[13] 吴斌, 张勇, 徐庆元, 等. 路基上双块式无砟轨道道床板空间力学特性研究[J]. 铁道科学与工程学报, 2010, 7(6): 24-29.

[14] 蔡成标, 翟婉明, 王开云. 遂渝线路基上板式轨道动力性能计算及评估分析[J]. 中国铁道科学, 2006, 27(4): 17-21.

[15] 徐庆元, 李斌, 范浩. 路基不均匀沉降对列车-路基上无砟轨道耦合系统动力特性的影响[J]. 铁道科学与工程学报, 2012, 9(3): 13-19.

[16] 罗震. 高速铁路无砟轨道结构受力及轮轨动力作用分析[D]. 成都: 西南交通大学, 2008.

[17] 郭宇. 高速铁路路基不均匀沉降及其演化对车辆-轨道耦合系统力学性能的影响[D]. 成都: 西南交通大学, 2018.

[18] 刘伟. 基于车辆响应与机器学习的无砟轨道路基沉降识别方法[D]. 成都: 西南交通大学, 2022.

[19] 王明昃, 蔡成标, 朱胜阳, 等. 高速车辆动载下双块式无砟轨道离缝积水动水压力时空变化特性[J]. 中国科学: 技术科学, 2019, 49(6): 725-732.

[20] 余翠英, 向俊, 林士财, 等. 双块式无砟轨道离缝对高速行车安全性影响及维修标准研究[J]. 铁道科学与工程学报, 2019, 16(8): 1865-1874.

[21] 张昭旭. CNN 深度学习模型用于表情特征提取方法探究[J]. 现代计算机(专业版), 2016, (3): 41-44.

[22] 李钊, 卢苇, 邢薇薇, 等. CNN 视觉特征的图像检索[J]. 北京邮电大学学报, 2015, 38(S1): 103-106,

120.
[23] Aghazadeh F, Tahan A, Thomas M. Tool condition monitoring using spectral subtraction and convolutional neural networks in milling process[J]. The International Journal of Advanced Manufacturing Technology, 2018, 98(9): 3217-3227.
[24] 陈鹏. 滚动轴承故障诊断及性能退化评估方法研究[D]. 兰州: 兰州理工大学, 2021.
[25] Kingma D, Ba J. Adam: A method for stochastic optimization[EB/OL]. http://de.arxiv.org/pdf/1412.6980[2023-4-20].
[26] Zhao B, Zhang X, Zhan Z, et al. Deep multi-scale convolutional transfer learning network: A novel method for intelligent fault diagnosis of rolling bearings under variable working conditions and domains[J]. Neurocomputing, 2020, 407: 24-38.

# 第 8 章 无砟轨道层间离缝评估方法

## 8.1 概 述

随着高速铁路运营时间增加，无砟轨道混凝土层间黏结失效、离缝等结构性病害日益凸显，给高速行车安全带来隐患。目前，针对无砟轨道层间离缝评估方法的研究还不够充分，现有的研究主要是对层间离缝维修判别标准进行定性的分析，对无砟轨道的日常养护维修的指导意义有限[1]。随着无砟轨道的大量铺设及运营，轨道损伤后的维修管理是人们关注的重点问题，因此针对无砟轨道层间离缝损伤问题，明确离缝的成因，研究离缝情况下轨道结构的受力，提出层间离缝评估方法，对保持无砟轨道长期良好状态，确保铁路运输安全具有重要意义。目前 CRTS Ⅲ型板式无砟轨道已成为我国高速铁路主流板型，但在长期服役状态下，部分区段出现不同程度的损伤，其中自密实混凝土层间离缝尤为突出。因此，本章以 CRTS Ⅲ型板式无砟轨道层间离缝问题作为研究对象，旨在提出一种层间离缝损伤的评估方法，对指导 CRTS Ⅲ型板式无砟轨道的日常养护维修和保证 CRTS Ⅲ型板式无砟轨道长期维持良好状态具有重要意义。现场轨道板与自密实混凝土层间离缝如图 8-1 所示。

图 8-1 轨道板与自密实混凝土层间离缝

### 8.1.1 无砟轨道层间离缝评估方法研究现状

离缝损伤在 CRTS Ⅲ型板式无砟轨道中是较为常见的损伤。在研究无砟轨道层间离缝评估方法前，需对层间离缝进行检测，进而得到评估需要的数据。在层间离缝检测方面，上海工程技术大学苗壮等[2]提出了一种基于机器视觉的非接触式层间结构位移测量方法，并通过现场的试验验证，可以实现对板式无砟轨道层间结构位移的精确测量。中国铁路武汉局集团有限公司寇东华[3]研制出了一种无砟轨道层间离缝自动检测装置，该装置通过线结构光测量和点云建模技术分析轨道板离缝，可大大提高离缝的检测精度。中铁西南科学研究院有限公司刘亮等[4]利用冲击回波法成功对无砟轨道自密实混凝土层间离缝进行了检测。通过上述学者的研究，在层间离缝检测方面已经有了一定的成果，可以实现对运营线路离缝损伤的精确检测。因此，本章在已有研究的基础上，不考虑如何获取实际离缝检测数据，基于已有的离缝数据来开展本章的研究内容。国内外对无砟轨道离缝损伤进行了比较广泛的研究，但研究还是主要集中在离缝对轨道结构以及车辆的影响方面，对离缝整治维修方面，也只是提出了一些建议，并没有充分考虑一个离缝损伤对无砟轨道系统性的评估方法，对线路养护维修的指导意义有限。

目前，无砟轨道损伤评估方法存在一些不足，在公路桥涵领域损伤评价指标的研究比较充分，因此借鉴公路桥涵的质量状况评估方法来进行完善。华中科技大学陈维亚等[5,6]采用德尔菲法与层次分析法确定指标权重评价体系，设计多层次综合评价系统为运营单位提供评价依据。上海市建筑科学研究院有限公司付俊俊[7]采用德尔菲法，确定轨道交通桥梁8个关键检测指标。

本章针对 CRTS Ⅲ型板式无砟轨道离缝，建立离缝有限元模型，结合公路路面评价标准与设计规范，划分离缝损伤等级，提出离缝影响指数，通过德尔菲法，求取各类离缝损伤权重，进行专家知识集成，对 CRTS Ⅲ型板式无砟轨道层间离缝评价指标进行研究，并提出一种科学合理的评估方法。

## 8.1.2 本章主要内容及研究思路

1. 本章主要内容

首先，基于调研结果、数值分析结果以及现有规范及论文研究成果，对 CRTS Ⅲ型板式无砟轨道层间离缝进行合理分类；其次，参考公路桥梁领域评价指标研究成果，提出一种适合无砟轨道领域的层间离缝评价指标计算方法；再次，总结分析现有各类权重计算方法，分析不同定权方法的优缺点，选取德菲尔法(也称为专家调查法)作为定权方式，确定各指标的合理权重；最后，提出一套科学合理的无砟轨道层间离缝评估方法。具体研究内容如下。

1) 层间离缝成因分析及分类

通过文献调研，总结分析无砟轨道层间离缝的成因，明确层间离缝损伤特点。利用有限元软件 ABAQUS 建立无砟轨道结构静力分析模型，探究层间离缝不同位置、长度、宽度及离缝组合下无砟轨道结构受力位移情况。结合现场调研结果、数值分析结果，对层间离缝损伤进行合理分类。

2) 层间离缝评价指标计算方法

参考公路桥梁领域评价指标研究成果，提出离缝影响指数(IEI)来评估各类离缝对无砟轨道整体结构的综合影响，并给出具体的计算公式。通过对现场无砟轨道的实际调研，得到各类离缝损伤及损伤面积，计算出离缝影响指数，基于该指数提出无砟轨道的大中修养护决策方案。

3) 各指标权重确定

总结现有各类权重计算方法，分析不同定权方法的优缺点，选取德尔菲法作为权重确定方法。首先，通过问卷调查的方式获取原始数据，利用统计学方法进行处理得到初步权重；其次，利用指标测评法获取不同专家的权重系数；最后，综合考虑问卷结果及专家权重系数得到各指标的最终权重。

4) 无砟轨道层间离缝评价标准及实例分析

结合指标计算方法与指标权重，构建出一套无砟轨道层间离缝评估方法。为了验证该评估方法的可行性与实用性，选取某一段无砟轨道进行实例分析，得到层间离缝损伤情况及数据，利用德尔菲法计算指标权重。结合得到的指标权重，计算出该无砟轨道的评估结果，并与实际养护维修情况进行对比，验证评价标准的可行性与实用性。

2. 研究思路

本章从资料整理、成因分析、模型建立、理论研究四个方面，对 CRTS Ⅲ 型板式无砟轨道层间离缝评价指标进行研究，研究思路如图 8-2 所示。

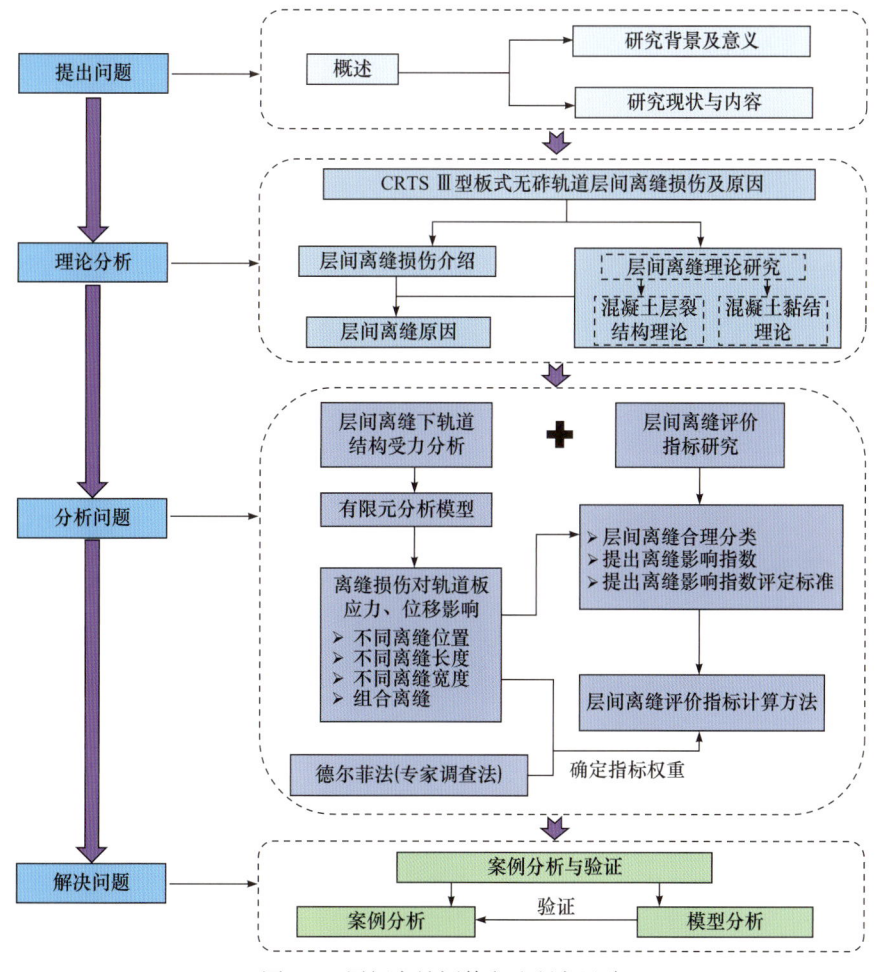

图 8-2 层间离缝评估方法研究思路

## 8.2 无砟轨道层间离缝成因及理论基础

CRTS Ⅲ型板式无砟轨道在运营过程中经受自然环境与列车荷载的多重作用，且运营条件多变，导致层间离缝产生的原因十分复杂。为了进行离缝模拟以及离缝分类工作，有必要对离缝成因进行研究。本节先对层间离缝损伤进行介绍，并对混凝土层裂结构理论及混凝土黏结理论研究现状进行总结分析，基于理论研究现状和现场损伤情况对层间离缝的成因进行具体研究。

### 8.2.1 离缝成因

CRTS Ⅲ型板式无砟轨道自密实混凝土层是无砟轨道关键部件，上部需保证与轨道板黏结成一整体，组成复合板结构整体受力；下部通过凸凹槽结构与底座进行纵、横向限位，自密实混凝土层与轨道板离缝直接影响到轨道结构整体性，而离缝发生后可能出现的动荷载作用下轨道板与自密实混凝土之间的拍打效应、板端翘曲影响以及冻胀问题，均有可能对轨道结构产生不利影响。因此，应更加关注 CRTS Ⅲ型板式无砟轨道自密实混凝土离缝损伤。

关于离缝成因，通过现场调研情况发现，施工时养护条件、自密实混凝土灌注不饱满、温度梯度作用下轨道板翘曲变形、列车荷载等均会影响轨道板与自密实混凝土的黏结状态，因此自密实混凝土离缝的产生和发展通常为多种因素共同作用的结果。

1. 温度梯度作用

温度荷载是 CRTS Ⅲ型板式无砟轨道设计中考虑的主要荷载之一。CRTS Ⅲ型板式无砟轨道为单元结构，整体升温、降温产生的温度力可以自由释放，而实际情况下轨道板易产生温度梯度荷载，会使轨道板产生翘曲变形。

轨道板在日照条件下，其上表面温度高于下表面温度，由于混凝土的热传导性能较差，会导致轨道板在垂向产生正温度梯度，此时会导致轨道板中心发生上拱变形；在夏季突然降温或者冬季较冷时，轨道板在垂向产生负温度梯度，会导致轨道板板端出现上翘变形，如图 8-3 所示。

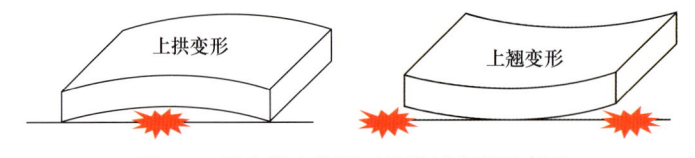

图 8-3 温度梯度作用下轨道板变形示意图

在温度梯度作用下，轨道板与自密实混凝土结合面会产生一定的纵横向剪应力及法向拉应力，正温度梯度下应力变化更为明显。在轨道板与自密实混凝土黏结状态良好的条件下，温度梯度引起的结合面拉应力及剪应力均小于结合面抗力，温度梯度不会直接引起结合面开裂产生离缝。但在结合面存在一定初始缺陷时，温度梯度引起的轨道板翘曲变形会对自密实混凝土与轨道板间的可靠黏结产生不利影响，导致离缝的发展。

另外，自密实混凝土施工阶段轨道板的温度梯度也会对轨道板与自密实混凝土的初始黏结状态产生影响。自密实混凝土由灌注完成至初凝间存在约5h的时间间隔，因此自密实混凝土的灌注时间选择就显得十分重要。选择不同的时间，在灌注完成后会产生两种不同的效果：一是在轨道板负温度梯度时灌注，即板端上翘状态下灌注后，自密实混凝土初凝前，轨道板由负温度梯度向正温度梯度变化，板端上翘幅度逐渐减小，轨道板将仍具有一定流动性的自密实混凝土挤压至排气孔或灌注孔中，轨道板与自密实混凝土间连接紧密；二是在轨道板正温度梯度时灌注，即板中上拱状态下灌注后，自密实混凝土初凝前，轨道板由正温度梯度向负温度梯度变化，轨道板端上翘，将会在自密实混凝土与轨道板端间产生离缝现象，由于扣板装置的扣压力和自密实混凝土的水化热的作用，轨道板端上翘量较小。

2. 自密实混凝土灌注不饱满及养护条件

施工过程中自密实混凝土灌注不饱满是轨道板与自密实混凝土产生离缝的另一主要原因，这一情况在曲线和长大坡道地段尤为常见。受曲线超高及纵断面坡度影响，底座顶面和轨道板板底均存在一定的坡度，当自密实混凝土灌注环节把控不严时极易在坡顶出现灌注不饱满情况。此外，在自密实混凝土制备过程及其灌注施工过程中控制不当，也会造成灌注不饱满的情况发生，如流动度控制不严、灌注中模板偏差及排气不畅等。

因自密实混凝土灌注不饱满而产生的离缝损伤通常在线路运营前就已经存在，对于较为明显的初始离缝，应在线路通车前进行修补，避免长期运营过程中轨道板与自密实混凝土黏结状态进一步恶化。

另外，施工过程中的养护条件对层间离缝的产生有着重要影响。在标准养护条件下，自密实混凝土正常硬化，出现层间离缝损伤的概率较小。但是在实际工程条件下，无法做到实验室中的标准养护条件，因此现场自密实混凝土的养护条件越接近标准养护条件，产生层间离缝的可能性就越小。在施工现场常规的养护方法是自然养护，在养护过程中应经常洒水，保持一定的湿度。另外，应尽量晚拆模，拆模后应涂养护剂，减小外界气候的影响。

3. 列车荷载

轨道板与自密实混凝土层间的连接是CRTS Ⅲ型板式无砟轨道结构整体连接最薄弱的部分，在列车的高频冲击荷载作用下，在轨道板与自密实混凝土层接触面产生拉伸，造成层间连接面内部裂纹，进而可能发展为离缝。此外，相关研究表明，在列车动荷载作用下，板式无砟轨道系统中线下基础、底座板和轨道板的基频不同，以桥梁地段为例，桥梁和轨道结构的反相位振动将会引起桥梁-轨道相互拍打的现象，这种拍打作用将对无砟轨道系统的整体性产生不利影响，加剧层间离缝的产生。

## 8.2.2 层间离缝理论基础

为了明确离缝的成因，本节对目前有关层间离缝的理论进行总结与分析，包括混凝土层裂结构理论以及混凝土黏结理论。

1. 混凝土层裂结构理论

层裂是一种在爆炸或高速冲击荷载作用下混凝土结构产生的破坏现象。其产生的原因是高速冲击产生的入射压力波头部加载波在结构自由面反射为卸载波后，在自由面附近形成相对较大的拉应力$\sigma$，当拉应力$\sigma$满足破坏准则时，将产生层裂破坏，即混凝土结构出现裂缝或断裂飞出。无砟轨道结构在实际运营过程中经常受到高速列车冲击荷载作用，因此有必要对层裂结构理论研究进行总结分析。

层裂现象是英国Hopkinson首先于1914年钢板爆炸加载试验中发现的，目前一般通过Hopkinson压杆进行混凝土试验研究，国内外学者也针对层裂现象进行了较多的研究。1963年，London首次利用试验对混凝土的层裂问题开展了研究，试验利用炸药对尺寸为$\phi$76.2mm×915mm的混凝土试件进行加载，试验结果为试件碎成段，并以不同速度飞出。中国科学技术大学张磊[8]设计了一种新的测量混凝土层裂强度的试验方案，并对其可行性进行了数值分析，通过分析损伤演化过程对层裂波形的影响，对不同种类混凝土在不同加载率时的层裂强度给出了经验公式。广州大学权长青[9]对混杂纤维高强度混凝土层裂特性进行了研究，结果表明，层裂强度随应变率的增加先提高后降低，意味着混凝土材料层裂过程先受冲击压缩，进而遭受拉伸波作用。同济大学王志亮等[10]利用Hopkinson压杆对C75混凝土进行了一维杆层裂试验，结果表明，C75混凝土动态拉伸强度具有较强的应变率相关性，且在某一范围内层裂强度与应变率呈线性关系。

层裂试验需要层裂模型对其进行指导和改进，目前典型的层裂模型包括最大拉伸应力模型和简单损伤累积模型。

1) 最大拉伸应力模型

最大拉伸应力模型可解释为：在动态高速冲击过程中，结构产生的拉伸应力$\sigma$超过该材料极限拉伸应力$\sigma_c$时，结构产生断裂，可由式(8-1)来表示：

$$\sigma > \sigma_c \tag{8-1}$$

式中，$\sigma$为动态冲击过程中结构所受到的拉伸应力(MPa)；$\sigma_c$为材料的动态断裂强度，即动态瞬时极限拉伸应力(MPa)，通过动态试验确定得到。

2) 简单损伤累积模型

最大拉伸应力模型描述的是一种瞬时断裂行为，然而实际工程中，工程结构虽然是在一个很短的时间内发生破坏，但并不是一个瞬时破坏过程，该破坏过程是以一个有限的速度发展的。因此，在描述断裂过程时，不仅要考虑作用应力，还要考虑应力作用时间或者应变率的影响。目前，多种损伤累积准则(如Cochran-Banner模型[11]、void growth模型[12]、DFRACT模型[13]、Johnson-Cook模型[14]、Davison-Stevens模型[15]、Bai模型[16])被研究者广泛应用，式(8-2)为损伤累积判断公式：

$$\int_0^t (\sigma_t - \sigma_0)^\alpha d\tau \geqslant K_f \tag{8-2}$$

式中，$t$为冲击过程中拉伸应力作用开始到结构发生层裂所需的时间；$\sigma_t$为动态冲击过程中结构所受的拉伸应力；$\sigma_0$ 为材料损伤的应力阈值；$\alpha$、$K_f$ 为材料常数，不同的材料取值不同。混凝土材料结构在承受冲击荷载作用下，当满足式(8-2)时，结构发生层裂破坏，即材料断裂。

CRTS Ⅲ型板式无砟轨道作为一种复合板结构，且长期承受着高速列车荷载的冲击作用，在动荷载的作用下，轨道板与自密实混凝土层接触面上易产生拉伸作用，进而造成接触面内部的裂缝，在列车荷载的重复作用下，接触面裂缝可能会进一步发展成层间离缝。

2. 混凝土黏结理论

新老混凝土黏结性能是保证新老混凝土结构共同工作及耐久性的关键，CRTS Ⅲ型板式无砟轨道轨道板与自密实混凝土层之间容易出现新老混凝土黏结问题，因此需要对混凝土黏结理论进行重点关注。

新老混凝土黏结模型有三区黏结模型、三层黏结模型、双界面-多层区黏结模型以及五区-三层黏结模型。

三区黏结模型是指将新老混凝土结构分为新混凝土区、界面区及老混凝土区，具体如图 8-4 所示。

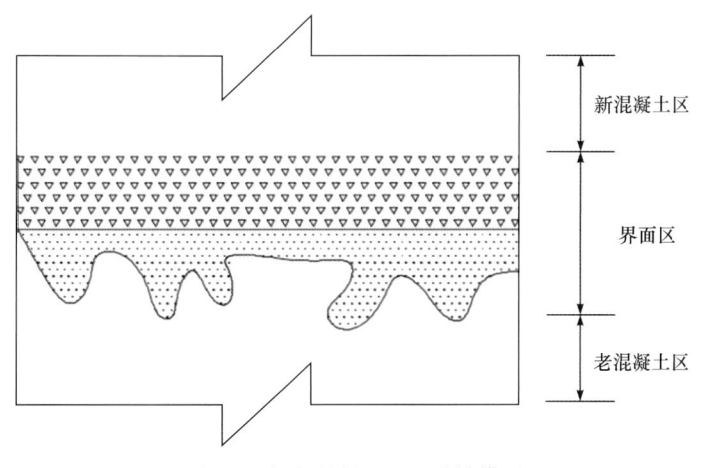

图 8-4 新老混凝土三区黏结模型

三层黏结模型是指将新老混凝土结构分为渗透层、反应层及渐变层，具体如图 8-5 所示。在该黏结模型中，渗透层位于老混凝土部分，其组成部分包括老混凝土以及由界面长入老混凝土的晶体；反应层同时位于新混凝土层及老混凝土层，其物理化学变化比较复杂，组成部分包括界面剂的水化产物和界面剂与新混凝土的化学反应产物，该层的晶体较大且孔洞较多；渐变层位于新混凝土部分，为反应层向新混凝土的过渡层，其组成部分主要是新混凝土的水化产物。

双界面-多层区黏结模型中定义了一个双界面概念，它是指老混凝土处理面和新混凝土黏结面。此外，模型含有三个区，分别是老混凝土区、新混凝土区及新老混凝土黏结过渡区，其中新老混凝土黏结过渡区为一个多层区结构，包括一部分新混凝土、一部分老混凝土以及双界面，具体如图 8-6 所示。

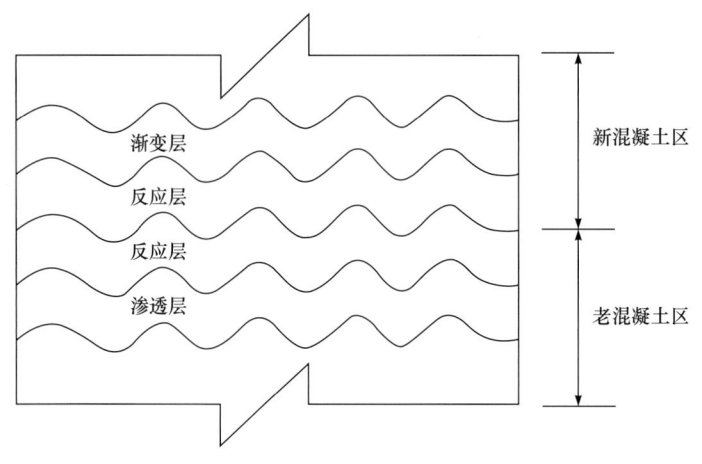

图 8-5　新老混凝土三层黏结模型

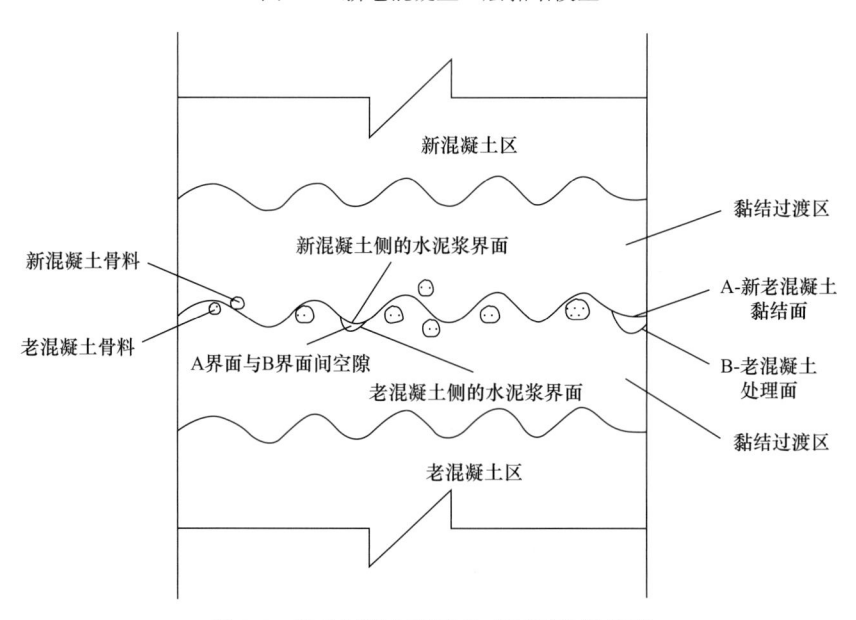

图 8-6　新老混凝土双界面-多层区黏结模型

五区-三层黏结模型在三区黏结模型的基础上，考虑新老混凝土结合面存在一个最弱的界面过渡区，将新老混凝土分为五个区，分别是新混凝土区、老混凝土区、新混凝土植筋影响区、老混凝土植筋影响区以及新老混凝土黏结过渡区。其中，在新老混凝土黏结过渡区中又分为新混凝土黏结过渡层、老混凝土黏结过渡层、新老混凝土界面过渡层三层，具体模型如图 8-7 所示。

CRTS Ⅲ型板式无砟轨道在施工过程中，轨道板与自密实混凝土层之间容易出现新老混凝土黏结问题。在无砟轨道服役期间，轨道板与自密实混凝土层黏结面又是一个薄弱环节，即使有门型筋加强了两层层间的连接，但在高速列车荷载以及外部环境反复作用下，层间界面仍易发生破坏进而产生离缝。

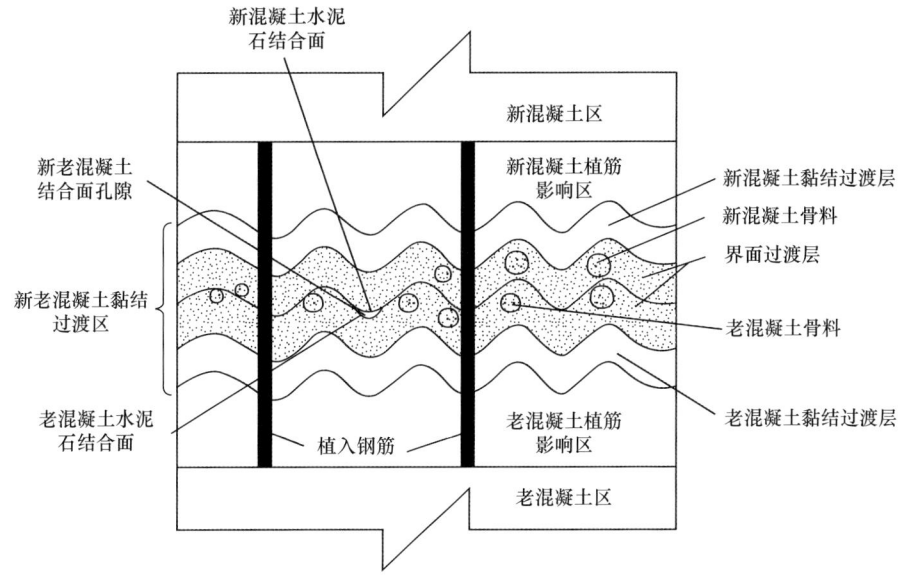

图 8-7 新老混凝土五区-三层黏结模型

## 8.3 不同层间离缝对轨道结构受力分析

为了明确不同离缝位置、离缝大小对无砟轨道的受力影响情况，进而对离缝进行合理的分类，本节利用 ABAQUS 有限元软件建立含离缝损伤的 CRTS Ⅲ型板式无砟轨道分析模型，并对模型合理简化、计算参数、荷载取值以及荷载工况进行详细的介绍。利用该模型对含离缝损伤的无砟轨道结构进行分析，主要分析不同离缝位置、离缝长度、离缝宽度以及离缝组合对轨道板应力和位移的影响规律。

### 8.3.1 无砟轨道计算模型及参数

本节主要对模型的建立进行详细的介绍，包括模型合理的简化、参数计算、荷载选取、荷载工况设置及模型的验证。

1. 有限元计算模型

CRTS Ⅲ型板式无砟轨道由钢轨、扣件与胶垫、轨道板、自密实混凝土、支承层等部分组成。这里采用大型有限元软件 ABAQUS 建立 CRTS Ⅲ型板式无砟轨道的计算模型，计算模型考虑了钢轨、轨道板、自密实混凝土层、水硬性支承层等结构。为了消除模型中存在的边界效应影响，建立三块轨道板模型，并取中间一块板为研究对象，具体有限元计算模型及力学模型如图 8-8 所示。

由于模型较小，利用实体单元对钢轨进行模拟，对计算时间无较大影响。扣件采用 ABAQUS 中特有的连接单元进行模拟。轨道板、自密实混凝土层以及支承层等结构层均按照实际尺寸用八节点减缩积分单元进行模拟。各层之间采用 ABAQUS 中的 Tie 约束。对于轨道板与自密实混凝土层之间的离缝，采用接触属性来模拟轨道板与自密实混凝土之间离缝的滑移和摩擦,垂向采用 ABAQUS 中的硬接触,切向采用库仑摩擦模型,其中摩擦系数取 0.3。

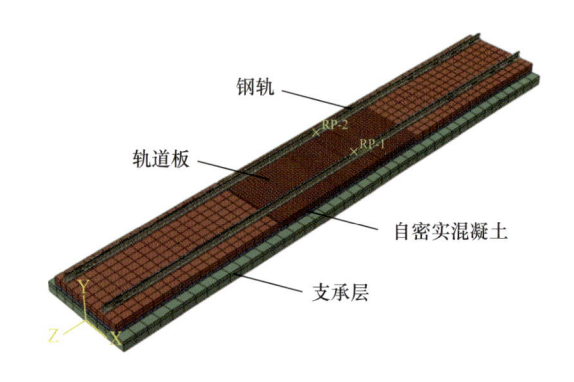

(a) CRTS Ⅲ型板式无砟轨道实体模型

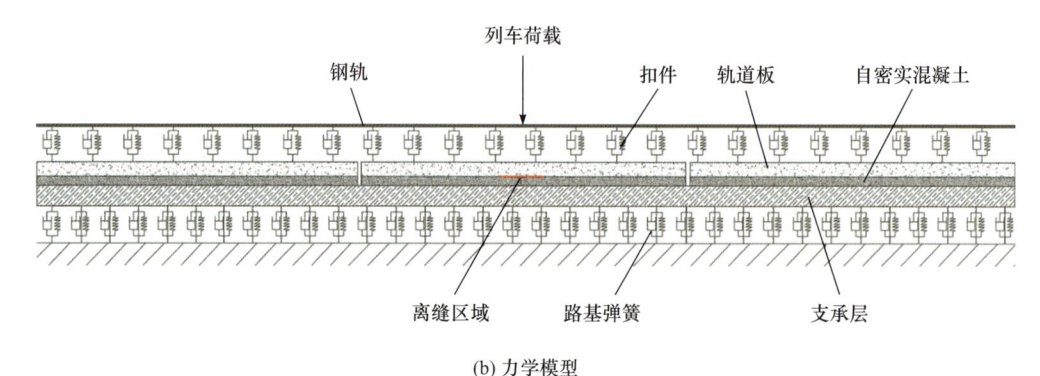

(b) 力学模型

图 8-8 CRTS Ⅲ型板式无砟轨道有限元计算模型及力学模型图

为了更方便合理地分析离缝损伤条件下的受力,本节建立的有限元模型采用了以下几点简化:

(1) 扣件系统采用连接单元进行模拟,在模型建立中加入了三向弹簧刚度;

(2) 轨道板、自密实混凝土、水硬性支承层采用三维结构实体单元进行模拟,各层之间的连接为绑定连接;

(3) 采用接触属性来模拟层间离缝的滑移和摩擦,垂向采用硬接触,切向采用库仑摩擦模型;

(4) 钢轨两端、各结构层纵向两端以及支承层底部进行全部约束,其余部分为自由状态。

2. 参数计算

钢轨为普通 60 轨。扣件使用 WJ-8 型扣件系统,其所有扣件间距,包括在轨道板缝处的,均为 0.63m。扣件由三向弹簧刚度模拟,其提供的纵向力、横向静刚度、垂向静刚度分别为 9.0kN、50kN/mm、35kN/mm。轨道板为预制预应力钢筋混凝土结构,采用 C60 混凝土,单块轨道板长为 5.60m、宽为 2.5m、厚度为 0.21m,每块板上铺设 9 组扣件,板缝为 0.07m。自密实混凝土层宽为 2.5m、厚 0.1m，采用 C40 混凝土，纵向长度与轨道板相同为 5.6m，缝宽为 0.07m，并在下表面设置凸形挡台与底座板相连。支承层采用水硬性混合料支承层，为 C20 混凝土，宽 3.1m，厚 0.3m，沿线路纵向连续铺设。各计算参数具体如表 8-1 所示。

表 8-1  CRTS Ⅲ 型板式无砟轨道模型计算参数

| 结构 | 名称 | 数值 | 单位 |
| --- | --- | --- | --- |
| 钢轨 | 弹性模量 | $206\times10^3$ | MPa |
| | 密度 | $7.8\times10^3$ | kg/m³ |
| | 泊松比 | 0.3 | — |
| | 热膨胀系数 | $11.8\times10^{-6}$ | ℃⁻¹ |
| 扣件 | 纵向力 | 9.0 | kN |
| | 横向静刚度 | 50 | kN/mm |
| | 垂向静刚度 | 35 | kN/mm |
| | 扣件间距 | 0.63 | m |
| 轨道板 | 弹性模量 | $36.5\times10^3$ | MPa |
| | 密度 | $2.5\times10^3$ | kg/m³ |
| | 泊松比 | 0.2 | — |
| | 热膨胀系数 | $1\times10^{-5}$ | ℃⁻¹ |
| 自密实混凝土 | 弹性模量 | $34\times10^3$ | MPa |
| | 密度 | $2.5\times10^3$ | kg/m³ |
| | 泊松比 | 0.2 | — |
| | 热膨胀系数 | $1\times10^{-5}$ | ℃⁻¹ |
| 支承层 | 弹性模量 | $18\times10^3$ | MPa |
| | 密度 | $2.5\times10^3$ | kg/m³ |
| | 泊松比 | 0.2 | — |
| | 热膨胀系数 | $1\times10^{-5}$ | ℃⁻¹ |

3. 荷载选取

本次计算中考虑列车荷载与温度荷载共同作用下层间离缝对轨道结构受力的影响。

1) 列车荷载

规范中规定轮载分为常用轮载和设计轮载。其中，设计轮载取为静轮载的 3 倍，当静轮载未知或为客货共线时取 300kN，常用轮载取为静轮载的 1.5 倍，当静轮载未知或为客货共线时取 150kN。对于正常轨道结构，当单独考虑列车垂向轮载作用下的设计与检算时，需按设计轮载取值；本章考虑多种荷载组合(列车荷载与温度梯度荷载)下轨道结构的设计检算,需采用常用轮载进行取值,取 150kN 且为单轴双轮加载。

由于关注的重点为不同离缝位置、长度、宽度等工况下轨道板的受力差异,而不是关注真实情况下离缝对轨道结构的受力影响,因此仅对轨道结构进行静力分析,不考虑移动荷载或真实轮轨荷载下的情况。

2) 温度荷载

轨道板在日照条件下,其上表面温度高于下表面温度,混凝土的热传导性能较差,会导致轨道板在垂向上产生温度梯度,轨道板由于热胀冷缩效应会导致其中心产生上拱变形,此时产生的是正温度梯度荷载。在夏季突然降温或者冬季较冷时,轨道板上表面温度低于下表面温度,从而形成负温度梯度荷载,出现板端上翘变形。

目前,国内学者对无砟轨道温度梯度进行了一些研究[17,18],其中,作者团队[19]综合考虑国外无砟轨道、路面工程等温度梯度取值以及遂渝线试验段实测无砟轨道温度场,提出了我国不同无砟轨道最大正负温度梯度建议值,具体取值见表 8-2。

表 8-2 无砟轨道温度梯度建议值(单位:℃/m)

| 地区 | 温暖地区 | 寒区 | 严寒地区 |
| --- | --- | --- | --- |
| 最大正温度梯度 | 80~85 | 85~90 | 90~95 |
| 最大负温度梯度 | 40~43 | 43~45 | 45~48 |

本次计算为了设计安全,取最不利情况进行分析,即取最大正负温度梯度荷载分别为 90℃/m 和–45℃/m。本次计算温度梯度施加在轨道板上,已知轨道板板厚为 0.21m,因此可得施加温度梯度荷载时轨道板的上下表面温差分别为 18.9℃和–9.45℃。温度梯度沿轨道板厚度方向线性分布,逐层进行施加,具体温度梯度设置如图 8-9 所示。

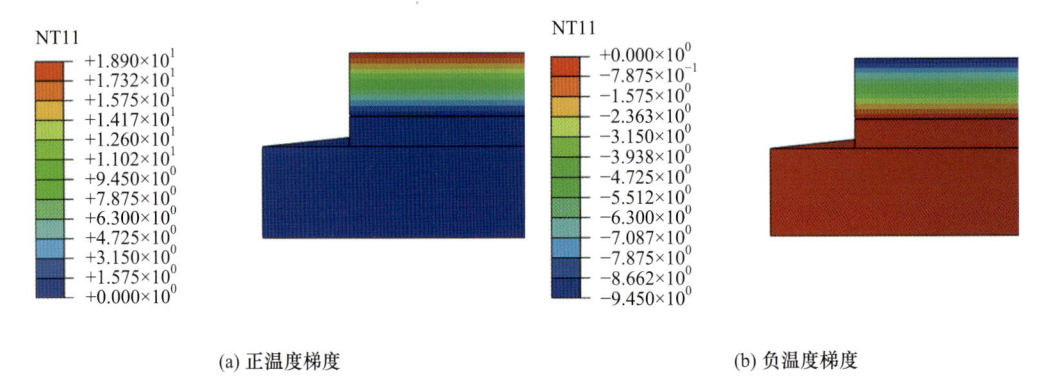

(a) 正温度梯度

(b) 负温度梯度

图 8-9 温度梯度设置

4. 离缝工况设置

1) 离缝位置划分

为了分析不同位置离缝损伤对轨道板的影响规律,根据离缝成因及离缝现场出现情况,将离缝简化为板端离缝、板中离缝及板边离缝三种情况,具体如图 8-10 所示。

2) 工况设置

无砟轨道在运营期间主要承受列车荷载以及温度荷载。当产生离缝损伤时，轨道板板下对应区域的支承作用会被一定程度削弱，产生支承不均匀情况，在列车荷载作用下会引起轨道板应力集中，增大轨道结构的受力。在温度梯度荷载作用下，轨道板会产生受力不均匀的情况，发生上拱或翘曲变形。在实际运营过程中，无砟轨道可能同时承受列车荷载与温度梯度荷载，因此本章考虑列车荷载与温度梯度荷载组合作用下，不同情况离缝损伤对无砟轨道的受力影响情况，具体工况设置如表 8-3 所示。

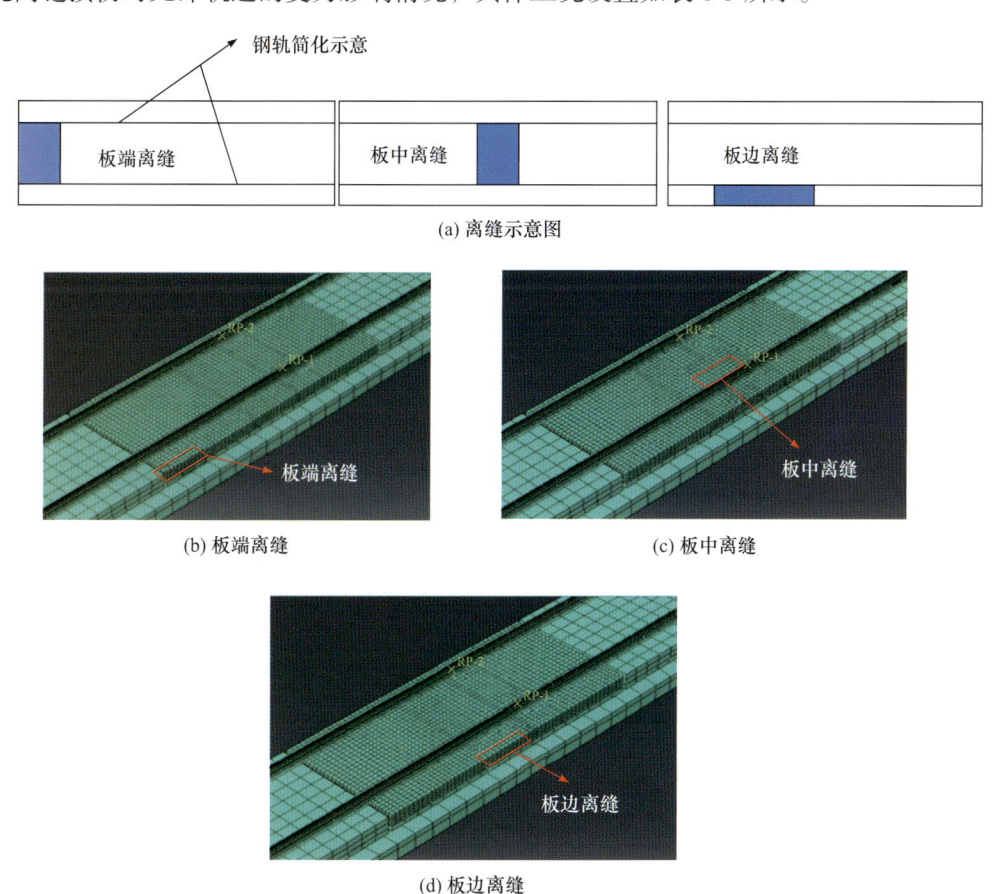

(a) 离缝示意图

(b) 板端离缝

(c) 板中离缝

(d) 板边离缝

图 8-10 离缝位置划分示意图

表 8-3 工况设置

| 工况 | 内容 |
| --- | --- |
| 荷载工况 | 列车荷载 |
| | 列车荷载+正温度梯度荷载 |
| | 列车荷载+负温度梯度荷载 |
| 离缝位置工况 | 板端离缝 |
| | 板中离缝 |
| | 板边离缝 |

续表

| 工况 | 内容 |
|---|---|
| 离缝长度工况 | 考虑离缝横向贯通，长度取 0mm、300mm、600mm、1000mm、2000mm、3000mm、4000mm 和 5000mm |
| 离缝宽度工况 | 考虑离缝纵向宽度固定，宽度取 0mm、100mm、350mm、500mm、1000mm、2000mm 和 2500mm |
| 离缝组合工况 | 板端离缝+板中离缝 |
|  | 板端离缝+板边离缝 |
|  | 板中离缝+板边离缝 |

5. 模型验证

为了对本节所建立的模型进行验证，采用相关文献[20]中的计算条件进行计算：①添加重力场，考虑模型本身的自重荷载，$g=9.8\text{m/s}^2$；②考虑列车荷载，集中荷载为 255kN，施加在钢轨中点处；③考虑温度梯度荷载作用，取正温度梯度荷载，梯度值为+90℃/m。将本节模型计算结果与相关文献[20]计算结果进行对比，如表 8-4 所示，发现两者之间相差较小，说明本章所建立的模型具有较高的可信度。

表 8-4 CRTS Ⅲ型板式无砟轨道模型验证结果(单位：MPa)

| 部件 | 模型 | 最大纵向拉应力 | 最大纵向压应力 | 最大横向拉应力 | 最大横向压应力 |
|---|---|---|---|---|---|
| 轨道板 | 文献[20] | 1.328 | 7.169 | 0.673 | 2.984 |
|  | 本章 | 1.477 | 7.200 | 0.743 | 3.522 |

## 8.3.2 不同层间离缝下轨道结构受力分析

本节主要针对不同工况下轨道结构受力位移进行具体分析，主要分析不同离缝位置、离缝长度、离缝宽度以及离缝组合对轨道板应力和位移的影响规律。

1. 不同离缝位置下轨道板应力、位移分析

1) 温度梯度对轨道板应力、位移的影响

为了探究不同温度梯度对轨道板应力、位移的影响，设置 3 种温度梯度工况，分别是仅加列车荷载、列车荷载+正温度梯度荷载(90℃/m)、列车荷载+负温度梯度荷载(−45℃/m)。离缝工况取无离缝、离缝 1、离缝 2、离缝 3 四种情况，其中离缝 1 宽 100mm、长 300mm，离缝 2 宽 350mm、长 1000mm，离缝 3 宽 1000mm、长 3000mm，均为板端离缝，如图 8-11 所示。

在不同温度梯度荷载作用下，轨道板的纵横向拉应力如图 8-12(a)~(c)所示。由图可知，各组合荷载作用下，轨道板拉应力均明显增大，且负温度梯度荷载对轨道板的拉应力影响大于正温度梯度荷载。以离缝 2 损伤为例，在列车荷载和正温度梯度荷载组合作用下，轨道板的最大纵向拉应力为 1.707MPa，最大横向拉应力为 1.499MPa；负温度梯

度荷载下，轨道板的最大纵向拉应力与最大横向拉应力分别为 3.498MPa 和 3.224MPa，较正温度梯度分别增大了 1.05 倍和 1.15 倍。

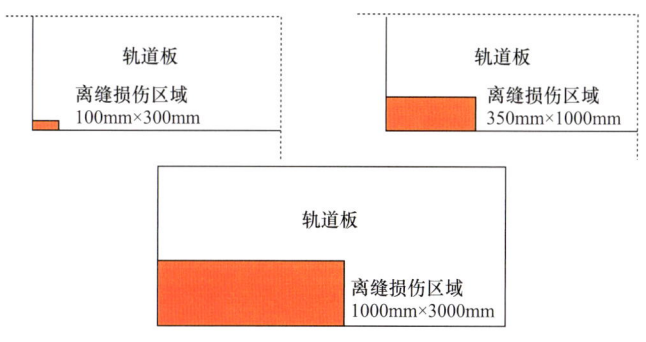

图 8-11 离缝工况示意图

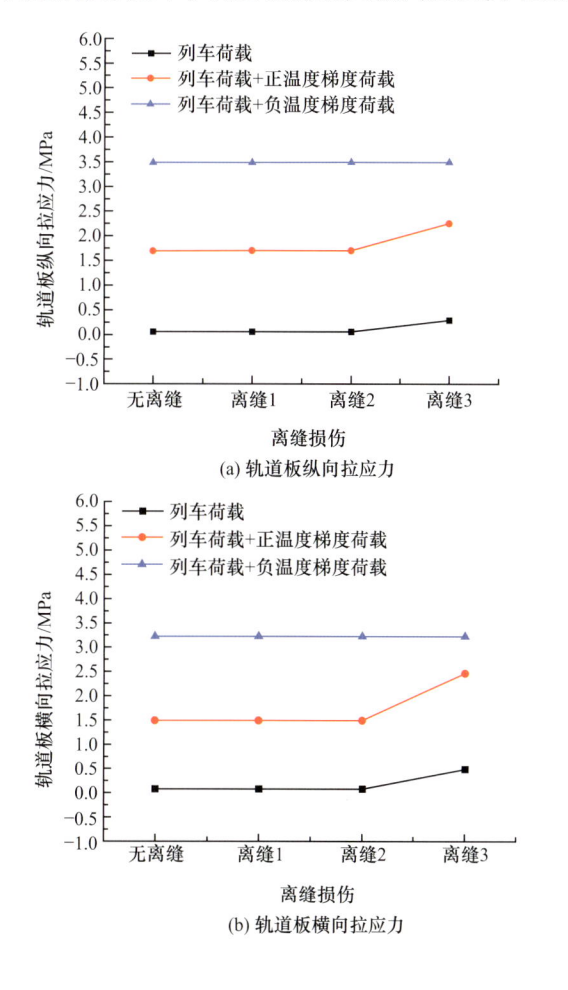

在不同温度梯度荷载作用下，轨道板的纵向压应力和垂向位移如图 8-13(a)和(b)所示。由图可知，各组合荷载作用下，轨道板纵向压应力与垂向位移均明显增大，且轨道板纵向压应力与垂向位移受正温度梯度荷载影响较大。以离缝 2 损伤为例，在列车荷载与负温度梯度荷载组合作用下，轨道板的最大纵向压应力和最大垂向位移分别是

(a) 轨道板纵向拉应力

(b) 轨道板横向拉应力

(c) 轨道板纵向应力云图

图 8-12　不同温度梯度下轨道板拉应力

(a) 轨道板纵向压应力

(b) 轨道板垂向位移

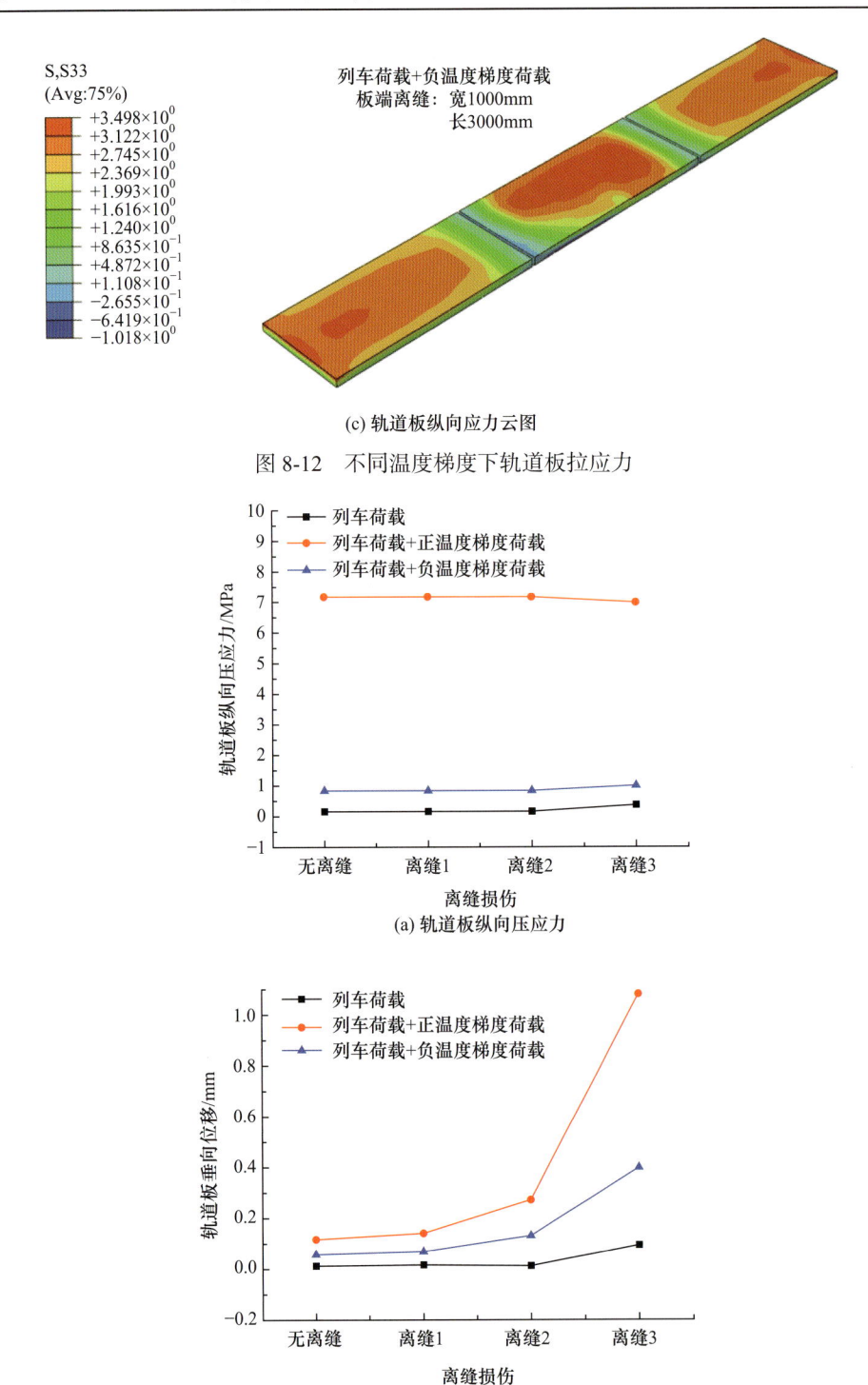

图 8-13　不同温度梯度荷载作用下轨道板纵向压应力和垂向位移

0.855MPa 和 0.133mm；在正温度梯度荷载作用下，轨道板的最大纵向压应力和最大垂向位移分别是 7.176MPa 和 0.273mm，较负温度梯度分别增大了 7.39 和 1.05 倍。

综上可知，各组合荷载作用下，轨道板的受力变形均大于单独列车荷载作用情况，且负温度梯度荷载对轨道板的拉应力影响较大，正温度梯度荷载对轨道板的压应力与垂向位移影响较大。在下面分析过程中主要关注轨道板的拉应力，因此下面仅考虑列车荷载与负温度梯度荷载组合作用下轨道板的受力情况。

2) 离缝位置对轨道板应力、位移的影响

不同离缝位置对轨道板的横向拉应力与垂向位移影响如图 8-14 所示。由图 8-14(a)可知，在离缝大小相同的情况下，板端离缝的横向拉应力最大，其次是板中离缝，板边离缝略小于板中离缝；在离缝宽为 350mm、长为 1000mm 的情况下，板端离缝下轨道板最大横向拉应力达到了 3.224MPa，较板中离缝与板边离缝情况下的横向拉应力增大了 1.02 倍。由图 8-14(b)可知，在离缝大小相同的情况下，板端离缝的垂向位移最大，其次是板边离缝，板中离缝略小于板边离缝；以离缝宽为 350mm、长为 1000mm 情况为例，板端离缝下轨道板最大垂向位移为 0.133mm，比板中离缝与板边离缝情况下的垂向位移分别增大了 1.25 和 1.15 倍。总体来说，板端离缝对无砟轨道的影响最大，板中离缝与板边离缝对无砟轨道受力与位移影响较为接近，其中板中离缝对无砟轨道的受力影响大于板边离缝，而板边离缝对无砟轨道的位移影响大于板中离缝。在实际工程中应当重点关注板端离缝的产生，对产生的板端离缝损伤应该及时发现，尽早维修。

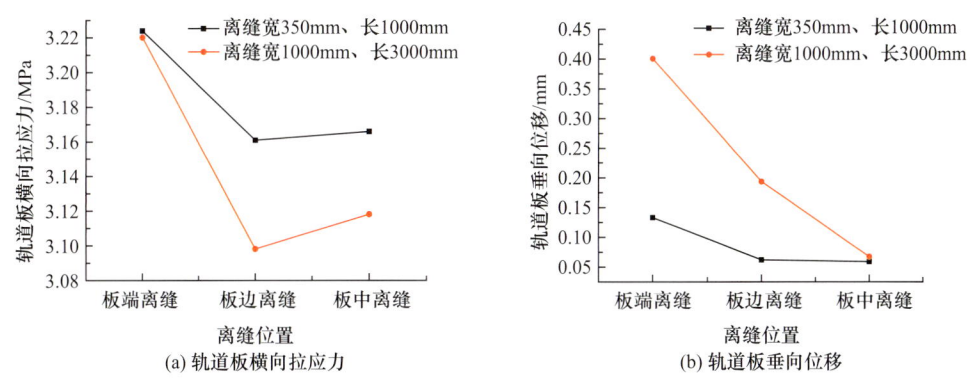

图 8-14 不同离缝位置对轨道板横向拉应力与垂向位移的影响

2. 离缝长度对轨道板应力影响分析

本小节为了探究离缝长度对轨道板应力的影响，根据前面的结论，取最不利离缝位置，即将板端离缝作为研究对象，并根据离缝发展规律，将离缝纵向发展工况设置为离缝横向贯通后沿长度方向发展，如图 8-15 所示。离缝长度 $a$ 分别取 0mm、300mm、600mm、1000mm、2000mm、3000mm、4000mm 和 5000mm 等 8 种工况。

层间离缝横向贯通，纵向长度变化对轨道板的拉应力及垂向位移影响如图 8-16 所示。由图 8-16(a)可知，在离缝损伤发生后，轨道板拉应力增大，且轨道板纵向拉应力与横向拉应力变化趋势一致，但横向拉应力明显小于纵向拉应力。随着离缝长度的增加，轨道板纵向拉应力先增大，后逐渐减小，并在离缝长度等于 1000mm 时达到最大值 3.635MPa。后期轨道板纵向拉应力减小可能是由于在离缝沿纵向发展时，最大应力区域沿着离缝纵向边缘均匀分布，使得应力集中情况有所减小。因此，当离缝长度大于 1m 时，离缝损伤对无砟轨道影响较为严重，在实际工程中应当重点关注。

图 8-15 离缝纵向发展示意图

(a) 轨道板拉应力

(b) 轨道板垂向位移

(c) 轨道板位移云图

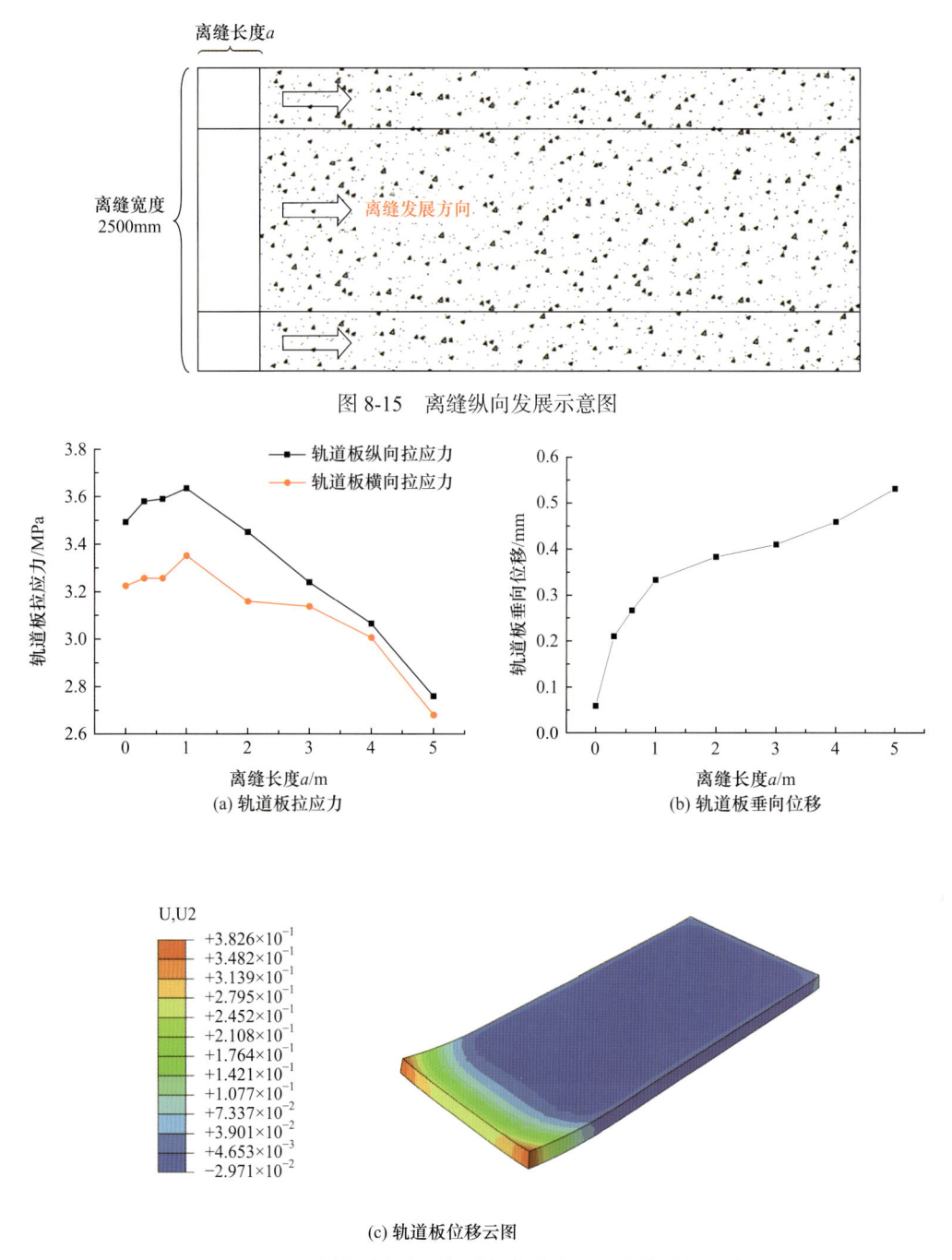

图 8-16 不同离缝长度对轨道板拉应力和垂向位移的影响

由图 8-16(b)可知，在离缝损伤发生后，轨道板垂向位移明显增大，且轨道板垂向位移随离缝长度的增加而增大。轨道板垂向位移在离缝长度为 0～1m 时增长速度较快，增加了 4.6 倍，之后趋于缓慢。在负温度梯度荷载和列车荷载组合作用下，轨道板发生翘曲变形，即中间下陷，四个板角上翘，且最大垂向位移出现在离缝端板角处，如图 8-16(c) 所示。因为在离缝损伤区域，轨道板与自密实混凝土层之间黏结失效，在负温度梯度荷载下离缝端缺少约束，更易发生变形。列车经过时，离缝的存在会加剧轨道结构各部件间的拍打效应，长此以往，会加速混凝土的损坏。另外，轨道板翘曲变形也可能使钢轨上表面出现一定程度的凸起变形，会加重轨道的垂向不平顺，加剧钢轨损伤发展。

### 3. 离缝宽度对轨道板应力影响分析

本小节为了探究离缝宽度对轨道板应力的影响，依旧取最不利离缝位置，即将板端离缝作为研究对象，将离缝横向发展工况设置为离缝长度为 1000mm，宽度沿轨道板横向发展直至横向贯通，如图 8-17 所示。离缝宽度 $b$ 分别取 0mm、350mm、500mm、1000mm、2000mm 和 2500mm 等 6 种工况。

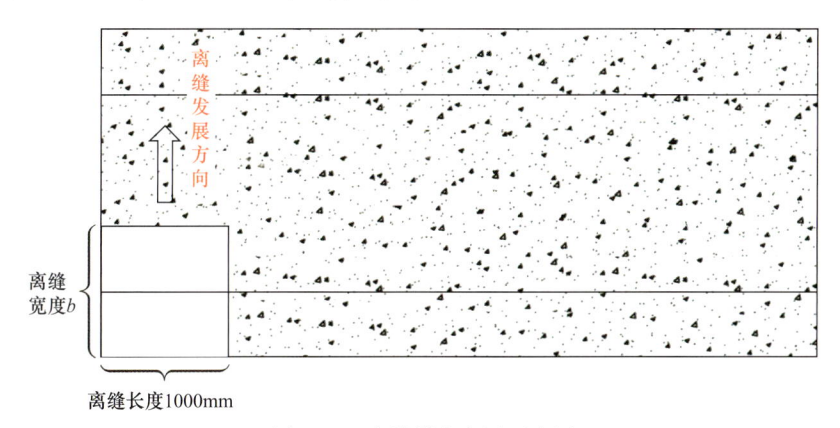

图 8-17 离缝横向发展示意图

离缝长度为 1000mm，宽度变化对轨道板的拉应力及垂向位移影响如图 8-18 所示。由图 8-18(a)可知，在离缝损伤发生后，随着离缝宽度的增大，轨道板纵向拉应力先增大后逐渐减小，并在离缝宽度等于 350mm 时，达到最大值 3.589MPa。因此在实际工程中

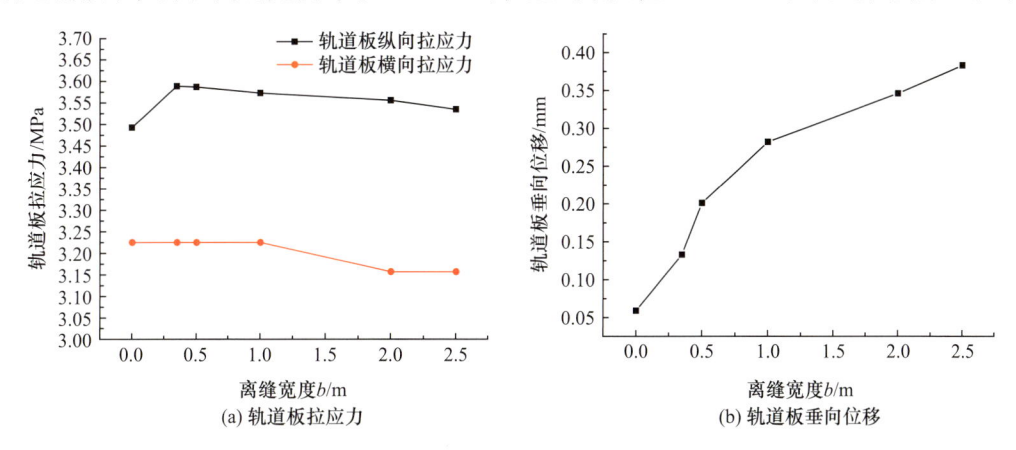

(a) 轨道板拉应力

(b) 轨道板垂向位移

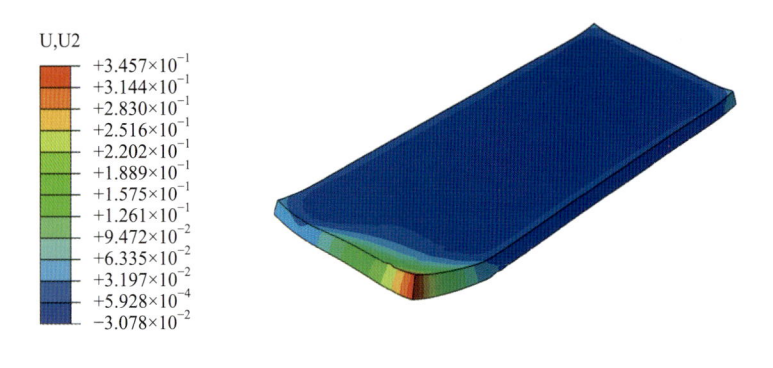

(c) 轨道板位移云图

图 8-18　不同离缝宽度对轨道板拉应力和垂向位移的影响

应当重点关注宽度大于 350mm 的离缝损伤。轨道板纵向拉应力减小是由于在离缝沿横向贯穿发展时，最大应力区域沿着离缝横向边缘均匀分布，使得应力集中情况有所减小。

由图 8-18(b)可知，在离缝损伤发生后，轨道板垂向位移明显增大，且轨道板垂向位移随着离缝宽度的增加而增大，在离缝横向贯通时垂向位移最大达到 0.383mm。在负温度梯度荷载和列车荷载组合作用下，轨道板产生翘曲变形，最大垂向位移出现在离缝端板角处，如图 8-18(c)所示。

**4. 离缝组合下轨道板应力、位移分析**

前面针对单一位置的离缝损伤，分析了离缝长度、宽度变化对轨道板应力及位移的影响，但在实际工程中，一块轨道板上可能同时出现不同位置的离缝损伤，因此本小节对离缝组合下轨道板的应力、位移进行探究。参考工程实际，将三种位置的离缝损伤，即板端、板中、板边离缝进行两两组合，并基于前文结论，离缝损伤取较不利情况，各位置离缝大小取宽为 350mm，长为 1000mm，考虑在列车荷载与负温度梯度荷载组合作用下，轨道板的应力与位移情况，计算结果如图 8-19 所示。

(a) 横向拉应力与垂向位移　　(b) 位移云图

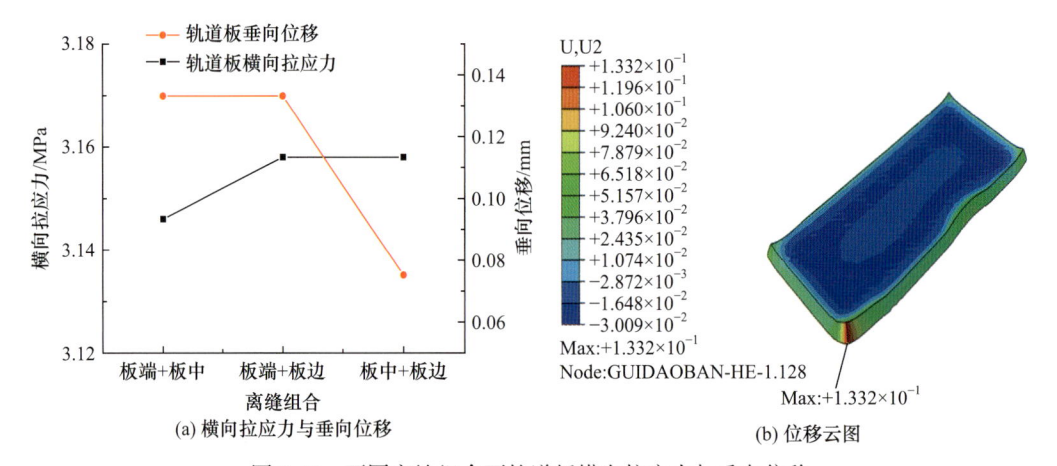

图 8-19　不同离缝组合下轨道板横向拉应力与垂向位移

由图 8-19(a)可知，板端与板中离缝以及板端与板边离缝组合情况下，轨道板的横向拉应力大于板中与板边离缝组合下的横向拉应力,说明板端离缝对横向拉应力的叠加效应大于板中和板边离缝;在板端与板边离缝以及板中与板边离缝组合情况下,轨道板垂向位移大于板端与板中离缝组合的情况,说明板边离缝对垂向位移的叠加效应大于板端和板中离缝。因此,考虑对轨道板应力与位移的综合影响,板端与板边离缝组合形式为最不利情况。图 8-19(b)为板端与板边离缝组合情况下轨道板位移云图,由图可知,在离缝处均产生了较大的垂向变形,其中位移最大值发生在板端离缝板角处。

## 8.4 层间离缝评估方法

为保证线路高可靠性、高稳定性、高平顺性,保持无砟轨道耐久性,完善无砟轨道线路设备维护管理水平是关键。目前,针对层间离缝维修判别标准仅仅进行了定性的分析,缺少评估方法来综合评估层间离缝损伤对无砟轨道的影响,因此深入研究层间离缝损伤评估方法关系着轨道结构的使用寿命以及运营维护管理工作。结合 8.3 节的结论,本节将层间离缝损伤进行合理的分类,并提出层间离缝评价指标——离缝影响指数,给出相应的计算方法,最后基于德菲尔法确定各指标的权重系数,组成层间离缝评估方法。

### 8.4.1 层间离缝评价指标

本节首先对层间离缝损伤进行合理的分类,基于该分类提出一种能够综合评价离缝损伤对无砟轨道影响的评价指标,并给出具体计算公式及评定标准。

1. 轨道板与自密实混凝土层间离缝分类

目前正在实施的《高速铁路无砟轨道线路维修规则(试行)》中规定了 CRTS Ⅰ 型板式,CRTS Ⅱ 型板式、双块式等不同类型无砟轨道结构的离缝损伤等级判定标准,对 CRTS Ⅲ 型板式无砟轨道未做明确规定。

本节基于 CRTS Ⅲ 型板式无砟轨道层间离缝的现场损伤情况,结合高速铁路 CRTS Ⅲ 型板式无砟轨道的结构特点以及 8.3 节得出的结论,即在实际工程中应重点关注宽度大于 350mm,长度大于 1000mm 的离缝损伤,根据离缝不同位置、不同损伤程度,参考已颁布实施的《高速铁路无砟轨道线路维修规则(试行)》,将轨道板与自密实混凝土层间离缝损伤分为 9 类,具体如表 8-5 所示。

表 8-5 轨道板与自密实混凝土层间离缝损伤分类

| 类型 | 名称 | 损伤程度 | 表观特征 |
| --- | --- | --- | --- |
| 1 | 板端离缝 | Ⅰ | 宽度≤100mm,长度≤300mm |
| 2 | | Ⅱ | 宽度为 100~350mm,长度为 300~1000mm |
| 3 | | Ⅲ | 宽度>350mm,长度>1000mm |
| 4 | 板中离缝 | Ⅰ | 宽度≤100mm,长度≤300mm |
| 5 | | Ⅱ | 宽度为 100~350mm,长度为 300~1000mm |
| 6 | | Ⅲ | 宽度>350mm,长度>1000mm |

续表

| 类型 | 名称 | 损伤程度 | 表观特征 |
|---|---|---|---|
| 7 |  | Ⅰ | 宽度≤100mm，长度<300mm |
| 8 | 板边离缝 | Ⅱ | 宽度为100～350mm，长度为300～1000mm |
| 9 |  | Ⅲ | 宽度≥350mm，长度≥1000mm |

基于表 8-5 中所示的 9 类离缝类型，参考公路桥梁领域评价指标计算方法，提出一种能够综合评价离缝损伤对无砟轨道影响的评价指标。

2. 离缝影响指数

上述所示的 9 类层间离缝，在实际工程项目中其位置、数量、面积均有所差异，因为为了定量地分析层间离缝损伤对无砟轨道的影响程度，提出了一种能够综合评价离缝损伤对无砟轨道影响的评价指标——离缝影响指数(IEI)。

1) 计算公式

离缝影响指数用来评价各类离缝对无砟轨道整体结构的综合影响。本章参考《公路沥青路面养护设计规范》(JTG 5421—2018)，提出了离缝影响指数的计算公式，见式(8-3)和式(8-4)：

$$\mathrm{IR} = \frac{\sum_{j=1}^{j_0} W_j \times S_j}{S} \times 100\% \tag{8-3}$$

$$\mathrm{IEI} = 100 - b_0 \mathrm{IR}^{b_1} \tag{8-4}$$

式中，IR 为离缝率(interface damage rate)；$S_j$ 为每种离缝损伤面积(第 $j$ 类损伤的长度与宽度之积，损伤长度和宽度由检测人员现场确认)；$S$ 为检测面积(检测段长度与宽度之积)；$W_j$ 为第 $j$ 类离缝损伤对无砟轨道的影响权重系数；$j$ 为认定损坏程度(Ⅰ、Ⅱ、Ⅲ)的第 $j$ 项离缝破坏类型，$j_0$ 包括损坏程度(Ⅰ、Ⅱ、Ⅲ)的损坏类型总数，见表 8-5；$b_0$、$b_1$ 为常数，通过参数拟合得到。

2) $b_0$、$b_1$ 常数确定

为了确定式(8-4)中 $b_0$、$b_1$ 常数，根据实际工程情况，结合 IR 与 IEI 的映射关系，通过参数拟合法得到，具体拟合结果见表 8-6。

表 8-6 式(8-4)中 $b_0$、$b_1$ 拟合取值结果

| 参数 | 取值 |
|---|---|
| $b_0$ | 94.591 |
| $b_1$ | 0.356 |

则将 $b_0$、$b_1$ 代入式(8-4)得到式(8-5)：

$$\mathrm{IEI} = 100 - 94.591 \times \mathrm{IR}^{0.356} \tag{8-5}$$

## 3) 评价单元

针对无砟轨道离缝影响指数评价时，选取单块轨道板长度所对应的整个无砟轨道结构作为一个评价单元，且约定满分为 100 分，每出现一种离缝损伤，则扣除相应的分数，最后得分即所评价的单元无砟轨道的离缝影响指数。

CRTS Ⅲ型板式无砟轨道由钢轨、扣件系统、轨道板、自密实混凝土层和底座板(支承层)构成。其无砟轨道部分包括轨道板、自密实混凝土充填层和底座(含隔离层)。

由于 CRTS Ⅲ板式无砟轨道在路基、桥梁、隧道地段的构造存在部分差异，所以本小节在研究 CRTS Ⅲ板式无砟轨道评价指标时，选取单块 P5600 型轨道板所对应的 CRTS Ⅲ板式无砟轨道长度作为一个评价单元，其中轨道板长 5600mm，宽 2500mm，具体如图 8-20 所示。

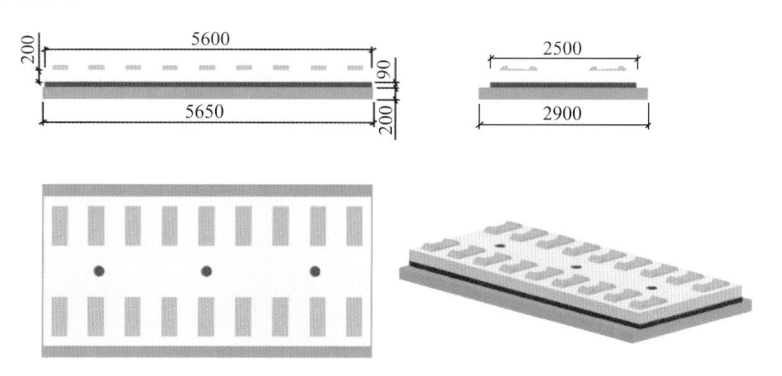

图 8-20 评价单元三视图(单位：mm)

## 3. 离缝影响指数评定标准

IEI 为分值，且满分为 100 分，式(8-5)的含义为满分减去离缝损伤程度应扣去的分值，分数越高，表示离缝损伤程度越小，该无砟轨道状态越好。因此，为了更好地指导实际工程的养护维修，提出 CRTS Ⅲ型板式无砟轨道 IEI 评定标准，采用"评分扣分制"，将评价得分的技术等级分为 4 个级别，分别是优≥90，90>良≥80，80>中≥60，差<60，并给出相应的维修建议，如表 8-7 所示。

表 8-7 离缝影响指数评定标准及维修建议表

| 评定指标 | 优 | 良 | 中 | 差 |
|---|---|---|---|---|
| IEI | ≥90 | ≥80 且<90 | ≥60 且<80 | <60 |
| 维修建议 | 无须修复 | 临时补修 | 经常保养 | 综合维修 |

其中，无须修复指无砟轨道质量状况较好，没有或有极少离缝出现，基本不会影响无砟轨道整体结构性能，短期内不需要修复；临时补修指无砟轨道质量状况中等，有一定数量的离缝损伤出现，对无砟轨道的耐久性有一定的削弱，需根据具体情况对无砟轨道开展结构性修复；经常保养指无砟轨道质量状况不良，有较大数量或较大面积的离缝损伤出现，需进行有计划、有重点的经常性养护；综合维修指离缝损伤对无砟轨道整体

结构影响严重,无砟轨道质量状况较差,对无砟轨道的承载性和耐久性有极大削弱,需按周期有计划地进行全面综合性修理。

离缝影响指数作为评价指标可为指导板式无砟轨道养护决策提供参考。通过对现场无砟轨道的实际调研,得到各类离缝损伤及损伤面积,计算出离缝影响指数,基于该指数提出大中修养护决策方案。

### 8.4.2 层间离缝损伤影响权重定权方式

8.4.1 节提出的 IEI 计算公式中需要确定 9 类层间离缝指标的权重系数,因此本节通过对不同定权方法优缺点的分析比较,确定利用德尔菲法作为本章的定权方法。

1. 定权方法的选取

目前关于权重的确定方法多达数十种,均有各自的优缺点。这些定权方法根据原始数据的来源不同大致可分为两大类,包括主观赋权法和客观赋权法。其中主观赋权法包括专家调查法(德尔菲法)、层次分析法(AHP 法)等;客观赋权法包括主成分分析法(PCA 法)、离差最大化法、均方差法、代表计数法、熵值法、组合赋权法等。这两类方法均有各自的优点与局限性,具体如表 8-8 所示。

表 8-8 主要定权方法的优缺点

| 定权方法 | 主要思想 | 优点 | 缺点 |
| --- | --- | --- | --- |
| 专家调查法 | 通过设计问卷调查表,邀请相关领域经验丰富的专家在互不知情的状态下,对每个评价指标进行独立打分,确定各指标的权重,并经过不断的修改得到比较满意的结果[21,22] | (1) 能充分利用专家的智慧、知识与经验,可信度、可靠度较高;<br>(2) 操作简便易行、定权过程简单 | (1) 很大程度上依赖专家的经验,主观因素影响较大;<br>(2) 难以精确把握指标间的差异程度 |
| 层次分析法(AHP 法) | 是一种定性与定量相结合的决策方法,常将综合评价指标体系分为目标层、准则层、指标层 3 个层次,然后对指标之间的重要程度进行两两比较,并建立判断矩阵,最后通过计算判断矩阵的最大特征值和对应特征向量来得出不同指标的权重[23-25] | (1) 将评价对象视为系统,是一种综合性的决策方法;<br>(2) 将定性方法与定量方法相互结合,解释性较强 | (1) 很大程度上依赖人们的经验,主观因素影响较大;<br>(2) 当指标过多时,数据统计量过大,难以确定权重 |
| 主成分分析法(PCA 法) | 利用降维的思想,把多指标转化为少数几个综合性指标,简单说主成分分析法是一种可以将若干变量简化为几个主要变量的分析统计方法[23-28] | (1) 适用于任何领域的多变量分析;<br>(2) 能直观分析出对评价结果影响较大的评价指标 | (1) 对主要指标的依赖性过大,对所选取的指标体系是一个考验;<br>(2) 难以确定评价指标的权重范围 |
| 熵值法 | 熵值法是一种客观的赋权方式,它通过利用指标自身的信息对系统做出客观、公正的综合评价[29,30] | 根据各项指标值的变异系数确定权重,避免了人为因素带来的偏差 | (1) 忽略了指标本身的重要程度,确定的权重系数可能会与预期相差甚远;<br>(2) 不能降低评价指标的维数 |

本次需要对 9 类离缝指标进行权重的确定,因为指标量较少,并且专业性比较强,所以利用目前研究比较成熟的专家调查法(即德尔菲法)的方式进行权重的确定,该方法

的特点是各评价指标的权重由专家根据自己的经验和对实际的判断给出。

2. 基于德菲尔法的权重确定

德尔菲法由美国兰德公司于 1946 年创立。这里德菲尔法具体实施步骤如下。
1) 确定评价对象

本次评价的对象为可能出现离缝损伤的无砟轨道结构，通过确定 9 类离缝分指标的权重，利用上述离缝影响指数计算公式得到评价结果。

2) 设计问卷调查表

通过对各类问卷调查方式的总结分析，确定网络问卷调查为问卷调查形式，并对问卷内容、题型、题量等进行合理的设计，问卷以图和表格为主、文字为辅的方法进行说明，题型以单选题、排序题为主。

3) 选取专家以及问卷的发放

选择相关领域经验丰富的专家，通过线上和线下等不同方式发放调查问卷，并保证各专家在互不知情的情况下独立完成问卷调查。

4) 问卷结果数据处理

将问卷得到的数据进行分析，去除无效问卷及无效数据。利用统计软件对有效数据进行处理，得到各指标专家打分值，并将分值转换为权重系数；考虑不同专家学术地位、工作年限、职称等对权重产生的影响，确定专家权重系数，综合考虑专家权重系数及问卷结果，得到最终的各指标实际权重。

### 8.4.3 层间离缝损伤影响权重的确定

本节基于 8.4.2 节选取的德尔菲法定权方式，对德尔菲法的具体步骤进行详细的阐述，包括专家权重系数的确定、问卷的设计与发放、问卷结果及数据处理，最后得到各指标的最终权重。

1. 专家权重系数的确定

在利用德尔菲法确定权重系数时，选取的专家不同，得出的权重系数也不同。专家在德尔菲法定权过程中具有重要的作用，最后得到权重系数的准确性、正确性及科学性在一定程度上依赖于专家的知识水平与实际经验。专家的评估水平与其本身的能力和素质密切相关，其评估水平同时也对评价指标、评估方法及专家权重设计起决定性作用。就专家权重系数的设计而言，不仅涉及专家的学术能力、工作年限、职称，而且专家所处的领域也应对权重产生影响。

专家权重本质上可以看成该专家在其所处领域的影响力程度，这种影响力程度是由多种因素综合作用的结果，因此在确定专家权重时必须考虑专家自身有关因素以及其与评估内容的相关因素。在借鉴已有的研究成果，综合考虑执行的可行性及结果的准确性的基础上，提出指标测评法。这里选择一些主要影响因素作为测评指标，如专家学历、职称、工作年限、工作单位等，给定各影响因素的评判标准及具体评判方法。

1) 专家水平评判标准

选择专家学历、职称、工作年限、工作单位以及是否接触过无砟轨道离缝损伤作为测评的指标体系,并针对每一指标划分若干等级,等级越高分数越高,满分为 10 分,并拟定相应等级的评判标准和标准分。具体设计由表 8-9~表 8-14 给出。

表 8-9 学历评分表

| 标准等级 | 判定标准 | 标准分 |
|---|---|---|
| Ⅰ | 博士 | 10 |
| Ⅱ | 博士在读 | 9 |
| Ⅲ | 硕士 | 8 |
| Ⅳ | 硕士在读 | 7 |
| Ⅴ | 本科 | 6 |
| Ⅵ | 其他 | 5 |

表 8-10 职称评分表

| 标准等级 | 判定标准 | 标准分 |
|---|---|---|
| Ⅰ | 教授或副教授、高级工程师或副高级工程师 | 10 |
| Ⅱ | 工程师、讲师 | 8 |
| Ⅲ | 其他 | 6 |

表 8-11 工作年限评分表

| 标准等级 | 判定标准 | 标准分 |
|---|---|---|
| Ⅰ | 21 年及以上 | 10 |
| Ⅱ | 16~20 年 | 9 |
| Ⅲ | 11~15 年 | 8 |
| Ⅳ | 6~10 年 | 7 |
| Ⅴ | 5 年及以下 | 6 |

表 8-12 工作单位评分表

| 标准等级 | 判定标准 | 标准分 |
|---|---|---|
| Ⅰ | 铁路局、施工单位 | 10 |
| Ⅱ | 科研院所、高校教师、设计院 | 9 |
| Ⅲ | 高校学生 | 8 |
| Ⅳ | 其他 | 7 |

表 8-13　是否接触过无砟轨道离缝损伤评分表

| 标准等级 | 判定标准 | 标准分 |
| --- | --- | --- |
| Ⅰ | 对无砟轨道离缝损伤有过了解 | 10 |
| Ⅱ | 对无砟轨道离缝损伤没有了解 | 5 |

表 8-14　专家水平指标分值表

| 专家水平评判指标 | 学历 | 职称 | 工作单位 | 工作年限 | 是否接触过无砟轨道离缝损伤 |
| --- | --- | --- | --- | --- | --- |
| 分值($P_i$) | $P_1$ | $P_2$ | $P_3$ | $P_4$ | $P_5$ |

2) 专家水平评判标准权重

测评专家影响力的 5 个指标对评判的重要性并不均等,表 8-15 列出了在同一领域专家中,学历、职称、工作单位、工作年限等 5 个指标的权重,五者之和为 1。

表 8-15　专家水平评判标准权重表

| 专家水平评判指标 | 学历 | 职称 | 工作单位 | 工作年限 | 是否接触过无砟轨道离缝损伤 |
| --- | --- | --- | --- | --- | --- |
| 权重($A_i$) | 0.2 | 0.2 | 0.2 | 0.1 | 0.3 |

3) 专家权重计算

一个专家在其所处领域的权重数值等于他的综合水平分值与标准分满分 10 分的比值,具体计算公式如式(8-6)所示:

$$W_t = \frac{\sum_{i=1}^{5} A_i P_i}{P} \tag{8-6}$$

式中,$W_t(t=1,2,\cdots,i)$ 为第 $t$ 个专家的权重,其中 $i$ 为参与评价的专家总数;$P_i(i=1,2,\cdots,5)$ 为第 $t$ 个专家的第 $i$ 个测评指标分数;$A_i(i=1,2,\cdots,5)$ 为第 $i$ 个测评指标的权重;$P$ 为测评指标标准分满分值,此处取值为 10。

2. 问卷的设计与发放

1) 问卷设计原则

在问卷的设置过程中,需满足问卷设置六大设计原则,包括问卷设置的合理性、一般性、逻辑性、明确性、非诱导性、便于整理和分析。

由于本次所涉及的问题专业性较强,较难简单向调查者叙述清楚内容,而设计内容需满足效率原则,即在保证获得同样信息的前提下,选择最简捷的询问方式,因此本课题以图和表格为主、文字为辅的方法进行说明,题型以单选题、排序题为主,本次问卷共包含 8 道题,包括 5 道单选题、1 道多选题、1 道排序题以及 1 道填空题。其中设置 5 道个人信息题,包括调查对象的工作单位、学历、职称、工作年限以及是否接触过无砟轨道离缝损伤等,基于 5 道个人信息题的结果确定专家权重。问卷调查主界面如图 8-21

所示。

图 8-21 问卷调查主界面

2) 问卷调查方式

传统的专家咨询法是通过与专家面谈或设计表格，交予专家进行评分，然后收回统计并进行数据处理。但该方法需要进行回收，效率较低，而通过网络问卷调查的方式可以较好地解决这一问题。使用网络问卷调查进行专家工程状态评分还具备以下几点优势：

(1) 网络问卷调查可以节省时间、人力和体力，调查者可以通过各种平台将问卷传递给专家，包括邮箱、微信朋友圈等，专家不论时间地点，通过手机或计算机均可对所描述的损伤图片进行评估。

(2) 网络问卷调查可以获取大规模专家对损伤的评估，使得评估不拘泥于几个专家手中，这样问卷会更加准确。

(3) 专家评估的结果更容易统计处理和分析。可以利用分析软件进行数据分析，非常简便，避免了对专家评分自行统计和分析处理的过程，既增加了准确性又提高了效率。

3) 问卷具体发放

(1) 问卷预调查。

为了保证问卷的可行性及有效性，在进行正式的问卷调查之前需进行预调查。选取特定的人群发放问卷，记录被调查者的填写花费时间、填写结果、填写感受及具体意见，基于预调查的结果对问卷进行进一步修改和完善，形成正式的调查问卷。

(2) 问卷的发放。

为了得到更好的调查结果，本次调查采取了线上和线下两种调查方式。

线上：通过 QQ、微信等社交软件将问卷以二维码、链接、小程序、邮件等方式发送给被调查者。

线下：通过在工作室、教师办公室发放问卷，让被调查者进行现场填写。

(3) 问卷的宣传。

为了获取有效、可靠及足够数量的问卷，通过朋友圈、各类轨道专业交流群等方式进行宣传，扩大本次调查的范围及本次调查在本专业领域内的知名度。

3. 问卷结果及数据处理

1) 问卷结果

本次共收集问卷结果 439 份，其中有效问卷 437 份，问卷有效率为 99.5%。调查对象主要来自高校、铁路局及设计院，其中包括科研院所 11 份、铁路局 98 份、高校(教师)98 份、施工单位 31 份、设计院 48 份、高校(学生)128 份、其他 23 份。在被调查者群体中，具有博士学位者 98 人，博士在读人员 21 人，硕士学位获得者 83 人。此外，被调查者中包含 80 名教授和副教授，64 名高级工程师和副高级工程师，具体如图 8-22 所示。

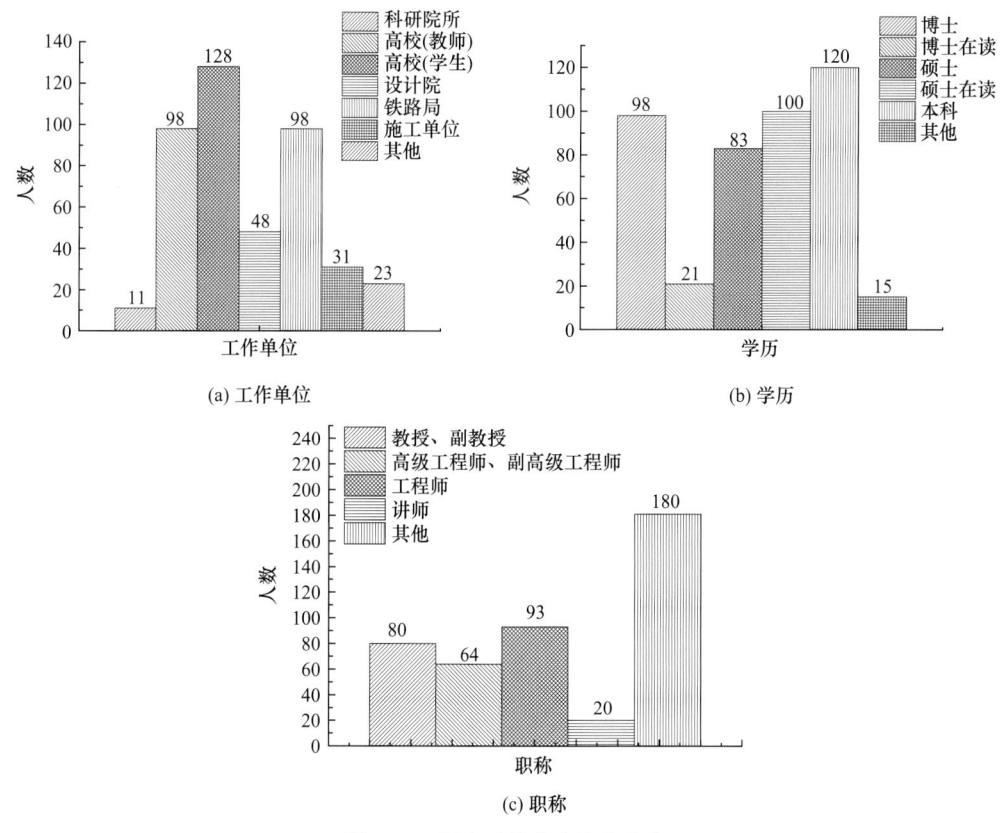

(a) 工作单位

(b) 学历

(c) 职称

图 8-22 调查对象个人信息分布

对排序题(不同位置离缝损伤对无砟轨道影响程度轻重)结果进行统计处理，以平均综合得分的方式表征重要程度，其反映了不同选项的综合排名情况，分数越高表示排序越靠前，计算方法见式(8-7)：

$$\text{选项平均综合得分} = \left(\sum \text{频数} \times \text{权值}\right) / \text{本题填写人次} \tag{8-7}$$

式中，权值由选项被排列的位置而确定。例如，有 3 个选项参与排序，那么排在第一个位置的权值最大(为 1)，第二个位置的权值为 2，第三个位置的权值最小(为 1)，结果如表 8-16 所示。

表 8-16  不同离缝损伤对无砟轨道影响程度

| 离缝类型 | 平均综合得分 |
|---|---|
| 板端离缝 | 2.16 |
| 板中离缝 | 2.12 |
| 板边离缝 | 1.61 |

从表 8-16 中可以看出板边离缝对无砟轨道影响程度最低，板端离缝与板中离缝影响程度均高于板边离缝，其中板端离缝略高于板中离缝。

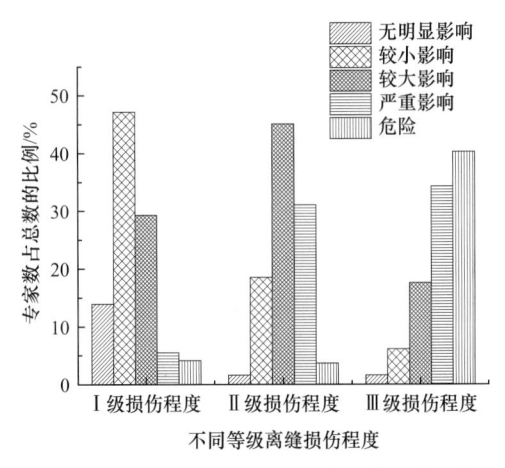

对单选题(在离缝位置相同情况下，不同损伤程度对无砟轨道影响程度)的结果进行统计处理，如图 8-23 所示。图中表明：超过 70%的专家认为离缝 I 级损伤程度对无砟轨道的影响程度为较小影响或者较大影响，其中有 47.14%的专家认为是较小影响，所占比例最高；超过 70%的专家认为离缝 II 级损伤程度对无砟轨道的影响程度为较大影响或者严重影响，其中有 45.08%专家认为是较大影响，所占比例最高；超过 70%的专家认为离缝 III 级损伤程度对无砟轨道的影响程度为严重影响或者危险，其中有 40.27%的专家认为是危险，所占比例最高。可以看出，专家问卷调查结果与实际情况以及模型计算结果相吻合，验证了问卷结果的可靠性。

图 8-23  不同损伤程度对无砟轨道影响程度

2) 数据处理

首先对专家个人信息调查结果进行处理，依据式(8-6)计算得到每一位专家的专家权重，如表 8-17 所示。

表 8-17 专家权重表

| 序号 | 专家权重 | 序号 | 专家权重 | 序号 | 专家权重 | 序号 | 专家权重 |
|---|---|---|---|---|---|---|---|
| 1 | 0.78 | 11 | 0.96 | | | 431 | 0.96 |
| 2 | 0.82 | 12 | 0.82 | | | 432 | 0.82 |
| 3 | 0.78 | 13 | 0.88 | | | 433 | 0.67 |
| 4 | 0.82 | 14 | 0.85 | | | 434 | 0.78 |
| 5 | 0.82 | 15 | 0.63 | ... | ... | 435 | 0.95 |
| 6 | 0.78 | 16 | 0.86 | | | 436 | 0.98 |
| 7 | 0.78 | 17 | 0.78 | | | 437 | 0.90 |
| 8 | 0.67 | 18 | 0.93 | | | | |
| 9 | 0.82 | 19 | 0.96 | | | | |
| 10 | 0.82 | 20 | 0.90 | | | | |

对各位专家的选取结果采用加权平均的方法进行处理，可得出每种类型离缝对无砟轨道的影响权重系数。计算公式如式(8-8)所示：

$$W_j = \frac{\sum W_t f_j}{\sum W_t} \tag{8-8}$$

式中，$W_j$ 为第 $j$ 类离缝损伤对无砟轨道的影响权重系数；$W_t$ 为专家所取权重系数；$f_j$ 为问卷调查所得权重系数。

最终 9 类离缝损伤权重如表 8-18 所示。

表 8-18 各类离缝损伤权重表

| 类型 | 名称 | 损伤程度 | 权重系数 |
|---|---|---|---|
| 1 | | Ⅰ | 0.432 |
| 2 | 板端离缝 | Ⅱ | 0.583 |
| 3 | | Ⅲ | 0.749 |
| 4 | | Ⅰ | 0.413 |
| 5 | 板中离缝 | Ⅱ | 0.572 |
| 6 | | Ⅲ | 0.738 |
| 7 | | Ⅰ | 0.409 |
| 8 | 板边离缝 | Ⅱ | 0.551 |
| 9 | | Ⅲ | 0.707 |

## 8.5 案例分析与实例验证

本节利用 8.4 节得到的离缝评价指标计算方法，基于某两处实际 CRTS Ⅲ 型板式无砟轨道区段的典型离缝损伤检测数据进行实例计算，根据得到的 IEI 评分计算结果，给出养护维修决策方案。并利用有限元软件进行模拟,将模拟结果与实例计算结果进行对比,验证该离缝评价指标计算方法的可靠性。

### 8.5.1 案例分析

为了对层间离缝评价指标计算方法进行验证,本节基于某两处实际 CRTS Ⅲ 型板式无砟轨道典型离缝损伤检测数据,结合上述给出的离缝权重,计算出各自检测单元的 IEI,并给出相应评价单元养护维修决策方案。

1. 案例 1

案例 1 具体离缝损伤以及简化示意图如图 8-24 所示,各类离缝损伤面积及检测面积如表 8-19 所示。

(a) 实际区段部分离缝损伤　　(b) 离缝损伤简化示意图

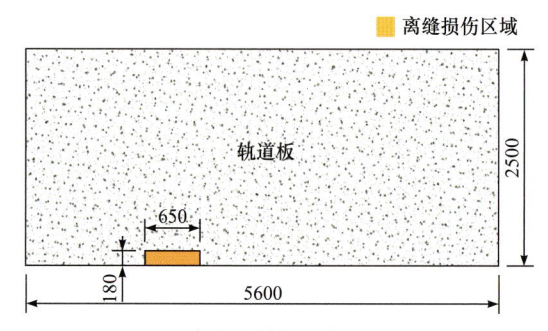

图 8-24　案例 1 评价单元内离缝损伤示意图(单位:mm)

**表 8-19　案例 1 离缝损伤实际面积及评价单元检测面积**

| 类型 | 名称 | 损伤程度 | 实际损伤面积 $S_j/\text{m}^2$ | 检测面积 $S/\text{m}^2$ |
|---|---|---|---|---|
| 1 |  | Ⅰ | 0 |  |
| 2 | 板端离缝 | Ⅱ | 0 |  |
| 3 |  | Ⅲ | 0 |  |
| 4 |  | Ⅰ | 0 |  |
| 5 | 板中离缝 | Ⅱ | 0 | 14 |
| 6 |  | Ⅲ | 0 |  |
| 7 |  | Ⅰ | 0 |  |
| 8 | 板边离缝 | Ⅱ | 0.117 |  |
| 9 |  | Ⅲ | 0 |  |

将上述 $S_j$、$S$ 的具体数值以及各权重系数代入式(8-3),计算得到离缝率(IR)为 0.46%,再将 IR 代入式(8-5)得到该区段的 IEI 得分为 86.08,对照表 8-7,即离缝影响指数评定标准及维修建议表可知,该检测区段位于"良"的技术等级,需进行临时补修。

2. 案例 2

为了更方便实际计算,本小节将实际区段离缝损伤进行合理简化,其中案例 2 具体离缝损伤及简化示意图如图 8-25 所示,各类离缝损伤面积及检测面积如表 8-20 所示。

(a) 实际区段部分离缝损伤

(b) 离缝损伤简化示意图

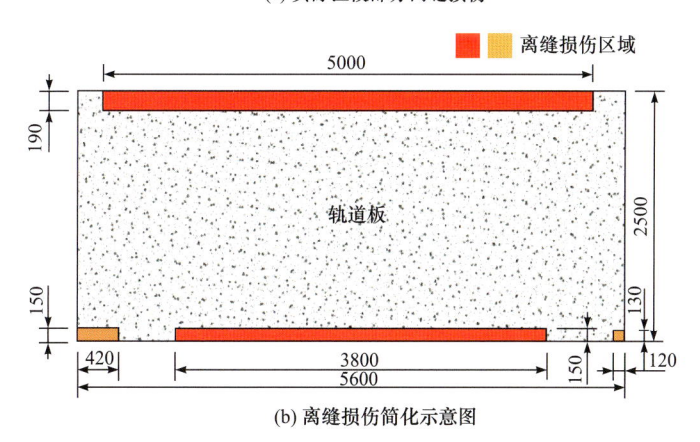

图 8-25 案例 2 评价单元内离缝损伤示意图(单位:mm)

表 8-20 案例 2 离缝损伤实际面积以及评价单元检测面积

| 类型 | 名称 | 损伤程度 | 实际损伤面积 $S_j/m^2$ | 检测面积 $S/m^2$ |
|---|---|---|---|---|
| 1 | 板端离缝 | Ⅰ | 0 | |
| 2 | 板端离缝 | Ⅱ | 0.0786 | |
| 3 | 板端离缝 | Ⅲ | 0 | |
| 4 | 板中离缝 | Ⅰ | 0 | |
| 5 | 板中离缝 | Ⅱ | 0 | 14 |
| 6 | 板中离缝 | Ⅲ | 0 | |
| 7 | 板边离缝 | Ⅰ | 0 | |
| 8 | 板边离缝 | Ⅱ | 0 | |
| 9 | 板边离缝 | Ⅲ | 1.520 | |

同上述案例 1 的计算过程,将上述 $S_j$、$S$ 的具体数值及 8.4.3 节计算的各类离缝损伤权重系数代入式(8-3),计算得到离缝率(IR)为 8.0%,再将 IR 代入式(8-5)得到该区段的

IEI 得分为 61.61，对照表 8-7，即离缝影响指数评定标准及维修建议表可知，该检测区段位于"中"的技术等级，此时无砟轨道质量状况不良，需要进行及时的修补，由于 IEI 接近"差"的技术等级，可考虑对该区段无砟轨道进行综合维修。

通过对比分析案例 1 与案例 2 两种情况，可知案例 2 产生了板边离缝和板端离缝，案例 1 仅出现了板边离缝，且案例 2 中产生的离缝面积也大于案例 1 中的损伤面积，最后 IEI 得分结果显示了案例 2 较案例 1 更为严重，这在一定程度上证明了 8.3 节的结论，即板端离缝对无砟轨道的受力与位移影响最大，在实际工程中应当重点关注板端离缝的产生。

### 8.5.2 实例验证

为了验证 8.5.1 节计算结果的可靠性，对案例 1、案例 2 中的层间离缝损伤情况在有限元软件中进行模拟，其中模型参数以及离缝模拟方法如 8.3.1 节所示，模型计算结果云图如图 8-26 所示。

图 8-26 显示了案例 1 与案例 2 的垂向位移及纵向拉应力，为了更好地对比分析案例 1 与案例 2 离缝损伤影响情况，将两案例的 IEI 得分以及模型计算得到的最大拉应力和垂向位移结果列出，具体如表 8-21 所示。

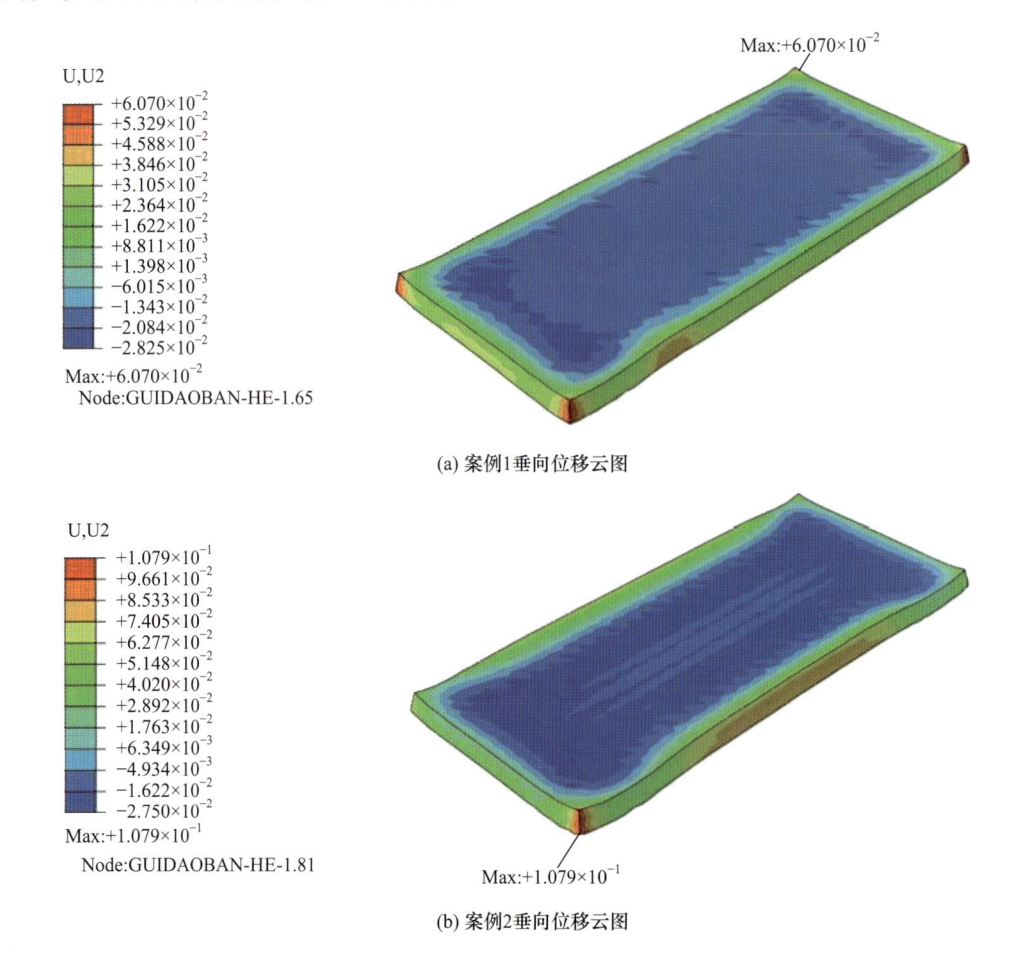

(a) 案例1垂向位移云图

(b) 案例2垂向位移云图

(c) 案例1纵向拉应力云图

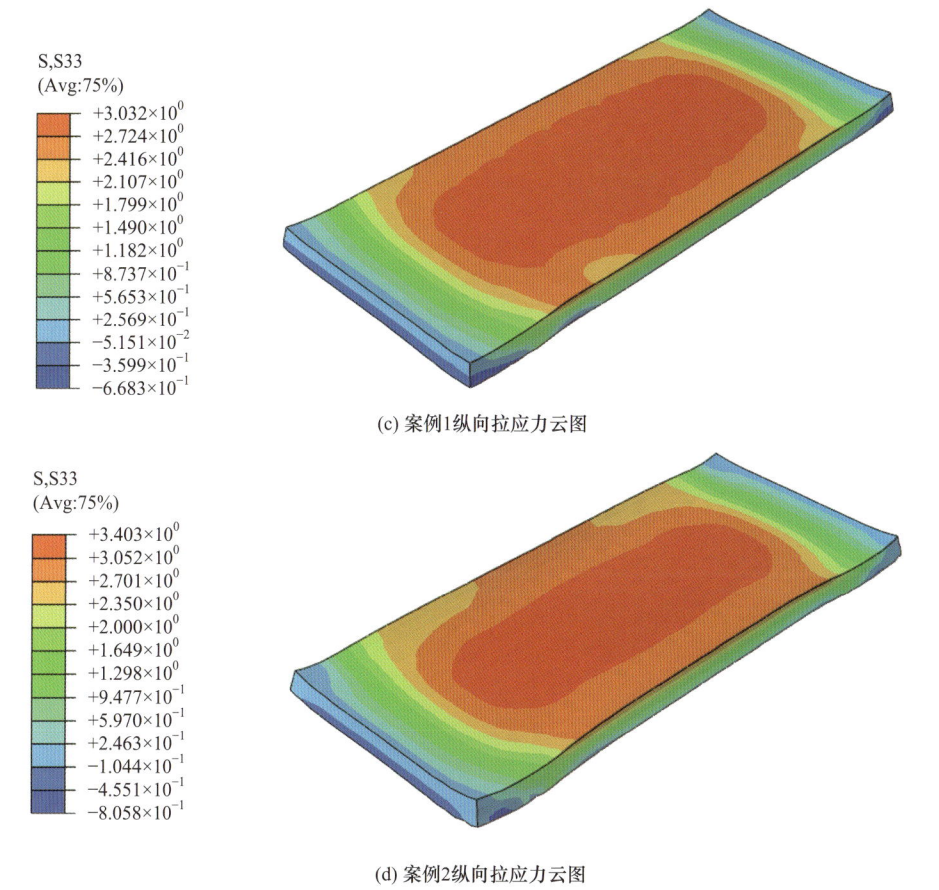

(d) 案例2纵向拉应力云图

图 8-26 案例 1、2 计算结果云图

表 8-21 案例 1、2 有限元计算结果

| 案例 | IEI 得分 | 模型计算结果 |||
|---|---|---|---|---|
| | | 纵向拉应力/MPa | 横向拉应力/MPa | 垂向位移/mm |
| 案例 1 | 86.08 | 3.032 | 2.636 | 0.061 |
| 案例 2 | 61.61 | 3.403 | 2.928 | 0.108 |

由表 8-21 可知，案例 2 与案例 1 相比，纵、横向拉应力以及垂向位移均有所增大，其中垂向位移增加幅度最大，增大了 77.0%，说明案例 2 离缝损伤情况较案例 1 更为严重，IEI 得分也符合这一规律，在一定程度上验证了离缝影响指数公式计算结果的可靠性。

## 8.6 本 章 小 结

高速铁路板式无砟轨道在列车重复荷载和环境荷载的耦合作用下，轨道部件难以避免产生各种病害,如轨道层间离缝、路基不均匀沉降等。本章针对CRTSⅢ型板式无砟轨道出现的轨道板与自密实混凝土层间离缝问题,利用有限元模型分析了层间离缝对轨道结构受力的影响,基于数值分析结果,结合现场损伤情况及现有规范,对层间离缝进行了合理分类,提出一套适合CRTSⅢ型板式无砟轨道层间离缝的评价指标计算方法,并应用于实际案例,给出合理的养护维修决策方案。得出主要结论如下:

(1) 施工时养护条件、自密实混凝土灌注不饱满、温度梯度荷载作用下轨道板翘曲变形、列车荷载等均会影响轨道板与自密实混凝土的黏结状态,自密实混凝土离缝的产生和发展通常为多种因素共同作用的结果。

(2) 在列车荷载与温度梯度荷载组合作用下,轨道板的受力变形均大于单独列车荷载作用情况,且负温度梯度荷载对轨道板的拉应力影响较大,正温度梯度荷载对轨道板的压应力与垂向位移影响较大。在组合荷载作用下,板端离缝对无砟轨道的受力与位移影响最大,在实际工程中应当重点关注板端离缝的产生,对产生的板端离缝损伤应及时发现、尽早维修。

(3) 层间离缝横向贯通,轨道板横向拉应力随离缝长度增加先增大后减小,并在离缝长度等于1000mm时,达到最大值3.635MPa。层间离缝长度取1m,轨道板横向拉应力随离缝宽度增加先增大后减小,并在离缝宽度等于350mm时,达到最大值3.589MPa。因此,在实际工程中应重点关注宽度大于350mm、长度大于1000mm的离缝损伤。

(4) 在列车荷载与温度梯度荷载组合作用下,考虑对轨道板应力与位移的综合影响,板端与板边离缝组合对轨道板的综合影响大于板端与板中离缝组合、板中与板边离缝组合情况。

(5) 基于CRTSⅢ型板式无砟轨道层间离缝的现场损伤情况,结合高速铁路CRTSⅢ型板式无砟轨道的结构特点及结构受力规律,参考现有的规范将轨道板与自密实混凝土层间离缝损伤分为9类;提出了离缝影响指数(IEI)来综合评价离缝损伤对无砟轨道的影响,并给出具体的计算公式;提出离缝影响指数评定标准,采用"评分扣分制",将IEI得分的技术等级分为4个级别,分别是优≥90、90>良≥80、80>中≥60、差<60,并给出相应的维修建议。

(6) 采用德尔菲法确定层间离缝损伤影响权重,通过问卷调查获取来自高校、铁路局及设计院等工作单位437份专家调查问卷结果,并对问卷结果进行处理。首先利用指标测评法确定了不同专家的专家权重系数,然后结合问卷处理得到的层间离缝初步指标权重,得到最终的各层间离缝损伤指标影响权重系数。

(7) 将层间离缝影响指数计算方法应用于实际案例,得到案例1与案例2的IEI得分分别为86.08和61.61,对照离缝影响指数评定标准及维修建议表可知其分别处于"中"和"良"的技术等级。因此,案例1需要进行经常性养护,由于IEI得分接近"差"的技术等级,可考虑对该区段无砟轨道进行综合维修,而案例2只需进行临时补修。利用有限元软件对案例1和案例2离缝损伤情况进行模拟计算,得到模型计算结果与IEI得分规律相符合,在一定程度上验证了层间离缝影响指数计算方法的可靠性。

## 参 考 文 献

[1] 赵坪锐. 客运专线无砟轨道设计理论与方法研究[D]. 成都: 西南交通大学, 2008.
[2] 苗壮, 何越磊, 路宏遥, 等. 基于机器视觉的无砟轨道层间结构位移测量方法研究[J]. 铁道标准设计, 2020, 64(4): 77-83.
[3] 寇东华. 基于多传感器集成的无砟轨道轨道板裂缝与离缝自动检测装置[J]. 中国铁路, 2020, (4): 93-99.
[4] 刘亮, 孙坤, 李邦旭. 采用冲击回波法检测CRTS Ⅲ型板式无砟轨道离缝的研究[J]. 铁道建筑, 2018, 58(4): 122-125.
[5] 李邦旭, 刘亮, 孙坤. 板式无砟轨道离缝病害无损检测方法试验研究[J]. 铁道建筑, 2018, 58(2): 121-124.
[6] 陈维亚, 李嘉佳, 康梓轩. 考虑可执行度的地铁服务质量提升策略研究[J]. 铁道科学与工程学, 2022, 19(7): 2090-2099.
[7] 付俊俊. 基于德尔菲法的轨道交通桥梁关键检测指标研究[J]. 公路与汽运, 2022, (1): 147-150.
[8] 张磊. 混凝土层裂强度的研究[D]. 合肥: 中国科学技术大学, 2006.
[9] 权长青. 混杂纤维高强混凝土层裂性能研究[D]. 广州: 广州大学, 2016.
[10] 王志亮, 李洋, 阳栋. C75混凝土动态层裂强度试验研究[J]. 建筑材料学报, 2014, 17(4): 695-699.
[11] Cochran S, Banner D. Spall studies in uranium[J]. Journal of Applied Physics Physics, 1977, 48(7): 2729-2737.
[12] Johnson J N, Gray III G T, Bourne N K. Effect of pulse duration and strain rate on incipient spall fracture in copper[J]. Journal of Applied Physics, 1999, 86(9): 4892-4901.
[13] Curran D R, Seaman L. Dynamic failure of solids[J]. Physics Reports, 1987, 147(5,6): 253-388.
[14] Johnson G R, Cook W H. Fracture characteristics of three metals subjected to various strains, strain rates, temperatures and pressures[J]. Engineering Fracture Mechanics, 1985, 21(1): 31-48.
[15] Davison L, Stevens A L. Continuum measures of spall damage[J]. Journal of Applied Physics, 1972, 43(3): 988-994.
[16] Bai Y L, Bai J, Li H L, et al. Damage evolution, localization and failure of solids subjected to impact loading[J]. International Journal of Impact Engineering, 2000, 24: 685-701.
[17] 班霞. 温度作用下CRTS Ⅱ型无砟轨道结构体系的性能分析[D]. 长沙: 中南大学, 2012.
[18] 刘钰, 陈攀, 赵国堂. CRTS Ⅱ型板式无砟轨道结构早期温度场特征研究[J]. 中国铁道科学, 2014, 35(1): 1-6.
[19] 刘明明. CRTS Ⅲ型板式无砟轨道层间离缝评价指标研究[D]. 成都: 西南交通大学, 2021.
[20] 王宇航, 王继军. CRTS Ⅲ型板式无砟轨道结构的多尺度有限元模型[J]. 铁道科学与工程学报, 2015, 12(3): 468-474.
[21] Evgeny G, Stoianoff Natalie P. Applying the Delphi method as a research technique in tax law and policy[J]. Australian Tax Forum, 2015, 30(1): 179-204.
[22] Saldin L, Healey M, Parker K. Managing project uncertainty: The Delphi method[J]. Journal of Petroleum Technology, 2016, 68(3): 56-59.
[23] Zhu K J, Jing Y, Chang D Y. A discussion on extent analysis method and applications of fuzzy AHP[J]. European Journal of Operational Research, 1999, 116(2): 450-456.
[24] Zheng D L, Yu L J, Wang L Z. Decision-making method for building energy efficiency retrofit measures based on an improved analytic hierarchy process[J]. Journal of Renewable and Sustainable Energy, 2019, 11(4): 045101.

[25] Kara Y. Quality of life measurement: The application of analytic hierarchy process method[J]. Avrasya Sosyal ve Ekonomi Araştırmaları Dergisi, 2019, 6(3): 659-665.

[26] Cui F H, Kim M, Park C, et al. Application of principal component analysis (PCA) to the assessment of parameter correlations in the partial-nitrification process using aerobic granular sludge[J]. Journal of Environmental Management, 2021, 288: 112408.

[27] Malinowski P H, Wandowski T, Singh S K. Employing principal component analysis for assessment of damage in GFRP composites using electromechanical impedance[J]. Composite Structures, 2021, 266: 113820.

[28] Casal C A, Losada J L, Barreira D, et al. Multivariate exploratory comparative analysis of LaLiga teams: Principal component analysis[J]. International Journal of Environmental Research and Public Health, 2021, 18(6): 3176.

[29] Fellner K, Prager W, Tang B Q. The entropy method for reaction-diffusion systems without detailed balance: First order chemical reaction networks[J]. Kinetic & Related Models, 2017, 10(4): 1055-1087.

[30] Gao Y. An entropy method for fuzzy group decision-making problems under fuzzy random information[J]. International Journal of Applied Mathematics and Statistics, 2013, 43(13): 224-231.

# 第9章 无砟轨道开裂状况评估方法

## 9.1 概 述

目前,我国在高速铁路维护方面,一般依据国家于2012年颁布的《高速铁路无砟轨道线路维修规则(试行)》[1]和我国长期使用的轨道质量指数(TQI)作为维修参考规范,该指数采用200m轨道区段作为单元区段,分别计算单元区段内轨距、水平、三角坑、左高低、右高低、左轨向、右轨向7项几何参数标准差并求和,用以反映轨道状态的恶化程度,指导高速铁路无砟轨道的养护维修。然而,TQI未考虑道床开裂情况,国内尚未形成一套较全面的针对无砟轨道质量状况的评估方法。

无砟轨道结构中轨道板、自密实混凝土层和底座板都可能在施工或运营中出现裂缝(图9-1~图9-4),而裂缝的出现势必对无砟轨道的耐久性和使用寿命产生不利影响。

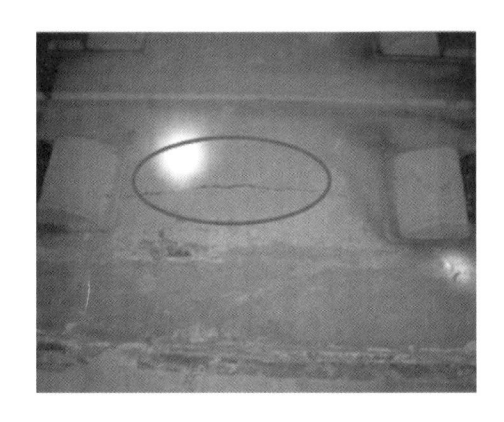

图 9-1 承轨台间断缝

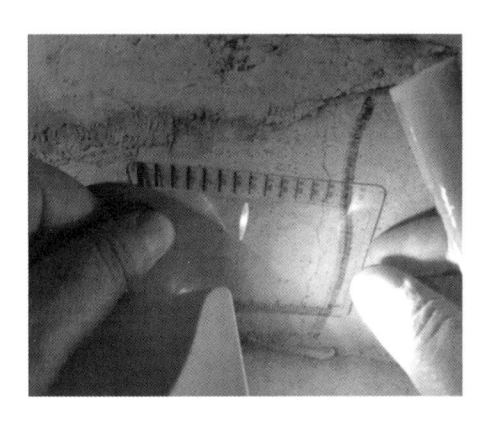

图 9-2 自密实混凝土垂向裂缝

图 9-3 底座板纵向开裂

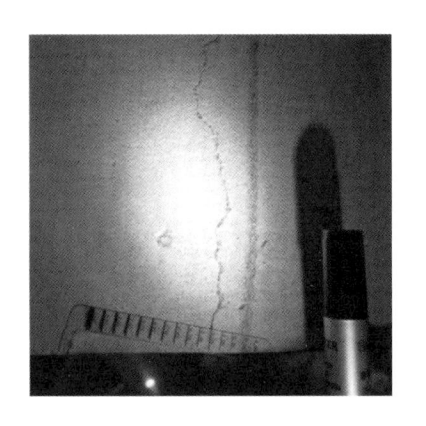

图 9-4 桥梁地段底座裂缝

因此，为实现对无砟轨道的开裂损伤管理，亟须在现有研究的基础上，针对板式无砟轨道结构常见的表面开裂损伤情况，研究制定合理的开裂状况评判指标和量化评定标准，以达到定量分析无砟轨道开裂严重程度的目的，实现科学合理地指导线路养护维修。

### 9.1.1 无砟轨道开裂状况评估方法研究现状

我国于 20 世纪 90 年代提出"状态修"的概念和 TQI 的计算方法[2, 3]，并制定了相应的标准。对于有砟轨道，TQI 能综合评价线路整体质量，以便于合理编制区段线路的综合维修计划，指导整修和大机作业，因此在对无砟轨道的质量状况进行评价时依然沿用了此方法。然而，TQI 虽然能较好地反映无砟轨道的平顺性，但不能及时反映钢轨以下无砟轨道的开裂损伤情况，下部结构的损伤程度同样会影响无砟轨道的整体性能。所以单一的评价指标体系已经不能满足高速铁路高平顺性、高舒适度的要求[4]。

为指导高速铁路无砟轨道的养护维修，我国于 2012 年颁布的《高速铁路无砟轨道线路维修规则(试行)》对无砟轨道的损伤进行了分类，初步提出了 3 级维修指标，并对不同损伤提出相应的修复方法。该规范对 CRTS Ⅰ型板式，CRTS Ⅱ型板式、双块式无砟轨道进行了损伤分类，并提出了损伤等级判定标准，但是缺乏针对 CRTS Ⅲ型板式无砟轨道的维修细则。此外，该规范在无砟轨道裂缝损伤的划分和定级方面仅提出对单一裂缝宽度超限的规定，而缺乏考虑在开裂宽度未超限但裂缝数量较多的情况下如何评定裂缝的损伤程度。

随着大量铺设 CRTS Ⅲ型板式无砟轨道的高速铁路的开通运营，相关部门也在修订和完善相关的维修细则。在由中国铁道科学研究院牵头完成的 CRTS Ⅲ型板式无砟轨道服役状态评估及维护技术研究中[5]，就通过对国内多条正在运营的 CRTS Ⅲ型板式无砟轨道线路开展了实地调研，并根据《高速铁路无砟轨道线路维修规则(试行)》对 CRTS Ⅲ型板式无砟轨道的损伤进行了分级并制定了维修细则。

但以上维修规则中提出的指标往往针对单个损伤类型定义，对损伤指标的评估也仅为定性分析，对无砟轨道表面裂缝的开裂损伤等级评定通常都局限于通过裂缝的宽度进行划分，对裂缝长度、开裂形式、裂缝位置等因素考虑不足。为进一步提高中国高速铁路工务设备管理维护的效率，铁路工务作业未来的发展趋势是实现包括轨道动态检查和设备静态检查的智能化检测与监测，做到全寿命周期的信息化管理[6]。因此，进一步改进和完善无砟轨道开裂状态评估方法并用于指导 CRTS Ⅲ型板式无砟轨道的检测维修是当前的一个重要方向。

### 9.1.2 本章主要内容及研究思路

1. 本章主要内容

本章以 CRTS Ⅲ型板式无砟轨道为研究对象，基于对运营中的 CRTS Ⅲ型板式无砟轨道的开裂损伤调研资料和现行无砟轨道维修规范，提出 CRTS Ⅲ型板式无砟轨道开裂状况评估方法，然后采用数值模拟的方式对含表面裂缝的 CRTS Ⅲ型板式无砟轨道开展开裂损伤分析，之后采用德尔菲法-区间层次分析法确定各指标参数的权重，以得到能定量分析和评估无砟轨道开裂严重程度的指标，实现对 CRTS Ⅲ型板式无砟轨道的开裂损伤管理。本章的主要内容如下：

(1) 阐明研究 CRTS Ⅲ型板式无砟轨道开裂状况评价指标的必要性和现实意义,对我国现行无砟轨道的质量状况评定相关规范和研究成果进行介绍。

(2) 根据对无砟轨道表面裂缝的调研资料,定义 6 种裂缝形式,建立 CRTS Ⅲ型板式无砟轨道开裂状况评价指标。

(3) 基于线弹性断裂力学基础选取 3 种形式的裂缝并开展裂缝扩展性分析,基于弹性模量折减法分析无砟轨道不同部件(轨道板、自密实混凝土、底座板)开裂损伤对道床整体的受力影响。

(4) 根据研究需要制作专家调查问卷,通过微信、电子邮箱等方式进行专家咨询并收到 437 份有效调查问卷以获取无砟轨道研究领域内各专家在实际工程方面的经验与意见。

(5) 结合由德尔菲法获取的专家意见和数值模拟的计算结果,引入区间层次分析法建立结构层次,求取开裂状况评价指标中各参数的权重,最后将评估方法应用到工程实例中,用以检验提出的开裂状况评估方法的合理性。

2. 研究思路

本章在利用德尔菲法获取专家意见和采用数值模拟分析开裂损伤的基础上,采用区间层次分析法开展 CRTS Ⅲ型板式无砟轨道开裂状况评估方法研究,本章研究思路如图 9-5 所示。

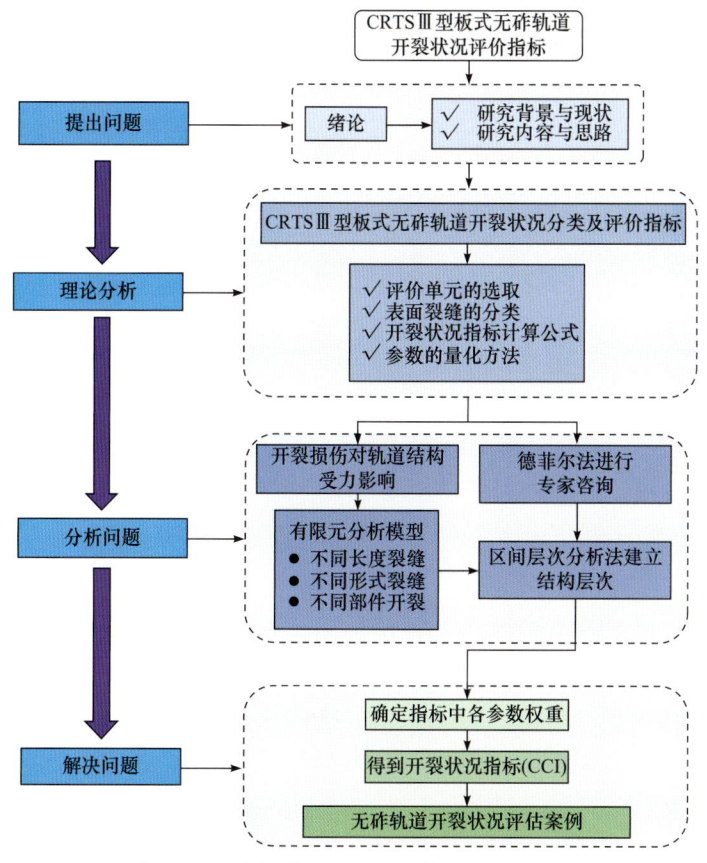

图 9-5 无砟轨道开裂状况评估方法研究思路

## 9.2 无砟轨道开裂状况分类及评价指标

本节首先针对 CRTS Ⅲ型板式无砟轨道结构确定评价单元的选取规定[7]；然后根据国内已开通运营的 CRTS Ⅲ型板式无砟轨道的调研资料，对无砟轨道表面裂缝的开裂形式进行划分，并对裂缝检测与识别技术的应用与发展进行介绍；之后提出开裂状况指标的概念并初步建立计算方法；最后对如何确定开裂状况指标中各参数的权重提出量化方法，以引出后文对确定权重方法的研究。

### 9.2.1 无砟轨道评价单元选取

为了提出具有科学性和合理性的 CRTS Ⅲ型板式无砟轨道开裂状况评价指标，首先需要明确评价单元的划分规定以及开展对无砟轨道表面裂缝形式的调研。评价单元是评定无砟轨道开裂状况的最小路段长度，参考 TQI 选取 200m 区段内的轨道为一个单元进行划分后再评定，对无砟轨道的开裂也需要规定一个标准长度的轨道结构作为一个评价单元，以便于对无砟轨道的开裂状态进行规范的单元化管理来指导维修保养。

由于 CRTS Ⅲ型板式无砟轨道在路基、桥梁、隧道地段的构造存在部分差异，本章在研究 CRTS Ⅲ型板式无砟轨道评价指标时，选取 32m 简支梁桥上一般铺设的单块 P5600 型轨道板所对应的 CRTS Ⅲ型板式无砟轨道长度作为一个评价单元，具体的研究单元尺寸为：轨道板宽度 2500mm、厚度 200mm、长度 5600mm，自密实混凝土层长度 5600mm、宽度 2500mm、厚度 90mm，底座板宽度 2900mm、长度 5650mm、厚度 200mm(含 4mm 厚土工布)。32m 简支梁桥上局部长度 CRTS Ⅲ型板式无砟轨道俯视图、侧视图如图 9-6、图 9-7 所示。

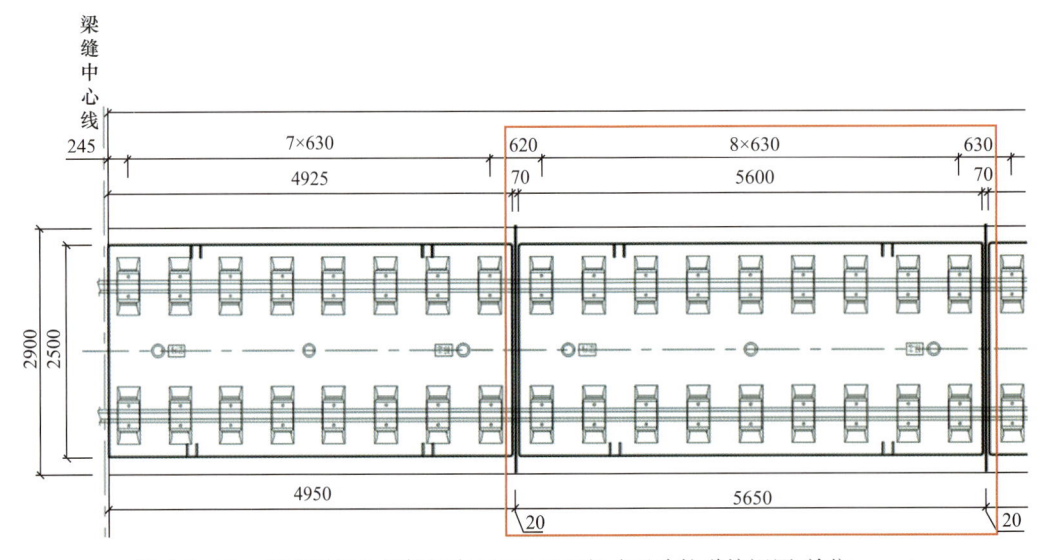

图 9-6 32m 简支梁桥上局部长度 CRTS Ⅲ型板式无砟轨道俯视图(单位：mm)

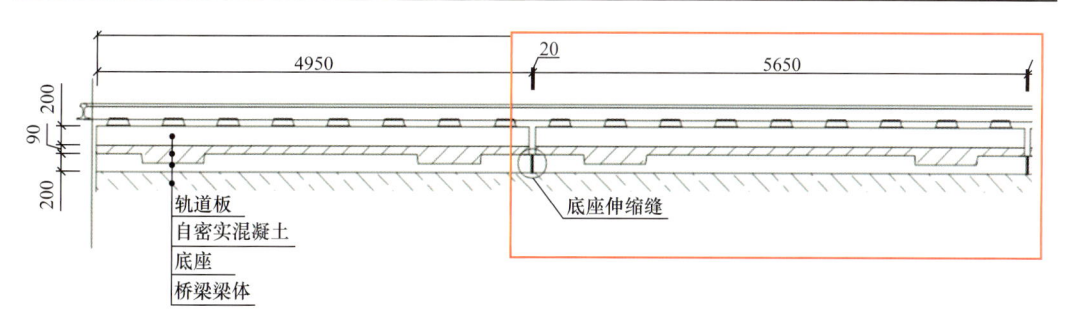

图 9-7　32m 简支梁桥上局部长度 CRTS Ⅲ 型板式无砟轨道侧视图(单位：mm)

在对无砟轨道进行检测与质量状况评估时，选取单块 P5600 型轨道板长度范围所对应的 CRTS Ⅲ 型板式无砟轨道作为一个评价单元，其范围取评价单元长度内整个无砟轨道的表面，其中轨道板包括上表面和前后左右四个侧面，自密实混凝土层包括前后左右四个侧面，底座板包括沿线路方向左右两个侧面和左右两侧超出轨道板宽度范围而裸露出来的上表面。CRTS Ⅲ 型板式无砟轨道检测与评价单元的三维图和三视图如图 9-8～图 9-11 所示。

图 9-8　检测与评价单元的三维图

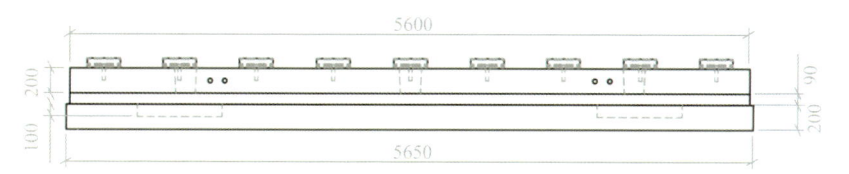

图 9-9　检测与评价单元的侧视图(单位：mm)

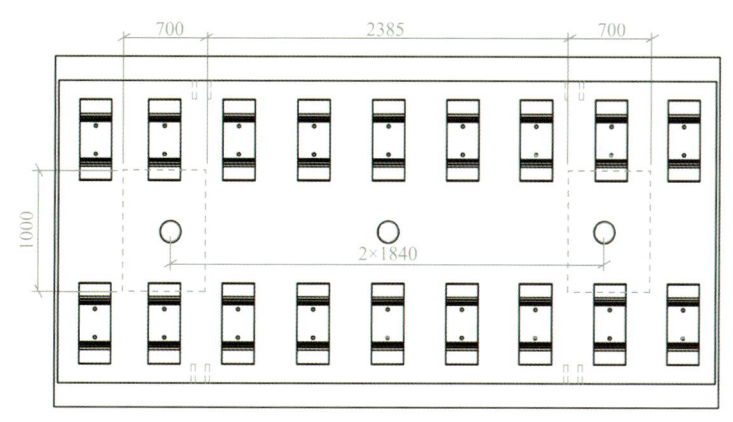

图 9-10　检测与评价单元的俯视图(单位：mm)

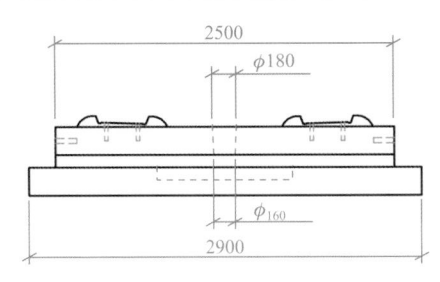

图 9-11 检测与评价单元的正视图(单位：mm)

根据无砟轨道的三视图，可分别计算出一个评价单元中轨道板、自密实混凝土层、底座板的表面积。计算表面积时，承轨台的表面积近似为承轨台底面积的大小，忽略灌注孔、螺栓吊孔、锚穴等所占的面积。

轨道板的表面积为

$$2500 \times 5600 + 2 \times 2500 \times 200 + 2 \times 200 \times 5600 = 17240000(\text{mm}^2) = 17.24(\text{m}^2)$$

自密实混凝土层的表面积为

$$2 \times 90 \times 5600 + 2 \times 90 \times 2500 = 1458000(\text{mm}^2) = 1.458(\text{m}^2)$$

底座板的表面积为

$$5650 \times 2 \times 200 + 2 \times 200 \times 5650 = 4520000(\text{mm}^2) = 4.52(\text{m}^2)$$

因此，整个无砟轨道评价单元的表面积为

$$17.24 + 1.458 + 4.52 = 23.218(\text{m}^2)$$

### 9.2.2 无砟轨道表面裂缝的检测识别与分类

高速铁路无砟轨道混凝土出现裂缝，会导致无砟轨道的承载能力、耐久性下降，影响高速铁路无砟轨道的使用寿命，损伤严重的路段将会影响高速铁路的正常运营，对行车安全产生极大威胁[8]。在对无砟轨道开裂状况进行评价时，因不同开裂形式的裂缝对无砟轨道产生的影响程度不同，所以需要对裂缝形式进行划分。本节在对国内高速铁路无砟轨道表面裂缝进行充分调研的基础上，对裂缝的形式进行合理的划分。

#### 1. 无砟轨道表面裂缝的检测与识别方法

在对无砟轨道开裂状况进行评估前，需要对道床表面裂缝进行检测和识别以获取裂缝各项信息与参数。裂缝检测一般包含裂缝的形式、位置、走向、宽度、长度等，以记录裂缝发生及变化的时间过程，判断裂缝是否稳定。裂缝检测的一般步骤如下[9]：①绘制裂缝分布图；②绘制裂缝外形图；③测定裂缝宽度、长度等参数；④观测裂缝发展情况。

CRTS Ⅲ型板式无砟轨道线路检查应坚持"动态检查为主，动、静态检查相结合，结构检查与几何尺寸检查并重"的原则。道床损伤检查应按照轨道结构不同部件(轨道板、自密实混凝土、底座)进行检查并分类记录，针对每块轨道板建立裂缝数据库[2]。动态检查应采用综合检测列车、车载式线路检查仪等检测设备对线路进行周期性检查，无砟轨道裂缝分布状况宜采用自动化检测设备进行采集，检测设备应能分辨约 0.1mm 的混凝土裂缝，识别率应达到 90%以上，每 6 个月检测一次。

目前，较成熟的混凝土裂缝的无损检测方法有超声波法、冲击回波法、弹性波计算机断层扫描(computed tomography，CT)法、红外热成像法等[10,11]。其中，弹性波 CT 法能够简单、迅速地检测结构内部混凝土的强度[12]，能够在服役期针对无砟轨道底座板混凝土结构进行状态检测，但较难达到自动化检测的水平，且检测成本较高。为了无砟轨道表面裂缝检测的便捷性和检测效率，利用基于图像处理的轨道板裂缝检测技术能有效地检测出裂缝存在的位置[13,14]；采用基于图像识别和线结构激光测量技术研制的轨道板裂缝自动检测装置，能通过图像智能处理技术来自动识别轨道板裂缝，实践表明该装置可大幅提高轨道板裂缝的检测效率和识别准确度[15]。

随着基于图像/信号处理的无砟轨道多层次损伤识别技术的发展，无砟轨道表面裂缝的检测与识别也向着机器自动检测和智能化识别的方向不断发展。为了更好地获取裂缝的开裂形式、长度、宽度等信息以用于开裂状况评估，同时减少人工检测和识别情况下的效率低下、精准度低等问题，可通过电荷耦合器件(charge coupled device，CCD)相机、车载巡检系统等手段得到构件表面高精度三维图像，运用卷积神经网络的无砟轨道裂缝自动化检测与分类技术[16]，水平集的活动轮廓模型的轨道板裂缝识别方法[17]，三维光影模型的无砟轨道表面裂缝三维图像自动识别算法等技术手段[18]，提高轨道结构表面裂缝自动识别的准确率。

因此，随着高速铁路轨道表面损伤检测与识别技术的进一步发展，能满足对不同裂缝形式的归类，采集高精度的裂缝长度、宽度等数据信息，无砟轨道开裂损伤的管理效率就能得到进一步提高。

2. 无砟轨道表面裂缝调研

无砟轨道为钢筋混凝土结构，其裂缝的种类一般分为结构型裂缝、材料型裂缝以及其他形式的裂缝[19]。结构型裂缝主要由外荷载作用引起，致使混凝土内部拉应力超过混凝土极限抗拉强度而产生的裂缝，因此又称荷载裂缝。材料型裂缝又称非荷载裂缝，是由于混凝土自身或结构变形时受到内外约束产生的拉应力超限而导致开裂。无砟轨道的材料型裂缝一般包括塑性塌落裂缝、收缩裂缝、锈蚀裂缝、化学反应膨胀裂缝、温度裂缝和冻胀裂缝等[20]。

通常情况下，裂缝会削弱无砟轨道混凝土的抗渗性，进而对结构的耐久性和使用寿命产生不良影响。特别是材料型裂缝如收缩裂缝、温度裂缝最终会扩展成贯通裂缝(图 9-12)，降低混凝土结构的抗渗性，从而导致雨水、氯离子、二氧化碳等物质加速侵入结构内部，造成结构的进一步开裂。

文献调研发现，底座板较易产生横向贯通裂缝[21]，温度裂缝易发展成贯通裂缝，在实际工程中危害较大[22]。通过对我国已开通运营的 CRTS Ⅲ 型板式无砟轨道线路的调研，发现底座板混凝土开裂现象较为普遍，路基段底座混凝土开裂要多于桥梁段。底座板混凝土开裂多沿底座板横向贯通，也有未贯通的垂向开裂[23](图 9-13)。

图 9-12 底座板横向贯通裂缝

图 9-13 CRTS Ⅲ型板式无砟轨道底座板裂缝

作为现浇混凝土结构,双块式无砟轨道的道床板中间会产生横向或斜向的裂缝,裂缝不贯通道床板。各种类型的无砟轨道底座多出现间距为 5～15m 的横向贯通裂缝,有少数区域在离道床边 10cm 处的表面会出现宽度达 0.5mm 的纵向裂缝[19](图 9-14)。类似地,无砟轨道表面也可能出现与沥青混凝土路面的开裂损坏相似的龟裂(图 9-15)、块状裂缝、纵向裂缝和横向裂缝等形式[24]。

中国铁道科学研究院对我国运营的高速铁路 CRTS Ⅲ型板式无砟轨道服役状态进行了调研,涵盖盘营客专、西宝客专(试验段)、武冈城际、郑徐客专等线路,结果显示:CRTS Ⅲ型板式无砟轨道板基本满足正常运营荷载下不开裂设计,部分轨道板出现的裂缝多为轨道板板底的收缩裂缝及起吊套管、预应力筋锚穴周边的放射状裂缝(图 9-16);自密实混凝土垂向裂缝在路基和桥梁地段均普遍存在(图 9-17),裂缝大多由上向下发展,宽度较小,通常是由于自密实混凝土自身收缩受轨道板板底约束所致;底座裂缝主要包括限位凹槽四角开裂发展至底座贯通裂缝及底座中部横向开裂[25]。

图 9-14　纵向裂缝　　　　　　　　　图 9-15　龟裂

图 9-16　轨道板板侧放射状裂缝

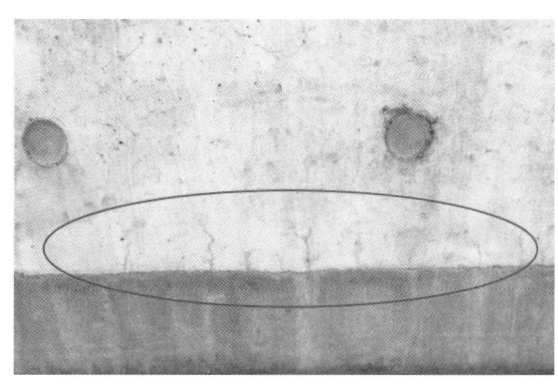

图 9-17　郑徐客专轨道板及自密实混凝土垂向裂缝

## 3. 无砟轨道表面裂缝分类

在对无砟轨道开裂状况进行评价时，因为不同开裂形式的裂缝对无砟轨道产生的影响程度不同，所以需要对裂缝形式进行划分。通过对国内已开通运营的 CRTS Ⅲ 型板式无砟轨道的调研资料进行全面系统的整理，本节以裂缝开裂形状为基础将裂缝形式分为横向裂缝、纵向裂缝、垂向裂缝(含放射状裂缝)、龟裂、块状裂缝和贯通裂缝六类，基本能涵盖无砟轨道表面裂缝的种类，各类裂缝示意图如图 9-18 所示。

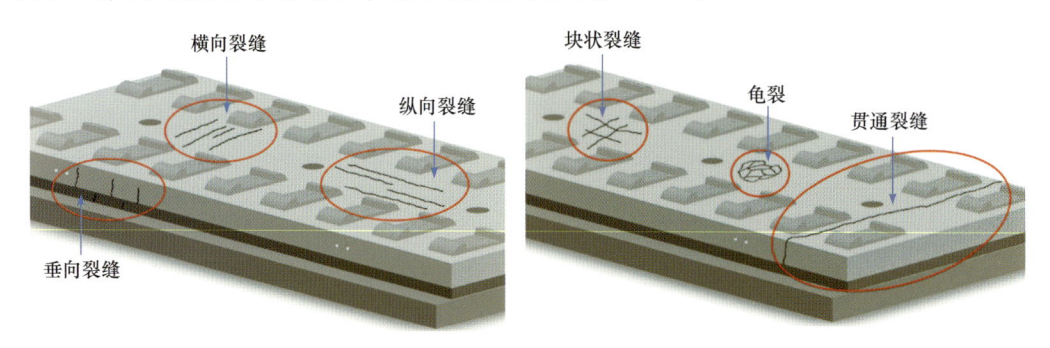

图 9-18　六种不同形式裂缝示意图

对以上六种形式裂缝的外观描述如下：

(1) 横向裂缝是指裂缝开裂方向与线路前进方向(或线路中心线)在水平面上近似垂直的未贯通整个板面的裂缝(轨道板上一般长度小于或等于 2.4m)。

(2) 纵向裂缝是指裂缝开裂方向与线路前进方向(或线路中心线)近似平行的裂缝，特别地，裂缝开裂方向与线路中心线存在夹角的斜向开裂的裂缝根据开裂角度可人为判定为横向裂缝或纵向裂缝。

(3) 垂向裂缝是指裂缝开裂方向与线路前进方向(或线路中心线)在竖直面上近似垂直的裂缝，一般出现在无砟轨道的侧表面，并且通常将轨道板侧面起吊套管、预应力筋锚穴周边的放射状裂缝归为垂向裂缝。

(4) 龟裂是指无砟轨道表面相互交错、形状类似龟壳的网状裂缝。

(5) 块状裂缝是指纵、横向裂缝交错使无砟轨道表面裂成四边形裂块的裂缝，其裂块尺寸比龟裂大，形状比龟裂规则，通常出现在轨道板顶面。

(6) 贯通裂缝是指裂缝开裂方向与线路前进方向(或线路中心线)近似垂直的贯通整个轨道板、自密实混凝土层、底座板表面的长大裂缝(轨道板上一般长度大于 2.4m)。

### 9.2.3　无砟轨道开裂状况指标计算方法

根据当前针对板式无砟轨道开裂损伤的研究现状可知，无砟轨道可同时产生多种开裂形式的裂缝，各种裂缝的分布位置、数量、宽度等都有所差异，所以仅按照现有维修规范从裂缝宽度这一单一指标来评价无砟轨道开裂状态的方法缺乏科学性、合理性，因此本节在充分结合裂缝的形式、数量、宽度、分布位置等因素的基础上提出新的能更合理地评价无砟轨道开裂状况的指标——CRTS Ⅲ 型板式无砟轨道表面开裂状况指数(CCI)。需要说明的是，现有无砟轨道表面裂缝的检测与识别手段还较难实现对裂缝深度和混凝土内部裂缝的精确识别，因此本节提出的开裂状况评价指标和评估方法仅考虑裂缝在长度和宽度范围的形式，不考虑开裂深度的影响。

本节提出的开裂状况评价指标和评估方法仅为针对无砟轨道各部件裂缝损伤的评

估,未考虑离缝、脱空等层间损伤和混凝土剥落、掉块等其他损伤的影响。

1. 开裂状况指标计算公式

在评价无砟轨道开裂状况指标时,选取单块 P5600 型轨道板的长度所对应的整个无砟轨道结构作为一个评价单元,且约定满分为 100 分,每出现一种形式的裂缝,则扣除相应的分数,最后得分即所评价的单元无砟轨道的开裂状况指数。评价过程中,采用"先分部再综合"的方法进行,即先对轨道板、自密实混凝土层、底座板的开裂状况分别进行评价,再根据各自所占权重,计算出整个无砟轨道结构的开裂状况指数(CCI)。这样不仅能系统地对无砟轨道结构不同部件(轨道板、自密实混凝土层、底座板)进行开裂状况评估并分类记录,也能对一定区域内整个无砟轨道的开裂状况进行评定。

现提出无砟轨道整体开裂状况指数的计算方法,如下:

$$\text{CCI} = \sum_{i=1}^{3} W_i \text{CCI}_i \tag{9-1}$$

式中,$i=1$ 代表轨道板;$i=2$ 代表自密实混凝土层;$i=3$ 代表底座板;$\text{CCI}_i(i=1,2,3)$ 为第 $i$ 个部件的单项开裂状况指数,称为评定指标;$W_i(i=1,2,3)$ 为 $\text{CCI}_i(i=1,2,3)$ 在 CCI 中的权重。

轨道板、自密实混凝土层、底座板的单项开裂状况指数计算公式如下:

$$\text{CCI}_i = 100 - a_{0i} \text{CR}_i^{a_{1i}}, \quad i=1,2,3 \tag{9-2}$$

$$\text{CR}_i = 100 \times \frac{\sum_{j=1}^{j_0} w_j S_j}{S_{0i}}, \quad i=1,2,3 \tag{9-3}$$

式中,CR 表示无砟轨道表面开裂率(%),称为检测指标;$\text{CR}_i(i=1,2,3)$ 表示第 $i$ 个部件的表面开裂率(%);$a_{0i}$、$a_{1i}(i=1,2,3)$ 为根据实际工程确定的参数,由参数拟合确定;$S_j$ 为第 $j$ 类裂缝的开裂累计面积(m²),取值等于裂缝长度与宽度的乘积;$S_{0i}(i=1,2,3)$ 为第 $i$ 个部件的表面检测或调查面积(m²),对轨道板、自密实混凝土层和底座板的表面积分别取值为 $S_{01}=17.24\text{m}^2$、$S_{02}=1.458\text{m}^2$ 和 $S_{03}=4.52\text{m}^2$;$w_j$ 表示第 $j$ 类裂缝在 $\text{CR}_i(i=1,2,3)$ 中的权重;$j_0$ 为裂缝形式总数,对轨道板和底座板考虑全部 6 种裂缝,对自密实混凝土只考虑横向裂缝、纵向裂缝、垂向裂缝、贯通裂缝共 4 种裂缝。

2. 开裂状况评定准则

CRTS Ⅲ型板式无砟轨道开裂状况指数的评定标准,采用"评分扣分制",将评价得分的技术分为 5 个级别,分别是优≥90、90>良≥80、80>中≥70、70>次≥60、差<60,并给出相应的维修建议(表 9-1)。

表 9-1　无砟轨道表面开裂状况技术等级及维修建议表

| 评定指标 | 优 | 良 | 中 | 次 | 差 |
|---|---|---|---|---|---|
| CCI | ≥90 | ≥80 且<90 | ≥70 且<80 | ≥60 且<70 | <60 |
| 维修建议 | 无须修复 | 功能性修复 | 临时补修 | 经常保养 | 综合维修 |

上述维修建议针对单个评价单元结构，优、良、中、次、差为无砟轨道表面裂缝开裂状况的技术等级，其中：

(1) "优"表示无砟轨道表面状态较好，没有或有极少量裂缝，基本不会影响无砟轨道整体性能，此状态下无砟轨道具有较好的承载性能和耐久性，在短期内通常不需要修复，可根据无砟轨道连续性监测或检测数据做好预防养护。

(2) "良"表示无砟轨道表面状态一般，有少量裂缝出现，对无砟轨道整体性能有少许影响，此状态下无砟轨道的承载性能较好但耐久性降低，工务管理部门可根据列车开行的交通状况和天气、气候等状况制订维修计划用以进行必要的功能性修复。

(3) "中"表示无砟轨道表面状态中等，有较多数量的裂缝且裂缝开裂程度比较明显，对无砟轨道整体性能有一定程度的影响，此状态下不会影响无砟轨道的承载性能但对耐久性有较大削弱，需要在短期内制订维修计划用以开展结构性和功能性修复。

(4) "次"表示无砟轨道质量状况不良，有较大数量或较大面积的裂缝且裂缝开裂程度较大，需进行有计划、有重点的经常性养护。

(5) "差"表示无砟轨道表面状态变差，出现严重开裂损伤，对无砟轨道整体性能有较大程度的影响，此状态下可能会影响无砟轨道的承载性能并且对耐久性有极大削弱，需按周期有计划地进行全面综合性维修。

无砟轨道结构性修复、功能性修复及预防性养护方案，需要统筹考虑无砟轨道开裂状况、无砟轨道结构、无砟轨道养护历史、高速铁路速度等级、高速动车组交通轴载、天窗时间、资金投入等多方面因素，基于无砟轨道管理系统，通过全寿命周期费用分析科学决策。

### 9.2.4 开裂状况指标中参数的量化方法

为了确定 9.2.3 节提出的开裂状况指标中各参数的权重取值，需要采用合理可行的量化方法来求取和检验参数权重的取值的正确性和合理性。通过查阅各个国家根据本国铁路运营经验所规定的无砟轨道裂缝损伤评定规则，可以发现各国标准通常都以裂缝宽度作为主要的因素来评定损伤等级。

1. 裂缝等级判定标准

日本对无砟轨道的钢筋混凝土轨道板与底座板的裂缝宽度限值按 0.2mm 控制，部分预应力轨道板裂缝宽度按 0.1mm 控制。德国使用的标准 DIN 1045-1 仅给出裂缝宽度为 0.3mm 时的设计值(非最大值)，用于避免氯化物和碳化作用引起的腐蚀，并认为道床板裂缝宽度通常情况下限值取 0.5mm 是可行的。

在中国《高速铁路无砟轨道线路维修规则(试行)》中，对 CRTS Ⅰ 型板式，CRTS Ⅱ 型板式、双块式无砟轨道进行了损伤分类，并提出了损伤等级判定标准。表 9-2 和表 9-3

分别为《高速铁路无砟轨道线路维修规则(试行)》对CRTS Ⅰ型、CRTS Ⅱ型板式无砟轨道的裂缝评定等级和限值的具体要求。

表9-2 CRTS Ⅰ型板式无砟轨道裂缝等级判定标准(单位：mm)

| 损伤部位 | 损伤形式 | 判定项目 | 评定等级 Ⅰ | Ⅱ | Ⅲ |
|---|---|---|---|---|---|
| 预应力轨道板 | 裂缝 | 宽度 | 0.1 | 0.2 | 0.3 |
| 普通轨道板 | | | 0.2 | 0.3 | 0.5 |
| 凸形挡台 | | | 0.2 | 0.3 | 0.5 |
| 底座板 | | | 0.1 | 0.2 | 0.3 |
| 水泥乳化沥青砂浆 | | | 0.2 | 0.5 | 1.0 |
| 凸形挡台周围充填树脂 | | | 0.2 | 0.5 | 1.0 |

表9-3 CRTS Ⅱ型板式无砟轨道裂缝等级判定标准(单位：mm)

| 损伤部位 | 损伤形式 | 判定项目 | 评定等级 Ⅰ | Ⅱ | Ⅲ |
|---|---|---|---|---|---|
| 轨道板 | 裂缝 | 宽度 | 0.1 | 0.2 | 0.3 |
| 板间接缝 | | | 0.2 | 0.3 | 0.5 |
| 支承层 | | | 0.2 | 0.5 | 1.0 |
| 底座板 | | | 0.2 | 0.3 | 0.5 |
| 侧向挡块 | | | 0.2 | 0.3 | 0.5 |
| 水泥乳化沥青砂浆充填层 | | | 0.5 | 1.0 | 1.5 |

此后，在《CRTS Ⅲ型板式无砟轨道服役状态评估及维护技术研究》[5]报告中，研究者在对多条运营CRTS Ⅲ型板式无砟轨道的线路服役状态的现场调研、参考已颁布实施的《高速铁路无砟轨道线路维修规则(试行)》的基础上，同样将CRTS Ⅲ型板式无砟轨道裂缝等级分为Ⅰ、Ⅱ、Ⅲ三个等级，如表9-4所示。

表9-4 CRTS Ⅲ型板式无砟轨道裂缝等级评定标准(单位：mm)

| 损伤部位 | 损伤形式 | 判定项目 | 评定等级 Ⅰ | Ⅱ | Ⅲ |
|---|---|---|---|---|---|
| 预应力轨道板 | 裂缝 | 宽度 | 0.1 | 0.2 | 0.3 |
| 底座板 | | | 0.2 | 0.3 | 0.5 |
| 自密实混凝土层 | | | 0.2 | 0.5 | 1.0 |

裂缝的长度、宽度和条数均反映了无砟轨道的开裂情况，但无法直观地对比不同区段无砟轨道的开裂严重程度。为此，本节定义一个统一的检测指标：CR，即无砟轨道表面开裂率(%)，其意义是指某一评价单元上所有裂缝面积(单条裂缝的宽度与长度之积)之和与无砟轨道表面积的比值。表面开裂率反映了裂缝的密度情况，通过对无砟轨道表面各部位产生的裂缝进行检测以得出其结果。

2. 开裂指标的量化方式

在对 CRTS Ⅲ 型板式无砟轨道开裂状况指标进行量化时，9.1 节简述的现有研究成果是指标量化和裂缝开裂状况等级评定的重要参考及基础。分析现有关于裂缝对无砟轨道的影响研究，可以发现在开裂损伤不严重的前提下，存在裂缝的无砟轨道与不存在裂缝的无砟轨道相比，对轨道上运营的列车的动力响应影响很小，对无砟轨道自身的受力有少量影响[25]，随着裂缝长度、宽度的变化，列车和轨道结构的受力几乎不产生变化，因此较难从列车和轨道结构的受力角度分析出不同开裂程度的裂缝对无砟轨道的影响程度。无砟轨道开裂除了会对轨道结构受力产生不良影响，更值得关注的是开裂引起的耐久性问题，然后引起耐久性降低的因素有很多，很难用模型仿真或开展试验的方式分析透彻，应当需要对运营中的无砟轨道进行长时间的观察记录和监测，运用统计学原理对不同裂缝形式、不同位置开裂等因素对无砟轨道耐久性的影响进行统计后分析，才能对裂缝削弱耐久性的规律做一个初步定论。

基于以上原因，并结合我国使用 CRTS Ⅲ 型板式无砟轨道的时间还不够长、对开裂损伤的监测记录经验还不够充分等原因，本节采取以下两种分析手段：一是采用数值模拟的方法，建立含裂缝的 CRTS Ⅲ 型板式无砟轨道有限元模型，从受力的角度分析裂缝形式、长度、分布位置对无砟轨道结构的影响程度；二是采用基于德尔菲法的专家咨询的方式，收集高速铁路无砟轨道研究领域多位专家的工程经验和意见，并计算出不同形式裂缝、不同部件开裂的影响分值，之后在结合数值建模结果和专家咨询结果的基础上，再利用层次分析法综合两方面的分析结果求取并优化不同形式裂缝在开裂指标中的权重，最后得到较合理的无砟轨道开裂状况指数。

本研究方法的流程具体如图 9-19 所示。

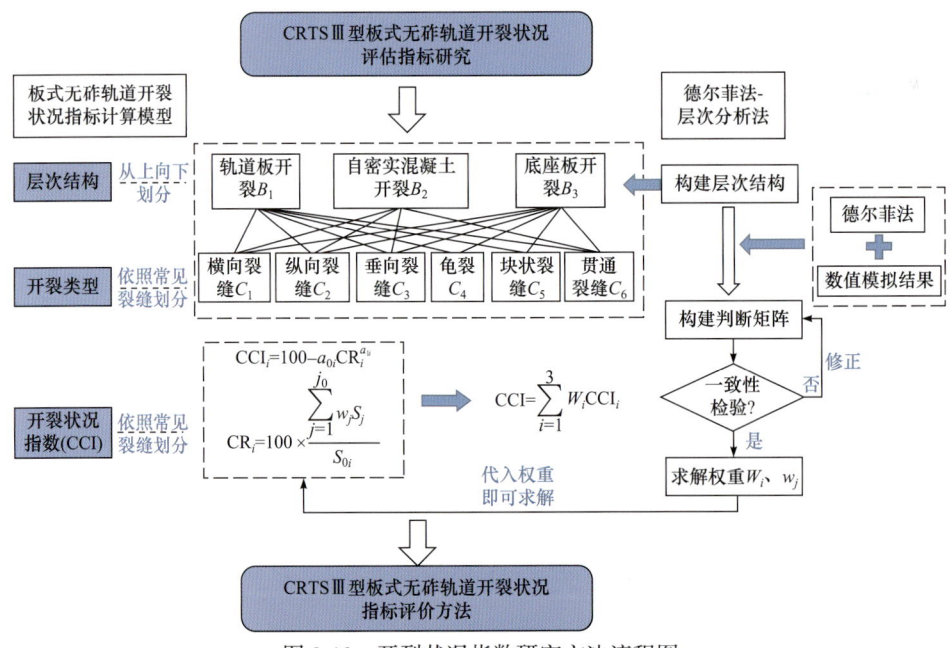

图 9-19 开裂状况指数研究方法流程图

## 9.3 开裂损伤对轨道结构受力影响

为分析不同形式裂缝和无砟轨道的不同部件开裂对无砟轨道整体的影响，本节分别基于线弹性断裂力学基本理论，建立含表面裂缝的 CRTS Ⅲ 型板式无砟轨道有限元模型，计算在列车荷载和温度场作用下，三种不同形式裂缝(横向裂缝、纵向裂缝、贯通裂缝)的应力强度因子并分析它们的扩展性；基于弹性模量折减法建立 CRTS Ⅲ 型板式无砟轨道有限元模型，分析不同部件单独开裂对整个无砟轨道的影响。本节的数值模拟分析结果将引入 9.4 节采用区间层次分析法建立判断矩阵的过程中，成为求取开裂状况指标中各权重的参考因素之一。

### 9.3.1 三种不同形式裂缝对无砟轨道的影响

根据 9.2 节中提出的 6 种不同形式的裂缝，考虑有限元建模的可行性，本节选取其中 3 种形式的裂缝——横向裂缝、纵向裂缝、贯通裂缝，基于混凝土线弹性断裂力学基本理论，建立含表面裂缝的 CRTS Ⅲ 型板式无砟轨道有限元模型，并利用 ABAQUS 有限元软件中的围道积分方法计算断裂力学参数应力强度因子 $K$，以此模拟 3 种不同形式裂缝及 4 种不同长度横向裂缝的初期扩展特性以推断不同裂缝对无砟轨道的影响。

1. 基于断裂力学的 CRTS Ⅲ 型板式无砟轨道开裂模型

本小节基于混凝土线弹性断裂力学基本理论建立 CRTS Ⅲ 型板式无砟轨道开裂模型，下面对混凝土线弹性断裂力学基本理论和模型的建立过程进行说明。

1) 线弹性断裂力学基本理论

断裂力学可以研究含裂缝的构件在各种环境下裂缝的平衡、扩展和失稳规律及其强度，可对结构的稳定性进行预测。线弹性断裂力学是断裂力学中发展较为成熟的一个分支。它以弹性力学的基本理论为基础，将裂缝作为边界条件处理，通过裂缝体裂缝附近的应力场、位移场来分析带裂缝结构的承载能力和抗断裂韧性与裂缝长度之间的定量关系。线弹性断裂力学主要适用于弹脆性材料或准脆性材料，此时裂尖塑性区相对于 $K$ 场($K$ 为应力强度因子)控制的区域小很多，由应力强度因子可以分析材料和结构的疲劳破坏[26-29]。

在线弹性断裂力学中裂缝扩展类型主要分为Ⅰ型——张开型裂缝、Ⅱ型——滑开型裂缝和Ⅲ型——撕开型裂缝。本节主要通过计算Ⅰ型裂缝的应力强度因子来开展不同形式裂缝的扩展性分析。

2) 应力强度因子

应力强度因子是断裂力学参量之一，在线弹性断裂力学中通过计算裂尖应力强度因子 $K_N$ ($N=$Ⅰ,Ⅱ,Ⅲ)，来反映裂尖邻域的应力场强度，可作为判断裂缝是否将进入临界状态的一个指标。应力强度因子可由相应的应力场公式定义：

$$\left.\begin{array}{l} K_{\mathrm{I}}=\lim_{r\to 0}\sqrt{2\pi r}\sigma_y(r,0) \\ K_{\mathrm{II}}=\lim_{r\to 0}\sqrt{2\pi r}\tau_{xy}(r,0) \\ K_{\mathrm{III}}=\lim_{r\to 0}\sqrt{2\pi r}\tau_{yz}(r,0) \end{array}\right\} \tag{9-4}$$

$K_N$ 与裂尖邻域内点的位置坐标 $(r,\theta)$ 无关，它只是表征裂缝体弹性应力场强度的量，与各种裂缝变形状态下的应力分布无关。$K_N$ 一般与受载方式、荷载大小、裂缝长度及裂缝体的形状有关。

应力强度因子的量纲为[应力]×[长度]$^{1/2}$，常用单位为 MPa×m$^{1/2}$。

有限元软件 ABAQUS 采用围道积分方法可以计算 $J$ 积分、$C_t$ 积分、$T$ 应力及应力强度因子 $K$ 等多个断裂力学参数。其中应力强度因子 $K$ 可以表征裂尖区域应力应变场，同时还能判定裂缝是否扩展及扩展类型，因此采用应力强度因子 $K$ 作为评判不同工况下裂缝扩展难易程度的指标。

3) 断裂韧度

对于具体裂缝，在给定的外荷载作用下，每种材料的应力强度因子 $K$ 都存在一个临界值 $K_C$。当 $K$ 达到这个临界值时，裂缝就失稳扩展。此临界值 $K_C$ 反映了材料本身固有的抵抗裂缝扩展的能力，与结构和荷载因素无关，又称断裂韧度。断裂韧度需要通过试验来确定。

对于本节仅考虑的 I 型裂缝，可以以断裂韧度为判据建立断裂准则[30]。也就是说，当求出了带裂缝构件的应力强度因子 $K_I$，测定了材料的断裂韧度 $K_{IC}$ 时，便可判定结构不发生断裂的条件为 $K_I < K_{IC}$。国内外较多的试验资料给出的混凝土断裂韧度 $K_{IC}$ 数值在 20～30N/mm$^{3/2}$。

4) 有限元模型的建立

(1) 奇异单元。

这里采用 ABAQUS 软件建立含表面裂缝的 CRTS III 型板式无砟轨道有限元模型。采用尖锐裂缝(裂缝未变形前、裂缝面重合)模拟 CRTS III 型板式无砟轨道轨道板初期表面裂缝，尖锐裂缝通常基于小应变假设进行建模，因此裂尖处应变场具有奇异性，在线弹性条件下应变 $\varepsilon$ 具有 $r^{-1/2}$ 的奇异性，其中 $r$ 为节点到裂尖的距离。裂尖奇异问题可以通过在裂尖建立奇异单元得到解决，奇异单元通常是由其他单元退化得到的[31,32]。ABAQUS 中有两种生成奇异单元的方式：一种是单元退化后位置重合节点被约束在一起，另一种则是重合节点运动相互独立(图 9-20)，两种方式奇异单元节点编号、奇异性存在一定差异。

(2) 含表面裂缝的 CRTS III 型板式无砟轨道有限元模型。

目前多数无砟轨道裂缝模型为考虑建立模型的可行性，模型中一般将裂缝简化为横向等深贯通裂缝[33]，本节为探究不同形式、不同长度裂缝对无砟轨道的影响，建立轨道板表面 3 种不同形式、4 种不同长度的裂缝模型，模型的建立和简化方式说明如下：

①以路基上直线地段无砟轨道为研究对象，由上至下依次建立钢轨、轨道板(P5600)、自密实混凝土、土工布及底座板有限元模型，其中含三块轨道板长度(5600mm×3)，自密实混凝土取三块板长度(5600mm×3)，底座板长度取路基上一块底座板的长度(16990mm)，

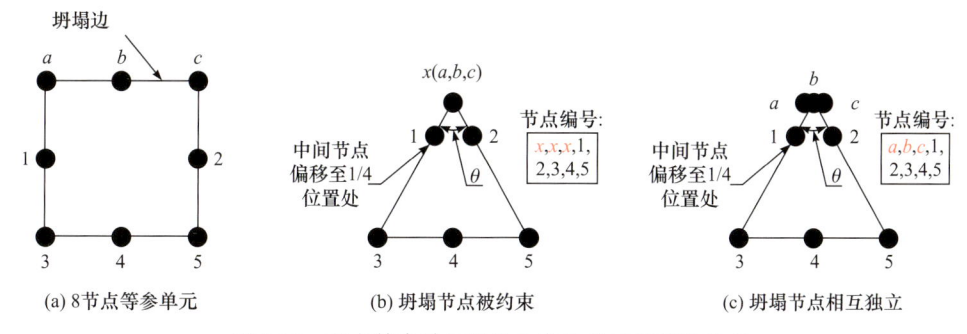

图 9-20 节点等参单元退化为奇异单元的两种方式

模型总长度为 16.99m。模型中扣件作用简化为钢轨与轨道板间的垂向弹簧连接，轨道板与自密实混凝土之间采用 Tie 约束，土工布层简化为自密实混凝土与底座板之间法向为硬接触、切向摩擦系数为 0.7 的层间接触属性[34]。考虑边界效应的影响，荷载作用在中间一块轨道板对应的钢轨上。

② 由于不研究无砟轨道中钢筋的受力，故模型中忽略钢筋的作用，仅建立素混凝土的无砟轨道结构。

③ 工程上三维(3D)表面裂缝的形状一般采用半椭圆来描述[35]。本节考虑网格质量、数量等因素，将轨道板表面裂缝形状简化为由两个半圆及一个矩形组成，裂缝的长度为 $L+2R$，深度为 $R$（记作 $l$-$h$ cm，其中 $l$ 代表裂缝长度，$h$ 代表裂缝深度，cm 为裂缝尺寸单位）。为保证计算精度，裂尖周围设置 32 个奇异单元，并对裂尖周围区域进行网格加密，表面裂缝模型如图 9-21 所示。

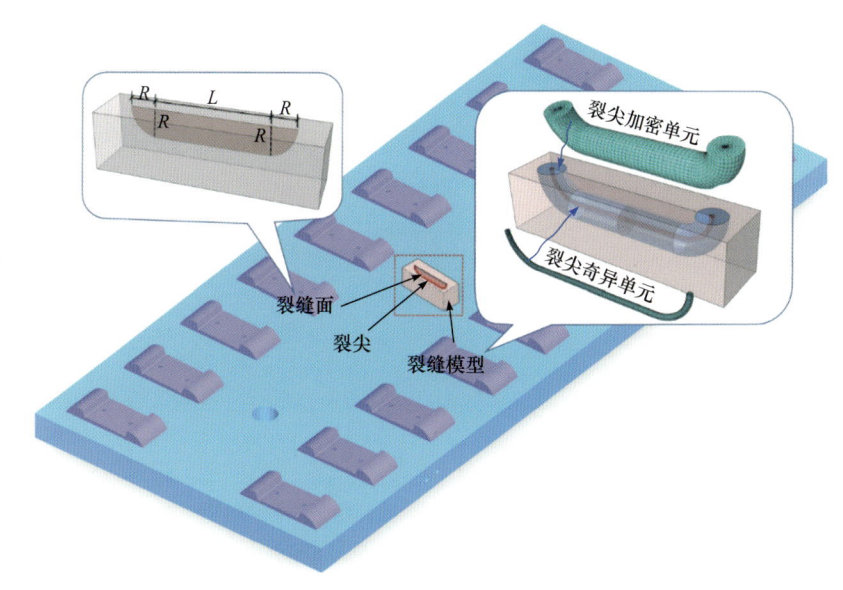

图 9-21 CRTS Ⅲ型板式无砟轨道轨道板表面裂缝

④ 直接在轨道板中建立表面裂缝模型会导致模型单元数目巨大，给计算带来困难，因此轨道结构与表面裂缝分开建模，通过 Tie 约束连接为一个整体。除裂缝区域采用

C3D20R 单元，其余部件均采用 C3D8R 单元。

⑤模型中底座板下支承直接简化为无变形的路基基础，底座板端面与钢轨端面施加 z 方向对称约束。因重力荷载对轨道板变形影响显著，故对整个模型施加重力作用。

所建立的含表面裂缝 CRTS Ⅲ 型板式无砟轨道有限元模型如图 9-22 所示，模型具体尺寸及材料参数如表 9-5 所示。

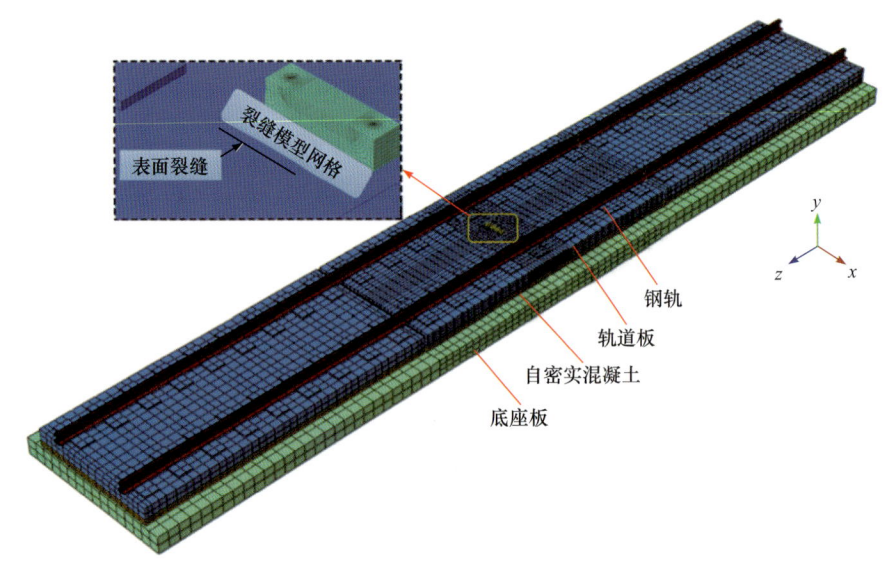

图 9-22　含表面裂缝 CRTS Ⅲ 型板式无砟轨道有限元模型

表 9-5　模型尺寸及材料参数表

| 结构 | 名称 | 数值 | 单位 |
| --- | --- | --- | --- |
| 钢轨 | 弹性模量 | $206\times10^3$ | MPa |
|  | 断面积 | 77.45 | cm$^2$ |
|  | 密度 | 7800 | kg/m$^3$ |
|  | 泊松比 | 0.3 | — |
|  | 热膨胀系数 | $1.18\times10^{-5}$ | ℃$^{-1}$ |
| 扣件 | 垂向静刚度 | 35 | kN/mm |
|  | 扣件间距 | 0.63 | m |
| 轨道板 | 弹性模量 | $36.5\times10^3$ | MPa |
|  | 密度 | 2500 | kg/m$^3$ |
|  | 泊松比 | 0.2 | — |
|  | 长度×宽度×厚度 | 5.6×2.5×0.20 | m×m×m |
|  | 热膨胀系数 | $1\times10^{-5}$ | ℃$^{-1}$ |

续表

| 结构 | 名称 | 数值 | 单位 |
| --- | --- | --- | --- |
| 自密实混凝土 | 弹性模量 | 32.5×10³ | MPa |
|  | 密度 | 2500 | kg/m³ |
|  | 长度×宽度×厚度 | 5.6×2.5×0.09 | m×m×m |
|  | 泊松比 | 0.2 | — |
|  | 热膨胀系数 | 1×10⁻⁵ | ℃⁻¹ |
| 底座板 | 弹性模量 | 32.5×10³ | MPa |
|  | 密度 | 2500 | kg/m³ |
|  | 泊松比 | 0.2 | — |
|  | 热膨胀系数 | 1×10⁻⁵ | ℃⁻¹ |
|  | 长度×宽度×厚度 | 16.99×3.1×0.30 | m×m×m |
| 路基支承层 | 刚度 | 76 | MPa/m |

2. 工况设置

1) 列车荷载

单独考虑列车荷载时，轮载选取 3 倍静轮载即 255kN，与其他荷载进行组合时，垂向荷载取常用轮载，即 1.5 倍静轮载[34]。轮载取一个转向架进行计算，并通过 ABAQUS 用户子程序 Dload 实现轮载准静态等间距密集加载，列车荷载加载方式如图 9-23 所示。

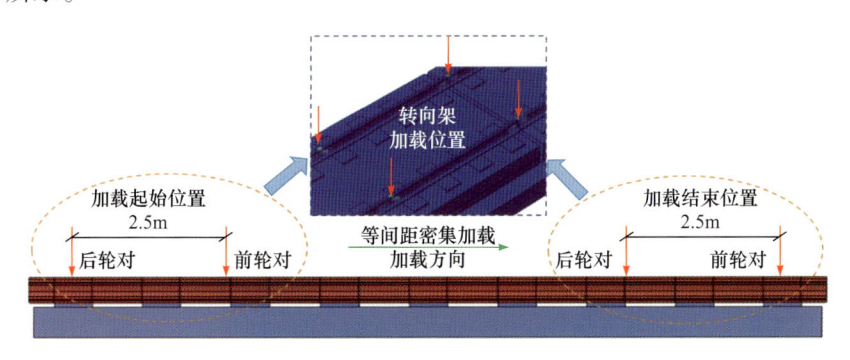

图 9-23 列车荷载

2) 温度荷载取值

在整体降温与负温度梯度作用下，轨道板表面裂缝受拉；整体升温与正温度梯度作用下，表面裂缝受压[36, 37]。所以，模型中在温度荷载取值上，仅选取整体降温(最大降温 40℃)与负温度梯度(最大负温度梯度为 45℃/m)两种温度工况[34]，温度荷载加载方式如图 9-24 所示。

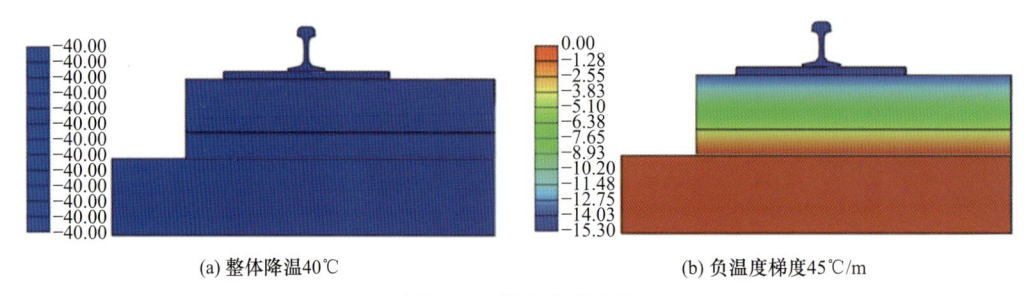

(a) 整体降温40℃　　　(b) 负温度梯度45℃/m

图 9-24　温度荷载取值

3) 裂缝工况

(1) 3 种不同形式裂缝工况。

在设置裂缝工况时，将裂缝设置在轨道板的横向中心线位置处，建立横向裂缝、纵向裂缝、贯通裂缝三种形式裂缝进行分析。其中横向裂缝与纵向裂缝参数均为 30-5cm，贯通裂缝参数为 250-5cm，统一规定裂缝深度为 5cm。

(2) 4 种不同长度横向裂缝工况。

为探究裂缝为横向开裂的情况时，轨道板表面不同长度横向裂缝的扩展规律，横向裂缝设置了 20-5cm、30-5cm、40-5cm、50-5cm 共 4 个工况进行研究。

裂缝工况设置示意图如图 9-25 和图 9-26 所示。

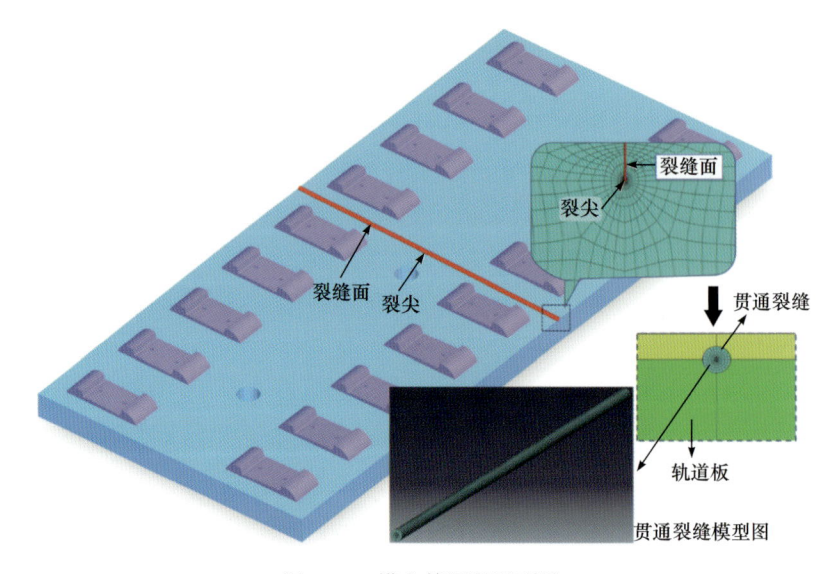

图 9-25　横向等深贯通裂缝

在建模分析时，分别取整体降温荷载、负温度梯度荷载与列车荷载进行两两组合，组合荷载分别作用于 3 种不同形式裂缝及 4 种不同长度横向裂缝的工况，计算工况具体组合形式如表 9-6 所示。

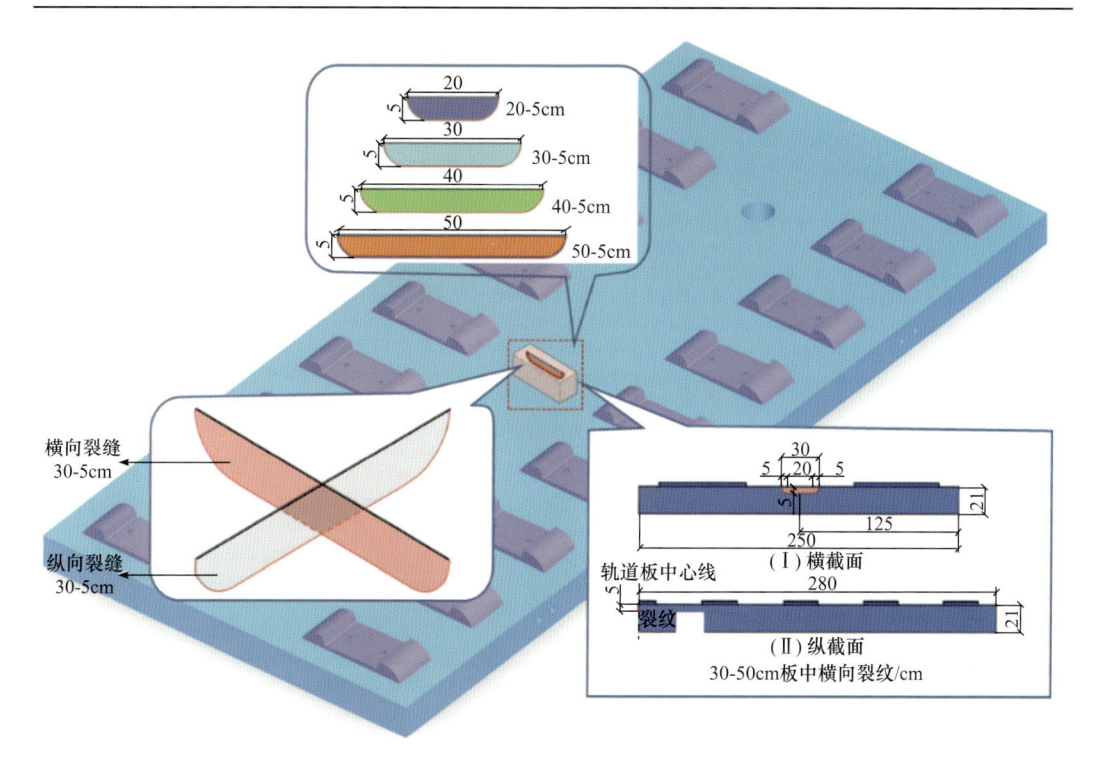

图 9-26 裂缝工况

表 9-6 计算工况具体组合形式

| 工况序号 | 荷载组合 | 裂缝工况 |
| --- | --- | --- |
| 工况 1 | 列车荷载+整体降温荷载 | 横向裂缝长度 20cm、30cm、40cm、50cm |
| 工况 2 | 列车荷载+负温度梯度荷载 | 横向裂缝长度 20cm、30cm、40cm、50cm |
| 工况 3 | 列车荷载+整体降温荷载 | 横向裂缝、纵向裂缝、贯通裂缝 |
| 工况 4 | 列车荷载+负温度梯度荷载 | 横向裂缝、纵向裂缝、贯通裂缝 |

3. 结果分析

计算结果分析时，对横向裂缝、纵向裂缝仅提取了具有代表性的表面节点即 0(56)号节点、$K_1$ 最小值节点及中间节点即 28 号节点等裂尖节点，对贯通裂缝仅提取了裂尖中间节点即最大值节点的应力强度因子值，且全部节点仅提取了裂缝扩展类型为 I 型时的应力强度因子 $K_1$ 的值。裂尖应力强度因子提取节点示意图如图 9-27 所示。

1) 列车荷载+整体降温荷载作用下不同长度横向裂缝的应力强度因子 $K_1$

经模型计算和数据提取，列车荷载+整体降温荷载作用下不同长度横向裂缝的应力强度因子 $K_1$ 的大小如表 9-7 和图 9-28 所示。分析可知，在整个裂缝面上，中间节点的 $K_1$ 值是最大的，说明在列车荷载与整体降温荷载作用下，裂缝位于轨道板表面中间位置处

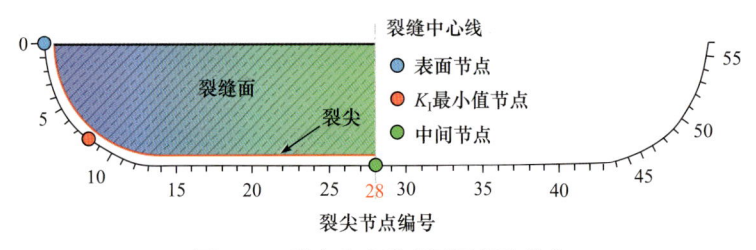

图 9-27 裂尖应力强度因子提取节点

的开裂扩展趋势最大。在此组合荷载作用下，随着裂缝长度的增加，表面节点、$K_1$最小值节点与中间节点处的$K_1$增长速率均降低，当裂缝参数为50-5cm时表面节点与$K_1$最小值节点的$K_1$增长速率出现了负增长。在以上组合荷载作用下，随着裂缝长度增加，裂缝由加速扩展状态逐渐进入较为稳定的扩展状态。从整体来看，横向裂缝深度为5cm，长度在20~50cm范围时，裂缝通常会在中间节点处优先扩展。

表 9-7　列车荷载+整体降温荷载作用下不同长度横向裂缝的应力强度因子 $K_1$

| 裂缝参数/cm | 表面节点 $K_1/(\mathrm{MPa}\cdot\mathrm{mm}^{1/2})$ | 最小值节点 $K_1/(\mathrm{MPa}\cdot\mathrm{mm}^{1/2})$ | 中间节点 $K_1/(\mathrm{MPa}\cdot\mathrm{mm}^{1/2})$ |
| --- | --- | --- | --- |
| 20-5 | 132.5 | 114.2 | 145.7 |
| 30-5 | 136.1 | 116.9 | 159.4 |
| 40-5 | 138.2 | 118.9 | 167.1 |
| 50-5 | 137.6 | 117.2 | 169.5 |

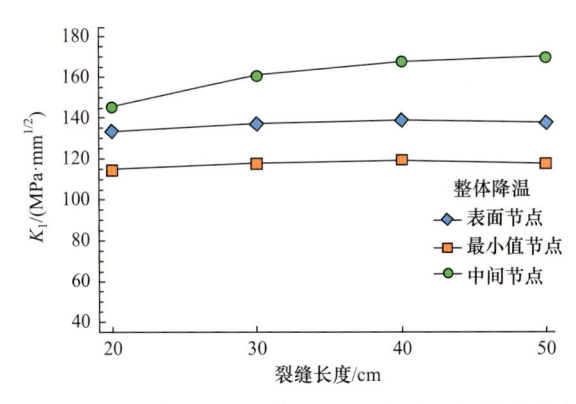

图 9-28　列车荷载+整体降温荷载作用下不同长度裂缝代表节点 $K_1$ 大小

2) 列车荷载+负温度梯度荷载作用下不同长度横向裂缝的应力强度因子 $K_1$

经模型计算和数据提取，列车荷载+负温度梯度荷载作用下不同长度横向裂缝的应力强度因子 $K_1$ 的大小如表 9-8 和图 9-29 所示。分析可知，列车荷载与负温度梯度荷载作用下裂缝的应力强度因子 $K_1$ 值明显小于在列车荷载与整体降温荷载作用下的大小，说明轨道板表面裂缝的扩展受整体降温荷载作用的影响大于温度梯度的作用，因此裂缝在冬季的扩展速率可能更大。同样，随着裂缝长度的增加，在列车荷载与负温度梯度荷载作用下裂缝由加速扩展状态逐渐进入较为稳定的扩展状态。从整体来看，当横向裂缝深度为 5cm，长度在 20~50cm 范围时，应力强度因子 $K_1$ 相差不太明显，表示其扩展速率相差不太大。

表 9-8　列车荷载+负温度梯度荷载作用下不同长度横向裂缝的应力强度因子 $K_1$

| 裂缝参数/cm | 表面节点 $K_1/(\text{MPa}\cdot\text{mm}^{1/2})$ | 最小值节点 $K_1/(\text{MPa}\cdot\text{mm}^{1/2})$ | 中间节点 $K_1/(\text{MPa}\cdot\text{mm}^{1/2})$ |
|---|---|---|---|
| 20-5 | 56.9 | 44.1 | 55.3 |
| 30-5 | 57.5 | 45.5 | 61.3 |
| 40-5 | 58.2 | 45.8 | 63.8 |
| 50-5 | 58.4 | 45.5 | 64.3 |

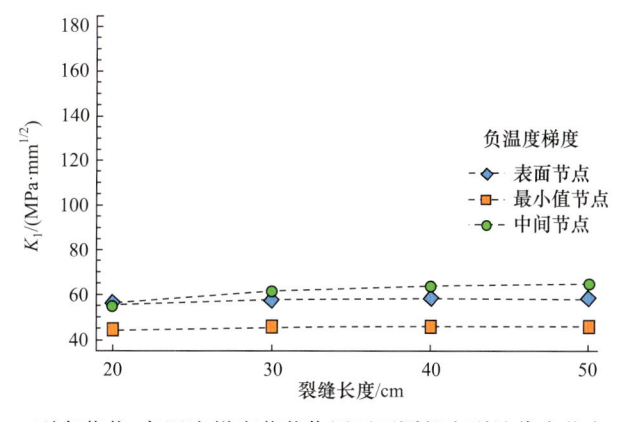

图 9-29　列车荷载+负温度梯度荷载作用下不同长度裂缝代表节点 $K_1$ 大小

3) 列车荷载+整体降温荷载作用下 3 种不同形式裂缝的应力强度因子 $K_1$

列车荷载+整体降温荷载作用下 3 种不同形式裂缝的应力强度因子 $K_1$ 的大小如表 9-9 所示。由表可以看到，对比三种形式裂缝的 $K_1$ 大小，在列车荷载与整体降温荷载作用下，中间节点处横向裂缝的 $K_1$ 比纵向裂缝、贯通裂缝分别大 33.72%、276.83%，说明在相同深度位置处横向裂缝的扩展速率大于纵向裂缝且明显大于贯通裂缝。原因可能是横向裂缝相较于纵向裂缝在扩展时受裂尖周围混凝土的约束稍小，所以横向裂缝比纵向裂缝更容易扩展，并且贯通裂缝由于已开裂至贯通于轨道板表面，其扩展已趋于稳定，从而进一步扩展的趋势会更小。

表 9-9　列车荷载+整体降温荷载作用下 3 种不同形式裂缝的应力强度因子 $K_1$

| 裂缝形式 | 裂缝参数/cm | 表面节点 $K_1/(\text{MPa}\cdot\text{mm}^{1/2})$ | 最小值节点 $K_1/(\text{MPa}\cdot\text{mm}^{1/2})$ | 中间节点 $K_1/(\text{MPa}\cdot\text{mm}^{1/2})$ |
|---|---|---|---|---|
| 横向裂缝 | 30-5 | 136.1 | 116.9 | 159.4 |
| 纵向裂缝 | 30-5 | 102.6 | 88.1 | 119.2 |
| 贯通裂缝 | 250-5 | — | — | 42.3 |

4) 列车荷载+负温度梯度荷载作用下 3 种不同长度裂缝的应力强度因子 $K_1$

列车荷载+负温度梯度荷载作用下 3 种不同形式裂缝的应力强度因子 $K_1$ 的大小如表 9-10 所示。由表可以看到，对比三种形式裂缝的 $K_1$ 大小，在列车荷载与负温度梯度荷载作用下，中间节点处横向裂缝的 $K_1$ 比纵向裂缝、贯通裂缝分别大 5.15%、200.49%，说明在相同深度位置处横向裂缝的扩展速率略微大于纵向裂缝，明显大于贯通裂缝。同样，原因可能是横向裂缝相较于纵向裂缝在扩展时受裂尖周围混凝土的约束稍小，但对于整体降温作用，在负温度梯度作用下横向裂缝与纵向裂缝两者扩展的速率更加接近，而贯通裂缝由于其扩展已趋于稳定，从而进一步扩展的趋势会更小。

表 9-10 列车荷载+负温度梯度荷载作用下 3 种不同形式裂缝的应力强度因子 $K_1$

| 裂缝形式 | 裂缝参数 /cm | 表面节点 $K_1$/(MPa·mm$^{1/2}$) | 最小值节点 $K_1$/(MPa·mm$^{1/2}$) | 中间节点 $K_1$/(MPa·mm$^{1/2}$) |
| --- | --- | --- | --- | --- |
| 横向裂缝 | 30-5 | 57.5 | 45.5 | 61.3 |
| 纵向裂缝 | 30-5 | 55.0 | 42.8 | 58.3 |
| 贯通裂缝 | 250-5 | — | — | 20.4 |

### 9.3.2 不同部件开裂对无砟轨道整体结构的影响

为分析无砟轨道不同部件开裂损伤对道床整体受力的影响，本节基于弹性模量折减法，建立 CRTS Ⅲ型板式无砟轨道有限元模型，对不同部件(轨道板、自密实混凝土、底座板)的部分混凝土结构的弹性模量进行折减来模拟混凝土开裂损伤，然后分析不同部件损伤后无砟轨道的受力特征，以此推断不同部件开裂对无砟轨道整体结构的影响。

1. 基于弹性模量折减法的 CRTS Ⅲ型板式无砟轨道开裂模型

本小节基于弹性模量折减法，采用折减无砟轨道各部件(轨道板、自密实混凝土、底座板)弹性模量的方法来模拟裂缝损伤，以分析不同部件开裂对无砟轨道整体结构的影响。

1) 弹性模量折减法基本理论

一般来说，计算开裂对道床实际受力影响的方法较为复杂，为降低模型建立的复杂性，计算中不用在无砟轨道中建立裂缝实体模型，而将开裂对道床受力的影响视为无砟轨道各部件抗弯刚度或弹性模量的降低，即在计算中将各部件(轨道板、自密实混凝土、底座板)的弹性模量取为折减弹性模量[38]。

轨道板出现裂缝损伤会在纵向上减弱轨道板的连接和传力性能，削弱其抗弯能力；在垂向上减弱轨道板的抗剪能力。弹性模量折减根据调整折减区域和折减量可在一定程度上模拟损伤的不同程度和范围，对损伤类型的限制较小，并且可通过改变折减量来模拟不同的损伤程度[39]。因此，本小节选取弹性模量折减法进行轨道板裂缝损伤的模拟。

2) 有限元模型的建立

为消除边界效应的影响，构建路基上含三块轨道板长度的模型，即只有一块底座板的结构模型。为了简化模型计算量，以轨道板、自密实混凝土、底座板分别单独设置一个范围内混凝土结构弹性模量的折减来模拟 3 个部件分别出现裂缝的情况，弹性模量折减的区域设置在道床结构横向中心线周围 0.63m(即一个扣件间距)范围内(图 9-30)，即模拟轨道板、自密实混凝土、底座板分别出现开裂损伤时，对轨道结构整体受力的影响，以此反映不同部件出现裂缝对轨道结构的影响程度。建立的有限元模型的力学模型如图 9-31 所示，模型建立和简化方法参照 9.3.1 节，模型各参数和尺寸如表 9-5 所示。

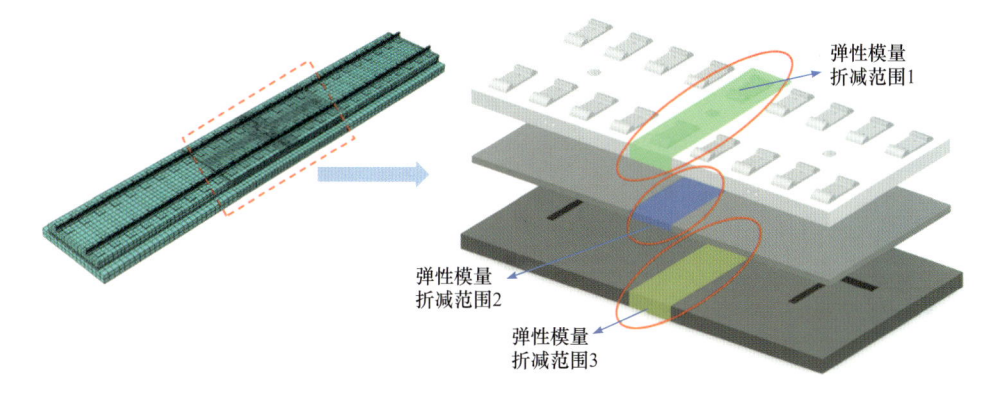

图 9-30　基于弹性模量折减法的 CRTS Ⅲ 型板式无砟轨道有限元模型

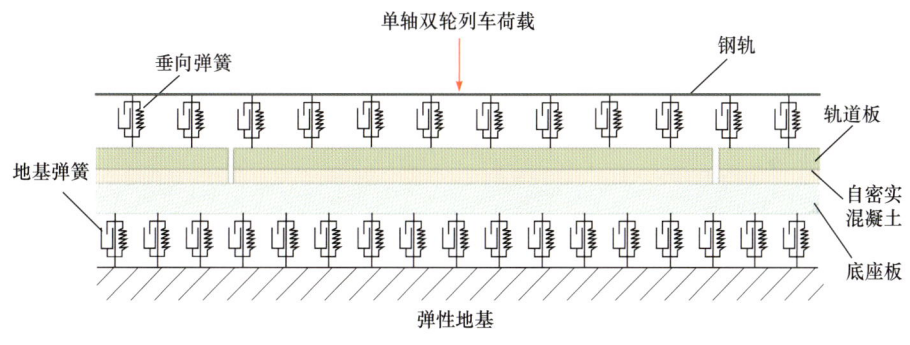

图 9-31　力学模型图

2. 工况设置

在荷载的取值上，本小节列车荷载采用单轴双轮的加载方式，荷载取值同 9.3.1 节，温度荷载仅选取负温度梯度进行加载，加载方式同 9.3.1 节。

裂缝工况模拟：裂缝损伤基于弹性模量折减法来设置折减，分别设置无损伤、损伤程度 10%～50%，各损伤程度间梯度折减 10%，共 6 种工况，计算出无损伤和有不同程度损伤的无砟轨道的受力特征，计算工况具体组合形式如表 9-11 所示。

表 9-11　计算工况

| 工况 | 荷载 | 损伤部件 | 损伤程度 |
| --- | --- | --- | --- |
| 工况 1 | 列车荷载 | 轨道板 | 无损伤、损伤程度 10%～50% |
| 工况 2 | | 自密实混凝土 | |
| 工况 3 | | 底座板 | |

续表

| 工况 | 荷载 | 损伤部件 | 损伤程度 |
|---|---|---|---|
| 工况 4 | | 轨道板 | |
| 工况 5 | 列车荷载+负温度梯度荷载 | 自密实混凝土 | 无损伤、损伤程度 10%~50% |
| 工况 6 | | 底座板 | |

3. 结果分析

通过模型计算得到轨道结构各部件的受力特征结果。以轨道板为例，对比轨道板无损伤和损伤程度为50%时列车荷载作用下轨道板纵向应力云图(图 9-32 和图 9-33)，由应力云图可知，随损伤程度的增加，轨道板混凝土的应力主要在开裂损伤区产生一定的变化，远离损伤区的应力变化极小，因此下面仅对损伤区混凝土的应力变化展开分析。

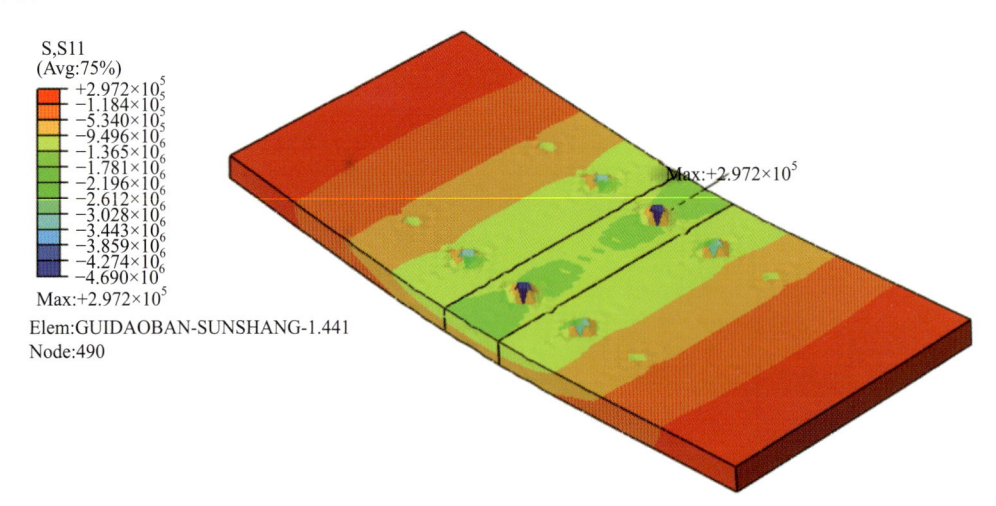

图 9-32 轨道板无损伤时列车荷载作用下轨道板纵向应力云图

1) 轨道板单独出现裂缝损伤时各部件应力随损伤程度的变化

当轨道板单独出现裂缝损伤时，在列车荷载、列车荷载+负温度梯度荷载分别作用下无砟轨道损伤区周围各部件(轨道板、自密实混凝土、底座板)的应力随损伤程度的变化分别如图 9-34 和图 9-35 所示。

由图 9-34 可知，在列车荷载作用下，随着轨道板损伤程度由 0%增加至 50%，轨道板的纵向拉应力有所增长、横向拉应力变化不大，自密实混凝土的纵、横向拉应力均无明显变化，底座板的纵向拉应力有所增长、横向拉应力变化不大。以上结果说明轨道板的开裂损伤会增大轨道板和底座板的应力，而自密实混凝土的应力受轨道板开裂损伤的影响较小。

由图 9-35 可知，在列车荷载+负温度梯度荷载作用下，随着轨道板损伤程度由 0%增加至 50%，轨道板的纵、横向拉应力呈现小幅度的下降趋势，自密实混凝土和底座板的

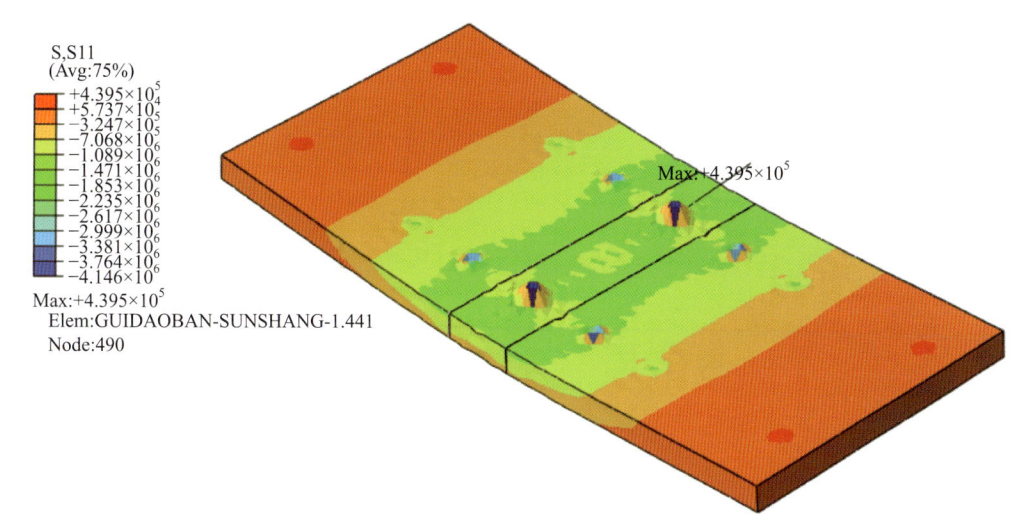

图 9-33　轨道板损伤程度为 50%时列车荷载作用下轨道板纵向应力云图

纵、横向拉应力均无明显变化。以上结果说明在列车荷载之上叠加负温度梯度荷载的作用，轨道板由于自身的开裂损伤导致损伤区混凝土承受的应力减小，而自密实混凝土和底座板的应力受轨道板开裂损伤的影响较小。

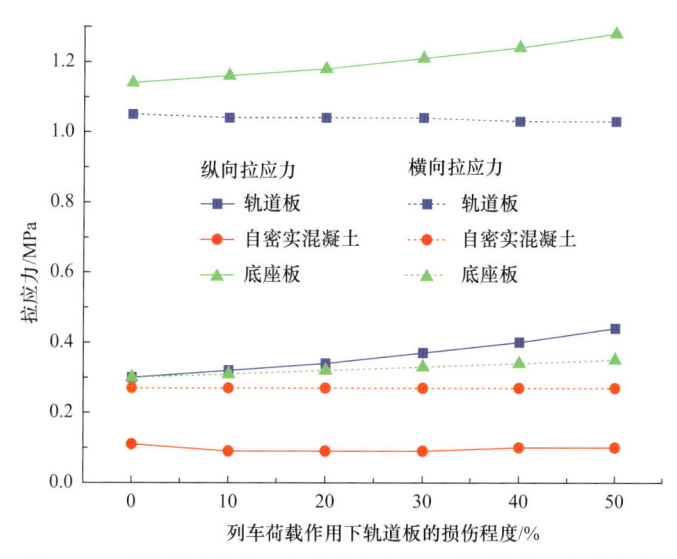

图 9-34　列车荷载作用下各部件应力随轨道板损伤程度的变化

2) 自密实混凝土单独出现裂缝损伤时各部件应力随损伤程度的变化

当自密实混凝土单独出现裂缝损伤时，在列车荷载、列车荷载+负温度梯度荷载分别作用下无砟轨道损伤区周围各部件(轨道板、自密实混凝土、底座板)的应力随损伤程度的变化分别如图 9-36 和图 9-37 所示。

由图 9-36 可知，在列车荷载作用下，随着自密实混凝土损伤程度由 0%增加至 50%，轨道板的纵向拉应力呈现降低趋势，横向拉应力变化不大；自密实混凝土的纵、横向拉应力均呈现降低趋势，且横向拉应力下降幅度较大；底座板的纵、横向拉应力变化不大。

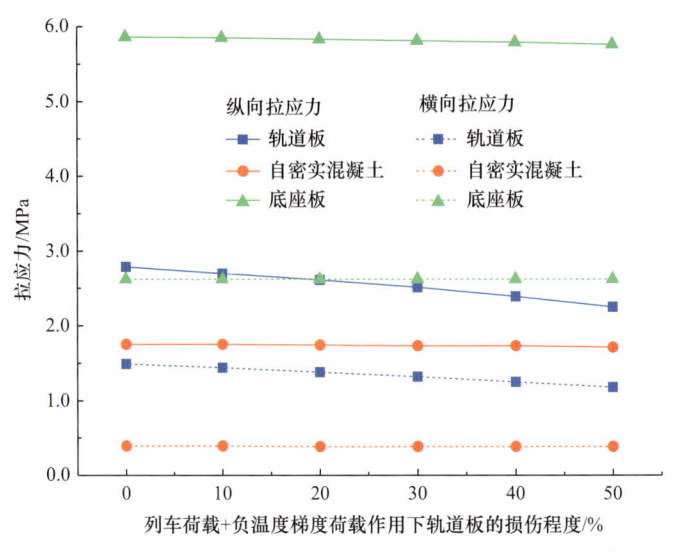

图 9-35　列车荷载+负温度梯度荷载作用下各部件应力随轨道板损伤程度的变化

以上结果说明自密实混凝土的开裂损伤反而导致轨道板和自密实混凝土所承受的应力有所减小，而对底座板的应力影响较小。

由图 9-37 可知，在列车荷载+负温度梯度荷载作用下，随着自密实混凝土损伤程度由 0%增加至 50%，轨道板、自密实混凝土和底座板的纵、横向拉应力均变化不明显。以上结果说明在列车荷载之上叠加负温度梯度荷载的作用，自密实混凝土的开裂损伤对轨道板、自密实混凝土和底座板的影响均较小。

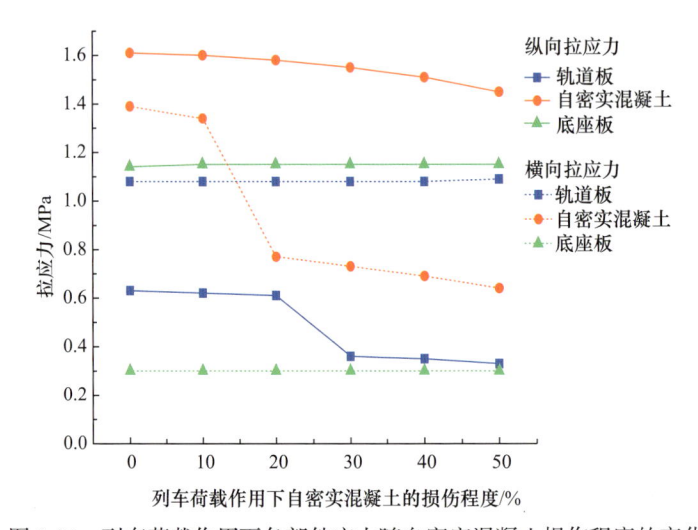

图 9-36　列车荷载作用下各部件应力随自密实混凝土损伤程度的变化

3) 底座板单独出现裂缝损伤时各部件应力随损伤程度的变化

当底座板单独出现裂缝损伤时，在列车荷载、列车荷载+负温度梯度荷载分别作用下无砟轨道损伤区周围各部件(轨道板、自密实混凝土、底座板)的应力随损伤程度的变化分别如图 9-38 和图 9-39 所示。

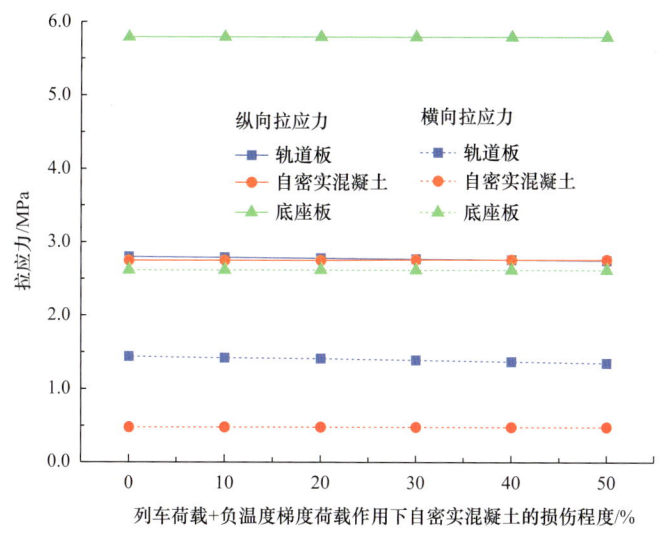

图 9-37 列车荷载+负温度梯度荷载作用下各部件应力随自密实混凝土损伤程度的变化

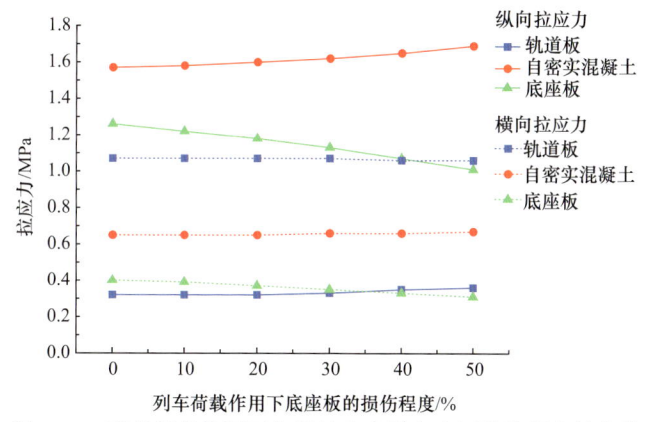

图 9-38 列车荷载作用下各部件应力随底座板损伤程度的变化

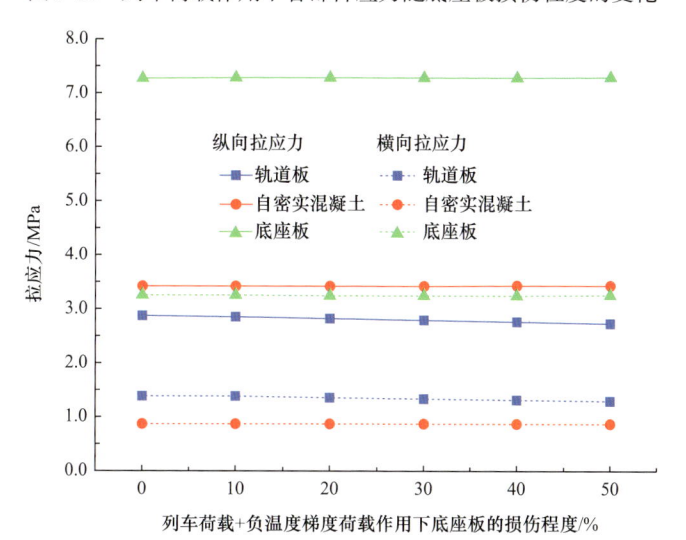

图 9-39 列车荷载+负温度梯度荷载作用下各部件应力随底座板损伤程度的变化

由图 9-38 可知，在列车荷载作用下，随着底座板损伤程度由 0%增加至 50%，轨道板的纵向拉应力有略微的上升，横向拉应力变化不大；自密实混凝土的纵向拉应力同样有略微的上升，横向拉应力变化不大；而底座板的纵、横向拉应力均有小幅度的下降。以上结果说明底座板的开裂损伤会导致轨道板和自密实混凝土所承受的应力有所增大，而底座板自身的应力反而有所减小。

由图 9-39 可知，在列车荷载+负温度梯度荷载作用下，随着底座板损伤程度由 0%增加至 50%，轨道板、自密实混凝土和底座板的纵、横向拉应力均变化不明显。以上结果说明在列车荷载之上叠加负温度梯度的作用，底座板的开裂损伤对轨道板、自密实混凝土和底座板的影响均较小。

综上结果分析，得到以下结论：仅从损伤区周围混凝土承受应力的角度分析，轨道板的开裂损伤对轨道板自身和底座板有一定的不利影响，对自密实混凝土影响不明显；自密实混凝土的开裂损伤对轨道板、自密实混凝土自身和底座板均无明显不利影响；底座板的开裂损伤对轨道板和自密实混凝土有一定的不利影响，对底座板自身无明显不利影响。

## 9.4 开裂状况指标的参数权重计算

确定 9.2 节中开裂状况指标计算方法中各权重 $W_i$、$w_j$ 的合理取值是保证此评估方法具有合理性的关键。高速铁路无砟轨道的开裂问题复杂，加上 CRTS Ⅲ 型板式无砟轨道的应用时间还较短，其开裂损伤问题很难用数值模拟或试验研究的方式进行量化分析，所以当前较实用的分析无砟轨道开裂的方法是通过专家咨询的方式建立专家库，利用专家的工程经验和知识对开裂状况指标权重进行分析。本节采用德尔菲法获取专家意见，然后引入 9.3 节模型计算的结果，综合专家主观意见和模型分析客观结果，采用区间层次分析法(interval analytic hierarchy process，IAHP)来求取 CRTS Ⅲ 型板式无砟轨道开裂指标中各参数的权重。

### 9.4.1 分析方法介绍

在对工程结构的质量状况进行综合评价时，权重系数确定的科学性和精确度对评价结果的合理性有着直接和重要的影响，按确定权重的过程中是否存在人为因素的影响一般可分为主观权重和客观权重[40]。主观权重由评价专家采用德尔菲法、层次分析法、古林法等来确定，比较贴近工程实际要求，但因受人为因素影响较大且缺乏客观的数据信息作为支撑，因此可能会夸大或缩小某些指标的作用；客观权重是根据决策方案中的指标数值信息采用熵值法、灰色关联度法、离差最大化法、主成分分析法等来确定，但仅依据指标数值间相对差异大小来确定权重，未考虑方案的评价目的，导致会忽视评价目的对各指标的相对重要性要求，容易脱离实际。

本节对无砟轨道开裂状况进行评价，现阶段采取的可靠手段是依据无砟轨道领域各专家的知识和多年来的工程经验，以确定指标权重的大小。现阶段求出的权重可以在未来依据裂缝损伤的监测数据和长期的维修经验加以修正。因此，本节采用主观权重确定方法中的德尔菲法与区间层次分析法确定开裂指标中的各项权重。

1. 德尔菲法与层次分析法

本小节对德尔菲法与层次分析法的特点进行简要介绍。

1) 德尔菲法

德尔菲法又称专家调查法，是需要以多位专家的知识、经验和个人价值观等为依据对评价指标体系加以分析，并采用主观赋权值的一种调查法。德尔菲法的优缺点与基本操作步骤见 8.4.2 节。

2) 层次分析法

层次分析法是一种使复杂问题条理化的多目标、多准则的决策方法，能将定量分析与定性分析相结合从而实现较好的权重确定[41]。层次分析法的优缺点与基本操作步骤同见 8.4.2 节。

3) 区间层次分析法

层次分析法经过多年应用与发展，目前衍生出改进层次分析法、区间层次分析法、模糊层次分析法和灰色层次分析法等多种方法，这些改进型的方法会根据研究的实际情况各有其不同的适用范围。

区间层次分析法是层次分析法的改进方法[42]，采用 1~9 比例标度法对同一层次指标两两比较得到具有足够满意一致性的区间型判断矩阵，和普通的层次分析法不同的是，区间层次分析法所构造的判断矩阵中的各元素都是区间的形式，相应地，得到的矩阵也是区间的形式，进而由区间型判断矩阵求出被比较指标的权重区间。

因区间层次分析法在构建判断矩阵时对两元素比较的相对重要性可以取为一个区间的范围，而非取为一个固定值，在本研究中其更具灵活性和变通性，因此本章在德尔菲法定性分析的基础上，应用区间层次分析法建模[43]，以达到结合两者优势而达到更具客观性的指标权重确定的目的。

2. 层次分析法确定权重的步骤

下面将层次分析法确定权重的步骤说明如下。

1) 建立层次结构

对决策问题所涉及的因素进行分层，确定每一层所包含的因素数量，然后定义各层次的权重集。

例如，第一层包含 3 个因素，即 $U=\{u_1,u_2,u_3\}$；第二层包含 9 个因素(第一层中 3 个元素各自包含第二层中的 3 个元素)，即 $u_1=\{u_{11},u_{12},u_{13}\}$，$u_2=\{u_{21},u_{22},u_{23}\}$，$u_3=\{u_{31},u_{32},u_{33}\}$。则定义第一层次权重集为 $A=(a_1,a_2,a_3)$；第二层次权重集分别为 $A_1=(a_{11},a_{12},a_{13})$，$A_2=(a_{21},a_{22},a_{23})$，$A_3=(a_{31},a_{32},a_{33})$。

2) 构造判断矩阵

以 $A$ 为目标，$u_i$、$u_j(i,j=1,2,\cdots,n)$ 表示元素，$u_{ij}$ 表示 $u_i$ 对 $u_j$ 的相对重要性数值，并由 $u_{ij}$ 组成 A-U 判断矩阵 $P$。在建立矩阵时，需要对各层次包含的多个元素进行两两比较，以确定各元素的相对重要性。

$$P = \begin{bmatrix} u_{11} & u_{12} & \cdots & u_{1n} \\ u_{21} & u_{22} & \cdots & u_{2n} \\ \vdots & \vdots & & \vdots \\ u_{n1} & u_{n2} & \cdots & u_{nn} \end{bmatrix} \quad (9\text{-}5)$$

其中上述元素满足：

(1) $u_{ij} = 1 \ (i = j)$；

(2) $u_{ij} = \dfrac{1}{u_{ji}} \ (i,j = 1,2,\cdots,n)$；

(3) 判断矩阵中元素的确定采用 Saatty 的九级标度法[44]，具体使用标准如表 9-12 所示。

表 9-12　1～9 比例标度

| 分数 | 性质 |
| --- | --- |
| 1 | 表示两个元素相比，具有同样重要性 |
| 3 | 表示两个元素相比，一个元素比另一个元素稍微重要 |
| 5 | 表示两个元素相比，一个元素比另一个元素明显重要 |
| 7 | 表示两个元素相比，一个元素比另一个元素强烈重要 |
| 9 | 表示两个元素相比，一个元素比另一个元素极端重要 |
| 2，4，6，8 | 因素之间的重要性比较在上述描述之间 |
| 相应上述数的倒数 | 一个因素比一个因素不重要的上述描述 |

3) 计算重要性排序

根据判断矩阵，求出其最大特征根 $\lambda_{\max}$ 所对应的特征向量 $w$，方程如下：

$$Pw = \lambda_{\max} w \quad (9\text{-}6)$$

所求特征向量 $w$ 经归一化处理，即各评价因素的重要性排序，也就是权重分配。

4) 一致性检验

下面需要对判断矩阵进行一致性检验，以确定第 3)步所得到的权重分配是否合理。检验使用公式为

$$\text{CR} = \dfrac{\text{CI}}{\text{RI}} \quad (9\text{-}7)$$

式中，CR 为判断矩阵的随机一致性比率；CI 为判断矩阵的一般一致性指标，它由式(9-8)给出：

$$\text{CI} = \dfrac{\lambda_{\max} - n}{n - 1} \quad (9\text{-}8)$$

RI 为判断矩阵的平均随机一致性指标，1～30 阶判断矩阵 RI 值参见表 9-13。

表 9-13  平均随机一致性指标 RI 的值

| 阶数 | 1 | 2 | 3 | 4 | 5 | 6 | 7 | 8 | 9 | 10 |
|---|---|---|---|---|---|---|---|---|---|---|
| RI | 0 | 0 | 0.52 | 0.89 | 1.12 | 1.26 | 1.36 | 1.41 | 1.46 | 1.49 |
| 阶数 | 11 | 12 | 13 | 14 | 15 | 16 | 17 | 18 | 19 | 20 |
| RI | 1.52 | 1.54 | 1.56 | 1.58 | 1.59 | 1.5943 | 1.6064 | 1.6133 | 1.6207 | 1.6292 |
| 阶数 | 21 | 22 | 23 | 24 | 25 | 26 | 27 | 28 | 29 | 30 |
| RI | 1.6358 | 1.6403 | 1.6462 | 1.6497 | 1.6556 | 1.6587 | 1.6631 | 1.6670 | 1.6693 | 1.6724 |

当判断矩阵 $P$ 的 CR<0.1 时或 $\lambda_{max} = n$、CI = 0 时，认为 $P$ 具有满意的一致性，否则需调整 $P$ 中的元素以使其具有满意的一致性。

5) 权重求解

通过对判断矩阵 $P$ 中的元素进行修订，且判断矩阵通过上述一致性检验后，方可求得最终的权重取值。

3. 区间层次分析法确定权重的步骤

区间层次分析法在确定权重时相对于层次分析法进行了一些改进，下面将区间层次分析法确定权重的步骤说明如下。

1) 构造区间判断矩阵

设矩阵 $A = (a_{ij})_{n \times n}$ 为区间判断矩阵，其中元素确定方法和普通层次分析法相符，且满足：

(1) $a_{ij} = [a_{ij}^-, a_{ij}^+]$，且 $\frac{1}{9} \leqslant a_{ij}^- \leqslant a_{ij}^+ \leqslant 9$；

(2) $a_{ij} = [1,1] (i = j)$；

(3) $a_{ij} = \frac{1}{a_{ji}}, [a_{ij}^-, a_{ij}^+] = \left[\frac{1}{a_{ji}^+}, \frac{1}{a_{ij}^-}\right]$。

2) 一致性检验

将 $A$ 视为两个矩阵，分别称为左矩阵和右矩阵，记为 $A = [A^-, A^+]$，其中：

$$A^- = \begin{bmatrix} a_{11}^- & a_{12}^- & \cdots & a_{1n}^- \\ a_{21}^- & a_{22}^- & \cdots & a_{2n}^- \\ \vdots & \vdots & & \vdots \\ a_{n1}^- & a_{n2}^- & \cdots & a_{nn}^- \end{bmatrix}, \quad A^+ = \begin{bmatrix} a_{11}^+ & a_{12}^+ & \cdots & a_{1n}^+ \\ a_{21}^+ & a_{22}^+ & \cdots & a_{2n}^+ \\ \vdots & \vdots & & \vdots \\ a_{n1}^+ & a_{n2}^+ & \cdots & a_{nn}^+ \end{bmatrix}$$

从操作可行性等方面综合考虑，对以下三种检验一致性的方法进行介绍。

(1) 第一种一致性检验方法。

分别对 $A^-$、$A^+$ 进行类似普通层次分析法的一致性检验，若两个矩阵都是满足一致性的，则认为区间型判断矩阵 $A$ 满足一致性。

这是将区间型判断矩阵视为两个普通的数字判断矩阵来考虑，下面两种方法是基于区间型判断矩阵本身来考虑的。

(2) 第二种一致性检验方法。

对于区间型判断矩阵 $A=(a_{ij})_{n\times n}$，若对于任意的 $i,j,k=1,2,\cdots,n$，都有 $a_{ij}a_{jk}=a_{jj}a_{ik}$，则称 $A$ 满足完全一致性。

注：若 $a_{ij}=[a_{ij}^-,a_{ij}^+]$，$a_{jk}=[a_{jk}^-,a_{jk}^+]$，则 $a_{ij}a_{jk}=[a_{ij}^-a_{jk}^-,a_{ij}^+a_{jk}^+]$。

值得注意的是：完全一致性条件是特别强的一个条件，大多数的矩阵难以满足，因此引入下面条件相对较弱的判定定理。

(3) 第三种一致性检验方法。

区间型判断矩阵 $A=(a_{ij})_{n\times n}$ 具有一致性当且仅当满足以下要求，即对任意的 $i<j,i,j=1,2,\cdots,n$，有 $\bigcap_{k=1}^{n}(a_{ik}a_{kj})\neq\varnothing$。

3) 权重求解

在上述区间型判断矩阵满足一致性之后，分别对 $A^-$、$A^+$ 进行类似普通层次分析法的权重求解，并得到对应权重为 $w^-=(w_1^-,w_2^-,\cdots,w_n^-)$、$w^+=(w_1^+,w_2^+,\cdots,w_n^+)$，这样原来区间型判断矩阵的权重为 $w=[kw^-,mw^+]=([kw_1^-,mw_1^+],[kw_2^-,mw_2^+],\cdots,[kw_n^-,mw_n^+])$。其中，$k=\sqrt{\sum_{j=1}^{n}\dfrac{1}{\sum_{i=1}^{n}a_{ij}^+}}$，$m=\sqrt{\sum_{j=1}^{n}\dfrac{1}{\sum_{i=1}^{n}a_{ij}^-}}$（注意：最后 $w$ 要进行归一化处理）。

为了确定 9.2 节提出的开裂评价指标中各参数的权重(表 9-14)，下面采用基于德尔菲法和区间层次分析法来求取各项参数的权重，流程说明如图 9-40 所示。其中，需要注意的是，对于表 9-14 中不同形式裂缝的权重，对轨道板和底座板考虑全部 6 种裂缝，对自密实混凝土只考虑横向裂缝、纵向裂缝、垂向裂缝、贯通裂缝共 4 种裂缝。

表 9-14 CRTS Ⅲ型板式无砟轨道各指标的权重明细表

| 类型($i$) | 部件名称 | 权重(对于类型($i$)) | 类型($j$) | 裂缝形式 | 权重(对于类型($j$)) |
| --- | --- | --- | --- | --- | --- |
| 1 | 轨道板 | $W_1$ | 1 | 横向裂缝 | $w_1$ |
| 2 | 自密实混凝土 | $W_2$ | 2 | 纵向裂缝 | $w_2$ |
| 3 | 底座板 | $W_3$ | 3 | 垂向裂缝 | $w_3$ |
|  |  |  | 4 | 龟裂 | $w_4$ |
|  |  |  | 5 | 块状裂缝 | $w_5$ |
|  |  |  | 6 | 贯通裂缝 | $w_6$ |

第9章 无砟轨道开裂状况评估方法

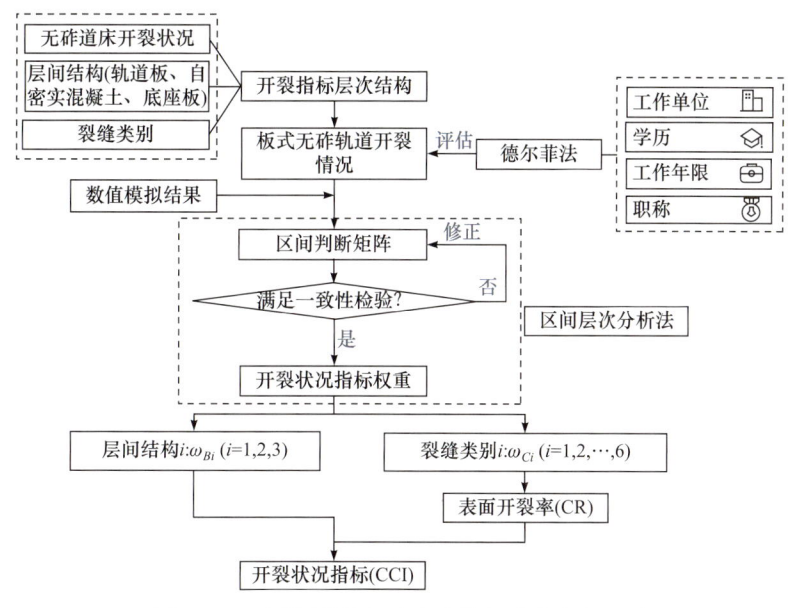

图 9-40 开裂评价指标中各参数权重求取流程图

## 9.4.2 基于区间层次分析法的无砟轨道开裂指标层次结构的建立

为求得 CRTS Ⅲ 型板式无砟轨道开裂状况指标各参数的权重，现基于开裂状况指数 (CCI)的计算公式及区间层次分析法进行说明。根据 9.2 节所述，将 CRTS Ⅲ 型板式无砟轨道分为三个部件，即轨道板、自密实混凝土、底座板，将裂缝开裂形式划分为横向裂缝、纵向裂缝、垂向裂缝、龟裂、块状裂缝、贯通裂缝 6 类。

层次分析法中首先通过将问题分解为不同的组成因素，并按照因素间的相互关联影响以及隶属关系将因素按不同层次聚集组合，形成一个多层次的分析结构模型，其层次结构一般分为三层(图 9-41)。第一层为最高层，它是分析问题的预定目标和结果，也称为目标层；第二层为中间层，它是为了实现目标所涉及的中间环节，又称准则层；第三层为最底层，它包括为实现目标可供选择的各种措施、决策方案等，也称为方案层。

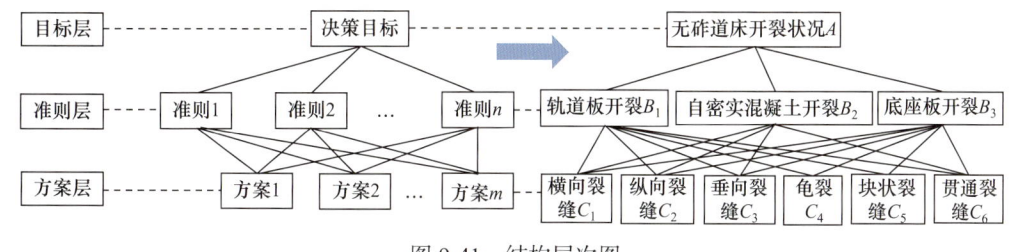

图 9-41 结构层次图

基于前述说明运用层次分析法针对 CRTS Ⅲ 型板式无砟轨道开裂状况指标建立结构层次，其中目标层为无砟轨道开裂状况 $A$；准则层为轨道板开裂 $B_1$、自密实混凝土开裂 $B_2$、底座板开裂 $B_3$；方案层为横向裂缝 $C_1$、纵向裂缝 $C_2$、垂向裂缝 $C_3$、龟裂 $C_4$、块状

裂缝 $C_5$、贯通裂缝 $C_6$。在准则层、方案层中分别构造区间型判断矩阵 $B = (b_{ij})_{3\times 3}$，$C_\text{轨} = C_\text{底} = (c_{ij})_{6\times 6}$ 和 $C_\text{自} = (c_{ij})_{4\times 4}$，以区间型判断矩阵 $B = (b_{ij})_{3\times 3}$ 为例，来说明其表示含义及需满足的条件。$b_{ij}(i, j = 1, 2, 3)$ 表示 $B_i$ 和 $B_j$ 相对于目标层的重要程度，其中 $b_{ij} = [b_{ij}^-, b_{ij}^+](i, j = 1, 2, 3)$ 表示一个区间，且满足：

(1) $b_{ij} = [b_{ij}^-, b_{ij}^+]$，且 $\dfrac{1}{9} \leqslant b_{ij}^- \leqslant b_{ij}^+ \leqslant 9(i, j = 1, 2, 3)$；

(2) $b_{ij} = [1, 1]$，其中 $i = j = 1, 2, 3$；

(3) $b_{ji} = \dfrac{1}{b_{ij}}$，即 $[b_{ji}^-, b_{ji}^+] = \left[\dfrac{1}{b_{ij}^+}, \dfrac{1}{b_{ij}^-}\right](i, j = 1, 2, 3)$；

(4) $b_{ij} = [b_{ij}^-, b_{ij}^+]$，一般有 $b_{ij}^+ - b_{ij}^- \leqslant 1$，即区间长度一般小于等于 1。

对于区间型判断矩阵 $C = (c_{ij})_{6\times 6}$，也类似满足上述条件，其中 $c_{ij}$ 表示 $C_i$ 和 $C_j$ 相对于准则层 $B_i(i = 1, 2, 3)$ 的重要程度。

通过建立分析模型结构层次得到判断矩阵，然后采用 1~9 比例标度法对同一层次指标两两比较，得到具有足够满意一致性的区间型判断矩阵，进而由区间型判断矩阵求出被比较指标的权重区间。

### 9.4.3 基于德尔菲法的专家咨询

为获取 9.4.2 节中区间型判断矩阵 $B$、$C$，需要采用德尔菲法，采用专家评价和定权的方式确定判断矩阵中各元素的数值。专家在科研项目评估中的作用是不可替代的，评估结果的科学性、正确性、准确性一定程度上依赖于专家在评估中作用的发挥，专家评估结果与专家本身的能力及素质密切相关，同时也取决于评价指标、评估方法及专家权重的设计。

1. 专家调查的执行

为了保证区间层次分析法中判断矩阵 $B$、$C$ 的科学合理性以确保求得的权重较客观、合理，作者团队制作了调查问卷，问卷设计与发放过程、有效问卷数量与人员组成见 8.4.3 节。作者团队将调查问卷发送给高速铁路无砟轨道研究领域的各专家学者，包括铁道领域科研院所、国内几所铁路设计院、多个铁路局、多个高速铁路施工工程局、国内多所涉及高速铁路无砟轨道研究领域的高校中的研究人员(包括研究员、教授、在读博士/硕士等)，通过专家咨询以达到全面、广泛地收集各种不同身份、不同工作单位的研究人员对无砟轨道裂缝的评价，再通过合理的数学模型将德尔菲法的调查结果转化为区间层次分析法中的有效数据，以求得合理的指标权重。

2. 专家权重系数的确定方法

就专家权重的设计而言，本章采用指标测评法[45]，根据专家工作单位、学历、职称、工作年限、是否了解过无砟轨道裂缝损伤这五个条件作为测评指标，如表 9-15 所示。针对

专家得到评分 $P_i(i=1,2,\cdots,5)$；其次对上述五个测评指标赋予相应的权重 $Q_i(i=1,2,\cdots,5)$ (表 9-16)；最终根据式(9-9)确定每位专家的权重。以上 5 个测评指标可能存在一定的主观性，未来可考虑通过增加专家的科研成果、专利、论文等较为客观的指标来确定各专家权重，以期最终结果更具客观性。

$$W_t = \frac{\sum_{i=1}^{5} Q_i P_i^t}{P} \tag{9-9}$$

式中，$W_t(t=1,2,\cdots,n)$ 为第 $t$ 个专家的权重，其中 $n$ 为参与评价的专家总数；$P_i^t(i=1,2,\cdots,5)$ 为第 $t$ 个专家的第 $i$ 个测评指标分数；$Q_i(i=1,2,\cdots,5)$ 为第 $i$ 个测评指标的权重；$P$ 为测评指标标准分满分值，此处取值为 10。

表 9-15　专家水平评判分数表

| 专家水平评判指标 | 工作单位 | 学历 | 职称 | 工作年限 | 是否了解过无砟轨道裂缝损伤 |
|---|---|---|---|---|---|
| 分值($P_i$) | $P_1$ | $P_2$ | $P_3$ | $P_4$ | $P_5$ |

表 9-16　专家水平评判标准权重表

| 专家水平评判指标 | 工作单位 | 学历 | 职称 | 工作年限 | 是否了解过无砟轨道裂缝损伤 |
|---|---|---|---|---|---|
| 权重($Q_i$) | $Q_1$ | $Q_2$ | $Q_3$ | $Q_4$ | $Q_5$ |

1) 专家水平评判标准

选择专家学历、职称、工作年限评分表如表 8-9～表 8-11 所示，工作单位、是否了解过无砟轨道裂缝损伤评分表如表 9-17、表 9-18 所示。并针对每一指标划分若干等级，等级越高分数越高，满分为 10 分。

表 9-17　工作单位评分表

| 标准等级 | 评判标准 | 标准分 |
|---|---|---|
| Ⅰ | 铁路局、科研院所 | 10 |
| Ⅱ | 设计院、高校教师 | 9 |
| Ⅲ | 施工单位 | 8 |
| Ⅳ | 高校学生 | 7 |
| Ⅴ | 其他 | 6 |

表 9-18　是否了解过无砟轨道裂缝损伤评分表

| 标准等级 | 评判标准 | 标准分 |
|---|---|---|
| Ⅰ | 对无砟轨道裂缝损伤有过了解 | 10 |
| Ⅱ | 对无砟轨道裂缝损伤没有了解 | 5 |

2) 专家水平评判标准权重

测评专家影响力的 5 个指标对于评判的重要性并不均等，表 9-19 列出了在同一领域专家中，工作单位、学历、职称、工作年限和是否了解过无砟轨道裂缝损伤共计 5 个指标的权重，五者之和为 1。

表 9-19 专家水平评判标准权重

| 专家水平评判指标 | 工作单位 | 学历 | 职称 | 工作年限 | 是否了解过无砟轨道裂缝损伤 |
|---|---|---|---|---|---|
| 权重($Q_i$) | 0.25 | 0.15 | 0.15 | 0.15 | 0.3 |

### 9.4.4 德尔菲法与数值模拟结果向区间层次分析法的转化

本节具体说明采用德尔菲法获得的专家意见的数据处理结果和引入 9.3 节数值模拟的计算结果如何向区间层次分析法转化的操作步骤及方法。

1. 德尔菲法结果处理

在专家针对 6 种不同形式裂缝对无砟轨道的影响严重程度进行评价时，评价结果选用文字描述为无明显影响、有较小影响、有明显影响、有严重影响和有极大影响五种。为将德尔菲法中获取的专家调查结果引入区间层次分析法中以得到需要的数值，在转化中采用数值打分的概念，依据表 9-20 将上述五种影响程度对应不同的分值。

表 9-20 不同形式裂缝的影响严重程度数值打分结果

| 影响严重程度评价 | 无明显影响 | 有较小影响 | 有明显影响 | 有严重影响 | 有极大影响 |
|---|---|---|---|---|---|
| 转化为数值打分结果 $V$ | 1 | 3 | 5 | 7 | 9 |

然后针对每位专家的打分结果采取加权平均的方法进行处理，可得出最后的综合评价结果，计算公式如下：

$$V_j = \frac{\sum_{t=1}^{n} W_t V_t^j}{\sum_{t=1}^{n} W_t} \tag{9-10}$$

式中，$V_j(j=1,2,\cdots,6)$ 为第 $j$ 类裂缝损伤对无砟轨道的影响程度打分结果；$W_t(t=1,2,\cdots,n)$ 为第 $t$ 位专家的权重；$V_t^j$ 为第 $t$ 位专家对第 $j$ 类裂缝损伤对无砟轨道的影响程度的评价分数。

专家的数量和职业分布对评价结果会产生直接的影响，因在评价时高校的研究者可能偏向于理论研究成果，而设计院、铁路局的专家可能偏向于实际工程经验，当专家数量不足或职业分布不均时则可能影响式(9-9)和式(9-10)的计算结果,继而影响最后的评估结果。总体来说,本次专家调查的问卷数量充足,专家的职业分布较为全面,因此能保证调查结果的客观性。

通过对 437 份专家问卷进行样本综合统计分析,同时选取特殊群体单独进行统计分析,如选取高校教师全体 98 个样本或来自铁路局群体的 98 个样本进行分析,均能得到一致的结论:在相同开裂面积情况下 6 种不同形式裂缝对无砟轨道的影响程度由高到低依次为贯通裂缝、垂向裂缝、横向裂缝、纵向裂缝、块状裂缝、龟裂;CRTS Ⅲ型板式无砟轨道各部件在单独出现相同程度开裂的情况下,各部件对无砟轨道整体结构的影响由大到小依次为轨道板、自密实混凝土、底座板。

此后,采用式(9-9)和式(9-10)对获取的 437 份调查问卷进行数值转化,可分别计算出以上 6 种裂缝损伤对无砟轨道的影响程度评分结果,以及三个部件的重要程度评分结果(保留小数点后两位):

横向裂缝 $V_1 = 4.88$ ,纵向裂缝 $V_2 = 4.92$ ;

垂向裂缝 $V_3 = 5.53$ ,龟裂 $V_5 = 4.01$ ;

块状裂缝 $V_4 = 4.67$ ,贯通裂缝 $V_6 = 7.89$ ;

轨道板 $V_{轨} = 2.35$ ,自密实混凝土 $V_{自} = 1.98$ ,底座板 $V_{底} = 1.67$ 。

2. 构造判断矩阵 $B$、$C$

根据德尔菲法的专家评定结果,6 种不同形式裂缝对无砟轨道的影响程度由高到低依次为贯通裂缝、垂向裂缝、横向裂缝、纵向裂缝、块状裂缝、龟裂;各部件对无砟轨道整体结构的影响由大到小依次为轨道板、自密实混凝土、底座板。

然后引入 9.3 节利用数值计算得到的受力分析结果,从裂缝扩展性的角度考虑,横向裂缝、垂向裂缝、贯通裂缝三者的应力强度因子依次降低,即表明其扩展性依次减小;从受力的角度考虑,轨道板的开裂损伤对轨道板自身和底座板有一定的不利影响,自密实混凝土的开裂损伤对各部件均无明显不利影响;底座板的开裂损伤对轨道板和自密实混凝土有一定的不利影响。

因此,在基于区间层次分析法构造判断矩阵 $B$、$C$ 时,同时考虑专家评定的主观因素和数值计算的客观因素会更加客观。于是,借助区间层次分析法中的 1~9 比例标度法(表 9-12)针对本节第一部分中由德尔菲法获得的评价分数进行处理,根据评分结果之间的差值和比例关系,得到原始判断矩阵 $B_0$、$C_{01}$、$C_{02}$ 和 $C_{03}$ 如下:

$$B_0 = \begin{bmatrix} [1,1] & [3.5,4] & [6.5,7] \\ \left[\dfrac{1}{4},\dfrac{2}{7}\right] & [1,1] & [2.5,3] \\ \left[\dfrac{1}{7},\dfrac{2}{13}\right] & \left[\dfrac{1}{3},\dfrac{2}{5}\right] & [1,1] \end{bmatrix} \qquad (9-11)$$

$$C_{01}=C_{03}=\begin{bmatrix} [1,1] & [1,1] & \left[\dfrac{2}{5},\dfrac{1}{2}\right] & [2.5,3] & [1,1.5] & \left[\dfrac{1}{7},\dfrac{2}{13}\right] \\ [1,1] & [1,1] & \left[\dfrac{2}{5},\dfrac{1}{2}\right] & [2.5,3] & [1,1.5] & \left[\dfrac{1}{7},\dfrac{2}{13}\right] \\ [2,2.5] & [2,2.5] & [1,1] & [4,4.5] & [2.5,3] & \left[\dfrac{1}{6},\dfrac{2}{11}\right] \\ \left[\dfrac{1}{3},\dfrac{2}{5}\right] & \left[\dfrac{1}{3},\dfrac{2}{5}\right] & \left[\dfrac{2}{9},\dfrac{1}{4}\right] & [1,1] & \left[\dfrac{2}{5},\dfrac{1}{2}\right] & \left[\dfrac{2}{17},\dfrac{1}{8}\right] \\ \left[\dfrac{2}{3},1\right] & \left[\dfrac{2}{3},1\right] & \left[\dfrac{1}{3},\dfrac{2}{5}\right] & [2,2.5] & [1,1] & \left[\dfrac{2}{15},\dfrac{1}{7}\right] \\ [6.5,7] & [6.5,7] & [5.5,6] & [8,8.5] & [7,7.5] & [1,1] \end{bmatrix} \quad (9\text{-}12)$$

$$C_{02}=\begin{bmatrix} [1,1] & [1,1] & \left[\dfrac{2}{5},\dfrac{1}{2}\right] & \left[\dfrac{1}{7},\dfrac{2}{13}\right] \\ [1,1] & [1,1] & \left[\dfrac{2}{5},\dfrac{1}{2}\right] & \left[\dfrac{1}{7},\dfrac{2}{13}\right] \\ [2,2.5] & [2,2.5] & [1,1] & \left[\dfrac{1}{6},\dfrac{2}{11}\right] \\ [6.5,7] & [6.5,7] & [5.5,6] & [1,1] \end{bmatrix} \quad (9\text{-}13)$$

之后引入数值计算的因素来对矩阵进行修正：从裂缝扩展性的角度考虑，贯通裂缝的应力强度因子 $K_1$ 明显小于横向裂缝和纵向裂缝，且横向裂缝的 $K_1$ 稍大于纵向裂缝，因此在原始矩阵中将贯通裂缝对其他 5 种裂缝的重要性适度调低，即将原始矩阵 $C_{01}$、$C_{03}$ 中第 6 行中 $C_{61}$、$C_{62}$、$C_{63}$、$C_{64}$、$C_{65}$ 五个元素的区间数值分别减小 2.0、1.5、1.5、1.5、1.5，第 6 列的元素相应进行修改；同时将横向裂缝对纵向裂缝的重要性稍微调高，即将原始矩阵 $C_{01}$、$C_{03}$ 中第 1 行中 $C_{12}$ 元素的区间数值由[1,1]修改为[1,1.5]，第 1 列中 $C_{21}$ 元素相应进行修改，修正后得到矩阵 $C_{轨}$ 和 $C_{底}$ 如式(9-15)所示。同理，将原始矩阵 $C_{02}$ 中第 1 行的 $C_{12}$ 元素的区间数值由[1,1]修改为[1,1.5]，第 1 列中 $C_{21}$ 元素相应进行修改；第 4 行中 $C_{41}$、$C_{42}$ 和 $C_{43}$ 三个元素的区间数值分别减小 2.0、1.5、1.5，第 4 列的元素相应进行修改，修正后得到的矩阵 $C_{自}$ 如式(9-16)所示。此外，考虑不同部件受力分析结果，将底座板相对轨道板和自密实混凝土的重要性适度调高，即将原始矩阵 $B_0$ 中第 3 列的 $C_{13}$、$C_{23}$ 两个元素的区间数值分别减小 2.0、1.0，第 3 行的元素相应进行修改，修正后得到矩阵 $B$ 如式(9-14)所示。

具体修正参数标注如下，见修正后的矩阵 $B$、$C_{轨}$、$C_{自}$ 和 $C_{底}$：

$$B=\begin{bmatrix} [1,1] & [3.5,4] & [4.5,5] \\ \left[\dfrac{1}{4},\dfrac{2}{7}\right] & [1,1] & [1.5,2] \\ \left[\dfrac{1}{5},\dfrac{2}{9}\right] & \left[\dfrac{1}{2},\dfrac{2}{3}\right] & [1,1] \end{bmatrix} \quad (9\text{-}14)$$

$$C_{轨}=C_{底}=\begin{bmatrix} [1,1] & [1,1.5] & \left[\dfrac{2}{5},\dfrac{1}{2}\right] & [2.5,3] & [1,1.5] & \left[\dfrac{1}{5},\dfrac{2}{9}\right] \\ \left[\dfrac{2}{3},1\right] & [1,1] & \left[\dfrac{2}{5},\dfrac{1}{2}\right] & [2.5,3] & [1,1.5] & \left[\dfrac{2}{11},\dfrac{1}{5}\right] \\ [2,2.5] & [2,2.5] & [1,1] & [4,4.5] & [2.5,3] & \left[\dfrac{2}{9},\dfrac{1}{4}\right] \\ \left[\dfrac{1}{3},\dfrac{2}{5}\right] & \left[\dfrac{1}{3},\dfrac{2}{5}\right] & \left[\dfrac{2}{9},\dfrac{1}{4}\right] & [1,1] & \left[\dfrac{2}{5},\dfrac{1}{2}\right] & \left[\dfrac{1}{7},\dfrac{2}{13}\right] \\ \left[\dfrac{2}{3},1\right] & \left[\dfrac{2}{3},1\right] & \left[\dfrac{1}{3},\dfrac{2}{5}\right] & [2,2.5] & [1,1] & \left[\dfrac{1}{6},\dfrac{2}{11}\right] \\ [4.5,5] & [5,5.5] & [4,4.5] & [6.5,7] & [5.5,6] & [1,1] \end{bmatrix} \quad (9\text{-}15)$$

$$C_{自}=\begin{bmatrix} [1,1] & [1,1.5] & \left[\dfrac{2}{5},\dfrac{1}{2}\right] & \left[\dfrac{1}{5},\dfrac{2}{9}\right] \\ \left[\dfrac{2}{3},1\right] & [1,1] & \left[\dfrac{2}{5},\dfrac{1}{2}\right] & \left[\dfrac{2}{11},\dfrac{1}{5}\right] \\ [2,2.5] & [2,2.5] & [1,1] & \left[\dfrac{2}{9},\dfrac{1}{4}\right] \\ [4.5,5] & [5,5.5] & [4,4.5] & [1,1] \end{bmatrix} \quad (9\text{-}16)$$

3. 判断矩阵 $B$、$C$ 的一致性检验

为保证所构造的区间型判断矩阵能够得到合理的权重，需进行一致性检验。考虑到现实问题中的大多数判断矩阵都不满足完全一致性条件，因此本章基于下述定理选用条件稍弱的满意一致性检验方法，此种方法具有较强的可操作性，能够编程实现，具有现实意义。

**定理 9-1** 区间型判断矩阵 $A=(a_{ij})_{n\times n}$ 具有满意一致性当且仅当对任意的 $i<j$，$(i,j=1,2,\cdots,n)$，有 $\bigcap_{k=1}^{n}(a_{ik}a_{kj})\neq\varnothing$。

注：若 $a_{ik}=[a_{ik}^{-},a_{ik}^{+}]$，$a_{kj}=[a_{kj}^{-},a_{kj}^{+}]$，则 $a_{ik}a_{kj}=[a_{ik}^{-}a_{kj}^{-},a_{ik}^{+}a_{kj}^{+}]$。

运用上述定理对前面获得的区间型判断矩阵 $B$、$C_{轨}$、$C_{自}$ 和 $C_{底}$ 进行一致性检验，结果显示均满足一致性要求。

### 9.4.5 无砟轨道开裂影响权重的确定

区间型判断矩阵 $B$、$C$ 通过上述一致性检验后，可通过如下步骤进行权重求解。

首先将区间型判断矩阵 $B$ 视为两个矩阵，即 $B=[B^{-},B^{+}]$，$B^{-}$、$B^{+}$ 分别称为左判断矩阵和右判断矩阵，其中：

$$B^- = \begin{bmatrix} 1 & 3.5 & 4.5 \\ \dfrac{1}{4} & 1 & 1.5 \\ \dfrac{1}{5} & \dfrac{1}{2} & 1 \end{bmatrix}, \quad B^+ = \begin{bmatrix} 1 & 4 & 5 \\ \dfrac{2}{7} & 1 & 2 \\ \dfrac{2}{9} & \dfrac{2}{3} & 1 \end{bmatrix}$$

其次分别求出 $B^-$、$B^+$ 最大特征根所对应的特征向量,并进行归一化处理得到两者对应的权重,分别为

$$w_{B^-}^- = (0.6786, 0.1949, 0.1265)^T, \quad w_{B^+}^+ = (0.6663, 0.2044, 0.1294)^T$$

最后得到区间判断矩阵 $B$ 所对应的权重,为 $w_B = [k_B w_{B^-}^-, m_B w_{B^+}^+]$,其中 $k_B = \sqrt{\sum\limits_{j=1}^{3} \dfrac{1}{\sum\limits_{i=1}^{3} b_{ij}^+}} = 0.9822$,$m_B = \sqrt{\sum\limits_{j=1}^{3} \dfrac{1}{\sum\limits_{i=1}^{3} b_{ij}^-}} = 1.0161$,因此 $w_B = ([0.6665, 0.6770], [0.1914, 0.2076], [0.1242, 0.1315])^T$,权重结果如表 9-21 所示。

表 9-21　三个部件权重区间

| 部件类型 | 轨道板开裂 | 自密实混凝土开裂 | 底座板开裂 |
| --- | --- | --- | --- |
| 权重 | [0.6665,0.6770] | [0.1914,0.2076] | [0.1242,0.1315] |

对区间型判断矩阵 $C_\text{轨}$、$C_\text{自}$ 和 $C_\text{底}$ 做同样的计算过程,可得其所对应的权重结果如表 9-22 和表 9-23 所示。

表 9-22　轨道板和底座板表面 6 种形式裂缝权重区间

| 开裂形式 | 横向裂缝 | 纵向裂缝 | 垂向裂缝 |
| --- | --- | --- | --- |
| 权重 | [0.0945,0.1079] | [0.0873,0.0988] | [0.1790,0.1923] |
| 开裂形式 | 龟裂 | 块状裂缝 | 贯通裂缝 |
| 权重 | [0.0431,0.0438] | [0.0750,0.0850] | [0.4876,0.4883] |

表 9-23　自密实混凝土表面 4 种形式裂缝权重区间

| 开裂形式 | 横向裂缝 | 纵向裂缝 | 垂向裂缝 | 贯通裂缝 |
| --- | --- | --- | --- | --- |
| 权重 | [0.1023,0.1136] | [0.0904,0.0992] | [0.1864,0.2021] | [0.5967,0.5997] |

此后,为便于计算 CR 和 CCI 的值,在求得以上各权重区间的基础上,可根据实际工程和计算需要,对各项权重取一个定值,下面将各项权重取值明细列于表 9-24 中。

表9-24 CRTS Ⅲ型板式无砟轨道开裂指标中各参数的权重明细表

| 类型($i$) | 部件名称 | 权重(类型($i$)) | 类型($j$) | 裂缝名称 | 权重(轨道板、底座板表面) | 权重(自密实混凝土表面) |
|---|---|---|---|---|---|---|
| 1 | 轨道板 | 0.67 | 1 | 横向裂缝 | 0.10 | 0.11 |
| 2 | 自密实混凝土 | 0.20 | 2 | 纵向裂缝 | 0.09 | 0.10 |
| 3 | 底座板 | 0.13 | 3 | 垂向裂缝 | 0.19 | 0.19 |
|   |   |   | 4 | 龟裂 | 0.05 | — |
|   |   |   | 5 | 块状裂缝 | 0.08 | — |
|   |   |   | 6 | 贯通裂缝 | 0.49 | 0.60 |

最后，根据实际工程需要，可根据$CR_i$与$CCI_i$之间的映射关系，通过参数拟合来确定式(9-2)中的待定系数$a_{0i},a_{1i}(i=1,2,3)$，下面将其取值列于表9-25中。

表9-25 式(9-2)中参数$a_{0i},a_{1i}(i=1,2,3)$的取值明细表

| 参数 | 取值 | 参数 | 取值 |
|---|---|---|---|
| $a_{01}$ | 520 | $a_{11}$ | 0.476 |
| $a_{02}$ | 390 | $a_{12}$ | 0.538 |
| $a_{03}$ | 285 | $a_{13}$ | 0.494 |

## 9.5 案例分析

本节选取2个在实地调研中获取的CRTS Ⅲ型板式无砟轨道开裂损伤案例进行分析，用9.4节得出的权重计算其开裂状况指标分值，之后对比两者的计算结果并进行分析。

### 9.5.1 案例一

根据实际检测区段1中某单元无砟轨道开裂损伤情况绘制了以下示意图(图9-42)，计算得出无砟轨道各部件表面检测面积及对应各种形式裂缝开裂面积大小如表9-26所示。由图9-42可以看到，该损伤的无砟轨道的轨道板上表面存在1条龟裂、5条横向裂缝，其侧面存在2条纵向裂缝和多条垂向裂缝(含放射状裂缝)；自密实混凝土侧面存在多条垂向裂缝；底座板表面存在2条贯通裂缝、1条垂向裂缝和2条纵向裂缝(为方便计算，将无砟轨道两侧面裂缝视为对称分布)。

然后依据9.2节中的式(9-1)~式(9-3)，以及9.4节中的表9-24、表9-25中得到的权重和参数，可计算出开裂状况指标。首先运用式(9-3)(此时$j_0=5$)可分别计算出轨道板、自密实混凝土、底座板的表面开裂率$CR_i$(表9-27第二列)；其次借助式(9-2)可分别

(a) 损伤示意图

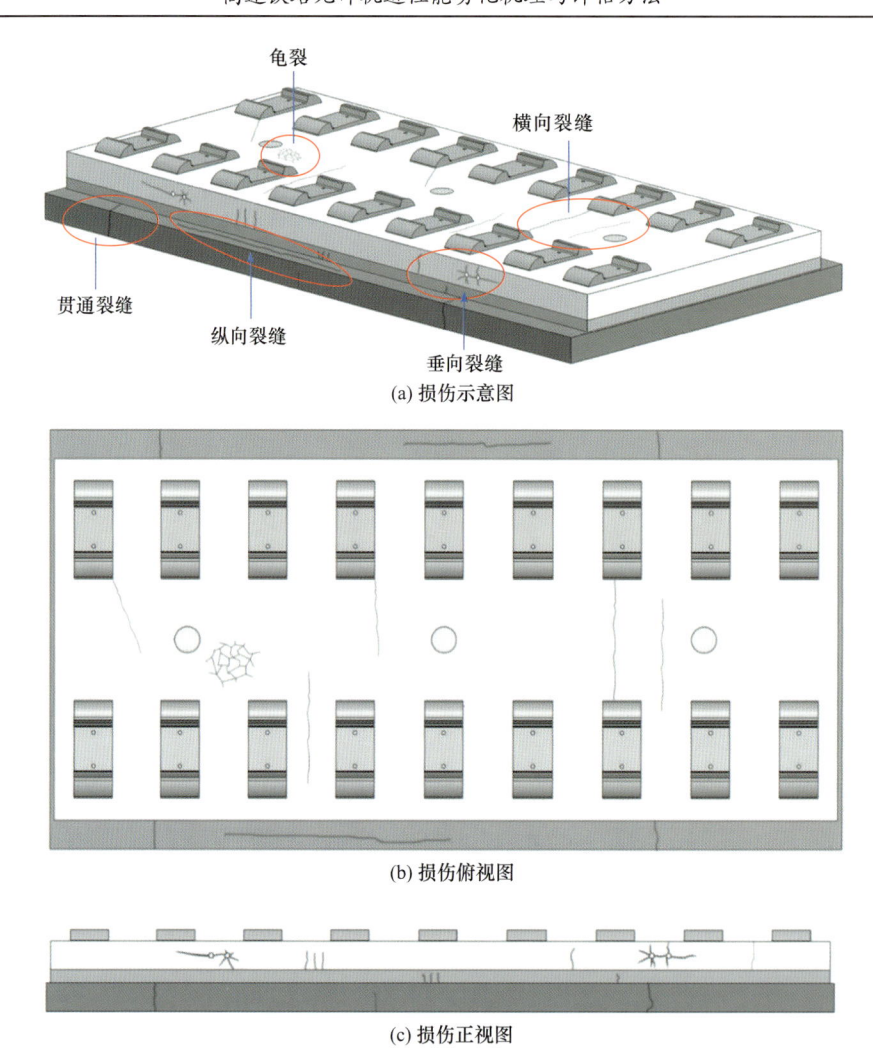

(b) 损伤俯视图

(c) 损伤正视图

图 9-42　CRTS Ⅲ型板式无砟轨道开裂状况示意图(案例一)

表 9-26　各部件损伤表面检测面积(案例一)

| 部件类型 | 面积/m² | 开裂形式 ||||||
|---|---|---|---|---|---|---|---|
| ^ | ^ | 横向裂缝 $C_1$ | 纵向裂缝 $C_2$ | 垂向裂缝 $C_3$ | 龟裂 $C_4$ | 块状裂缝 $C_5$ | 贯通裂缝 $C_6$ |
| 轨道板 $B_1$ | 17.24 | 556 | 322 | 380 | 180 | 0 | 0 |
| 自密实混凝土 $B_2$ | 1.458 | 0 | 0 | 178 | 0 | 0 | 0 |
| 底座板 $B_3$ | 4.52 | 0 | 810 | 58 | 0 | 0 | 640 |

得到上述三个部件的开裂状况指数 $CCI_i$(表 9-27 第三列)；最后运用式(9-1)可得到无砟轨道开裂状况指数(CCI)(表 9-27 第四列)，可以看到对图 9-42 中检测的 CRTS Ⅲ型板式无砟轨道的最终评分为 80.68 分，对照表 9-1 此段检测区域处于"良"的技术等级，因此应当根据具体损伤进行功能性修复。

注：示例图中为能够清晰地看出裂缝，将裂缝做了一定比例的放大。

表 9-27 各部件 CR 及 CCI 计算结果(案例一)

| 部件类型 | 计算结果 | | |
|---|---|---|---|
| | $CR_i$ | $CCI_i$ | CCI |
| 轨道板 | $9.616\times10^{-4}$ | 80.95 | |
| 自密实混凝土 | $2.320\times10^{-3}$ | 85.08 | 80.68 |
| 底座板 | $8.795\times10^{-3}$ | 72.50 | |

此后，分别计算了案例一在缺乏以上六种形式裂缝其中之一时，无砟轨道整体开裂状况指数(CCI)的得分，同时给出了某种形式裂缝存在与否情况下的 CCI 得分差值，结果如表 9-28 所示。

表 9-28 缺乏某种形式裂缝时无砟轨道整体开裂状况指数(CCI)得分(案例一)

| 指标得分 | 缺乏的某一形式裂缝 | | | | | |
|---|---|---|---|---|---|---|
| | 横向裂缝 | 纵向裂缝 | 垂向裂缝 | 龟裂 | 块状裂缝 | 贯通裂缝 |
| CCI | 82.94 | 82.13 | 86.75 | 81.01 | 80.68 | 82.60 |
| 差值 | 2.26 | 1.45 | 6.07 | 0.33 | 0 | 1.92 |

通过计算案例一中缺乏某种形式裂缝时无砟轨道整体开裂状况指数(CCI)的得分，可以发现案例一中当缺少六种形式裂缝其中之一时，CCI 得分均在 80~90 分。其中由于轨道板、自密实混凝土、底座板的侧面都存在较密集的垂向裂缝，垂向裂缝对整个开裂指标的影响较大；其次是轨道板上表面的横向裂缝对开裂指标产生第二大的影响；接着是底座板上的贯通裂缝会产生第三严重的影响，轨道板和底座板上的纵向裂缝影响排名第四，而轨道板上的龟裂影响最小，本案例中无块状裂缝。

## 9.5.2 案例二

根据实际检测区段 2 中某单元无砟轨道开裂损伤情况绘制了如图 9-43 所示示意图，然后计算出无砟轨道各部件表面检测面积及对应各种形式裂缝开裂面积大小如表 9-29 所示。

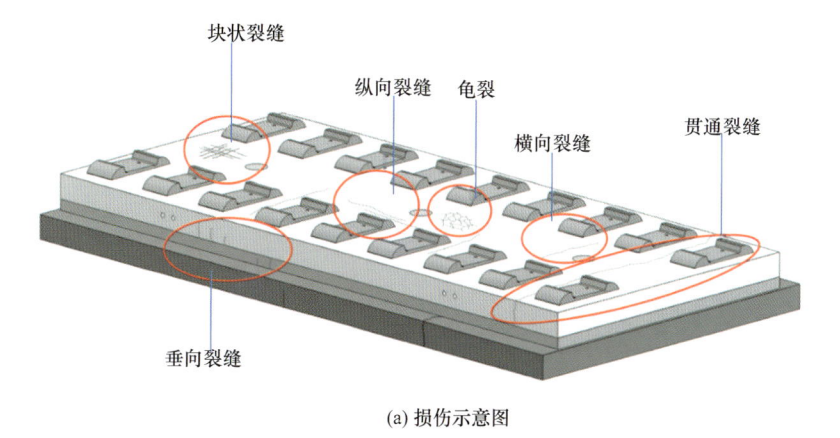

(a) 损伤示意图

(b) 损伤俯视图

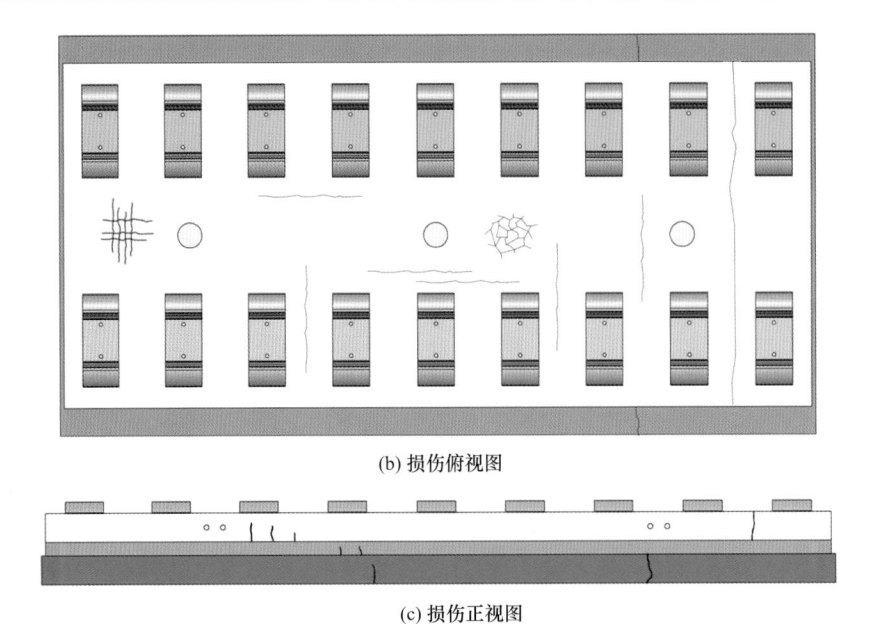

(c) 损伤正视图

图 9-43 CRTS Ⅲ型板式无砟轨道开裂状况示意图(案例二)

表 9-29 各部件损伤表面检测面积(案例二)

| 部件类型 | 面积/m² | 开裂形式 | | | | | |
|---|---|---|---|---|---|---|---|
| | | 横向裂缝 $C_1$ | 纵向裂缝 $C_2$ | 垂向裂缝 $C_3$ | 龟裂 $C_4$ | 块状裂缝 $C_5$ | 贯通裂缝 $C_6$ |
| 轨道板 $B_1$ | 17.24 | 468 | 445 | 64 | 150 | 550 | 580 |
| 自密实混凝土 $B_2$ | 1.458 | 0 | 0 | 55 | 0 | 0 | 0 |
| 底座板 $B_3$ | 4.52 | 0 | 0 | 48 | 0 | 0 | 360 |

由图 9-43 可以看到,该损伤的无砟轨道的轨道板上表面存在 1 条龟裂、1 条块状裂缝、3 条横向裂缝、3 条纵向裂缝和 1 条贯通裂缝,其侧面存在 3 条垂向裂缝;自密实混凝土侧面存在 2 条垂向裂缝;底座板侧面存在 1 条贯通裂缝、1 条垂向裂缝(为方便计算,将无砟轨道两侧面裂缝视为对称分布)。

注:示例图中为能够清晰地看出裂缝,将裂缝做了一定比例的放大。

此时 $j_0=6$,可用同样的方式计算出图 9-43 中检测的 CRTS Ⅲ型板式无砟轨道的最终评分为 75.76 分(各项计算结果如表 9-30 所示)。对照表 9-1 此段检测区域处于"中"的技术等级,因此应当根据具体损伤进行临时补修。

表 9-30 各部件 CR 及 CCI 计算结果(案例二)

| 部件类型 | 计算结果 | | |
|---|---|---|---|
| | $CR_i$ | $CCI_i$ | CCI |
| 轨道板 | $2.522 \times 10^{-3}$ | 69.85 | |
| 自密实混凝土 | $7.167 \times 10^{-4}$ | 92.07 | 75.76 |
| 底座板 | $4.104 \times 10^{-3}$ | 81.13 | |

此后，分别计算了案例二在缺乏以上六种形式裂缝其中之一时，无砟轨道整体开裂状况指数(CCI)的得分，同时给出了某种形式裂缝存在与否情况下的 CCI 得分差值，如表 9-31 所示。

**表 9-31　缺乏某种形式裂缝时无砟轨道整体开裂状况指数(CCI)得分(案例二)**

| 指标得分 | 缺乏的某一形式裂缝 ||||||
|---|---|---|---|---|---|---|
|  | 横向裂缝 | 纵向裂缝 | 垂向裂缝 | 龟裂 | 块状裂缝 | 贯通裂缝 |
| CCI | 76.83 | 77.34 | 77.68 | 75.93 | 76.77 | 85.66 |
| 差值 | 1.07 | 1.58 | 1.92 | 0.17 | 1.01 | 9.9 |

通过计算案例二中缺乏某种形式裂缝时无砟轨道整体开裂状况指数(CCI)的得分，可以发现案例二中缺少贯通裂缝时，CCI 得分为 85.66 分；缺乏其他五种裂缝其中之一时，CCI 得分均在 70~80 分。此案例中由于轨道板上表面存在一条较严重的贯通裂缝，同时底座板中也存在 1 条贯通裂缝，因此贯通裂缝的存在对开裂状况产生了最大的影响，严重降低了 CCI 的得分，这符合工程实际；其次，轨道板、自密实混凝土、底座板侧面都存在的少量垂向裂缝对开裂指标会产生第二大的影响；然后轨道板上表面的横向裂缝、纵向裂缝会产生第三严重的影响，轨道板上表面的块状裂缝影响排名第四，而轨道板上的龟裂影响最小。

进一步对比分析案例一、案例二，案例一轨道板、自密实混凝土、底座板的开裂损伤指标得分分别为 80.95、85.08 和 72.50 分，无砟轨道整体开裂指标得分为 80.68 分，处于"良"的技术等级；案例二轨道板、自密实混凝土、底座板的开裂损伤指标得分分别为 69.85、92.07 和 81.13 分，无砟轨道整体开裂指标得分为 75.76 分，处于"中"的技术等级。

由开裂指标分数可知，案例二由于轨道板表面存在 1 条贯通裂缝，明显降低了其开裂指标得分；案例一相较案例二其自密实混凝土表面的开裂更严重因此得分更低；案例一的底座板表面存在较长的纵向裂缝和 2 条贯通裂缝，因而得分较低。结合 9.4 节的权重取值可以发现，当有贯通裂缝存在时，无砟轨道各部件的开裂指标得分会明显降低，因此在对无砟轨道进行维护时，首先应重点关注贯通裂缝，当出现贯通裂缝时应及时开展维修工作；其次，无砟轨道侧面产生的垂向裂缝是危害性排名第二的裂缝形式，易扩展至道床的上下表面，因此也需要保持监测和记录；此后，横向裂缝和纵向裂缝的危害性较低，维护时可根据道床表面这两种裂缝的数量和开裂长度、宽度来制订维修计划；最后，龟裂和块状裂缝的出现频率较低，且影响较小，一般情况下不需要专门进行维修。

对比案例一和案例二还可发现，案例一的自密实混凝土、底座板的得分均低于案例二，但案例二的轨道板得分低于案例一，最后无砟轨道整体开裂指标得分案例二低于案例一。结合 9.4 节的权重取值，此结果说明轨道板的开裂损伤对无砟轨道整体开裂状况的影响更大，因此在运营维护时应密切关注轨道板的开裂状况，在轨道板产生裂缝时应优先维修，而自密实混凝土和底座板在开裂不严重的状况下对无砟轨道整体的状态不会产生明显影响。

## 9.6 本章小结

针对当前对无砟轨道开裂损伤的评估方法较单一，且维修规范中仅有对单一裂缝宽度超限的规定，而缺乏考虑在开裂宽度未超限但裂缝数量较多等情况下如何评定裂缝的损伤级别的情况，本章以 CRTS Ⅲ型板式无砟轨道为研究对象，建立了一种新的开裂状况评价指标及评估方法。结合数值模拟和专家咨询两方面因素，采用区间层次分析法建立结构层次确定了指标中各参数的权重，并通过实例验证，最终得到较合理的开裂状况指数及其计算方法。主要研究成果及结论如下：

(1) 在对 CRTS Ⅲ型板式无砟轨道的开裂损伤进行充分调研的基础上，确定了评价单元的选取规定，定义了横向裂缝、纵向裂缝、垂向裂缝、龟裂、块状裂缝和贯通裂缝共 6 种无砟轨道表面常见的裂缝形式。

(2) 提出了开裂状况指数的概念并初步建立了计算方法，明确了开裂状况评定准则，分为优、良、中、次、差 5 个级别。

(3) 基于混凝土线弹性断裂力学基本理论，对含表面裂缝的 CRTS Ⅲ型板式无砟轨道开展了开裂损伤分析，选取 3 种不同形式的裂缝和 4 种不同长度横向裂缝计算了它们的应力强度因子 $K_1$，结果表明在相同深度位置处横向裂缝的扩展速率稍大于纵向裂缝且远大于贯通裂缝。

(4) 基于弹性模量折减法，以不同部件(轨道板、自密实混凝土、底座板)的部分混凝土结构的弹性模量折减来模拟混凝土开裂损伤，分析了不同部件损伤后无砟轨道的受力特征，结果表明当轨道板出现开裂损伤时，对轨道结构整体受力性能的影响较为明显。

(5) 具体说明了采用德尔菲法和区间层次分析法求取权重的步骤，其中采用德尔菲法进行专家咨询获取的 437 份专家调查问卷能充分集中专家在实际工程方面的经验与意见，之后同时考虑专家评定的主观因素和数值计算的客观因素，基于区间层次分析法构造了判断矩阵 $B$、$C$，求取了开裂指标中各参数的权重。

(6) 将评估方法应用到工程实例的两个案例中，得到开裂状况评价指数分别为 80.68 分、75.76 分，检验了提出的开裂状况指标及评估方法的合理性，最后根据工程实例提出了有针对性的维修建议。

## 参 考 文 献

[1] 中华人民共和国铁道部. 高速铁路无砟轨道线路维修规则（试行）[S]. TG/GW 115—2012. 北京：中国铁道出版社, 2012.
[2] 张紫菱. 基于轨道质量状态的高速铁路轨道维修周期的预测[D]. 北京：北京交通大学, 2013.
[3] 张文毅. 轨道检查车"T值"在线路维修工作中的应用[J]. 铁道建筑, 2009, 49 (11): 73-75.
[4] 曾祥富. 高速铁路轨道检测数据综合分析及其应用[D]. 成都：西南交通大学, 2013.
[5] 王继军, 施成, 姜子清. CRTS Ⅲ型板式无砟轨道服役状态评估及维护技术研究[R]. 北京：中国铁道科学研究院, 2018.
[6] 康高亮. 高速铁路工务运营维护与管理[J]. 中国铁路, 2010, (12): 29-33.
[7] 交通部公路科学研究院. 公路技术状况评定标准[S]. JTG H20—2018. 北京：人民交通出版社, 2018.

[8] 李慧卿. CRTS Ⅲ型无砟轨道板混凝土裂缝分析及控制[J]. 建材与装饰, 2018, (21): 234-235.
[9] 铁道科学研究院. 高速铁路无砟轨道状态长期监测和耐久性评估技术研究[R]. 北京: 铁道科学研究院, 2014.
[10] Li Z W, Liu X Z, Lu H Y, et al. Surface crack detection in precasted slab track in high-speed rail via infrared thermography[J]. Materials, 2020, 13(21): 4837.
[11] 胡周文. 基于全波形反演的GPR混凝土无损检测技术研究[D]. 北京: 中国地质大学, 2018.
[12] 潘龙江. 基于弹性波CT法的无砟轨道底座板混凝土状态检测技术[J]. 铁道建筑, 2018, 58(8): 93-96.
[13] 马亮. 弹性波CT技术在桥梁混凝土结构无损检测中的应用[J]. 工程建设与设计, 2019, (3): 113-115.
[14] 薛峰, 赵丽科, 柴雪松, 等. 基于图像处理的铁路轨道板裂缝检测研究[J]. 铁道建筑, 2015, 55(12): 123-126.
[15] 寇东华. 基于多传感器集成的无砟轨道轨道板裂缝与离缝自动检测装置[J]. 中国铁路, 2020, (4): 93-99.
[16] Wang W D, Hu W B, Wang W J, et al. Automated crack severity level detection and classification for ballastless track slab using deep convolutional neural network[J]. Automation in Construction. 2020, 124(4): 103484.
[17] Ai C B, Qiu S, Xu G Y, et al. A nonballasted rail track slab crack identification method using a level-set-based active contour model[J]. Computer-aided Civil and Infrastructure Engineering, 2018, 33(7): 571-584.
[18] 阳恩慧, 张傲南, 杨荣山, 等. 高速铁路无砟轨道表面裂缝三维图像自动识别算法[J]. 铁道学报, 2019, 41(11): 95-99.
[19] 王森荣, 杨荣山, 刘学毅, 等. 无砟轨道裂缝产生原因与整治措施[J]. 铁道建筑, 2007, (9): 76-79.
[20] 张立鹏. 轨道板开裂对无砟轨道结构动力学特性的影响分析[D]. 石家庄: 石家庄铁道大学, 2014.
[21] 孙旭. CRTS Ⅱ型轨道板裂缝产生与裂缝扩展规律研究[D]. 石家庄: 石家庄铁道大学, 2017.
[22] 车晓娟. 轨道板配筋对温度裂缝的影响分析[D]. 成都: 西南交通大学, 2007.
[23] 马永磊. 路基段CRTSⅢ型无砟轨道底座板裂纹萌生与扩展研究[D]. 石家庄: 石家庄铁道大学, 2019.
[24] 王家林, 梁斌. 沥青路面损坏评定方法和评定标准研究[J]. 山西交通科技, 2018, (5): 18-21.
[25] 王平, 徐浩, 陈嵘, 等. 路基上CRTS Ⅱ型板式轨道裂纹影响分析[J]. 西南交通大学学报, 2012, 47(6): 929-934.
[26] 徐光鑫, 杨荣山. 双块式无砟轨道裂纹对道床板受力的影响分析[J]. 铁道标准设计, 2013, 57(12): 32-35.
[27] 林红松. 基于断裂和损伤力学的无砟轨道静动力特性研究[D]. 成都: 西南交通大学, 2009.
[28] 林红松, 刘学毅, 周文. 道床裂纹对无砟轨道振动的影响初探[J]. 铁道学报, 2010, 32(6): 67-71.
[29] 方树薇. 北京地铁无砟轨道开裂机理及其对列车运营安全的影响研究[D]. 北京: 北京交通大学, 2014.
[30] 朱胜阳, 蔡成标. 含裂纹的双块式无砟轨道道床垂向振动特性分析[J]. 铁道学报, 2012, 34(8): 82-86.
[31] Henshell R D, Shaw K G. Crack tip finite elements are unnecessary[J]. International Journal for Numerical Methods in Engineering, 1975, 9(3): 495-507.
[32] Barsoum R S. On the use of isoparametric finite elements in linear fracture mechanics[J]. International Journal for Numerical Methods in Engineering, 1976, 10(1): 25-37.
[33] 方宜, 吴欢. 双块式无砟轨道裂纹对结构受力特征的影响分析[J]. 高速铁路技术, 2015, 6(3): 36-40.
[34] 高亮, 赵磊, 曲村, 等. 路基上CRTS Ⅲ型板式无砟轨道设计方案比较分析[J]. 同济大学学报(自然科学版), 2013, 41(6): 848-855.
[35] 车福炎, 耿黎明. 基于APDL和UIDL联合技术计算三维表面裂纹应力强度因子[J]. 机械强度,

2020, 42(5): 1223-1229.
[36] 吴欢. 含裂纹 CRTS Ⅰ型双块式无砟轨道受力分析[D]. 成都: 西南交通大学, 2011.
[37] 张勇. 路基上双块式无砟轨道空间力学及裂缝特性研究[D]. 长沙: 中南大学, 2011.
[38] 赵坪锐, 刘学毅. 双块式无碴轨道开裂支承层的折减弹性模量[J]. 西南交通大学学报, 2008, 43(4): 459-464.
[39] 张玉红. 基于振动响应的轨道板裂缝损伤识别研究[D]. 石家庄: 石家庄铁道大学，2017.
[40] 强凤娇. 灰色聚类决策中指标权重和综合决策测度权系数的确定[J]. 统计与决策，2015, (22): 50-54.
[41] 常建娥, 蒋太立. 层次分析法确定权重的研究[J]. 武汉理工大学学报(信息与管理工程版), 2007, 29 (1): 153-155.
[42] 魏毅强, 刘进生, 王绪柱. 不确定型 AHP 中判断矩阵的一致性概念及权重[J]. 系统工程理论与实践, 1994, 14(4): 16-22.
[43] 刘光富, 陈晓莉. 基于德尔菲法与层次分析法的项目风险评估[J]. 项目管理技术, 2008, 6 (1): 23-26.
[44] 李春平, 杨益民, 葛莹玉. 主成分分析法和层次分析法在对综合指标进行定量评价中的比较[J]. 南京财经大学学报, 2005, (6): 54-57.
[45] 冯中朝, 李强. 科研项目评估中专家权重确定的方法与模型[J]. 科技管理研究, 2000, 20(4): 47-50.

# 第10章 无砟轨道质量状况综合评估方法

## 10.1 概　　述

高速线路荷载加重、行车密度提高、轴重增加，并伴随着列车荷载和温度荷载的循环作用，加快了无砟轨道质量状况恶化，降低了无砟轨道的承载力及耐久性，直接影响车辆行车安全，增加轨道线路维修工作量。因此，有必要针对无砟轨道进行质量状况综合评价指标和计算方法研究，建立合理的质量状况评估体系，为线路养护维修提供参考。

目前针对无砟轨道的养护维修，有《高速铁路无砟轨道线路维修规则(试行)》和轨道不平顺质量指数作为指导高速铁路线路养护维修的参考规范，但规范中缺少对CRTSⅢ型板式无砟轨道损伤形式及损伤等级判定标准的定义。现有《高速铁路线路维修规则(送审稿)》针对CRTSⅢ型板式无砟轨道的挡肩缺损、裂缝、离缝损伤给出了判定标准，并没有形成综合的评估方法，且规范中仅从裂缝宽度这个单一指标进行判定，不够充分。因此，为更好地指导CRTSⅢ型板式无砟轨道线路养护维修，确定一套较完备的轨道质量状况评估方法，进行无砟轨道全寿命周期技术研究至关重要。

为实现对CRTSⅢ型板式无砟轨道整体质量状况的评估、劣化损伤程度全过程检测、及时有效指导线路养护维修，亟须在现有研究基础上，全面考虑多种无砟轨道典型损伤形式，开展高速铁路CRTSⅢ型板式无砟轨道质量状况综合评价指标研究，以期通过此项研究推动铁路工程建设管理过程数字化，提升铁路工程建设、运营信息化水平，达到指导CRTSⅢ型板式无砟轨道全寿命周期管理的目标。

### 10.1.1 无砟轨道质量状况综合评估方法研究现状

无砟轨道要求有60年使用寿命，而随着高速铁路运行速度、轴重、行车密度等的增加，同时伴随着列车荷载、温度荷载、水压力、环境侵蚀等的多重影响，无砟轨道质量状况逐渐恶化。因此，开展无砟轨道结构耐久性的分析评估至关重要[1]。部分学者针对无砟轨道损伤指标评估开展了一定研究，可为本章确定无砟轨道质量状况综合评估方法提供一定的参考。

目前仅有少量学者针对板式无砟轨道质量状况进行评估方法研究，作者团队曾就CRTSⅢ型板式无砟轨道开裂状况进行了指标评估，但评估方法只考虑二维形式的开裂损伤[2]。上海铁路局徐伟昌等[3]通过融合线路几何、结构状态检查等方面多源监测数据，建立了线路质量评价指标及相关计算公式，但方法中并没有考虑具体损伤及尺寸条件，在实际运用中具有一定的局限性。随着运营时间和里程的增加，我国针对不同轨道结构类型，对其损伤情况进行分类、分析产生原因、制定损伤等级判定标准等，并针对不同损伤提出相应的修复方法，将相关评价体系纳入《高速铁路无砟轨道线路维修规则》中。

其他领域如公路、桥梁、隧道等在指标评价研究方面相对成熟，且评估机理相似，因此在进行无砟轨道质量状况指标研究中可供参考。交通运输部公路科学研究院 Chen 等[4]根据公路生态绿化评价目标，确定评价单元，借助层次分析法、德尔菲法、统计分析法等理论方法确定评价指标体系和评价标准，确定评价指标体系的研究思路及方法对本章的研究具有参考意义。华北电力大学 Kai 等[5]针对公路隧道病害问题，提出 8 类指标建立健康等级，并采用神经网络方法对评价模型的指标和权重体系进行研究，建立了公路隧道健康状况评价体系，所采用的神经网络法对本章指标权重的确定具有重要参考价值。

上述关于无砟轨道质量状况评估方法的研究没有综合考虑开裂和层间离缝的共同影响，且大多数关于开裂问题的研究仅局限于形式单一的单条裂缝。而综合指标能够较系统全面地评估无砟轨道整体质量状况，根据子指标分值可以提供更为精准的维修建议，降低维修成本。因此，为能够更好地指导线路的养护维修，评估无砟轨道质量状况，确定一套较全面的无砟轨道质量状况综合评估方法是非常有必要的。

### 10.1.2 本章主要内容及研究思路

1. 本章主要内容

本章以 CRTS Ⅲ型板式无砟轨道为研究对象，为建立全寿命周期 CRTS Ⅲ型板式无砟轨道质量状况劣化预测方法，更好地指导线路养护维修，本章从典型损伤形式出发，采用有限元建模和数值计算相结合的方法，提出能够衡量 CRTS Ⅲ型板式无砟轨道整体质量状况的综合性评价指数计算方法，给出对应的评定等级及维修建议。本章的主要研究内容如下：

(1) 基于线弹性断裂力学理论及扩展有限元理论，建立含开裂损伤的 CRTS Ⅲ型板式无砟轨道有限元计算模型，设置不同组合荷载，提取应力强度因子值，研究横向裂缝、纵向裂缝、垂向裂缝、贯通裂缝四种裂缝在不同尺寸、不同裂缝形式、处于同一部件不同位置及不同部件四种工况下的裂缝扩展性分析。

(2) 建立含层间离缝损伤的 CRTS Ⅲ型板式无砟轨道有限元计算模型，进行板边、板中、板端位置处分别含 Ⅰ、Ⅱ、Ⅲ 级离缝时轨道板的应力及位移分析，研究三种不同级别离缝及三种不同位置处产生离缝时的应力及位移值对比分析，得出影响程度大小。

(3) 建立同时含开裂和层间离缝损伤的 CRTS Ⅲ型板式无砟轨道有限元计算模型，进行两种损伤同时存在下的应力、位移及裂纹扩展性分析，得出两种损伤对整体无砟轨道劣化影响的重要性对比，以及单类损伤与组合损伤对整体无砟轨道劣化程度的贡献率。

(4) 提出开裂状况指数和层间离缝影响指数计算方法，创新性地提出采用裂缝孔隙体积和层间离缝孔隙体积来衡量损伤程度，借助 EWM-FAHP(熵权-模糊层次分析法)确定评价指数中相关指标的权重系数，并结合有限元建模结果对权重系数进行修正，以确定最终权重结果值。

(5) 结合开裂状况指数和离缝影响指数，提出综合质量状况指数，创新性地提出损伤修正函数来衡量双重损伤共同作用下带来的更劣化影响，最后将综合评估方法运用于工程实例分析，以检验评估方法的合理性。

2. 研究思路

本章以 CRTS Ⅲ 型板式无砟轨道为例,围绕开裂和层间离缝两类典型损伤形式,综合有限元计算和数值分析结果,并借助 EWM-FAHP 综合权重方法确定综合质量状况评价指数,本章研究思路如图 10-1 所示。

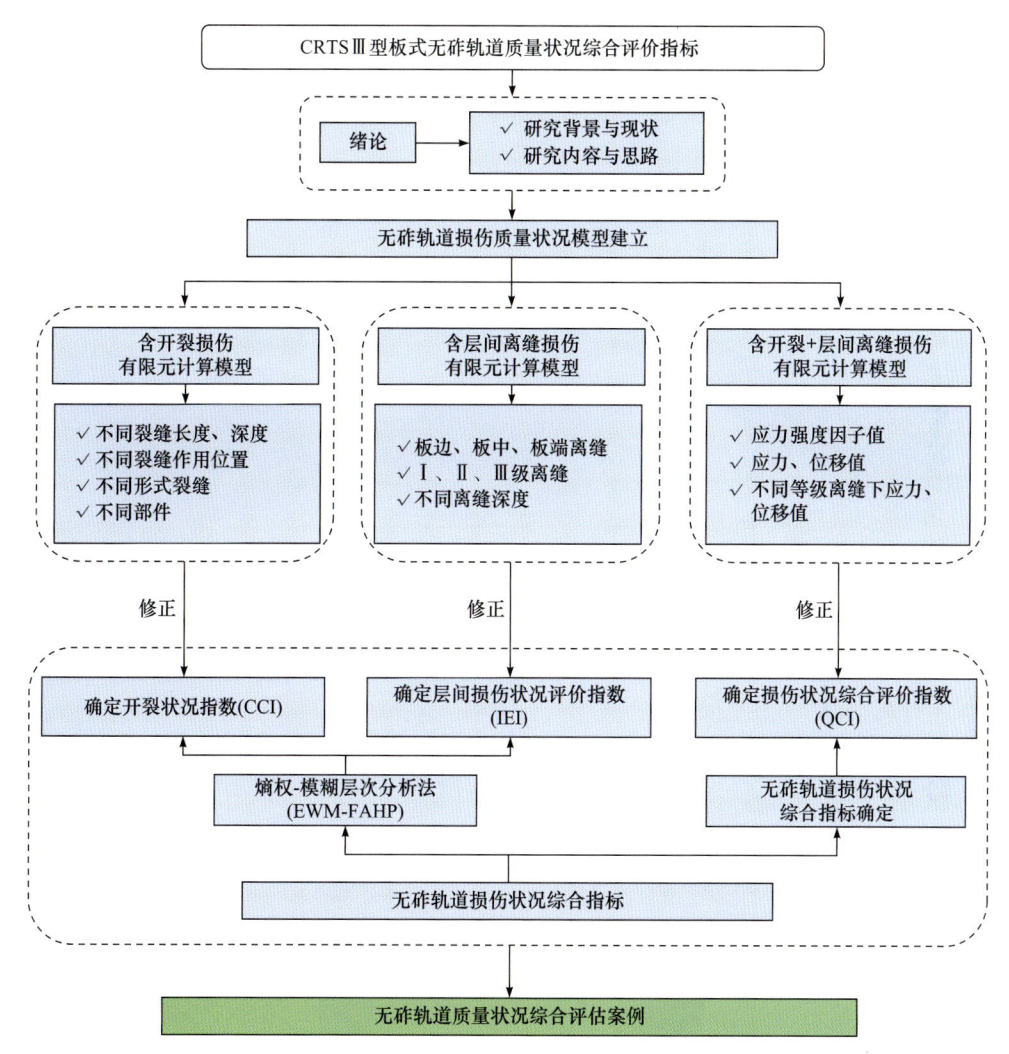

图 10-1 无砟轨道质量状况综合评估方法研究思路

## 10.2 损伤质量状况模型建立与受力分析

为更全面地量化分析开裂和离缝两类损伤对 CRTS Ⅲ 型板式无砟轨道质量状况的影响,本节借助有限元软件 ABAQUS 建立含裂缝、离缝及同时含裂缝和离缝损伤的 CRTS Ⅲ 型板式无砟轨道有限元模型,并对计算模型的简化、计算参数及荷载的选取、工况的设置等进行详细的说明,通过提取应力、位移、应力强度因子等指标来研究不同类型损伤对 CRTS Ⅲ型板式无砟轨道整体质量状况的影响。

### 10.2.1 计算模型及参数

本节主要介绍 CRTS Ⅲ型板式无砟轨道有限元计算模型，包括模型介绍、参数取值、模型验证、荷载取值等方面的内容。

1. 模型介绍

为简化有限元计算过程，本章从上至下考虑 CRTS Ⅲ型板式无砟轨道结构依次为钢轨、扣件系统、轨道板、自密实混凝土层、土工布、底座板。为消除边界效应，取三块轨道板建立模型(长16.99m)，并选取中间一块轨道板为研究对象，其有限元实体、力学模型可参见图 10-2 和图 10-3。

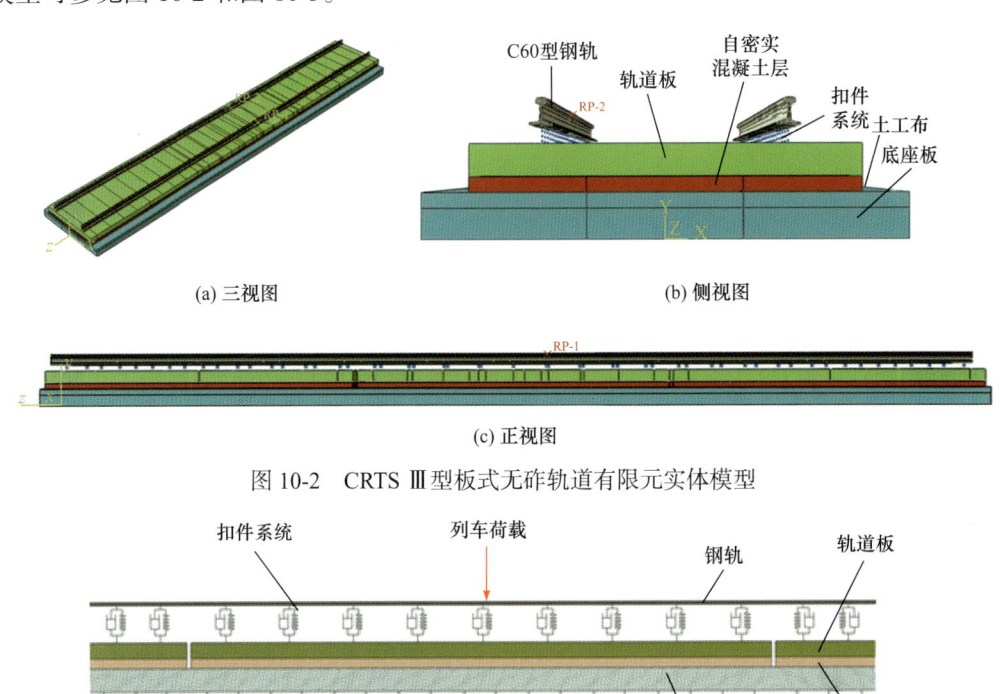

图 10-2 CRTS Ⅲ型板式无砟轨道有限元实体模型

图 10-3 CRTS Ⅲ型板式无砟轨道力学模型

本章所建立的 CRTS Ⅲ型板式无砟轨道有限元计算模型中：钢轨采用八节点实体单元进行模拟；扣件系统采用连接单元进行模拟，通过输入三个方向的刚度来模拟扣件的刚度特性。根据轨道板与自密实混凝土层之间滑动很小的特性，建模中两层之间采用 ABAQUS 中的 Tie 约束进行连接；土工布层简化为自密实混凝土层与底座板之间切向摩擦系数为 0.7、法向为硬接触的层间接触属性。模型中对钢轨两端面及底座板底面进行全部约束，其余部分为自由状态[6]。

2. 参数取值

本章所建立的 CRTS Ⅲ 型板式无砟轨道有限元计算模型中钢轨为普通 60 型；扣件为 WJ-8 型，扣件间距为 0.63m，轨道板缝处的扣件间距仍为 0.63m；扣件采用三向弹性刚度模拟，其中横向静刚度、垂向静刚度、纵向静刚度分别为 50kN/mm、40kN/mm、15kN/mm；单块轨道板长 5.6m，宽 2.5m，厚 0.2m，混凝土强度等级为 C60，每块轨道板上铺设 9 组扣件，轨道板之间板缝为 0.07m；自密实混凝土层长 5.6m，宽 2.5m，厚 0.09m，混凝土强度等级为 C40；底座板长 16.99m，宽 3.1m，厚 0.3m，混凝土强度等级为 C40；其中轨道结构尺寸如图 10-4 所示。不同强度等级混凝土参数可参照《混凝土结构设计规范》，其他具体计算参数如表 10-1 所示。

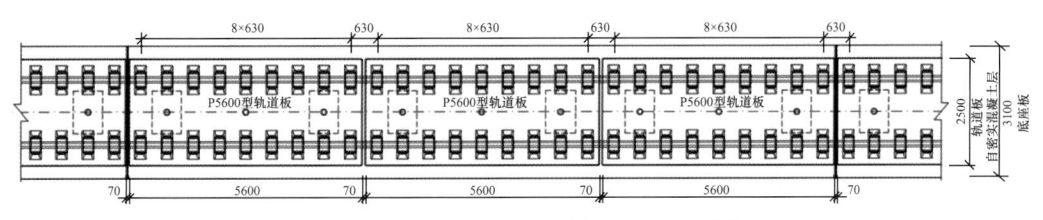

图 10-4 CRTS Ⅲ 型板式无砟轨道模型尺寸图(单位：mm)

表 10-1 CRTS Ⅲ 型板式无砟轨道模型计算参数

| 部件 | 项目 | 取值 | 单位 |
| --- | --- | --- | --- |
| 钢轨(60 轨) | 弹性模量 | $20.6\times10^4$ | MPa |
|  | 密度 | 7800 | kg/m$^3$ |
|  | 泊松比 | 0.3 | — |
|  | 热膨胀系数 | $11.8\times10^{-6}$ | ℃$^{-1}$ |
| 扣件(WJ-8 型) | 横向静刚度 | 50 | kN/mm |
|  | 垂向静刚度 | 40 | kN/mm |
|  | 纵向静刚度 | 15 | kN/mm |
|  | 扣件间距 | 0.63 | m |
| 轨道板(C60) | 弹性模量 | $3.60\times10^4$ | MPa |
|  | 密度 | 2500 | kg/m$^3$ |
|  | 泊松比 | 0.2 | — |
|  | 尺寸 | 5.6×2.5×0.20 | m×m×m |
|  | 热膨胀系数 | $1\times10^{-5}$ | ℃$^{-1}$ |
| 自密实混凝土(C40) | 弹性模量 | $3.25\times10^4$ | MPa |
|  | 密度 | 2500 | kg/m$^3$ |
|  | 泊松比 | 0.2 | — |

续表

| 部件 | 项目 | 取值 | 单位 |
| --- | --- | --- | --- |
| 自密实混凝土(C40) | 尺寸 | 5.6×2.5×0.09 | m×m×m |
|  | 热膨胀系数 | $1\times10^{-5}$ | ℃$^{-1}$ |
| 底座板(C40) | 弹性模量 | $3.25\times10^{4}$ | MPa |
|  | 密度 | 2500 | kg/m³ |
|  | 泊松比 | 0.2 | — |
|  | 尺寸 | 16.99×3.1×0.30 | m×m×m |
|  | 热膨胀系数 | $1\times10^{-5}$ | ℃$^{-1}$ |

3. 模型验证

为验证本节建立模型的合理性和可行性,采用相关文献[7]的计算条件进行检验,荷载计算条件为:①模型本身自重荷载,g=9.8m/s²;②两侧钢轨中点施加集中荷载为255kN;③正温度梯度荷载值取为90℃/m,作用于轨道板和自密实混凝土层。比较本节与文献的计算结果如表10-2所示,二者差别较小,因此本节模型具有较高的可信度。

表10-2 CRTS Ⅲ型板式无砟轨道模型计算结果验证

| 部件 | 模型 | 纵向应力/MPa $\sigma_{max}$ | 纵向应力/MPa $\sigma_{min}$ | 横向应力/MPa $\sigma_{max}$ | 横向应力/MPa $\sigma_{min}$ | 垂向最大位移 $U_{max}$ |
| --- | --- | --- | --- | --- | --- | --- |
| 轨道板 | 文献 | 1.383 | −7.265 | 0.6970 | −3.152 | −0.4620 |
|  | 本节 | 0.9384 | −7.074 | 0.6953 | −3.149 | −0.4086 |
| 自密实混凝土层 | 文献 | 5.482 | −1.275 | 2.243 | −1.213 | −0.3840 |
|  | 本节 | 4.207 | −1.204 | 2.047 | −1.166 | −0.2950 |

4. 荷载取值

1) 列车荷载

轮载取为单轴荷载形式,分为设计轮载和常用轮载,其中前者用于单独考虑轮载作用时的设计与检算,后者用于考虑多种荷载组合时的检算[8]。本节所考虑的是温度和列车组合荷载作用,因此选取常用轮载,即取值为150kN,按照单轴双轮形式加载。

2) 温度梯度荷载

在运营期间,轨道结构长期暴露在外界环境中,在外界温度急剧变化情况下轨道结构会形成上下温度差,即形成温度梯度。针对无砟轨道结构的温度场,目前国内外已有很多学者对其进行了深入研究[9,10]。作者团队根据我国地理气候条件,并通过遂渝线无砟轨道现场实测,给出了我国无砟轨道最大温度梯度的推荐值[11],如表10-3所示。

表 10-3　无砟轨道最大温度梯度推荐值(单位：℃/m)

| 地区 | 温暖地区 | 寒区 | 严寒地区 |
| --- | --- | --- | --- |
| 最大正温度梯度 | 80~85 | 85~90 | 90~95 |
| 最大负温度梯度 | 40~43 | 44~50 | 50~53 |

考虑分析最不利情况下轨道结构的应力变形状态，并结合表 10-3 及常用温度梯度取值，选取最大正温度梯度为 90℃/m、最大负温度梯度为 50℃/m。

3) 整体温度荷载

我国气温变化呈现为夏季偏高冬季偏低的态势，且一年中气温变化是循环往复的。本节中的整体温度荷载取一年中最高气温值与一年中最低气温值的差值，取值为 40℃ 进行计算。

基于上述荷载形式，本节设置列车荷载、列车荷载+正温度梯度荷载、列车荷载+负温度梯度荷载、列车荷载+整体降温荷载四种组合荷载形式[12]。

### 10.2.2　开裂损伤状况下模型受力分析

本节基于扩展有限元理论建立含裂缝损伤的 CRTS Ⅲ型板式无砟轨道开裂状况计算有限元模型，其中裂缝考虑横向裂缝、纵向裂缝、垂向裂缝、贯通裂缝四种形式。通过获取应力强度因子 $K_1$ 研究裂缝不同形式、不同裂缝长度和深度、不同裂缝位置等对 CRTS Ⅲ型板式无砟轨道整体质量状况的影响，其中裂缝类型是根据相对位置及方位进行划分的，如横向裂缝处于板的横向位置、纵向裂缝处于板的纵向位置、贯通裂缝处于板的横向位置且裂缝长度贯通整个板、垂向裂缝位于板的垂向位置。

1. 扩展有限元的基本理论

1) 断裂力学理论

线弹性断裂力学可以研究含裂纹的线弹性体在各种环境下裂纹的扩展、失稳等，进而分析构件整体稳定性，目前应力强度因子理论是目前应用较为广泛的一个方面，具体内容见 9.3.1 节。

在线弹性断裂力学理论中，按照裂纹受力和位移的特点将裂纹分为三类：Ⅰ型裂纹(张开型裂纹)、Ⅱ型裂纹(滑开型裂纹)、Ⅲ型裂纹(撕开型裂纹)，如图 10-5 所示。

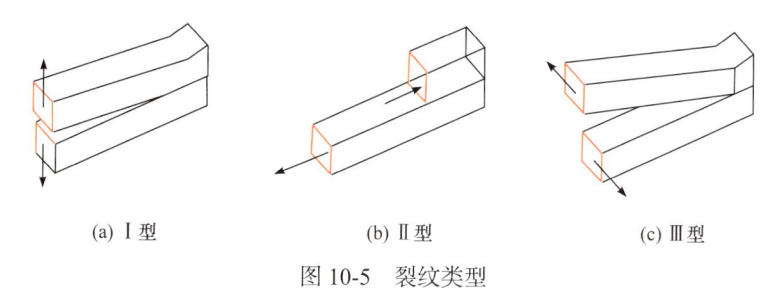

(a) Ⅰ型　　　　(b) Ⅱ型　　　　(c) Ⅲ型

图 10-5　裂纹类型

应力强度因子是断裂力学参量之一，可以作为表征裂尖应力、应变场强度的参量，计算方法与 9.3.1 节相同。裂尖附近距裂尖 $r$ 处的应力场可表示为如下形式：

$$\sigma_{ij} = \frac{K}{\sqrt{2\pi r}} f_{ij}(\theta) \tag{10-1}$$

式中，$f_{ij}(\theta)$ 为角分布函数；$K$ 为应力强度因子，在线弹性断裂力学理论基础上，Ⅰ型裂纹的应力强度因子的断裂判断依据可表示为

$$K_{\mathrm{I}} > K_{\mathrm{IC}} \tag{10-2}$$

式中，$K_{\mathrm{IC}}$ 为材料断裂韧度，由标准试验获取[13]。当应力强度因子 $K_{\mathrm{I}}$ 超过裂纹材料的断裂韧度 $K_{\mathrm{IC}}$ 时，裂纹将会失稳扩展。Ⅱ型、Ⅲ型裂纹断裂判据与Ⅰ型裂纹类似，根据实际工况，本章选取应力强度因子 $K_{\mathrm{I}}$ 作为分析对象。

2) 扩展有限元理论

扩展有限元方法(extended finite element method, XFEM)是由美国西北大学 Belytschko 等[14]提出用于解决不连续问题的方法。扩展有限元方法所使用的网格与结构内部或物理界面无关，从而克服了裂尖稠密划分网格的问题，且允许裂纹从单元内部穿过，形成不连续的单元位移场，即

$$u^h = \sum_I N_I(X) u_I + \sum_J N_J(X) \Phi(X) q_J \tag{10-3}$$

本章利用扩展有限元理论进行裂纹的模拟，并借助断裂力学理论，选取应力强度因子 $K_{\mathrm{I}}$ 作为分析对象。

2. 工况设置

针对横向裂缝、纵向裂缝、垂向裂缝、贯通裂缝四种不同形式裂缝，研究在列车荷载+正温度梯度荷载、列车荷载+负温度梯度荷载、列车荷载+整体降温荷载三种组合荷载作用下，裂缝长度、深度及位置的不同对 CRTS Ⅲ型板式无砟轨道质量状况的影响。其中横向裂缝与纵向裂缝分别考虑长度为 0.3m、0.5m、0.7m、0.9m，贯通裂缝考虑长度为 2.5m，垂向裂缝考虑长度为 0.1m、0.2m，四种形式裂缝深度均考虑为 0.03m、0.05m[15]。具体工况设置如表 10-4 所示。

表 10-4 荷载及裂缝工况设置

| 荷载工况 | 裂缝类型 | 长度/m | 深度/m | 位置 |
| --- | --- | --- | --- | --- |
| 列车荷载 | 横向裂缝 | 0.3,0.5,0.7,0.9 | 0.03,0.05 | $a_1,a_2,a_3$ |
| 列车荷载+正温度梯度荷载 | 纵向裂缝 | 0.3,0.5,0.7,0.9 | 0.03,0.05 | $b_1,b_2$ |
| 列车荷载+负温度梯度荷载 | 贯通裂缝 | 2.5 | 0.03,0.05 | $c_1,c_2,c_3$ |
| 列车荷载+整体降温 | 垂向裂缝 | 0.1,0.2 | 0.03,0.05 | $d_1,d_2,d_3$ |

建模中裂缝一般设置为半椭圆形[16]，如图 10-6 所示，其中 $L$ 表示裂缝长度、$D$ 表示裂缝深度。建模过程中，在裂纹区域需加密网格。

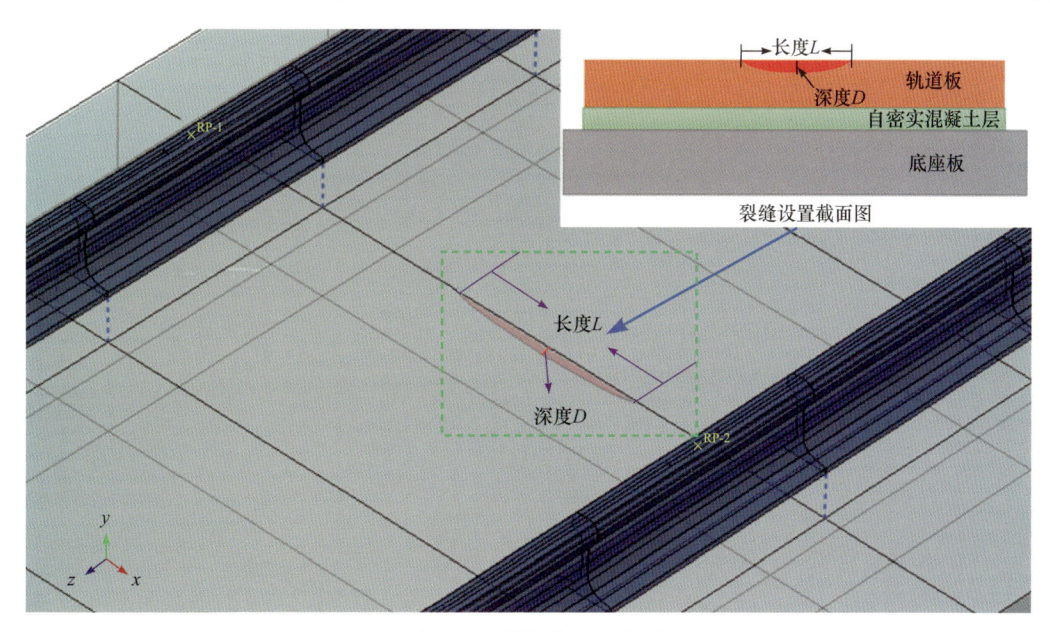

图 10-6 裂缝设置示意图

针对裂缝位置设置：中间块轨道板从左至右第 1 组扣件处、第 3 组扣件处、第 5 组扣件处均设置横向裂缝、贯通裂缝、垂向裂缝；中间块轨道板从外至内板边、板中位置处设置纵向裂缝，具体设置方式如图 10-7 所示。

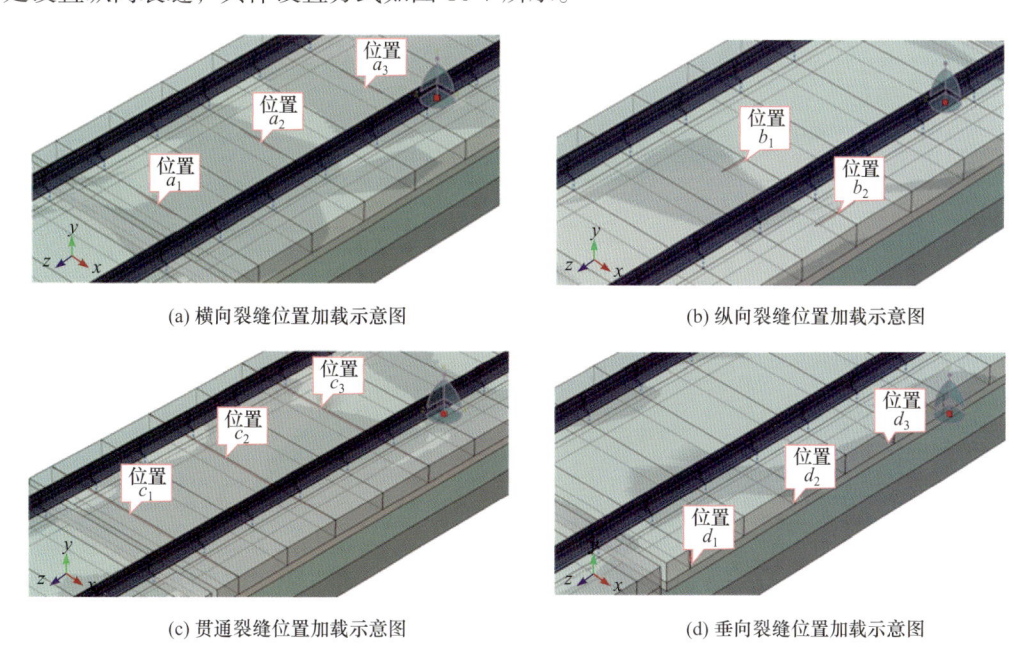

(a) 横向裂缝位置加载示意图　　(b) 纵向裂缝位置加载示意图

(c) 贯通裂缝位置加载示意图　　(d) 垂向裂缝位置加载示意图

图 10-7 四种裂缝不同位置加载示意图

3. 结果分析

根据所设置的半椭圆形裂缝，提取表面节点及中间节点处的应力强度因子 $K_1$ 作为研究对象，其具体设置方式如图 10-8 所示。通过比较分析三种不同组合荷载下的应力强度因子值来分析横向裂缝、纵向裂缝、垂向裂缝和贯通裂缝在不同长度、深度、位置等，以及位于轨道板、自密实混凝土层、底座板三种不同部件的情况下对整体无砟轨道质量状况的影响。

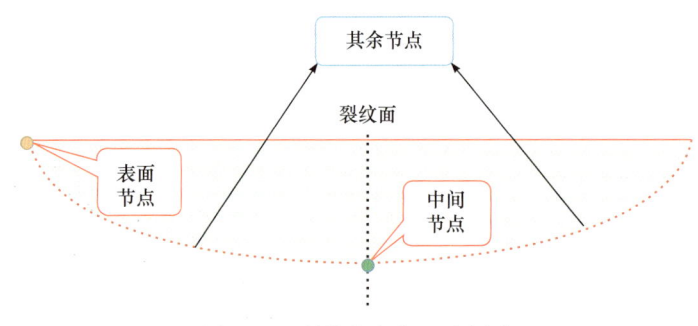

图 10-8　裂缝节点布置示意图

1) 不同长度、深度的影响

在深度分别为 0.03m、0.05m，长度分别为 0.3m、0.5m、0.7m、0.9m 的条件下，以不同组合荷载作用下的横向裂缝和纵向裂缝的应力强度因子 $K_1$ 值为代表来分析。其中不同尺寸下横向裂缝的应力强度因子取值如表 10-5 和表 10-6 所示，变化趋势如图 10-9 和图 10-10 所示。从结果中可以看出：在裂缝深度一定的情况下，无论是表面节点还是中间节点，在误差允许的范围内，随着裂缝长度的增加，应力强度因子 $K_1$ 大致呈现递增的趋势。结果表明：随着裂缝长度增加，裂缝扩展趋势也会加大。同时结合三种不同组合荷载，在整体降温荷载下裂缝的开裂趋势更明显。

表 10-5　不同作用位置下横向裂缝应力强度因子 $K_1$ 值(深度为 0.03m)

| 荷载工况 | 长度/m | 应力强度因子/(MPa·m^{1/2}) ||
| --- | --- | --- | --- |
| | | 表面节点 | 中间节点 |
| 列车荷载+正温度梯度荷载 | 0.3 | 1.1026 | 1.9928 |
| | 0.5 | 1.3174 | 2.1135 |
| | 0.7 | 1.5398 | 2.1252 |
| | 0.9 | 2.0208 | 2.0780 |
| 列车荷载+负温度梯度荷载 | 0.3 | 0.24024 | 1.1099 |
| | 0.5 | 0.61995 | 1.1770 |
| | 0.7 | 0.73238 | 1.1836 |
| | 0.9 | 1.1414 | 1.1588 |
| 列车荷载+整体降温荷载 | 0.3 | 2.4620 | 4.5113 |
| | 0.5 | 2.6491 | 4.7651 |
| | 0.7 | 2.8509 | 4.7877 |
| | 0.9 | 3.4265 | 4.6383 |

表 10-6  不同作用位置下横向裂缝应力强度因子 $K_I$ 值(深度为 0.05m)

| 荷载工况 | 长度/m | 应力强度因子/(MPa·m$^{1/2}$) ||
| --- | --- | --- | --- |
| | | 表面节点 | 中间节点 |
| 列车荷载+正温度梯度荷载 | 0.3 | 1.5475 | 2.3340 |
| | 0.5 | 1.6791 | 2.3906 |
| | 0.7 | 1.6469 | 2.3485 |
| | 0.9 | 1.7675 | 2.3759 |
| 列车荷载+负温度梯度荷载 | 0.3 | 0.46730 | 1.3019 |
| | 0.5 | 0.40024 | 1.3326 |
| | 0.7 | 0.70753 | 1.3092 |
| | 0.9 | 0.70383 | 1.3248 |
| 列车荷载+整体降温荷载 | 0.3 | 1.7659 | 5.4147 |
| | 0.5 | 1.8651 | 5.5354 |
| | 0.7 | 2.8005 | 5.4208 |
| | 0.9 | 2.5418 | 5.4848 |

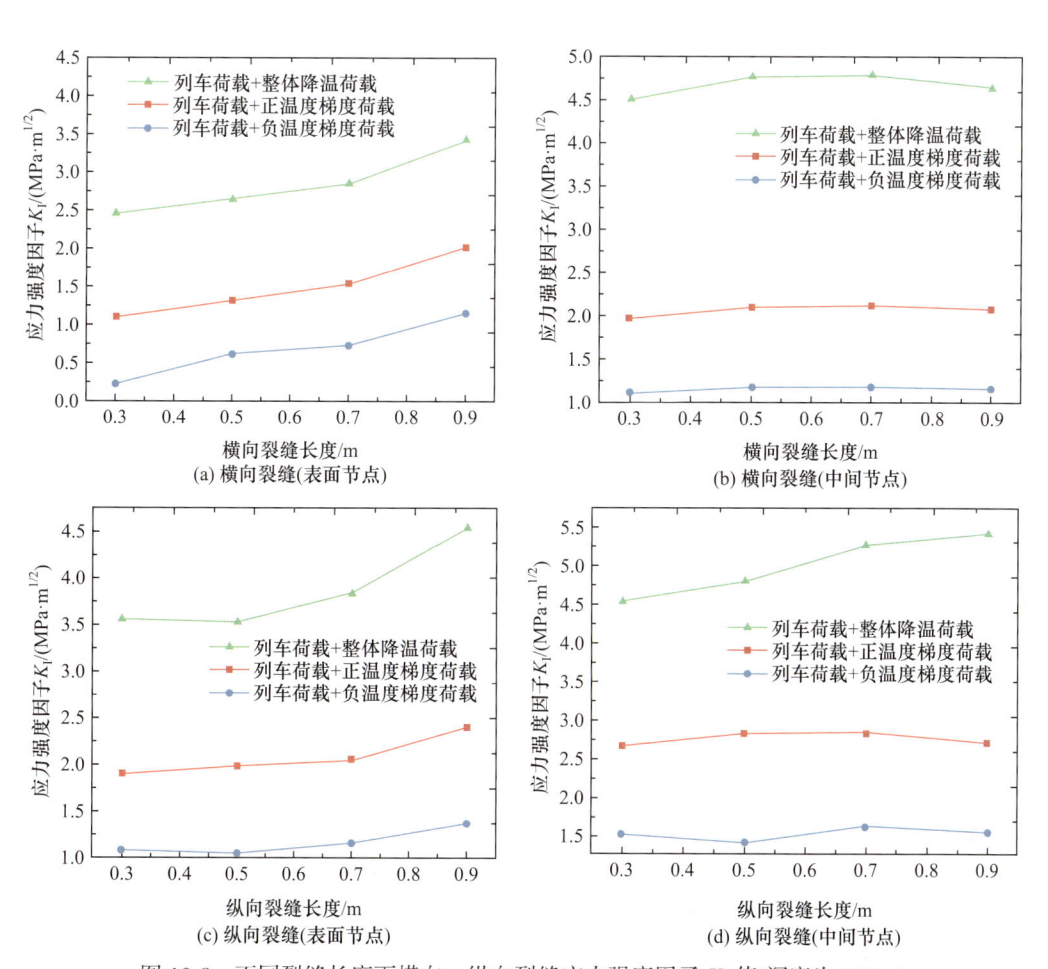

图 10-9  不同裂缝长度下横向、纵向裂缝应力强度因子 $K_I$ 值(深度为 0.03m)

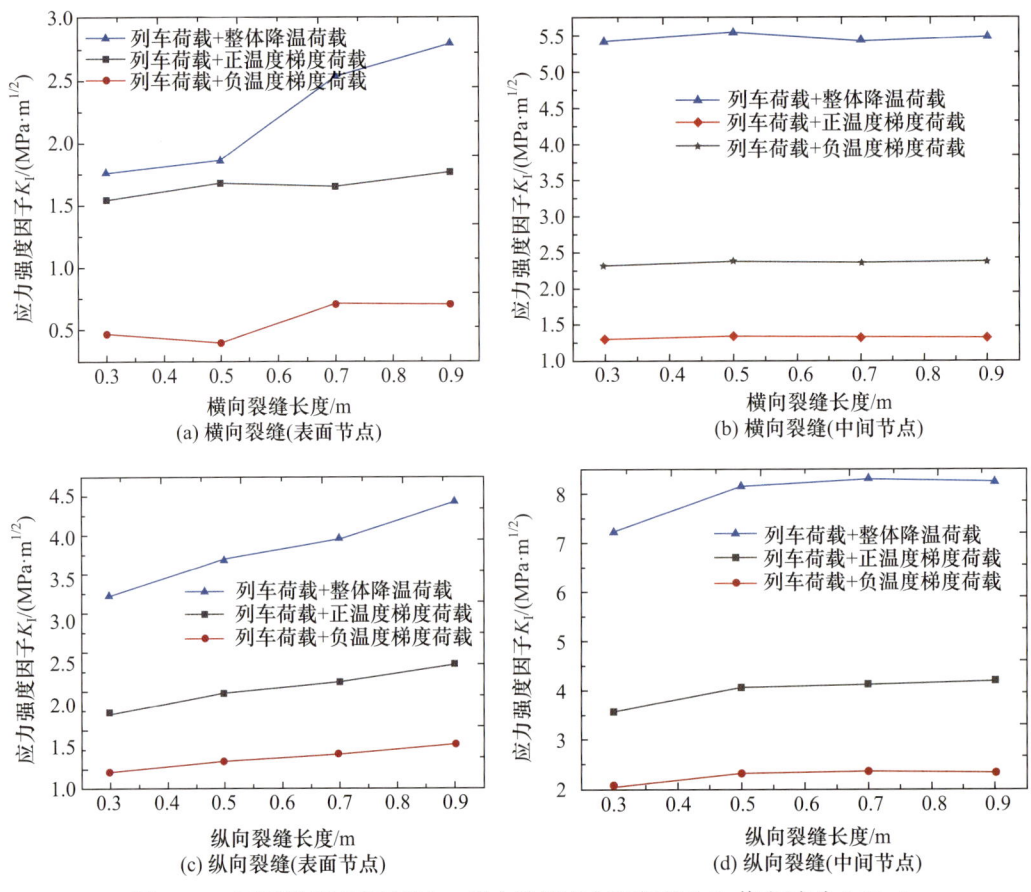

图 10-10 不同裂缝长度下横向、纵向裂缝应力强度因子 $K_I$ 值(深度为 0.05m)

研究结果显示：在裂缝长度一定的情况下，随着裂缝深度的增加，应力强度因子 $K_I$ 也增加，表明既有裂缝损伤深度越大，其扩展趋势越大，对无砟轨道质量状况影响也越显著。

2) 不同位置的影响

根据图 10-7 的四种不同裂缝位置设置图，研究在三种不同组合荷载作用下四种不同裂缝分别位于不同位置时，对应的应力强度因子值变化趋势。其中横向裂缝、纵向裂缝均考虑长度为 0.5m，贯通裂缝考虑长度为 2.5m，垂向裂缝考虑长度为 0.2m；深度均考虑为 0.05m。裂尖中间节点处的应力强度因子如图 10-11 所示，图中结果显示：四种形式裂缝的应力强度因子值随着作用位置均呈现为下降趋势。结果表明：越靠近板边位置处的裂缝未来扩展趋势越明显，对无砟轨道整体质量状况影响越大。同时，整体降温荷载对应力强度因子影响更为明显，对裂纹扩展影响更大。在实际工程中，对板边处的裂缝要施加更多的关注。

以横向裂缝在列车荷载+整体降温荷载作用下所取得的中间节点处的应力强度因子来分析，可知位置 $a_1$ 处的应力强度因子为 6.2001MPa·m$^{1/2}$，位置 $a_2$ 处的为 5.5354MPa·m$^{1/2}$，位置 $a_3$ 处的为 3.9724MPa·m$^{1/2}$，由此数据可知：位置 $a_1$ 处的应力强度因子值约为位置 $a_2$ 处的

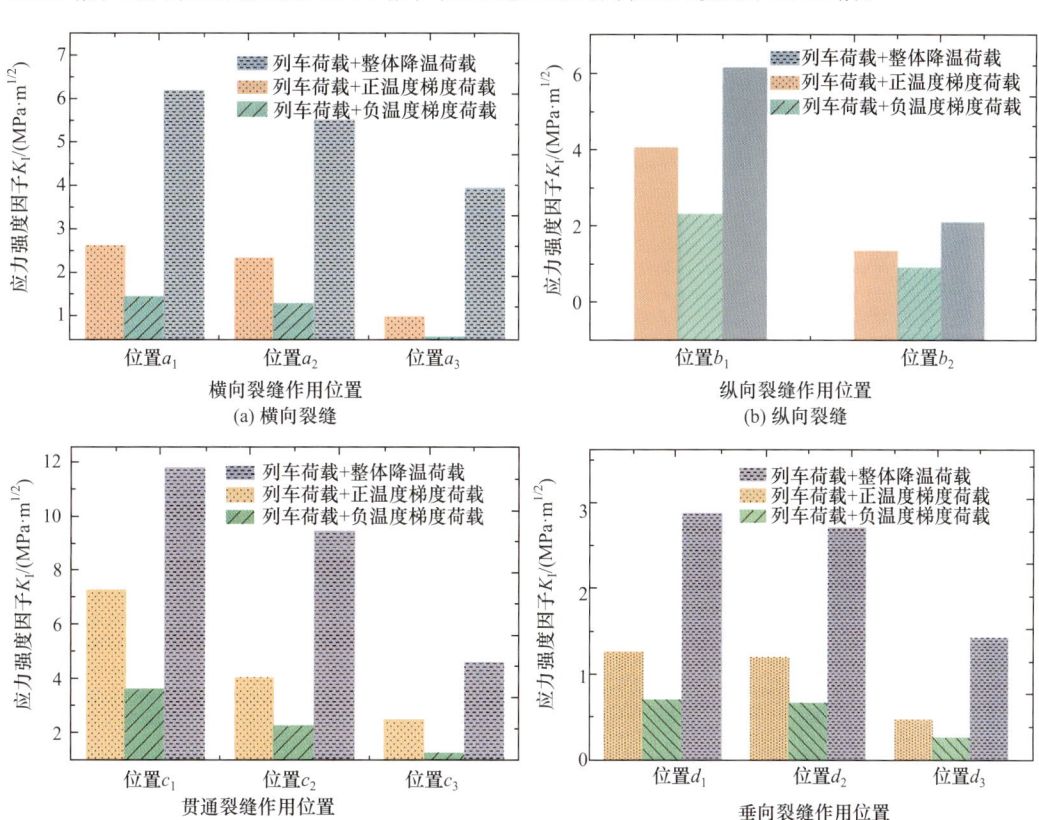

1.120 倍，约为位置 $a_3$ 处的 1.561 倍，位置 $a_2$ 处的约为位置 $a_3$ 处的 1.393 倍。

图 10-11　不同作用位置下四种裂缝形式的应力强度因子 $K_I$ 值(中间节点)

综上所述，越处于板边位置处裂缝的应力强度因子值越大，裂纹未来扩展趋势也越明显，对无砟轨道质量状况影响也越大；就不同荷载而言，整体降温荷载更易加速裂纹的扩展与轨道板的劣化。在实际工程中，无论是何种形式的裂缝，靠近板边处的裂缝应当给予更多的关注，在指标计算方法中将会根据上述结果对裂缝所处位置给予权重考虑。

3) 不同形式裂缝的影响

为分析研究四种不同形式裂缝对无砟轨道整体质量状况的影响，选取三种组合荷载作用下的结果值，进行四种不同形式裂缝的重要性对比分析。

在列车荷载+正温度梯度荷载作用下，四种裂缝的应力强度因子 $K_I$ 值如表 10-7 所示，其数值比较图如图 10-12 所示。结果表明：应力强度因子大小排序为贯通裂缝、纵向裂缝、横向裂缝、垂向裂缝。应力强度因子是表征裂缝扩展趋势或裂纹扩展推动力的度量，其取值大小也代表着现有裂缝继续扩展可能性大小。就表面节点处的应力强度因子值，贯通裂缝的应力强度因子值超出横向裂缝约 130%，超出纵向裂缝约 73%，超出垂向裂缝约 350%；就中间节点处的应力强度因子而言，贯通裂缝约为横向裂缝的 5.9 倍，约为纵向裂缝的 3.3 倍，约为垂向裂缝的 11.7 倍；就表面节点和中间节点处的应力强度因子的平均值而言，贯通裂缝处的应力强度因子约为横向裂缝的 4.4 倍，约为纵向裂缝的 2.8 倍，约为垂向裂缝的 8.6 倍；纵向裂缝处的应力强度因子约为横向裂缝的 1.6 倍，约为垂向裂缝的 3.1 倍；横向裂缝处的应力强度因子约为垂向裂缝的 2.0 倍。因此，可以得出贯通裂缝对无砟轨道整体质量状况影响显著，在实际工程中，应当更加关注贯通裂缝的存在。

表 10-7 列车荷载+正温度梯度荷载作用下四种裂缝应力强度因子 $K_Ⅰ$ 值

| 裂缝类型 | 尺寸/(m×m) | 应力强度因子/(MPa·m$^{1/2}$) ||
|---|---|---|---|
| | | 表面节点 | 中间节点 |
| 横向裂缝 | 0.9×0.05 | 1.7675 | 2.3759 |
| 纵向裂缝 | 0.9×0.05 | 2.3532 | 4.2159 |
| 贯通裂缝 | 2.5×0.05 | 4.0730 | 14.038 |
| 垂向裂缝 | 0.2×0.05 | 0.90706 | 1.2012 |

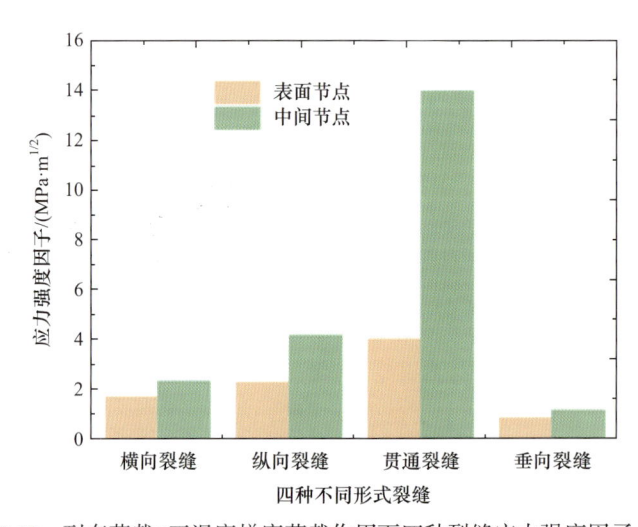

图 10-12 列车荷载+正温度梯度荷载作用下四种裂缝应力强度因子 $K_Ⅰ$ 值

在其余两种组合荷载作用下，四种裂缝的应力强度因子 $K_Ⅰ$ 值如表 10-8 所示，其数值比较如图 10-13 所示，通过比较可以看出整体降温荷载对裂纹扩展影响更大。根据结果可以看出：其比例关系、变化趋势和正温度梯度荷载作用下表现大致相同，贯通裂缝在其中占据了绝对优势。在列车荷载+负温度梯度荷载作用下：贯通裂缝处的应力强度因子约为横向裂缝的 5.0 倍，约为纵向裂缝的 2.7 倍，约为垂向裂缝的 8.7 倍；纵向裂缝处的应力强度因子约为横向裂缝的 1.8 倍，约为垂向裂缝的 3.2 倍；横向裂缝处的应力强度因子约为垂向裂缝的 1.7 倍。在列车荷载+整体降温荷载作用下：贯通裂缝处的应力强度因子约为横向裂缝的 5.4 倍，约为纵向裂缝的 3.5 倍，约为垂向裂缝的 6.5 倍；纵向裂缝处的应力强度因子约为横向裂缝的 1.5 倍，约为垂向裂缝的 1.8 倍；横向裂缝处的应力强度因子约为垂向裂缝的 1.2 倍。同时分析三种不同组合荷载的影响，可以看出整体降温的影响更大，此结论和前两节一致，符合现实情况。

表 10-8　两种组合荷载下四种裂缝应力强度因子 $K_I$ 值(单位：MPa·m$^{1/2}$)

| 裂缝类型 | 尺寸 | 列车荷载+负温度梯度荷载 | | 列车荷载+整体降温荷载 | |
| --- | --- | --- | --- | --- | --- |
| | | 表面节点 | 中间节点 | 表面节点 | 中间节点 |
| 横向裂缝 | 0.9m×0.05m | 0.70383 | 1.3248 | 2.8005 | 5.4848 |
| 纵向裂缝 | 0.9m×0.05m | 1.3283 | 2.3347 | 4.4282 | 8.2477 |
| 贯通裂缝 | 2.5m×0.05m | 2.2816 | 7.7610 | 9.4658 | 35.045 |
| 垂向裂缝 | 0.2m×0.05m | 0.49284 | 0.66743 | 2.1466 | 4.7147 |

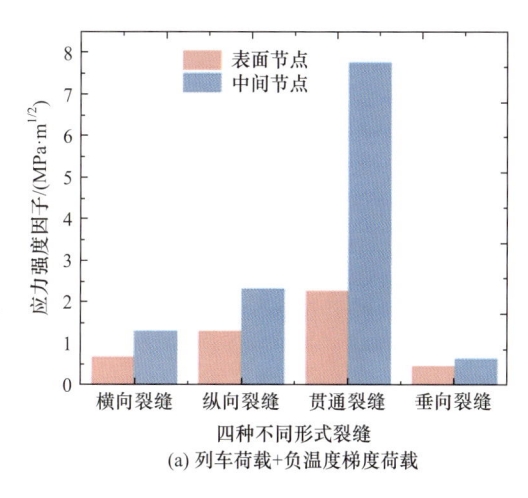

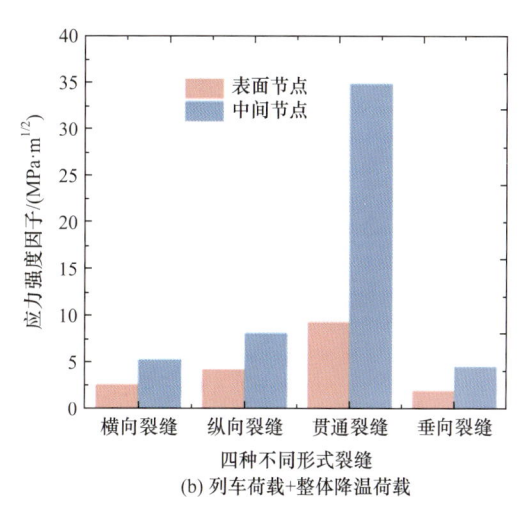

图 10-13　两种组合荷载下四种裂缝应力强度因子 $K_I$ 值

综合三种组合荷载下四种不同形式裂缝的应力强度因子值，分析可知：就重要性而言，其大致排序为贯通裂缝、纵向裂缝、横向裂缝、垂向裂缝，其中贯通裂缝处的应力强度因子值约为横向裂缝的 4.9 倍，约为纵向裂缝的 3.0 倍，约为垂向裂缝的 7.9 倍；纵向裂缝处的应力强度因子值约为横向裂缝的 1.6 倍，约为垂向裂缝的 2.7 倍；横向裂缝处的应力强度因子值约为垂向裂缝的 1.6 倍。

4) 不同部件的影响

将四种不同形式裂缝分别作用在轨道板、自密实混凝土层、底座板三个不同的部件，其中垂向裂缝设置如图 10-14 所示。研究在三种不同组合荷载作用下，三种不同部件处的应力强度因子值，对比分析无砟轨道整体质量状况影响重要性。以长度为 0.5m、深度为 0.05m 的横向裂缝处的应力强度因子值为例分析，如图 10-15 所示。

从图 10-15 中可以看出：表面节点和中间节点的应力强度因子值变化趋势大致相同，在误差允许的范围内，轨道板、自密实混凝土层、底座板三个部件的应力强度因子值大致依次递减，表明轨道板处的裂纹扩展趋势更为显著，对无砟轨道整体质量状况影响也最大。就应力强度因子值而言，轨道板处的比自密实混凝土层处的高出约 45%，比底座板处的高出约 220%；自密实混凝土层处的比底座板处的高出约 110%。在实际工程中，轨道板暴露在外部环境中的范围更为广泛，受到外部环境影响和列车荷载等的作用更为直接，轨道板处的裂缝损伤更易发生扩展，因此实际施工及后期维修中，更应该着重关注轨道板处的损伤情况，及时养护维修，以期提升无砟轨道的使用寿命。

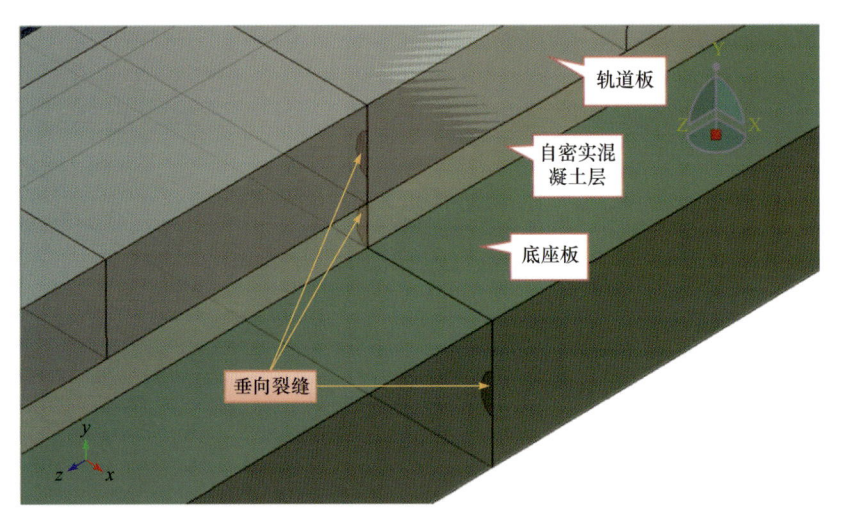

图 10-14 不同作用部件下垂向裂缝设置方式示意图

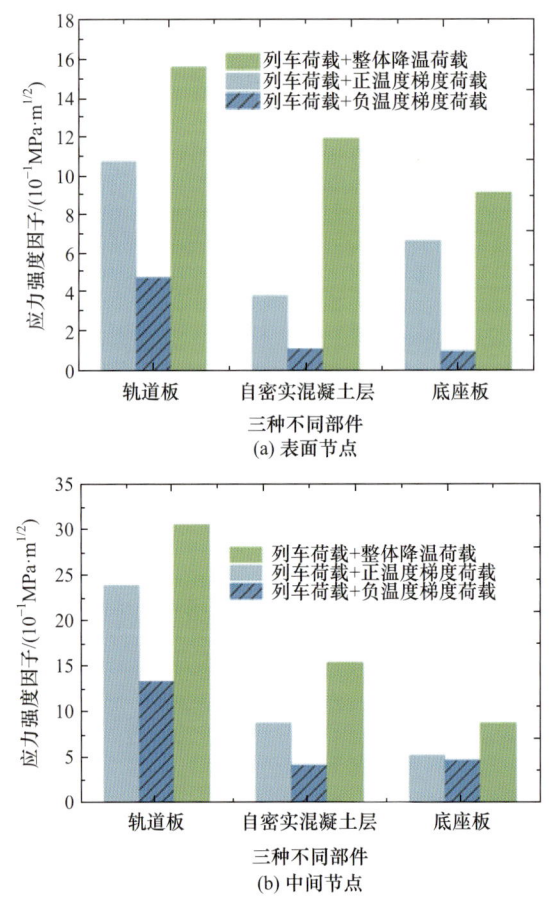

(a) 表面节点

(b) 中间节点

图 10-15 不同作用部件下横向裂缝应力强度因子 $K_{\mathrm{I}}$ 值

## 10.2.3 层间损伤状况下模型受力分析

本节是在 10.2.1 节 CRTS Ⅲ型板式无砟轨道有限元计算模型的基础上，添加离缝损伤[17]，建立含离缝损伤的 CRTS Ⅲ型板式无砟轨道有限元计算模型，研究不同工况下离缝对轨道板受力及位移的影响规律。

1. 工况设置

参考《高速铁路无砟轨道线路维修规则》和文献[18]，将层间离缝按照不同位置划分为板边离缝、板中离缝、板端离缝，如图 10-16 所示；按照离缝不同尺寸划分为Ⅰ级离缝、Ⅱ级离缝、Ⅲ级离缝，具体取值如表 10-9 所示。

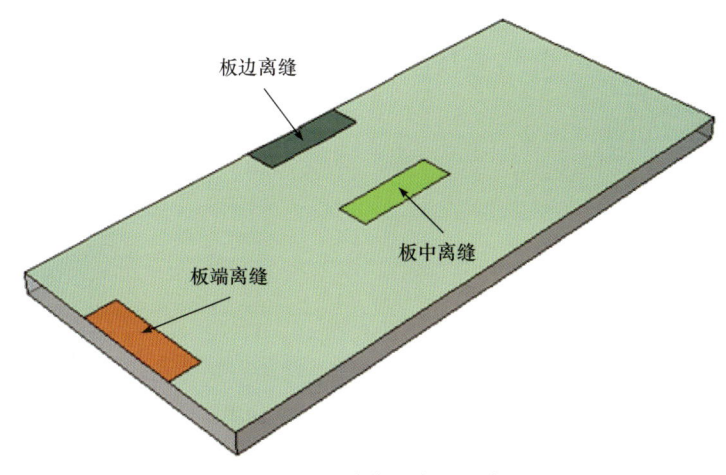

图 10-16　三种位置离缝示意图

表 10-9　CRTS Ⅲ型板式无砟轨道层间离缝形式及等级判断表(单位：m)

| 损伤位置 | 判定项目 | 评定等级 | | |
|---|---|---|---|---|
| | | Ⅰ | Ⅱ | Ⅲ |
| 板边离缝 | 深度 | 0~0.1 | 0.1~0.3 | >0.3 |
| | 长度 | 0~0.3 | 0.3~1 | >1 |
| 板中离缝 | 深度 | 0~0.1 | 0.1~0.3 | >0.3 |
| | 长度 | 0~0.3 | 0.3~1 | >1 |
| 板端离缝 | 深度 | 0~0.1 | 0.1~0.3 | >0.3 |
| | 长度 | 0~0.3 | 0.3~1 | >1 |

模型中离缝设置方式如图 10-17 所示，其中离缝高度取为 2mm。设置列车荷载、列车荷载+正温度梯度荷载、列车荷载+负温度梯度荷载、列车荷载+整体降温荷载四种组合荷载，研究不同位置及不同等级离缝情况下轨道板受力及位移变化规律。

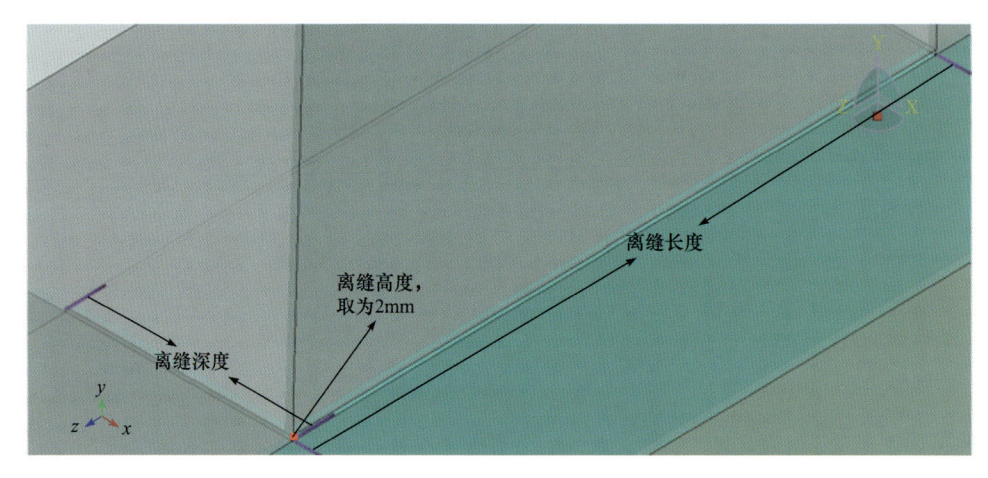

图 10-17 层间离缝损伤模型示意图

表 10-9 中所给出不同等级离缝的长度和深度是一个范围，为方便计算，实际建模中结合实际情况选取具有代表性的、最不利尺寸形式的层间离缝进行计算，详细尺寸如表 10-10 所示。

表 10-10 层间离缝不同等级实际取值表

| 损伤位置 | 判定项目 | 评定等级 | | |
|---|---|---|---|---|
| | | Ⅰ | Ⅱ | Ⅲ |
| 板边离缝 | 名称 | 板边离缝1 | 板边离缝2 | 板边离缝3 |
| | 长×深/(m×m) | 0.3×0.1 | 1×0.3 | 3×1 |
| 板中离缝 | 名称 | 板中离缝1 | 板中离缝2 | 板中离缝3 |
| | 长×深/(m×m) | 0.3×0.1 | 1×0.3 | 3×1 |
| 板端离缝 | 名称 | 板端离缝1 | 板端离缝2 | 板端离缝3 |
| | 长×深/(m×m) | 0.3×0.1 | 1×0.3 | 2.5×1 |

2. 结果分析

通过有限元建模分析，获取最大纵向拉应力、最大纵向压应力、最大横向拉应力、最大横向压应力、最大垂向位移等指标进行轨道板结构受力分析，获取不同离缝位置、不同离缝等级对轨道板应力及位移的影响规律。

1) 不同层间离缝位置的受力分析

为对比分析分别产生在轨道板、底座板与自密实混凝土层层间离缝的受力与位移影响规律，分别在轨道板-自密实混凝土层之间、底座板-自密实混凝土层之间设置离缝损伤，其中离缝工况包含无离缝、板边Ⅰ级离缝(板边离缝1，下同)、板边Ⅱ级离缝、板边Ⅲ级离缝、板中Ⅰ级离缝、板中Ⅱ级离缝、板中Ⅲ级离缝、板端Ⅰ级离缝、板端Ⅱ级离缝、板端Ⅲ级离缝。对比分析列车荷载+正温度梯度荷载作用下两处层间离缝的应力及位移值，所获数据及趋势变化如表 10-11 和图 10-18 所示。

表 10-11 不同层间处不同离缝工况下应力、位移值

| 离缝工况 | 最大纵向拉应力/MPa 轨道板-自密实混凝土层 | 最大纵向拉应力/MPa 底座板-自密实混凝土层 | 最大纵向压应力/MPa 轨道板-自密实混凝土层 | 最大纵向压应力/MPa 底座板-自密实混凝土层 | 最大垂向位移/$10^{-4}$m 轨道板-自密实混凝土层 | 最大垂向位移/$10^{-4}$m 底座板-自密实混凝土层 |
|---|---|---|---|---|---|---|
| 无离缝 | 2.232 | 2.232 | 5.120 | 5.120 | 1.186 | 1.186 |
| 板边离缝1 | 2.205 | 2.213 | 5.184 | 5.198 | 1.187 | 1.185 |
| 板边离缝2 | 2.665 | 2.332 | 5.543 | 5.556 | 1.187 | 1.182 |
| 板边离缝3 | 4.751 | 2.723 | 7.161 | 6.724 | 9.328 | 6.311 |
| 板中离缝1 | 2.201 | 2.219 | 5.162 | 5.166 | 1.187 | 1.185 |
| 板中离缝2 | 2.204 | 2.209 | 5.164 | 5.162 | 1.187 | 1.181 |
| 板中离缝3 | 2.435 | 2.213 | 5.230 | 5.170 | 1.188 | 1.179 |
| 板端离缝1 | 2.201 | 2.202 | 5.163 | 5.161 | 1.187 | 1.180 |
| 板端离缝2 | 2.201 | 2.202 | 5.167 | 5.175 | 1.187 | 1.178 |
| 板端离缝3 | 2.158 | 2.156 | 5.023 | 5.023 | 8.092 | 7.480 |

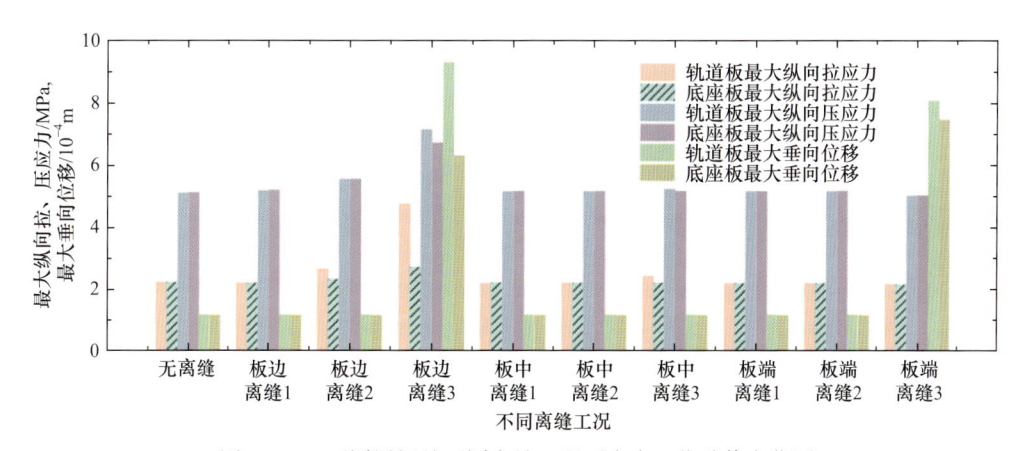

图 10-18 不同层间处不同离缝工况下应力、位移值变化图

从趋势变化图中可以看出：对于两处层间离缝，其最大纵向拉应力、压应力及最大垂向位移在10种离缝工况下数值大小、变化趋势大致相同，在板边位置处的Ⅲ级离缝的应力和位移值波动稍大。但相较而言，轨道板-自密实混凝土层之间离缝所产生的影响略大于底座板-自密实混凝土层之间离缝所产生的影响，两者相差不大。后续分析中，将轨道板-自密实混凝土层层间离缝作为研究对象。

2) 板边、板中、板端离缝的受力分析

为研究板边、板中、板端离缝对轨道板应力、位移的影响，设置四种组合荷载：仅施加列车荷载、列车荷载+正温度梯度荷载(90℃/m)、列车荷载+负温度梯度荷载(50℃/m)、列车荷载+整体降温荷载(40℃)。这里以Ⅰ级离缝损伤(长0.3m、深0.1m)为例说明。

在不同组合荷载作用下，板边、板中、板端离缝三种离缝工况获取的最大纵、横向拉应力如表 10-12 所示，变化趋势如图 10-19 所示。结果显示：位于板端处的离缝会使轨道板产生较大的拉应力，板中离缝次之，板边离缝再次之。就列车荷载+正温度梯度荷载作用下的结果值而言，板端离缝的最大纵向拉应力为 2.876MPa，约为板边离缝的 1.25 倍，约为板中离缝的 1.16 倍；板端处离缝的最大横向拉应力为 1.703MPa，约为板边离缝的 1.38 倍，约为板中离缝的 1.06 倍。

表 10-12　Ⅰ级离缝在不同位置处最大纵向拉应力值

| 位置 | 荷载 ||||
|---|---|---|---|---|
| | 列车荷载/MPa | 列车荷载+正温度梯度荷载/MPa | 列车荷载+负温度梯度荷载/MPa | 列车荷载+整体降温荷载/MPa |
| 板边离缝 | 0.2569 | 2.296 | 2.229 | 1.775 |
| 板中离缝 | 0.4942 | 2.473 | 2.224 | 1.521 |
| 板端离缝 | 0.6485 | 2.876 | 2.356 | 1.521 |

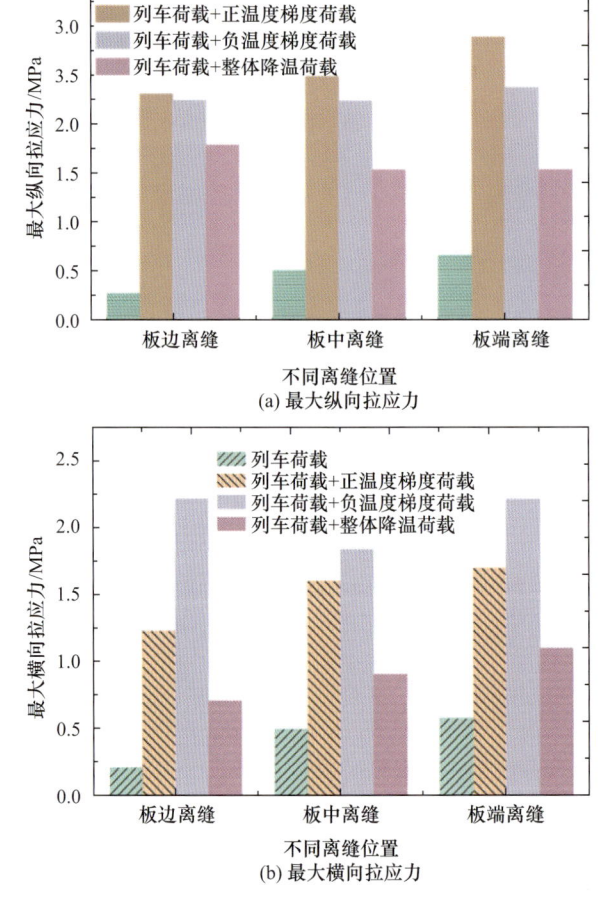

图 10-19　Ⅰ级离缝在不同位置处最大纵、横向拉应力值

图 10-20 为Ⅰ级离缝在不同位置处最大纵、横向压应力值的变化趋势图,其变化趋势和压应力一致。就列车荷载+负温度梯度荷载作用下的结果而言,板端离缝处轨道板的最大纵向压应力为 1.699MPa,约为板边离缝的 1.6 倍,约为板中离缝的 1.2 倍;板端离缝处轨道板的最大横向压应力为 1.683MPa,约为板边离缝的 1.9 倍,约为板中离缝的 1.1 倍。从图中同样可以看出,在四种不同荷载作用下,正温度梯度荷载对压应力值影响最大。

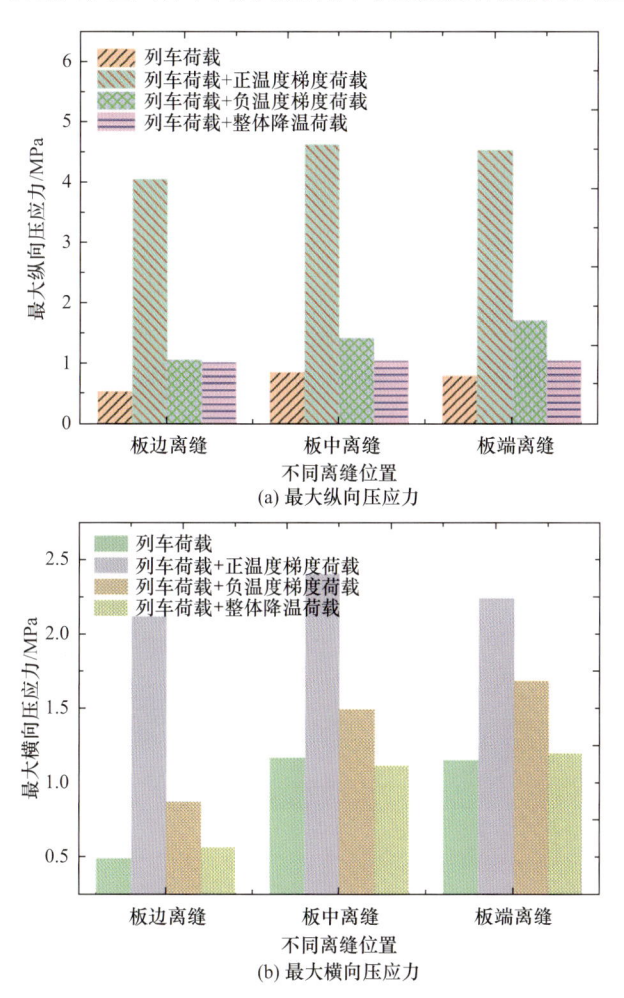

图 10-20 Ⅰ级离缝在不同位置处最大纵、横向压应力值

图 10-21 是Ⅰ级离缝在不同位置处最大垂向位移的变化趋势,就列车荷载+整体降温荷载作用下的结果值,可以看出:板端离缝处轨道板的最大垂向位移为 $4.011\times10^{-4}$m,约为板边离缝的 1.22 倍,约为板中离缝的 1.01 倍。在三种不同温度荷载中,整体降温荷载对轨道板垂向位移影响最大。

结合上述Ⅰ级离缝在不同位置处轨道板的应力和位移取值变化可以得知:不同位置发生离缝对轨道板的影响排序为板端离缝、板中离缝、板边离缝,其中板端离缝约为板边离缝的 1.31 倍,约为板中离缝的 1.11 倍;板中离缝约为板边离缝的 1.18 倍。

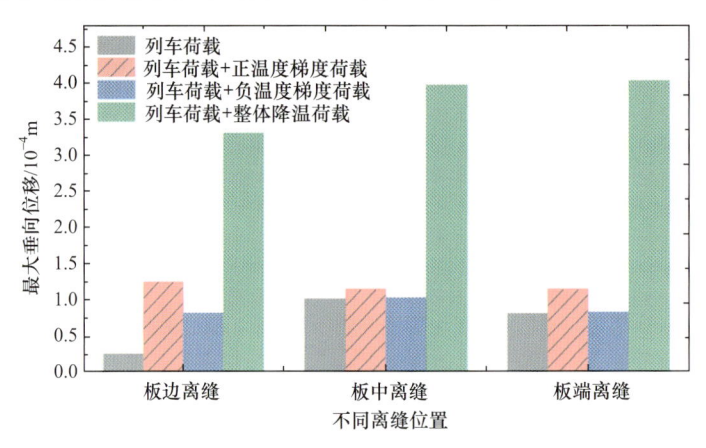

图 10-21　Ⅰ级离缝在不同位置处最大垂向位移

3) 不同离缝等级下的受力分析

为研究不同离缝等级对轨道板应力和位移的影响，分别对板边、板中、板端离缝设置为Ⅰ、Ⅱ、Ⅲ级。其中离缝1即Ⅰ级离缝，尺寸为长0.3m，深0.1m；离缝2即Ⅱ级离缝，尺寸为长1m，深0.3m；离缝3即Ⅲ级离缝，尺寸为长3m，深1m，其中板端离缝3的长度为2.5m，部分示意图如图10-22所示。

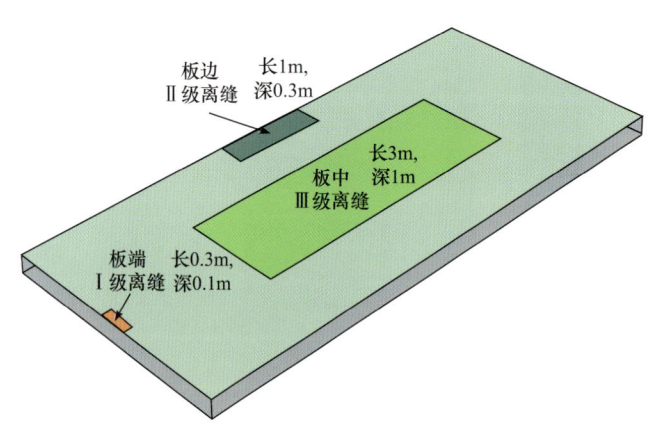

图 10-22　不同等级、位置离缝示意图

图 10-23～图 10-25 是板边、板中、板端三种不同位置分别含有不同等级离缝损伤时轨道板的最大纵、横向压应力取值变化趋势图，结果显示：在板边离缝3处会使轨道板产生更大的压应力，板边离缝2次之，板边离缝1再次之。

就列车荷载+正温度梯度荷载作用下的板边离缝数值而言，板边离缝 3 处轨道板的最大纵向压应力为 10.99MPa，约为板边离缝 1 的 2.72 倍，约为板边离缝 2 的 2.28 倍；板边离缝 3 处轨道板的最大横向压应力为 8.643MPa，约为板边离缝 1 的 4.08 倍，约为板边离缝 2 的 3.45 倍；因此平均而言板边离缝 3 约为板边离缝 1 的 3.40 倍，约为板边离缝 2 的 2.865 倍，板边离缝 2 约为板边离缝 1 的 1.187 倍；此时三者重要性比例可计算为 0.179∶0.212∶0.609。

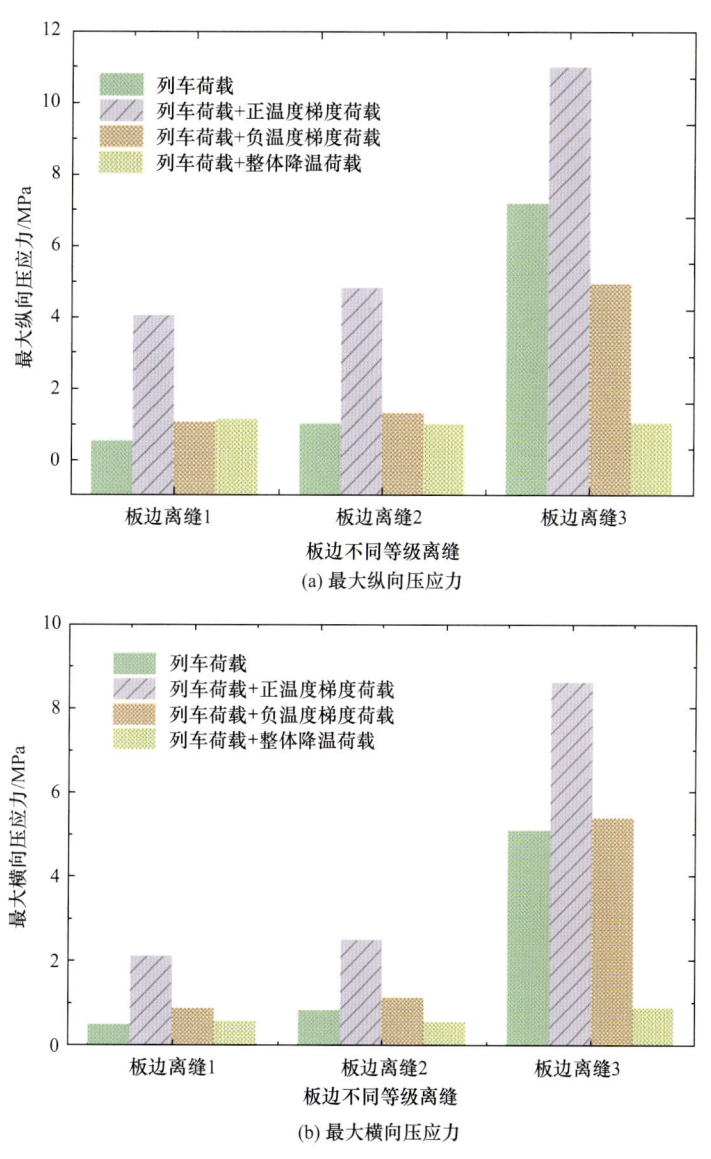

图 10-23 板边不同等级离缝最大纵、横向压应力值

图 10-24 结果显示：在正温度梯度荷载作用下，板中离缝 3 处的最大纵、横向压应力值分别为 7.533MPa、5.067MPa，分别约为板中离缝 1 的 1.63 倍、2.11 倍，约为板中离缝 2 的 1.53 倍、1.83 倍；因此平均而言板中离缝 3 约为板中离缝 1 的 1.87 倍，约为板中离缝 2 的 1.68 倍，板中离缝 2 约为板中离缝 1 的 1.113 倍；此时三者重要性比例可计算为 0.251∶0.279∶0.470。

图 10-25 结果显示：在正温度梯度荷载作用下，板端离缝 3 处的最大纵、横向压应力值分别为 7.64MPa、5.18MPa，分别约为板端离缝 1 的 1.69 倍、2.31 倍，约为板端离缝 2 的 1.43 倍、1.82 倍；因此平均而言板端离缝 3 约为板端离缝 1 的 2.00 倍，约为板端离缝 2 的 1.625 倍，板端离缝 2 约为板端离缝 1 的 1.231 倍；此时三者重要性比例可计算

为 0.236∶0.291∶0.473。

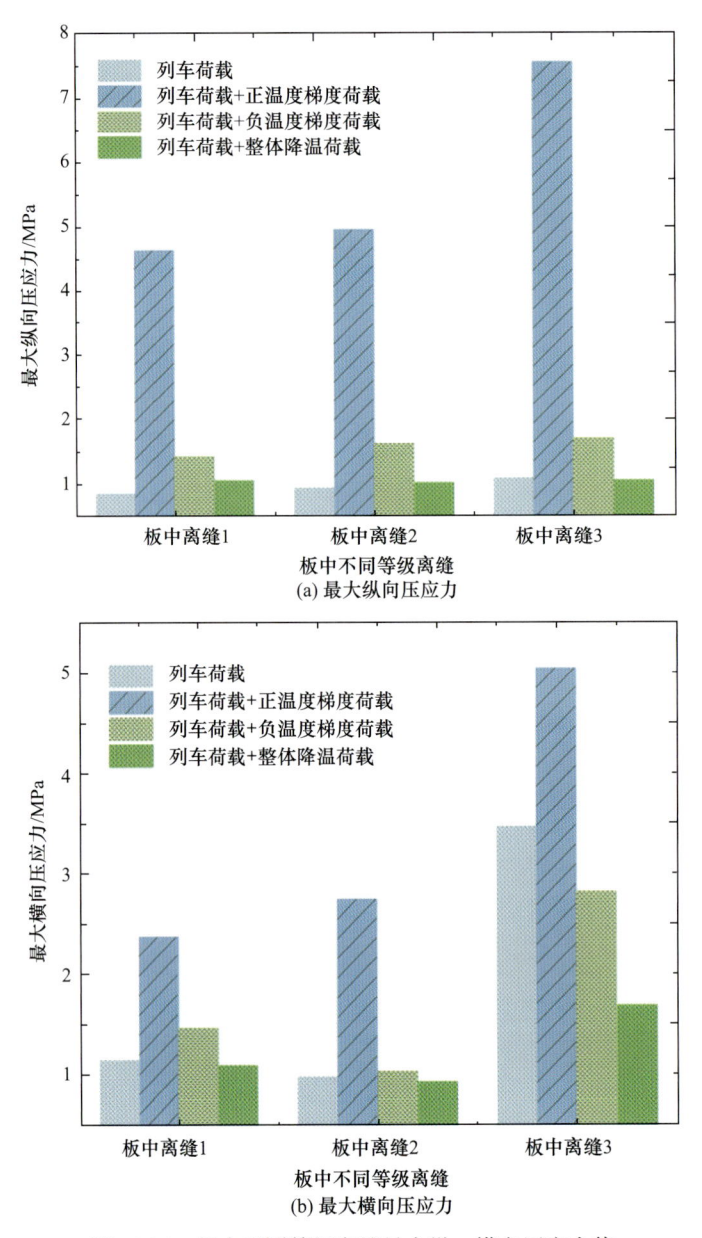

图 10-24 板中不同等级离缝最大纵、横向压应力值

结合上述三种不同位置下的压应力值得知：影响程度排序为Ⅲ级离缝>Ⅱ级离缝>Ⅰ级离缝，且就压应力值而言Ⅲ级离缝约为Ⅰ级离缝的 2.42 倍，约为Ⅱ级离缝的 2.06 倍，Ⅱ级离缝约为Ⅰ级离缝的 1.17 倍。同时，三种不同温度荷载对压应力值影响不同，图中结果显示正温度梯度对结果影响最大。

4) 不同离缝高度下的受力分析

设置列车荷载+正温度梯度荷载，研究不同裂缝高度对轨道板受力及位移的影

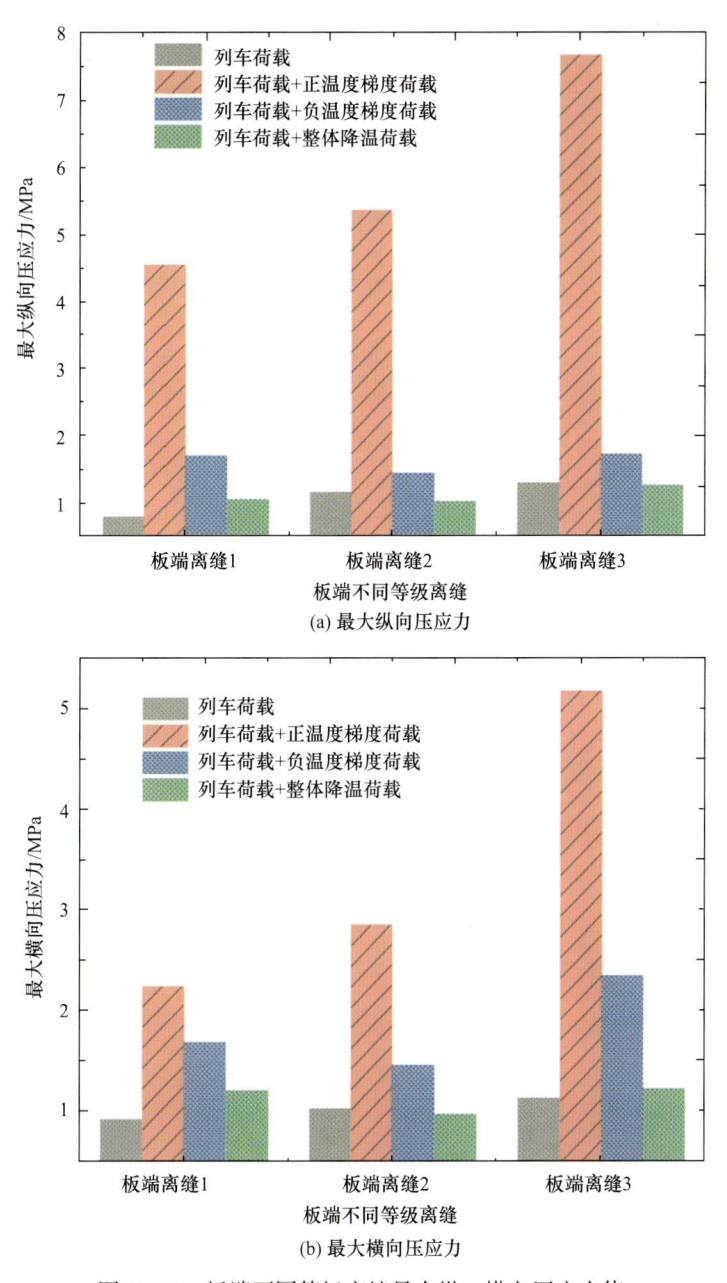

图 10-25 板端不同等级离缝最大纵、横向压应力值

响。模型中设置板边Ⅱ级离缝(长 1m，深 0.3m)，其中离缝高度分别为 0m(无离缝状态)、0.002m、0.004m、0.008m、0.016m、0.02m、0.03m、0.05m、0.07m、0.09m(完全脱空状态)，轨道板的最大纵向拉应力与最大垂向位移值示意图如图 10-26 所示。

由图 10-26 可以看出：在正温度梯度荷载作用下，随着离缝高度的增加，轨道板的最大纵向拉应力与最大垂向位移值呈现逐步增加的趋势，符合现实条件要求。其中在离缝高度为 0.09m 即脱空状态下，最大纵向拉应力达到了 3.509MPa。

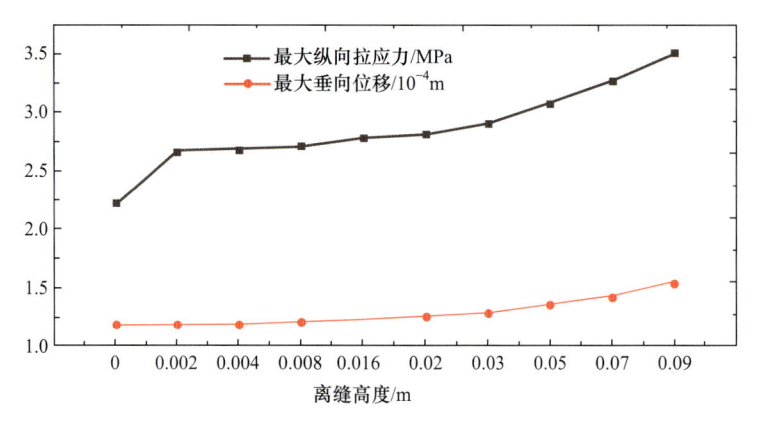

图 10-26　不同离缝高度下最大纵向拉应力、最大垂向位移值

### 10.2.4　含离缝的无砟轨道开裂状况下模型受力分析

为对比分析开裂和离缝损伤对无砟轨道影响的重要程度，本节在 10.2.2 节 CRTS Ⅲ 型板式无砟轨道开裂状况计算模型的基础上施加层间离缝损伤，获取应力强度因子值，系统比较分析层间离缝和开裂损伤对无砟轨道质量状况的影响。

#### 1. 工况设置

设置列车荷载+正温度梯度荷载、列车荷载+负温度梯度荷载、列车荷载+整体降温荷载三种组合荷载，裂缝分别考虑为 0.9m×0.05m 的横向裂缝、0.9m×0.05m 的纵向裂缝、0.2m×0.05m 的垂向裂缝，其中裂缝作用在中间轨道板的板中位置处；离缝分别考虑板边、板中、板端离缝，其尺寸均为 0.3m×1m；在考虑对比分析不同离缝等级影响时，分别选取Ⅰ级离缝(0.1m×0.3m)、Ⅱ级离缝(0.3m×1m)、Ⅲ级离缝(1m×3m)。建模设置示意图如图 10-27 所示，具体工况设置如表 10-13 所示。

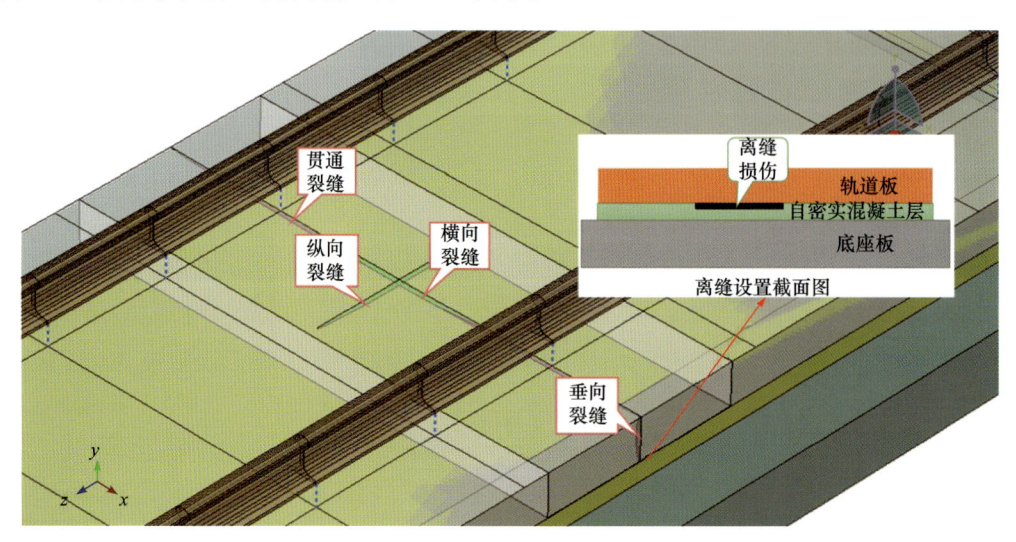

图 10-27　开裂+离缝双重作用建模示意图

表 10-13 开裂+离缝双重作用工况设置

| 荷载工况 | 裂缝工况 | | 离缝工况 | |
|---|---|---|---|---|
| | 裂缝类型 | 长×深/(m×m) | 离缝位置 | 长×深/(m×m) |
| 列车荷载+正温度梯度荷载 | 横向裂缝 | 0.9×0.05 | 板边离缝 | 1×0.3 |
| 列车荷载+负温度梯度荷载 | 纵向裂缝 | 0.9×0.05 | 板中离缝 | 1×0.3 |
| 列车荷载+整体降温荷载 | 垂向裂缝 | 0.2×0.05 | 板端离缝 | 1×0.3 |

2. 结果分析

本小节针对仅开裂损伤、仅离缝损伤、开裂+离缝损伤三种不同损伤形式下的应力强度因子值、轨道板应力及位移等的影响进行对比分析，得到相关规律。

1) 开裂+离缝损伤下的应力强度因子值分析

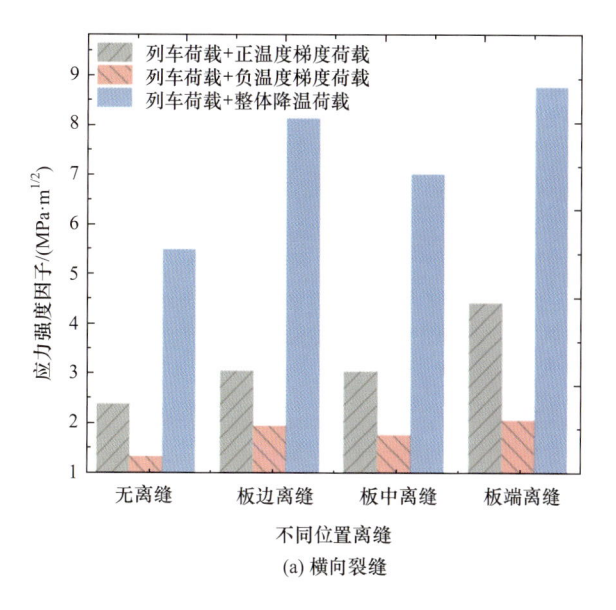

选取横向、纵向、垂向裂缝尖端中间节点的应力强度因子值作为代表进行分析，图 10-28 是横向、纵向、垂向裂缝与离缝损伤双重作用下的应力强度因子值变化趋势图。图中结果显示：在三种组合荷载下，应力强度因子趋势图变化一致，结果大小排序为设置板端离缝>板边离缝>板中离缝>无离缝，其中整体降温荷载对应力强度因子取值影响最大，此结果与 10.2.3 节中结论一致。

在列车荷载+整体降温荷载作用下，从表 10-14 中得知：设置了板端、板边、板中离缝的横向裂缝的应力强度因子值分别为 $8.7489\text{MPa} \cdot \text{m}^{1/2}$、$8.1054\text{MPa} \cdot \text{m}^{1/2}$、$6.9956\text{MPa} \cdot \text{m}^{1/2}$，分别是无离缝的 1.60 倍、1.48 倍、1.28 倍，同比增加了 59.5%、47.8%、27.5%。

(a) 横向裂缝

(b) 纵向裂缝

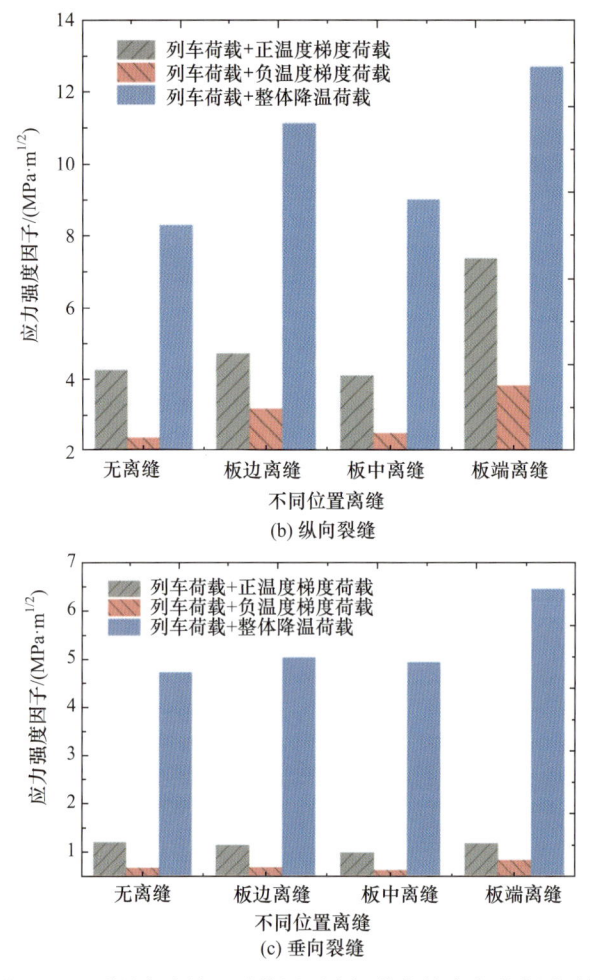

(c) 垂向裂缝

图 10-28　裂缝与离缝双重作用下中间节点的应力强度因子值

表 10-14　横向裂缝与不同位置离缝双重作用下中间节点的应力强度因子值(单位：MPa·m$^{1/2}$)

| 离缝工况 | 荷载工况 |||
|---|---|---|---|
| | 列车荷载+正温度梯度荷载 | 列车荷载+负温度梯度荷载 | 列车荷载+整体降温荷载 |
| 无离缝 | 2.3759 | 1.3248 | 5.4848 |
| 板边离缝 | 3.0467 | 1.9371 | 8.1054 |
| 板中离缝 | 3.0345 | 1.7510 | 6.9956 |
| 板端离缝 | 4.4199 | 2.0499 | 8.7489 |

在列车荷载+整体降温荷载作用下，从表 10-15 中得知：设置了板端、板边、板中离缝的纵向裂缝的应力强度因子值分别为 12.658MPa·m$^{1/2}$、11.086MPa·m$^{1/2}$、8.9597MPa·m$^{1/2}$，分别是无离缝的 1.53 倍、1.34 倍、1.09 倍，分别增加了 53.8%、34.4%、8.6%。

表 10-15 纵向裂缝与不同位置离缝双重作用下中间节点的应力强度因子值(单位：MPa·m$^{1/2}$)

| 离缝工况 | 荷载工况 | | |
|---|---|---|---|
| | 列车荷载+正温度梯度荷载 | 列车荷载+负温度梯度荷载 | 列车荷载+整体降温荷载 |
| 无离缝 | 4.2159 | 2.3347 | 8.2477 |
| 板边离缝 | 4.6856 | 3.1383 | 11.086 |
| 板中离缝 | 4.0679 | 2.4682 | 8.9597 |
| 板端离缝 | 7.3212 | 3.7827 | 12.658 |

在列车荷载+整体降温荷载作用下，从表 10-16 中得知：设置了板端、板边、板中离缝的垂向裂缝的应力强度因子值分别为 6.4453MPa·m$^{1/2}$、5.0179MPa·m$^{1/2}$、4.9225MPa·m$^{1/2}$，分别是无离缝的 1.37 倍、1.06 倍、1.04 倍，分别增加了 36.7%、6.4%、4.4%。

表 10-16 垂向裂缝与不同位置离缝双重作用下中间节点的应力强度因子值(单位：MPa·m$^{1/2}$)

| 离缝工况 | 荷载工况 | | |
|---|---|---|---|
| | 列车荷载+正温度梯度荷载 | 列车荷载+负温度梯度荷载 | 列车荷载+整体降温荷载 |
| 无离缝 | 1.2012 | 0.66740 | 4.7147 |
| 板边离缝 | 1.1400 | 0.67142 | 5.0179 |
| 板中离缝 | 0.98343 | 0.61885 | 4.9225 |
| 板端离缝 | 1.1772 | 0.83343 | 6.4453 |

综合上述结果发现：离缝损伤的存在会加速裂缝的扩展，且不同位置处的离缝损伤对扩展趋势的影响也不相同，通过和未设置离缝损伤的裂缝应力强度因子值比较，得出板端、板边、板中离缝三种位置离缝对应力强度因子取值的影响程度占比分别为 53.7%、31.7%、14.6%。此外，综合列车荷载+整体降温荷载作用下应力强度因子增量，可知离缝+开裂双重损伤下的应力强度因子相比仅开裂损伤下的增加了 31%，此时可以得到两种损伤状况下的比值为仅开裂损伤/层间离缝损伤=0.567/0.433。

2) 开裂+离缝损伤下的受力及位移分析

为研究开裂和层间离缝损伤共同作用与仅离缝损伤作用下，轨道板受力与位移的不同，选取板边离缝 2 为研究对象，在四种不同荷载作用下，选取最大纵向拉、压应力及最大垂向位移来分析两种损伤荷载作用的不同，如图 10-29 所示。

由图 10-29 结果可以看出：离缝和开裂损伤同时存在的情况下轨道板的应力和位移都要大于仅存在离缝损伤时，从列车荷载+正温度梯度荷载作用下的最大纵向压应力值可以看出：仅存在离缝损伤情况下取值为 5.543MPa，同时存在裂缝和离缝损伤情况下取值为 6.204MPa，相比之下，后者约为前者的 1.119 倍，约增加 11.92%，此时可以得到两种损伤的比值为仅开裂损伤/仅层间离缝损伤=0.528/0.472。

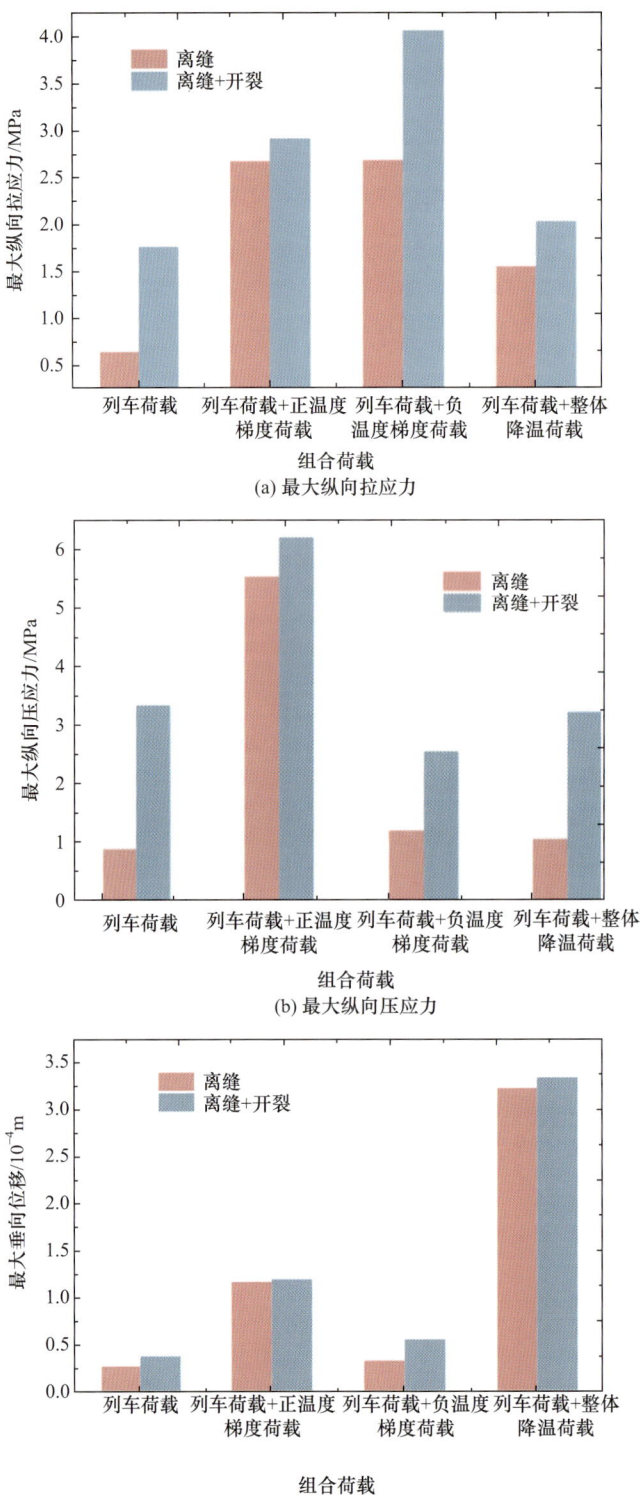

图 10-29 两种不同损伤工况受力与位移值

3) 开裂+离缝(不同离缝等级下)损伤下的受力及位移分析

为研究不同离缝等级对同时含有开裂损伤下轨道板的受力及位移的影响，设置横向离缝损伤及板边Ⅰ、Ⅱ、Ⅲ级离缝，选取最大纵向拉、压应力值和最大垂向位移值来进行研究分析，其变化趋势如图 10-30 所示。

由图 10-30 可以看出，七种离缝工况在四种组合荷载作用下，大致上变化趋势一致，随着离缝等级的增加，相应数值也增加。下面量化数值分析均采用列车荷载+负温度梯度荷载作用下的最大纵向拉应力值来分析。首先是在含有裂缝损伤的情况下，不同级别层间离缝损伤对轨道板受力影响，分析可得：Ⅲ级离缝组合损伤下的值约为Ⅱ级离缝组合损伤

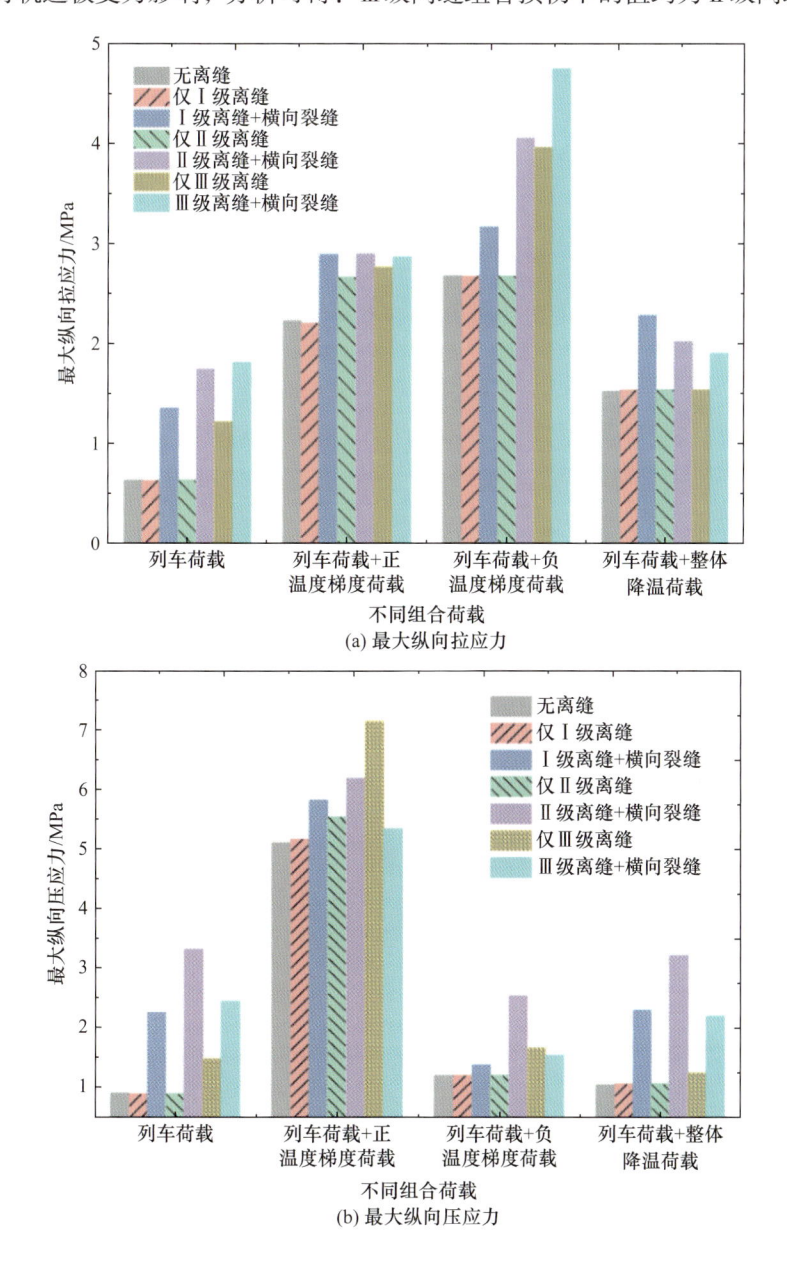

(a) 最大纵向拉应力

(b) 最大纵向压应力

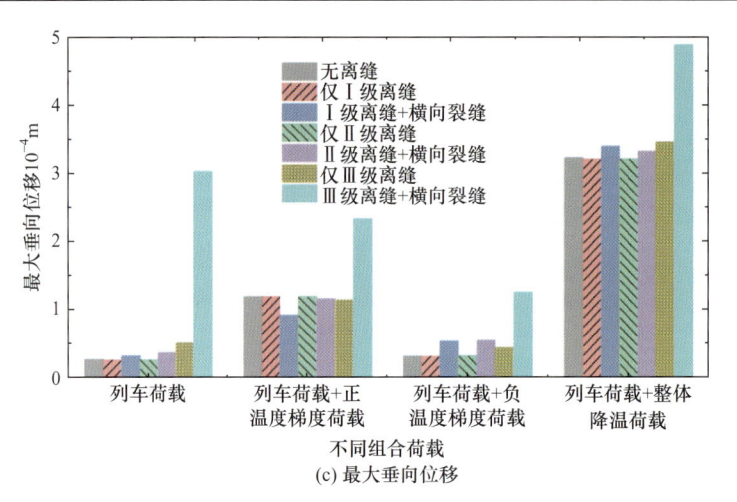

图 10-30　不同等级板边离缝下最大纵向拉、压应力，最大垂向位移值

下的 1.170 倍，约为Ⅰ级离缝组合损伤下的 1.497 倍，Ⅱ级离缝组合损伤下的值约为Ⅰ级离缝组合损伤下的 1.279 倍，此时三者重要程度比重约为Ⅰ∶Ⅱ∶Ⅲ=0.264∶0.339∶0.397，此比值相较于 10.2.3 节中的结果，Ⅲ级的比重略低。其次是离缝和开裂损伤同时存在和仅存在离缝损伤两种损伤情况下的对比分析，可以看出：Ⅰ级离缝和开裂同时存在下的值为 3.173MPa，约为仅离缝存在下的 1.186 倍；Ⅱ级离缝和开裂同时存在下的值为 4.059MPa，约为仅离缝存在下的 1.516 倍；Ⅲ级离缝和开裂同时存在下的值为 4.751MPa，约为仅离缝存在下的 1.199 倍；就平均值而言，组合损伤下的值约为单个离缝损伤下的 1.300 倍，此时可以得到两种损伤权重比值为仅开裂损伤/仅离缝损伤=0.565/0.435。

## 10.3　质量状况综合评估方法

高可靠性、高稳定性、高平顺性是高速铁路运行的重要保证，提升和保持无砟轨道承载力和耐久性、完善无砟轨道维护管理水平是关键。目前，针对板式无砟轨道损伤维修的判别标准仅进行了定性分析，缺少量化的综合性指标来评估损伤对无砟轨道质量状况的影响，因此为能够给出评价无砟轨道质量状况的综合性指标，本节针对开裂和层间离缝这两类典型损伤给出 CRTS Ⅲ型板式无砟轨道质量状况综合评价指标。首先给出评价开裂损伤和层间离缝损伤状况指数的计算方法，借助 EWM-FAHP 确定指标权重系数；然后结合 10.2 节中建模结果对权重结果进行修正；最后基于两类典型损伤指数提出综合评价指数及计算方法。

### 10.3.1　质量状况综合评价指标及计算方法

为获得能够评价 CRTS Ⅲ型板式无砟轨道质量状况的综合性指标，本节针对 CRTS Ⅲ型板式无砟轨道的开裂和层间离缝损伤进行指标研究，获取两者的损伤评价指标，并结合建模结果确定综合性评价指标。本章参照《公路技术状况评定标准》(JTG 5210—2018)进行指数评价计算方法的确定，采用"先分部再综合"的评估方法对无砟轨道整体质量状况进行评价，即先对无砟轨道开裂状况和层间离缝状况分别进行评价，再根据各自所占权重及相互之间的影响，确定整个无砟轨道的综合质量状况评价指数。其中无砟轨道开裂和层间离缝损伤状况的评估方法参考第 8 章和第 9 章。本节采用损伤孔隙体积这个概念来衡量损伤程度，原因在于若无砟轨道产生裂缝或离缝损伤，一旦有水进入，随着列车荷载和温度荷载的反复循环作用，会极大地降低道床板的承载力及耐久性，缩短寿命周期，因此借助损伤孔隙体积这个指标来衡量损伤程度更加科学、合理。

1. 开裂状况评价指数及计算方法

CRTS Ⅲ型板式无砟轨道的轨道板采用 P5600 型，其中一块轨道板所对应的三类部件尺寸如表 10-17 所示。基于轨道板、自密实混凝土和底座板三类部件进行 CRTS Ⅲ型板式无砟轨道开裂状况研究，根据实际工程中常见裂缝类型，本节考虑横向、纵向、垂向、块状、龟裂和贯通六种裂缝形式[2]，如图 10-31 所示。基于现实情况的考虑，对于轨道板和底座板，上述六种形式的裂缝均有可能出现；对于自密实混凝土，只考虑横向、纵向、垂向和贯通四种裂缝形式。

表 10-17　一块轨道板对应的三类部件尺寸表

| 尺寸 | 长/m | 宽/m | 高/m | 体积/m³ |
| --- | --- | --- | --- | --- |
| 轨道板 | 5.6 | 2.5 | 0.2 | 2.8 |
| 自密实混凝土 | 5.6 | 2.5 | 0.09 | 1.26 |
| 底座板 | 5.65 | 3.1 | 0.3 | 5.2545 |

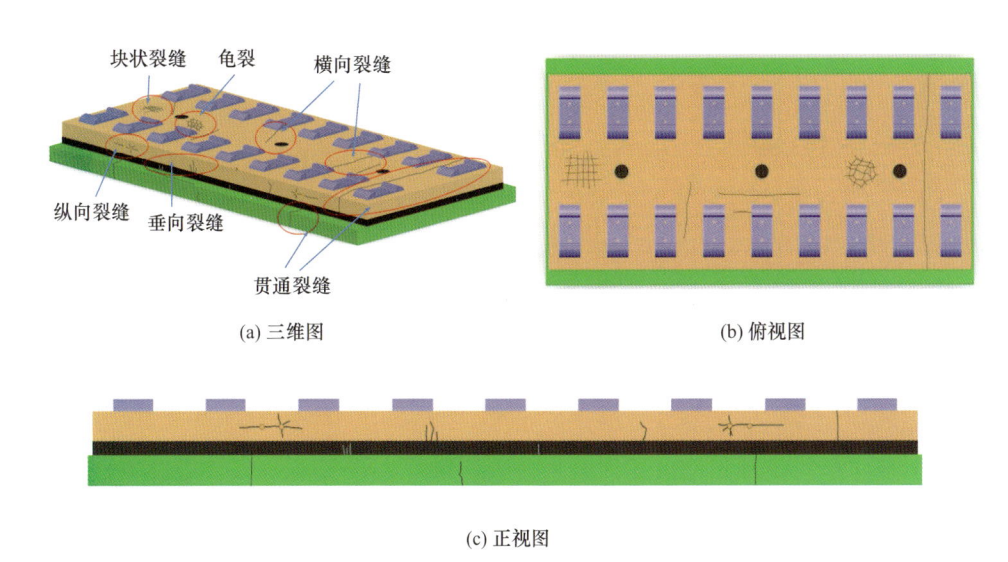

(a) 三维图

(b) 俯视图

(c) 正视图

图 10-31　CRTS Ⅲ型板式无砟轨道开裂损伤示意图

根据扣分制规则，参照 9.2.3 节 CRTS Ⅲ型板式无砟轨道开裂状况指数(CCI)计算方法如下：

$$\text{CCI} = \sum_{i=1}^{3} W_i \text{CCI}_i \tag{10-4}$$

$$\text{CCI}_i = 100 - a_{0i} \cdot \text{CR}_i^{a_{1i}} \tag{10-5}$$

$$\text{CR}_i = 10^4 \times \frac{\sum_{j=1}^{j_{0i}} K_j w_j \text{CIV}_{ij}}{V_i} \tag{10-6}$$

式中，$V_i(i=1,2,3)$ 为三类部件的检测或调查体积；$\text{CIV}_{ij}$ 为裂缝孔隙体积，即第 $i$ 类部件处的第 $j$ 类裂缝损伤的孔隙体积；$j_{0i}$ 为第 $i$ 类部件最大裂缝种类，其中 $j_{01} = j_{03} = 6$，$j_{02} = 4$；$K_j(j=1,2,\cdots,j_0^i)$ 为裂缝位置影响系数，其中裂纹位于区域 I 取值为 1、位于区域 II 取值为 0.9、位于区域 III 取值为 0.7，区域 I 表示距离板边 0~20%区域、区域 II 表示距离板边 20%~50%区域、区域 III 表示其他区域，如图 10-32 所示；$w_j$ 为第 $j$ 类裂缝损伤对无砟轨道开裂影响程度的权重。

(a) 纵向

(b) 横向

图 10-32 裂缝位置区域示意图

### 2. 层间损伤状况评价指数及计算方法

根据 10.2.3 节中关于三种不同位置及三个不同等级离缝定义，参照 8.4.1 节离缝影响指数计算方法的确立，提出 CRTS III 型板式无砟轨道层间离缝影响指数(IEI)的计算方法：

$$\text{IEI} = \sum_{i=1}^{3} W_i \text{IEI}_i, \quad i=1,2,3 \tag{10-7}$$

式中，$W_i(i=1,2,3)$ 为板边离缝($i=1$)、板中离缝($i=2$)、板端离缝($i=3$)三类离缝在 IEI 中的权重；IEI$_i$为三类离缝的层间离缝影响指数，其计算方法如下：

$$\text{IEI}_i = 100 - b_{0i} \cdot \text{IR}_i^{b_{1i}} \tag{10-8}$$

$$\text{IR}_i = 100 \times \frac{\sum_{j=1}^{j_0} w_j \text{GIV}_{ij}}{V} \tag{10-9}$$

式中，IR$_i$ ($i$=1,2,3)为板边、板中、板端三类离缝损伤率；$b_{0i}$、$b_{1i}$ ($i$=1,2,3)为根据工程实际确定的参数，可由参数拟合确定，且$b_{0i} > 1$，$0 < b_{1i} < 1$；$V$为检测或调查部件体积；GIV$_{ij}$为层间离缝孔隙体积，即第$i$类位置处第$j$级层间离缝损伤的孔隙体积，其中$i$=1表示Ⅰ级离缝损伤、$i$=2表示Ⅱ级离缝损伤、$i$=3表示Ⅲ级离缝损伤。值得说明是，通过动力学仿真发现[19]，当离缝高度继续增大，超过2mm后，离缝区轨道板均是脱空受力，在列车荷载作用下轨道板垂向位移无变化，因此运用此方法借助离缝孔隙体积进行离缝损伤状况评估时，若离缝高度超过2mm，则建议仍使用2mm进行计算，以保证符合客观实际。

为了确定关于开裂损伤状况指数和关于层间离缝损伤状况指数中相关指标所对应的权重系数，本节基于课题组设计的调查问卷，通过对问卷结果进行数据处理，借助EWM-FAHP确定权重，并结合建模结果进行修正，以期得到更为客观的结果。

### 10.3.2 基于EWM-FAHP的综合指标权重确定

CRTS Ⅲ型板式无砟轨道使用年限较短，现场相关损伤状况的数据不足，因此为确定损伤状况评价指标的权重，需要借助专家的意见进行评价分析。本章已经就相关问题做了问卷调查，考虑到如果只使用专家调查法，势必会带有很强的主观性。为了能够在一定程度上减弱专家的主观性，本章采用EWM-FAHP进行权重的确定。

层次分析法是一种主观定权法，在不同领域得到了广泛使用[20]。但由于当某一结构层次的评价指标超过4个时，很难保证思维的一致性，研究发现：模糊法可以很好地解决这一问题，因此模糊层次分析法应运而生[21,22]。同时也有研究表明[23]：当矩阵阶数大于或等于4时，使用模糊层次分析法能够得到更好的权重结果。此外，考虑到问卷调查中专家学习、工作等背景的不同，为获取更加客观的结果，本章采取熵权法(EWM)为每一位专家定权。基于上述考量，这里采用EWM-FAHP进行CRTS Ⅲ型板式无砟轨道损伤质量状况指标的评价。

1. 熵权法介绍及应用

熵权法是一种客观赋权法，起源于1948年信息论的创始人Shannon引入的信息熵这个概念[24]，可以根据指标变异性的大小来确定客观权重，已经在工程技术、社会经济等领域得到了广泛应用，其具体计算步骤如下[25]。

1) 数据标准化

假设给定了$k$个指标$X_1, X_2, \cdots, X_k$，其中$X_i = [x_{i1}, x_{i2}, \cdots, x_{in}]$，并设矩阵为$X = [X_1, X_2, \cdots, X_n]^{\text{T}} = (x_{ij})_{k \times n}$。假设对各指标数据标准化后的值为$Y_1, Y_2, \cdots, Y_k$。

其中，对于越大越优型指标，标准化的处理方法为

$$y_{ij} = \frac{x_{ij} - \min(X_i)}{\max(X_i) - \min(X_i)}, \quad i=1,2,\cdots,k; j=1,2,\cdots,n \tag{10-10}$$

对于越小越优型指标，标准化的处理方法为

$$y_{ij} = \frac{\max(x_{ij}) - X_i}{\max(X_i) - \min(X_i)}, \quad i=1,2,\cdots,k; j=1,2,\cdots,n \tag{10-11}$$

2) 求取各个指标的信息熵

根据信息论中信息熵的定义，一组数据的信息熵 $E_j = -\frac{1}{\ln n}\sum_{i=1}^{n} p_{ij} \ln p_{ij}$，其中 $p_{ij} = \frac{y_{ij}}{\sum_{i=1}^{n} y_{ij}}$，若 $p_{ij} = 0$，则定义 $\lim\limits_{p_{ij} \to 0} p_{ij} \ln p_{ij} = 0$。

3) 确定各指标权重

根据信息熵的计算公式，计算出各个指标的信息熵为 $E_1, E_2, \cdots, E_k$，通过信息熵计算各指标的权重 $W_i = \frac{1-E_i}{\sum_{i=1}^{k} E_i}(i=1,2,\cdots,k)$。

由于问卷中设置了关于是否了解或接触过无砟轨道裂缝或离缝损伤的问题，存在部分答卷人选择了"否"。因此，为了结果的真实可靠性，本次数据处理将这部分数据剔除掉，只留下选择"是"的部分结果进行分析，共计 313 份。采用熵权法基于问卷中工作单位、学历情况、职称情况、工作年限四个指标给每位专家定权。将四类指标下的子指标依照其重要性的大小从 1 开始依次递增排序，如表 10-18 所示。其中指标是越小越优型，即指标数值越小权重越大，因此在进行数据标准化处理时，采用越小越优型指标的标准化处理方法，如式(10-11)所示。

表 10-18 基于熵权法的指标划分及取值表

| 指标分类 | 子指标名称 | 数值代表 | 指标分类 | 子指标名称 | 数值代表 |
| --- | --- | --- | --- | --- | --- |
| 工作单位 | 科研院所 | 1 | 学历情况 | 博士 | 1 |
|  | 高校(教师) | 2 |  | 博士在读 | 2 |
|  | 高校(学生) | 3 |  | 硕士 | 3 |
|  | 设计院 | 4 |  | 硕士在读 | 4 |
|  | 铁路局 | 5 |  | 本科 | 5 |
|  | 其他 | 6 |  | 其他 | 6 |
| 职称情况 | (副)教授 | 1 | 工作年限 | 21 年及以上 | 1 |
|  | (副)高级工程师 | 2 |  | 16~20 年 | 2 |
|  | 工程师 | 3 |  | 11~15 年 | 3 |
|  | 讲师 | 4 |  | 6~10 年 | 4 |
|  | 其他 | 5 |  | 5 年及以下 | 5 |

为对比分析同一指标下不同子指标之间的权重差别,设置工作单位不同、学历不同、职称不同、工作年限不同四种情况,分析其权重差别。以工作单位不同情况为例,即除工作单位不同之外,其余指标取值均相同,分别为学历取为博士、职称取为(副)教授、工作年限取为11~15年,指标取值和所得权重如表10-19所示。

表10-19 工作单位不同情况下权重取值

| 工作单位 | 学历情况 | 职称情况 | 工作年限情况 | 权重 |
|---|---|---|---|---|
| 1 | 1 | 1 | 3 | 0.265 |
| 2 | 1 | 1 | 3 | 0.179 |
| 3 | 1 | 1 | 3 | 0.151 |
| 4 | 1 | 1 | 3 | 0.138 |
| 5 | 1 | 1 | 3 | 0.134 |
| 6 | 1 | 1 | 3 | 0.133 |

根据上述四种不同情况算出对应权重,画出权重趋势图如图10-33所示。从工作单位不同情况下的图10-33(a)中可以看出在其他子指标相同的情况下,科研院所对应的权重为0.265、高校(教师)对应权重为0.179,两者权重相差0.086,前者约是后者的1.48倍。

(a) 工作单位不同

(b) 学历不同

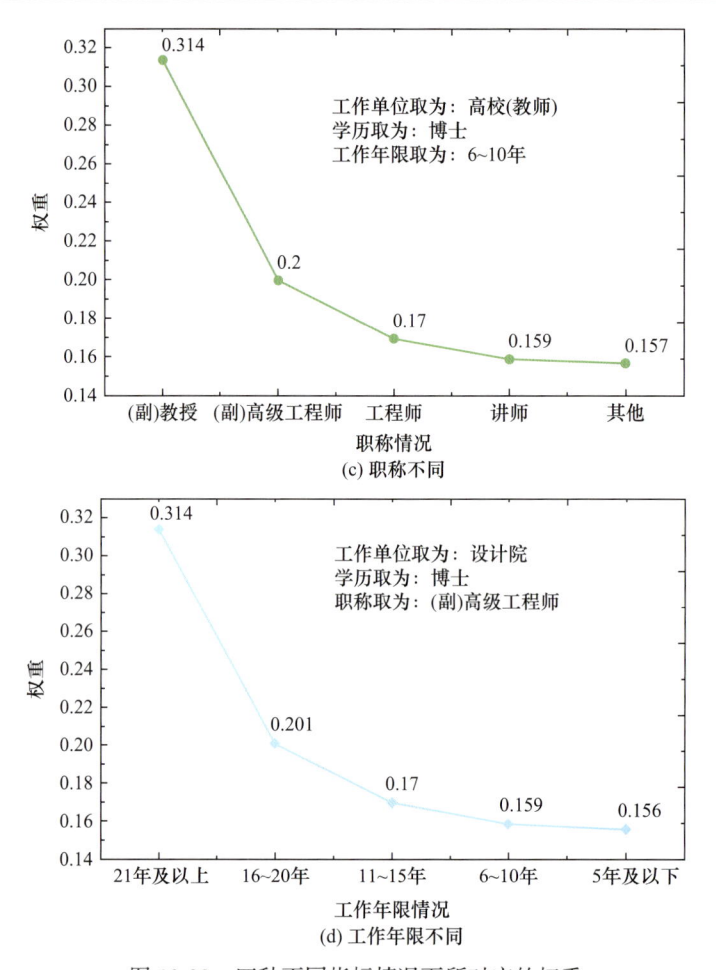

图 10-33　四种不同指标情况下所对应的权重

根据熵权法的求解过程和 313 位专家所对应的不同指标数值，可以求解得到各自权重，如表 10-20 所示。

表 10-20　第 1～313 位专家的自身权重

| 序号 | 权重 |
| --- | --- |
| 1 | 0.00849 |
| 2 | 0.00361 |
| 3 | 0.00742 |
| ⋮ | ⋮ |
| 311 | 0.00083 |
| 312 | 0.00714 |
| 313 | 0.00003 |

## 2. FAHP 介绍及应用

模糊层次分析法是一种定性与定量相结合的系统分析方法，其具体应用步骤如下所示。

### 1) 结构层次的建立

根据实际问题，分析其中因果关系，建立结构层次，是模糊层次分析法的第一步。其中结构层次一般分为三层，包含目标层、准则层、方案层，如图 10-34 所示。

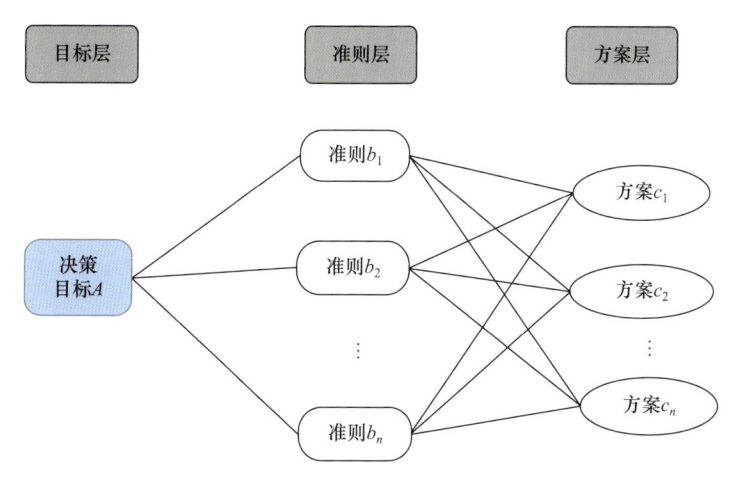

图 10-34 模糊层次分析法结构层次图

### 2) 模糊判断矩阵的建立

根据同一层次的两两要素对上一层次要素的重要程度情况，建立模糊判断矩阵 $R$，是模糊层次分析法的第二步。模糊判断矩阵 $R$ 可表示为

$$R = \begin{bmatrix} r_{11} & r_{12} & \cdots & r_{1n} \\ r_{21} & r_{22} & \cdots & r_{2n} \\ \vdots & \vdots & & \vdots \\ r_{n1} & r_{n2} & \cdots & r_{nn} \end{bmatrix} \tag{10-12}$$

式中，在模糊判断矩阵 $R = (r_{ij})_{n \times n}$ 中，$r_{ij}$ 表示同一层次结构中的第 $i$ 个要素 $c_i$ 与第 $j$ 个要素 $c_j$ 相较于上一结构层次要素的相对重要程度，相对重要程度的衡量可参照表 10-21 中的 0.1～0.9 数量标度法，其中，$r_{ij} = 0.5$，表示要素 $c_i$ 与 $c_j$ 重要程度相当；$0 \leqslant r_{ij} < 0.5$ 表示要素 $c_i$ 没有 $c_j$ 重要，且 $r_{ij}$ 越小，$c_i$ 重要程度越低；$0.5 < r_{ij} \leqslant 1$ 表示要素 $c_i$ 比 $c_j$ 重要，且 $r_{ij}$ 越大，$c_i$ 重要程度越高。

表 10-21 0.1～0.9 数量标度法

| 标度 | 定义 | 说明 |
| --- | --- | --- |
| 0.5 | 同等重要 | 两元素相比较，同等重要 |
| 0.6 | 稍微重要 | 两元素相比较，一元素比另一元素稍微重要 |
| 0.7 | 明显重要 | 两元素相比较，一元素比另一元素明显重要 |

续表

| 标度 | 定义 | 说明 |
| --- | --- | --- |
| 0.8 | 重要得多 | 两元素相比较，一元素比另一元素重要得多 |
| 0.9 | 极端重要 | 两元素相比较，一元素比另一元素极端重要 |
| 0.1,0.2,0.3,0.4 | 反比较 | 若元素 $c_i$ 与元素 $c_j$ 相比较得到判断 $r_{ij}$，则元素 $c_j$ 与元素 $c_i$ 相比较得到的判断为 $r_{ji}=1-r_{ij}$ |

3) 模糊判断矩阵一致性的判断

使用模糊一致矩阵 $R=(r_{ij})_{n\times n}$ 来表示模糊关系"…比…重要得多"已被证实是合理的[26]，一致性用数学符号表示为：$r_{ij}>0.5$ 表示 $c_i$ 比 $c_j$ 重要，则 $\forall k(k=1,2,\cdots,n)$ 有 $r_{ik}>r_{jk}$。模糊判断矩阵的一致性检验是至关重要的一步，为更好地理解，需提前明确几个定义[27]。

**定义 10-1** 设矩阵 $R=(r_{ij})_{n\times n}$，若满足：

$$0 \leqslant r_{ij} \leqslant 1, \quad i,j=1,2,\cdots,n \tag{10-13}$$

则称矩阵 $R$ 是模糊矩阵。

**定义 10-2** 设模糊矩阵 $R=(r_{ij})_{n\times n}$，若满足：

$$r_{ij}+r_{ji}=1, \quad i,j=1,2,\cdots,n \tag{10-14}$$

则称模糊矩阵 $R$ 是模糊互补矩阵。

**定义 10-3** 设模糊互补矩阵 $R=(r_{ij})_{n\times n}$，若满足 $\forall i,j,k$ 则有

$$r_{ij}=r_{ik}-r_{jk}+0.5 \tag{10-15}$$

则称模糊互补矩阵 $R$ 是模糊一致矩阵。

式(10-15)也称为加性一致性条件，若令式中的 $i=j=k$，则可以得到 $r_{ii}=0.5$，再加上 $i$ 的任意性，不难得到

$$r_{ii}=0.5, \quad i=1,2,\cdots,n \tag{10-16}$$

式(10-16)是模糊一致矩阵的一个重要性质，在构造矩阵时，可以直接应用。根据定义 10-1～定义 10-3 可以检验构造的模糊判断矩阵的一致性。若判断结果显示不满足一致性条件，则需要做一定的调整使其满足一致性要求。当然，由于实际工程问题的复杂性，存在很多无法通过简单的调整就满足加性一致性条件的模糊判断矩阵，宋光兴等[28]给出了衡量模糊判断矩阵加性一致性程度的指标 $d$，一般认为当 $d<0.2$ 时，即认定其满足加性一致性。

$$d=\frac{2}{n(n-1)(n-2)}\sum_{i=1}^{n-1}\sum_{j=i+1}^{n}\sum_{\substack{k=1\\k\neq i,j}}^{n}\left|r_{ij}-\left(r_{ik}+r_{kj}-\frac{1}{2}\right)\right| \tag{10-17}$$

4) 指标权重的确定

根据结构层次的建立，过程不妨设由元素 $c_1,c_2,\cdots,c_n$ 进行重要程度的两两比较，得到

模糊一致矩阵 $R=(r_{ij})_{n\times n}$，且元素 $c_1,c_2,\cdots,c_n$ 的权重分别为 $w_1,w_2,\cdots,w_n$，令 $W=[w_1,w_2,\cdots,w_n]^T$，且权重向量 $W$ 是归一化向量，即有 $\sum_{i=1}^n w_i=1$，其中 $0\leq w_i\leq 1$，此时可以确定模糊一致矩阵的各指标的权重[29]：

$$w_i=\frac{1}{n}-\frac{1}{2T}+\frac{1}{nT}\sum_{k=1}^n r_{ik}, \quad i=1,2,\cdots,n \tag{10-18}$$

式中，$T$ 的取值需保证权重向量的非负归一化。

但当模糊判断矩阵不满足一致性要求时，根据文献[26]可知有式(10-19)成立：

$$r_{ij}=0.5+a(w_i-w_j), \quad i,j=1,2,\cdots,n \tag{10-19}$$

式中，$0<a\leq 0.5$，是不同专家对评价元素差异性程度的一种度量，其大小取值与评价元素的多少(即 $n$ 的大小)和差异性程度(涉及专家的背景及经验知识等的差异程度)有关，当评价元素较多或专家的差异程度较大时，$a$ 值可以稍微取大一点。此时，可以采用最小二乘法来求取权重，即求解如下约束规划问题：

$$\begin{cases} \min z=\sum_{i=1}^n\sum_{j=1}^n[0.5+a(w_i-w_j)-r_{ij}]^2 \\ \text{s.t.}\sum_{i=1}^n w_i=1,\ 0\leq w_i\leq 1;i=1,2,\cdots,n \end{cases} \tag{10-20}$$

由拉格朗日乘子法得知，上述约束规划问题等价于如下无约束规划问题：

$$\min L(w,\lambda)=\sum_{i=1}^n\sum_{j=1}^n[0.5+a(w_i-w_j)-r_{ij}]^2+2\lambda\left(\sum_{i=1}^n w_i-1\right) \tag{10-21}$$

式中，$\lambda$ 为拉格朗日乘子。

根据拉格朗日乘子法，将 $L(w,\lambda)$ 关于 $w_i(i=1,2,\cdots,n)$ 求偏导数，并令其为零，得到 $n$ 个代数方程组成的代数方程组：

$$a\sum_{j=1}^n[0.5+a(w_i-w_j)-r_{ij}]-a\sum_{k=1}^n[0.5+a(w_k-w_i-r_{ij})]+\lambda=0 \tag{10-22}$$

将式(10-22)整理可得

$$\sum_{j=1}^n[2a^2(w_i-w_j)+a(r_{ji}-r_{ij})]+\lambda=0, \quad i=1,2,\cdots,n \tag{10-23}$$

式中，$r_{jj}=0.5(j=1,2,\cdots,n)$。

式(10-23)为 $n$ 个线性方程，包含 $w_1,w_2,\cdots,w_n,\lambda$ 共 $n+1$ 个变量，此时 $n$ 个方程，$n+1$ 个未知数，方程数小于未知数个数，不能确定唯一解。但注意到前文叙述中强调了权重向量 $W$ 满足的归一化条件，即 $w_1+w_2+\cdots+w_n=1$，此时便有 $n+1$ 个方程，$n+1$ 个未知数，可以确定方程的唯一解，对应的方程组为

$$\begin{cases} 2a^2(n-1)w_1 - 2a^2w_3 - \cdots - 2a^2w_n + \lambda = a\sum_{j=1}^{n}(r_{1j} - r_{j1}) \\ -2a^2w_1 + 2a^2(n-1)w_2 - \cdots - 2a^2w_n + \lambda = a\sum_{j=1}^{n}(r_{2j} - r_{j2}) \\ \vdots \\ -2a^2w_1 - 2a^2w_2 - 2a^2w_3 - \cdots + 2a^2(n-1)w_n + \lambda = a\sum_{j=1}^{n}(r_{nj} - r_{jn}) \\ w_1 + w_2 + \cdots + w_n = 1 \end{cases} \quad (10\text{-}24)$$

求解上述方程组即可求得权重向量 $W = [w_1, w_2, \cdots, w_n]^T$。

至此，若模糊判断矩阵满足加性一致性条件，则参照式(10-18)便可求得相应指标权重；若不满足加性一致性条件，则求解式(10-24)便可求得相应指标权重。

3. 基于 EWM-FAHP 的开裂损伤状况指数权重确定

根据模糊层次分析法操作步骤和 10.2.2 节第一部分关于开裂损伤的定义，建立开裂状况损伤结构层次图如图 10-35 所示，其中目标层为无砟轨道整体质量状况 $A_1$，准则层包含三个指标，即轨道板 $B_T$、自密实混凝土层 $B_S$ 及底座板 $B_B$，方案层包含六个子指标，即横向裂缝 $c_1$、纵向裂缝 $c_2$、垂向裂缝 $c_3$、块状裂缝 $c_4$、龟裂 $c_5$ 及贯通裂缝 $c_6$。

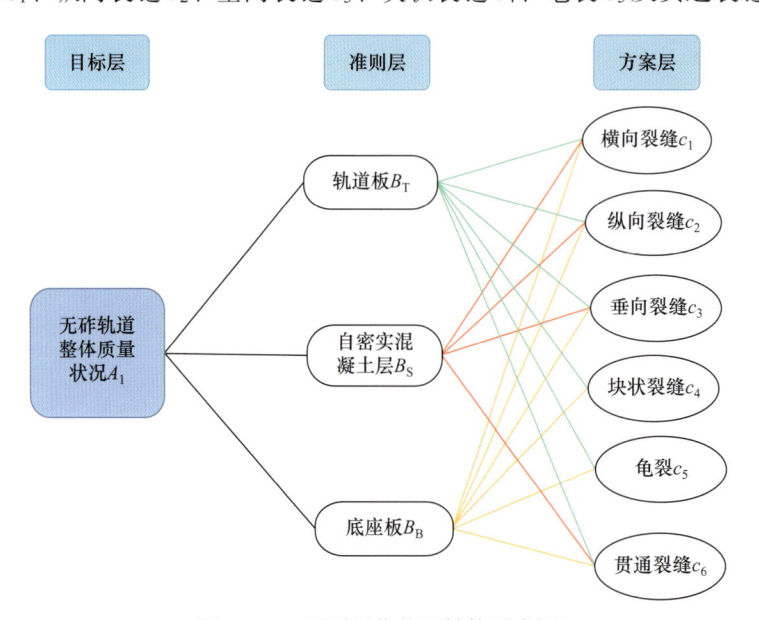

图 10-35 开裂损伤状况结构层次图

通过对问卷结果分析，可以得知专家对轨道板、自密实混凝土层、底座板重要程度排序数值分别为 1.56、2.06、2.38，其中数值越小表示重要性越大，通过对上述数值处理，便可得到准则层的模糊判断矩阵 $A_1$ 为

$$A_1 = \begin{bmatrix} 0.50 & 0.66 & 0.76 \\ 0.34 & 0.50 & 0.58 \\ 0.24 & 0.42 & 0.50 \end{bmatrix} \tag{10-25}$$

同理，可得横向裂缝、纵向裂缝、垂向裂缝、块状裂缝、龟裂、贯通裂缝六类裂缝重要性排序数值分别为3.34、3.71、3.16、4.08、5.06、1.66，其中数值越小表示重要性越大，通过对上述数值处理，便可得到方案层的模糊判断矩阵$B_T$、$B_B$、$B_S$分别为

$$B_T = B_B = \begin{bmatrix} 0.500 & 0.496 & 0.440 & 0.530 & 0.610 & 0.250 \\ 0.504 & 0.500 & 0.450 & 0.540 & 0.610 & 0.260 \\ 0.560 & 0.550 & 0.500 & 0.580 & 0.650 & 0.330 \\ 0.470 & 0.460 & 0.420 & 0.500 & 0.580 & 0.200 \\ 0.390 & 0.390 & 0.350 & 0.420 & 0.500 & 0.050 \\ 0.750 & 0.740 & 0.670 & 0.800 & 0.950 & 0.500 \end{bmatrix} \tag{10-26}$$

$$B_S = \begin{bmatrix} 0.500 & 0.496 & 0.443 & 0.253 \\ 0.504 & 0.500 & 0.447 & 0.260 \\ 0.557 & 0.553 & 0.500 & 0.330 \\ 0.747 & 0.740 & 0.670 & 0.500 \end{bmatrix} \tag{10-27}$$

经过加性一致性检验，可得知上述三个矩阵均满足一致性要求，设模糊判断矩阵$A_1$、$B_T = B_B$、$B_S$所对应的权重分别为$w_{A_1}$、$w_{B_T} = w_{B_B}$、$w_{B_S}$，经过反复试算发现，随着$T$值的增大，元素中最大权重在减小，权重之差也在减小，因此这里根据实际情况选取合适的$T$值，以满足上述双重条件的要求。依此可求得相关权重如下：

$$w_{A_1} = [0.6748, 0.1870, 0.1382]^T$$

$$w_{B_T} = w_{B_B} = [0.1348, 0.1418, 0.1978, 0.0989, 0.0018, 0.4249]^T$$

$$w_{B_S} = [0.1654, 0.1706, 0.2335, 0.4305]^T$$

4. 基于EWM-FAHP的层间离缝损伤状况指数权重确定

根据模糊层次分析法操作步骤和10.2.2节对层间离缝损伤的定义，本章建立层间离缝损伤结构层次图如图10-36所示，其中目标层为无砟轨道整体质量状况$A_2$，准则层包含三个指标，即板边离缝$D_E$、板中离缝$D_S$及板端离缝$D_P$，方案层包含三个子指标，即Ⅰ级离缝$e_1$、Ⅱ级离缝$e_2$及Ⅲ级离缝$e_3$。

通过对问卷结果分析，可以得知专家对板端离缝、板中离缝、板边离缝重要性程度排序数值分别为1.83、1.90、2.27，其中数值越小表示重要性越大，通过对上述数值处理，便可得到准则层的模糊判断矩阵$A_2$为

$$A_2 = \begin{bmatrix} 0.500 & 0.520 & 0.620 \\ 0.480 & 0.500 & 0.600 \\ 0.380 & 0.400 & 0.500 \end{bmatrix} \tag{10-28}$$

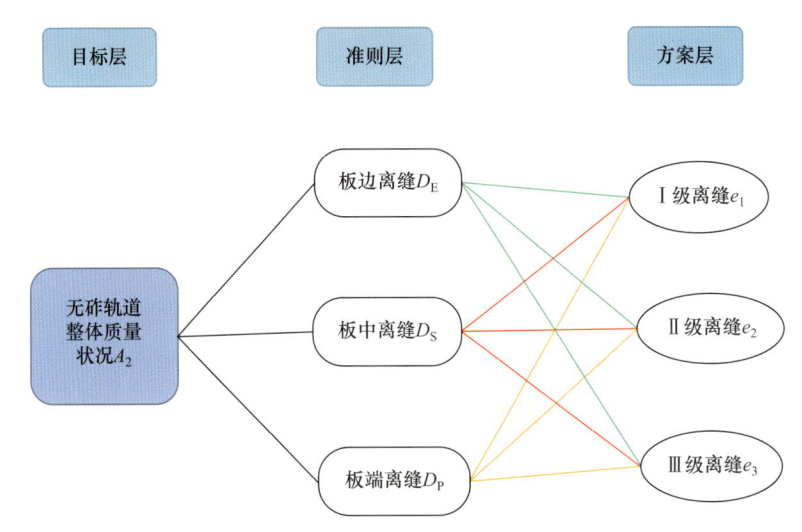

图 10-36 层间离缝损伤状况结构层次图

同理，由问卷数据可得 I 级离缝、II 级离缝、III 级离缝这三级离缝重要性打分数值分别为 2.41、3.20、4.08，其中数值越大表示重要性越大，通过对上述数值处理，便可得到方案层的模糊判断矩阵 $D$ 为

$$D = \begin{bmatrix} 0.500 & 0.340 & 0.150 \\ 0.660 & 0.500 & 0.360 \\ 0.850 & 0.640 & 0.500 \end{bmatrix} \quad (10\text{-}29)$$

经过加性一致性检验，可知上述两个矩阵均满足一致性要求，设模糊判断矩阵 $A_2$、$D$ 所对应的权重分别为 $w_{A_2}$、$w_D$。根据实际情况选取合适的 $T$ 值，求得相关权重如下：

$$w_{A_2} = [0.3608, 0.3490, 0.2902]^T$$

$$w_D = [0.2483, 0.3367, 0.4150]^T$$

### 10.3.3 指标权重修正

为得到更为客观、科学的结果，本节将上述借助 EWM-FAHP 得到的权重结果，与 10.2 节中的建模结果进行比较，分析两种结果的差异，并综合有限元模型结果，进一步修正指标权重。

#### 1. 开裂损伤状况指标权重修正

从 10.2.2 节第三部分结果可以得知：就应力强度因子指标而言，轨道板处的比自密实混凝土层处的高出约 45%，比底座板处的高出约 220%；自密实混凝土层处的比底座板处的高出约 110%。如将此数值转化为比例可得：轨道板：自密实混凝土层：底座板 = 0.5：0.34：0.16，此结果值表明轨道板对整体无砟轨道的影响最大，自密实混凝土层次之，底座板再次之。与 10.3.2 节中第三部分的问卷结果对比可以看出：三者权重排序相同，但建模结果中的自密实混凝土层相较于底座板的重要程度高于问卷结果值，因此需要综合三种部件重要程度对比,在原有矩阵基础上进行进一步调整。具体调整规则如下:结合建模中的结果,轨道板和自密实混凝土层的权重应当相应减小,对应于矩阵 $A_1$ 中 $r_{12}$ 减小 0.01,$r_{13}$ 减小 0.07,$r_{23}$ 减小 0.07,相应地 $r_{21}$ 增加 0.01,$r_{31}$ 增加 0.01,$r_{32}$ 增大 0.07,变化后的模糊判断矩阵如式(10-30)所示,其中变化的数值为红色标注部分。

$$A_1 = \begin{bmatrix} 0.500 & 0.650 & 0.750 \\ 0.350 & 0.500 & 0.510 \\ 0.250 & 0.490 & 0.500 \end{bmatrix} \tag{10-30}$$

对上述修正后的模糊判断矩阵进行加性一致性检验之后,求得其对应权重为

$$w_{A_1} = [0.6667, 0.2167, 0.1166]^T$$

从 10.2.2 节中关于对存在不同形式裂缝的结果值可以得知:大致排序为贯通裂缝、纵向裂缝、横向裂缝、垂向裂缝,其中贯通裂缝处的应力强度因子值约为横向裂缝的 4.9 倍,约为纵向裂缝的 3.0 倍,约为垂向裂缝的 7.9 倍;纵向裂缝处的应力强度因子值约为横向裂缝的 1.6 倍,约为垂向裂缝的 2.7 倍;横向裂缝处的应力强度因子值约为垂向裂缝的 1.6 倍。如将此数值转化为比例可得横向裂缝:纵向裂缝:垂向裂缝:贯通裂缝=0.1212 : 0.2045 : 0.0758 : 0.5985,此结果值表明贯通裂缝对无砟轨道的影响最大,纵向裂缝次之,横向裂缝、垂向裂缝再次之。将此结果值与 10.3.2 节第四部分的结果进行对比可以发现:问卷结果中的贯通裂缝的占比更小一些,应该适当调大;垂向裂缝的占比更大一些,应当适当调小一些;纵向裂缝相较于横向裂缝的重要性比例应当提高。依据此规则,具体数值调整如下:为使横向裂缝的占比更大,在模糊判断矩阵 $B_T(B_B)$ 中的将 $r_{61}$ 增加 0.1,$r_{62}$ 增加 0.1,$r_{63}$ 增加 0.1,$r_{64}$ 增加 0.08;为使纵向裂缝比例高于横向裂缝,将 $r_{21}$ 调整为 0.55,相应地 $r_{12}$ 更改为 0.45 等,其余矩阵更改如式(10-31)标注所示:

$$B_T = B_B = \begin{bmatrix} 0.500 & 0.450 & 0.460 & 0.530 & 0.540 & 0.150 \\ 0.550 & 0.500 & 0.470 & 0.540 & 0.610 & 0.160 \\ 0.540 & 0.530 & 0.500 & 0.560 & 0.570 & 0.230 \\ 0.470 & 0.460 & 0.440 & 0.500 & 0.510 & 0.120 \\ 0.460 & 0.390 & 0.430 & 0.490 & 0.500 & 0.110 \\ 0.850 & 0.840 & 0.770 & 0.880 & 0.890 & 0.500 \end{bmatrix} \tag{10-31}$$

对上述修正后的模糊判断矩阵进行加性一致性检验之后,求得其对应权重为

$$w_{B_T} = w_{B_B} = [0.0989, 0.1355, 0.1538, 0.0751, 0.0532, 0.4835]^T$$

同样,根据建模结果并结合问卷结果可知,需对自密实混凝土层所对应的模糊判断矩阵 $B_S$ 进行一定调整:贯通裂缝和垂向裂缝的占比应适当增加,纵向裂缝相比于横向裂缝的比例应当适当增大。根据此规则调整模糊判断矩阵 $B_S$:将 $r_{21}$ 处更改为 0.55,相应地 $r_{12}$ 更改为 0.45;将 $r_{41}$、$r_{42}$、$r_{43}$ 分别更改为 0.810、0.790、0.710,相应地 $r_{14}$、$r_{24}$、$r_{34}$ 分别更改为 0.190、0.210、0.290。修正后的模糊判断矩阵如式(10-32)所示:

$$B_{\mathrm{S}} = \begin{bmatrix} 0.500 & 0.450 & 0.443 & 0.190 \\ 0.550 & 0.500 & 0.447 & 0.210 \\ 0.557 & 0.553 & 0.500 & 0.290 \\ 0.810 & 0.790 & 0.710 & 0.500 \end{bmatrix} \tag{10-32}$$

对上述修正后的模糊判断矩阵进行加性一致性检验之后，求得其对应权重为

$$w_{B_{\mathrm{S}}} = [0.1355, 0.1695, 0.2225, 0.4725]^{\mathrm{T}}$$

根据层次结构和上述所求权重可表示为如表 10-22 所示。

表 10-22　CRTS Ⅲ型板式无砟轨道开裂损伤状况指标权重

| 目标层 | 一级指标 | 一级指标权重 | 二级指标 | 二级指标权重 |
|---|---|---|---|---|
| 无砟轨道整体质量状况 | 轨道板 | 0.6667 | 横向裂缝 | 0.0989 |
| | | | 纵向裂缝 | 0.1355 |
| | | | 垂向裂缝 | 0.1538 |
| | | | 块状裂缝 | 0.0751 |
| | | | 龟裂 | 0.0532 |
| | | | 贯通裂缝 | 0.4835 |
| | 自密实混凝土层 | 0.2167 | 横向裂缝 | 0.1355 |
| | | | 纵向裂缝 | 0.1695 |
| | | | 垂向裂缝 | 0.2225 |
| | | | 贯通裂缝 | 0.4725 |
| | 底座板 | 0.1166 | 横向裂缝 | 0.0989 |
| | | | 纵向裂缝 | 0.1355 |
| | | | 垂向裂缝 | 0.1538 |
| | | | 块状裂缝 | 0.0751 |
| | | | 龟裂 | 0.0532 |
| | | | 贯通裂缝 | 0.4835 |

2. 层间离缝损伤状况指标权重修正

由 10.2.3 节关于对不同离缝位置作用下 CRTS Ⅲ型板式无砟轨道部件轨道板的受力及位移影响规律可知：不同位置发生离缝对轨道板的影响排序为板端离缝、板中离缝、板边离缝，其中板端离缝约为板边离缝的 1.31 倍，约为板中离缝的 1.11 倍；板中离缝约为板边离缝的 1.18 倍。如将此数值转化为比例可得板端离缝：板中离缝：板边离缝＝0.3753：0.3381：0.2865，和问卷结果大致趋势一致，说明问卷结果和建模结果具有高度的一致性，问卷结果所得到的指标权重具有较高的可信度，此时不再进行更改，最终权重仍为

$$w_{A_2} = [0.3608, 0.3490, 0.2902]^T$$

由 10.2.3 节关于对不同等级离缝作用下 CRTS Ⅲ型板式无砟轨道部件轨道板的受力及位移影响规律可知：影响程度排序为Ⅲ级离缝>Ⅱ级离缝>Ⅰ级离缝，且不同位置处的离缝重要程度略有不同，因此下面结合问卷结果逐一分析板边、板中、板端位置处不同等级离缝指标的权重。

对于板边位置处的离缝，建模结果得到不同等级离缝重要性比例为 0.179：0.212：0.609。与建模结果对比发现：Ⅲ级离缝重要性比例要适当提高，Ⅰ级离缝相较于Ⅱ级离缝的比例要适当调高。具体更改模糊判断矩阵：$r_{21}$ 处调整为 0.620，$r_{31}$ 处应调整为 0.950，$r_{32}$ 处调整为 0.800，修正后的模糊判断矩阵 $D_{板边}$ 如式(10-33)所示：

$$D_{板边} = \begin{bmatrix} 0.500 & 0.380 & 0.050 \\ 0.620 & 0.500 & 0.200 \\ 0.950 & 0.800 & 0.500 \end{bmatrix} \quad (10\text{-}33)$$

模糊判断矩阵 $D_{板边}$ 通过加性一致性检验后，可求得其权重 $w_{D_{板边}}$ 为

$$w_{D_{板边}} = [0.1750, 0.2833, 0.5417]^T$$

对于板中位置处的离缝，建模结果得到不同等级离缝重要性比例为 0.251：0.279：0.470，与建模结果对比发现：Ⅲ级离缝重要性比例要适当提高，但其比例比板边位置处对应比例低，同样Ⅰ级离缝相较于Ⅱ级离缝的比例要适当调高。具体更改模糊判断矩阵：$r_{21}$ 处调整为 0.620，$r_{31}$ 处应调整为 0.900，$r_{32}$ 处调整为 0.760，修正后的模糊判断矩阵 $D_{板中}$ 如式(10-34)所示：

$$D_{板中} = \begin{bmatrix} 0.500 & 0.380 & 0.100 \\ 0.620 & 0.500 & 0.240 \\ 0.900 & 0.760 & 0.500 \end{bmatrix} \quad (10\text{-}34)$$

模糊判断矩阵 $D_{板中}$ 通过加性一致性检验后，可求得其权重 $w_{D_{板中}}$ 为

$$w_{D_{板中}} = [0.1889, 0.2944, 0.5167]^T$$

对于板端位置处的离缝，建模结果得到不同等级离缝重要性比例为 0.236：0.291：0.473，与建模结果对比发现：Ⅲ级离缝重要性比例要适当提高，但其比例比板边位置处对应比例低、略高于板中位置处比例，同样Ⅰ级离缝相较于Ⅱ级离缝的比例要适当调高。具体更改模糊判断矩阵：$r_{21}$ 处调整为 0.600，$r_{31}$ 处应调整为 0.910，$r_{32}$ 处调整为 0.770，修正后的模糊判断矩阵 $D_{板端}$ 如式(10-35)所示：

$$D_{板端} = \begin{bmatrix} 0.500 & 0.400 & 0.090 \\ 0.600 & 0.500 & 0.230 \\ 0.910 & 0.770 & 0.500 \end{bmatrix} \quad (10\text{-}35)$$

模糊判断矩阵 $D_{板端}$ 通过加性一致性检验后，可求得其权重 $w_{D_{板端}}$ 为

$$w_{D_{板端}} = [0.1917, 0.2861, 0.5222]^T$$

根据层次结构和上述所求权重可表示为如表 10-23 所示。

表 10-23　CRTS Ⅲ型板式无砟轨道层间离缝损伤状况指标权重

| 目标层 | 一级指标 | 一级指标权重 | 二级指标 | 二级指标权重 |
| --- | --- | --- | --- | --- |
| 无砟轨道整体质量状况 | 板边离缝 | 0.2902 | Ⅰ级离缝 | 0.1750 |
|  |  |  | Ⅱ级离缝 | 0.2833 |
|  |  |  | Ⅲ级离缝 | 0.5417 |
|  | 板中离缝 | 0.3490 | Ⅰ级离缝 | 0.1889 |
|  |  |  | Ⅱ级离缝 | 0.2944 |
|  |  |  | Ⅲ级离缝 | 0.5167 |
|  | 板端离缝 | 0.3608 | Ⅰ级离缝 | 0.1917 |
|  |  |  | Ⅱ级离缝 | 0.2861 |
|  |  |  | Ⅲ级离缝 | 0.5222 |

以上内容已经确定了开裂损伤指标和层间离缝损伤指标的权重，但由于现实情况的复杂性，无砟轨道总是多种损伤同时存在，而且不同类型损伤相互之间是有影响的，因此在考虑综合指标时，不能简单地只考虑不同类型损伤的叠加，而应该将组合损伤间的相互影响考虑进去。综合 10.2.4 节模型结果，分析可以得到，两种典型损伤作用下对无砟轨道影响的比值为：仅开裂损伤/仅离缝损伤=0.553/0.447；组合损伤对单个损伤的影响结果为组合损伤约为仅开裂损伤存在下的 1.31 倍，约为仅层间离缝损伤存在下的 1.21 倍。

### 10.3.4　损伤状况综合指标确定

为得到能够综合评价无砟轨道质量状况的综合性指标，本节结合开裂状况指数(CCI)和层间离缝影响指数(IEI)进行确定。

1. 综合指标计算方法

10.3.1 节已经确定开裂状况指数(CCI)和层间离缝影响指数(IEI)的计算方法及相关指标权重系数，为能够确定综合评价无砟轨道质量状况的指标，本节结合上述两种指标来衡量，设定 CRTS Ⅲ型板式无砟轨道综合质量状况指数(QCI)。考虑到在大多数现实情况下，开裂损伤和层间离缝损伤同时存在，且两者之间的影响并不是孤立的，因此在考察多种损伤同时存在时，不能简单地考虑为不同种类损伤评价指数简单的累加关系，此时

成立关系：

$$QCI < \min\{CCI, IEI\} \tag{10-36}$$

本节为了表征开裂损伤和层间离缝损伤同时存在的影响，设置损伤修正函数 $f(CCI, IEI)$，表达式如下：

$$QCI = \alpha_1 CCI + \alpha_2 IEI - K \cdot f(CCI, IEI) \tag{10-37}$$

$$f(CCI, IEI) = \beta_1 CCI + \beta_2 IEI \tag{10-38}$$

式中，$\alpha_1$、$\alpha_2$ 分别为开裂、层间离缝损伤在无砟轨道整体损伤中所占权重，分别取值为 0.553、0.447；CCI 为无砟轨道开裂状况指数；IEI 为无砟轨道层间离缝影响指数；$K$ 为损伤修正系数，取值为 0.1；$f(CCI, IEI)$ 为包含开裂状况指数和层间离缝影响指数的二元函数，其中 $\beta_1$、$\beta_2$ 取值分别为 0.31、0.21。

同时根据工程实例进行线性拟合，可得到 10.3.1 节中式(10-5)和式(10-6)的参数 $a_{0i}$、$a_{1i}$ 和 $b_{0i}$、$b_{1i}$ 如表 10-24 所示。

表 10-24 参数 $a_{0i}$、$a_{1i}$ 和 $b_{0i}$、$b_{1i}(i=1,2,3)$ 取值明细表

| 参数 | 数值 | 参数 | 数值 | 参数 | 数值 | 参数 | 数值 |
|---|---|---|---|---|---|---|---|
| $a_{01}$ | 512 | $a_{11}$ | 0.486 | $b_{01}$ | 34.56 | $b_{11}$ | 0.235 |
| $a_{02}$ | 436 | $a_{12}$ | 0.456 | $b_{02}$ | 36.25 | $b_{12}$ | 0.245 |
| $a_{03}$ | 322 | $a_{13}$ | 0.582 | $b_{03}$ | 36.82 | $b_{13}$ | 0.124 |

2. 综合指标评定准则

采用评分扣分制准则，根据综合质量状况指数得分给出 CRTS Ⅲ型板式无砟轨道损伤质量状况综合评价标准，如表 10-25 所示。分数与等级对应为：⩾90 代表优、⩾80 且<90 代表良、⩾70 且<80 代表中、⩾60 且<70 代表次、<60 代表差五个评定等级，依照"预防为主、防治结合、养修并重"的原则，给出对应维修建议为无须修复、综合维修、经常保养、临时补修、线路大修[30]。

表 10-25 无砟轨道损伤质量状况等级划分标准及维修建议表

| 评定等级 | 优 | 良 | 中 | 次 | 差 |
|---|---|---|---|---|---|
| QCI | ⩾90 | ⩾80 且<90 | ⩾70 且<80 | ⩾60 且<70 | <60 |
| 维修建议 | 无须修复 | 综合维修 | 经常保养 | 临时补修 | 线路大修 |

相应等级解释如下(此解释只针对检修部位的无砟轨道)：

(1) "优"对应无须修复。无砟轨道整体质量状况较好，有极少损伤，不会影响整体无砟轨道的承载力及耐久性，在短期内不需要对检测路段进行修复，建议随时关注无砟轨道质量状况评价指数分数，以及时给出无砟轨道正确的维修建议。

(2) "良"对应综合维修。无砟轨道整体质量状况良好，部分部位有较少损伤，在一定程度上影响了无砟轨道的承载力及耐久性，需对整体无砟轨道随时监测，按周期有计划地对无砟轨道线路进行综合维修。

(3) "中"对应经常保养。无砟轨道质量状况一般，此时监测或调查路段无砟轨道处有部分损伤存在，其承载力及耐久性在一定程度上被削弱不少，因此需根据实际情况对无砟轨道损伤路段有计划、有重点地进行经常养护，以保持线路质量状况经常处于均衡状态。

(4) "次"对应临时补修。无砟轨道质量状况不良，检测或调查路段有不少损伤，对其承载力及耐久性有严重的影响，此时需对整体路段进行全面仔细检查，需要对无砟轨道进行临时性整修，以保证行车安全和平稳。

(5) "差"对应线路大修。无砟轨道质量状况较差，此时检测或调查路段无砟轨道有较多损伤，较严重影响了其承载能力及耐久性，需对整体路段进行大修，以保证后续正常运营，同时后面也需要及时关注维修后轨道状态。

通过对检查或调查路段进行整体损伤质量状况评分，有针对性地提出维修标准，降低维修成本，提高无砟轨道整体承载力及耐久性，提升无砟轨道寿命周期。

## 10.4 案例分析

本节利用 10.3 节确定的 CRTS Ⅲ型板式无砟轨道损伤质量状况综合指数，基于 CRTS Ⅲ型板式无砟轨道实际区段的开裂和层间离缝损伤检测数据进行实例计算。为对比分析不同损伤程度所对应的质量状况指数得分，将评估方法应用于两个不同案例，根据得到的 QCI 评分计算结果，给出养护维修决策方案。

### 10.4.1 案例一

根据实际检测区段一(图 10-37)，选择单块轨道板长度作为实例研究对象。一块轨道板所对应的三类部件尺寸数据如表 10-17 所示，各部件的体积取值分别为：轨道板的体积取值为 2.8m³，自密实混凝土层的体积取值为 1.26m³，底座板的体积取值为 5.2545m³。

(a) 底座板裂纹 　　(b) 轨道板裂纹

(c) 轨道板与自密实混凝土层层间离缝

图 10-37　检测区段一损伤示意图

根据检测区段一损伤示意图，绘制开裂和层间离缝损伤示意图如图 10-38 所示。为能够清晰看出损伤，示意图中将损伤做了一定比例的放大。

根据上述开裂-层间离缝损伤示意图，可以推知检测区段开裂损伤和层间离缝损伤的体积，如表 10-26 和表 10-27 所示。

(a) 开裂损伤示意图　　(b) 层间离缝损伤示意图

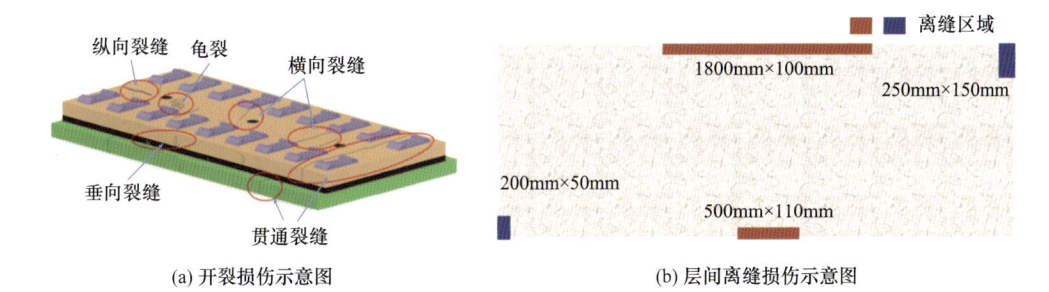

图 10-38 案例一开裂-层间离缝损伤示意图

表 10-26 案例一检测区段开裂和层间离缝损伤体积(开裂损伤体积)

| 部件类型 | 体积/m³ | 横向裂缝 $c_1$ | 纵向裂缝 $c_2$ | 垂向裂缝 $c_3$ | 块状裂缝 $c_4$ | 龟裂 $c_5$ | 贯通裂缝 $c_6$ |
|---|---|---|---|---|---|---|---|
| 轨道板 $B_1$ | 2.8 | 864 | 1126 | 148 | 0 | 312 | 0 |
| 自密实混凝土 $B_2$ | 1.26 | 0 | 0 | 124 | — | — | 0 |
| 底座板 $B_3$ | 5.2545 | 0 | 0 | 192 | 0 | 0 | 744 |

表 10-27 案例一检测区段开裂和层间离缝损伤体积(层间离缝损伤体积)

| 部件类型 | 体积/m³ | 板边离缝 Ⅰ级 | 板边离缝 Ⅱ级 | 板边离缝 Ⅲ级 | 板中离缝 Ⅰ级 | 板中离缝 Ⅱ级 | 板中离缝 Ⅲ级 | 板端离缝 Ⅰ级 | 板端离缝 Ⅱ级 | 板端离缝 Ⅲ级 |
|---|---|---|---|---|---|---|---|---|---|---|
| 自密实混凝土 $B_2$ | 1.26 | 0 | 0 | $4.7×10^6$ | 0 | 0 | 0 | $2×10^4$ | $7.5×10^4$ | 0 |

根据表 10-26 和表 10-27 中的损伤体积和相关公式可以计算得到综合质量状况指数，首先是开裂状况指数，借助式(10-6)可计算得到三个部件——轨道板、自密实混凝土层、底座板的开裂损伤率 $CR_i$($i=1,2,3$)，分别为 $9.907×10^{-4}$、$2.190×10^{-4}$、$7.408×10^{-4}$；再借助式(10-5)和表 10-24 可计算得到三个部件的开裂状况指数 $CCI_i$($i=1,2,3$)，分别为 86.72 分、90.65 分、95.15 分；最后借助式(10-4)可计算得到开裂状况指数 CCI，为 88.55 分。其次是层间离缝影响指数，借助式(10-9)可计算得到三类离缝——板边离缝、板中离缝、板端离缝的层间离缝损伤率 $IR_i$($i=1,2,3$)，分别为 0.2021、0、$2.007×10^{-3}$；再借助式(10-8)和表 10-24 可计算得到三类离缝的损伤指数 $IEI_i$($i=1,2,3$)，分别为 76.27 分、100 分、82.95 分；最后借助式(10-7)可计算得到层间离缝影响指数(IEI)，为 86.95 分。最后是综合质量状况指数，借助式(10-37)～和式(10-38)可以计算得到综合质量状况指数(QCI)，为 83.26

分，具体数值如表 10-28 所示。

表 10-28 案例一开裂-层间离缝损伤各指标分值明细表

| 开裂损伤 | 损伤部件 | $CR_i$ | $CCI_i$ | CCI | QCI |
|---|---|---|---|---|---|
| 开裂部件 | 轨道板 | $9.907\times10^{-4}$ | 86.72 | 88.55 | 83.26 |
| | 自密实混凝土层 | $2.190\times10^{-4}$ | 90.65 | | |
| | 底座板 | $7.408\times10^{-4}$ | 95.15 | | |
| 离缝损伤 | 损伤部件 | $IR_i$ | $IEI_i$ | IEI | |
| 离缝位置 | 板边离缝 | 0.2021 | 76.27 | 86.95 | |
| | 板中离缝 | 0 | 100 | | |
| | 板端离缝 | $2.007\times10^{-3}$ | 82.95 | | |

通过对表 10-28 数据分析可以看出：案例一的开裂状况指数评分为 88.55 分，处于"良"的水平；层间离缝影响指数评分为 86.95 分，略低于开裂状况指数评分，处于优秀的程度；计算其综合质量状况指数可得评分为 83.26 分，通过三个评分结果对比分析可见：在双重损伤共同作用下，整体无砟轨道质量状况损伤更加严重。结合综合质量状况指数得分，并根据无砟轨道损伤质量状况等级划分标准及维修建议表，可以看出此案例处于"良"等级，给出综合维修的维修建议。实际工程中，可依照此建议进行现场维修，以提升或维持无砟轨道的承载及耐久力，提高无砟轨道寿命周期。

### 10.4.2 案例二

根据实际检测区段二，如图 10-39 所示，绘制开裂和层间离缝损伤情况示意图如图 10-40 所示。为能够清晰看出损伤，示意图中将损伤做了一定比例的放大。

(a) 轨道板裂纹

(b) 底座板裂纹

(c) 轨道板与自密实混凝土层层间离缝

图 10-39 检测区段二损伤图

(a) 开裂损伤示意图　　(b) 层间离缝损伤示意图

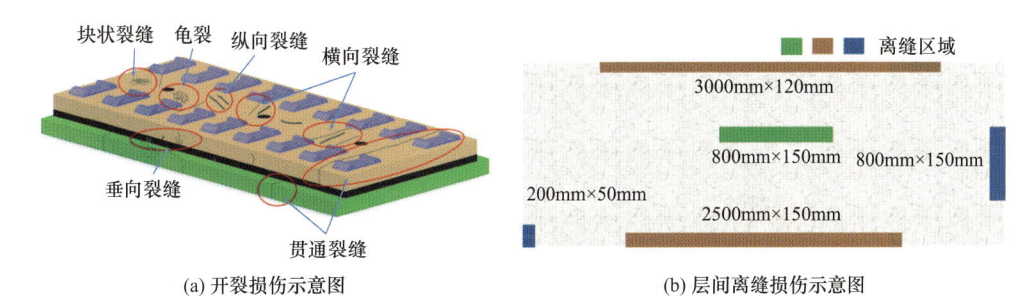

图 10-40 案例二开裂-层间离缝损伤示意图

根据上述开裂-层间离缝损伤示意图,可以推知检测区段开裂损伤和层间离缝损伤的体积如表 10-29 所示。

表 10-29 案例二检测区段开裂和层间离缝损伤体积(开裂损伤体积)

| 部件类型 | 体积/m³ | 裂缝类型 ||||||
|---|---|---|---|---|---|---|---|
| | | 横向裂缝 $c_1$ | 纵向裂缝 $c_2$ | 垂向裂缝 $c_3$ | 块状裂缝 $c_4$ | 龟裂 $c_5$ | 贯通裂缝 $c_6$ |
| 轨道板 $B_1$ | 2.8 | 1124 | 668 | 756 | 364 | 304 | 1160 |
| 自密实混凝土 $B_2$ | 1.26 | 0 | 0 | 364 | — | — | 0 |
| 底座板 $B_3$ | 5.2545 | 0 | 1642 | 126 | 0 | 0 | 1316 |

表 10-30 案例二检测区段开裂和层间离缝损伤体积(层间离缝损伤体积)

| 部件类型 | 体积/m³ | 离缝类型 |||||||||
|---|---|---|---|---|---|---|---|---|---|---|
| | | 板边离缝 ||| 板中离缝 ||| 板端离缝 |||
| | | Ⅰ级 | Ⅱ级 | Ⅲ级 | Ⅰ级 | Ⅱ级 | Ⅲ级 | Ⅰ级 | Ⅱ级 | Ⅲ级 |
| 自密实混凝土 $B_2$ | 1.26 | 0 | 0 | $1.47\times10^6$ | 0 | 0 | $2.4\times10^5$ | $2\times10^4$ | $2.4\times10^5$ | 0 |

计算过程同案例一,对于开裂状况指数,可以计算出三个部件——轨道板、自密实混凝土层、底座板的开裂损伤率 $CR_i(i=1,2,3)$,分别为 $3.294\times10^{-3}$、$6.428\times10^{-4}$、$1.671\times10^{-3}$;三个部件的开裂状况指数 $CCI_i(i=1,2,3)$,分别为 68.17 分、84.73 分、92.21 分;开裂状况

指数(CCI)为 74.56 分。其次是层间离缝影响指数，可计算得到三类离缝——板边离缝、板中离缝、板端离缝的层间离缝损伤率 $IR_i(i=1,2,3)$，分别为 $6.320\times10^{-2}$、$9.842\times10^{-3}$、$5.754\times10^{-3}$；三类离缝的损伤指数 $IEI_i(i=1,2,3)$，分别为 81.94 分、88.32 分、80.58 分；层间离缝影响指数为 83.68 分。最后是综合质量状况指数，通过计算可得到综合质量状况指数(QCI)，为 74.57 分，具体数值如表 10-31 所示。

表 10-31  案例二开裂-层间离缝损伤各指标分值明细表

| 开裂损伤 | 损伤部件 | $CR_i$ | $CCI_i$ | CCI | QCI |
|---|---|---|---|---|---|
| 开裂部件 | 轨道板 | $3.294\times10^{-3}$ | 68.17 | 74.56 | 74.57 |
|  | 自密实混凝土层 | $6.428\times10^{-4}$ | 84.73 |  |  |
|  | 底座板 | $1.671\times10^{-3}$ | 92.21 |  |  |
| 离缝损伤 | 损伤部件 | $IR_i$ | $IEI_i$ | IEI |  |
| 离缝位置 | 板边离缝 | $6.320\times10^{-2}$ | 81.94 | 83.68 |  |
|  | 板中离缝 | $9.842\times10^{-3}$ | 88.32 |  |  |
|  | 板端离缝 | $5.754\times10^{-3}$ | 80.58 |  |  |

通过对表 10-31 数据分析可以看出：案例二的综合质量状况指数可得评分为 74.57 分，对照等级划分标准及维修建议表，其对应等级为"中"，可给出维修建议为经常保养，因此应当根据工程实际对病害严重部位及时进行补修，对整体路段经常养护。

## 10.5  本 章 小 结

为建立全寿命周期 CRTS Ⅲ型板式无砟轨道质量状况劣化预测方法，更好地指导线路养护维修，本章从其典型损伤(开裂和层间离缝)形式出发，采用有限元建模和数值计算相结合的方法，提出能够衡量 CRTS Ⅲ型板式无砟轨道整体质量状况的综合评价指数计算方法，给出对应的等级标准及维修建议。主要研究成果及结论如下：

(1) 基于线弹性断裂力学理论及扩展有限元理论，建立了含开裂损伤的 CRTS Ⅲ型板式无砟轨道有限元计算模型，进行裂纹扩展性分析，研究结果表明随着裂缝长度和深度的增加其未来扩展性也随之增加，且越靠近板边处的裂缝扩展性越强。此外，针对模型中所考虑的四种裂缝，其扩展性大小排序为贯通裂缝、纵向裂缝、横向裂缝、垂向裂缝，且三类不同部件处裂缝的扩展性大小排序为轨道板、自密实混凝土层、底座板；此后将根据建模中所得排序结果，修正开裂损伤状况指数中相关评价指标权重系数，以期得到更为客观、全面的评价体系。

(2) 建立了含层间离缝损伤的 CRTS Ⅲ型板式无砟轨道有限元计算模型，进行轨道板应力及位移分析，研究结果表明三种不同位置的离缝损伤对轨道板影响大小排序为板端离缝、板中离缝、板边离缝；从压应力值的角度得到三种不同等级层间离缝比值为Ⅲ级离缝：Ⅱ级离缝：Ⅰ级离缝=2.42：1.17：1；同理，后续将根据此结果修正层间离缝损伤状况评价指数中相关指标的权重系数。

(3) 建立了同时含开裂损伤和层间离缝损伤的 CRTS Ⅲ 型板式无砟轨道有限元计算模型，进行应力、位移及裂纹扩展性分析，研究结果表明：两种损伤对无砟轨道影响的比值为仅开裂损伤∶仅离缝损伤=0.553∶0.447；组合损伤与单类损伤影响结果关系为组合损伤约为仅开裂损伤存在下的 1.31 倍，是仅层间离缝损伤存在下的 1.21 倍。此结果可作为确定综合评价指数中相关指标权重系数的依据。

(4) 提出了开裂状况指数(CCI)和层间离缝影响指数(IEI)计算方法，创新性地提出采用裂缝孔隙体积(CIV)和层间离缝孔隙体积(GIV)来衡量损伤的程度，此后借助 EWM-FAHP 确定相关指标的权重系数，并结合有限元建模结果对权重系数进行修正，以确定最终权重结果值。

(5) 结合开裂状况指数(CCI)和层间离缝影响指数(IEI)，提出综合质量状况指数(QCI)计算方法，并根据工程实际进行线性拟合得到 CCI 和 IEI 表达式中的待定参数。QCI 表达式中创新性地提出损伤修正函数 $f(CCI, IEI)$ 以衡量双重损伤共同作用下带来的更劣化影响，公式中相关指标权重根据有限元建模结果确定。

(6) 将综合质量状况评价指标应用于两个工程实例，得到开裂状况指数(CCI)分别为 88.55 分和 74.56 分，层间离缝影响指数(IEI)分别为 86.95 分和 83.68 分，综合质量状况指数 QCI 分别为 83.26 分和 74.57 分，检验了提出的开裂状况指标、层间离缝损伤状况指标、综合质量状况评价指标及评估方法的合理性，最后根据工程实例提出了有针对性的维修建议。

## 参 考 文 献

[1] Ren J J, Deng S J, Wei K, et al. Mechanical property deterioration of the prefabricated concrete slab in mixed passenger and freight railway tracks[J]. Construction and Building Materials, 2019, 208(3): 622-637.
[2] 任娟娟, 刘宽, 王伟华, 等. 基于区间层次分析的 CRTS Ⅲ 型板式无砟轨道开裂状况评估[J]. 浙江大学学报(工学版), 2021, 55(12): 2267-2274.
[3] 徐伟昌, 仲春艳, 许玉德, 等. 高速铁路无砟轨道线路质量评价指标研究[J]. 石家庄铁道大学学报(自然科学版), 2017, 30(1): 52-57.
[4] Chen Y, Yu Y. Study on comprehensive evaluation index system of green highway transport enterprises[C]. The 19th COTA International Conference of Transportation Professionals, 2019: 3952-3963.
[5] Kai Z X, Bing H S, Hong W W, et al. The neural network method of index system and weights for highway tunnel health diagnosis[J]. Applied Mechanics and Materials, 2013, 2308(303-306): 794-799.
[6] 高亮, 赵磊, 曲村, 等. 路基上 CRTS Ⅲ 型板式无砟轨道设计方案比较分析[J]. 同济大学学报(自然科学版), 2013, 41(6): 848-855.
[7] 娄平, 赵晨, 宫凯伦. 组合荷载作用下 CRTS Ⅲ 型板式无砟轨道层间离缝影响分析[J]. 铁道科学与工程学报, 2019, 16(12): 2913-2920.
[8] 何川. CRTS Ⅱ 型板式无砟轨道砂浆离缝的影响及维修指标研究[D]. 成都：西南交通大学, 2013.
[9] 刘钰, 陈攀, 赵国堂. CRTS Ⅱ 型板式无砟轨道结构早期温度场特征研究[J]. 中国铁道科学, 2014, 35(1): 1-6.
[10] Tanabe M, Wakui H. Dynamic interaction analysis of an unlimited number of Shinkansen cars running on the railway track[J]. Vehicle System Dynamics, 2004, 40: 91-106.

[11] 刘学毅, 赵坪锐, 杨荣山, 等. 客货专线无砟轨道设计理论与方法[M]. 成都: 西南交通大学出版社, 2010.

[12] 王璞, 高亮, 赵磊, 等. 路基地段 CRTS Ⅲ型板式无砟轨道底座板限位凹槽设置方式研究[J]. 工程力学, 2014, 31(2): 110-116.

[13] Xu S, Reinhardt H W. Determination of double-$K$ criterion for crack propagation quasi-brittle fracture. Part Ⅱ: Analytical evaluating and practical measuring methods for three-point bending notched beams[J]. International Journal of Fracture, 1999, 2(98): 151-177.

[14] Moës N, Dolbow J, Belytschko T. A finite element method for crack growth without remeshing[J]. International Journal for Numerical Methods in Engineering, 1999, 46(1): 131-150.

[15] 阳恩慧, 张傲南, 杨荣山, 等. 高速铁路无砟轨道表面裂缝三维图像自动识别算法[J]. 铁道学报, 2019, 41(11): 95-99.

[16] 吴志学. 表面裂纹疲劳扩展的数值模拟(Ⅱ)[J]. 应用力学学报, 2007, 24(1): 42-46.

[17] 李潇, 任娟娟, 刘学毅, 等. 客货共线砂浆离缝高度对轨道结构的动力影响[J]. 西南交通大学学报, 2018, 53(5): 958-965.

[18] 杨政. CRTS Ⅲ型板式轨道层间离缝下的受力及维修限值研究[D]. 成都: 西南交通大学, 2014.

[19] Ren J, Ye W, Deng S, et al. Influence of the strain rate on the dynamic damage of cement-asphalt mortar in prefabricated slab tracks[J]. Construction and Building Materials, 2021, 299(1): 1-13.

[20] Ren Q Y. Research on the model of influencing factors of strain decomposition rate based on analytic hierarchy process[J]. Academic Journal of Engineering and Technology Science, 2021, 4(2): 57-60.

[21] Qi S, Feng J, Cheng M B. Risk aversion of public service marketization based on fuzzy analytic hierarchy process[J]. Mathematical Problems in Engineering, 2021, (1): 1-9.

[22] Kwiesielewicz M. A note on the fuzzy extension of Saaty's priority theory[J]. Fuzzy Sets and Systems, 1998, 95(2): 161-172.

[23] Chan H, Sun X, Chung S. When should fuzzy analytic hierarchy process be used instead of analytichierarchy process?[J]. Decision Support Systems, 2019, 3-5(125): 113-114.

[24] Shannon C E. A mathematical theory of communication[J]. Bell System Technical Journal, 1948, 27(4): 623-656.

[25] An L, Zhang X R, Ge S S, et al. Nonlinear fuzzy evaluation of the construction risk of Integral hoisting of CFST tied-arch bridges[J]. Journal of Highway and Transportation Research and Development (English Edition), 2016, 10(2): 91-96.

[26] 张吉军. 模糊层次分析法(FAHP)[J]. 模糊系统与数学, 2000, 2(14): 80-88.

[27] 姚敏, 张森. 模糊一致矩阵及其在软科学中的应用[J]. 系统工程, 1997, 15(2): 54-57.

[28] 宋光兴, 杨德礼. 模糊判断矩阵的一致性检验及一致性改进方法[J]. 系统工程, 2003, 21(1): 110-116.

[29] 吕跃进. 基于模糊一致矩阵的模糊层次分析法的排序[J]. 模糊系统与数学, 2002, 16(2): 79-85.

[30] 易思蓉. 铁道工程[M]. 3 版. 北京: 中国铁道出版社, 2015.